ITINÉRAIRES AUTOUR DU MONDE

SOMMAIRE

DOUBLE PAGE PRÉCÉDENTE : ÎLES ÉOLIENNES
CI-CONTRE : CANNES
DOUBLE PAGE SUIVANTE : SENGLEA, MALTE ; TRAIN OSLO-BERGEN

© Matt Munro | Lonely Planet; Justin Foulkes | Lonely Planet

INTRODUCTION

Lors d'un voyage en Italie au XVIIIe siècle, Goethe notait dans son journal : "J'ai passé ma journée à regarder et regarder encore. Il en est de l'art comme de la vie : plus on s'y avance, plus la vision s'élargit."

De nos jours, les voyages n'ouvrent pas moins l'esprit et il n'a jamais été aussi facile de parcourir la planète. Des avions partent aux quatre coins du monde, des bateaux sillonnent les mers, chaque pays a son réseau de routes ; dans certains lieux, des trains à grande vitesse rapprochent encore davantage les hommes. On a l'embarras du choix et celui-ci s'en trouve d'autant plus complexe. Quelle sera votre prochaine destination ? Par où commencer vos préparatifs ? Comment vous assurer de limiter l'impact environnemental de votre voyage ?

Ce guide vise à vous simplifier la vie. Nos *Itinéraires autour du monde* présentent des centaines d'idées de circuits dans chacune des régions du globe, élaborées par les auteurs qui alimentent et rédigent les guides Lonely Planet depuis cinq décennies. Ces itinéraires sont un condensé de ce qu'il faut voir et faire dans le monde, depuis les régions les plus reculées du Pacifique, jusqu'aux grandes métropoles. Bien entendu, on a rarement l'occasion de partir pour un périple de plusieurs mois. C'est pourquoi la durée de ces parcours varie de quelques jours, pour découvrir une ville ou une région viticole par exemple, à plusieurs semaines pour un voyage en train à travers un pays ou un continent.

Les itinéraires sont également référencés par thèmes. Que vous soyez plutôt musées et galeries, plages et bars, randonnée et feu de camp ou restaurant chic (entre autres !), il vous suffira de vous reporter à la première page de chaque itinéraire pour trouver votre bonheur (consultez aussi le sommaire thématique p. 8). Pour chaque idée de voyage, nous indiquons sa durée et les moyens de transport empruntés.

Le choix de ces derniers est essentiel pour contrôler l'impact de nos déplacements. C'est pourquoi l'empreinte carbone est indiquée pour chaque périple : beaucoup se font en train, quelques-uns en voiture et en bateau ; nous avons aussi inclus plusieurs circuits à vélo et une bonne dose de randonnées pédestres. Ces données vous aideront à vous décider en toute connaissance de cause. Enfin, les correspondances et les temps de trajet sont détaillés de sorte à faciliter au maximum l'organisation de votre prochaine aventure.

ITINÉRAIRES PAR THÈMES

EUROPE DU SUD

Qu'il s'agisse d'explorer les îles de la mer Égée, d'admirer des œuvres d'art à Florence, de nager dans les eaux de la Méditerranée ou d'enchaîner les visites de monuments baroques et de palais mauresques, les pays du sud de l'Europe ont tout pour plaire ! Partez à leur découverte en bateau, à pied ou à vélo. Immergez-vous dans leur histoire, visitez leurs musées et profitez de leurs cuisines d'exception, des tapas espagnols aux délices du Slow Food italien, en passant par les savoureux portos de la ville éponyme.

MER BALTIQUE
MER NOIRE
34
15
13
23
26
33
12
CORSE
38
ITALIE
39
16
27
31
SARDAIGNE
37
MER MÉDITERRANÉE
1
30
SICILE
41
MALTE
GRÈCE
35
SPORADES
2
19
14
DODÉCANÈSE
MER ÉGÉE
CRÈTE
4
9
21
CHYPRE

SOMMAIRE

GORGES DE SAMARIA, CRÈTE

CAP DE FORMENTOR, MAJORQUE

UNE AVENTURE DANS LES ÎLES ÉOLIENNES

BIEN-ÊTRE SPORT VIN ET BIÈRE CUISINE RESPONSABLE AVENTURE CULTURE SPECTACLES ARTS ARCHITECTURE HISTOIRE FAMILLE EN SOLO COURT SÉJOUR LONG SÉJOUR PLAGE HIVER FAUNE

Milazzo – Stromboli
En route pour une tournée des îles volcaniques italiennes qui s'égrènent au nord de la Sicile, entre cratères fumants et plages tranquilles.

EN BREF
Empreinte carbone (kg/pers) : 12
Distance (km) : 109,5
Nuits : 5-7
Budget : €€-€€€
Quand partir : avr-sept

❶ Milazzo
Près de l'extrême nord-est de la Sicile, cette cité industrielle décrépite donne accès aux îles Éoliennes. Promenez-vous jusqu'à l'ancienne citadelle perchée sur la colline et dans la jolie vieille ville (Borgo Antico). Puis profitez de la *passeggiata* (balade) au coucher du soleil sur le front de mer, une glace à la main.
Prenez le ferry jusqu'à Vulcano (plusieurs/jour ; 1 heure 15).

❷ Vulcano
Une courte marche (qui donne chaud) sur le sable volcanique, depuis le port de Porto di Levante, vous mènera au cratère de Vulcano, drapé de fumerolles jaunes et de vapeurs de soufre. Ces émanations chauffent les eaux de la Spiaggia delle Acque Calde ("plage de l'eau chaude"), où l'on s'enduit d'une boue (malodorante) réputée thérapeutique.
Reprenez le ferry pour rejoindre Lipari (plusieurs/jour ; 20 min).

❸ Lipari
La jolie ville principale de l'île la plus grande et la plus animée des Éoliennes possède un beau centre historique fortifié, dominé par le Castello, un imposant bastion du XVIe siècle érigé sur des fondations remontant au néolithique. Un musée archéologique y est installé. Les ruelles bondées sont bordées de boutiques vendant câpres, tomates gorgées de soleil, marrons et olives. Des routes plus calmes en direction de l'arrière-pays se prêtent aux découvertes à vélo.
Montez dans le ferry à destination de Salina (tlj ; 50 min).

UN GRANITÉ SUR SALINA

VUE SUR VULCANO DEPUIS LIPARI

❹ Salina

Les deux volcans éteints de cette île verdoyante sont d'excellentes destinations de randonnée, avec des vues grandioses sur les autres îles éoliennes et les vignes qui produisent le fameux malvoisie, un vin blanc doux.
Embarquez sur un ferry pour Panarea (plusieurs/semaine ; 1 heure).

❺ Panarea

L'île la plus petite et la plus chic de l'archipel est un havre de raffinement méditerranéen. Seuls quelques hameaux jalonnent sa côte est. Au sud, juchés sur le promontoire de la Punta Milazzese, les vestiges de huttes rondes de l'âge du bronze au-dessus de criques idylliques.
Des ferries rejoignent Stromboli (plusieurs/semaine ; 1 heure 30).

❻ Stromboli

On vient avant tout à Stromboli – moins une île qu'un volcan cerné par la mer – pour son volcan. Gravissez-le de préférence au crépuscule (si les conditions le permettent), entre grondements, fumées et explosions. En contrebas, des ruelles chaulées, égayées de lauriers roses, mènent à des restaurants chics.
Des ferries desservent Milazzo (5 heures 30) et Naples (11 heures 30) – plusieurs/semaine.

ET ENCORE...

Excursion : Filicudi et Alicudi

Il s'agit des îles les plus à l'ouest et les plus lointaines de l'archipel éolien. De rares habitations parsèment Filicudi, dont le rivage constellé de grottes splendides est léché par des eaux d'un bleu profond. Plus petite, plus escarpée, plus isolée et dépourvue de routes, Alicudi se prête à des balades à dos de mule, en bateau ou à pied.
Des ferries partent de Salina pour Filicudi (1 heure 30) et Alicudi (2 heures 30) – plusieurs/semaine.

Plus loin : Taormine et l'Etna

En route pour l'aéroport de Catane, faites escale à Taormine, villégiature de premier choix dans l'Est sicilien. Elle possède un admirable théâtre antique (IIIe siècle av. J.-C.) à flanc de montagne qui surplombe de belles plages. L'Etna, qui se découpe sur l'horizon, est accessible en voiture et en bus.
Des trains desservent fréquemment Taormine depuis Milazzo, via Messine (2 heures 30).

AU FIL DE L'HISTOIRE GRECQUE ANTIQUE

SPORT · VIN ET BIÈRE · CUISINE · RESPONSABLE · AVENTURE · CULTURE · SPECTACLES · ARTS · ARCHITECTURE · HISTOIRE · FAMILLE · EN SOLO · COURT SÉJOUR · LONG SÉJOUR · PLAGE · HIVER · FAUNE · BIEN-ÊTRE

Athènes – Météores

Le passé vous laisse de marbre ? Lancez-vous sur les traces des géants de l'histoire en visitant certains des sites les plus célèbres de Grèce et vous changerez d'avis !

EN BREF

Empreinte carbone (kg/pers) : 22
Distance (km) : 775
Nuits : 7
Budget : €€-€€€
Quand partir : mars-nov

❶ Athènes

Il n'y a pas plus "classique" qu'Athènes : la ville est constellée de monuments, petits et grands, qui témoignent de son passé souvent glorieux et invariablement captivant. Pour vous immerger dans l'Antiquité, commencez par le musée national d'Archéologie. Puis dirigez-vous vers l'Acropole, où se dressent le Parthénon et d'autres édifices emblématiques de la civilisation antique. D'ici, vous aurez une vue grandiose sur la ville. Faites aussi un tour au musée de l'Acropole, où sont exposées certaines statues du Parthénon. Enfin, admirez les trésors de l'excellent musée Benaki – de l'âge du bronze à la Seconde Guerre mondiale.

Prenez le bus pour Delphes à la gare routière de Liossion (2-3/jour ; 3 heures).

❷ Delphes

Pour les Grecs anciens, Delphes était le "nombril du monde". Parmi les plus visités du pays, ce lieu se distingue par son superbe site archéologique : le sanctuaire d'Apollon. Sis dans un beau paysage de collines, celui-ci attirait autrefois des pèlerins qui venaient du monde entier pour en consulter l'oracle. Comptez au moins une journée pour profiter du site et du musée. Ce dernier ne manque pas de belles

MONASTÈRES DES MÉTÉORES

ATHÈNES VUE DE L'ACROPOLE

pièces (offrandes apportées par les visiteurs d'autrefois) – l'aurige de Delphes vaut particulièrement le coup d'œil. Accordez-vous un jour de plus pour prendre le temps de tout découvrir.

Atteindre les Météores demande un certain effort : un bus s'y rend une fois par jour, via Amfissa, Lamia et Trikala (4 heures).

❸ Météores

Dans la région des Météores, au nord-ouest de la plaine de Thessalie, des pitons rocheux sont surmontés de monastères byzantins. Comptez un jour pour visiter ces édifices remarquables (six sont ouverts au public) et accordez-vous une journée supplémentaire pour arpenter l'ancien *monopati* (sentier) qui serpente entre les pics. Embarquez pour une aventure alliant randonnée, escalade et kayak avec Visit Meteora (visitmeteora.travel). Si vous ne souhaitez pas partir en solo, sachez que l'agence organise aussi des circuits à pied.

Des bus rentrent à Athènes depuis Kalambaka, le principal village des Météores (4/jour environ via Trikala ; 5 heures). Chaque jour, un train relie Kalambaka à la gare de Larissa (Athènes).

ET ENCORE...

Plus loin : La Corinthe antique, Péloponnèse

Amateurs d'histoire, poursuivez vers l'ouest jusqu'à la Corinthe antique ! Parmi les vestiges de cette cité grecque et romaine, ceux du temple d'Apollon sont remarquablement préservés. Le musée du site offre une mise en contexte intéressante.

Le plus simple est de louer un véhicule. Des bus relient Athènes à la ville moderne de Corinthe, d'où d'autres partent pour la cité antique.

Plus loin : Épidaure, Péloponnèse

À 140 km au sud-ouest d'Athènes, l'ancien sanctuaire d'Esculape (Asclépios ; fin du IVe siècle av. J.-C.) abrite l'un des théâtres antiques les mieux conservés du pays. En été, il accueille des représentations du festival d'Épidaure.

L'idéal est de louer une voiture. Sinon, prenez le bus à Athènes jusqu'à Nauplie (ttes les heures ; 2 heures 30), où des bus rallient le site (1-4/jour ; 45 min).

LES ASTURIES À VÉLO

SPORT · VIN ET BIÈRE · CUISINE · RESPONSABLE · AVENTURE · CULTURE · SPECTACLES · ARTS · ARCHITECTURE · HISTOIRE · FAMILLE · EN SOLO · COURT SÉJOUR · LONG SÉJOUR · PLAGE · HIVER · FAUNE · BIEN-ÊTRE

Oviedo – Gijón

Partez à vélo à la découverte de l'Espagne verte et de son histoire, au fil des plus belles villes, montagnes et plages des Asturies.

EN BREF

Empreinte carbone (kg/pers) : 0
Distance (km) : 240
Nuits : 5-7
Budget : €€
Quand partir : mai-sept

❶ Oviedo

La capitale asturienne est connue pour les somptueuses églises préromanes du IXe siècle qui ponctuent les collines environnantes. Dans le centre, visitez le musée des beaux-arts des Asturies et goûtez à la spécialité locale : la *fabada*, le cassoulet espagnol !

À vélo, parcourez 75 km en direction de l'est.

LA FABADA, LA GRANDE SPÉCIALITÉ ASTURIENNE

❷ Cangas de Onís

Au seuil des pics d'Europe, Cangas possède un pont dit romain et un monastère du XIIe siècle reconverti en hôtel de luxe. Un trajet escarpé de 20 km vers le sud-est mène à Covadonga, site d'une célèbre bataille de la Reconquista (Reconquête), où se trouvent aussi une basilique (un site de pèlerinage) et deux lacs.

Pédalez vers l'est sur 30 km.

❸ Arenas de Cabrales

Au pied des pics d'Europe, la beauté du village ne le cède qu'à celle des montagnes alentour. Goûtez au *cabrales*, un fromage très fort, et prenez le temps de faire, à pied, les 24 km aller-retour de la superbe Ruta del Cares, un sentier de randonnée spectaculaire.

Parcourez 35 km vers le nord.

❹ Llanes

Avec ses remparts médiévaux, le port de Llanes ne manque pas de charme. Déjeunez au calme sur le front de mer, baladez-vous sur le Paseo San Pedro, en haut des falaises, ou flânez sur l'une des multiples plages du coin, telle Torimbia ou la surprenante Gulpiyuri, entourée de prairies à l'écart de la mer.

Poursuivez sur 30 km en direction de l'ouest.

LLANES

❺ Ribadesella

Outre sa belle plage, son port coloré et son spot de kayak, l'atout phare de Ribadesella est la grotte de Tito Bustillo. D'innombrables peintures du paléolithique, dont certaines datant de 33 000 ans, y furent découvertes en 1968. Seul le panneau principal (un bison, un cerf et des chevaux) est accessible au public.

Roulez sur 40 km vers l'ouest.

❻ Villaviciosa

Les routes bordées de pommeraies renseignent sur la spécialité de Villaviciosa : le *sidra* (cidre). Non pétillant, ce cidre ressemble à un jus de pomme très fort. Goûtez-le dans une *sidrería* : il est versé de haut et se boit dans un verre partagé. Attention : il est puissant !

Continuez sur 30 km à l'ouest.

❼ Gijón

La plus grande ville des Asturies invite à prendre du bon temps ! Lézardez sur la plage de San Lorenzo, faites des emplettes sur la Calle Corrida, visitez les vestiges romains et gardez de l'énergie pour une soirée dans les *sidrerías* et bars du vieux port, Cimadevilla. Des bus et des trains relient Gijón à plusieurs villes espagnoles.

L'aéroport régional, à 40 km à l'ouest, est desservi par des vols nationaux et internationaux.

ET ENCORE...

Plus loin : Parque Natural de Somiedo

C'est ici qu'on a le plus de chance de voir un ours brun de Cantabrie. L'espèce, en voie de disparition (il reste entre 250 et 300 individus), connaît un léger accroissement. Si des plantigrades se montrent parfois dans les quatre vallées principales du parc, les cerfs, les sangliers et même les loups sont plus courants. Ouvrez l'œil sur les sentiers qui traversent la forêt et longent des lacs.

À 70 km au sud-ouest d'Oviedo.

Plus loin : chemin de Saint-Jacques de Compostelle

Encore envie de plein air après tous ces kilomètres à vélo ? Mettez-vous en marche sur l'un des tronçons asturiens du chemin de Compostelle. De plage en village, le chemin côtier suit le littoral sur 284 km. Celui, primitif, de 148 km aurait été emprunté par le premier pèlerin supposé, le roi Alphonse II.

Pour plus d'informations : chemins-compostelle.com.

ROAD TRIP EN CRÈTE VITICOLE

Héraklion – Archanes

La région viticole au sud d'Héraklion se visite facilement en voiture (sous réserve de garder à l'esprit que qui conduit ne boit pas !).

EN BREF

Empreinte carbone (kg/pers) : 10
Distance (km) : 81
Nuits : 2
Budget : €€
Quand partir : mai-juin, sept-oct

❶ Héraklion

La capitale crétoise ne séduit pas forcément d'emblée. Toutefois, sa vieille ville vaut le détour, notamment pour découvrir l'un des meilleurs restaurants de l'île, le Peskesi... et pour visiter le musée archéologique d'Héraklion, l'un plus importants de Grèce, qui accorde une belle place aux objets découverts sur le site de Cnossos.

Rejoignez, à 11 km au sud-est, les régions viticoles de Peza et d'Archanes.

❷ Domaine oléicole Koronekes

Raisins et olives vont souvent de paire dans la région ! Le superbe domaine oléicole de Koronekes compte pas moins de 2 000 arbres de plus de 300 ans. Les olives sont pressées suivant la méthode traditionnelle ; faites vos provisions d'huile et d'autres produits crétois !

Continuez sur 13 km en direction de Peza, au sud.

❸ Domaine viticole Digenakis

Il faut réserver pour visiter ce vignoble moderne qui arbore une architecture remarquable, tout en béton et verre – impossible de le manquer ! Le kotsifali de Digenakis, un rouge en monocépage, est issu de vignes de 35 ans d'âge, rares rescapées du phylloxéra qui frappa la Crète dans les années 1970.

Repartez vers le nord : faites 11 km jusqu'à Skalani.

❹ Skalani

Le restaurant Elia & Diosmos, l'une des meilleures adresses de la région, mérite bien un détour par ce village à l'heure du déjeuner. Le chef Argyro Bardo y sert des plats crétois remis au goût du jour (jarret

RHYTON MINOEN, MUSÉE ARCHÉOLOGIQUE D'HÉRAKLION

VIGNOBLES PRÈS D'HÉRAKLION

de porc au vin, miel et agrumes) à base de produits frais et des vins locaux sélectionnés avec soin.

Mettez le cap vers le sud et roulez 17 km pour atteindre un sympathique domaine.

5 Domaine viticole Lyrarakis

Forte de nombreux prix, cette cave est connue pour avoir remis en valeur des cépages rares, dont le daphni, le plyto et le melissaki. Elle a aussi été la première à produire un mandilari en monocépage ; d'abord méprisé, ce vin est devenu le cru phare du domaine !

Enfin, remontez sur 13 km jusqu'à Archanes.

6 Archanes

En route pour cette jolie bourgade, arrêtez-vous à 5 km au sud sur le site de Vathypetro pour admirer l'un des plus anciens pressoirs à vin au monde encore en usage. À Archanes même, rejoignez la place principale. Dînez au Bakaliko, où le sommelier Giorgos Kteniadakis accompagne une délicieuse cuisine d'un choix de quelque 70 vins au verre.

L'aéroport international d'Héraklion est à 16 km au nord d'Archanes.

ET ENCORE...

Excursion : un jour à Cnossos

Ce site de l'âge du bronze très bien conservé s'étend aux portes de la région viticole. Partiellement restauré, le palais de Cnossos, capitale de la Crète minoenne, abrite, entre autres merveilles, des fresques colorées, de majestueux escaliers et des portes massives. Une journée n'est pas de trop pour se familiariser avec cette civilisation qui dominait le sud de l'Europe il y a quelque 4 000 ans.

Le site est à 5 km au sud d'Héraklion.

Plus loin : Dafnes

Pour un intermède œnophilique, faites un tour du côté des domaines viticoles de Dafnes. Celui de Diamantakis est particulièrement remarquable (son petali liatiko pourrait bien être le meilleur rouge de l'île !), et ceux de Douloufakis, Silva et Idaia méritent aussi une visite. L'Earino offre un hébergement et une cuisine d'exception.

Les domaines de Dafnes sont à 22 km au sud-ouest d'Héraklion.

RÉGAL À CADIX

SPORT · VIN ET BIÈRE · CUISINE · RESPONSABLE · AVENTURE · CULTURE · SPECTACLES · ARTS · ARCHITECTURE · HISTOIRE · FAMILLE · EN SOLO · COURT SÉJOUR · LONG SÉJOUR · PLAGE · HIVER · FAUNE · BIEN-ÊTRE

Jerez de la Frontera – Tarifa
Merveille du sud de l'Andalousie, la province de Cadix se distingue notamment par une cuisine d'exception. Elle est aisément accessible en bus.

EN BREF
Empreinte carbone (kg/pers) : 6,4
Distance (km) : 235
Nuits : 7-10
Budget : €€-€€€
Quand partir : mars-oct

❶ Jerez de la Frontera

Entamez votre découverte de la province de Cadix à Jerez, le joyau du "triangle du xérès" (dotée du seul aéroport de la région). Visitez sa cathédrale sévillane et sa forteresse (*alcázar*) de l'époque almohade, puis profitez de ses bodegas de xérès et de ses *tabancos* (tavernes de xérès) qui vibrent au son du flamenco.

BODEGA TRADICION, JEREZ DE LA FRONTERA

Prenez le bus jusqu'à Sanlúcar (7-13/jour ; 40 min).

❷ Sanlúcar de Barrameda

Surplombant le delta du Guadalquivir, Sanlúcar (deuxième ville du "triangle du xérès") produit un singulier xérès, le manzanilla. Vous goûterez ici à de succulents fruits de mer et aux fameux beignets de crevettes ! Découvrez les bodegas et la vieille ville, dînez au bord de l'eau à Bajo de Guía et partez en excursion dans les marais du Parque Nacional de Doñana.

Allez en bus jusqu'à Cadix (13/jour ; 1 heure).

❸ Cadix

D'origine phénicienne, Cadix est la plus ancienne ville d'Europe à avoir été habitée sans interruption. Elle est également connue pour son carnaval, le plus grand d'Espagne. Comptez 3 jours pour explorer ses différents *barrios* (quartiers), comme La Viña, où l'on se régale de fruits de mer, et Santa María, haut lieu du flamenco, ainsi que ses plages, ses bars et ses restaurants où sont servis *papas aliñás* (salade de thon et pommes de terre) et *chicharrones* (porc frit).

Partez à la journée en catamaran dans la baie de Cadix jusqu'à El Puerto de Santa María (8-16/jour ; 30 min).

PLAGE DE TARIFA

❹ El Puerto de Santa María

Bodegas (comme le célèbre Osborne), plages de sable blanc, fruits de mer et tapas : voilà ce que réserve cette autre ville du "triangle du xérès" ! Si votre budget vous le permet, profitez aussi du restaurant 3 étoiles l'Aponiente.

À Cadix, prenez le bus pour Vejer ou La Barca de Vejer (5-6/jour ; 1 heure-1 heure 30).

❺ Vejer de la Frontera

Faites-vous plaisir dans ce joyau blanc d'Andalousie, entre hôtels chics, vieille ville étagée et scène culinaire innovante – on se régale ici de spécialités comme le thon almadraba (pêché au filet). Des excursions faciles vous mèneront aux belles plages de la Costa de la Luz et aux ports thoniers de Barbate et Zahara de los Atunes.

Montez dans un bus pour Tarifa (8/jour ; 40 min).

❻ Tarifa

La sympathique Tarifa, capitale du kitesurf et de la planche à voile, trône à la pointe méridionale de l'Espagne, avec ses interminables plages et sa charmante vieille ville. Les produits et saveurs locales sont ici rehaussés d'influences internationales.

Des bus quotidiens relient Tarifa à Jerez, Málaga et Séville, où se trouvent des aéroports.

ET ENCORE...

Excursion : Parque Nacional de Doñana

Le parc national de Doñana, inscrit au Patrimoine mondial et d'une rare beauté, englobe une importante zone humide et se distingue par la richesse de sa faune – sangliers, flamants roses, lynx ibériques (une espèce menacée)...

Visitas Doñana organise des excursions en bateau et en jeep depuis Sanlúcar. Viajes Doñana propose aussi des circuits privés en jeep.

Plus loin : Arcos de la Frontera et Sierra de Grazalema

Perché en haut d'une falaise et doté d'un passé mouvementé, Arcos, avec sa vieille ville et ses bars à tapas, incarne le *pueblo blanco* (village blanc) par excellence. À l'est, le Parque Natural Sierra de Grazalema est sillonné de sentiers et ponctué de jolis villages.

Des bus fréquents relient Arcos à Jerez (40 min) et Cádiz (1 heure). Grazalema est accessible via El Bosque.

CATALOGNE : SURRÉALISME, VINS ET MARÉCAGES

SPORT · VIN ET BIÈRE · CUISINE · RESPONSABLE · AVENTURE · CULTURE · SPECTACLES · ARTS · ARCHITECTURE · HISTOIRE · FAMILLE · EN SOLO · COURT SÉJOUR · LONG SÉJOUR · PLAGE · HIVER · FAUNE · BIEN-ÊTRE

Cadaqués – Sant Carles de la Ràpita
Découvrez le monde surréaliste de Dalí à Cadaqués et Figueres, avant de contourner Barcelone pour atteindre Tarragone et les vignes du Priorat, puis le delta de l'Èbre.

EN BREF
Empreinte carbone (kg/pers) : 74
Distance (km) : 591
Nuits : 5
Budget : €€
Quand partir : avr-oct

❶ Cadaqués

Cachée dans une baie turquoise, Cadaqués, à mi-chemin du village de pêcheurs et de la villégiature huppée, est une entrée en matière catalane idéale. Délaissez la plage pour vous faire conduire, en barque à fond plat, vers l'une des nombreuses criques isolées autrement inaccessibles.

MUSÉE DALÍ, FIGUERES

Accordez-vous ensuite un intermède surréaliste dans la maison-musée de Salvador Dalí.
Parcourez 25 km vers l'ouest.

❷ Figueres

Bien qu'il ait passé 52 ans à Cadaqués, C'est à Figueres que Dalí est né et a été enterré. Il repose sous la coupole du musée-théâtre à son nom, aux côtés de la plus grande collection de ses œuvres au monde.
Cap au sud sur 230 km.

❸ Tarragone

Avec son amphithéâtre romain inscrit au Patrimoine mondial, sa cathédrale (XIIe siècle) et sa vieille ville médiévale, Tarragone tranche avec les stations balnéaires bâties dans les années 1970 sur la Costa Daurada. Après un tour au Mercat Central, paradis des gourmets, rejoignez la Ruta del Cister, un sentier viticole et culturel qui passe près du monastère de Poblet, avant de prendre la direction des vignes où est produit historiquement le vin blanc Milmanda.
Depuis Tarragone, faites 50 km vers le nord-ouest.

❹ Région viticole du Priorat

La pittoresque Porrera, le village animé de Falset et la bourgade de Gratallops, édifiée sur une colline,

RÉGION VITICOLE DU PRIORAT

forment le cœur de la région viticole du Priorat. Les cépages grenache et carignan y sont cultivés sur ses coteaux, pour produire des grands crus très prisés. Parmi les domaines à visiter aux alentours de Gratallops, mentionnons l'impressionnante cave d'Alvaro Palacios, le Clos de l'Obac et le Clos Mogador. À Falset, attablez-vous à l'Hostal Sport, un restaurant bon marché et animé, très prisé des viticulteurs.
Depuis Gratallops, faites 96 km vers le sud pour atteindre la côte.

5 Sant Carles de la Ràpita

Dans le delta où l'Èbre, le plus long fleuve espagnol, se jette dans la Méditerranée, les paysages diffèrent de ceux de la Catalogne. On trouve ici de vastes étendues de sable, d'eau, de lagunes et de marais mouvants peuplées d'innombrables espèces d'oiseaux. Près de l'embouchure du fleuve, le port de pêche de Sant Carles est un bon point de départ pour explorer cette zone humide protégée. Vous y croiserez des mytiliculteurs, des ostréiculteurs, des sauniers et des riziculteurs traditionnels.
Barcelone, bien desservie à l'international, est à 190 km au nord-est.

ET ENCORE...

Excursion : Sant Sadurní d'Anoia

Capitale du cava (vin blanc pétillant), cette commune nichée dans les collines du Penedès est cernée de plus de 100 domaines viticoles. En visitant une cave moderniste du XIXe siècle, comme Codorníu, vous constaterez que les méthodes de production sont ici semblables à celles du champagne.
Sant Sadurní est située entre Figueres et Tarragone.

Excursion : Montserrat

Le monastère bénédictin de Montserrat (XIe siècle) trône à 1 200 m sur un massif montagneux et figure au nombre des grands sites touristiques de Catalogne. Les pèlerins font la queue devant la Vierge noire. Les randonneurs, qui font l'ascension depuis Monistrol, évitent la foule tout en profitant du panorama !
Entre Figueres et Tarragone, la visite de Monserrat peut se combiner avec celle de Sant Sadurní d'Anoia.

BONHEUR BALÉARE : L'AUTRE IBIZA

Ibiza – Ses Salines

Profitez de l'"île Blanche" hors des sentiers battus et en toute décontraction, avec ce circuit en voiture (et un peu de randonnée).

EN BREF

Empreinte carbone (kg/pers) : 17
Distance (km) : 138
Nuits : 7-10
Budget : €€€
Quand partir : avr-juin, sept-oct

❶ Ville d'Ibiza

La capitale d'Ibiza, qui fut fondée par les Phéniciens, échappe aux stéréotypes. Elle est organisée autour de sa vieille ville, Dalt Vila, classée au Patrimoine mondial, avec ses remparts du XVIe siècle, ses rues pavées escarpées, sa cathédrale gothique catalane et son château mauresque en ruine. On y mange très bien !

Roulez 16 km vers le nord-est via Cala Llonga.

PLAGE DE LA CALA D'EN SERRA

❷ Santa Eulària des Riu

Le Puig de Missa (vieux quartier) de cette station balnéaire, qui servait autrefois de lieu de repli contre les raids pirates, est gardé par une belle église fortifiée de 1568. Des criques cachées s'égrènent le long du littoral.

Poursuivez sur 6 km vers le nord-est.

❸ Sant Carles de Peralta

Bien connu pour son marché hippie, ce village bohème compte aussi de bons restaurants et boutiques. Son église (XVIIIe siècle) a vécu des jours sombres durant la guerre d'Espagne. Dans le secteur, la plage isolée d'Aigües Blanques est particulièrement belle au lever du soleil.

Faites 7 km vers le nord jusqu'à Cala de Sant Vicent, puis continuez sur 8 km vers l'ouest.

❹ Sant Joan de Labritja

Cette bourgade, l'un des principaux villages du nord d'Ibiza, abonde en restaurants bio, cafés et hôtels rustiques chics. Un marché s'y tient le week-end.

Prenez au nord sur 8 km jusqu'à Portinatx.

❺ Côte nord

La côte nord d'Ibiza, isolée et comme coupée du monde, tranche avec le pan festif de l'île. Pour l'explorer, il faut randonner sur des chemins de terre escarpés.

VILLE D'IBIZA

À découvrir ici : le phare de Portinatx, la Cova des Culleram, Port de Ses Caletes, Cala d'en Serra, Cala d'Aubarca, Es Portitxol et les criques de Caló des Moltons.
Continuez sur 20 km en direction du sud-ouest.

❻ Santa Gertrudis de Fruitera

Ce village du cœur de l'île plein de charme compte également des boutiques chics et bohèmes, des galeries d'antiquaires et de bons restaurants.
Roulez 28 km vers l'ouest.

❼ Stonehenge

Cette création de l'artiste Andrew Rogers est constituée de 13 hautes colonnes de basalte dressées sur les falaises.
Parcourez 15 km vers le sud.

❽ Es Vedrà

D'une beauté inouïe au crépuscule, cet îlot est l'un des joyaux des Baléares.
Faites 23 km en direction de l'est.

❾ Ses Salines

Les marais salants d'Ibiza (spectaculaires au soleil couchant) sont protégés par le parc naturel de Ses Salines (168 km²) inscrit à l'Unesco.
Rejoignez la ville d'Ibiza, à 7 km.

ET ENCORE...

Plus loin : Formentera

Passez quelques jours sur cette île protégée au sud-est d'Ibiza. Lézardez sur des grèves dignes des Caraïbes, prenez un verre dans des *chiringuitos* (buvettes), visitez les phares... L'île s'explore aussi bien à vélo qu'en scooter ou à pied. Arpentez les rues animées de sa "capitale", Sant Francesc Xavier. Ne manquez pas les plages de la péninsule de Trucador.
Des ferries relient la ville d'Ibiza et Formentera (30 min-1 heure).

Détour : les villages du Nord

Sur la côte nord d'Ibiza, accordez-vous un détour par les villages un peu en retrait dans les terres : Santa Agnès de Corona, Sant Mateu d'Aubarca, Sant Miquel de Balansat et Sant Llorenç de Balàfia. La plupart ont des maisons chaulées traditionnelles, une place centrale avec un ou deux restaurants et une vieille église fortifiée.
Tous ces villages sont à moins de 1 heure de route de Sant Joan et de Portinatx.

LA VALLÉE DU DOURO EN TRAIN

VIN ET BIÈRE · CUISINE · RESPONSABLE · AVENTURE · CULTURE · SPECTACLES · ARTS · ARCHITECTURE · HISTOIRE · FAMILLE · EN SOLO · COURT SÉJOUR · LONG SÉJOUR · PLAGE · HIVER · FAUNE · BIEN-ÊTRE · SPORT

Porto – Pocinho

Vues grandioses et grands crus sont de la partie pour ce voyage en train à travers une région viticole historique.

EN BREF

Empreinte carbone (kg/pers) : 8
Distance (km) : 185
Nuits : 5-7
Budget : €€
Quand partir : avr-oct

❶ Porto

Sur les rives du Douro, Porto séduit d'emblée, avec ses quartiers pittoresques, son excellente scène culinaire et sa vie nocturne animée. Sur le plan architectural, la ville se partage entre chefs-d'œuvre baroques (l'église de São Francisco) et édifices contemporains (comme la Casa da Música, une salle de concerts signée Rem Koolhaas). Après avoir passé la journée dans des marchés couverts et musées d'avant-garde, détendez-vous au bord de l'eau !

Traversez l'imposant pont Dom Luis I et tournez à droite.

❷ Vila Nova de Gaia

Face à la rive sud du Douro, les rues sont jalonnées de vénérables caves de porto. L'Espaço Porto Cruz propose un voyage œnologique virtuel à 360° autour du fleuve, suivi d'une dégustation sur le toit. Enchaînez avec la visite des caves centenaires de Taylor's et la découverte de grands crus chez Graham's.

À Porto, prenez le train à la gare de São Bento jusqu'à Peso da Régua (fréquents ; 2 heures).

❸ Peso da Régua

Sur la rive nord du Douro, les environs de Peso da Régua comptent d'excellents domaines viticoles et hébergements ruraux sur le thème du vin – dans l'hôtel Quinta da Pacheca, vous pourrez même dormir dans un tonneau de vin géant ! Au bord de l'eau, le Museu do Douro présente les traditions vinicoles de la vallée à travers une belle collection d'objets d'art et d'artefacts.

EN TERRASSE À PORTO

VIGNES DE LA VALLÉE DU DOURO

Prenez le train jusqu'à Pinhão (3-5 trains/jour ; 30 min).

❹ Pinhão

Cette jolie ville donne sur un coude du Douro où la vue est sublime, avec de grandes collines aménagées en terrasses descendant jusqu'aux berges. Profitez du cadre en flânant sur la promenade au bord de l'eau, avant de visiter l'un des nombreux établissements viticoles des environs. Le domaine de l'hôtel Quinta Nova est parcouru de superbes sentiers au milieu des vignes. Sur l'autre rive, Quinta das Carvalhas propose diverses visites et dégustations. Une vue panoramique se déploie depuis la ligne de crête.

Reprenez le train jusqu'à Pocinho (1 heure).

❺ Pocinho

Il n'y a pas grand-chose à voir ici, mais le trajet en train est spectaculaire ! Vous longerez la rive nord du fleuve avant de traverser du côté sud au niveau de Ferradosa. L'itinéraire suit ainsi les méandres du Douro, avec une vue grandiose sur les collines tapissées de vignes.

Reprenez le train pour Porto (3-5/jour ; 3 heures 30).

ET ENCORE...

Plus loin : Vila Nova de Foz Côa

Cette paisible bourgade aux bâtiments chaulés est située à proximité d'un ensemble de gravures du paléolithique, dans la vallée voisine du Rio Côa. Vous pourrez les admirer et en apprendre plus sur les fouilles à l'occasion d'une visite (départ de l'entrée du musée et du parc, à 3 km à l'est de la ville).

Prenez un taxi à Pocinho ; 10 minutes plus tard, vous serez à Vila Nova de Foz Côa (à 15 minutes à pied de l'entrée du parc).

Détour : Lamego

La jolie Lamego est l'un des lieux de pèlerinage les plus importants du pays. Un escalier monumental (de plus de 600 marches) orné d'azulejos mène à l'église Nossa Senhora dos Remédios (XVIIIe siècle). Après l'avoir gravi (les fidèles le font à genoux), promenez-vous dans la vieille ville, dotée de restaurants traditionnels et d'un marché animé.

Des bus (et taxis) quotidiens relient Peso da Régua et Lamego (15 min).

ROAD TRIP EN CRÈTE

SPORT
VIN ET BIÈRE
CUISINE
RESPONSABLE
AVENTURE
CULTURE
SPECTACLES
ARTS
ARCHITECTURE
HISTOIRE
FAMILLE
EN SOLO
COURT SÉJOUR
LONG SÉJOUR
PLAGE
HIVER
FAUNE
BIEN-ÊTRE

Héraklion – Elafonissi

En route pour ce périple reliant les principaux sites de Crète qui vous dévoilera les trésors archéologiques, les plages paradisiaques et l'hospitalité de l'île !

EN BREF

Empreinte carbone (kg/pers) : 40
Distance (km) : 320
Nuits : 7
Budget : €€
Quand partir : avr-juin, sept-oct

❶ Héraklion

La capitale crétoise concentre les sites les plus importants de l'île, dont l'incroyable musée archéologique d'Héraklion et les vestiges du palais de Cnossos, ancien épicentre de la Crète minoenne, situés à 5 km. Ses ruelles abondent en cafés, brasseries artisanales et bars à cocktails branchés.

TAVERNE, RÉTHYMNON

Roulez au sud sur 20 km pour atteindre la région viticole d'Héraklion.

❷ Région viticole d'Héraklion

Le paysage est ici dominé par des collines tapissées de vignes. Visitez quelques domaines pour déguster les meilleurs vins crétois, issus pour la plupart de cépages indigènes rares.

Longez la côte vers l'ouest sur 80 km.

❸ Réthymnon

Avec son quartier marqué par l'influence des Vénitiens et des Ottomans, sa forteresse du XVe siècle et ses eaux céruléennes, Réthymnon est un concentré de Méditerranée ! Savourez des fruits de mer frais dans une taverne du port, allez admirer la vue depuis la forteresse et profitez de la vie nocturne animée du dédale de ruelles du vieux quartier.

Faites un aller-retour (40 km aller) jusqu'à Preveli, au sud.

❹ Preveli

Le Moni Preveli (un monastère historique) et la plage paradisiaque en contrebas constituent deux bonnes raisons (entre autres) de rejoindre le village reculé de Preveli. Le monastère, juché en haut d'une colline,

PORT DE LA CANÉE

surplombe la mer de Libye, tandis que la plage bordée de palmiers est adossée aux falaises escarpées des gorges de Kourtaliotiko.

De retour à Réthymnon, parcourez 60 km vers l'ouest jusqu'à La Canée.

5 La Canée

Avec une vieille ville sublime et un splendide port vénitien, cette cité crétoise est particulièrement séduisante. Quel bonheur de se perdre dans le dédale de ses ruelles bordées de restaurants, de maisons d'hôtes, de boutiques et de bars, et de se balader sur le port en s'arrêtant pour prendre un verre, se restaurer et contempler les bateaux !

Partez à l'ouest et longez la côte sur 40 km.

6 Elafonissi

Avec des eaux turquoise et un sable rose pâle, la plage d'Elafonissi est de toute beauté. Le lagon, peu profond, attire les familles, tandis que les naturistes se rassemblent dans les dunes derrière la plage principale. Il y a quelques restaurants et hôtels à proximité ; passez la nuit sur place pour éviter les foules de touristes à la journée.

Retournez à La Canée, où se trouve un aéroport desservi par des vols nationaux et internationaux.

ET ENCORE...

Excursion : un jour dans les gorges de Samaria

La traversée des gorges de Samaria (16 km) est incontournable ! Elles commencent au sud d'Omalos, à Xyloskalo, et se terminent au village côtier d'Agia Roumeli (4-6 heures).

Tôt le matin, des bus vont à Xyloskalo depuis La Canée (1 heure). D'Agia Roumeli, prenez le ferry pour Sougia ou Chora Sfakion (40 min), puis le bus pour La Canée. (1 heure 30-2 heures).

Détour : plage de Vaï

La plage de Vaï, lovée sur la côte est de l'île (province de Lasithi), vaut le détour avec ses eaux scintillantes et son sable doux, le tout adossé à une grande palmeraie de dattiers crétois. Populaire, elle est parfois bondée.

La plage est à 150 km à l'ouest d'Héraklion.

GRENADE ET LES ALPUJARRAS EN BUS

Grenade – Est des Alpujarras

Une fois rassasié des trésors mauresques de Grenade, direction les montagnes des Alpujarras sillonnées de sentiers – une région à découvrir en bus et à pied.

EN BREF

Empreinte carbone (kg/pers) : 4,6
Distance (km) : 170
Nuits : 9-12
Budget : €€
Quand partir : mars-oct

❶ Grenade

Dominée par un superbe palais-forteresse, Grenade fourmille de monuments historiques, des superbes Palacios Nazaríes (réservez) de l'Alhambra aux *cármenes* (maisons typiques avec jardin entourées de murs) d'Albaicin. Et elle ne déçoit pas davantage côté bars à tapas, street art, flamenco et hébergements originaux.

Prenez le bus jusqu'à Capileira (3/jour ; 2-3 heures).

ALHAMBRA, GRENADE

❷ Capileira

Point culminant des villages du Barranco de Poqueira, Capileira incarne bien toute la beauté des Alpujarras avec ses maisons chaulées à toit plat et ses ruelles pentues. Restez quelques jours pour marcher jusqu'à Bubión et Pampaneira, et pour profiter des repas *alpujarreños* bien consistants, de l'artisanat traditionnel et des paysages montagneux.

De juin à novembre, des navettes relient Capileira au Mirador de Trevélez, où 5,1 km d'ascension vous séparent du sommet du Mulhacén (réservez sur reservatuvisita.es).

❸ Mulhacén

Plus haut sommet de la péninsule ibérique (3 479 m), le Mulhacén appelle à l'aventure. Un jour suffit pour l'ascension et la descente ; il est aussi possible de passer la nuit au Refugio Poqueira (2 500 m).

Prenez le bus (2/jour ; 5-20 min) ou marchez (6 km) de Capileira à Pitres, le principal village de la municipalité de La Tahá.

❹ La Tahá

Cette magnifique vallée à l'est de Poqueira est émaillée de villages paisibles, de vieux sentiers de randonnée et de charmants hôtels ruraux (surtout à Ferreirola).

TRÉVÉLEZ

À Pitres, prenez le bus pour Trevélez (2-3/jour ; 15-30 min).

❺ Trevélez

C'est dans ce village ramassé et pentu, à 1 476 m d'altitude, qu'est produit l'un des meilleurs jambons d'Espagne ! Vous trouverez aussi d'excellents sentiers de randonnée, dont un, exigeant, mène au Mulhacén (24 km, boucle de 10-12 heures).

Prenez le bus pour Bérchules (2/jour – un continue jusqu'à Yegen et Válor ; 35 min).

❻ Est des Alpujarras

Quoique peu visités, les villages reculés des environs d'Ugíjar ont pourtant leur beauté propre, avec leurs églises, leurs maisons chaulées et leurs paysages de montagne. Découvrez la bourgade assoupie de Yegen, Válor au riche passé, la tranquille Mairena, Cádiar et ses vignobles ou encore la pittoresque Bérchules.

Le bus de Válor retourne à Grenade (2/jour ; 3-4 heures 15), via Yegen et Bérchules.

ET ENCORE...

Plus loin : Costa Tropical

Les 80 km de la côte "tropicale" de Grenade s'étirent entre falaises, baies turquoise et châteaux dominant des stations balnéaires. Visitez Salobreña et Almuñécar, avec leurs forts mauresques, dans les collines, goûtez aux sports nautiques à La Herradura et déjeunez face à la mer. La plage de Cantarriján attire les naturistes.

La Herradura, Almuñécar et Salobreña sont desservies par les bus de Grenade.

Plus loin : Cabo de Gata

De belles plages andalouses ourlent la côte déserte et bordée de falaises entre Retamar et Agua Amarga, au sud-est d'Almería. Elles sont protégées par le Parque Natural Cabo de Gata-Níjar où vous apprécierez les criques cachées, les sentiers côtiers, les villages reculés et les possibilités de sports nautiques.

Louez une voiture pour atteindre Cabo de Gata, 200 km au sud-est de Grenade.

D'ÎLE EN ÎLE DANS LES AÇORES

SPORT
VIN ET BIÈRE
CUISINE
RESPONSABLE
AVENTURE
CULTURE
SPECTACLES
ARTS
ARCHITECTURE
HISTOIRE
FAMILLE
EN SOLO
COURT SÉJOUR
LONG SÉJOUR
PLAGE
HIVER
FAUNE
BIEN-ÊTRE

São Miguel – São Jorge – São Miguel
En avion et en ferry, explorez cet archipel volcanique préservé où la nature est reine. Profitez-en pour goûter aux poissons frais et aux vins d'exception !

EN BREF
Empreinte carbone (kg/pers) : 196
Distance (km) : 1 247
Nuits : 14
Budget : €€
Quand partir : avr-oct

❶ São Miguel

Cette île est le principal point d'entrée des Açores ; vous y retournerez en fin de voyage ; passez-y aussi une nuit au début pour vous reposer. Plus grande ville de l'archipel, Ponta Delgada compte d'excellents restaurants de poisson frais et de sushis.

Chaque jour, des vols directs (1 heure 20) desservent Flores depuis Ponta Delgada.

PONTA DELGADA, SÃO MIGUEL

❷ Flores

On n'est jamais à l'abri d'imprévus (la météo capricieuse impacte vols et traversées). Commencez par l'île la plus éloignée, Flores, et dirigez-vous vers l'est. Vos efforts seront récompensés : vous serez seul ou presque (l'île compte 4 000 habitants) dans un splendide écrin de nature vert émeraude ! Cette réserve de biosphère de l'Unesco est un territoire d'eaux cristallines, de vallées profondes, de pics montagneux, de cascades et de lacs de cratère.

Des vols réguliers (1 heure) relient Flores à Terceira du printemps à l'automne.

❸ Terceira

Ce haut lieu festif des Açores accueille plusieurs festivals et événements. Pour vous immerger dans la culture de l'archipel, visitez la ville d'Angra do Heroísmo, inscrite au Patrimoine mondial, les chapelles colorées (*impérios*) et les domaines viticoles. Le long de la côte, de bons restaurants servent du thon frais.

Tous les jours, des vols directs (35 min) relient Terceira à Pico.

❹ Pico

Nombreux sont ceux qui viennent ici pour gravir la plus haute montagne du Portugal (2 351 m). Comptez une

FLORES

journée pour l'ascension (plus si vous souhaitez dormir dans le cratère). Faites aussi le tour des nombreux domaines viticoles, où sont produits de remarquables vins volcaniques.

Des ferries (30 min) quittent chaque jour Pico (Madalena ou São Roque) pour Velas, sur São Jorge.

❺ São Jorge

Ses paysages somptueux, ses randonnées et le sentiment d'être coupé du monde sont autant de raisons de visiter cette île étroite, aux routes sinueuses et escarpées. On s'y déplace difficilement : cela fait partie de son charme !

Toute l'année, des vols quotidiens relient São Jorge à Ponta Delgada sur São Miguel (2 heures 25), avec une escale sur Terceira.

❻ São Miguel

Quand vous retournerez à São Miguel, Ponta Delgada pourrait bien avoir pour vous des airs de métropole. Profitez des restaurants et des hôtels. Il existe aussi de belles possibilités d'activités, entre les lacs de cratère et les cascades. Sans oublier le spot de baignade chauffé par une source chaude dans l'océan Atlantique !

Des vols relient Ponta Delgada à de nombreuses destinations européennes et nord-américaines.

ET ENCORE...

Plus loin : Corvo

Vous aspirez encore à un superbe isolement, après votre passage sur Flores ? Direction Corvo ! Il s'agit de l'île la plus petite et la plus au nord de l'archipel. Elle compte moins de 500 habitants ; vous y serez seul face à la nature.

Des ferries (40 min) assurent chaque semaine la traversée entre Santa Cruz (Flores) et Vila Nova do Corvo.

Plus loin : Horta, Faial

L'île de Faial est certes moins séduisante que ses voisines. Toutefois, les amateurs de voile trouveront leur bonheur à Horta, sa localité principale. Escale incontournable des traversées transatlantiques, ce port accueille des marins du monde entier.

Tous les jours, des ferries relient Madalena, sur Pico, à Horta.

LES RIVIERAS FRANÇAISE ET ITALIENNE

FAUNE · BIEN-ÊTRE · SPORT · VIN ET BIÈRE · CUISINE · RESPONSABLE · AVENTURE · CULTURE · SPECTACLES · ARTS · ARCHITECTURE · HISTOIRE · FAMILLE · EN SOLO · COURT SÉJOUR · LONG SÉJOUR · PLAGE · HIVER

Nice – Cinque Terre

En train, reliez les villes du littoral méditerranéen ; commencez par la Côte d'Azur, puis cap sur l'Italie !

EN BREF

Empreinte carbone (kg/pers) : 13
Distance (km) : 350
Nuits : 10
Budget : €€€
Quand partir : mai-oct

❶ Nice

Incomparable par son charme, Nice est nichée au pied d'un massif provençal et épouse la courbe d'une baie. Comme bon nombre d'artistes, aristocrates et esthètes l'ont fait par le passé, foulez la promenade des Anglais, bordée de palmiers et d'hôtels Belle Époque.

Rejoignez Menton en train (ttes les 15-30 min ; 30 min).

VERNAZZA, CINQUE TERRE

❷ Menton

Dernière ville française avant l'Italie, Menton ravit, avec ses maisons aux tons pastel surplombant une mer azur. Le remarquable musée Jean Cocteau abrite une collection de céramiques, de dessins et d'œuvres cinématographiques du maître.

Reprenez le train pour passer la frontière et arriver à San Remo (ttes les heures ; 1 heure).

❸ San Remo, Italie

Connu pour son casino Art nouveau, San Remo est souvent comparé à Monte-Carlo. La ville a toutefois bien d'autres atouts que ses machines à sous, comme les allées pavées de La Pigna, sa vieille ville et son église orthodoxe russe construite face à la mer à la demande d'une tsarine de passage.

Prenez le train pour Gênes (ttes les heures ; 2 heures).

❹ Gênes, Italie

À la fois sordide et grandiose, Gênes est une rare parenthèse urbaine sur la Riviera italienne. La ville comptait naguère parmi les plus puissantes de la Méditerranée ; visitez les somptueux *palazzi* de la Via Garibaldi pour en découvrir la riche histoire maritime.

MENTON, FRANCE

Prévoyez une excursion d'une demi-journée en bateau à Portofino ; plusieurs compagnies de ferries opèrent depuis/vers le port de Gênes en été.

5 Portofino, Italie

Portofino est une station balnéaire sélecte, cachée sur une péninsule boisée, loin du vacarme urbain de Gênes. Montez jusqu'au Castello Brown, un château au sommet d'une colline, d'où l'on profite d'une vue imprenable sur les cyprès, les clochers et les yachts.

Depuis Portofino, rejoignez Santa Margherita Ligure par le bus n°82 (ttes les heures ; 20 min), puis prenez le train jusqu'à Monterosso (ttes les heures ; 1 heure).

6 Cinque Terre, Italie

Perchés sur des pentes abruptes, les cinq villages de pêcheurs des Cinque Terre occupent des emplacements idylliques. Pour éviter la foule, empruntez les sentiers en haut des falaises, comme le tronçon du Sentiero Azzurro entre Monterosso et Corniglia.

À Corniglia, vous pourrez prendre le train jusqu'à Pise (ttes les heures ; 1 heure 30), dont l'aéroport est bien desservi.

ET ENCORE...

Plus loin : Cannes

On ne saurait résumer cette ville à son festival ! Pour découvrir un pan plus sauvage de la région, prenez le ferry jusqu'à l'île boisée de Sainte-Marguerite où se dresse un fort où le célèbre Masque de fer passa de nombreuses années d'incarcération.

Rejoignez Cannes en train depuis Nice (ttes les 15-30 min ; 30 min).

Plus loin : Pise, Italie

Pise ne se réduit pas davantage à sa tour penchée. Les touristes n'en affluent pas moins sur la Piazza dei Miracoli ("place des miracles"), où l'édifice domine des pelouses verdoyantes et une cathédrale de marbre richement ornée. La foule est plus clairsemée au sud où se trouvent un quartier universitaire, des églises et des galeries le long de l'Arno.

Des trains arrivent toutes les heures de Corniglia.

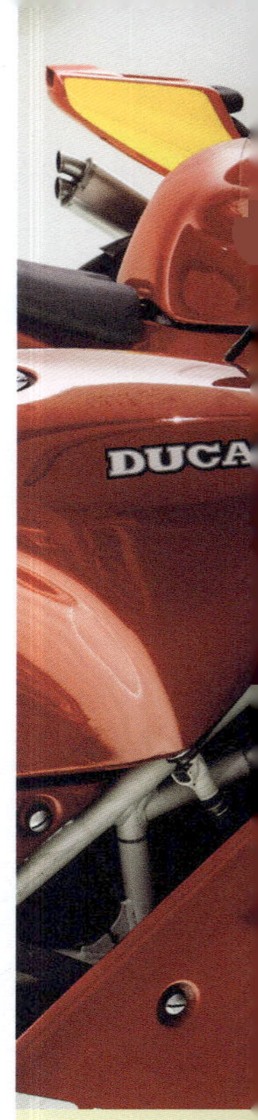

EN ROUTE POUR LA MOTOR VALLEY

VIN ET BIÈRE · CUISINE · RESPONSABLE · AVENTURE · CULTURE · SPECTACLES · ARTS · ARCHITECTURE · HISTOIRE · FAMILLE · EN SOLO · COURT SÉJOUR · LONG SÉJOUR · PLAGE · HIVER · FAUNE · BIEN-ÊTRE · SPORT

Bologne – Parme

Prenez le volant… et desserrez la ceinture en Émilie-Romagne, terre promise des amateurs de grosses cylindrées et de délices culinaires !

EN BREF

Empreinte carbone (kg/pers) : 46
Distance (km) : 340
Nuits : 3
Budget : €€
Quand partir : avr-juin

❶ Bologne

On mange bien dans la capitale médiévale de l'Émilie-Romagne ; c'est ici que sont nés *ragù*, lasagnes, tortellini et mortadelle (réservez une table à la Trattoria da Me ou à l'All'Osteria Bottega). Entre deux repas, faites un saut au Museo Ducati, consacré aux motos du même nom, à Borgo Panigale, à 6,5 km au nord-ouest du centre.

Prenez le bus n°97 à l'Autostazione de Bologne jusqu'à Argelato (35 min).

❷ Museo Ferruccio Lamborghini

Réservez pour découvrir la collection personnelle du fondateur de la marque, Ferruccio Lamborghini, composée d'hélicoptères, de tracteurs et d'illustres voitures comme la Miura SV et la Countach, dans l'un des deux musées à son nom de la Motor Valley.

Regagnez Bologne par le bus n°97 puis prenez à l'Autostazione le n°576 jusqu'à Sant'Agata Bolognese.

❸ Mudetec

Principale usine et musée de voitures de sport de la région, le musée des Technologies de Lamborghini (Mudetec) retrace les innovations dans le domaine. De nombreuses automobiles y sont exposées. Réservez pour visiter l'usine et assister à la fabrication, à la main et sur mesure, de Lamborghini.

Retournez à Bologne par le bus n°576 puis louez une voiture pour emprunter l'A1 vers l'ouest jusqu'à Maranello (50 km).

❹ Maranello

Les passionnés de bolides italiens ne manqueront pas le siège de l'écurie Ferrari. Si l'usine n'est pas ouverte au public, le musée étanchera votre soif de vitesse.

MODÈNE

MUSEO DUCATI, BOLOGNE

Après 24 km au nord-est sur la SP16, vous voilà à San Cesario sul Panaro.

5 Museo Horacio Pagani

Pour voir le montage de grosses cylindrées, il n'y a pas mieux que l'usine Pagani, où seules 40 voitures sont assemblées à la main chaque année. Tarif : de 1,3 à 2,5 millions d'euros. Pour réserver : modenatur.it.
Prenez la SS9 vers Modène (14 km), au nord-ouest.

6 Modène

C'est à Modène, autre capitale gastronomique, que se trouve l'Osteria Francescana, l'un des meilleurs restaurants du monde. Des repas plus modestes et non moins mémorables sont mitonnés au Ristorante da Danilo et à la Trattoria Ermes. Le Museo Enzo Ferrari et l'usine Maserati (réservez via modenatur.it) sont accessibles à pied.
Continuez sur l'A1 jusqu'à Parme (60 km).

7 Parme

Bienvenue dans le berceau du *parmigiano reggiano* et du *prosciutto di Parma* ! Entre deux festins, visitez le splendide baptistère et admirez *La Scapigliata* de Léonard de Vinci, exposée à la Galleria Nazionale.
Bologne, à 98 km au sud-est, est desservie par des liaisons internationales (train et avion).

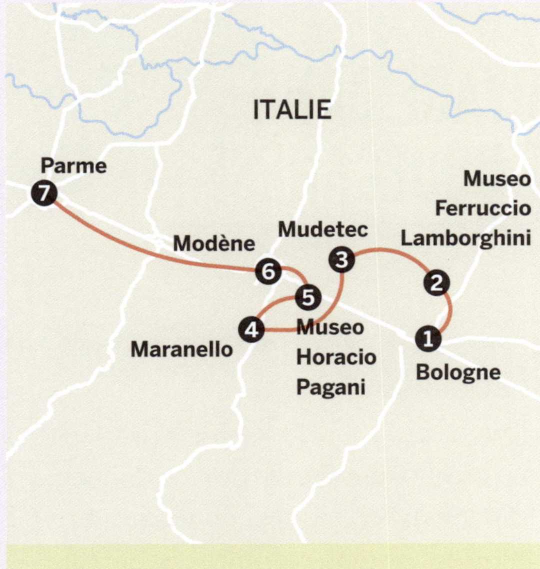

ET ENCORE…

Plus loin : MAICC

Imola, où se court le Grand Prix automobile d'Émilie-Romagne, est à 45 km au sud-est de Bologne. C'est ici que périt dans un accident, en 1994, le pilote brésilien Ayrton Senna. Le célèbre artiste de rue Eduardo Kobra l'a immortalisé sur la façade du MAICC (Museo Multimediale Autodromo di Imola Checco Costa), un espace multimédia high-tech.
Imola est desservie par des trains depuis la gare centrale de Bologne (ttes les 30 min ; 20 min).

Détour : Trattoria da Amerigo

Nul autre restaurant ne prépare mieux les spécialités locales que la table étoilée de la Trattoria da Amerigo, à Savigno (à 33 km au sud-ouest de Bologne). On y perpétue la tradition chère à la regrettée Nonna Giuliana Vespucci avec d'excellents menus dégustation, souvent à base des fameuses truffes blanches de Savigno. Réservez une chambre sur place.
Savigno est facilement accessible en voiture.

VOYAGE DANS LE DODÉCANÈSE

Leros – Kastellorizo

Tous en bateau vers les îles du Dodécanèse ! Au programme : superbes randonnées et riche avifaune, jolies chapelles, épaves impressionnantes et repas savoureux.

EN BREF

Empreinte carbone (kg/pers) : 37
Distance (km) : 330
Nuits : 14
Budget : €€-€€€
Quand partir : mai-sept

❶ Leros

Les amateurs de produits de la mer ne seront pas déçus à Leros, où les gourmets se rendront directement au restaurant de poisson Mylos, Prenez le temps de découvrir la ville de Lakki qui témoigne par ses édifices de style rationnaliste de son statut d'ancienne base navale italienne de Mussolini.

Plusieurs ferries relient chaque jour Leros à Kalymnos (1-2 heures).

VILLE DE RHODES, RHODES

❷ Kalymnos

Les atouts de cette île : ses sites d'escalade, sa discrète capitale, Pothia, et ses possibilités d'excursions en pleine nature sur des hauteurs herbeuses.

Un ferry dessert Kos tous les jours (30 min).

❸ Kos

Amateur de farniente ? Cette île ourlée de plages est une destination rêvée (bien que touristique). Pour fuir la foule, direction l'intérieur des terres, dans la région des monts Dikéos, pour explorer les charmants villages d'Agios Dimitrios, de Zia, de Lagoudi et de Pyli.

Plusieurs ferries assurent chaque semaine la liaison entre Kos et Nisyros (1 heure).

❹ Nisyros

Souvent négligée par les touristes, cette île volcanique et son cratère ont la faveur des aventuriers – son volcan est toujours actif. Les restaurants locaux servent de très bons produits de la mer : commencez par Geusea !

Prenez le bateau jusqu'à Tilos (environ 5/semaine ; 1 heure).

❺ Tilos

Sur la petite Tilos, calme, plages, fleurs d'été sauvages et marche sont au rendez-vous. Ses terres rocheuses

KOS

et montagneuses sont maillées de quelque 55 km de sentiers. Une belle randonnée vous mènera (non sans effort) au monastère d'Agios Panteleimon, perché au bord d'une falaise.
Prenez le ferry pour Rhodes (plusieurs/semaine ; 3 heures).

6 Rhodes
La plus grande île du Dodécanèse associe histoire, plages et tourisme. Prenez le temps d'arpenter la ville de Rhodes, dont l'architecture mêle les influences byzantines, turques et italiennes, et laissez-vous surprendre par le Musée archéologique et le palais des Grands Maîtres (le palais des Chevaliers).
Les lignes de ferries sont limitées ; mieux vaut rejoindre Kastellorizo en avion (plusieurs/semaine ; 40 min).

7 Kastellorizo
Cette petite île située à 2 km de la Turquie est la moins accessible du Dodécanèse. Pourquoi déployer tant d'efforts pour l'atteindre ? Pour admirer la beauté de son front de mer, bordé de demeures colorées, pour bien manger et bien boire, pour nager dans le port...
Prenez l'avion jusqu'à Rhodes ou Athènes (environ 3/semaine).

ET ENCORE...

Plus loin : Astypaléa
Cette petite île en forme de papillon séduit par ses villages, ses tavernes de poisson et ses *kastros* vénitiens. Posez votre serviette sur une plage reculée, ou baladez-vous dans les prairies ou le long des ruelles du quartier historique de Pera Gialos.
Astypaléa est accessible en avion depuis Rhodes, Leros, Kalymnos et Kos.

Plus loin : Symi
Sur cette île compacte, prenez le temps de flâner dans les ruelles jalonnées de demeures italiennes qui descendent des falaises jusqu'au port de Gialos, le village principal. Ne manquez pas de traverser les montagnes couvertes de pins pour visiter le sud de l'île et le monastère de Taxiarhou Mihail Panormiti.
Des ferries relient Symi à Rhodes (tlj ; 50 min).

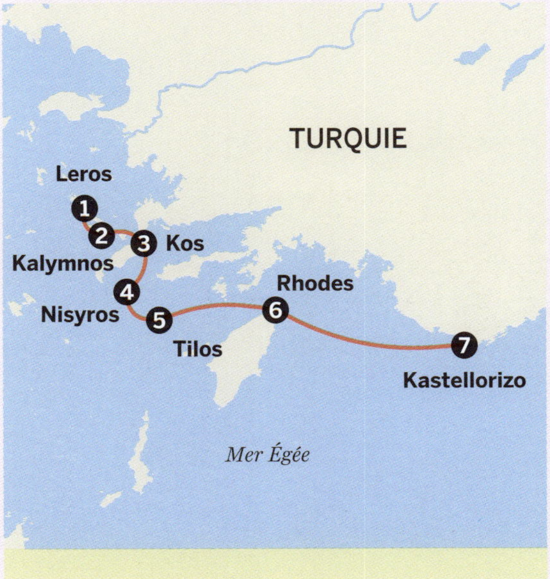

UN TOUR DES LACS ITALIENS

SPORT · VIN ET BIÈRE · CUISINE · RESPONSABLE · AVENTURE · CULTURE · SPECTACLES · ARTS · ARCHITECTURE · HISTOIRE · FAMILLE · EN SOLO · COURT SÉJOUR · LONG SÉJOUR · PLAGE · HIVER · FAUNE · BIEN-ÊTRE

Milan – îles Borromées

Depuis Milan, partez, de train en bateau, pour un tour des villes riveraines des lacs italiens à la beauté légendaire.

EN BREF

Empreinte carbone (kg/pers) : 16
Distance (km) : 280
Nuits : 7
Budget : €€€
Quand partir : avr-oct

❶ Milan

Mode, design, gastronomie... Milan se distingue sur bien des plans ! Deuxième ville d'Italie par la taille, elle possède aussi un riche patrimoine architectural, avec notamment un extravagant *duomo* (cathédrale) de style gothique et un joyau de l'art occidental : *La Cène*, de Léonard de Vinci (réservation impérative). Après avoir admiré les chefs-d'œuvre de la Renaissance, revenez au temps présent, avec une séance de lèche-vitrines dans l'étincelante Galleria Vittorio Emanuele II ou un verre en terrasse (à la Terrazza Aperol, par exemple).

Prenez le train à la Stazione Centrale jusqu'à Côme (toutes les heures ; 1 heure).

LAC DE CÔME

❷ Lac de Côme

Encadrée de collines verdoyantes, Côme, avec ses promenades au bord de l'eau, ses villas grandioses et ses tables en plein air sur des places baignées de soleil, donne un bel avant-goût du lac. Pour une vue digne des contes de fées, prenez le funiculaire jusqu'à Brunate, où montagnes et lac se déploient sous vos yeux.

Navigazione Lago di Como assure des liaisons en ferry avec Bellagio (plusieurs/jours ; 45 min).

❸ Bellagio

Bellagio est une petite ville paisible située sur un promontoire qui s'avance sur le lac de Côme, avec des villas aux volets verts, des jardins de rhododendrons et d'agréables promenades. Prenez le temps d'explorer d'illustres domaines, comme la Villa Serbelloni dotée d'un parc luxuriant, avant de dîner face au lac.

VILLA SERBELLONI, BELLAGIO, LAC DE CÔME

Retournez à Côme en ferry (45 min), puis prenez le train pour Stresa, via Milan (2 heures 10).

❹ Stresa

Écrin de la Belle Époque sur la berge ouest du lac Majeur, Stresa arbore un centre pavé et des places ensoleillées (dont la Piazza Marconi), d'où l'on admire à son aise le paysage montagneux. Et que dire de la vue depuis le mont Mattarone ! En 20 minutes de funiculaire, vous voilà sur ce sommet à 1 492 m, où se déroule un horizon de pics acérés et de lacs lointains.
Des ferries et des bateaux-taxis relient Stresa aux trois îles Borromées (20 min).

❺ Îles Borromées

Ces trois îles du lac Majeur, qui appartiennent à la famille Borromeo (Borromée) depuis le XVIIe siècle, constituent une belle excursion depuis Stresa, avec de très anciens jardins botaniques sur l'Isola Madre et des trésors artistiques dans le Palazzo Borromeo sur l'Isola Bella. Moins riche en sites remarquables, l'Isola Superiore, surnommée l'"île des pêcheurs", abonde en revanche en restaurants de poisson.
Retournez à Stresa en ferry, puis prenez le train pour Milan (toutes les heures ; 1 heure).

ET ENCORE...

Plus loin : Orta San Giulio

Non loin de l'île idyllique de San Giulio et entouré d'épaisses forêts, ce village lacustre possède de beaux édifices et des ruelles étroites. Un chemin pavé monte jusqu'au Sacro Monte di San Francesco, sur lequel se dressent des chapelles baroques couvertes de fresques et d'où l'on profite d'une vue imprenable sur le lac.
En été, 3 bus SAF circulent chaque jour entre Stresa et Orta San Giulio (50 min).

Détour : Cannobio

Au sud de la frontière suisse, la ravissante Cannobio, dotée de maisons aux tons pastel et d'une rive piétonne, est une base idéale pour explorer la partie la moins fréquentée du lac Majeur. Par temps chaud, la plage publique est idyllique. De belles balades vous attendent dans la campagne, notamment le long de la rivière Cannobino (3 km).
Tous les jours, des ferries relient Stresa et Cannobio (2 heures).

SPORT · VIN ET BIÈRE · CUISINE · RESPONSABLE · AVENTURE · CULTURE · SPECTACLES · ARTS · ARCHITECTURE · HISTOIRE · FAMILLE · EN SOLO · COURT SÉJOUR · LONG SÉJOUR · PLAGE · HIVER · FAUNE · BIEN-ÊTRE

LE TALON ITALIEN

Bari – Matera

Explorez la pointe méridionale de l'Italie par les routes de campagne pour découvrir le meilleur de l'histoire, de l'art, de la culture et de la gastronomie des Pouilles !

EN BREF

Empreinte carbone (kg/pers) : 92
Distance (km) : 507
Nuits : 8-12
Budget : €€€
Quand partir : avr-juin

❶ Bari

La capitale des Pouilles est une cité portuaire qui a conservé une belle authenticité. Dans la vieille ville se dressent une cathédrale romane du XIIIe siècle et la Basilica di San Nicola, où sont conservées les reliques de saint Nicolas. Louez un vélo pour parcourir le front de mer, où vous trouverez le Musée archéologique, avant de vous régaler au marché sur le port.

BASILICA DI SANTA CROCE, LECCE

Louez une Fiat 500 (un grand classique pour une balade d'exception !) pour faire les 151 km qui séparent Bari de Lecce.

❷ Lecce

Lecce, la "Florence du Sud", possède son propre style architectural foisonnant, le *barocco leccese* (baroque de Lecce), qui se retrouve dans ses églises, palais et places fourmillant de gargouilles, de colonnes, de diablotins... Dans la vieille ville, visitez notamment la grandiose Basilica di Santa Croce, avant d'allier les saveurs de la *cucina povera* ("cuisine pauvre"), typique des Pouilles, aux vins issus de la région du sud du Salento.

Longez la paisible côte adriatique sur 50 km.

❸ Otrante

Le sol de la cathédrale romane d'Otrante (XIe siècle) est orné d'une mosaïque composée de 600 000 tesselles (XIIe siècle) qui représente un splendide arbre de vie reposant sur le dos de deux éléphants stylisés. La visite guidée du Castello Alfonsino (ou Castello Aragonese), un ancien fort aragonais où les armoiries de Charles Quint restent visibles au-dessus de l'entrée, vaut le détour.

Traversez le talon de l'Italie en roulant sur 54 km jusqu'à Gallipoli.

MATERA

❹ Gallipoli

Sur un promontoire qui s'avance dans la mer Ionienne, Gallipoli, avec ses murs chaulés, porte bien son nom ("belle ville" en grec) : il s'agit de l'une de plus jolies cités côtières du Salento. Flânez sur le front de mer et craquez pour les fameuses crevettes rouges pêchées ici.

Poursuivez sur 96 km jusqu'à Tarente via Manduria.

❺ Tarente

Le passé de l'ancienne colonie spartiate de Taras se dévoile dans le prestigieux Museo Archeologico Nazionale (MArTA), riche d'une vaste collection d'artefacts en terre cuite grecs. Traversez le pont pour rejoindre la Città Vecchia (vieille ville) et explorez l'impressionnant Castello Aragonese.

Parcourez 90 km jusqu'à Matera.

❻ Matera

Bienvenue dans l'une des plus vieilles cités du monde ! Le réseau de *sassi* (habitations troglodytiques) de Matera, taillé dans le tuf tendre de la région, offre un spectacle unique. Les quartiers de Sasso Barisano et Sasso Caveoso, surplombés par le *duomo*, sont sillonnés de ruelles et d'escaliers tortueux, et émaillés d'églises rupestres.

Retournez à Bari, à 66 km au nord-est.

ET ENCORE...

Détour : cap de Santa Maria di Leuca

Dans le sud-est du Salento, cap sur le "Finistère" italien, où les vents agitent l'eau cobalt de la mer Ionienne. En route, prévoyez une excursion en bateau pour admirer les formations karstiques de la Grotta Zinzulusa. La basilique et le phare de Santa Maria di Leuca marquent l'extrémité sud de cet itinéraire.

Depuis Otrante, suivez la côte vers le sud sur 53 km jusqu'à Santa Maria di Leuca.

Excursion : un jour à Ostuni

Avec Locorotondo et Martina Franca, Ostuni fait partie des "villes blanches" perchées sur les collines des Pouilles. À la gare, montez à bord d'un Ape Calessino (triporteur Piaggio) pour parcourir les petites rues, faites des provisions d'huile d'olive artisanale, admirez la cathédrale du XVe siècle... et réservez une table à l'Osteria Ricanatti.

Des trains Trenitalia relient fréquemment la gare principale de Lecce à Ostuni (1 heure).

CUISINE FINE ET ARCHITECTURE EN GALICE

Saint-Jacques-de-Compostelle – Ourense
Mettez le cap sur le nord-ouest verdoyant de l'Espagne, haut lieu de pèlerinage pour les catholiques, qui séduit par sa belle architecture, son littoral et sa cuisine.

EN BREF
Empreinte carbone (kg/pers) : 95
Distance (km) : 764
Nuits : 14
Budget : €€
Quand partir : mai-sept

❶ Saint-Jacques-de-Compostelle
Point d'arrivée du chemin de Saint-Jacques, la capitale de la Galice (Santiago de Compostela) voit passer, depuis plus d'un millénaire, d'innombrables pèlerins, parés d'un bâton et d'une coquille Saint-Jacques. Commencez par visiter la splendide cathédrale, puis faites un tour au Mercado de Abastos, un marché animé, avant de profiter des jolies places, des musées… et des bars à tapas.
Roulez 66 km vers le sud-ouest.

PONTEVEDRA

❷ Cambados, Rías Baixas
Bienvenue dans la capitale de l'*albariño* (un blanc fruité produit dans les Rías Baixas, sur la côte ouest) ! Visitez de somptueux *pazos* (maisons de la noblesse galicienne) et des grands domaines viticoles comme Gil Armada, et savourez les excellents produits de la mer de la région !
Poursuivez au sud-est sur 28 km.

❸ Pontevedra
Avec sa vieille ville piétonne toute en ruelles, places et bars à tapas, cette jolie capitale provinciale se prête à une escale d'une nuit.
Faites 135 km vers le nord-ouest.

❹ Costa da Morte
Frottez-vous à la beauté mystérieuse de la "côte de la Mort" en séjournant à Fisterra, Muxía ou Lires-Nemiña. La région abonde en plages sauvages, caps spectaculaires, villages de pêcheurs et phares isolés. Deux expériences incontournables : la découverte du Cabo Fisterra et d'un tronçon du Camiño dos Faros (long de 200 km).
Roulez sur 180 km vers le nord-est, jusqu'à Cedeira.

❺ Rías Altas
Les paysages grandioses des Rías Altas s'étendent à perte de vue, entre falaises, plages et houle atlantique.

CATHÉDRALE DE SAINT-JACQUES-DE-COMPOSTELLE

Consacrez quelques jours à la région pour profiter du port de Cedeira, du littoral déchiqueté du Cabo Ortegal, de la vue depuis les falaises de Garita de Herbeira, de la péninsule de Bares, du banc sur les falaises à Loiba...
Faites 100 km vers le sud.

6 Lugo

Remarquablement préservée, la muraille romaine de Lugo est classée au Patrimoine mondial. À découvrir aussi : la vieille ville... et d'excellentes tapas.
Direction le sud sur 115 km jusqu'à Parada de Sil, au cœur de la Ribeira Sacra.

7 Ribeira Sacra

Cette région qui englobe les gorges du Sil et du Miño est riche en vignobles escarpés. Des routes étroites et de superbes sentiers pédestres et cyclables serpentent entre domaines viticoles, forêts préservées, points de vue imprenables et monastères médiévaux.
Roulez 40 km vers l'ouest.

8 Ourense

Prévoyez 2 jours à Ourense pour goûter à des tapas succulentes, vous perdre dans le dédale de sa vieille ville et vous détendre sur la route thermale du Miño !
Faites 100 km pour retourner à Saint-Jacques.

ET ENCORE...

Excursion : un jour dans les Illas Cíes

Certaines des plus jolies plages de Galice sont situées dans le Parque Nacional de las Islas Atlánticas de Galicia. Interdites aux véhicules à moteur, les trois Illas Cíes constituent une jolie escapade depuis Cambados.
À Pâques et de juin à mi-septembre (au moins), des bateaux assurent des liaisons fréquentes (16-19 € aller-retour ; 45 min) depuis Vigo. D'autres partent de Baiona, Bueu et Cangas.

Plus loin : les Picos de Europa

Lacs étincelants, téléphériques au cœur de paysages époustouflants, fromages affinés dans des grottes : tels sont, pêle-mêle, quelques-uns des attraits des pics d'Europe ! Entre spots de kayak et sentiers d'altitude, les sensations fortes sont aussi au rendez-vous.
Depuis Cedeira ou Lugo, faites 300 km vers l'est pour aller à Cangas de Onís, au pied des pics asturiens – 80 km de plus jusqu'à Potes et les pics cantabriques.

PATRIMOINE MAURE EN ANDALOUSIE

Málaga – Salobreña

Découvrez les vestiges de la présence musulmane sur ces terres que les Maures appelaient "al-Andalus" et qu'ils dominèrent entre le VIIIe et le XVe siècle.

EN BREF

Empreinte carbone (kg/pers) : 65
Distance (km) : 521
Nuits : 10-14
Budget : €€
Quand partir : toute l'année

❶ Málaga

Peu attrayante en soi, la capitale de la Costa del Sol n'en possède pas moins un palais-forteresse datant de la période maure (l'Alcazaba), un musée Picasso, une antenne du Centre Pompidou, le remarquable musée Carmen Thyssen (art espagnol et andalou) et un intriguant musée du Verre et du Cristal ; le tout mérite bien quelques jours ! Entre deux bains de culture, délassez-vous dans les jardins botaniques, les bars à tapas et les *chiringuitos* (bars de plage servant des produits de la mer).

Mettez le cap vers le nord sur 161 km.

❷ Cordoue

Les arcades striées de la mosquée-cathédrale de Cordoue (La Mezquita) sont l'un des nombreux éléments d'architecture de la ville témoignant des influences mêlées de l'architecture islamique et des styles gothique, plateresque et baroque. Depuis le clocher, haut de 54 m (un ancien minaret), profitez d'une vue imprenable sur l'ancienne capitale maure. La vieille ville, bien préservée, est classée au Patrimoine mondial. L'Alcázar de los Reyes Cristianos se dresse sur les rives du Río Guadalquivir, comme un Alhambra miniature. Remarquez aussi le beau Puente Romano.

Continuez vers l'est sur 108 km.

❸ Jaén

Son emplacement stratégique fait de Jaén une escale singulière entre Cordoue, à l'ouest, et Grenade, au sud. Le Castillo Santa Catalina, un fort édifié en altitude au Xe siècle, mérite le détour. À découvrir aussi, dans le quartier vallonné de La Magdalena, l'ancienne ville

CATHÉDRALE DE L'ASSOMPTION DE LA VIERGE, JAÉN

LA MEZQUITA, CORDOUE

maure : le plus grand hammam d'Espagne, un trésor du XIe siècle dissimulé sous le Palacio de Villardompardo Renaissance.

Roulez 94 km en direction du sud.

4 Grenade

Grenade est sans aucun doute *le* joyau de l'Andalousie mauresque. L'imposant Alhambra, une ancienne forteresse construite en 889 et transformée en résidence pour les sultans en 1333, est sans doute l'ensemble architectural le plus connu d'Espagne. Prenez le temps de flâner dans le quartier arabe de l'Albayzín, sur les hauteurs de la ville, d'où se déploient des vues inattendues sur la ville et la Sierra Nevada enneigée.

Poursuivez vers le sud sur 68 km.

5 Salobreña

Le rocher de ce charmant *pueblo blanco* (village blanc) est visible à des kilomètres à la ronde ! Il fait bon se promener ici dans les vieilles rues labyrinthiques, sans omettre d'admirer le château mauresque du Xe siècle perché sur un éperon rocheux, les vestiges romains, les jolies petites églises...

Longez la côte sur 90 km en direction de l'ouest pour rejoindre Málaga.

ET ENCORE...

Plus loin : Séville

Construite sur les ruines d'une mosquée almohade du XIIe siècle, la vaste cathédrale gothique de Séville est impressionnante. Grimpez tout en haut de la Giralda (l'ancien minaret) pour profiter d'une vue panoramique et explorer en détail cet édifice raffiné.

Séville se trouve à 200 km au nord-ouest de Málaga.

Plus loin : Ronda

Avec le paysage époustouflant des gorges du Tajo de Ronda pour toile de fond, cette cité entourée par les montagnes et dotée de trois ponts qui relient la ville moderne (XVe siècle) à la vieille ville maure semble tout droit sortie d'un décor de *Game of Thrones*. Les sites intéressants ne manquent pas : l'église Santa María la Mayor, le minaret de San Sebastián (XIIIe siècle), les bains arabes...

Ronda est à 100 km à l'ouest de Málaga.

D'EUROPE EN ASIE EN TRAIN

BIEN-ÊTRE · SPORT · VIN ET BIÈRE · **CUISINE** · **RESPONSABLE** · AVENTURE · CULTURE · SPECTACLES · **ARTS** · **ARCHITECTURE** · **HISTOIRE** · FAMILLE · **EN SOLO** · **COURT SÉJOUR** · LONG SÉJOUR · PLAGE · HIVER · FAUNE

Athènes – Istanbul

Embarquez pour un périple en train inoubliable au fil de quatre villes (Athènes, Thessalonique, Sofia et Istanbul) et à travers deux continents !

EN BREF

Empreinte carbone (kg/pers) : 27
Distance (km) : 1 345
Nuits : 5-6
Budget : €€
Quand partir : toute l'année

❶ Athènes, Grèce

La capitale grecque est célèbre à plus d'un titre. Et pour cause : elle est le berceau de la démocratie, du théâtre, de la philosophie et bien plus encore. Même si les colonnes de marbre de l'incontournable Parthénon sont visibles de toute la ville, prenez tout de même le temps de visiter ce lieu d'exception et les autres grands sites et monuments athéniens : le temple d'Athéna Niké, l'Agora antique, l'excellent musée de l'Acropole, le charmant quartier de Plaka...

Au départ de la gare de Larissa, des trains interurbains rejoignent Thessalonique (2/jour ; 4 heures 30) en passant par le mont Olympe et en longeant la côte égéenne sur la fin.

❷ Thessalonique, Grèce

Deuxième ville de Grèce par la taille, Thessalonique possède de belles églises et des remparts byzantins. Son front de mer, jalonné de bars et de restaurants, est dominé par la Tour blanche (XVe siècle), son monument le plus célèbre – elle se visite et abrite un musée consacré à l'histoire de la ville. Vous pourrez découvrir également le Musée archéologique et le musée de la Culture byzantine. Quant à l'excellente cuisine locale, elle fait généralement l'unanimité !

Prenez le train jusqu'à Sofia (1/jour le matin ; 8 heures 30).

PLACE MONASTIRAKI ET ACROPOLE, ATHÈNES

THESSALONIQUE

❸ Sofia, Bulgarie

Ancienne colonie romaine du nom de Serdica, la capitale bulgare est une ville où les églises orthodoxes coiffées de bulbes côtoient des vestiges antiques, des mosquées ottomanes et des monuments soviétiques. Si la plupart des touristes visitent la superbe cathédrale Alexandre Nevski, le vrai joyau est ici l'église de Boyana, classée au Patrimoine mondial et ornée de fresques médiévales sublimes.

Prenez le train de nuit İstanbul-Sofya Ekspresi jusqu'à la gare d'Halkalı à İstanbul (13 heures).

❹ Istanbul, Turquie

À la jonction de deux continents, cette métropole a connu plusieurs incarnations et noms à travers les âges : Byzance, Constantinople et enfin Istanbul. Terre de mythologie, d'histoire et de culture, elle ajoute à ses monuments byzantins et ottomans (à commencer par Sainte-Sophie) de remarquables musées et bazars dans le quartier historique de Sultanahmet – entre autres (nombreux) attraits. Profitez des restaurants et des bars du quartier de Beyoglu (XIXe siècle) et, en *vapur*, remontez le Bosphore ou traversez la mer de Marmara pour rejoindre l'Anatolie, en Asie !

De nombreuses destinations sont accessibles depuis l'aéroport international d'Istanbul.

ET ENCORE...

Plus loin : la rive asiatique d'Istanbul

À Istanbul, l'un des grands classiques consiste à embarquer sur un *vapur* entre Europe et Asie : vous profiterez ainsi d'une vue époustouflante sur les monuments de la vieille ville, la tour médiévale de Galata, la banlieue d'Üsküdar, coiffée par la mosquée de Çamlıca...

Des bateaux font la navette entre Eminönü, Karaköy et Beşiktaş en Europe, et Üsküdar et Kadıköy en Asie.

Plus loin : le long du Bosphore

Ce détroit reliant la mer de Marmara et la mer Noire est le plus bel atout naturel d'Istanbul. D'un côté l'Europe, de l'autre l'Asie et, sur les deux rives, une abondance de maisons, mosquées et palais ottomans, que l'on peut admirer depuis les ponts des bateaux.

İstanbul Şehir Hatları propose un circuit en bateau depuis l'embarcadère d'Eminönü (départ 10h35 ; 4 heures).

MADÈRE, PARADIS NATUREL

Funchal – Porto da Cruz

Luxuriante et vertigineuse, Madère ravit les amateurs de randonnée et de nature. Ayez le cœur bien accroché, car l'atterrissage sur l'île est assez délicat !

EN BREF

Empreinte carbone (kg/pers) : 17
Distance (km) : 134
Nuits : 7-10
Budget : €€
Quand partir : toute l'année

❶ Funchal

Qu'il s'agisse de ses rues pavées, de son musée Frederico de Freitas, dédié aux arts décoratifs, de son jardin botanique ou du marché animé de Lavradores, aux étals duquel le sabre noir fait figure de monstre marin, tout, dans la capitale de l'île a de quoi envoûter.

Prenez le funiculaire jusqu'à Monte.

MARCHÉ DE LAVRADORES, FUNCHAL

❷ Monte

Un funiculaire vous mènera jusqu'au jardin tropical du luxueux Monte Palace, à 600 m d'altitude environ. Le trajet du retour peut se faire de manière encore plus spectaculaire : deux hommes agiles (*carreiros*) chaussés de bottes à semelle de caoutchouc vous pousseront alors à bord d'un traîneau en osier le long d'une route sinueuse et glissante.

À Funchal, louez une voiture pour faire 20 km en direction de l'ouest.

❸ Ribeira Brava et la côte sud

À l'ouest de Funchal, des plantations de bananes et de canne à sucre s'étendent jusqu'aux falaises de Ribeira Brava sur la côte sud. Bravez le vide sur la plateforme en verre du belvédère du Cabo Girão et déjeunez au Fajã dos Padres, face à la mer, juste avant Ribeira Brava – pour atteindre cet établissement, vous devrez prendre un funiculaire et traverser des vergers tropicaux.

Continuez vers l'ouest sur 26 km jusqu'au point de départ de la Levada das 25 Fontes.

❹ Sentiers des levadas

Rendus inutiles par la mise en place du système d'irrigation moderne, les anciens canaux artificiels de Madère ont été reconvertis en sentiers pédestres.

JARDIN BOTANIQUE DE MADÈRE, FUNCHAL

Pour profiter de chemins forestiers le long de piscines naturelles alimentées par des chutes d'eau, optez pour la Levada do Alecrim ou la Levada das 25 Fontes. Il existe des itinéraires plus exigeants autour du Pico Ruivo, le point culminant de l'île (1 862 m).
Depuis la Levada das 25 Fontes, partez vers le nord sur 23 km.

5 De Porto Moniz à São Vicente

À Porto Moniz (à la pointe nord-ouest de Madère), la vue est grandiose, notamment près des piscines naturelles volcaniques et de la chute du Voile de la Mariée. Toujours sur la côte nord, mais à l'est, São Vicente est le point de départ de sentiers qui rejoignent deux carrières particulièrement riches en fossiles.
À partir de São Vicente, conduisez vers l'est sur 51 km.

6 Porto da Cruz

Prenez une planche de surf pour passer quelques heures à Porto da Cruz où l'impressionnante plage artificielle de Banda d'Além a été créée à partir de sable importé du Maroc. Goûtez au rhum local dans la distillerie de canne à sucre avant de rejoindre l'aéroport ou Funchal.
14 km séparent Porto da Cruz de l'aéroport de Madère.

ET ENCORE...

Plus loin : Ribeiro Frio

Depuis Funchal, une route de 48 km relie les côtes nord et sud en serpentant à travers les parcs nationaux. Dans le parc de Ribeiro Frio, un court sentier conduit au belvédère de Balcões (880 m). Dominant une forêt de lauriers, il réserve une vue de toute beauté. L'expérience est encore plus magique lorsque des pinsons viennent à votre rencontre !
Ribeiro Frio est à 17 km au nord de Funchal.

Plus loin : Porto Santo

Au nord-est de Madère, l'île de Porto Santo est hérissée de pics rocheux, qui culminent à 516 m au Pico do Facho, et que l'on peut arpenter pour admirer l'océan. Sur la rive nord, dans la baie de Zimbralinho, scrutez l'eau pour apercevoir d'anciennes coulées de lave.
Un ferry relie Funchal à Porto Santo en 2 heures environ (durée et fréquence selon la saison). Sur place, louez une voiture ou prenez le bus.

RANDONNÉE DANS LES TROODOS

SPORT
VIN ET BIÈRE
CUISINE
RESPONSABLE
AVENTURE
CULTURE
SPECTACLES
ARTS
ARCHITECTURE
HISTOIRE
FAMILLE
EN SOLO
COURT SÉJOUR
LONG SÉJOUR
PLAGE
HIVER
FAUNE
BIEN-ÊTRE

Nicosie – Limassol

Pour tirer le meilleur parti de Chypre, partez marcher dans le massif du Troodos, émaillé de monastères byzantins et de vieux villages de vignerons.

EN BREF

Empreinte carbone (kg/pers) : 3,5
Distance (km) : 140
Nuits : 7
Budget : €€
Quand partir : mars-avr, sept-oct

❶ Nicosie (Lefkosia)

Commencez cette excursion en altitude, dans la capitale divisée de Chypre, en vous promenant dans les ruelles bordées de vieilles maisons, d'églises byzantines ou datant de la domination franque, et de tristes vestiges de la guerre civile des années 1970. Dégustez un copieux repas chypriote au Shiantris, dans la rue Pericleous.

Prenez le bus à l'arrêt du bastion de Constanza jusqu'à Kakopetria (toutes les heures ; 1 heure 15).

❷ Kakopetria

Depuis le centre, marchez 3 km à l'ouest jusqu'à la ravissante église byzantine Agios Nikolaos tis Stegis. L'intérieur de cet édifice en pierre taillée, classé au patrimoine de l'Unesco, est orné de fresques réalisées entre les XIe et XIVe siècles. Passée la chaleur de midi, partez vers le nord jusqu'à Galata pour visiter la chapelle de Panagia tis Podythou décorée de fresques colorées du XVIIe siècle.

Reprenez le bus jusqu'à Kentriko Troödos (tôt le matin ; 30 min).

❸ Troodos (Kentriko Troödos)

Le bus rejoint promptement Troodos, un village étendu qui sert de base aux randonneurs en été et de station de ski en hiver. Bravez le sentier d'Artémis : il décrit une boucle de 7 km autour du mont Olympe, le point culminant de Chypre (1 952 m), traverse des forêts de pins odorantes et dévoile des panoramas grandioses.

Marchez jusqu'à Pano Plâtres, à 9 km au sud.

NICOSIE (LEFKOSIA)

LIMASSOL

❹ Pano Platres
D'autres paysages sylvestres invitent à partir en randonnée autour de cette ancienne station d'altitude britannique. Vous pourrez aussi vous régaler d'une bonne cuisine de campagne chypriote, notamment avec les mezze du Mimi's Restaurant. Les villages de Foini, Perapedhi et Pouziaris, tous situés à moins d'un jour de marche, valent le détour.
Marchez 8 km vers le sud-ouest jusqu'à Omodos.

❺ Omodos
Les routes qui descendent jusqu'à Omodos sont pour la plupart tranquilles et goudronnées. Sur place, vous découvrirez une jolie place pavée et l'imposant monastère Timiou Stavrou. Plusieurs petits viticulteurs vendent du commandaria, un vin doux élaboré à Chypre depuis au moins 800 av. J.-C.
Rejoignez Limassol en bus (2-4/jour ; 2 heures).

❻ Limassol (Lemesos)
Après la fraîcheur des collines, la chaleur du littoral a de quoi surprendre. Rafraîchissez-vous sur l'une des plages décontractées à l'ouest de Limassol desservies par les bus de Paphos.
Le principal aéroport de Chypre est à Limassol. Des bus rejoignent Nicosie (1/heure ; 1 heure 15).

ET ENCORE...

Plus loin : Paphos
Pourquoi s'arrêter à Limassol ? L'autoroute qui rejoint Paphos, à l'ouest, dessert plusieurs sites historiques : le château des croisés de Kolossi, les ruines de Kourion, le sanctuaire d'Apollon Hylatès et le pilier rocheux de Petra tou Romiou où la déesse Aphrodite serait sortie des flots.
Les bus qui sillonnent la côte toutes les heures permettent un accès facile à Paphos. Au rendez-vous ici : des vestiges... et des fêtes de plage !

Détour : Pedoulas
Vous pouvez prolonger la randonnée entre Troodos et le mont Olympe en allant jusqu'à Pedoulas. Là, l'église de l'Archangelos Michail est ornée de fresques avec des anges armés d'épées du XVe siècle. Non loin, l'église Panagia tou Moutoulla est un chef-d'œuvre du XIIIe siècle décoré de représentations de saints.
17 km séparent Troodos de Pedoulas. Pour ne pas revenir sur vos pas, prenez le bus pour Pano Platres.

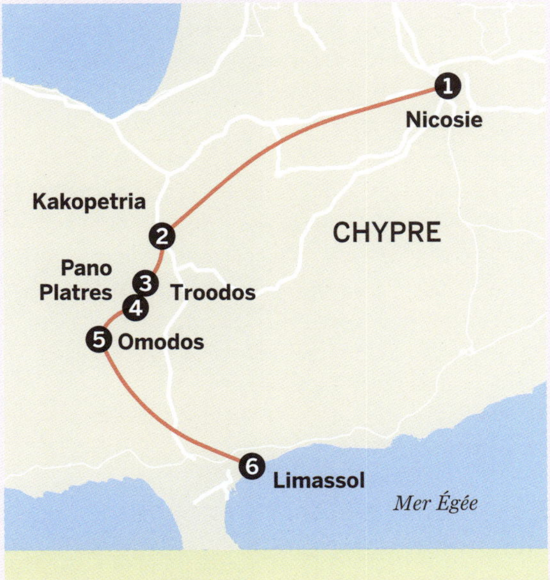

MAJORQUE PAR LE NORD

SPORT · VIN ET BIÈRE · CUISINE · RESPONSABLE · AVENTURE · CULTURE · SPECTACLES · ARTS · ARCHITECTURE · HISTOIRE · FAMILLE · EN SOLO · COURT SÉJOUR · LONG SÉJOUR · PLAGE · HIVER · FAUNE · BIEN-ÊTRE

Pollença – Valldemossa

Fuyez les plages touristiques et sillonnez les hauteurs calcaires du massif de la Serra de Tramuntana pour un périple inoubliable dans le nord de l'île.

EN BREF

Empreinte carbone (kg/pers) : 13
Distance (km) : 103
Nuits : 7
Budget : €€
Quand partir : avr-oct

❶ Pollença

Sur les contreforts de la Tramuntana, à 60 km au nord-est de Palma (la capitale), Pollença déploie ses ruelles couleur miel et les terrasses de sa Plaça Major.

CONTREFORTS DE LA TRAMUNTANA

Pour contempler les toits et les montagnes alentour, gravissez le Calvari (calvaire) : 365 marches bordées de cyprès menant à une chapelle du XVIIIe siècle.

Conduisez sur 22 km vers le sud-ouest, sur les routes escarpées de la Serra de Tramuntana.

❷ Lluc

Depuis le Moyen Âge, les pèlerins affluent au monastère de Lluc pour y vénérer une statue de la Vierge datée du XIVe siècle. Les montagnes alentour sont aussi belles que le décor doré de l'église, en partie remanié par Antoni Gaudí.

Faites 36 km vers l'ouest et admirez, en route, le point culminant de l'île, le Puig Major (1 445 km).

❸ Fornalutx

Ce village saura vous charmer avec ses maisons en pierre aux jolis volets, ses ruelles fleuries et, en contrebas, ses vergers de citronniers en terrasses. En été, c'est un havre de paix loin des foules du littoral. Fornalutx aurait été, à l'origine, une *alquería* (communauté rurale) arabe.

Faites 4 km vers le sud-ouest.

❹ Sóller

Sóller est un magnifique village en pierre ocre niché dans une luxuriante vallée de citronniers, d'orangers

DEIÀ

et d'oliviers. Son cœur bat sur la Plaça de la Constitució, avec ses cafés, son tramway ancien et son Església de Sant Bartomeu, entre architecture baroque et moderniste. La gare abrite des œuvres de Picasso et Miró.

Deià est à 11 km à l'ouest de Sóller.

5 Deià

Sur une colline hérissée de cyprès, avec la mer bleu saphir en toile de fond, le village de Deià est un joyau. Ses paysages invitent au lyrisme, entre jardins en terrasses, vergers d'agrumes et oliveraies.

Roulez 10 km vers le sud-est pour rejoindre Valldemossa.

6 Valldemossa

Quelle merveille que ce village dominé par un monastère chartreux au pied des sommets boisés de la Tramuntana ! Vous explorerez avec bonheur ses ruelles pavées et ses jardins odorants. La chartreuse de Valldemossa a accueilli des rois, des moines et, au XIXe siècle... les amours de Frédéric Chopin et de George Sand.

À 20 km au sud, retrouvez Palma, la capitale.

ET ENCORE...

Excursion : un jour au cap de Formentor

De loin, ce promontoire rocheux battu par les vents ressemble à une vague sur le point de se briser. Sur la péninsule, la route n'est pas de tout repos avec ses virages en lacets révélant des falaises plongeant à pic dans la mer. En chemin, baignez-vous ou pique-niquez sur la Platja de Formentor, un ruban de sable fin à l'ombre des pins.

Formentor est à 23 km au nord-est de Pollença.

Détour : Sa Calobra

La Ma-2141, la route la plus ébouriffante de Majorque, serpente sur 12 km entre les montagnes, au fil d'une série de virages tortueux descendant jusqu'à Sa Calobra. Ce parcours d'entraînement au Tour de France longe des crêtes vertigineuses avant de déboucher sur une crique de galets blancs au creux des gorges du Torrent de Pareis.

Quittez la route côtière Ma10 après Escorca, à 7 km à l'ouest de Lluc.

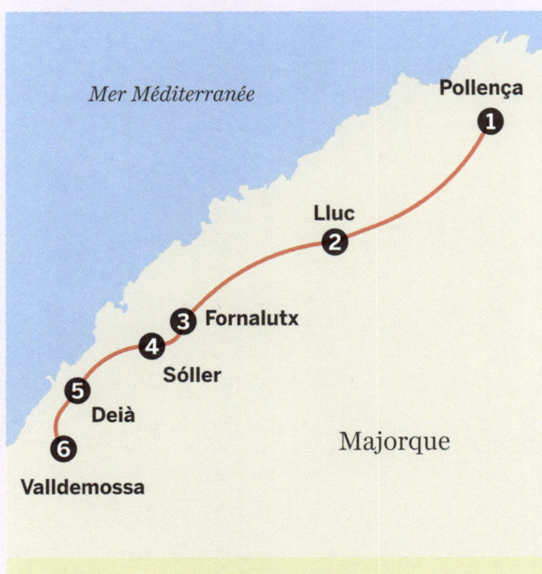

ODYSSÉE ADRIATIQUE

Venise – Dubrovnik

Suivez la côte Adriatique sur les traces des marchands vénitiens d'autrefois, en conduisant de port en port, de l'Italie au sud de la Croatie.

EN BREF

Empreinte carbone (kg/pers) : 200
Distance (km) : 1 120
Nuits : 8-12
Budget : €€
Quand partir : avr-oct

VENISE

❶ Venise, Italie

Depuis sa lagune, Venise dominait autrefois l'Adriatique. Aujourd'hui encore, les trésors de la cité témoignent de sa puissance passée. La basilique Saint-Marc renferme des œuvres rapportées du sac de Constantinople tandis qu'aux Gallerie dell'Accademia, de nombreuses toiles nous content l'âge d'or de la Sérénissime.

Rejoignez Trieste à 150 km à l'est.

❷ Trieste, Italie

Souvent ignorée, la grande cité italienne de Trieste fut pourtant le port principal de l'Empire austro-hongrois et se trouve aujourd'hui encore au carrefour des cultures italienne, germanique et slave. À l'ouest de la ville, le château de Miramare, ancienne résidence royale, domine une petite réserve marine.

Continuez vers le sud sur 110 km pour rejoindre Rovinj, en Croatie, en passant par la Slovénie.

❸ Rovinj, Croatie

Sur la péninsule d'Istrie, la ville croate de Rovinj a des airs de petite Venise. Montez en haut de son clocher – qui rappelle celui de la basilique Saint-Marc –, puis descendez vers le port et flânez le long du rivage jusqu'au cap de Zlatni Rat, où de hauts pins d'Alep défient les flots bleus.

ROVINJ, CROATIE

Allez directement à Korčula, à 670 km au sud (avec une courte traversée en ferry), ou faites halte en chemin à Zadar, Trogir ou Split.

❹ Korčula, Croatie

Selon la légende, le plus célèbre explorateur vénitien, Marco Polo, serait né sur l'île de Korčula. L'histoire ne nous dit pas, toutefois, pourquoi il aurait voulu quitter ce coin de paradis, car derrière les remparts de la ville s'étend une campagne idyllique, émaillée de petits vignobles et de criques de galets.

Suivez la côte sur 170 km superbes.

❺ Dubrovnik, Croatie

Véritable symbole de la ville, le mur d'enceinte de Dubrovnik, bâti au Moyen Âge pour protéger la cité des attaques de la flotte vénitienne, essuya d'importants bombardements durant les guerres de Yougoslavie, dans les années 1990. Prenez le temps de flâner sur les remparts que vous pourrez aussi admirer depuis le pont d'un bateau menant à la petite île voisine de Lokrum.

L'aéroport de Dubrovnik est à 20 km au sud de la ville. Vous y trouverez des agences de location de voitures et des vols vers toute l'Europe.

ET ENCORE...

Plus loin : Mostar, Bosnie-Herzégovine

Mostar, ravagée durant la guerre de Bosnie, a vu son emblématique pont ottoman détruit en 1993. Désormais reconstruit, il est devenu le symbole du renouveau de la ville. Après l'avoir admiré, promenez-vous parmi les bazars et les cafés animés des rives de la Neretva.

Mostar est à 140 km au nord de Dubrovnik. En route, arrêtez-vous au joli village de Počitelj.

Plus loin : Kotor, Monténégro

Les bouches de Kotor, tel un fjord, forment une baie où l'Adriatique vient lécher les falaises karstiques du Monténégro. Logée tout au fond de la baie, la ville de Kotor est un dédale de petites rues médiévales, de remparts et de tours de garde.

Pour gagner Kotor, suivez la route côtière sur 90 km au sud depuis Dubrovnik.

SÉJOUR AU PAYS DU PORTO

VIN ET BIÈRE · CUISINE · RESPONSABLE · AVENTURE · CULTURE · SPECTACLES · ARTS · ARCHITECTURE · HISTOIRE · FAMILLE · EN SOLO · COURT SÉJOUR · LONG SÉJOUR · PLAGE · HIVER · FAUNE · BIEN-ÊTRE · SPORT

Cálem – Taylor's

Des vignes au verre, vous saurez tout sur le fameux vin portugais grâce à cette balade au cœur des grandes caves historiques de Vila Nova de Gaia, près de Porto.

EN BREF

Empreinte carbone (kg/pers) : 0
Distance (km) : 1,1
Nuits : 2
Budget : €€
Quand partir : mars-oct

❶ Cálem

Sur la rive opposée à Porto, la maison Cálem fait du vin depuis 1859. Ses caves, où s'alignent les fûts, sont parmi les plus belles de la ville. La visite de 30 minutes égayera vos sens, avec une dégustation de portos blancs et rouges. Les plus gourmands pourront opter pour un accord vins-mets, agrémenté de fromages, de charcuterie et de chocolat noir.

Le Kopke est à 1 minute de marche à l'ouest de Cálem.

❷ Kopke

Pour une initiation moins formelle, rendez-vous dans ce bar à dégustation au chic très contemporain, et profitez, en prime, de la vue sur le célèbre pont Dom Luís I. Fondée en 1683, la maison Kopke est l'un des plus vieux producteurs de porto au monde. À la clé, donc, de très bons crus, à déguster en accord avec du chocolat ou de l'huile d'olive.

Longez le fleuve 2 minutes vers l'ouest jusqu'à Sandeman.

❸ Sandeman

Les tableaux et objets exposés ici vous ramèneront en 1790, lorsque le jeune Écossais George Sandeman y établit son commerce de porto et de xérès. Au terme d'une visite de 40 minutes à travers les sombres caves, votre guide, arborant cape et chapeau à larges bords, vous fera déguster deux portos.

L'Espaço Porto Cruz est juste à côté, dans le Largo de Miguel Bombarda.

❹ Espaço Porto Cruz

Musée, boutique et bar à dégustation : vous serez incollable sur le porto en quittant ce lieu ! Sur le toit,

ACCORD METS-VINS À PORTO

LE QUARTIER DE LA RIBEIRA, À PORTO

le Terrace Lounge 360° sert des verres avec vue sur le quartier médiéval de la Ribeira et le fleuve. Le restaurant DeCastro Gaia revisite, quant à lui, les saveurs portugaises.

Prenez la Rua Guilherme Gomes Fernandes, et tournez à gauche pour gagner le WOW, à 4 minutes.

5 WOW

Inauguré en 2020, le World of Wine (WOW) est le nouveau quartier du vin de Porto. Ce vaste complexe avec vue sur les toits de la ville regroupe tout ce qui a trait au vin, avec des caves restaurées, une chocolaterie, une école d'œnologie, une galerie d'art, des ateliers culinaires, un musée du bouchon... sans oublier des bars et restaurants.

Remontez la Rua do Choupelo durant 3 minutes.

6 Taylor's

Du haut de sa colline aux jolis jardins, cette maison britannique fait du porto depuis 1692. La visite avec audioguide vous fera découvrir ses caves vieilles de 300 ans, avant une dégustation de deux crus. Visites individuelles, master class et ateliers cocktails sont également envisageables.

Redescendez jusqu'au fleuve et longez la rive pour retrouver Cálem, à 10 minutes de marche.

ET ENCORE...

Plus loin : Graham's

C'est un superbe panorama du quartier de la Ribeira qu'offre cette maison fondée par les Britanniques en 1820. Après une visite des caves, on y découvre une salle de dégustation avec vue sur la ville, un bar où goûter des crus rares, une boutique et un musée. Le restaurant Vinum sert des mets du Trás-os-Montes et des vins de la vallée du Douro.

Graham's est à 20 minutes à l'ouest de Taylor's, en passant par l'Avenida de Ramos Pinto.

Plus loin : Ferreira

Depuis 1751, cette maison exclusivement portugaise (et c'est rare !) est réputée pour ses vins et portos de la vallée du Douro. La visite des caves est ponctuée d'une multitude d'anecdotes sur la famille des fondateurs. Choisissez la visite Premium pour déguster du porto blanc, ruby et tawny.

Ferreira est à 12 minutes à pied de Taylor's (descendez jusqu'au fleuve et prenez à gauche).

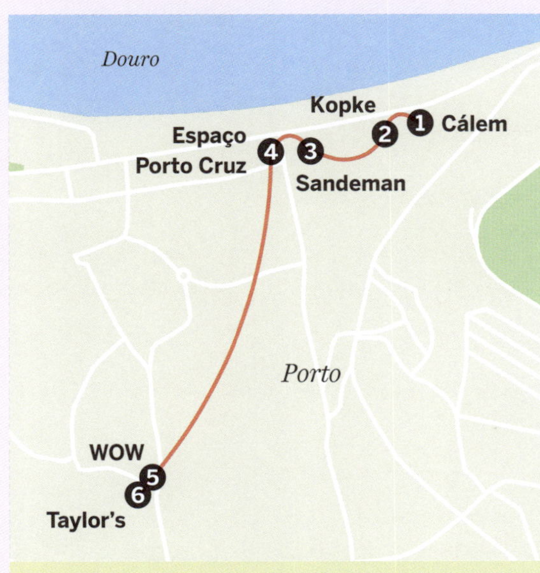

LE DOURO TRAVERSE PORTO

TOMAZ DO DOURO

BOL D'AIR AUX CANARIES : EL HIERRO ET LA PALMA

FAUNE · BIEN-ÊTRE · SPORT · VIN ET BIÈRE · CUISINE · RESPONSABLE · AVENTURE · CULTURE · SPECTACLES · ARTS · ARCHITECTURE · HISTOIRE · FAMILLE · EN SOLO · COURT SÉJOUR · LONG SÉJOUR · PLAGE · HIVER

El Hierro – La Palma

Hors des circuits touristiques habituels, vivez de belles aventures sur deux îles à la nature encore sauvage.

EN BREF

Empreinte carbone (kg/pers) : 56
Distance (km) : 533
Nuits : 10-14
Budget : €€
Quand partir : mars-début juil ; sept, oct

❶ Est et nord d'El Hierro

Posez vos valises quelques jours dans le joli village de Tamaduste, le temps d'explorer l'est et la côte nord de l'île d'El Hierro, classée réserve de biosphère. Profitez de sa petite capitale, Valverde, de ses piscines naturelles (La Caleta, Charco Azul), de ses forêts de pins, de ses superbes points de vue...

CHARCO AZUL, EL HIERRO

Faites 40 km vers le sud-ouest.

❷ La Restinga, El Hierro

Ce village de pêcheurs donnant sur une réserve marine est la capitale de la plongée sur El Hierro. Les produits de la mer y sont savoureux et l'eau cristalline de la plage de Tacorón attire les baigneurs.

Faites 40 km vers le nord.

❸ El Golfo, El Hierro

Au programme de cette vallée spectaculaire : falaises, bassins naturels, vignobles et belles randonnées (le long du Camino de Jinama). Réservez un hébergement à La Frontera ou à Las Puntas, à l'ombre des genévriers, et prenez le temps de visiter la chapelle du XVIIIe siècle de La Dehesa, le phare d'Orchilla et le mirador de la Peña, dessiné par César Manrique (1919-1992).

Du Puerto de la Estaca, des ferries partent pour Los Cristianos, sur Tenerife (6/semaine ; 2 heures 45), où un autre bateau rejoint Santa Cruz de La Palma (1-3/jour ; 2 heures 30-4 heures).

SUR LES HAUTEURS DE LA PALMA

❹ Santa Cruz, La Palma
Santa Cruz est une ville agréable. Au bord de la mer, elle présente un mélange d'édifices traditionnels et Renaissance, et possède d'intéressants musées d'art et de belles églises. En outre, on y mange très bien !
Faites 25 km vers le nord.

❺ Los Tilos, La Palma
De superbes randonnées, une faune riche et une forêt de lauriers préservée : cette zone de 140 km² dans le nord de l'île a été classée réserve de biosphère par l'Unesco.
Faites 40 km vers le sud-ouest.

❻ Parque Nacional de la Caldera de Taburiente, La Palma
Au cœur de La Palma, ce paradis naturel occupe une dépression circulaire de 8 km de diamètre. Les expériences à ne pas manquer incluent l'ascension du Pico Bejenado (1 854 m) et l'observation du ciel étoilé depuis le Roque de los Muchachos.
Faites 25 km vers le sud.

❼ Fuencaliente, La Palma
Accordez une journée aux paysages volcaniques de Fuencaliente, à ses plages de sable noir et à son bon vin.
Regagnez Santa Cruz, à 27 km au nord.

ET ENCORE...

Détour : El Teide
Quiconque passe par Tenerife est tenté de découvrir le plus haut sommet d'Espagne, El Teide (3 718 m). Classé au Patrimoine mondial, le parc national alentour se prête à de très belles randonnées.
Le téléphérique constitue le moyen le plus simple de grimper sur le volcan. Il vous restera ensuite 1 heure de marche jusqu'au sommet.

Plus loin : La Gomera
Sur l'île très tranquille de La Gomera, le Parque Nacional de Garajonay déroule ses épaisses forêts, entre plages de galets noirs, vallées de palmiers, falaises volcaniques et sentiers magnifiques. Sa capitale aux tons pastel, San Sebastián de La Gomera (où Christophe Colomb séjourna), ajoute à son charme.
Des ferries relient San Sebastián à Los Cristianos, sur Tenerife (5-6/jour ; 1 heure).

SLOW FOOD ET VINS, DU PIÉMONT À LA LIGURIE

VIN ET BIÈRE
CUISINE
RESPONSABLE
AVENTURE
CULTURE
SPECTACLES
ARTS
ARCHITECTURE
HISTOIRE
FAMILLE
EN SOLO
COURT SÉJOUR
LONG SÉJOUR
PLAGE
HIVER
FAUNE
BIEN-ÊTRE
SPORT

Turin – Gênes

Le temps d'un voyage en train, goûtez à la cuisine et aux vins du Piémont – berceau du mouvement Slow Food – avant d'arriver à Gênes, sur l'idyllique côte ligure.

EN BREF

Empreinte carbone (kg/pers) : 9
Distance (km) : 230
Nuits : 6
Budget : €
Quand partir : toute l'année

❶ Turin

Turin en impose, avec ses larges avenues et ses piazzas monumentales, bordées d'édifices baroques et rococo. Celle qui fut la première capitale du royaume d'Italie est bien moins touristique que Venise ou Florence. Pour autant, entre ses musées renommés (consacrés à l'Égypte, au cinéma, à l'automobile...). et ses nombreuses adresses gourmandes, elle ne manque pas d'attraits. Les *aperitivi* et les *apericene* (apéritifs dînatoires) sont une institution à Turin. Le Caffè Platti, qui remonte à la Belle Époque, est une bonne adresse pour en profiter.

Les trains pour Bra partent de la gare de Torino-Lingotto (1/heure ; 50 min).

GÊNES

❷ Bra

Carlo Petrini fit connaître cette ville assoupie en 1986 quand il y fonda le mouvement Slow Food. Créé en réaction à la malbouffe et à la restauration rapide, le mouvement agit désormais à l'international pour promouvoir une cuisine artisanale et durable. La cité, charmante, compte de savoureux traiteurs, bars à vins et restaurants servant du fait-maison. Un marché anime ses rues le vendredi matin, tandis que la fête du Fromage attire deux fois par an des dizaines de milliers d'amateurs. L'Université des sciences gastronomiques est implantée aux portes de la ville, au Castello di Pollenzo.

Prenez le train de Bra à Alba (1/heure ; 20 min).

❸ Alba

Le train pour Alba serpente parmi les superbes collines des Langhe, émaillées de vignes et de charmants

PAYSAGE DE LA PROVINCE D'ASTI

villages viticoles (Serralunga, La Morra et le célèbre Barolo) où vous pourrez faire étape pour déguster les crus locaux et déjeuner en vous régalant de copieux mets piémontais. Votre destination, Alba, est la capitale de la précieuse truffe blanche, célébrée chaque automne à l'occasion d'un grand festival.
Prenez le bus n°45 d'Alba à Asti (55 min).

4 Asti

Ancienne colonie romaine, cette ville a donné son nom au fameux asti spumante. Pour goûter ce vin mousseux, rendez-vous, non loin, dans le village médiéval de Canelli, où il fut créé en 1870. Asti accueille une grande brocante le dernier dimanche du mois.
À Asti, prenez le train pour la gare Piazza Principe de Gênes (1/heure ; 1 heure 30).

5 Gênes

Cet ancien port est un joyau oublié des circuits touristiques, malgré ses palais, sa cathédrale romane striée de gris et de blanc, son impressionnant aquarium et ses *osterie* aux plats délicieux et abordables. De là, vous pourrez explorer les très chics stations balnéaires de la Riviera ligure, comme Portofino.
Reprenez le train pour Turin (1/heure ; 2 heures).

ET ENCORE...

Plus loin : Sestrières

Sur la route de Sestrières, les douces collines viticoles des Langhe, dans le Piémont, le cèdent bientôt aux Alpes. À 2 000 m d'altitude, on trouve une station de ski mondialement renommée qui offre aussi de belles possibilités pour d'autres activités, comme la randonnée et le VTT en été.
Des trains relient la gare Porta Nuova de Turin à Oulx (1 heure 15), d'où part le bus n°285 pour Sestrières (45 min).

Plus loin : les Cinque Terre

Les maisons colorées de ces cinq villages de pêcheurs habillent les falaises jusqu'à de jolies plages. Ici, pas de voitures : un sentier mémorable à travers un parc national et des vignes vous mènera à chacune de ces localités (ne manquez pas Riomaggiore et Vernazza), également desservies par un train.
Prenez le train de la gare de Nervi (à Gênes) à La Spezia Centrale (1 heure 15) – avec parfois un changement à Sestri Levante.

ITINÉRAIRE GOURMAND DANS LES POUILLES

BIEN-ÊTRE · SPORT · VIN ET BIÈRE · **CUISINE** · RESPONSABLE · AVENTURE · CULTURE · SPECTACLES · ARTS · **ARCHITECTURE** · HISTOIRE · **FAMILLE** · **EN SOLO** · COURT SÉJOUR · LONG SÉJOUR · PLAGE · HIVER · FAUNE

Alberobello – Lecce

Outre sa *cucina povera* (“cuisine pauvre”), découvrez l'architecture baroque, les vertes collines, les charmantes bourgades et les plages de la région des Pouilles.

EN BREF

Empreinte carbone (kg/pers) : 15
Distance (km) : 118
Nuits : 7-10
Budget : €€
Quand partir : toute l'année

❶ Alberobello

Les champs ondoyants de la vallée d'Itria font partie des paysages agricoles typiques des Pouilles. Au cœur de cette carte postale, la ravissante petite ville d'Alberobello affiche ses rues bordées de *trulli* (maisons de pierre au toit conique), dont beaucoup abritent aujourd'hui des boutiques, des cafés, des bars et des restaurants. À midi, goûtez aux *orecchiette con cime di rapa* (pâtes aux pousses de navet) au printemps, ou prenez un plat traditionnel aux fèves, oignons verts, artichauts et pois chiches le reste de l'année.

Faites 36 km vers le sud-est.

❷ Ostuni

Du haut de sa colline, la *città bianca* (“ville blanche”) d'Ostuni apparaît tel un mirage au milieu des oliveraies. Prenez votre souffle et gravissez-en la rue principale, la Via Cattedrale : une fois en haut, la vue sur la plaine et la mer vous récompensera de vos efforts. Le cœur historique de la cité forme un dédale de ruelles pavées, d'arches et de loggias. Partout, un festival d'antipasti vous attend (goûtez au *capocollo* et à la *soppressata*, des spécialités de charcuterie).

Poursuivez vers le sud-est sur 43 km.

***TRULLI* À ALBEROBELLO**

BASILICA DI SANTA CROCE, LECCE

❸ Brindisi

Ce port historique sur la péninsule du Salento voit se rencontrer deux ingrédients incontournables de la cuisine italienne : le poisson et l'huile d'olive. Longez le Corso Garibaldi, à l'ombre des palmiers, parcourez le front de mer et émerveillez-vous devant les étals de coquillages, d'oursins et de poissons. Dégustez-les grillés, rôtis, en papillote ou frits, et goûtez les spécialités locales, comme la *tiella barese* (gratin de riz, pommes de terre et moules) ou le poulpe mariné.

Roulez encore 39 km vers le sud-est.

❹ Lecce

Les fantaisies baroques de la capitale du Salento ont de quoi ébahir les visiteurs qui découvrent cette ville surnommée la "Florence du Sud", dotée de ruelles médiévales, d'imposantes églises et d'autres édifices remarquables. Depuis la Piazza del Duomo, allez admirer la façade extravagante de la Basilica di Santa Croce, puis promenez-vous sur la Piazza Sant'Oronzo et dans les rues jalonnées de *pasticcerie* et de *gelaterie*, aux riches gâteaux et glaces.

Rejoignez l'aéroport de Brindisi ou de Bari, où vous trouverez des vols internationaux.

ET ENCORE...

Plus loin : Gallipoli

Ce n'est pas pour rien qu'on surnomme Gallipoli "la perle du Salento". Son centre historique, niché sur une île, constitue une base arrière idéale pour explorer la côte salentine et les villes baroques de Nardò et Galatone. On vient aussi ici pour plonger dans des eaux cristallines et pour explorer les grottes sous-marines et les canaux du parc naturel de l'île de Sant'Andrea.

Gallipoli est à 40 km de route au sud-ouest de Lecce.

Plus loin : Bari

Les étroites rues du vieux Bari et son front de mer (le plus long d'Italie) composent une mosaïque de sons et d'images typiques de la région, avec des pâtes qui sèchent à l'ombre des maisons, des rouges capiteux dans les boutiques des cavistes et, partout, des églises et des bâtiments historiques. Entre deux visites, grignotez une focaccia fraîche !

L'aéroport de Bari est le plus proche d'Alberobello, à 55 km au sud-est.

SOUS LE SOLEIL DU SUD-OUEST PORTUGAIS

SPORT · VIN ET BIÈRE · CUISINE · RESPONSABLE · AVENTURE · CULTURE · SPECTACLES · ARTS · ARCHITECTURE · HISTOIRE · FAMILLE · EN SOLO · COURT SÉJOUR · LONG SÉJOUR · PLAGE · HIVER · FAUNE · BIEN-ÊTRE

Lisbonne – Sagres

L'Algarve tient habituellement la vedette. Pour changer, ce périple vous dévoilera les plages sauvages, les jolis ports et les saveurs de l'autre littoral portugais.

EN BREF

Empreinte carbone (kg/pers) : 48
Distance (km) : 383
Nuits : 6
Budget : €€
Quand partir : mars, juin, sept-oct

❶ Lisbonne

Lisbonne est la porte d'accès au sud du Portugal. Sans perdre de temps, courez à Belém pour vous émerveiller devant ses sites classés – la Torre de Belém et le Mosteiro dos Jerónimos –, sans omettre de déguster de savoureux *pastéis* (petits flans pâtissiers) !

Faites 49 km vers le sud jusqu'à Setúbal, d'où des ferries traversent le Sado pour Tróia (7h30-22h), puis poursuivez jusqu'à Comporta, à 18 km au sud.

***PASTEL DE BELÉM*, LISBONNE**

❷ Comporta

Dans l'Alantejo, le village hippie-chic de Comporta a la faveur de grands noms de la mode et du design, comme Christian Louboutin et Philippe Starck, attirés par ses superbes plages (Tróia, Pego, Carvalhal) entourées de chênes-liège, de dunes, de rizières et de vignes.

Faites 70 km vers le sud.

❸ Porto Côvo

Une succession de maisons chaulées, le long de rues bien droites, vous mènera au port de ce village de pêcheurs typiquement portugais. Ici, la vie semble bien plus douce et simple qu'ailleurs. Le soleil de la Praia Grande ("Grande Plage"), une parfaite étendue de sable ceinte de rochers, n'attend que vous.

Poursuivez vers le sud sur 18 km.

❹ Vila Nova de Milfontes

Cette ville balnéaire à l'ambiance décontractée mérite une visite pour son phare historique,

UN SURFEUR À SAGRES

sa forteresse du XVIe siècle, sa cathédrale et sa cuisine (commencez au restaurant Tasca do Celso). Des plages s'étendent tout autour : la Praia das Furnas et la Praia da Franquia près de la ville et, un peu plus loin, la Praia do Malhão et la Praia de Almograve.

Roulez 26 km vers le sud.

5 Zambujeira do Mar

Perché sur des falaises escarpées du sud de l'Alentejo, ce village domine une mer azurée léchant une plage de sable fin. Accordez-vous un festin de produits de la mer à la Barca Tranquitanas, un restaurant qui, du temps du père du propriétaire actuel, accueillait les pêcheurs de retour au port.

Continuez en direction du sud sur 82 km.

6 Sagres

Tout au sud, dans l'ouest plus sauvage de l'Algarve, faites une halte au restaurant A Azenha do Mar. Ses très bons poissons et fruits de mer ne sont éclipsés que par les éblouissants couchers de soleil qu'offre le Cabo de São Vicente, à la pointe sud-ouest de l'Europe. Là, au bout de la route, Sagres a des airs de bout du monde.

L'aéroport international le plus proche est celui de Faro, à 120 km à l'est.

ET ENCORE...

Détour : Parque Natural do Sudoeste Alentejano e Costa Vicentina

Ce parc naturel (par lequel passe notre itinéraire) s'étend sur 120 km de côtes partagées entre l'Alentejo et l'Algarve. Explorez-le à pied pour découvrir la richesse de sa flore et de sa faune – on y trouve notamment le très rare balbuzard pêcheur (qui niche ici dans des rochers) et des loutres de mer. Deux grandes randonnées et 24 boucles sillonnent le parc.

Plus loin : la côte de l'Algarve

Depuis Sagres, continuez le voyage vers l'est le long de la célèbre côte de l'Algarve, qui voit affluer les vacanciers depuis des décennies. On y trouve de grandes stations balnéaires, comme Lagos, ainsi que des villages plus paisibles, tel Tavira. Les plages le long de ce littoral de 155 km sont davantage aménagées que dans l'Alentejo. Toutefois, beaucoup restent tout aussi belles.

UNE AVENTURE DANS L'ALENTEJO

Évora – Mértola

Les collines de la plus vaste région du Portugal vous attendent, avec leurs jolis villages, leurs imposants châteaux et leurs panoramas mémorables.

EN BREF

Empreinte carbone (kg/pers) : 45
Distance (km) : 246
Nuits : 3-6
Budget : €€-€€€
Quand partir : toute l'année

❶ Évora

Flânez dans les rues étroites d'Évora et sur sa grand-place, la Praça do Giraldo, en vous imprégnant de l'atmosphère de la ville. Ne manquez pas la Capela dos Ossos ("chapelle des Os") près de l'Igreja de São Francisco, et passez par le bâtiment principal de l'Université d'Évora avant de faire halte au bureau de la Rota dos Vinhos do Alentejo (Route des Vins de l'Alentejo) pour en apprendre davantage sur cet itinéraire touristique.

TEMPLE ROMAIN CONSACRÉ À DIANE, À ÉVORA

Faites 30 km vers le nord-est.

❷ Évoramonte

Sur la route d'Estremoz, on trouve dans ce hameau un impressionnant château du début XIVe siècle qui dut être reconstruit après un séisme survenu en 1531. S'il n'y a pas grand-chose à voir l'intérieur, le panorama depuis le toit est spectaculaire.

Reprenez la route vers le nord-est sur 18 km.

❸ Estremoz

Étape la moins touristique de ce voyage, cette bourgade rurale célèbre son terroir chaque samedi à l'occasion d'un marché aux fruits, légumes, fromages de brebis et autres spécialités locales. Promenez-vous dans le bas de la ville, à l'ombre des orangers, puis montez vers le très intéressant Museu Municipal. Pour une vue panoramique sur la campagne, entrez dans la Pousada de Rainha Santa Isabel et demandez

VIGNES DE L'ALENTEJO

à accéder à son toit, que l'on rejoint en gravissant plusieurs escaliers étroits.

Roulez 60 km en direction du sud-est.

4 Monsaraz

Le plus visité, et sûrement le plus charmant des villages perchés sur les collines de l'Alentejo n'en est pas moins très peu peuplé. Ses jolies rues, entièrement piétonnes, invitent à l'exploration. Profitez de la vue depuis le haut du château, puis jetez votre dévolu sur l'un des restaurants qui dominent les remparts et les plaines alentour.

Poursuivez vers le sud sur 140 km.

5 Mértola

Joyau médiéval dominant le Rio Guadiana, Mértola vous réserve de superbes points de vue, ainsi qu'une passionnante plongée dans l'histoire de la présence maure. La ville est un musée à ciel ouvert, avec notamment plusieurs minarets et anciennes mosquées. Le panorama depuis le château vaut à lui seul le détour.

Faro se trouve à 120 km de Mértola, dans l'Algarve ; on y trouve un aéroport et une gare affichant des liaisons internationales.

ET ENCORE…

Plus loin : dolmens et autres mégalithes

Depuis Évora, partez à la découverte des dolmens et autres mégalithes qui émaillent les paysages de l'Alentejo. La plupart sont bien indiqués. Le site le plus proche de la ville, et le plus accessible, est celui du Cromeleque dos Almendres (cromlech des Almendres) qui forme le plus grand complexe mégalithique de la péninsule Ibérique.

Prévoyez une demi-journée pour voir plusieurs sites.

Plus loin : la Route des vins

À Évora, le bureau de la Rota dos Vinhos vous renseignera sur les dégustations et vignobles de la région. Quelques domaines aux abords de la ville sont accessibles en voiture. Si vous manquez de temps, allez au domaine de la Herdade do Esporão ; réservez un repas gastronomique dans son petit restaurant, observez les oiseaux et profitez des autres activités proposées.

La Herdade do Esporão est à 44 km au sud-est d'Évora.

SPLENDEURS BAROQUES DE L'EST SICILIEN

Taormine – Raguse

Entre deux places inondées de soleil, faites le tour des trattorias, des églises et des vestiges antiques des villes baroques de Sicile.

EN BREF

Empreinte carbone (kg/pers) : 7,5
Distance (km) : 200
Nuits : 10
Budget : €€
Quand partir : mai-juil ; sept

❶ Taormine

Cette perle baroque accrochée à la montagne possède un théâtre grec d'où se déploie une vue époustouflante, avec le mont Etna en toile de fond. Ses rues étroites sont jalonnées de boutiques de luxe, d'épiceries et de bars servant les incontournables Spritz et *arancini* (boulettes de riz frites). Prenez le téléphérique pour descendre jusqu'aux criques du Lido Mazzarò et de l'Isola Bella.
Prenez le train pour Syracuse (ttes les 2 heures ; 2 heures).

❷ Syracuse

Syracuse, qui semble déborder sur la mer Ionienne, était jadis la cité la plus plus peuplée du monde grec. Elle conserve les traces de sa grandeur antique au Parco Archeologico della Neapolis. Toutefois, on vient aujourd'hui surtout pour profiter de son centre historique aux rues animées, de sa Piazza del Duomo et de ses restaurants donnant sur la mer. Allez-y un jour de marché et faites un tour à la petite plage de l'île d'Ortygia.
Reprenez le train pour Noto (8/jour ; 35 min).

❸ Noto

Ravagée par un séisme en 1693, Noto fut rebâtie avec tout l'éclat du style baroque. En son centre, le Corso Vittorio Emanuele, flanqué d'églises et de palais, invite à la promenade. Attablez-vous à la terrasse d'un café, régalez-vous de *cannoli*, de *gelato* ou de *granita* à l'amande, puis gravissez le clocher de la Chiesa di San Carlo al Corso pour admirer la vue.

RAGUSA IBLA

LE DUOMO DI SAN PIETRO, À MODICA

Prenez le bus jusqu'à Modica (plusieurs/jour ; 1 heure 30).

❹ Modica

Ce paradis du Slow Food est connu dans toute l'Italie pour son chocolat chaud, préparé suivant une recette aztèque introduite en Sicile au XVIIe siècle. Des artisans servent ce breuvage agrémenté de cannelle et d'écorce d'orange, et vendent aussi des *granite* au chocolat et des biscuits au cacao, aux épices et au bœuf. La plus vieille chocolaterie de l'île, la Dolceria Bonajuto, se visite. Et, pour éliminer toutes les douceurs ingurgitées, grimpez à Modica Alta, la vieille ville médiévale.
Prenez le train pour Raguse (ttes les 2-3 heures ; 25 min).

❺ Raguse

Comme Noto et Modica (toutes deux classées par l'Unesco), Raguse fut reconstruite dans le style baroque après le séisme qui dévasta le sud-est de la Sicile au XVIIe siècle. Comme agrippée à sa montagne, Ragusa Ibla (la vieille ville) est un magnifique dédale de rues paisibles, s'enroulant autour d'une Piazza Duomo baignée de soleil et de la cathédrale néoclassique San Giorgio.
Des bus relient Raguse à l'aéroport international de Catane (ttes les 1-3 heures ; 1 heure 45).

ET ENCORE...

Plus loin : le mont Etna

La silhouette du mont Etna domine la côte est de la Sicile. Depuis Taormine, on y accède aisément en circuit organisé, ou en s'engageant sur la route sinueuse au volant d'un véhicule de location. Le plus simple reste de prendre le téléphérique, puis de monter les 2 km de piste raide, en minibus ou à pied, jusqu'à la Torre del Filosofo (2 920 m). De là, vous pourrez découvrir les cratères et les fumerolles qui s'en dégagent.

Détour : Chiaramonte Gulfi

Concluez votre voyage sur une note gourmande, avec une étape dans cette commune au nord de Raguse, surnommée *il Balcone della Sicilia* ("le balcon de la Sicile"). On y vient, de toute l'Italie, pour son huile d'olive exceptionnelle et ses savoureux salamis et saucisses de porc. Régalez-vous dans le charmant Ristorante Majore, près de la Piazza Duomo.
Prenez le bus depuis Raguse (4/jour ; 50 min).

SÉJOUR DANS LE SUD-EST DE L'ITALIE

SPORT · VIN ET BIÈRE · CUISINE · RESPONSABLE · AVENTURE · CULTURE · SPECTACLES · ARTS · ARCHITECTURE · HISTOIRE · FAMILLE · EN SOLO · COURT SÉJOUR · LONG SÉJOUR · PLAGE · HIVER · FAUNE · BIEN-ÊTRE

Lecce – Porto Cesareo

La péninsule du Salento, dans le sud des Pouilles, attire autant par sa cuisine que par sa musique, ses églises baroques et sa côte sauvage, à explorer en voiture.

EN BREF

Empreinte carbone (kg/pers) : 22,5
Distance (km) : 184
Nuits : 7
Budget : €€-€€€
Quand partir : juin-sept

❶ Lecce

La ville universitaire de Lecce, la capitale du Salento, est réputée pour ses façades baroques sculptées et ses édifices couleur miel. En été, à l'heure de la *passeggiata* (promenade du début de soirée), les habitants envahissent les rues du centre historique pour manger une glace, siroter un apéritif et faire les boutiques. La belle place de la cathédrale est bordée de palais du XVIe siècle, tandis que la Piazza Sant'Oronzo compte un petit amphithéâtre romain.

DÉTAIL ARCHITECTURAL BAROQUE, LECCE

Faites 46 km vers le sud-est.

❷ Otrante

Surplombant l'Adriatique, la ville fortifiée d'Otrante, dominée par un château du XVe siècle, est une destination estivale prisée. Attaquée plusieurs fois par des pirates turcs, elle conserve, dans sa cathédrale, le souvenir macabre de ce terrible passé : une chapelle emplie des os de 813 chrétiens qui y avaient cherché refuge avant de mourir en martyrs. Le sol de cet édifice est orné d'une remarquable mosaïque représentant un arbre de vie.

Continuez 30 km en direction du sud.

❸ Castro

Perchée sur une falaise haute de 100 m, Castro donne sur l'Adriatique (par temps dégagé, on voit même l'Albanie). On y trouve un château dont l'origine remonte à l'époque romaine. Rebâti par les Normands,

OTRANTE

il fut ensuite remanié au XVIe siècle. Son littoral calcaire, sculpté par le vent et la mer, est creusé de grottes impressionnantes, dont la Grotta Zinzulusa, aux airs de cathédrale. Pour goûter à la dolce vita, longez la côte bateau depuis Castro !

Rejoignez la côte Ionienne, distante de 48 km.

❹ Gallipoli

Gallipoli (la "belle ville") occupe une presqu'île ceinte de fortifications datant du XIVe siècle. Depuis ses toits et remparts, on profite d'une vue superbe sur le soleil couchant. Ses ruelles tortueuses conduisent à des petits coins charmants et à des places pittoresques.

Faites 32 km vers le nord.

❺ Porto Cesareo

Ce secteur de la côte ionienne compte certaines des plus jolies étendues de sable des Pouilles, comme celle de Porto Cesareo, qui descend en pente douce jusqu'à la mer, au pied d'anciennes tours de garde érigées pour prévenir les attaques de pirates. La plage connaît une forte affluence en juillet et en août. En revanche, vous y serez seul ou presque en juin et en septembre.

De Porto Cesareo, vous n'avez que 28 km à faire pour regagner Lecce.

ET ENCORE...

Plus loin : Galatina

À moins de 30 km de Lecce, Galatina vaut le détour, ne serait-ce que pour les fresques de la Basilica di Santa Caterina. Si vous en avez l'occasion, ne manquez pas les spectacles de tarantelle, la danse folklorique régionale, qui sont donnés le 29 juin, lors de la fête des saints Pierre et Paul.

À mi-chemin entre Gallipoli (à 30 km) et Lecce (à 29 km), Galatina constitue une bonne étape entre ces deux villes.

Plus loin : le talon de l'Italie

Depuis Castro, faites un tour à Santa Maria di Leuca, à la pointe du talon de la Botte, où un phare et une basilique défient les flots bleus. À quelques kilomètres de là, la magnifique crique sablonneuse d'Il Ciolo s'étend au bout d'une gorge rocheuse ; descendez les escaliers en zigzag, traversez un joli pont en arc et piquez une tête.

Santa Maria di Leuca est à 21 km de Castro et à 8 km de Ponte Ciolo.

ROTA NACIONAL 2 : LA ROUTE 66 PORTUGAISE

VIN ET BIÈRE · CUISINE · RESPONSABLE · AVENTURE · CULTURE · SPECTACLES · ARTS · ARCHITECTURE · HISTOIRE · FAMILLE · EN SOLO · COURT SÉJOUR · LONG SÉJOUR · PLAGE · HIVER · FAUNE · BIEN-ÊTRE · SPORT

Chaves – Faro

Traversez le Portugal du nord au sud, le long de la Rota Nacional 2, tout en découvrant les spécialités et les vins régionaux.

EN BREF

Empreinte carbone (kg/pers) : 133,5
Distance (km) : 800
Nuits : 11
Budget : €€
Quand partir : avr, mai, sept, oct

❶ Chaves

À 1 heure 30 de route de l'aéroport international de Porto, Chaves est le point de départ de la Rota Nacional 2. L'histoire de la ville remontant à l'Empire romain, les sites à visiter ne manquent pas. Toutefois, gardez un peu de temps pour explorer la nature environnante, ainsi que les sources thermales qui émaillent la région.

Roulez 92 km en direction du sud.

CHÊNE-LIÈGE ÉCORCÉ, DANS L'ALENTEJO

❷ Vallée du Douro

Prévoyez deux bonnes journées pour vous laisser charmer par les sublimes paysages de cette vallée et déguster le produit des vignes qui couvrent les collines de part et d'autre du fleuve. Une excursion en bateau est également un excellent moyen de découvrir la région.

Poursuivez vers le sud sur 76 km.

❸ Viseu

Viseu, le chef-lieu de la région du Centro, possède, entre autres atouts, de superbes palais, une cathédrale, le monastère de São João de Tarouca et le musée national Grão Vasco, réputé dans tout le pays pour sa remarquable collection d'œuvres de la Renaissance.

Faites encore 309 km en direction du sud.

❹ Villages de schiste

Accordez-vous quelques escapades vers certains des plus beaux villages du Portugal (tels Tondela, Penacova, Lousã et Sertã), tous bâtis en pierre de schiste. Ne manquez pas non plus Abrantes, la plus grande ville des environs, pour son château et la vue imprenable sur la campagne alentour.

Continuez vers le sud sur 76 km.

VIGNOBLE DE LA VALLÉE DU DOURO

❺ Haut-Alentejo
Dans cette région agricole, que d'aucuns qualifient désormais de “nouvelle Toscane”, posez vos valises à Mora ou Montemor-O-Novo, ou louez une chambre dans un domaine viticole ou un hôtel de campagne. Accordez-vous deux jours pour goûter aux généreux vins et mets locaux, comme l'*açorda*, une soupe au pain et à l'ail servie un peu partout ici.

Roulez encore vers le sud sur 118 km.

❻ Bas-Alentejo
Constellée d'oliviers se détachant sur l'azur du ciel, la région du Bas-Antejo se vit et s'explore au grand air. Les charmants hôtels ruraux n'y manquent pas. En haute saison, mieux vaut réserver !

Reprenez la route pour 130 km, toujours vers le sud.

❼ Faro
Votre voyage se termine aux portes de l'Atlantique, à Faro, le chef-lieu de l'Algarve. Explorez les jolies rues, profitez des restaurants de poisson de la vieille ville, puis rejoignez les plages du parc naturel de la Ria Formosa ou de l'Ilha Deserta.

Faro est desservie par de nombreux vols internationaux ; on y trouve aussi des bus à destination de l'Espagne.

ET ENCORE...

Plus loin : Porto
La deuxième ville du pays séduit notamment par sa scène gastronomique et ses belles boutiques de mode. Son centre historique, dont les étroits immeubles colorés semblent empilés les uns sur les autres, est inscrit au Patrimoine mondial.

Porto, à 150 km de route de Chaves, est la porte d'entrée au Portugal de nombreux voyageurs.

Plus loin : Tavira
Le Portugal, ce sont également des plages. Tavira est l'un des rares coins de l'Algarve épargné par les grands complexes hôteliers. On y trouve l'âme d'un village de pêcheurs et de savoureux produits de la mer.

Tavira n'est pas loin de Faro (38 km par l'A22).

ARCHITECTURE ET ART TOSCANS

Florence – Lucques

Direction la Toscane, au centre de l'Italie, pour un voyage en train et en bus, mémorable à tous égards.

EN BREF

Empreinte carbone (kg/pers) : 12
Distance (km) : 333
Nuits : 7
Budget : €€
Quand partir : toute l'année

❶ Florence

Chère à Stendhal, Florence se dévoile au gré de ses étroites rues pavées qui sinuent entre palais Renaissance, églises peintes et musées mondialement connus. On pourrait passer une ville entière à s'émerveiller devant ses œuvres et ses bâtiments, à se régaler dans ses restaurants et à regarder, chaque soir, le soleil se coucher sur l'Arno et le Duomo (cathédrale).

LE DUOMO DE FLORENCE

Des trains relient régulièrement la gare Santa Maria Novella de Florence à Sienne (1 heure 30).

❷ Sienne

Rivale historique de Florence, Sienne se distingue par sa superbe architecture gothique. Outre une cathédrale splendide, elle possède d'imposantes églises, de nobles demeures et la superbe Piazza del Campo. C'est sur cette grand-place incurvée et bordée d'édifices médiévaux que se tient chaque année la course équestre traditionnelle d'Il Palio.

Prenez le bus pour San Gimignano (ttes les 3 heures ; 1 heure).

❸ San Gimignano

Une forêt de tours médiévales dominait autrefois la ville fortifiée de San Gimignano. Il en reste 14, veillant sur ses nombreux palais, églises et places, et sur une cathédrale ornée de belles fresques du XIVe siècle. Montez en haut de la Torre Grossa pour une vue panoramique.

Chaque jour, 4 bus permettent d'aller à Volterra via Colle di Val d'Elsa (1 heure 30).

❹ Volterra

Ancienne cité étrusque perchée sur un plateau rocheux, Volterra abrite, derrière ses remparts, un entrelacs de

SAN GIMIGNANO

rues pavées bordées de demeures médiévales. On y découvre aussi un théâtre romain et la plus belle collection d'objets étrusques du pays.
Prenez le bus pour Pontedera (ttes les 4 heures ; 1 heure 15) d'où partent des trains pour Pise (15 min).

5 Pise

Ce n'est pas une, mais trois merveilles de l'art roman qui ornent la Piazza dei Miracoli de Pise, où la célèbre tour penchée côtoie une superbe cathédrale et un baptistère à l'étonnante forme ronde. Au-delà de la place, des ruelles médiévales mènent à d'autres jolies places et à des musées où est présentée l'histoire de cette ancienne puissance maritime.
Un train part toutes les 30 minutes pour Lucques (25 min).

6 Lucques

Ville natale de Puccini, Lucques se distingue par ses remparts Renaissance, ses étroites ruelles, ses charmantes *piazzas* et ses tours médiévales. Le temps d'une journée, vous pourrez découvrir la cathédrale romane, la mosaïque byzantine de la Basilica di San Frediano et l'exubérance rococo du Palazzo Mansi.
Regagnez Florence en train (ttes les 30 min ; 1 heure 50).

ET ENCORE...

Plus loin : Montepulciano

Cette petite ville juchée sur une crête volcanique est bien connue pour son vin rouge, le vino nobile. Promenez-vous parmi ses maisons dont la pierre se confond, pour certaines, avec les pavés des rues, pour profiter de la vue sur le Val di Chiana et le Val d'Orcia, et pour avoir une chance de goûter aux nombreuses spécialités régionales.
Un bus relie Sienne à Montepulciano (5/jour ; 1 heure 45).

Plus loin : Montalcino

Montalcino, qui domine le Val d'Orcia, est la cité du brunello, l'un des vins rouges les plus cotés d'Italie. Sa ville médiévale est entourée de jolies vignes, et l'on passe aisément une journée à flâner dans ses rues, à arpenter ses remparts du XIVe siècle, à enchaîner les verres dans des *enoteche* (bars à vins) et à visiter les vignobles alentour !
Des bus relient régulièrement Sienne à Montalcino (1 heure 30 environ).

VENISE ET LA VÉNÉTIE DE PALLADIO

SPORT · VIN ET BIÈRE · CUISINE · RESPONSABLE · AVENTURE · CULTURE · SPECTACLES · ARTS · ARCHITECTURE · HISTOIRE · FAMILLE · EN SOLO · COURT SÉJOUR · LONG SÉJOUR · PLAGE · HIVER · FAUNE · BIEN-ÊTRE

Venise – Vérone

Depuis Venise, partez à la découverte des chefs-d'œuvre du grand architecte Palladio, dans une région dotée d'un riche patrimoine artistique, culinaire et vinicole.

EN BREF

Empreinte carbone (kg/pers) : 5
Distance (km) : 120
Nuits : 5
Budget : €€
Quand partir : toute l'année

❶ Venise

Le *vaporetto* (bateau-bus) est le meilleur moyen de visiter Venise. Prenez la ligne 1 sur le Grand Canal, en vous arrêtant au marché du Rialto, puis descendez sur la place Saint-Marc. Depuis le palais des Doges voisin, prenez la ligne 2 pour l'île de San Giorgio Maggiore où se dresse une majestueuse basilique palladienne. Le *vaporetto* poursuit ensuite jusqu'à la paisible île de la Giudecca, où se dresse une autre œuvre d'Antonio Palladio : Il Redentore. Depuis les quais des Zattere, partez explorer les ruelles du quartier de Dorsoduro, ses canaux et ses accueillants *bacari* (bars à vins).

À la gare de Santa Lucia, prenez le train pour Padoue (ttes les 20 min ; 30 min).

LE PRATO DELLA VALLE, À PADOUE

❷ Padoue

Le cœur de la vénérable Padoue bat sur son immense Piazza delle Erbe, animée chaque matin par le marché qui se tient au pied de l'opulent Palazzo della Ragione (XIIe siècle). Visitez la chapelle des Scrovegni pour admirer des fresques de Giotto, avant de partir à vélo le long du canal de la Brenta, qui relie Padoue à Venise ; ses rives ombragées sont bordées de somptueuses villas bâties jadis pour la noblesse vénitienne, dont la Villa Pisani, ornée de fresques de Tiepolo, et la Villa Foscari, de Palladio.

Prenez un train pour Vicence (24 min).

❸ Vicence

La prospère Vicence doit beaucoup à Palladio, à commencer par son immense Basilica Palladiana,

VÉRONE

qui accueille aujourd'hui des expositions. À découvrir aussi : le musée Palladio ; la dernière œuvre de ce grand architecte de la Renaissance, le Teatro Olimpico, toujours en activité ; et une vingtaine de villas et d'églises disséminées dans la campagne (prévoyez une journée d'excursion). Cette destination assez peu fréquentée compte aussi de nombreuses trattorias familiales, des bars agréables et des restaurants innovants.

Prenez le train pour la gare de Porta Nuova à Vérone (1/heure ; 40 min).

❹ Vérone

Vérone ne laisse personne indifférent. Les romantiques y soupirent sous le balcon associé à *Roméo et Juliette*. Les férus d'histoire et de musique s'émeuvent devant ses arènes romaines, où se donnent encore des opéras. Les fashionistas et fashionistos y trouvent chaussures et vêtements de créateur. Et tous se régalent de la *cucina casalinga*, la cuisine traditionnelle véronaise, généreuse et abordable, à accompagner de prosecco. Au cœur du vignoble de Valpolicella, la Villa Santa Sofia, dessinée par Palladio en 1565, permet d'allier culture et vin lors d'une dégustation (prenez le bus n°21).

Véronne possède un aéroport international.

ET ENCORE...

Plus loin : Mantoue

La cité médiévale de Mantoue est un haut lieu d'histoire, de musique, d'art et de littérature. En son centre, inscrit au Patrimoine mondial, vous découvrirez des édifices baroque et Renaissance – comme l'immense Palazzo Ducale, la résidence des ducs de Mantoue – avant de rejoindre les arcades de la Piazza delle Erbe pour l'apéritif.

Des trains relient la gare de Porta Nuova de Vérone à Mantoue (1/heure ; 50 min).

Plus loin : Bassano del Grappa

Au pied du Monte Grappa, Bassano s'anime les jeudis et samedis matin à l'occasion d'un marché coloré. Son joyau est signé Palladio : il s'agit d'un superbe pont couvert en bois au-dessus de la Brenta. À son entrée, goûtez à l'excellente grappa servie à la Grapperia Nardini. Le musée municipal abrite une belle collection de peintures.

Des trains relient Bassano à Venise (ttes les 30 min ; 1 heure 30).

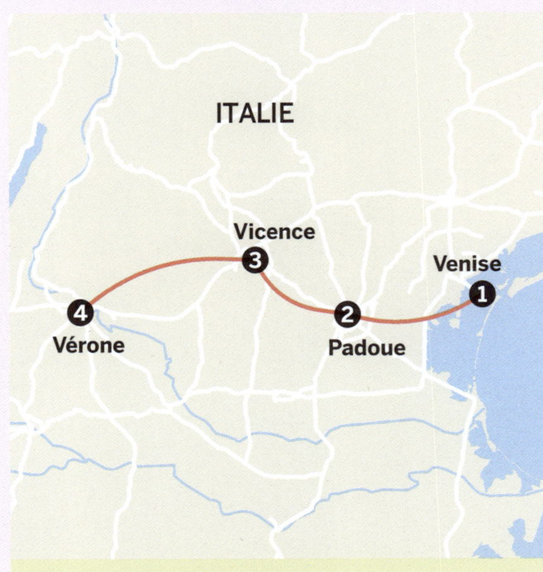

LES SPORADES D'ÎLE EN ÎLE

SPORT · VIN ET BIÈRE · CUISINE · RESPONSABLE · AVENTURE · CULTURE · SPECTACLES · ARTS · ARCHITECTURE · HISTOIRE · FAMILLE · EN SOLO · COURT SÉJOUR · LONG SÉJOUR · PLAGE · HIVER · FAUNE · BIEN-ÊTRE

Skiathos – Skyros

De ferry en ferry, voguez sur la mer Égée à la découverte de superbes îles grecques aux plages frangées de pins.

EN BREF

Empreinte carbone (kg/pers) : 20,4
Distance (km) : 254
Nuits : 12-18
Budget : €€
Quand partir : fin avr-début oct

❶ Skiathos

Votre exploration des rivages grecs vous conduira à la charmante Skiathos et à ses 65 plages, allant d'étendues de sable fin (comme à Koukounaries) à de petites criques de galets (sur la côte nord). Restez 3 ou 4 nuits sur place. Au programme : snorkeling, plongée, randonnée et bateau, et découverte de la demeure d'Alexandros Papadiamantis (un grand écrivain grec du XIXe siècle), du monastère d'Evangelistria (c'est sur cet édifice de la fin du XVIIIe siècle que fut hissé le drapeau grec pour la première fois) et des ruines de l'ancienne capitale, Kastro. La ville de Skiathos est un joyeux méli-mélo de boutiques, de marinas, d'auberges et de tavernes. Un bus dessert plusieurs de ses plages.

Un ferry relie chaque jour Skiathos à Skopelos (1 heure) où il dessert Glossa-Loutraki (45 min) et la ville de Skopelos (1 heure).

SKYROS

❷ Skopelos

Elle a servi de décor au clinquant film *Mamma Mia!* ; pour autant, l'île de Skopelos brille avant tout par sa nature sauvage, son ambiance artistique et son atmosphère détendue, entre sublimes plages de galets, paisibles sentiers, oliveraies sans fin, falaises côtières et bonne cuisine. Sans oublier ses quelque 40 monastères et églises. La ville de Skopelos est un joli petit port qui compte d'excellents restaurants, des agences de sports nautiques, des boutiques d'artisanat et une belle scène musicale. À explorer à pied, à vélo ou en bus.

Jusqu'à 3 ferries par jour relient les villes de Glossa-Loutraki et de Skopelos à Patitiri, sur Alonissos (45 min-1 heure).

SKOPELOS

❸ Alonissos

L'agréable et lointaine Alonissos est la moins courue des îles habitées des Sporades. Elle mérite pourtant que l'on s'y arrête quelques jours pour profiter de ses criques bordées de pins, de ses chemins tranquilles, de ses collines parfumées, de ses hébergements originaux et de son parc naturel marin. Prenez le temps de découvrir le port de Patitiri, la vieille ville, le village côtier de Steni Vala et les plages sauvages de galets sur la côte est.

De mi-juin à mi-septembre, 3 ferries relient chaque semaine Alonissos à Linaria, sur Skyros (5 heures 15) ; sinon, il faut changer à L'Eubée.

❹ Skyros

L'île la plus méridionale des Sporades évoque les Cyclades avec ses beaux paysages, calmes et arides. Elle est connue pour son artisanat et ses chevaux miniatures (une race menacée). En 3 ou 4 jours, on peut explorer ses plages, l'église de Molos, creusée dans un rocher, des vestiges de l'âge du bronze et les ruelles escarpées du chef-lieu, sa forteresse byzantine-vénitienne, son musée et ses excellents restaurants.

Chaque semaine, plusieurs vols assurent la liaison entre Skyros et l'aéroport international d'Athènes.

ET ENCORE...

Excursion : un jour au parc national marin d'Alonissos

Voici l'un des espaces naturels les mieux préservés de Grèce. Cet immense parc naturel marin est peuplé de dauphins, de tortues, de baleines, d'oiseaux rares et de phoques moines. En bateau, vous accèderez à des grottes et des îles reculées, comme Kyra Panagia, coiffée d'un monastère ancien.

Des excursions d'une journée partent de Patitiri, sur Alonissos, et de la ville de Skopelos.

Détour : L'Eubée

La deuxième île de Grèce (en superficie) reste peu visitée. Louez une voiture pour accéder à ses jolies plages, au site antique d'Érétrie, à ses domaines viticoles, à ses thermes et à de belles randonnées.

Des ferries relient Skopelos et Alonissos à Kymi (L'Eubée ; 3/semaine ; mi-juin à mi-sept) ; d'autres vont de Kymi à Skyros toute l'année. Un ferry (1-2/jour ; mai-sept) fait la liaison entre Skiathos et Skopelos, et Mantoudi (L'Eubée).

EXPLORATION EN PAYS BASQUE ESPAGNOL

SPORT · VIN ET BIÈRE · CUISINE · RESPONSABLE · AVENTURE · CULTURE · SPECTACLES · ARTS · ARCHITECTURE · HISTOIRE · FAMILLE · EN SOLO · COURT SÉJOUR · LONG SÉJOUR · PLAGE · HIVER · FAUNE · BIEN-ÊTRE

Bilbao – San Juan de Gaztelugatxe

Par sa culture, sa langue et sa cuisine, le Pays basque affirme sa singularité. Ce périple côtier se vit comme un voyage hors du temps.

EN BREF

Empreinte carbone (kg/pers) : 47
Distance (km) : 280
Nuits : 7-10
Budget : €€€
Quand partir : mai-oct

❶ Bilbao

Bienvenue dans la plus grande ville du Pays basque ! Bilbao, bien souvent associée à son musée Guggenheim, dessiné par Frank Gehry, compte bien d'autres trésors architecturaux. Promenez-vous dans son centre historique, arrêtez-vous sur ses jolies places, attablez-vous en terrasse pour siroter du txakoli, un vin blanc pétillant produit dans la région...

Faites 100 km en direction de l'est.

PINTXOS BASQUES

❷ Saint-Sébastien

Saint-Sébastien (San Sebastián) ne manque pas d'attraits, avec des plages mémorables, une belle architecture et, bien sûr, une excellente cuisine et des vins à l'avenant ! Des tables étoilées aux bars à *pintxos* (tapas basques) animés, servant vins locaux et hors-d'œuvre, il y a ici bien davantage de lieux où s'attabler qu'on pourrait en découvrir en une seule visite. En soirée, flânez sur la promenade du front de mer et dans le dédale de rues pavées de la vieille ville, la Parte Vieja.

Roulez 25 km vers l'ouest.

❸ Getaria

Quel bonheur de flâner dans cette charmante ville portuaire ! Visitez ses églises du XVᵉ siècle, goûtez aux anchois à l'huile vendus dans les épiceries fines de la rue principale et découvrez le musée Cristóbal Balenciaga, consacré à la vie et l'œuvre du couturier, né ici.

Continuez en direction de l'ouest sur 60 km.

SAINT-SÉBASTIEN

❹ Lekeitio

Ce village traditionnel de pêcheurs, avec son beau phare et son port animé, est le cadre idéal pour s'imprégner de l'atmosphère de la côte basque. Découvrez l'autel gothique de la grande basilique, contemplez l'océan depuis l'ermitage de San Juan Talako, et buvez un café ou un vermouth à la terrasse d'un bar.

Poursuivez encore vers l'ouest sur 60 km.

❺ San Juan de Gaztelugatxe

Si son nom est évocateur ("château-rocher" en basque), on peine à trouver les mots pour décrire ce lieu digne d'une carte postale. Émergeant du golfe de Gascogne, cet îlot rocheux est relié au continent par un pont piétonnier. Le franchir, et gravir les marches de l'ermitage qui domine San Juan pour en faire sonner la cloche, tient en soi d'une expérience initiatique. De là, on rejoint ensuite rapidement Bilbao.

Faites 35 km vers le sud jusqu'à Bilbao.

ET ENCORE...

Plus loin : Bermeo

Si votre excursion à San Juan de Gaztelugatxe vous a ouvert l'appétit, faites un détour par cette bourgade côtière, et régalez-vous de *pintxos* et de vins avec vue sur la marina. Flânez dans les rues colorées et escarpées du vieux port, en repérant, ici ou là, le blason de la ville, qui renvoie à son passé baleinier.

Bermeo est située à 12 km à l'est de San Juan de Gaztelugatxe.

Plus loin : Mundaka

Si vous surfez, cette dernière étape est pour vous. On vient en effet du monde entier pour se mesurer aux vagues de ce village, qui comptent parmi les plus longues de la planète. Quelques écoles et boutiques de surf proposent du matériel, des leçons et des excursions. Et, pour les simples spectateurs, plusieurs charmants cafés donnent sur la mer.

Mundaka est à 38 km au nord-est de Bilbao.

ROAD TRIP SUR LA CÔTE ORIENTALE SARDE

SPORT · VIN ET BIÈRE · CUISINE · RESPONSABLE · AVENTURE · CULTURE · SPECTACLES · ARTS · ARCHITECTURE · HISTOIRE · FAMILLE · EN SOLO · COURT SÉJOUR · LONG SÉJOUR · PLAGE · HIVER · FAUNE · BIEN-ÊTRE

Cagliari – Orosei

Laissez-vous éblouir par les falaises à pic, les plages de rêve, les villes anciennes et les vestiges préhistoriques de la Sardaigne.

EN BREF

Empreinte carbone (kg/pers) : 77
Distance (km) : 617
Nuits : 10
Budget : €€
Quand partir : avr-oct

❶ Cagliari

À l'orée des flots, la capitale sarde déploie un imbroglio de *palazzi* dorés, de dômes, de tours pisanes et de façades aux couleurs pastel. Consacrez un jour ou deux aux cafés d'Il Castello – la citadelle haut perchée de la ville – et aux musées, riches à la fois de trésors archéologiques et d'œuvres contemporaines.

Suivez les virages de la route côtière sur 60 km vers l'est.

CALA GOLORITZÉ, PRÈS D'OROSEI

❷ Villasimius

Cet ancien village de pêcheurs est devenu une agréable station balnéaire. Doté de merveilleuses plages blanches entre la mer cristalline et les monts boisés du Sarrabus, Villasimius est aussi le point d'accès au Capo Carbonara, une réserve marine englobant des criques isolées et d'excellents sites de plongée.

Faites 117 km sur la superbe et tortueuse route qui mène à Baunei.

❸ Baunei

Sur fond de falaises calcaires, de pics et de gorges, aux portes du massif du Supramonte, ce village de bergers devenu un haut lieu des activités de montagne en Sardaigne est agrippé au flanc d'une vertigineuse arête rocheuse. Une route en lacets grimpe jusqu'au plateau du Golgo, doté d'un charme envoûtant. De là, vous devrez descendre à pied un ancien sentier muletier parmi les chênes verts pour atteindre la superbe plage de Cala Goloritzé.

Poursuivez sur 52 km vers le nord.

CAGLIARI

❹ Cala Gonone

Cala Gonone s'étend au cœur du sublime golfe d'Orosei, là où les montagnes du Gennargentu rencontrent la mer, et où des falaises, fendues de ravins boisés, sont creusées de baies léchées par des eaux turquoise. Entre baignade, escalade, kayak, plongée, randonnée et bateau, explorez ses criques, à commencer par celle de Cala Luna.

Reprenez la route vers le nord sur 29 km.

❺ Orosei

Entouré de carrières de marbre et de vergers, cet ancien port pisan, aux jolies maisons de pierre et rues pavées, est un lieu agréable, épargné par le tourisme. Un ruban de sable blond caressé par une mer topaze s'étire sur 5 km vers le sud, tandis qu'au nord se cachent de superbes baies, comme la Cala Ginepro.

Roulez encore 85 km en direction du nord.

❻ Olbia

La petite Olbia possède un ravissant centre historique jalonné de boutiques, de bars à vins, de places et de cafés. L'intéressant Museo Archeologico retrace l'histoire de l'île de l'âge du bronze à la conquête romaine.

Coupez par le centre de l'île pour regagner Cagliari, à 274 km.

ET ENCORE...

Plus loin : la Costa Smeralda

Au nord d'Olbia, la très chic Costa Smeralda ("côte d'émeraude") doit son nom à la beauté de ses eaux. Sa localité principale, Porto Cervo, créée de toutes pièces dans les années 1960, séduit les milliardaires qui viennent en yacht. Au sud, la côte est ponctuée de sublimes baies, parmi lesquelles Portu Li Coggi, qui serait la favorite de l'Aga Khan.

Porto Cervo se situe à 30 km au nord d'Olbia.

Détour : Gola Su Gorropu

Le col de Genna Silana est le point de départ de l'une des plus belles randonnées de Sardaigne. Enfilez de bonnes chaussures, remplissez vos gourdes et partez à l'assaut des rochers de la gorge de Gola Su Gorropu, encadrée de parois culminant à 500 m. Prévoyez 4 heures pour cette marche de 16 km aller-retour.

Le chemin part du Km 183 de la SS125, à mi-chemin entre Baunei et Cala Gonone.

L'ITALIE DE L'OMBRIE

VIN ET BIÈRE · CUISINE · RESPONSABLE · AVENTURE · CULTURE · SPECTACLES · ARTS · ARCHITECTURE · HISTOIRE · FAMILLE · EN SOLO · COURT SÉJOUR · LONG SÉJOUR · PLAGE · HIVER · FAUNE · BIEN-ÊTRE · SPORT

Pérouse – Orvieto

Tombez sous le charme de l'Ombrie, de ses villes haut perchées, de son histoire et de sa gastronomie à l'occasion d'un périple inoubliable.

EN BREF

Empreinte carbone (kg/pers) : 26
Distance (km) : 208
Nuits : 5
Budget : €€
Quand partir : avr-oct

❶ Pérouse

La capitale de l'Ombrie est une ville étudiante pleine de vie surplombant la vallée du Tibre. Les rues pavées et les escaliers de son centre historique conduisent à de superbes basiliques et piazzas. Prenez le temps d'admirer les trésors du Palazzo dei Priori, ainsi que les toiles du Pinturicchio et du Pérugin, deux grands maîtres nés à Pérouse, exposées à la Galleria Nazionale dell'Umbria.

Rejoignez Assise, à 25 km à l'est.

❷ Assise

Saint François d'Assise, né ici en 1181, a fait de cette ravissante cité l'un des hauts lieux de pèlerinage du pays. Son centre médiéval et ses basiliques, tous inscrits au Patrimoine mondial, connaissent une belle affluence : allez-y tôt le matin ou en fin d'après-midi pour les découvrir dans le calme.

Roulez sur 12 km en direction du sud.

❸ Spello

Si l'Italie ne manque pas de jolies villes à flanc de colline, Spello est unique. Ses trois portes romaines ouvrent sur un joyeux dédale de ruelles aux façades couleur miel égayées de fleurs en pot. Laissez-vous aller à la flânerie avant de vous attabler dans une *osteria* familiale.

LA BASILICA DI SAN FRANCESCO, À ASSISE

ASSISE

Faites 43 km sur de jolies petites routes, en passant par le village de Bastardo.

❹ Todi

Ville de carte postale accrochée à une colline, Todi se déploie autour d'un vieux quartier où se mêlent les histoires étrusque, romaine et médiévale. Sa Piazza del Popolo, qui remonte au Moyen Âge, est particulièrement plaisante à l'heure de la *passeggiata* (promenade su soir).

Suivez sur 48 km la très belle route qui longe les rives arborées du Lago di Corbara.

❺ Orvieto

Bâtie sur du tuf volcanique, Orvieto domine un paysage de vignes, d'oliviers et de cyprès. Son Duomo (cathédrale) de style gothique, de toute beauté, sublime son centre historique, avec son incroyable façade, ses fresques et ses mosaïques. Vous découvrirez également à Orvieto, entre autres merveilles, des tours, des églises, des musées archéologiques, des passages souterrains et des grottes à explorer !

Rejoignez Pérouse, à 80 km au nord-est.

ET ENCORE...

Excursion : un jour à Spolète

Bâtie sur une colline dominée par la chaîne des Apennins, Spolète abrite des arches romaines, un amphithéâtre, un musée archéologique, une cathédrale romane ornée de mosaïques et le Ponte delle Torre, un pont médiéval dont les 10 arches enjambent une gorge boisée. L'endroit vaut aussi pour sa gastronomie, notamment pour les *strangozzi* (pâtes à la tomate, au basilic et au piment).

Spolète est à 46 km à l'est de Todi.

Détour : Norcia

Si vous allez à Spolète, profitez-en pour continuer vers l'est, où les montagnes se font plus abruptes et les paysages plus sauvages. Là, aux portes du Parco Nazionale dei Monti Sibillini, dans la vallée fleurie de la Valnerina, Norcia (Nursie) est une charmante petite ville où les gourmets se régalent de *salumi* (charcuterie) et de *tartufo nero* (truffe noire).

Norcia est à 44 km à l'est de Spolète.

NAPLES ET LA CÔTE AMALFITAINE

BIEN-ÊTRE · **SPORT** · **VIN ET BIÈRE** · **CUISINE** · **RESPONSABLE** · AVENTURE · **CULTURE** · SPECTACLES · ARTS · ARCHITECTURE · **HISTOIRE** · FAMILLE · EN SOLO · COURT SÉJOUR · LONG SÉJOUR · PLAGE · HIVER · FAUNE

Naples – côte amalfitaine

Entre volcan menaçant et île de rêve, ce voyage associe tout ce que le Sud italien a de plus emblématique.

EN BREF

Empreinte carbone (kg/pers) : 5
Distance (km) : 175
Nuits : 7-10
Budget : €€
Quand partir : avr-juin, sept, oct

UN MARCHÉ DE NAPLES

❶ Naples

Naples (accessible en avion ou en train) est tentaculaire, peuplée, agitée, branchée, artistique, authentique, gourmande… Les qualificatifs manquent, tandis que ses trésors, eux, sont innombrables. Découvrez-en certains au Museo Archeologico Nazionale, qui abrite des vestiges de Pompéi, et explorez la Naples souterraine au fil du circuit Napoli Sotterranea, qui vous mènera d'aqueducs souterrains en chambres funéraires et en abris antiaériens. Promenez-vous également dans les quartiers populaires décrits par Elena Ferrante dans sa saga *L'Amie prodigieuse*, où bat le cœur de Naples.

Prenez le train pour Sorrente (ttes les 30 min ; 1 heure).

❷ Sorrente

Sorrente, depuis sa falaise, toise le Vésuve par-delà la baie de Naples. Aux portes de la côte amalfitaine, c'est une ville charmante, dotée d'un joli centre historique. Rien de tel qu'une douce soirée passée à flâner sur sa Piazza Tasso ! Les hôtels ne manquent pas et l'on trouve aussi des *agriturismi* en dehors de la ville. Là, vous pourrez loger chez l'habitant au milieu des vergers de citronniers, et apprendre à pétrir la pâte à pizza auprès d'une *nonna* ou à préparer le limoncello…

Prenez le ferry pour Capri (10/jour ; 25 min).

AMALFI

❸ Capri
Même envahie par les touristes, Capri garde toute sa séduction. Cette île aux côtes abruptes et aux eaux saphir a toujours attiré, depuis les empereurs romains jusqu'aux stars d'Hollywood. Marchez (ou prenez le télésiège) jusqu'à son sommet, faites-en le tour en bateau et admirez ses villas fleuries. Surtout, ne manquez pas la grotte Bleue… à visiter à bord d'une barque menée par un marin chantant des airs d'opéra (kitsch, et néanmoins mémorable !).
De retour à Sorrente, prenez le bus (1-2/heure ; 1 heure 40) ou le ferry (1/jour, avr-oct ; 1 heure 20) pour Amalfi.

❹ Côte amalfitaine
Consacrez une journée (ou une semaine) aux villes colorées de cette superbe côte : la belle Amalfi et sa blanche voisine, Atrani ; Ravello, la haut perchée ; et la chic et vertigineuse Positano. Vous aurez bien mérité une *granita* après avoir rejoint cette dernière par le "sentier des Dieux", qui longe la falaise sur 8 km depuis Bomerano avec, à la clé, une vue imprenable sur les collines plongeant dans la mer scintillante (depuis Amalfi, un bus mène à Bomerano).
Regagnez Naples en bus (depuis Amalfi), en bus et en train (via Sorrente) ou en ferry (en saison).

ET ENCORE…

Excursion : un jour à Pompéi
L'éruption du Vésuve, en l'an 79, a préservé sous ses cendres les rues, villas, lupanars, et thermes de Pompéi. La visite de ce site archéologique constitue un véritable voyage dans le temps, en immersion dans le quotidien d'une cité romaine.
Prenez le train de Naples à la gare Pompei Scavi-Villa dei Misteri (2/heure ; 45 min).

Plus loin : Ischia
Bien moins tape-à-l'œil que Capri, cette île volcanique (la plus grande de la baie de Naples) est une vraie bouffée d'air frais. Passez-y quelques jours, à profiter des bars d'Ischia Porto, à humer les fleurs du magnifique jardin botanique de La Mortella et à flâner dans la ville piétonne de Sant'Angelo.
Des ferries relient Naples à Ischia (ttes les 3 heures ; 1 heure).

VALENCE À PIED ET À VÉLO

SPORT · VIN ET BIÈRE · **CUISINE** · **RESPONSABLE** · AVENTURE · CULTURE · SPECTACLES · **ARTS** · **ARCHITECTURE** · **HISTOIRE** · **FAMILLE** · **EN SOLO** · **COURT SÉJOUR** · LONG SÉJOUR · PLAGE · HIVER · FAUNE · BIEN-ÊTRE

Jardín del Turia – Malvarrosa

Capitale de la région qui porte son nom, la ville espagnole de Valence se découvre à pied et à vélo, entre plages, lagune et rizières.

EN BREF

Empreinte carbone (kg/pers) : 0
Distance (km) : 30
Nuits : 3-5
Budget : €€
Quand partir : toute l'année

❶ Jardín del Turia

Peu de villes espagnoles se prêtent à l'exploration à vélo. Valence est une belle exception, notamment grâce à son parc long de 8 km, aménagé dans l'ancien lit du Turia (dont le cours a été détourné pour éviter les crues). Vous pourrez louer un vélo au Parque de Cabecera et traverser le Jardín del Turia parmi les fleurs, en suivant des pistes cyclables ponctuées de ponts et de cafés.

Prenez la direction de la Ciutat Vella à 1 km au sud.

LA VIEILLE VILLE DE VALENCE

❷ Ciutat Vella

Explorez, à votre rythme, les parcs, places et rues de la vieille ville ("Ciutat Vella") médiévale, riche d'un formidable patrimoine architectural. Admirez la cathédrale du XIIe siècle (où sont conservées deux toiles de Goya), les terribles gargouilles de la Lonja de la Seda (ancienne Bourse de la soie), les cloîtres du XIIIe siècle qui accueille aujourd'hui le Museo Convento del Carmen... Sans omettre de déguster une *horchata* (boisson de souchet) glacée avec des *fartones* (gâteaux traditionnels) bien sucrés !

Rejoignez le quartier d'Eixample, au sud-est.

❸ Eixample

Les élégants ornements Art Nouveau du Mercado de Colón et les immenses halls de l'Estación del Norte

CIUDAD DE LAS ARTES Y LAS CIENCIAS

ne sont que deux des merveilles modernistes que recèle ce quartier.

Allez vers l'est pour emprunter les pistes du Jardín del Turia et descendez vers le sud et la Ciudad de las Artes y las Ciencias.

❹ Ciudad de las Artes y las Ciencias

Conçue par un enfant du pays, le grand architecte des ponts Santiago Calatrava, cette saisissante cité des Arts et des Sciences abrite, entre autres, L'Oceanogràfic (le plus grand aquarium d'Europe), dont le restaurant, le Submarino, semble tout droit sorti du roman *Vingt Mille Lieues sous les mers*. À l'extérieur, des bassins géants, des fontaines, des cafés et des aires de jeux participent de l'ambiance.

Suivez la piste cyclable sur 5 km vers le nord-est.

❺ Malvarrosa

Pédaler le long du front de mer jusqu'aux vastes plages de Las Arenas et de Malvarrosa est un vrai plaisir. Le cadre est sublime et les restaurants de paella établis face à Malvarrosa sont parfaits pour se restaurer tout en s'imprégnant de l'atmosphère locale.

Regagnez le Jardín del Turia et rendez votre vélo au Parque de Cabecera.

ET ENCORE...

Excursion : un jour à Xàtiva

Prenez le train à l'Estación del Norte pour gagner cette charmante commune, au pied d'une montagne coiffée d'un château. Dans la vieille ville, mémorable, se côtoient les architectures mauresque, gothique et Renaissance, avec de remarquables mariages de styles, dont témoignent notamment la cathédrale et l'ancien hôpital.

Prenez le train à l'Estación del Norte (ttes les 20 min ; 50 min).

Excursion : un jour à Albufera

L'immense lagune de l'Albufera alimente des rizières depuis 600 ans. Faites un tour en bateau, puis explorez la côte alentour, sans omettre de faire halte à El Saler, au restaurant de paella El Palmar et sur les 5 km de sable de la plage de La Devesa, dont le riche écosystème abrite une grande variété d'animaux et de végétaux.

Albufera est à 20 km au sud de Valence.

MALTE À TRAVERS LES ÂGES

La Valette et les Trois Cités – Mellieha
Des sites néolithiques aux vestiges de la Seconde Guerre mondiale en passant par le patrimoine byzantin, l'histoire de Malte se dévoile dans un cadre naturel éblouissant.

EN BREF

Empreinte carbone (kg/pers) : 13
Distance (km) : 70
Nuits : 7-10
Budget : €€
Quand partir : toute l'année

MDINA

❶ La Valette et les Trois Cités

La capitale maltaise est un labyrinthe de trésors historiques et culturels. Son passé prend vie dans ses rues ponctuées d'édifices anciens, dans son musée d'archéologie et dans sa cathédrale, où est conservée *La Décollation de saint Jean-Baptiste* du Caravage. Depuis les jardins Barrakka, une vue fantastique se déploie sur la capitale et les Trois Cités : Senglea, Birgu et Bormla. À Birgu, fondée au XVIe siècle, le quartier d'Il Collachio, où se trouvent le palais de l'Inquisiteur et le musée de la Guerre, offre une bonne introduction à l'histoire de l'île.

Faites 18 km jusqu'à Ħaġar Qim en passant par Tarxien et la grotte Bleue.

❷ Tarxien–Ħaġar Qim et la grotte Bleue

À Tarxien, explorez le site préhistorique de l'hypogée Ħal Saflieni, puis rejoignez l'ensemble mégalithique de Mnajdra, encore plus impressionnant : les temples de Ħaġar Qim, datant de 3600 à 2500 av. J.-C. (avant les pyramides de Gizeh). Sur la côte, ne passez pas à côté de la grotte Bleue – la sortie en bateau dure 30 minutes au départ du minuscule port de Wied iż-Żurrieq, niché dans une crique près du village de Żurrieq.

Parcourez 9 km jusqu'à Ħad-Dingli, puis suivez la route pour Mdina, à 5 km de là.

LA VALETTE

❸ Ħad-Dingli et Mdina

Ħad-Dingli et ses falaises offrent un point de vue idéal pour admirer la côte maltaise et observer les plongeurs dans des eaux si claires qu'on y voit à 40 m de profondeur. Dans les terres, la petite cité fortifiée de Mdina, perchée sur les hauteurs, a bel et bien des airs de médina arabe. Elle possède aussi un ancien quartier juif, des édifices médiévaux bâtis par les chevaliers de l'Ordre de Saint-Jean et même des mosaïques romaines sur le site de Domus Romana.
Roulez 12 km jusqu'à Mellieha.

❹ Mellieha

Sous la charmante ville de Mellieha s'étend un abri antiaérien de la Seconde Guerre mondiale, constitué de 500 m de tunnels creusés à la main. Non loin, dans une jolie crique, un village de pêcheurs construit pour le tournage du film *Popeye* (1980) nous rappelle que l'île est un décor apprécié du 7e art. Elle a notamment servi de cadre à *Midnight Express*, *Gladiator*, *La Vengeance de Monte-Cristo* et *Game of Thrones*.
Regagnez La Valette à 23 km de là ou allez vers le nord, à Cirkewwa, pour prendre le ferry pour Gozo (25 min).

ET ENCORE...

Plus loin : Gozo

Prenez le ferry pour Gozo et explorez les temples de Ggantija (les plus anciens de Malte) et l'ensemble mégalithique de Xagħra. La belle baie de Xwejni est un site d'extraction du sel depuis le Moyen Âge. L'imposante basilique néogothique de Ta' Pinu émerge des plaines à 5 km au sud-ouest.
Les ferries pour Gozo partent de Cirkewwa et La Valette (fréquence et durée variables selon la saison).

Excursion : un jour à Comino

Cette île rocheuse entre Malte et Gozo est une destination rêvée pour une journée d'excursion, surtout si vous aimez marcher. Les voitures y sont interdites et ses dimensions (2,5 km sur 1,5 km) permettent d'en faire le tour sans peine, avant de piquer une tête dans le lagon Bleu, une crique abritée où l'eau est splendide.
Des ferries relient Comino à Cirkewwa, à Malte (25 min), et Mġarr, à Gozo (25 min).

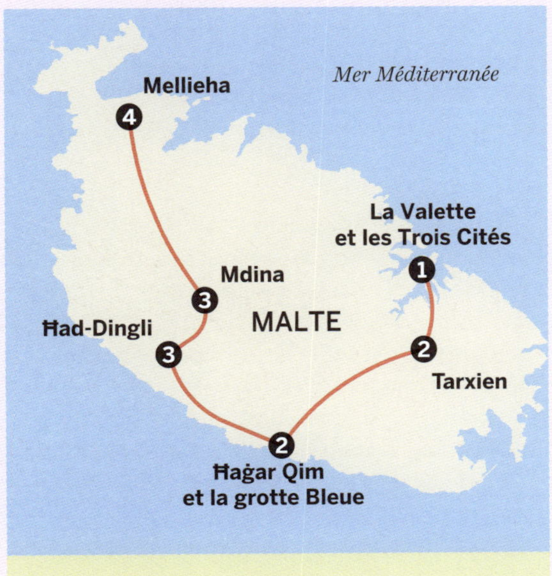

PÈLERINAGE DANS LE NORD DE L'ESPAGNE

BIEN-ÊTRE · SPORT · VIN ET BIÈRE · **CUISINE** · **RESPONSABLE** · AVENTURE · CULTURE · SPECTACLES · ARTS · **ARCHITECTURE** · **HISTOIRE** · **FAMILLE** · **EN SOLO** · COURT SÉJOUR · LONG SÉJOUR · PLAGE · HIVER · FAUNE

Pampelune – Saint-Jacques-de-Compostelle

Lancez-vous, à travers le nord de l'Espagne, dans un voyage en train ponctué de plats savoureux et de cathédrales superbes.

EN BREF

Empreinte carbone (kg/pers) : 14
Distance (km) : 710
Nuits : 7-10
Budget : €€
Quand partir : Pâques-sept

❶ Pampelune

Bien connue pour ses folles fêtes de San Fermín et leur *encierro* (lâché de taureaux), la capitale de la Navarre n'est pas moins intéressante le reste de l'année, avec sa citadelle, son charmant centre et ses remparts dominant les plaines jusqu'aux Pyrénées. Comme toutes les villes de cet itinéraire, elle figure sur le chemin de Compostelle. La section de Pampelune à Burgos – ponctuée de monastères, de bourgades et de vignes, et avec les montagnes au loin – est un tronçon très apprécié.

Prenez le train pour Burgos (2/jour ; 2 heures).

❷ Burgos

Certains visitent Burgos pour sa cathédrale, l'une des merveilles gothiques d'Espagne, où repose le Cid, héros légendaire de la Reconquista (Reconquête). D'autres s'y rendent plutôt pour sa *morcilla* (boudin), réputée la meilleure du pays et servie dans de nombreux bars à tapas. Quelle que soit votre motivation, ne vous laissez pas dissuader par la banlieue sans âme où vous déposera votre train ; la vieille ville de Burgos est l'un des joyaux les mieux gardés de la Couronne espagnole !

Montez dans un train pour León (3/jour ; 2 heures).

PATATAS A LA RIOJANA

CATHÉDRALE DE SAINT-JACQUES-DE-COMPOSTELLE

❸ León

Édifiée alors que la cité était un acteur majeur de la Reconquista, la cathédrale de León est un bijou. Ses grands vitraux lui confèrent une magie singulière. Vous trouverez aussi, en ville, de bons bars et restaurants, un incroyable choix de tapas (à la viande notamment) et une vie nocturne animée. Ses fresques romanes, son art moderne et les grandes célébrations de la Semana Santa (Semaine sainte) complètent le tableau.

Partez en train pour Saint-Jacques-de-Compostelle (2/jour ; 4 heures 30).

❹ Saint-Jacques-de-Compostelle

Étape finale du chemin de Compostelle et de votre voyage, cette ville ne ressemble à aucune autre. Ses rues sinueuses, ses arcades et sa superbe cathédrale connaissent l'affluence par tout temps... car, en Galice, la pluie n'est jamais loin ! Toute cette eau participe de la luxuriance des paysages alentour. La cuisine n'est pas en reste, entre produits de la mer et savoureux poivrons de Padrón, à accompagner de vins blancs secs et légers.

Saint-Jacques-de-Compostelle possède un aéroport international.

ET ENCORE...

Plus loin : La Corogne

S'avançant dans la mer, sur la côte nord galicienne, cette ville dynamique gagne à être connue. Vous y trouverez des plages, un aquarium très moderne, des parcs et des musées. Une promenade piétonne fait le tour de la péninsule. Découvrez aussi le phare, la "tour d'Hercule", d'où se déploie un beau panorama, et la vieille ville riche en bars et restaurants.

Des trains relient La Corogne à Saint-Jacques-de-Compostelle (ttes les 30 min ; 30 min).

Plus loin : Finisterre (Fisterra)

Si la plupart des pèlerins s'arrêtent à Saint-Jacques-de-Compostelle, les plus dévots (ou infatigables) poussent jusqu'au cap Finisterre. La tradition veut qu'on s'y déshabille pour brûler ses vêtements sur la plage et plonger dans l'Atlantique en signe d'ultime purification. Vous pouvez aussi simplement admirer la Costa da Morte ("côte de la Mort"), lieu de nombreux naufrages.

Prenez le bus depuis Saint-Jacques ou marchez (80 km).

OCÉAN
ATLANTIQUE
NORD

EUROPE DE L'OUEST

Grands musées, merveilles architecturales, trésors romains, parcs nationaux, jardins anglais, plages isolées... Profitez du meilleur de l'ouest de l'Europe au fil de trajets en train dans les Alpes, d'excursions en péniche, de balades à vélo au bord de l'eau et de circuits pédestres dans les villes. Entre vins français, bières et chocolats belges et strudel aux pommes à Vienne, vos papilles ne seront pas en reste !

MER BALTIQUE
MER DU NORD
ÉCOSSE
IRLANDE
PAYS DE GALLES
ANGLETERRE
ÎLES SCILLY
PAYS-BAS
ALLEMAGNE
BELGIQUE
LUXEMBOURG
FRANCE
SUISSE
AUTRICHE
MER NOIRE
MER MÉDITERRANÉE
MER ÉGÉE
29
18
34
5
6
2
14
27
15
10
3
33
38
41
11
12
7
17
40
4
35
28
26
30
31
1
13
16
22
43
21
24
25
9
36
23
41
19
20
32
37
39
8

DANS LA FORÊT-NOIRE, ALLEMAGNE

SOMMAIRE

ST MAWES, CORNOUAILLES

LA ROUTE DES VINS D'ALSACE

BIEN-ÊTRE
SPORT
VIN ET BIÈRE
CUISINE
RESPONSABLE
AVENTURE
CULTURE
SPECTACLES
ARTS
ARCHITECTURE
HISTOIRE
FAMILLE
EN SOLO
COURT SÉJOUR
LONG SÉJOUR
PLAGE
HIVER
FAUNE

Marlenheim – Colmar

Levez le pied sur les jolies routes émaillées de caves, de sentiers à travers les vignes et de ravissants villages.

EN BREF

Empreinte carbone (kg/pers) : 20,5
Distance (km) : 164
Nuits : 7
Budget : €€
Quand partir : toute l'année

❶ Marlenheim

Cernée de vignes à 22 km de Strasbourg (bien desservie), la ville marque le point de départ nord de la Route des Vins d'Alsace. Sur la place du Kaufhaus, bordée de maisons à pans de bois, dégustez les vins locaux (pinot, riesling et gewürztraminer) de la cave familiale des Vins d'Alsace Mosbach, fondée il y a près de 500 ans.

COLMAR

Roulez sur 25 km vers le sud.

❷ Obernai

Sur la place du marché de cette ville sillonnée par des ruelles, vous remarquerez l'hôtel de ville néo-Renaissance et la halle aux Blés coiffée d'un clocheton. Baladez-vous sur les remparts et le long du sentier viticole (1,5 km) avant de déjeuner dans une winstub douillette comme Le Freiberg.

Continuez en direction du sud sur 23 km.

❸ Dambach-la-Ville

Cette ville au pied des Vosges, avec ses remparts, ses maisons à pignons, ses nids de cigognes et ses caves à vin, est le terroir du grand cru Frankstein. Pour manger local (choucroute garnie au menu), Le Pressoir de Bacchus, à 2 km environ au nord, est une très belle adresse.

Faites encore 24 km vers le sud.

RIQUEWIHR

❹ Ribeauvillé
Ce village est un ravissement pour les yeux, avec son château en ruine, ses tours médiévales et ses rues sinueuses bordées de maisons à colombages. Accordez-vous une dégustation dans le cadre ultramoderne de la cave de Ribeauvillé, puis déjeunez dans la winstub rustique de Pfifferhüs.

Descendez encore 5 km plus au sud.

❺ Riquewihr
Riquewihr, c'est l'Alsace rêvée, avec son dédale de ruelles, ses remparts médiévaux, ses cours cachées et ses maisons de pain d'épices. Ponctué de domaines à visiter, un joli sentier de 2 km traverse des vignobles de grands crus. Cerise sur le gâteau : un dîner étoilé à La Table du Gourmet.

Roulez sur 14 km, toujours vers le sud.

❻ Colmar
Ce haut lieu des vins d'Alsace est un florilège de ponts, de canaux et de maisons traditionnelles. Découvrez, au fil de ses musées, les grands noms de la région, comme Bartholdi, à qui l'on doit la statue de la Liberté. Elle recèle également des trésors comme le *Retable d'Issenheim*, de style gothique (au musée Unterlinden).

Regagnez Strasbourg, à 73 km.

ET ENCORE…

Détour : château du Haut-Kœnigsbourg
Avec ses remparts épousant les formes d'un éperon rocheux, ce château féerique en grès rouge, remanié à plusieurs reprises au fil des siècles, constitue une découverte inoubliable. D'ici, par temps clair, le regard porte jusqu'à la Forêt-Noire et aux Alpes.

Le château est à 17 km au sud-ouest de Dambach-la-Ville.

Excursion : un jour à Strasbourg
La Grande-Île, où se dresse la cathédrale, est le cœur de Strasbourg, classé au Patrimoine mondial, un joli quartier de maisons à pans de bois. La ville ne manque pas d'autres attraits : canaux de la Petite France, palais Rohan de style baroque, musée d'Art moderne et contemporain… Les marchés, pâtisseries et bistrots invitent à des plaisirs simples !

Strasbourg est à 22 km à l'est de Marlenheim.

PLONGÉE DANS LE PASSÉ IRLANDAIS

SPORT · VIN ET BIÈRE · CUISINE · RESPONSABLE · AVENTURE · CULTURE · SPECTACLES · ARTS · ARCHITECTURE · HISTOIRE · FAMILLE · EN SOLO · COURT SÉJOUR · LONG SÉJOUR · PLAGE · HIVER · FAUNE · BIEN-ÊTRE

Dublin – Glendalough
Des sépultures néolithiques aux premiers monastères chrétiens, ce périple inclut quelques-uns des grands sites historiques irlandais.

EN BREF
Empreinte carbone (kg/pers) : 104
Distance (km) : 831
Nuits : 7-10
Budget : €€
Quand partir : mai-oct

❶ Dublin

Les rues marquées par l'architecture géorgienne de Dublin sont ponctuées de témoignages du passé de l'île. Visitez le Musée national, qui renferme une collection d'objets de l'âge du bronze et du fer, Trinity College, écrin du *Book of Kells* (trésor de l'art calligraphique datant de l'an 800) et le musée Dublinia, pour vous immerger dans l'histoire viking.

BIBLIOTHÈQUE DU TRINITY COLLEGE, DUBLIN

Roulez sur 50 km en direction du nord-ouest.

❷ Newgrange

Le tumulus de Newgrange, qui remonte à plus de 5 200 ans, saisit d'abord par ses dimensions : 85 m de diamètre et 13 m de hauteur. À l'intérieur, un couloir de 19 m de long conduit à la chambre funéraire. Ses pierres gravées et son alignement exact avec le soleil du solstice d'hiver avèrent de son importance au néolithique. Réservez pour visiter ce site exceptionnel.
Faites 130 km à travers le pays.

❸ Clonmacnoise

Églises, hautes croix et tours rondes dominent la rivière Shannon à Clonmacnoise qui fut jadis la plus importante cité ecclésiastique d'Irlande. Son monastère fondé par saint Ciarán en 548 attirait des étudiants de toute l'Europe.
Roulez vers le nord-ouest sur 130 km.

❹ Knocknarea

Sur un plateau calcaire, ce cairn néolithique serait la tombe de la légendaire reine Maeve. Votre ascension

TOMBE À COULOIR, NEWGRANGE

de 45 minutes sera récompensée par une vue superbe sur l'Atlantique et le mont Ben Bulben (526 m), au sommet plat.

Poursuivez sur 182 km en direction du sud.

5 Poulnabrone

Un dolmen, composé de trois pierres dressées et d'une pierre de voûte de cinq tonnes, est tout ce qui subsiste ici d'un tombeau mégalithique vieux de plus de 5 000 ans. Il trône seul, au milieu d'un paysage karstique, grandiose et austère.

Faites 126 km vers le sud-est.

6 Cashel

Dressé au milieu d'une plaine, le rocher de Cashel est coiffé d'un ensemble de fortifications, d'une cathédrale du XIIIe siècle et d'une jolie chapelle du XIIe siècle.

Poursuivez au nord-est sur 160 km.

7 Glendalough

En 498, saint Kevin fut conquis par le calme et la beauté de cette vallée boisée et de ses deux lacs sombres. Le mode de vie contemplatif de l'ermite inspira tant de disciples que Glendalough devint, au IXe siècle, la ville monastique la plus importante de l'île.

Regagnez Dublin, à 53 km au nord.

ET ENCORE...

Détour : Loughcrew

La quasi-absence de visiteurs rend encore plus envoûtante la découverte des nombreux cairns néolithiques de Loughcrew. Répartis sur trois collines, ils dominent la campagne environnante. Érigé vers 3000 av. J.-C., le Cairn T, la plus grande tombe de l'ensemble (35 m de diamètre), est décoré de pierres gravées.

Les cairns sont situés à 53 km à l'ouest de Newgrange, non loin d'Oldcastle.

Détour : oratoire de Gallarus

À quelques heures de route au sud de Poulnabrone, vous atteindrez l'oratoire de Gallarus – et une vue grandiose. Cette petite chapelle en pierre sèche daterait du VIIe ou du XIIe siècle. Pour des constructions semblables et un cadre encore plus spectaculaire, gagnez Skellig Michael en bateau.

Roulez vers le sud, via Limerick et Tralee, jusqu'à la péninsule de Dingle. L'oratoire est proche de Murreagh.

MONUMENTS BERLINOIS

BIEN-ÊTRE · SPORT · VIN ET BIÈRE · CUISINE · RESPONSABLE · AVENTURE · CULTURE · SPECTACLES · ARTS · ARCHITECTURE · HISTOIRE · FAMILLE · EN SOLO · COURT SÉJOUR · LONG SÉJOUR · PLAGE · HIVER · FAUNE

Porte de Brandebourg – East Side Gallery
Cette promenade met en avant le rôle crucial joué par la capitale allemande dans l'histoire européenne du XXe siècle.

EN BREF
Empreinte carbone (kg/pers) : 0
Distance (km) : 13
Nuits : 3
Budget : €€
Quand partir : toute l'année

❶ Porte de Brandebourg

Quiconque se souvient de ce discours de 1987 dans lequel Ronald Reagan implora Gorbatchev d'abattre le Mur connaît ce monument. Cette porte néoclassique est encore plus spectaculaire de nuit, éclairée de mille feux. Elle est surmontée d'un quadrige conduit par la déesse de la Victoire.

Longez Eberstrasse sur 600 m en direction du sud.

PORTE DE BRANDEBOURG

❷ Mémorial aux Juifs assassinés d'Europe

Vaste comme deux terrains de football, ce mémorial labyrinthique a été conçu par l'architecte Peter Eisenman. Ses 2 711 stèles de béton de tailles diverses rappellent des dalles funéraires et constituent un hommage puissant et pérenne aux victimes de la Shoah.

Suivez la Wilhelmstrasse, ancien centre névralgique du IIIe Reich, sur 1 km vers le sud.

❸ Topographie de la terreur

Cette exposition installée sur le site de l'ancien quartier général de la Gestapo revient, à travers une grande frise chronologique, des documents d'époque, des clichés et des enregistrements, sur la brutalité et les persécutions du régime nazi, de l'élection de Hitler en 1933 aux procès d'après-guerre des officiers SS.

Continuez en direction du sud sur la Wilhelmstrasse sur encore 1,3 km.

❹ Jüdisches Museum

Le Musée juif de Berlin, conçu par l'architecte américain Daniel Liebeskind, se dévoile vu du ciel sous la forme d'un gigantesque zigzag. Derrière la façade de zinc-titane, quelque 2 000 ans d'histoire juive en

MÉMORIAL AUX JUIFS ASSASSINÉS D'EUROPE

Allemagne sont retracés dans un espace minimaliste en béton, tout en diagonales et intersections.

Prenez au nord sur la Lindenstrasse sur 1 km.

❺ Checkpoint Charlie

Sur le site de l'ancien poste-frontière qui séparait Berlin-Est et Berlin-Ouest, on trouve désormais une réplique du corps de garde, avec un espace d'exposition en plein air – et des figurants déguisés. À côté, le musée du Mur (Mauermuseum) évoque la sinistre histoire et les tentatives de fuite vers l'Ouest.

Marchez 4 km vers l'est (30 min en bus) en passant par la Köpenicker Strasse, jusqu'à l'East Side Gallery.

❻ East Side Gallery

Le plus long tronçon encore debout du Mur (1,3 km) s'étire parallèlement à la Spree, à Friedrichshain. Devenu l'East Side Gallery, il forme une vaste galerie d'art à ciel ouvert. Parmi ses fresques, politiques ou satiriques, vous remarquerez celle intitulée *Mon Dieu, aide-moi à survivre à cet amour mortel*, de Dmitri Vrubel, qui représente un baiser fougueux entre Erich Honecker, dirigeant de la RDA, et Leonid Brejnev, son homologue soviétique.

Traversez Berlin centre sur 5 km jusqu'à la porte de Brandebourg (ou prenez le S-Bahn entre les stations Warschauer Strasse et Brandenburger Tor).

ET ENCORE...

Plus loin : musée de la Stasi

Digne d'une dystopie, la sinistre Stasi était la police secrète est-allemande au temps de la guerre froide. Installé dans l'ancien QG du ministère de la Sécurité d'État de la RDA, ce musée révèle les rouages de cette organisation tentaculaire. On y trouve également une collection de gadgets d'espion.

Depuis l'East Side Gallery, prenez le tramway à la station Warschauer Strasse jusqu'à Frankfurter Allee (15 min).

Détour : musée de la RDA

Entre les Skoda et les vacances sur la Baltique, ce musée revient sur la vie quotidienne en RDA. La reconstitution d'une habitation en béton préfabriquée vous convie à une plongée dans le passé. Entrez dans un salon de l'ère soviétique et mettez-vous au volant d'une Trabant !

Depuis la porte de Brandebourg, suivez Unter den Linden vers l'est pour rejoindre le musée.

BALADE CHOCOLATÉE À BRUXELLES

La Grand Place – Brasserie de la Senne

À pied et en tramway, découvrez les hauts lieux bruxellois du chocolat et dénichez les meilleurs pralines, truffes et biscuits !

EN BREF

Empreinte carbone (kg/pers) : 0,3
Distance (km) : 21
Nuits : 2
Budget : €
Quand partir : toute l'année

❶ La Grand Place

Il suffit de quelques minutes depuis la somptueuse Grand Place pour accéder à certaines des meilleures boutiques de chocolats de la ville ! Partez vers le sud-ouest, en direction de la statue du Mannekin Pis, pour rejoindre le nouveau Choco-Story, un musée interactif où la visite se termine par une démonstration de fabrication. Au nord-est de la Grand Place, la Galerie de la Reine (passage commercial de style Art nouveau) abrite la chocolaterie Neuhaus, où fut inventée la praline belge (chocolat fourré).

Marchez 10 minutes vers le sud-est pour rejoindre le palais des Beaux-Arts.

❷ Palais des Beaux-Arts

Niché dans un bâtiment Art déco, le "Bozar" accueille bien sûr des expositions, ainsi que des concerts, des projections et des installations. Pour une pause, direction le café-chocolatier Laurent Gerbaud, juste en face. Là, vous pourrez vous régaler d'un délicieux chocolat chaud… ou participer à une séance de fabrication.

Dirigez-vous vers le sud-ouest, jusqu'à la place du Grand Sablon (10 min).

❸ Place du Grand Sablon

Cette belle place est le paradis des fondus de chocolat : on y trouve les salons de Wittamer, fournisseur de la famille royale et réputé pour ses orangettes, ainsi que les chaînes Leonidas et Godiva, auxquelles les habitants préfèrent l'Atelier Sainte Catherine. Les fines bouches aimeront le showroom et le café de Pierre Marcolini, l'un des plus grands chocolatiers du monde.

À l'arrêt de tramway du Petit Sablon, prenez la ligne 92 jusqu'à Vanderkindere (30 min).

BIÈRES ARTISANALES ET CHOCOLATS BRUXELLOIS

LA GRAND PLACE

❹ Uccle
Près de l'arrêt du tramway, Mike & Becky vend des tablettes de chocolat équitable fabriquées à partir de cacao issu de petits producteurs bélizais, indiens et congolais. Marchez 10 minutes vers l'ouest dans le quartier huppé d'Uccle pour atteindre le café-boutique de Jérôme Grimonpon, avec son laboratoire vitré. Savourez un gâteau en observant le maître chocolatier à l'œuvre.
Prenez la ligne de tramway 51 de Vanderkindere à Jubile (45 min).

❺ Koekelberg
Fréderic Blondeel a créé une fabrique digne de Willy Wonka, où les chocovores peuvent assister à la fabrication "de la fève à la tablette" de ses délicieux produits. Des instruments alambiqués opèrent torréfaction, tempérage et enrobage des fèves de cacao.
Cap au nord-est vers la Brasserie de la Senne (25 min).

❻ Brasserie de la Senne
La Belgique est aussi réputée pour sa bière artisanale. La Brasserie de la Senne, à la pointe de la technologie, propose des visites guidées et des dégustations.
25 minutes de marche... et vous voici de retour sur la Grand Place.

ET ENCORE...

Plus loin : musée Hergé
En plus d'un superbe musée de la BD, Bruxelles compte aussi un musée moderne consacré à Hergé, le créateur des *Aventures de Tintin*, qui ravira les fans du neuvième art. Des planches originales et des objets associés aux aventures du jeune reporter, à Milou et au capitaine Haddock enchanteront petits et grands.
Prenez le train à Bruxelles-Central pour Louvain-la-Neuve (ttes les heures ; 50 min).

Plus loin : Gand
La ville médiévale de Gand est trop souvent oubliée au profit de Bruges. Elle ne manque pourtant pas d'attraits et fait la part belle à l'écotourisme (restaurants bio et végétariens, brasseries artisanales, centre-ville sans voitures...). Suivez ses pistes cyclables pour découvrir son patrimoine, comme les maisons de guildes aux façades ornées du Korenlei (quai du blé).
Des trains directs relient régulièrement Bruxelles-Central à la gare de Gand-Saint-Pierre (35 min).

ITINÉRAIRE CÔTIER DANS LE NORTHUMBERLAND

Alnmouth – Lindisfarne

Enfilez vos chaussures de marche pour rejoindre la côte du Northumberland, avec ses plages sublimes, ses châteaux, ses villages… et ses colonies de phoques.

EN BREF

Empreinte carbone (kg/pers) : 2
Distance (km) : 75
Nuits : 7
Budget : €€
Quand partir : juin-sept

❶ Alnmouth

Ce village côtier fut un grand port céréalier jusqu'à la tempête de 1806, qui dévia le cours de la rivière et le coupa de la côte. Entouré de plages, il constitue un bon point de départ pour suivre l'itinéraire de randonnée de St Oswald's Way.

CHAPELLE DE ST CUTHBERT, ÎLES FARNE

Prenez le bus X18 jusqu'à Alnwick (ttes les heures lun-sam, ttes les 2 heures dim ; 10 min) ou marchez 7 km.

❷ Château et jardins d'Alnwick

Construits après la conquête normande, le château d'Alnwick et ses tourelles sont bien connus des cinéphiles : ils apparaissent dans la saga *Harry Potter*. Apprenez à voler sur un balai au même endroit que le héros, puis admirez les fontaines des jardins… et le restaurant dans les arbres.

Le bus X18 rejoint Craster via Alnmouth (3/jour ; 55 min).

❸ Craster

La reine d'Angleterre est dit-on friande, au petit-déjeuner, du hareng fumé de Craster. Dans ce village de pêcheurs, on le fume au bois de chêne suivant la méthode traditionnelle. Régalez-vous d'un sandwich au hareng et d'une pinte de bière du Northumberland face au port.

Suivez le sentier côtier de St Oswald's Way sur 16 km jusqu'à Seahouses.

❹ Îles Farne

Accessibles depuis le village côtier de Seahouses, les îles Farne sont un ensemble d'îlots rocheux peuplé

CHÂTEAU DE LINDISFARNE

de phoques gris, de macareux et de 100 000 autres oiseaux marins. Saint Cuthbert vécut en ermite sur l'île centrale, où il mourut en 687.

À Seahouses, St Oswald's Way continue au nord sur 5 km jusqu'à Bamburgh.

❺ Bamburgh

Dominant un minuscule village, le château de Bamburgh est tout impressionnant que celui d'Alnwick, et a pour atout supplémentaire une superbe plage située en contrebas, adossée à des dunes et à des étendues de hautes herbes côtières.

Passez un jour entier sur le St Oswald's Way ; 31 km vous séparent de Lindisfarne.

❻ Lindisfarne

Surnommée "Holy Island" (île sacrée), la splendide Lindisfarne est l'un des lieux de pèlerinage les plus populaires en Grande-Bretagne. On y trouve un grand monastère en ruine, une copie des Évangiles de Lindisfarne et le château du même nom. L'île sablonneuse est accessible par une chaussée submersible ; planifiez bien votre venue.

Prenez le bus ou le taxi jusqu'à Berwick-upon-Tweed, d'où des trains réguliers desservent Londres et Newcastle.

ET ENCORE...

Plus loin : forêt de Kielder

Le parc national du Northumberland, où se trouve la forêt de Kielder, se prête à l'observation des étoiles. Vous pourrez séjourner dans une maison rurale ou dans un *glamping* (certains fournissent des télescopes). À deux pas, le Kielder Water Park offre de belles possibilités de sports nautiques et des itinéraires à vélo. Des formules camping et observation sont proposées au Kielder Observatory.

Le plus facile est de venir en voiture.

Plus loin : mur d'Hadrien

Cette fortification de 117 km de long a été construite dès 122, sur l'ordre d'Hadrien, à la frontière nord de son empire. Ses vestiges sont inscrits au Patrimoine mondial. Rendez-vous à Hexham, d'où vous irez découvrir le fort romain de Housesteads, son musée et l'ancienne ville romaine de Corbridge. Le sentier du mur d'Hadrien se parcourt en 7 jours.

Des trains relient Newcastle et Hexham (3-4 par heure ; 30-45 min).

PÉRIPLE CÔTIER AU CONNEMARA

SPORT · VIN ET BIÈRE · CUISINE · RESPONSABLE · AVENTURE · CULTURE · SPECTACLES · ARTS · ARCHITECTURE · HISTOIRE · FAMILLE · EN SOLO · COURT SÉJOUR · LONG SÉJOUR · PLAGE · HIVER · FAUNE · BIEN-ÊTRE

Galway – Westport

Élancez-vous pour un road trip sur le littoral du Connemara pour découvrir les montagnes, les plages, la cuisine et la scène musicale de la région.

EN BREF

Empreinte carbone (kg/pers) : 35
Distance (km) : 281
Nuits : 2-3
Budget : €€
Quand partir : mai-oct

❶ Galway

Sa musique traditionnelle, ses bons fruits de mer et son ambiance détendue attirent les foules à Galway, l'une des villes irlandaises les plus animées. Flânez dans les ruelles médiévales ou sur la promenade en bord de mer, et suivez les mélodies jusqu'au bar le plus proche.

Roulez sur 82 km vers l'ouest.

❷ Roundstone

Des bateaux de pêche sont amarrés dans le port de Roundstone, charmant village réputé pour sa scène musicale et ses plages. Faites un tour chez Roundstone Musical Instruments pour assister à la fabrication d'un *bodhrán* (tambour) traditionnel, puis cap sur Dog's Bay pour profiter du sable et de l'eau turquoise.

Faites 22 km en direction du nord.

❸ Clifden

Capitale autoproclamée du Connemara, cette bourgade victorienne abrite le Connemara Heritage and Histoire Centre, un tout petit musée où sont présentés l'histoire de la région et des objets associés à la vie dans les fermes. Il est plaisant de se balader à vélo à Clifden, que ce soit le long de la plage ou sur la Sky Road, une boucle de 20 km environ dans un cadre idyllique.

Continuez vers l'ouest sur 44 km le long de la Sky Road.

❹ Leenane et Killary

Le fjord de Killary s'étire sur 16 km jusqu'au village de Leenane et aux cascades d'Aasleagh. Les eaux sombres sont parsemées d'élevages de moules. Le long des routes, des camions vendent des fruits de mer frais dans un cadre grandiose.

Contournez Killary Harbour et allez 16 km au nord.

PORT DE ROUNDSTONE

MUSICIENS DE RUE, GALWAY

❺ Doolough

Les eaux gris acier du lac Doolough sont flanquées de montagnes. Si le cadre est splendide, le lieu fut le théâtre, en 1849, d'un épisode dramatique de la Grande Famine. Un mémorial se dresse au bord de la route.

Roulez 15 km en direction du nord.

❻ Louisburgh

Le centre des visiteurs de ce village du XVIIIe siècle vous fera connaître la légendaire reine des pirates irlandaise, Grace O'Malley. Plusieurs plages sont aisément accessibles : pour une sortie familiale, direction Carrowmore et pour une vue panoramique, cap sur Killadoon.

Prenez vers l'est sur 22 km.

❼ Westport

Cette jolie ville géorgienne sur les berges de la Carrowbeg n'est pas en reste côté pubs, gastronomie et musique. Prenez le temps de flâner dans ses rues, de visiter la Westport House (une demeure du XVIIIe siècle dotée d'un beau parc), puis filez à vélo le long de la côte sauvage.

En faisant 80 km vers le sud, vous serez de retour à Galway.

ET ENCORE...

Détour : abbaye de Kylemore

Les grandes salles, l'église néogothique et le mausolée de l'abbaye bénédictine de Kylemore racontent l'affection et le deuil. Son jardin victorien clos est accolé à des pentes boisées qui descendent jusqu'au lac Pollacapall.

L'abbaye est à mi-chemin entre Clifden et Leenane.

Détour : Croagh Patrick

Un jeûne de quarante jours sur cette montagne aurait conféré à Saint Patrick la force de bannir les serpents d'Irlande. Son ascension (765 m) est récompensée par une vue panoramique sur Clew Bay et ses îles innombrables. Venez à l'aube, le dernier dimanche de juillet, pour le pèlerinage annuel jusqu'au sommet (chaussures optionnelles).

Le sentier part de Murrisk, environ 10 km à l'ouest de Westport.

VESTIGES ROMAINS EN GRANDE-BRETAGNE

BIEN-ÊTRE SPORT VIN ET BIÈRE CUISINE RESPONSABLE AVENTURE CULTURE SPECTACLES ARTS ARCHITECTURE HISTOIRE FAMILLE EN SOLO COURT SÉJOUR LONG SÉJOUR PLAGE HIVER FAUNE

Londres – mur d'Hadrien

Que doit la Grande-Bretagne aux Romains ? Vous le découvrirez en traversant le pays en train du sud au nord.

EN BREF

Empreinte carbone (kg/pers) : 19
Distance (km) : 920
Nuits : 7
Budget : €€
Quand partir : mai-sept

❶ Londres

Plus grande cité de Britannia, Londinium fut fondée par les Romains. Retracez ce passé en explorant le Museum of London et ses galeries romaines, puis allez voir les vestiges de l'amphithéâtre du IIe siècle à la Guildhall Art Gallery, les ruines du temple de Mithra dans les sous-sols de l'immeuble Bloomberg et le pan du mur romain qui subsiste près de la station de métro Tower Hill.

THERMES ROMAINS DE BATH

Prenez le train à Victoria Station pour Fishbourne (ttes les 30 min ; 1 heure 50 ; correspondance à East Croydon).

❷ Palais de Fishbourne

Les Britto-Romains construisirent de somptueuses villas. Le palais de Fishbourne en est un bel exemple. Ses mosaïques sont sublimes (remarquez celle du dauphin). À découvrir également : la reconstitution de ses jardins.

À Fishbourne, prenez le train jusqu'à Bath (ttes les heures ; 3 heures ; correspondance à Southampton Central).

❸ Bath

Si ce ne sont pas les Romains qui découvrirent les sources de Bath, ils y bâtirent des thermes gigantesques. Les bains d'origine sont désormais entourés d'édifices du XIXe siècle et d'un musée. Les infrastructures modernes du Thermae Bath Spa sont à deux pas.

Prenez le train à Bath pour rejoindre Chester (ttes les heures ; 4 heures ; correspondances à Bristol Temple Meads et Birmingham New St).

❹ Chester

L'amphithéâtre de Deva Victrix (nom antique de Chester), le plus grand de Britannia, fut construit pour

CATHÉDRALE DE YORK

le divertissement et l'entraînement des soldats. Les fouilles ont dévoilé deux entrées des artistes. Non loin, au milieu d'une carrière romaine, le sanctuaire de Minerve abrite une statue de la déesse de la Guerre et de l'Artisanat.
Prenez le train pour York (ttes les heures ; 3 heures ; plusieurs correspondances possibles).

5 York

York a marqué l'histoire romaine : deux souverains y sont morts et Constantin le Grand y a été proclamé empereur (sa statue trône devant York Minster). Autrefois Erboracum, la ville fut fondée par des soldats en l'an 71. Parmi les vestiges romains, figurent ceux de la basilique et ceux des thermes, dans le pub Roman Bath.
Rejoignez Hexham en train (ttes les 30 min ; 1 heure 45 ; correspondance à Newcastle).

6 Mur d'Hadrien

Construit à partir de 122, le mur d'Hadrien traverse le nord du pays d'est en ouest. Les sites les plus intéressants sur son tracé comprennent le fort de Housesteads et le Vindolanda Museum, où sont exposées des lettres des habitants de l'époque. Le bus AD122 au départ de Hexham relie les principaux sites du mur.
À Hexham, des trains permettent de rejoindre Londres avec un changement à Newcastle.

ET ENCORE...

Plus loin : château de Portchester

Ce site abrite deux monuments historiques : le fort romain (le mieux conservé d'Europe septentrionale) construit au IIIe siècle pour protéger la côte des invasions saxonnes et le château médiéval bâti, au XIIe siècle, à l'intérieur des remparts romains, et qui fut occupé pendant des siècles. En demeurent de belles ruines.
Pour venir, prenez le train à Fishbourne.

Plus loin : fort d'Arbeia, South Shields

Pour voir à quoi ressemblaient les édifices romains, rendez-vous au fort d'Arbeia. L'impressionnante porte reconstruite et les autres bâtiments témoignent de la grandeur de l'architecture antique. La maison du commandant renseigne sur son quotidien et la caserne renvoie à celui, assez rude, des soldats.
Prenez le train de Hexham à Newcastle, puis le métro pour South Shields.

LA CÔTE D'AZUR EN TRAIN

Cannes – Menton

Depuis la fenêtre d'un train, laissez le littoral de la Côte d'Azur se dérouler devant vos yeux, entre glamour et poésie.

EN BREF

Empreinte carbone (kg/pers) : 3
Distance (km) : 66
Nuits : 5
Budget : €€-€€€
Quand partir : avr-juin, sept-oct

❶ Cannes

Cannes ne se limite bien sûr pas à son festival de cinéma. Que cela ne vous empêche pas de vous promener sur la Croisette jusqu'au Palais des festivals (où se tient l'essentiel de l'événement), avant de passer l'après-midi à siroter des cocktails dans un bar de plage. Le principal atout de Cannes reste toutefois sa vieille ville : pour la découvrir, suivez la rue Saint-Antoine jusqu'au quartier historique du Suquet.

Longez la côte en train jusqu'à Antibes (ttes les 30 min ; 10-15 min).

CASINO DE MONTE-CARLO, MONACO

❷ Antibes

Avec son port de plaisance et ses rues étroites, le vieil Antibes est un peu l'image rêvée de la côte méditerranéenne. Le musée Picasso est incontournable, tant pour son emplacement que pour sa collection. Depuis les remparts du XVIe siècle, profitez de la vue qui se déploie jusqu'aux Alpes au-delà de Nice, puis louez un vélo pour rejoindre la station balnéaire de Juan-les-Pins.

Reprenez le train pour Nice (4/heure ; 15-30 min).

❸ Nice

Ensoleillée toute l'année et tiraillée entre urbanité et douceur de vivre, Nice invite à la balade dans les rues ombragées de son vieux quartier. Le coucher du soleil depuis la promenade des Anglais est mémorable. La ville possède également de superbes musées, à commencer par le musée d'Art moderne et d'Art contemporain, le musée Matisse et le musée national Marc Chagall.

PORT DE MONTE CARLO, MONACO

En train, longez le littoral jusqu'à Monaco (toutes les 30 min ; 20-30 min).

❹ Monaco

Paradis des flambeurs et des hédonistes (et des évadés fiscaux), la minuscule principauté de Monaco n'est peut-être pas la plus jolie ville de la Côte d'Azur. Elle n'en vaut pas moins le détour, notamment pour son côté ostentatoire. Après un tour par son casino et son Musée océanographique, explorez Le Rocher, nom donné à la vieille ville, qui abrite le Palais princier.

Partez en train vers l'est jusqu'à Menton (ttes les 30 min ; 10 min).

❺ Menton

Terminus avant l'Italie, Menton permet de se faire une idée de ce qu'était la vie dans la région avant l'arrivée des promoteurs immobiliers. Avec un climat ensoleillé, des rues ombragées, des maisons pastel et un vieux port plein de charme, elle compte parmi les cités les plus agréables de la Côte d'Azur. On y trouve en outre un fantastique musée consacré à Jean Cocteau.

Retournez à Cannes en train ou continuez le voyage en passant en Italie.

ET ENCORE...

Plus loin : Mougins

De 1961 jusqu'à la fin de sa vie, Picasso résida sur les hauteurs de Mougins. Dans la vieille ville, l'intéressant musée d'Art classique, illustre l'influence de l'Antiquité sur l'art néoclassique, moderne et contemporain. Non moins passionnant, le musée de la Photographie André Villers présente des photos en noir et blanc de Picasso et d'autres artistes de la Côte.

Des bus circulent entre Mougins et Cannes (ttes les 20 min ; 20 min).

Plus loin : Saint-Paul-de-Vence

Naguère simple village médiéval perché sur une colline, Saint-Paul-de-Vence attira l'attention d'artistes comme Picasso, Cocteau, Matisse et Chagall, pour n'en citer que quelques-uns. Plusieurs grandes institutions artistiques y sont établies, à commencer par la célèbre Fondation Maeght, où sont exposées des œuvres de Braque, Kandinsky, Chagall et Miró.

Des bus relient le village à Nice (1-2/heure ; 1 heure).

LA BOURGOGNE EN PÉNICHE ET À VÉLO

Tonnerre – Dijon
Découvrez le meilleur de la région en péniche et à vélo, le long du canal de Bourgogne et à travers la campagne.

EN BREF
Empreinte carbone (kg/pers) : 19
Distance (km) : 228
Nuits : 10
Budget : €€
Quand partir : mai-sept

❶ Tonnerre

Le canal de Bourgogne commence à Migennes. C'est toutefois à 45 km, à Tonnerre, où vous louerez un bateau, que débute votre voyage. Cette ville, dotée d'une belle église, est située à proximité des vignes de Chablis, réputées pour leurs vins blancs, qui se découvrent idéalement à vélo. Prenez vos marques sur la péniche en prévoyant une première journée tranquille : franchissez cinq écluses, avant de vous arrêter à Tanlay – où vous pourrez visiter le château Renaissance.

Descendez le canal vers le sud-est pendant environ 8 heures (14 écluses).

❷ Ancy-le-Franc

Au bord de l'eau, le château d'Ancy-le-Franc abrite d'inestimables peintures murales de la Renaissance et est entouré de beaux jardins. Après avoir exploré le village, remontez sur le bateau. Les jours suivants, prenez votre vélo pour accéder à l'abbaye de Fontenay, à Flavigny-sur-Ozerain (l'un des plus jolis villages de France) et au passionnant MuséoParc Alésia, qui revient sur la guerre des Gaules. Ultime aventure avant l'étape suivante : la traversée d'un tunnel de 3 km construit en 1775, plus délicate que le passage d'une écluse !

Après 30 heures de navigation, 5 nuits et 80 écluses, vous arriverez à Pouilly-en-Auxois.

DÉGUSTEZ UN VIN DE BOURGOGNE SUR L'EAU !

TRAVERSÉE DE LA BOURGOGNE EN PÉNICHE

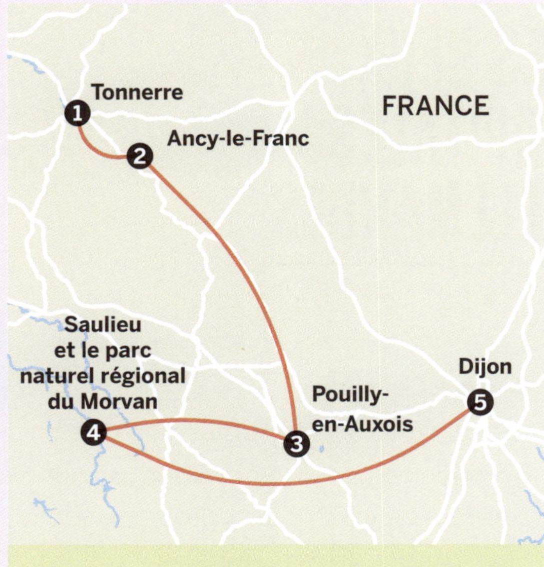

❸ Pouilly-en-Auxois

Même si le port de Pouilly et ses bars sont agréables, on ne saurait manquer la forteresse et le village médiéval voisin de Châteauneuf-en-Auxois. Le lac de Panthier, doté d'une plage, vaut aussi le détour.

Depuis Pouilly, pédalez vers l'ouest sur 30 km pour passer la nuit à Saulieu.

❹ Saulieu et le parc du Morvan

Base d'exploration parfaite pour le parc naturel du Morvan, Saulieu possède de belles adresses pour les gourmands, simples ou gastronomiques – avec La Côte d'Or, Le Relais Bernard Loiseau. Après ou avant une bonne table, partez à vélo à l'assaut des forêts et lacs à la beauté brute.

20 heures de navigations, 3 nuits et 54 écluses plus tard, vous voilà à Dijon.

❺ Dijon

Avant Dijon, le canal passe par la vallée de l'Ouche et ses beaux paysages, et le lac Kir. Rarement envahie par les touristes, Dijon est pourtant une ville agréable qui ne manque pas d'attraits. Faites un tour au palais des ducs de Bourgogne, au musée des Beaux-Arts et aux Halles.

Des trains directs font la liaison Paris-Dijon (ttes les heures ; 1 heure 40).

ET ENCORE...

Détour : Beaune

La ville fortifiée de Beaune est la capitale du vignoble bourguignon. Ses bâtiments (du Moyen Âge et de la Renaissance), comme ses célèbres Hospices, sont coiffés de tuiles vernissées multicolores. Il est plaisant de découvrir à vélo la Côte-d'Or, ponctuée de villages viticoles réputés comme Meursault, Pommard et Vougeot. De nombreuses caves proposent des dégustations.

Des trains réguliers relient Beaune à Dijon (30 min).

Plus loin : Besançon

Capitale de la Franche-Comté, Besançon est bien souvent boudée par les touristes. Quel dommage ! Vous pourrez en effet y découvrir une belle citadelle de Vauban (avec vue sur les monts du Jura), faire la tournée des bistrots au bord du Doubs et vous balader dans la Ville haute, entre rues pavées et places arborées.

Toutes les heures, des trains partent de Dijon pour la gare de Besançon-Viotte (1 heure 5).

LES DEUX CAPITALES ALLEMANDES

FAUNE
BIEN-ÊTRE
SPORT
VIN ET BIÈRE
CUISINE
RESPONSABLE
AVENTURE
CULTURE
SPECTACLES
ARTS
ARCHITECTURE
HISTOIRE
FAMILLE
EN SOLO
COURT SÉJOUR
LONG SÉJOUR
PLAGE
HIVER

Berlin – Cologne
De train en train, depuis Berlin, ralliez Cologne en passant par Bonn (ancienne capitale de la RFA) et quelques-unes des grandes villes du pays.

EN BREF
Empreinte carbone (kg/pers) : 32
Distance (km) : 800
Nuits : 10
Budget : €€
Quand partir : toute l'année

❶ Berlin

Berlin est une destination culturelle par excellence, que vous admiriez des artefacts de l'aube de la civilisation sur l'île aux Musées ou écumiez les clubs de Kreuzberg. L'un des grands classiques d'un séjour berlinois consiste à traverser le parc Tiergarten jusqu'à la porte de Brandebourg et l'avenue Unter den Linden, en franchissant au passage l'ancienne démarcation entre l'Est et l'Ouest.

Prenez le train jusqu'à Leipzig (ttes les 30 min ; 2 heures).

MAISON DE GOETHE, WEIMAR

❷ Leipzig

Point de ralliement des talents fuyant les loyers élevés de Berlin, Leipzig a toujours été un centre artistique majeur. Visitez les musées consacrés à deux des fils prodigues de l'Allemagne : Bach et Mendelssohn.

Reprenez le train jusqu'à Weimar (ttes les 15-30 min ; 1 heure 30).

❸ Weimar

Niché dans le Land boisé de Thuringe, Weimar a quelque chose d'une ville savante : Goethe, Schiller, Nietzsche et Liszt y ont séjourné. On lui connaît également des liens avec le design et l'architecture : vous pourrez ainsi découvrir le musée du Bauhaus, consacré au courant du même nom.

Le train vous emmènera à Francfort (1/heure ; 4 heures) avec un changement à Erfurt.

ÎLE DES MUSÉES, BERLIN

❹ Francfort

La capitale financière de l'Allemagne ne se résume pas à ses gratte-ciel : c'est une ville animée et cosmopolite. Rendez-vous dans les tavernes de la vieille ville pour goûter à l'Apfelwein (sorte de cidre acide).

Ralliez Bonn en train (ttes les 15 min ; 2 heures).

❺ Bonn

Ancienne capitale de la RFA, Bonn ne manque pas de distinction, avec ses flèches et ses maisons rassemblées autour du Rhin. Visitez la maison de Beethoven, natif de la ville, et la Haus der Geschichte (maison de l'Histoire), où sont relatées la division de la nation d'après-guerre et sa réunification.

Rejoignez Cologne en train (ttes les 15 min ; 30 min).

❻ Cologne

Ancienne colonie romaine, Cologne se distingue par sa cathédrale, la plus haute d'Europe, que l'on aperçoit dès l'arrivée dans la ville, par le Rhin, en aval de Bonn. Goûtez à la Kölsch, la bière emblématique de Cologne, dans l'une de ses *Brauhäuser* (brasseries).

La gare de Cologne est reliée à plusieurs destinations européennes.

ET ENCORE...

Plus loin : Aix-la-Chapelle

Située à proximité des frontières avec la Belgique et les Pays-Bas, Aix-la-Chapelle fut la capitale de l'Empire carolingien. Elle conserve de cette époque une cathédrale dont l'origine remonte au IXe siècle. Les Romains profitaient déjà de ses sources d'eau chaude. À vous de les imiter en faisant un tour dans un spa !

Des trains directs relient Aix et Cologne (ttes les 30 min ; 30 min).

Plus loin : Dresde

Dresde est l'incarnation de la renaissance allemande : presque totalement détruite aux derniers jours de la Seconde Guerre mondiale, elle a été reconstruite et est redevenue un joyau baroque. Admirez le palais-musée du Zwinger, puis franchissez l'Elbe pour rejoindre Neustadt, ses bars animés et ses œuvres de street art.

Des trains directs relient Dresde à Berlin (ttes les 30 min ; 2 heures) et Leipzig (ttes les 30 min ; 1 heure).

CROISIÈRE SUR LE CANAL KENNET ET AVON

Bradford-on-Avon – Bath

Partez en croisière sur ce canal à travers la campagne anglaise : un voyage jalonné de ponts-canaux, de pubs au bord de l'eau et de sites historiques.

EN BREF

Empreinte carbone (kg/pers) : 58
Distance (km) : 32
Nuits : 4
Budget : €€
Quand partir : avr-oct

CANAL KENNET ET AVON

❶ Bradford-on-Avon

Bradford-on-Avon ne manque pas de sites historiques, avec notamment une grange dîmière du XIVe siècle, des édifices géorgiens et un joli quai. Ce dernier était, dans les années 1850, un comptoir commercial important sur le canal Kennet et Avon qui relie Londres au canal de Bristol. Mettez-vous au diapason de ce coin tranquille : aux moyens de transport modernes, préférez les *narrowboats* (bateaux étroits qui ne dépassent pas 6 km/h). Profitez des cafés et des pubs au bord de l'eau, ainsi que de leurs points d'amarrage bien pratiques. Sur ces berges, la nature est si luxuriante qu'on douterait de la proximité de la ville. Souvent décrite comme une Bath miniature, Bradford-on-Avon est parfaite pour se mettre en appétit avant de rejoindre celle-ci.

Louez un bateau à Bradford-on-Avon (réservez sur sallynarrowboats.co.uk) et partez vers l'ouest et le nord (2-3 heures).

❷ Claverton

En naviguant vers l'ouest sur le canal Kennet et Avon, vous traverserez la campagne du Wiltshire et les ponts-canaux en pierre calcaire d'Avoncliff et de Dundas, avant d'arriver à la station de pompage de Claverton. Cette merveille d'ingénierie bicentenaire

PULTENEY BRIDGE SUR L'AVON, BATH

sert à pomper l'eau de la rivière Avon pour l'injecter dans le canal via une roue à aubes. Restaurée dans les années 1960, elle se visite lorsqu'elle est en activité.
Continuez au nord-ouest, en direction de Bath (2-3 heures).

3 Bath
Amarrez juste avant Bath pour éviter une série d'écluses étroites ; le joli centre-ville est accessible à pied. John Rennie, l'architecte écossais du canal Kennet et Avon, a tout mis en œuvre pour que ce tronçon s'accorde aux édifices aux tons jaunes de Bath, que vous découvrirez en suivant le chemin de halage qui part de la cheminée de la station de pompage et traverse les Sydney Gardens jusqu'à la Cleveland House. Dirigez-vous vers le centre-ville en longeant l'Avon et en traversant le majestueux Pulteney Bridge. Boutiques, restaurants et autres sites d'intérêt vous occuperont facilement deux jours, le temps de se croire plongé dans un livre de Jane Austen !
Après un jour ou deux à Bath, faites demi-tour et retournez à Bradford-on-Avon en bateau (5-6 heures).

ET ENCORE...

Excursion : un jour aux thermes romains
Le fastueux complexe édifié par les Romains au-dessus des sources chaudes de Bath jouxte un temple dédié à une déesse guérisseuse. Il est admirablement préservé. Il n'est plus possible d'y prendre les eaux : allez plutôt au Thermae Bath Spa voisin.
Les thermes et le Thermae Bath Spa sont situés dans le centre-ville, à quelques minutes de marche l'un de l'autre.

Plus loin : Bristol
Les plaisanciers chevronnés peuvent gagner Bristol depuis Bath : attention, le canal est étroit au début et il y a six écluses à passer. Vous rejoindrez l'Avon, une rivière à marées qui mène à Bristol et à son port historique, à proximité duquel on trouve quantité de galeries d'art et restaurants branchés. Toute la ville est marquée par son histoire maritime ; explorez-la en profondeur sur le bateau-musée SS *Great Britain*.

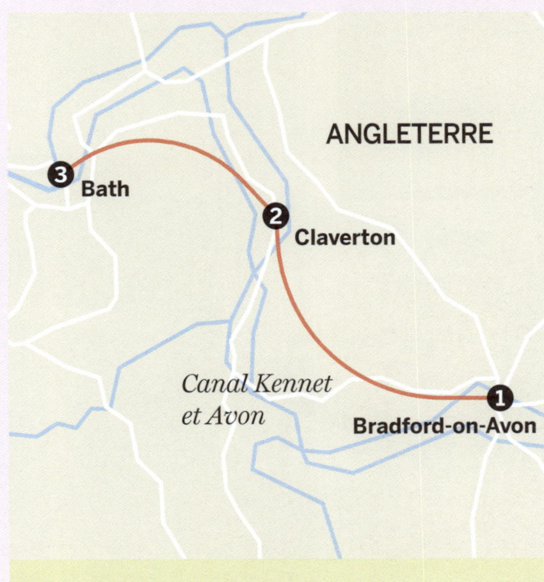

PANORAMA LITTÉRAIRE EN ANGLETERRE

Londres – Lake District

Découvrez la littérature anglaise en visitant les lieux qui inspirèrent les plus grandes plumes du pays.

EN BREF

Empreinte carbone (kg/pers) : 96
Distance (km) : 710
Nuits : 7-10
Budget : €€
Quand partir : avr-sept

❶ Londres

De nombreux auteurs ont pris Londres pour décor. Toutefois, aucun autre n'a élevé la ville au rang de personnage principal comme l'a fait Charles Dickens. Écrites au XIXe siècle, ses descriptions ont façonné une l'image de la capitale. Explorez l'œuvre et la vie du créateur d'Oliver Twist dans le musée à son nom, avant de dîner au Rules, son restaurant préféré.

Roulez sur 90 km vers l'ouest.

BRONTË PARSONAGE MUSEUM, HAWORTH

❷ Oxford

L'histoire académique d'Oxford est en partie liée aux géants de la littérature qui y ont enseigné. Portez un toast à C. S. Lewis (*Le Monde de Narnia*) et à J. R. R. Tolkien (*Le Seigneur des anneaux*) à L'Eagle and Child, où se retrouvaient les membres de leur club, puis arpentez les rues sur les traces de Lyra Belacqua, l'héroïne d'*À la croisée des mondes*, de Philip Pullman.

Faites 130 km en direction du sud-ouest.

❸ Bath

La jolie Bath fut souvent la toile de fond des romans de Jane Austen, qui y séjourna. Cette ville se distingue tout à la fois par son patrimoine architectural, son histoire et une belle atmosphère. Visitez le Jane Austen Centre, puis passez devant le 4 Sydney Place, où l'écrivaine vécut trois ans.

Mettez le cap vers le nord-est pour 140 km.

OXFORD

❹ Stratford-upon-Avon

William Shakespeare est l'un des écrivains les plus célèbres de tous les temps et la foule qui se presse dans sa ville d'origine atteste de sa popularité. Rendez-vous sur son lieu de naissance, avant que de vous recueillir sur sa tombe dans la Holy Trinity Church et d'assister à une de ses pièces au Royal Shakespeare Theatre.

Continuez en direction du nord sur 250 km.

❺ Haworth

Était-ce pour sa situation reculée ou pour la météo maussade du Yorkshire ? Toujours est-il que Haworth a stimulé l'imagination des sœurs Brontë qui ont donné naissance à des monuments de la littérature gothique et romantique comme *Jane Eyre* et *Les Hauts de Hurlevent*. Le presbytère où elles vécurent est désormais un musée.

Roulez sur 100 km vers le nord-ouest.

❻ Lake District

Lapins malicieux et jonquilles participent de l'attrait littéraire du Lake District : c'est dans la ferme de Hill Top que Pierre Lapin est né sous la plume de Beatrix Potter. Marchez jusqu'à Dove Cottage et Rydal Mount, deux maisons où vécut le poète William Wordsworth, et baladez-vous dans les collines pour chercher l'inspiration !

Regagnez Londres en voiture ou en train.

ET ENCORE...

Plus loin : Sedbergh

Entre Haworth et le Lake District, les bibliophiles s'arrêteront à Sedbergh : connue comme *la* ville anglaise du livre (ainsi que Hay-on-Wye l'est pour le pays de Galles), elle compte quelques librairies d'exception (certaines se doublent d'ateliers, de cafés et ou de restaurants).

Sedbergh est à 30 km à l'est de Windermere (Lake District).

Plus loin : le Wessex de Thomas Hardy

Partez sur les traces de Hardy au sud-ouest du Wessex. Plusieurs villes et villages apparaissent dans ses romans cultes : Oxford n'est autre que Christminster dans *Jude l'Obscur*, Bournemouth est la Sandbourne de *Tess d'Uberville* et Dorchester la Casterbridge du *Maire de Casterbridge*.

La voiture est plus pratique, même si la plupart des destinations sont desservies par des bus et des trains.

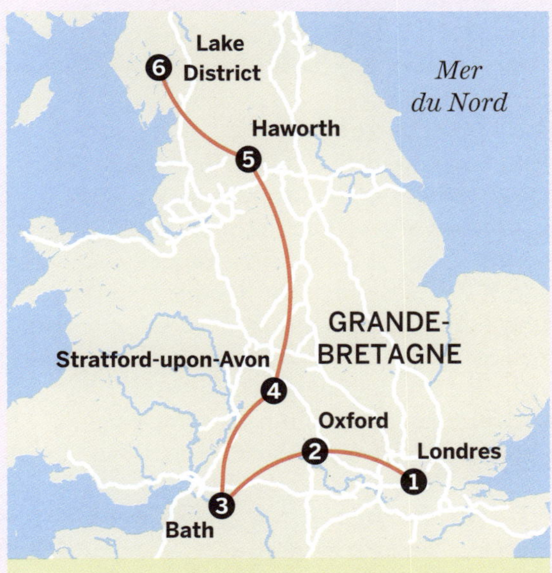

LES SAVEURS DE LA FORÊT-NOIRE

SPORT · VIN ET BIÈRE · CUISINE · RESPONSABLE · AVENTURE · CULTURE · SPECTACLES · ARTS · ARCHITECTURE · HISTOIRE · FAMILLE · EN SOLO · COURT SÉJOUR · LONG SÉJOUR · PLAGE · HIVER · FAUNE · BIEN-ÊTRE

Baden-Baden – Triberg

Aussi belle et sombre que le fameux gâteau de la région, la Forêt-Noire se prête à une escapade culinaire.

EN BREF

Empreinte carbone (kg/pers) : 29
Distance (km) : 235
Nuits : 4
Budget : €€
Quand partir : toute l'année

❶ Baden-Baden

L'influence de la France voisine est clairement perceptible dans la cuisine de cette ville thermale. Le Weinstube im Baldreit, un restaurant couvert de lierre, est le lieu idéal pour goûter aux flammekueche croustillantes préparées avec du jambon de la Forêt-Noire, accompagnées d'un pinot local. Vous êtes plutôt bec sucré ? Rendez-vous au Café König, une institution vieille de 250 ans, autrefois fréquentée par Liszt et Tolstoï.

Empruntez la jolie route B3 sur 29 km vers le sud.

❷ Kappelrodeck

Des vignobles cernent cette ville aux maisons à pans de bois réputée pour ses pinots noirs. Vous pourrez déguster vins et kirsch maison au Rebstock Waldulm. Là, dans le salon en bois sombre niché dans une ferme vieille de 260 ans, le chef Karl Hodapp mitonne des plats de saison aux saveurs prononcées, comme la soupe d'escargot crémeuse aux herbes aromatiques et la caille à la moutarde et aux prunes.

Suivez des petites routes de campagne sur 26 km vers le sud-est jusqu'à Baiersbronn.

❸ Baiersbronn

Cette ville ne compte pas moins de six étoiles au Michelin ! Sa plus grande fierté est le Restaurant Bareiss, où Claus-Peter Lumpp exerce sa magie sur des ingrédients d'exception : venaison du domaine, champignons sauvages, truffes, pigeon alsacien… Réservez.

PRODUITS FRAIS DU MARCHÉ

TRIBERG

Roulez vers le sud, à travers de douces collines, sur 30 km.

❹ Alpirsbach

Coiffée d'une abbaye bénédictine, Alpirsbach doit son nom à un moine ivre qui, après avoir versé sa bière dans la rivière Kinzig, se serait exclamé "*All Bier ist in den Bach!*" ("Toute la bière est dans le ruisseau !"). Goûtez aux nectars houblonnés et corsés de la Forêt-Noire brassés à l'eau de source locale dans la brasserie Alpirsbacher Klosterbräu. Les visites guidées se terminent par une dégustation.

Faites 44 km vers le sud en prenant le temps d'admirer le paysage.

❺ Triberg

Triberg, la ville des horloges à coucou géantes, possède aussi la plus haute cascade d'Allemagne. Installé dans un chalet en bois à proximité d'un petit lac en bordure de la ville, le Bergseestüble est une bonne adresse pour se régaler de spécialités de la Forêt-Noire en profitant de la vue. Sur la carte, on trouve des plats copieux, de la truite fumée, du porc local, des *Spätzle* (nouilles aux œufs), des ragoûts de gibier servis avec du chou rouge et des *Schupfnudeln* (sorte de gnocchis).

106 km séparent Triberg de Baden-Baden.

ET ENCORE...

Plus loin : Martinskapelle

Une route escarpée serpente à travers une sombre forêt de sapins jusqu'à ce sommet à 1 085 m, où se dresse une chapelle médiévale. Outre les sentiers sylvestres, profitez d'une superbe cuisine locale dans la Höhengasthaus Kolmenhof, gérée en famille. Juste devant le restaurant jaillit la source principale du Danube – d'où la truite extrafraîche sur la carte.

Martinskapelle est à 13 km au sud-ouest de Triberg.

Détour : Herzogsweiler

Dans la Forêt-Noire, le jambon de Pfau Schinken, à Herzogsweiler, fait l'unanimité. La viande est frottée avec du sel et des épices (coriandre, ail, baies de genièvre...), puis séchée avant d'être fumée à froid au bois de sapin, puis maturée pour conserver sa saveur fumée et boisée. Des visites expliquent sa fabrication. Une boutique est installée sur place.

Herzogsweiler est à 18 km à l'est de Baiersbronn.

AU CŒUR DU YORKSHIRE

Hull – York

Explorez des villes historiques et des villages traditionnels anglais, entre les Dales émeraude et les landes balayées par les vents de cette fantastique région.

EN BREF

Empreinte carbone (kg/personne) : 52
Distance (km) : 370
Nuits : 10
Budget : €€
Quand partir : juin-sept

❶ Hull

Ancienne station baleinière, Hull possède un musée qui s'inscrit contre la chasse à la baleine, des vestiges maritimes et de jolis docks reconstruits. Sa vieille ville géorgienne, bien conservée, sert souvent de décor à des films ; elle a été la Londres dickensienne de *L'histoire personnelle de David Copperfield*.

Roulez sur 55 km vers le nord-est.

❷ Flamborough Head

Blanches falaises, colonies d'oiseaux et phares isolés : tels sont les attraits de ce promontoire sauvage du Yorkshire. Rendez-vous près de la cale de mise à l'eau sur la plage de North Landing pour pagayer dans la baie sablonneuse. Observez les fous de Bassan et les puffins sur les Bempton Cliffs dans la réserve naturelle de la RSPB.

Continuez sur 60 km vers le nord-ouest.

❸ Robin Hood's Bay

Réservez une nuit dans une maison de pêcheurs de ce charmant village côtier. Niché entre deux falaises abruptes, il fit le bonheur des contrebandiers au XVIIIe siècle. En descendant la rue principale pavée, vous atteindrez sa plage appréciée des chasseurs de fossiles et des explorateurs de mares résiduelles.

Marchez 11 km le long des falaises jusqu'à Whitby.

❹ Whitby

Bien souvent associée au capitaine Cook et à Dracula, Whitby est une petite station balnéaire animée au charme gothique ; une abbaye médiévale en ruine orne son cap. Entre circuits nocturnes autour des fantômes, excursions en bateau pirate et dégustation d'excellents *fish and chips*, on ne s'y ennuie pas !

Retournez à Robin Hood's Bay par le bus X93 ou 93 (ttes les heures ; 20 min) puis faites 105 km vers l'ouest jusqu'à Masham.

DÉCORATION D'UN BAR, MASHAM

PORT DE WHITBY

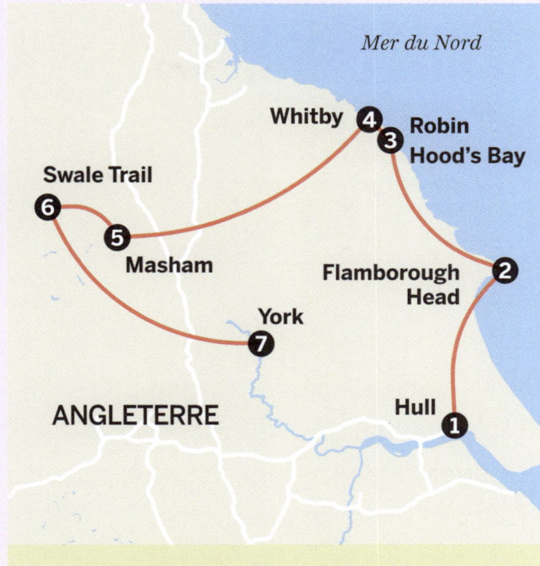

❺ Masham

Cette bourgade en bordure des Yorkshire Dales est connue pour sa foire aux moutons qui a lieu en septembre. Allez-y aussi pour la Theakstons Brewery, une brasserie fondée au XIXe siècle. Une dispute qui fit éclater la famille Theakston conduisit à la création de la seconde brasserie de la ville, la Black Sheep Brewery, en 1992.

Louez un vélo chez Cycopath Cycles pour explorer les Dales.

❻ Swale Trail

Si les Yorkshire Dales servent de terrain d'entraînement à des cyclistes professionnels, chacun y trouve son bonheur. Les jeunes vététistes pourront s'essayer au Swale Trail (sans circulation). Trouvez votre itinéraire sur cyclethedales.org.uk.

Roulez sur 55 km vers le sud-est.

❼ York

L'ancienne capitale du Nord est un bijou médiéval. Découvrez les racines romaines de la ville dans l'Undercroft Museum, sous la cathédrale de York, puis aventurez-vous au Jorvik Centre, reconstitution d'un village viking. Ne manquez pas les Shambles, des rues médiévales admirablement préservées.

Des trains réguliers font la liaison avec Londres.

ET ENCORE...

Plus loin : North York Moors National Park

Ajoutez une dose de marche à votre séjour dans ce parc national. Les landes désertes sont parcourues par des sentiers parsemés de bruyère et émaillées de jolis villages, comme Goathland, Hutton-le-Hole et Beck Hole. Les trains à vapeur de la North York Moors Railway traversent Goathland, dont la gare a servi de décor aux films de la série *Harry Potter*.

14 km de route séparent Goathland de Whitby.

Plus loin : Harrogate

Harrogate est une station thermale huppée depuis le début du XVIIe siècle, quand furent découvertes des sources riches en minéraux à l'emplacement des Valley Gardens. Charles Dickens et Agatha Christie ont figuré parmi ses illustres visiteurs. L'histoire de la station est relatée au Pump House Museum. Les bains d'origine, d'inspiration mauresque, ont été conservés dans le spa.

Harrogate est à 35 km de Masham.

ART ET ARCHITECTURE : AMSTERDAM ET ROTTERDAM

SPORT
VIN ET BIÈRE
CUISINE
RESPONSABLE
AVENTURE
CULTURE
SPECTACLES
ARTS
ARCHITECTURE
HISTOIRE
FAMILLE
EN SOLO
COURT SÉJOUR
LONG SÉJOUR
PLAGE
HIVER
FAUNE
BIEN-ÊTRE

Museumplein – De Rotterdam

Faites le plein de culture aux Pays-Bas : contemplez les œuvres d'art d'Amsterdam et faites le tour des merveilles architecturales de Rotterdam à vélo.

EN BREF

Empreinte carbone (kg/pers) : 0
Distance (km) : 103
Nuits : 3
Budget : €€
Quand partir : toute l'année

❶ Museumplein, Amsterdam

Les musées les plus célèbres d'Amsterdam sont regroupés autour de l'esplanade principale, Museumplein. Prévoyez au moins deux jours pour les explorer. Le premier jour, visitez le musée Van Gogh et admirez les œuvres de Picasso, Klein et Kusama au Stedelijk Museum. Le second, direction le plus bel écrin d'art de la ville : le Rijksmuseum.

Depuis la Museumplein, prenez la ligne de tramway n°5 jusqu'à Amstelveen Stadshart (20 min), puis marchez jusqu'au Cobra Museum (15 min).

❷ Cobra Museum, Amsterdam

Ce musée ravira les amateurs d'art qui y retrouveront les œuvres d'avant-garde des artistes du mouvement CoBrA (Copenhague, Bruxelles, Amsterdam), né après la Seconde Guerre mondiale – avec notamment Karel Appel, le plus célèbre d'entre eux.

À Amsterdam Centraal Station, prenez le train pour Rotterdam Centraal Station (ttes les 15 min ; 40 min).

❸ Rotterdam Centraal Station

Une fois à Rotterdam, ne quittez pas la gare sans prendre le temps d'admirer le bâtiment et son surprenant toit pointu en acier inoxydable, construit entre 1999 et 2013. Ensuite, louez un vélo pour passer la journée à explorer la ville.

Comptez 10 minutes jusqu'au Markthal, au sud-est.

❹ Markthal, Rotterdam

Addition contemporaine au patrimoine architectural de Rotterdam, le Markthal, inauguré en 2014, abrite

RIJKSMUSEUM, AMSTERDAM

OVERBLAAK DEVELOPMENT, ROTTERDAM

un superbe marché alimentaire ainsi que des appartements. La halle, haute de 40 m, n'a pas tardé à s'imposer parmi les éléments architecturaux les plus marquants de la ville.

Un trajet d'une minute vous conduira jusqu'au Overblaak Development.

❺ Overblaak Development, Rotterdam

Ces remarquables maisons cubiques jaune et gris inclinées, dessinées par l'architecte Piet Blom, ont été construites entre la fin des années 1970 et le début des années 1980. Chacune représente un arbre ; ensemble, elles forment une forêt.

Pédalez 10 minutes sur le pont Érasme (Erasmusbrug), chef-d'œuvre architectural.

❻ De Rotterdam

"Ville verticale" composée de trois tours interconnectées, De Rotterdam forme l'un des plus beaux ensembles d'architecture contemporaine de la ville. Elle a été conçue par le cabinet d'architecture OMA, dont l'équipe comptait Rem Koolhaas, lauréat du prix Pritzker.

Retraversez le pont et retournez, au nord, à la Centraal Station (15 min).

ET ENCORE...

Plus loin : Amsterdam-Noord

Si vous avez le temps, prenez le ferry pour rejoindre, à Amsterdam-Noord, le quartier de NDSM situé de l'autre côté du lac IJ. Là, d'anciens hangars des chantiers navals ont été convertis en ateliers d'artistes et les rues sont ornées d'œuvres de street art.

Prenez le ferry gratuit derrière l'Amsterdam Centraal Station jusqu'à NDSM (5 min).

Détour : l'usine Van Nelle, Rotterdam

Un samedi, visitez ce site classé au Patrimoine mondial en réservant une visite guidée d'une heure auprès d'Urban Guides. Ce bijou d'architecture moderniste en acier et en verre est une ancienne fabrique de thé, café et tabac construite entre les années 1920 et 1930.

La Van Nelle Fabriek est à 10 minutes de vélo à l'ouest de Rotterdam Centraal Station.

LE LAC DE CONSTANCE À VÉLO

SPORT · VIN ET BIÈRE · CUISINE · RESPONSABLE · AVENTURE · CULTURE · SPECTACLES · ARTS · ARCHITECTURE · HISTOIRE · FAMILLE · EN SOLO · COURT SÉJOUR · LONG SÉJOUR · PLAGE · HIVER · FAUNE · BIEN-ÊTRE

Friedrichshafen – Meersburg
Un lac, deux roues, trois pays. Plat et bien balisé, le tour du lac de Constance à vélo le long des berges allemandes, autrichiennes et suisses est une jolie aventure.

EN BREF
Empreinte carbone (kg/pers) : 0
Distance (km) : 246
Nuits : 7
Budget : €€
Quand partir : avr-juin et sept-oct

❶ Friedrichshafen, Allemagne

Il n'est pas rare de voir des dirigeables survoler Friedrichshafen. De fait, les essais du premier de ces aérostats eurent lieu ici en 1900. Le musée Zeppelin, de style Bauhaus, leur est consacré. Pour pique-niquer et se balader, direction la promenade bordée de statues.
La piste cyclable traverse vergers et prairies et longe des ports jusqu'à Lindau, à 27 km à l'est.

STEIN AM RHEIN, SUISSE

❷ Lindau, Allemagne

Cette ville médiévale semble tout droit sortie d'une carte postale avec ses rues pavées, ses maisons à pignons et son Altes Rathaus, l'ancien hôtel de ville, couvert de fresques. La promenade au bord du lac est particulièrement belle au crépuscule, lorsque le phare et la statue du lion de Bavière se parent d'or.
Faites 11 km vers l'est jusqu'à Brégence ; la route devient plus pentue et les Alpes sont plus visibles.

❸ Brégence, Autriche

Connue pour son festival d'opéra estival, cette ville portuaire compte plusieurs sites intéressants, dont le musée d'Art moderne et le musée du Vorarlberg, consacré à l'histoire, l'architecture et l'art régionaux. Un funiculaire rejoint le Pfänder (1 064 m), où d'où l'on a une vue imprenable sur le lac et les montagnes.
Roulez 69 km entre plages et forêts en passant par la Suisse, puis franchissez la frontière allemande.

❹ Constance, Allemagne

Empereurs romains, négociants médiévaux, évêques du concile de Constance (XVe siècle) : tous contribuèrent à façonner cette cité universitaire en bord de lac et traversée par le Rhin. Le joyau de Constance est sa cathédrale, érigée sur des vestiges romains.

TÉLÉPHÉRIQUE DU PFÄNDER, BRÉGENCE

Faites un détour dans les terres en pédalant 28 km vers l'ouest jusqu'à Stein am Rhein, au bord du Rhin.

5 Stein am Rhein, Suisse

À cheval sur le Rhin, Stein am Rhein séduit d'emblée, avec sa vieille ville de conte de fées. La Rathausplatz, une place allongée et bordée de maisons à colombages couvertes de fresques, est particulièrement ravissante.

La route panoramique (idéale pour les cyclistes) suit la rive nord du lac sur 64 km jusqu'à Meersburg. En chemin, admirez les Pfahlbauten (habitations sur pilotis préhistoriques reconstituées inscrites au Patrimoine mondial) à Unteruhldingen et l'église de style rococo de Birnau.

6 Meersburg, Allemagne

Avec ses vignobles et ses deux châteaux, Meersburg est une étape lacustre idéale. On y trouve une promenade arborée et des tavernes pour profiter du pinot noir local. Faites un tour au Vineum, le musée du Vin installé dans un ancien hospice, et délassez-vous dans les thermes en bord de lac.

19 km vous séparent de votre point de départ, Friedrichshafen.

ET ENCORE...

Détour : chutes du Rhin

À l'ouest de Stein am Rhein, la piste cyclable suit le fleuve jusqu'aux chutes du Rhin (les plus grandes d'Europe). Le spectacle est à couper le souffle : un véritable torrent (700 m³/ seconde) se déverse d'une hauteur de 23 m dans un bassin d'eau tourbillonnante. Approchez-vous au maximum en empruntant le sentier qui descend du Schloss Laufen (château).

Les chutes du Rhin sont à 23 km à l'ouest de Stein am Rhein.

Excursion : un jour à Reichenau et Mainau

Prolongez votre séjour de 24 heures pour découvrir ces deux îlots du lac de Constance. Entourée de vergers et de vignes, l'abbaye de Reichenau a donné naissance à une école d'enluminure (820-1050). Mainau est un grand jardin botanique d'inspiration méditerranéenne imaginé par la famille Bernadotte.

Reichenau est à 7 km à l'ouest de Constance et Mainau à 6 km au nord.

CARRICK ROADS ET ROSELAND PENINSULA EN BATEAU

Truro – Falmouth

Délaissez la voiture pour découvrir au fil de l'eau les paysages, les châteaux et les sentiers de l'estuaire du Fal (Carrick Roads), dans les Cornouailles (sud-ouest de l'Angleterre).

EN BREF

Empreinte carbone (kg/pers) : 3
Distance (km) : 41
Nuits : 2-3
Budget : €€
Quand partir : mai-sept

❶ Truro

Avec sa cathédrale, ses charmantes rues géorgiennes et sa cuisine (sans oublier ses alcools de renom !), Truro mérite une visite avant de commencer le voyage. Le trajet en bateau sur le Fal jusqu'à Trelissick dure environ 1 heure : de quoi profiter de la vue sur la campagne et des îlots de carte postale. Les rares pétroliers amarrés témoignent de la profondeur du fleuve.

Au Truro Town Quay, prenez le ferry pour Trelissick (4/jour printemps et été ; 1 heure).

❷ Trelissick

Les jardins botaniques et le domaine de Trelissick, gérés par le National Trust, sont à deux pas de l'embarcadère – le panorama est de toute beauté. Des sentiers traversent le domaine, agrémenté de plantes rares et doté d'un verger. C'est l'endroit rêvé pour déguster un *cream tea* (thé et scones, avec crème fraîche et confiture de fraise).

Reprenez le ferry jusqu'à St Mawes (4/jour printemps et été ; 45 min).

❸ St Mawes

À l'extrémité sud de la Roseland Peninsula, le secteur de St Mawes est classé "zone naturelle d'une exceptionnelle beauté". Ce qui n'est pas peu dire.

PÊCHE DU JOUR, FALMOUTH

PLAGE DE MAENPORTH, FALMOUTH

Compte tenu de sa popularité en haute saison, réservez tôt hôtels et restaurants (l'hôtel Tresanton et son restaurant sont une option de premier choix). Visitez le château d'Henry VIII et les Lamorran House Gardens (jardins subtropicaux), avant de vous lancer sur l'un des nombreux sentiers des environs.

Rejoignez le Prince of Wales Pier à Falmouth en ferry (3/heure été, 1/heure en hiver ; 20 min).

4 Falmouth

Plages, boutiques branchées, cafés indépendants : Falmouth ne manque pas d'attraits ! Découvrez la Falmouth Art Gallery qui possède une belle collection d'œuvres préraphaélites et modernes, et d'automates contemporains, avant de faire un tour au National Maritime Museum Cornwall (5 étages consacrés à l'histoire, aux arts et aux sciences, avec des expositions interactives et une belle vue depuis la Lookout Tower) et au Pendennis Castle (semblable au château de St Mawes, sur l'autre rive). Par beau temps, flânez sur la plage de Gyllyngvase (proche du centre-ville) ou regardez les bateaux dans le port. Enfin, régalez-vous d'un *fish and chips* chez Harbour Lights.

Retournez à Truro en train (ttes les 30 min ; 25 min).

ET ENCORE...

Plus loin : St Anthony Head

Un court trajet en ferry depuis St Mawes vous mènera à Place, d'où l'on accède à plusieurs jolis sentiers. Un itinéraire côtier passe par quelques édifices remarquables, comme que le phare de St Anthony Head et St Anthony Church. Apportez un pique-nique.

Depuis St Mawes jusqu'à la crique de Place, le trajet en ferry dure 10 minutes (uniquement avr-oct).

Détour : de Trelissick à St Mawes par le King Harry Ferry

Le King Harry Ferry est un ferry à chaîne qui fait office de pont vers la péninsule de Roseland. Depuis l'embarcadère, un sentier ravissant, en grande partie côtier, rejoint St Mawes. Faites un écart pour admirer St Just in Roseland, une église accolée à une crique entourée de jardins.

De Trelissick, rejoignez Roseland Peninsula par le King Harry Ferry (10 min) puis marchez jusqu'à St Mawes (11 km).

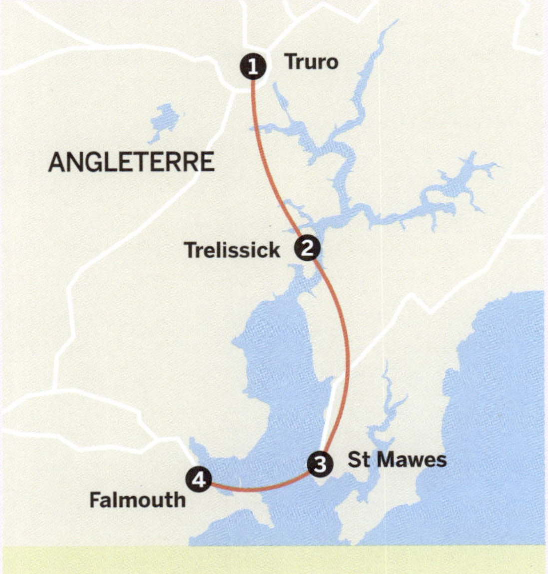

DES HIGHLANDS AUX ÎLES

SPORT VIN ET BIÈRE CUISINE RESPONSABLE AVENTURE CULTURE SPECTACLES ARTS ARCHITECTURE HISTOIRE FAMILLE EN SOLO COURT SÉJOUR LONG SÉJOUR PLAGE HIVER FAUNE BIEN-ÊTRE

Inverness – Lerwick

Visitez une Écosse méconnue : une longue étendue sauvage dans les Highlands, avec des îles et des ruines anciennes.

EN BREF

Empreinte carbone (kg/pers) : 92
Distance (km) : 1 031
Nuits : 14
Budget : €€
Quand partir : avr-mai, août-sept

❶ Inverness

Des trains, des bus et des bateaux mènent jusqu'aux îles à travers les Highlands. Commencez à Inverness, scindée en deux par la Ness, depuis les berges de laquelle se déploient de belles vues. De nombreux visiteurs rejoignent le Loch Ness voisin dans l'espoir d'apercevoir le monstre... Pour une ambiance plus paisible, préférez Black Isle (1 bus/heure).

CATHÉDRALE SAINT-MAGNUS, KIRKWALL

Au programme : des plages désertes, des églises en ruine et des eaux peuplées de dauphins !

Prenez le train pour Wick (2-4/jour ; 4 heures 15).

❷ Wick

Après un voyage en train le long de la côte est des Highlands, vous arriverez à Wick, ancienne capitale anglaise du hareng, où se trouvent un musée, une distillerie et deux châteaux en ruine.

Un bus vous mènera à John O'Groats (5/jour lun-sam ; 30 min).

❸ John O'Groats

John O'Groats, qui marque la pointe extrême nord des Highlands, est à 16 km à l'ouest de Dunnet Head. Marchez jusqu'à Duncansby Head pour contempler les pitons rocheux des Duncansby Stacks et la mer du Nord gris acier qui vous sépare des Orcades.

Rejoignez Burwick en ferry (2-3/jour ; 40 min).

❹ Burwick

Dans les Orcades, la Tomb of the Eagles, un site néolithique perché en haut d'une falaise, qui contient des restes humains et des ossements d'innombrables oiseaux, est accessible à pied depuis l'embarcadère de Burwick.

Allez à Kirkwall en bus (2/jour ; 40 min).

BAIE DE WAULKMILL, MAINLAND (ORCADES)

❺ Kirkwall

Passez quelques jours dans les *wynds* (ruelles) sinueuses de la capitale des Orcades ; flânez autour de l'imposante St Magnus Cathedral (XIIe siècle) et goûtez aux whiskies de la Highland Park Distillery et de l'Orkney Distillery.

Louez une voiture ou un vélo à Kirkwall.

❻ Mainland (Orcades)

Faites une boucle de 80 km sur la plus grande île des Orcades en vous arrêtant au broch de Gurness (fortifications de l'âge du fer), au village néolithique de Skara Brae, au cercle de Brodgar et au superbe tumulus funéraire de Maeshowe décoré de graffitis vikings.

Rendez-vous à Lerwick en ferry (3-4/semaine ; 8 heures).

❼ Lerwick

Grise et pourtant accueillante, la capitale des Shetland abrite un étonnant ensemble de musées et de fortifications. Des bus locaux desservent l'aéroport des îles à Sumburgh, non loin des ruines de Jarlshof en bord de mer. Le site fut occupé à l'âge du bronze et à l'âge du fer, mais aussi par des Pictes et des Vikings.

Retournez en ferry à Aberdeen (tous les jours ; 15 heures), pour prendre le train ou l'avion.

ET ENCORE...

Détour : les Eastern Highlands

Inutile de se précipiter au nord d'Inverness : Dornoch possède une belle cathédrale gothique, tandis que Golspie est le joli cadre de l'immense Dunrobin Castle, ancien siège du controversé duc de Sutherland.

Deux fois par jour, des bus partent d'Inverness pour Dornoch (1 heure) et Golspie (1 heure 30), où vous pourrez prendre un train pour Wick (2-4/jour ; 2 heures).

Détour : Sandwick, îles Shetland

Passez un jour de plus dans les Shetland : de Lerwick, descendez vers Sandwick pour prendre le bateau à destination de Mousa, peuplée d'océanites tempête et de phoques, et où subsistent un broch vieux de plus de 2 000 ans. Marchez jusqu'à Bigton : une chaussée de sable et de coquillages le relie à St Ninian Isle et à son église en ruine (XIIe siècle).

Des bus relient Lerwick à Sandwick, et Bigton à Lerwick.

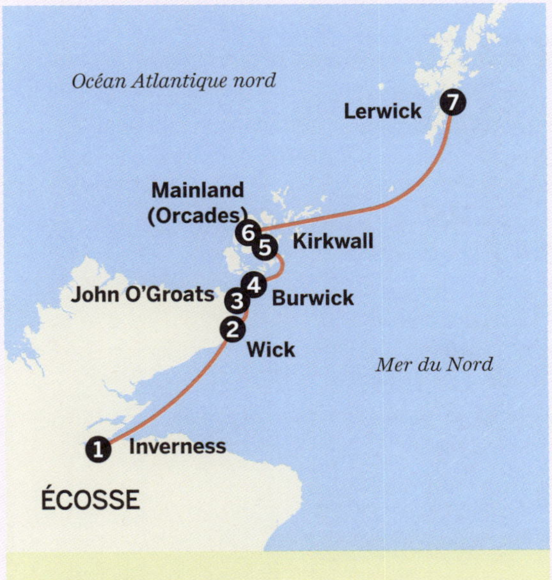

LA ROUTE DES GRANDES ALPES

SPORT · VIN ET BIÈRE · CUISINE · RESPONSABLE · AVENTURE · CULTURE · SPECTACLES · ARTS · ARCHITECTURE · HISTOIRE · FAMILLE · EN SOLO · COURT SÉJOUR · LONG SÉJOUR · PLAGE · HIVER · FAUNE · BIEN-ÊTRE

Lac Léman – Menton

Préparez-vous à un moment de vertige sur de hauts cols de montagne, avant une descente jusqu'à la Méditerranée azur.

EN BREF

Empreinte carbone (kg/pers) : 83
Distance (km) : 662
Nuits : 5-10
Budget : €
Quand partir : mi-juin à mi-oct

❶ Lac Léman

La rive sud du plus grand lac alpin d'Europe marque le départ d'un itinéraire de légende. Depuis 1913, les automobilistes qui s'attaquent à la route des Grandes Alpes, escarpée et en épingles à cheveux, coupent le moteur à Thonon-les-Bains, charmante ville lacustre à 40 km de l'aéroport de Genève (Suisse).

Parcourez 155 km vers le sud à travers le Chablais.

❷ Cormet de Roselend

Dans le patois local, "cormet" désigne un col ; cette partie de l'itinéraire en compte pas moins de 21 ! Le trajet d'approche jusqu'au Cormet de Roselend (1 967 m) longe le vaste et magnifique lac de Roselend à l'eau turquoise. Le cadre est bucolique, avec des pâturages et des petits pics rocheux. Des sentiers serpentent jusqu'au piton du roc du Vent (2 360 m). Des repas roboratifs à base de pommes de terre et de beaufort vous attendent à l'hôtel-restaurant du Chalet de Roselend, au bord du lac.

Faites 67 km en direction du sud-est pour rejoindre le col de l'Iseran.

❸ Col de l'Iseran

À 2 764 m, ce col mémorable relie les vallées savoyardes de la Tarentaise et de la Maurienne. L'ascension est ponctuée de tunnels et de galeries taillées dans le roc. La section de route panoramique, entre la station de ski de Val d'Isère et le village de Bonneval-sur-Arc, zigzague dans le parc national de la Vanoise.

AU COL DE LA BONETTE

VUE SUR LE LAC DEPUIS LE CORMET DE ROSELEND

Roulez sur 250 km vers le sud pour atteindre les Alpes de Haute-Provence.

❹ Col de la Bonette

Paradis des cyclistes, le col de la Bonette (2 715 m) est la plus haute route goudronnée des Alpes. Jusqu'en 1964, c'était un chemin muletier. Prenez votre temps pour admirer le paysage sauvage de vallées profondes, de gorges et de montagnes dentelées. Peut-être apercevrez-vous des aigles royaux, des mouflons et des bouquetins, tous protégés par le parc national du Mercantour.

Traversez les vallées de la Tinée, de la Vésubie et de la Roya sur 150 km en direction de la Méditerranée.

❺ Menton

Ultime escale sur la Côte d'Azur avant l'Italie, cette station balnéaire à l'ancienne évoque le prestige passé de la Riviera. Jalonnée de boutiques, la vieille ville compte également son lot de maisons pastel. Sur le front de mer, un musée est dédié à Jean Cocteau.

Suivez la côte sur 40 km vers l'ouest pour atteindre Nice (où l'on trouve un aéroport international).

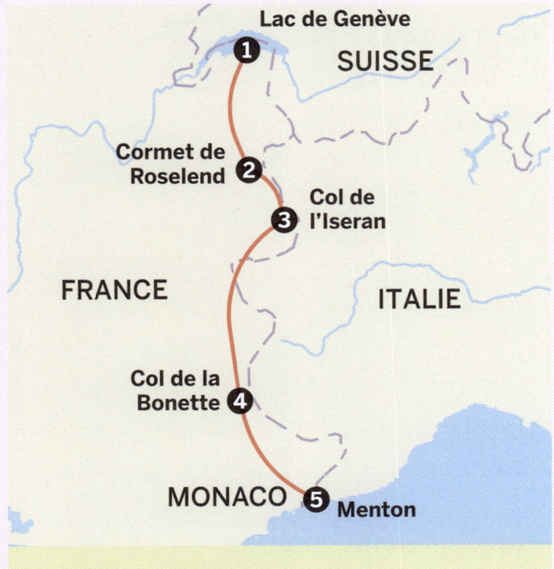

ET ENCORE…

Détour : Chamonix

Cœur emblématique des Alpes françaises, Chamonix est surplombée par le sommet enneigé du mont Blanc (4 807 m), le plus haut d'Europe. C'est ici qu'est né, au XVIIIe siècle, l'alpinisme. Depuis, touristes aisés et montagnards passionnés n'ont cessé d'affluer, en hiver, pour les pistes de ski et, en été, pour la randonnée.

Faites un crochet de 40 km depuis Cluses pour rejoindre Chamonix, à l'est de la route des Grandes Alpes.

Plus loin : Monaco

Si les virages en épingles à cheveux de Monaco ne sont pas aussi haut perchés que ceux des Alpes, ils sont bel et bien aussi étroits – un Grand Prix de Formule 1 s'y déroule en mai. Le deuxième plus petit État du monde (200 ha) est le paradis des flambeurs et des hédonistes. Marchez sur la piste de course, tentez votre chance au casino, visitez le Palais princier et l'Aquarium…

Des trains relient Menton et Monaco (ttes les 30 min ; 10 min).

LE GLACIER EXPRESS EN SUISSE

SPORT
VIN ET BIÈRE
CUISINE
RESPONSABLE
AVENTURE
CULTURE
SPECTACLES
ARTS
ARCHITECTURE
HISTOIRE
FAMILLE
EN SOLO
COURT SÉJOUR
LONG SÉJOUR
PLAGE
HIVER
FAUNE
BIEN-ÊTRE

Zermatt – Saint-Moritz

Partez pour une superbe aventure sur rails : un lent voyage à bord du *Glacier Express*, pour relier deux stations historiques de la République helvétique.

EN BREF

Empreinte carbone (kg/pers) : 12
Distance (km) : 290
Nuits : 1-7
Budget : €€€
Quand partir : mi-déc à mi-oct

❶ Zermatt

Le canton du Valais, à cheval entre les Suisse romande et alémanique, dévoile bien des facettes différentes. La station huppée de Zermatt, où les voitures sont proscrites, ne fait pas exception. Son opulente rue principale est bordée de boutiques de créateurs, tandis qu'un charme rustique émane de ses ruelles anciennes, où subsistent des porcheries datant du XVIe siècle et des greniers à grains surélevés pour les protéger des rats. Déplacez-vous en calèche, en taxi électrique ou à pied, à l'ombre du Cervin (4 478 m) qui surplombe la ville. Au programme ; ski (en hiver) et randonnée (en été).

Montez à bord du *Glacier Express* pour rejoindre Andermatt (9h52, plus 8h52 en été ; 3 heures), en optant pour un siège du côté sud/droit pour avoir une bonne vue.

❷ Andermatt

Après avoir franchi l'époustouflant col de l'Oberalp (point culminant du voyage à 2 044 m) en train, peut-être serez-vous pris de vertige en arrivant à Andermatt. Alliant le charme d'un village à la grandeur des montagnes alentour, cette station alpine de Suisse centrale est l'endroit rêvé pour se délasser en hiver, après une session de ski dans la SkiArena Andermatt-Sedrun, comme en été après une balade à pied ou à vélo.

Embarquez sur le *Glacier Express* jusqu'à Coire (12h54, plus 11h54 en été ; 2 heures 30).

VIADUC DE LANDWASSER

ARRIVÉE À COIRE

❸ Coire

Passez une nuit à Coire pour découvrir la plus vieille ville de Suisse, habitée depuis 3000 av. J.-C. ! Des galeries d'art, des boutiques et des restaurants émaillent aujourd'hui l'Altstadt (vieille ville), où se dresse la Martinskirche (église). Le superbe Bündner Kunstmuseum (musée d'Art des Grisons) met les beaux-arts à l'honneur à deux pas de la gare.

Reprenez le *Glacier Express* jusqu'à Saint-Moritz (15h32, plus 14h32 en été ; 2 heures). Sur la première partie du trajet vers Filisur, vous remarquerez le célèbre viaduc de Landwasser, le pont à six arches de 65 m de haut qui figure dans toutes les publicités du *Glacier Express*.

❹ Saint-Moritz

Cette belle station alpine suisse attire du beau monde depuis 1864. Son riche patrimoine naturel comprend notamment un lac bleu-vert, des forêts émeraude, des sources minérales et des montagnes splendides. Tout cela en fait un haut lieu du ski, de la randonnée, de l'escalade et du vélo (classique ou électrique).

Prenez le train jusqu'à Zurich (correspondance à Coire ou Samedan et Landquart ; 1/heure ; 3 heures 30).

ET ENCORE...

Détour : Matterhorn Glacier Paradise

Prenez l'un des téléphériques les plus hauts du monde (3 883 m) pour admirer 14 glaciers et 38 sommets de plus de 4 000 m depuis une plateforme panoramique. Certaines télécabines sont ornées de cristaux et dotées d'un plancher en verre ! À découvrir aussi : le palais de glace et ses statues, le toboggan et la piste de *snow tubing* (bouée sur neige).

Le téléphérique fonctionne tous les jours depuis Zermatt.

Plus loin : glacier d'Aletsch

Ce géant de glace de 22 km de long inscrit au Patrimoine mondial mène tout en virages jusqu'au sommet de l'Aletschhorn (4 195 m). Au cours des vingt dernières années, il a reculé d'un kilomètre. Pour une expérience inouïe, rejoignez-le à pied depuis le village sans voitures de Bettmeralp.

Prenez le train à Brig (arrêt du Glacier Express) pour Betten (2/heure ; 10 min), puis le téléphérique jusqu'à Bettmeralp (10 min).

GRAND TOUR AUTRICHIEN

Vienne – Salzbourg

Ce périple en train de deux semaines donne un bel aperçu de l'Autriche, des opulents palais viennois à la forteresse de Salzbourg.

EN BREF

Empreinte carbone (kg/pers) : 16
Distance (km) : 386
Nuits : 14
Budget : €€
Quand partir : toute l'année

❶ Vienne

Dans ce haut lieu de la culture et des arts, les palais des Habsbourg côtoient des salles de concerts mondialement réputées, ainsi que des musées et galeries d'exception – du grand complexe du Museums Quartier au Belvédère supérieur, doté d'une vaste collection d'œuvres de Klimt. Profitez des cafés de la ville, admirez la cathédrale, flânez dans les jardins...

PALAIS DU BELVÉDÈRE, VIENNE

Prenez le train pour Melk (ttes les 15 min ; 1 heure).

❷ Melk

Avec l'admirable ensemble architectural de son abbaye qui domine le Danube, Melk est le joyau baroque de la vallée de la Wachau, classée au Patrimoine mondial. Vous pourrez découvrir les superbes fresques qui ornent la bibliothèque abbatiale, ainsi que la fastueuse salle de marbre (Marmorsaal).

Rejoignez Linz en train (toutes les 15-30 min ; 1 heure-1 heure 30).

❸ Linz

Linz incarne l'Autriche de demain : ce pôle des nouvelles technologies tourné vers le futur se distingue aussi par sa scène culturelle et artistique. Deux sites incontournables dans la ville : l'Ars Electronica Center, surnommé le musée du Futur, consacré à l'art numérique et médiatique ; et le Lentos, un grand musée d'art moderne. Tous deux sont illuminés de différentes couleurs la nuit.

Prenez le train jusqu'à Hallstatt (tes les 30 min ; 2 heures, changement à Attnang-Puchheim).

❹ Hallstatt

Les pics boisés et les maisons pastel qui se reflètent dans le lac cristallin font de ce village une perle de

SALZBOURG

la région lacustre du Salzkammergut. Un funiculaire mène à la Salzwelten, une très ancienne mine de sel. Une plateforme d'observation permet de contempler un panorama vertigineux du lac et des montagnes.
Prenez le train pour Bad Ischl (ttes les heures ; 20 min).

❺ Bad Ischl

Ancien lieu de retraite des Habsbourg, la jolie ville thermale de Bad Ischl est une base idéale pour explorer les cinq lacs de la région. Son attraction-phare est la Kaiservilla, d'inspiration italienne : ce fut la résidence d'été de l'empereur François-Joseph qui y courtisa Élisabeth de Bavière, future impératrice Sissi.
Rendez-vous à Salzbourg en train (ttes les heures ; 2 heures, changement à Attnang-Puchheim).

❻ Salzbourg

Finissez en beauté avec Salzbourg, ville baroque dans un cadre alpin. Prenez le temps d'arpenter la vieille ville parcourue par des ruelles et coiffée d'une cathédrale, de visiter la forteresse médiévale, et de profiter des galeries, musées, cafés et salles de concerts.
Avec un train direct, vous serez rapidement de retour à Vienne (ttes les 30 min, 2 heures 15).

ET ENCORE...

Détour : vallée de la Wachau

Vergers et vignes se mêlent sur les pentes au-dessus du Danube dans la vallée de la Wachau. Au milieu de celle-ci, Spitz est un ravissant village dominé par la colline de 1000-Eimer-Berg, ainsi surnommée pour sa supposée capacité à produire 1 000 seaux de vin chaque saison. Des sentiers serpentent jusqu'à un château médiéval en ruine et de petits vignobles familiaux.
Des bus relient Melk à Spitz (ttes les heures ; 50 min).

Plus loin : Werfen

Le massif karstique de Tennen offre au village de Werfen un cadre spectaculaire. Levez-vous tôt pour prendre le bus ou le téléphérique jusqu'à la vaste glacière naturelle d'Eisriesenwelt. Habillez-vous chaudement pour explorer les grottes et tunnels de cet univers gelé. Dehors, admirez la vue imprenable sur la vallée de la Salzach depuis la forteresse de Hohenwerfen.
Des trains relient Salzbourg et Werfen (ttes les 30 min ; 50 min).

LA BAVIÈRE ET LES ENVIRONS DE SALZBOURG

SPORT
VIN ET BIÈRE
CUISINE
RESPONSABLE
AVENTURE
CULTURE
SPECTACLES
ARTS
ARCHITECTURE
HISTOIRE
FAMILLE
EN SOLO
COURT SÉJOUR
LONG SÉJOUR
PLAGE
HIVER
FAUNE
BIEN-ÊTRE

Munich – Sankt Gilgen et lac de Wolfgang
Faites d'une pierre deux coups en profitant de la Bavière et du nord de l'Autriche. Cet itinéraire vous propose de rallier villes, lacs, châteaux et montagnes en train et en bus.

EN BREF
Empreinte carbone (kg/pers) : 18
Distance (km) : 440
Nuits : 4
Budget : €€
Quand partir : toute l'année

❶ Munich, Allemagne
Les sites historiques de la capitale de la Bavière sont concentrés dans l'Altstadt (vieille ville) et se découvrent facilement à pied depuis Marienplatz, la place principale. Admirez l'Altes Rathaus (ancien hôtel de ville), le Neues Rathaus ("nouvel" hôtel de ville) néo-gothique et le riche intérieur baroque de l'église de St Peterskirche. Visitez le château de Nymphemburg, lieu de naissance du roi Louis II, et la gigantesque résidence de Munich, siège de la royauté bavaroise. Finissez par une *stein* (verre ou chope) de bière dans une brasserie munichoise.

Rejoignez Füssen en train (ttes les 2 heures ; 2 heures).

❷ Füssen et Schwangau, Allemagne
Le plus connu des châteaux du Sud bavarois est celui de Neuschwanstein, que Louis II de Bavière fit construire sur un éperon rocheux à la fin du XIXe siècle. Moins fréquentés, et tout aussi remarquables, le château voisin de Hohenschwangau a été restauré dans un style néo-gothique par Maximilien II, le père de Louis II, tandis que le Hohes Schloss (Haut Château) médiéval garde le centre historique de Füssen.

Retournez à Munich et prenez le train pour Salzbourg (ttes les 2 heures ; 1 heure 45).

TRINQUEZ À MUNICH !

CHÂTEAU DE NEUSCHWANSTEIN, FÜSSEN

❸ Salzbourg, Autriche

Entre palais, maisons et monastères baroques, l'Altstadt de Salzbourg fait remonter le temps à quiconque arpente ses ruelles. De nombreux bâtiments renvoient au XVIIIe siècle, qui marqua l'âge d'or de la ville. On y trouve la maison natale de Mozart, la résidence (Rezsidenz) des princes-archevêques de Salzbourg et la monumentale cathédrale (Dom) coiffée d'un toit de cuivre. L'imposante forteresse de Hohensalzburg, vieille de 900 ans, est remarquablement préservée.

Prenez le bus n°150 de Mirabellplatz jusqu'à Sankt Gilgen (ttes les 2 heures ; 45 min).

❹ Sankt Gilgen et lac de Wolfgang, Autriche

Un court trajet en bus depuis Salzbourg suffit pour gagner les lacs et les pics du Salzkammergut. Le village de Sankt Gilgen, sur les berges du lac de Wolfgang, possède aussi une maison de Mozart (où vécut la sœur du compositeur, Nannerl). Un agréable sentier part de la rive nord du lac en direction des villages de Sankt Wolfgang et Strobl ; faites un détour pour gravir le pic du Schafberg (1 783 m) à pied ou, en été, par le train à crémaillère.

À Strobl, prenez le train jusqu'à Salzbourg (ttes les 2 heures ; 1 heure), où l'on trouve des liaisons internationales.

ET ENCORE...

Excursion : un jour à Augsbourg, Allemagne

Le centre d'Augsbourg, où dominent les styles Renaissance et baroque, est émaillé de maisons de marchands, d'églises et de beaux musées. Dans l'hôtel de ville (XVIIe siècle), la Goldener Saal (salle de cérémonie) arbore un opulent plafond doré. Non loin, les Fuggerei sont un ensemble de logements sociaux datant du XVIe siècle.

Des trains relient Augsbourg à Munich (30 min).

Plus loin : Bad Ischl, Hallstatt et Obertraun, Autriche

François-Joseph établit sa villa d'été, désormais ouverte au public, dans la ville thermale de Bad Ischl. Au sud, Hallstatt et son lac sont entourés de montagnes ; en altitude, l'ancienne mine de sel se visite. Passez aussi à Obertraun pour voir les grottes de glace du Dachstein.

Des bus relient Strobl à Bad Ischl (20 min), Hallstatt (1 heure 30) et Obertraun (1 heure).

FAUNE · BIEN-ÊTRE · SPORT · VIN ET BIÈRE · CUISINE · RESPONSABLE · AVENTURE · CULTURE · SPECTACLES · ARTS · ARCHITECTURE · HISTOIRE · FAMILLE · EN SOLO · COURT SÉJOUR · LONG SÉJOUR · PLAGE · HIVER

LA JUNGFRAU EN TRAIN

Interlaken – Mürren

Partez pour un voyage en train dans les Alpes suisses et la splendide région de la Jungfrau.

EN BREF

Empreinte carbone (kg/pers) : 1,9
Distance (km) : 47
Nuits : 7
Budget : €€€
Quand partir : toute l'année

❶ Interlaken

Interlaken (reliée en train à Zurich et à son aéroport international) constitue un point de chute idéal pour explorer la région de la Jungfrau. À cheval sur les lacs bleu éclatant de Thoune et de Brienz, et, sur fond de paysage de montagne, avec notamment les glaciers de l'Eiger (3 967 m), du Mönch (4 110 m) et de la Jungfrau (4 158 m), la ville ne manque pas d'attraits.

RANDONNÉE À GRINDELWALD

Elle séduit aussi les amateurs de sports extrêmes, avec toutes sortes d'activités : rafting, canyoning, saut à l'élastique sur un glacier, saut en parachute…

Des trains régionaux vont à Grindelwald au départ de la gare d'Interlaken Ost (ttes les 30 min ; 33 min).

❷ Grindelwald

Au pied de la face nord de l'Eiger, cette station tranquille est une destination de choix pour la randonnée et le ski. Une télécabine mène jusqu'au First, au départ des sentiers et des longues pistes ensoleillées, au-delà de la limite des arbres. Les enfants ne sont pas en reste, avec la tyrolienne First Flyer, des trottinettes tout terrain et le plus long toboggan d'Europe (15 km).

Rejoignez Lauterbrunnen en train (ttes les 30 min ; 37 min).

❸ Lauterbrunnen

Entourée d'à-pics boisés et de montagnes déchiquetées aux sommets enneigés, Lauterbrunnen a quelque chose d'un tableau. Dans la vallée qui porte son nom, on compte pas moins de 72 chutes d'eau, parmi lesquelles figure celle du Staubbach (297 m de haut), si belle qu'elle a inspiré Goethe. Dotée de cafés

LAUTERBRUNNEN

et de *guesthouses*, la ville attire aussi les amateurs de *base-jump* (saut extrême) et d'escalade glaciaire.
Continuez en train jusqu'à Wengen (ttes les 30 min ; 12 min) en profitant de la vue.

❹ Wengen

Juchée sur une saillie, Wengen donne sur la Jungfrau et la vallée de Lauterbrunnen. Ce cadre attire les touristes, surtout des Britanniques, depuis le début du XXe siècle. Station de ski agréable et familiale (avec des pistes intermédiaires, ainsi que celle du Lauberhorn – une descente de la Coupe du monde) en hiver, le village attire, en été, les randonneurs de haut niveau.
Retournez à Lauterbrunnen pour prendre téléphérique et le train jusqu'à Mürren via Grütschalp (40 min).

❺ Mürren

Si la Jungfrau vous a séduit, Mürren finira de vous conquérir. Avec ses chalets en bois sombre et sa vue imprenable sur l'Eiger, le Mönch et la Jungfrau, le village est d'une beauté sidérante sous la neige. En été, marchez sur le North Face Trail ; en hiver, chaussez vos skis pour la course de l'Inferno (16 km) !
Retournez à Lauterbrunnen via Grütschalp, puis rejoignez Interlaken Ost en train (55 min).

ET ENCORE…

Excursion : un jour à Jungfraujoch

Jungfraujoch est la gare ferroviaire la plus élevée d'Europe (3 454 m). La voie ferrée qui s'enfonce dans l'Eiger est un chef-d'œuvre d'ingénierie ; au sommet, la vue englobe des pics à 4 000 m et le glacier d'Aletsch. Pour fuir la foule, marchez jusqu'à la Mönchsjochhütte.
Prenez l'*Eiger Express* vers l'Eigergletscher à Grindelwald (15 min), puis le train jusqu'à la Jungfraujoch (27 min).

Plus loin : Schilthorn

Par temps clair, le Schilthorn (2 970 m) ouvre sur un panorama à 360°, par-delà les Alpes suisses, jusqu'au mont Blanc et à la Forêt-Noire. La montagne a servi de décor au film *Au service secret de Sa Majesté* (1969). Frottez-vous à la Direttissima (piste de ski raide) ou affrontez le vide sur la plateforme du Thrill Walk, où le téléphérique s'arrête.
À Mürren, un téléphérique rejoint le Schilthorn (ttes les 30 min ; 17 min).

UN TOUR DANS LE SALZBURGERLAND

BIEN-ÊTRE · **SPORT** · VIN ET BIÈRE · CUISINE · **RESPONSABLE** · **AVENTURE** · **CULTURE** · SPECTACLES · ARTS · **ARCHITECTURE** · HISTOIRE · **FAMILLE** · **EN SOLO** · **COURT SÉJOUR** · LONG SÉJOUR · PLAGE · HIVER · **FAUNE**

Salzbourg – Zell am See

Depuis Salzbourg et son château jusqu'au glacier qui surplombe Zell am See, ce voyage est un véritable florilège autrichien.

EN BREF

Empreinte carbone (kg/pers) : 6,6
Distance (km) : 161
Nuits : 7
Budget : €€
Quand partir : toute l'année

ILLUSTRATION DU GOÛT DE SALZBOURG POUR LA MUSIQUE

❶ Salzbourg

Joyau baroque dans un écrin alpin, Salzbourg séduit avec sa forteresse médiévale, l'imposant palais de la Residenz et son histoire marquée par des virtuoses de la musique, à commencer par Mozart (né ici en 1756). La ville est également associée à Maria Augusta Trapp, dont la biographie a inspiré le film musical *La Mélodie du bonheur* (qui a été tourné ici). Restaurants, boutique-hôtels, cafés luxueux et salles de concerts émaillent Salzbourg, au détour des ruelles, des places et des cours.
Prenez le train jusqu'à Hallein (ttes les 30 min ; 25 min).

❷ Hallein

Ville de montagne le long de la frontière bavaroise, Hallein possède un beau quartier ancien aux tons pastel. Vous pourrez visiter le Keltenmuseum, qui met l'héritage celtique de la ville à l'honneur, et le Stille Nacht Museum, consacré à Franz Xaver Gruber, l'auteur de la mélodie du chant de Noël *Douce nuit*.
Rejoignez Werfen en train (ttes les 30 min ; 30 min).

❸ Werfen

Dominée par la silhouette dentelée des pics du massif de Tennen, Werfen en impose. Arrivez tôt pour prendre le bus ou le téléphérique jusqu'à la vaste glacière

BAD GASTEIN

naturelle d'Eisriesenwelt. Puis direction le château de Hohenwerfen, pour la vue sur la vallée de la Salzach.
Cap sur Bad Gastein en train (ttes les heures ; 1 heure 30) via Schwarzach-Sankt Veit.

❹ Bad Gastein

Singulière alliance de cascades tumultueuses et de villas Belle Époque, cette ville thermale au cœur de la vallée de Gastein séduit les curistes, avec ses sources dans des grottes de montagne. Une télécabine conduit au Stubnerkogel (2 200 m), où un pont suspendu de 140 m donne sur une vue splendide, été comme hiver.
Prenez un train express pour Zell am See via Schwarzach-Sankt Veit (ttes les 2 heures ; 1 heure 30).

❺ Zell am See

Non loin du parc national des Hohe Tauern, la station lacustre de Zell am See est entourée de montagnes, comme le Kitzsteinhorn (3 203 m) coiffé d'un glacier. Le lac se prête aux activités nautiques et aux excursions. Vous pourrez prendre le téléphérique jusqu'au Schmittenhöhe pour faire la randonnée du Pinzgauer Spaziergang (5 heures) et admirer le Grossglockner, le point culminant de l'Autriche (3 798 m).
De Zell am See, rejoignez Salzbourg en train (ttes les 30 min ; 1 heure 30-2 heures).

ET ENCORE...

Détour : Liechtensteinklamm

Ces longues et profondes gorges aux eaux tumultueuses sont flanquées de falaises hautes de 300 m. Elles doivent leur nom à Jean II, prince du Liechtenstein, dont le soutien financier a rendu l'endroit accessible en 1875, avec la construction de ponts et le creusement de tunnels.
Un train au départ de Werfen rejoint Sankt Johann im Pongau (15 min), d'où des bus desservent le Liechtensteinklamm.

Excursion : un jour à Bad Dürrnberg

C'est à Bad Dürrnberg que se trouvent les superbes mines de sel de Salzwelten. Elles rappellent que cet "or blanc" fit autrefois la richesse de Salzbourg. Le village est également une destination de randonnée (la Bavière est à deux pas de la frontière) et de VTT. En hiver, sortez skis et raquettes !
Ttes les heures, des bus partent de la gare de Hallein pour Bad Dürrnberg (11 min).

LA VIENNE SÉCESSIONNISTE

MAK – palais de la Sécession
Passez un long week-end à vous imprégner de l'art et de l'architecture du mouvement viennois de la Sécession.

EN BREF
Empreinte carbone (kg/pers) : 0
Distance (km) : 6
Nuits : 3
Budget : €€€
Quand partir : toute l'année

❶ MAK

Pour vous mettre en jambes, commencez par le MAK (musée des Arts appliqués), proche de la gare Wien Mitte. La collection comprend des meubles, des articles ménagers et des objets décoratifs du mouvement Sécession (rattaché à l'Art nouveau). Vous remarquerez les nombreuses pièces de la Wiener Werkstätte (atelier viennois coopératif créé en 1903) et la frise signée Gustav Klimt. En face, le Café Prückel, café viennois par excellence, sert un excellent strudel aux pommes avec de la crème !

Marchez vers le nord (5 min) jusqu'à Georg-Coch-Platz.

PALAIS DE LA SÉCESSION

❷ Postsparkasse

L'imposant bâtiment de la Postsparkasse (Caisse d'épargne de la poste) construit par Otto Wagner fut l'un des premiers chefs-d'œuvre du début du modernisme. L'architecte conçut sa décoration extérieure et intérieure, mobilier inclus. Aujourd'hui, l'édifice accueille un musée qui lui est consacré, ainsi qu'une salle de projection.

Traversez le centre-ville vers le sud-ouest jusqu'à la Museumsplatz (30 min).

❸ Leopold Museum

Bien conçu et riche d'une collection d'art autrichien très complète, ce musée moderne compte pas moins de 42 toiles signées Egon Schiele, ainsi que des dessins,

LE MAK, MUSÉE DES ARTS APPLIQUÉS

aquarelles et impressions de ce grand artiste autrichien. Vous remarquerez notamment les superbes paysages comme *Soleil couchant*, ainsi que la sulfureuse toile intitulée *Le Cardinal et la nonne*. Le fonds du Leopold comprend aussi des œuvres de Gustav Klimt, d'Oskar Kokoschka et d'autres modernistes autrichiens. Le musée fait partie du complexe culturel du MuseumsQuartier, où vous pourrez aussi vous installer pour prendre un café.
Marchez vers le sud-est jusqu'à la Friedrichstrasse (10 min).

❹ Palais de la Sécession

Construit par Josef Olbrich comme vaisseau amiral du mouvement du même nom, cet édifice coiffé d'or est un pur produit de ce courant. Admirez la sublime façade avant d'aller au sous-sol pour contempler la *Frise Beethoven* de Gustav Klimt, qui réinterprète la Neuvième Symphonie du compositeur. Plusieurs autres bâtiments Sécession sont érigés à proximité. Tous sont signés Otto Wagner, notamment le pavillon d'Otto Wagner (qui abrite la station de métro de Karlsplatz) et les deux immeubles d'habitation aux n^{os}38 et 40 sur Linke Wienzeile. Déjeunez dans cette rue, au Naschmarkt (un marché où sont réunis une centaine de stands alimentaires).
Retraversez le centre-ville : la gare Wien Mitte est à 25 minutes à pied.

ET ENCORE...

Plus loin : église Saint-Léopold am Steinhof

L'unique création ecclésiastique d'Otto Wagner est édifiée sur une colline, sur le terrain d'un hôpital à l'ouest de Vienne. Et quelle merveille ! L'extérieur arbore un dôme en cuivre, quatre anges et des vitraux signés Koloman Moser, l'un des grands noms de la Sécession.
L'église est à 12 arrêts de la gare Wien Mitte (ligne U3). Marchez ensuite 40 min ou prenez le bus 46A ou 46B (20 min).

Plus loin : Belvédère supérieur (Oberes Belvedere)

Ce palais baroque et ses jardins sont accessibles depuis le centre-ville moyennant un court trajet en tramway. L'Oberes Belvedere abrite l'Österreichische Galerie. Kokoschka, Schiele et Klimt (dont *Le Baiser* est exposé) y sont bien représentés.
Le Belvédère est à 10 minutes du Leopold Museum par la ligne D du tramway.

AU FIL DE LA MOSELLE

Trèves – Cochem

En train, en bateau et à pied, suivez les méandres de la Moselle à travers une région réputée pour ses vins, notamment pour son riesling.

EN BREF

Empreinte carbone (kg/pers) : 3
Distance (km) : 122
Nuits : 4-6
Budget : €€
Quand partir : mai-sept

❶ Trèves

Fondée par les Romains en 16 av. J.-C. sur un emplacement occupé par les Celtes Trévires, cette cité est la plus vieille d'Allemagne. Le Römerbrücke (pont romain), les tours en grès de la monumentale Porta Nigra (porte noire) datant de l'an 160, les thermes et la basilique de Constantin témoignent de ce passé. C'est une destination de choix pour déguster un riesling mosellan dans une *weinstube* (bar à vins) et pour se régaler d'asperges blanches, la spécialité de la région, au printemps.

Prenez le train pour Ürzig (1/heure ; 40 min), puis marchez 10 km jusqu'à Bernkastel-Kues.

CŒUR MÉDIÉVAL DE BERNKASTEL

❷ Bernkastel-Kues

Ces jolies bourgades jumelles se font face de part et d'autre de la Moselle. Sur la rive est, Bernkastel possède une charmante place médiévale bordée de boutiques et de maisons à colombages, ainsi que les ruines du Burg Landshut qui compta parmi les nombreux forts de la région détruits lors d'attaques françaises aux XVIIe et XVIIIe siècles.

Des bateaux touristiques mènent à Traben-Trarbach (mai-oct ; 4/jour ; 1 heure 45).

❸ Traben-Trarbach

Autre localité à cheval sur le fleuve, Traben-Trarbach voit ses deux pans reliés par un pont. Traben, qui s'enrichit grâce au commerce du vin, a conservé de beaux édifices de style Art nouveau (Jugendstil),

TRÈVES

tandis que les ruines du château de Grevenburg veillent sur Trarbach. Sirotez un kir local au sekt (vin mousseux), avec de la liqueur de pêche ou de mirabelle, dans le beau bar Jugendstil de l'hôtel Bellevue.

Prenez le train de la ligne Moselweinbahn pour Ediger-Eller (1/heure ; 40 min ; changement à Bullay), puis marchez 17 km jusqu'à Beilstein.

4 Beilstein

Semblables à celles d'un conte, de ravissantes maisons à colombages se blottissent ici entre le fleuve et les coteaux tapissés de vignes, au pied des ruines du château de Metternich (XIIe siècle) – admirez la vue depuis le café en extérieur, un verre de riesling à la main.

Longez le fleuve jusqu'à Cochem sur 14 km ou prenez le bus n°716 (2/jour ; 20 min).

5 Cochem

Le Reichburg (château impérial) veille sur cette ville où dominent les couleurs pastel. La forteresse, détruite par les Français en 1689, fut restaurée dans un exubérant style néogothique 200 ans plus tard par un riche homme d'affaires. Ses salles pseudo-médiévales se découvrent dans le cadre de visites guidées.

Depuis Cochem, des trains rallient Coblence (50 min) – un important nœud ferroviaire.

ET ENCORE...

Plus loin : ville de Luxembourg

La verdoyante capitale du Grand-Duché est située dans les gorges de l'Alzette et de la Pétrusse. Découvrez les rues, musées, bars et restaurants de la vieille ville, admirez la vue depuis le chemin de la Corniche et perdez-vous dans les casemates du Bock, un dédale de tunnels et de galeries creusés dans la falaise au XVIIe siècle.

De nombreux trains et bus relient Luxembourg à Trèves (50 min).

Plus loin : Coblence

À Coblence, le monument du Deutsches Eck ("coin allemand") marque le point de confluence de la Moselle et du Rhin, sous la protection du château de Stolzenfels et de l'imposante forteresse d'Ehrenbreitstein. C'est une ville arborée et agréable, entourée de trois massifs montagneux.

La gare de Coblence, très bien desservie, est directement reliée à Cologne (1 heure) et Francfort (1 heure 30).

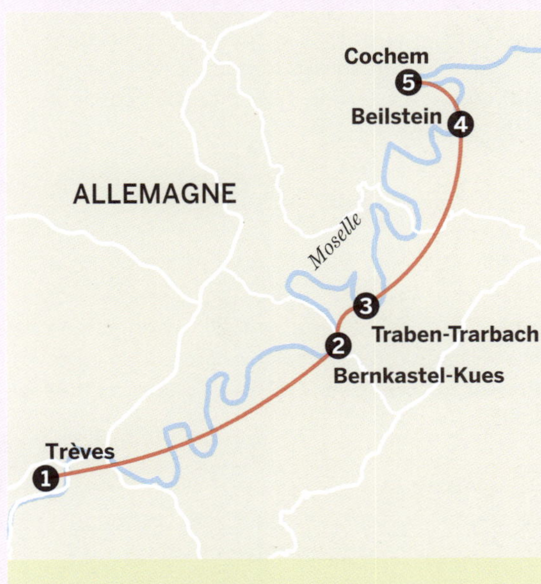

VIN ET BIÈRE
CUISINE
RESPONSABLE
AVENTURE
CULTURE
SPECTACLES
ARTS
ARCHITECTURE
HISTOIRE
FAMILLE
EN SOLO
COURT SÉJOUR
LONG SÉJOUR
PLAGE
HIVER
FAUNE
BIEN-ÊTRE
SPORT

LES PAYS-BAS DE GARE EN GARE

Amsterdam – Utrecht

Faites le tour, par le rail, des villes emblématiques des Pays-Bas : allez d'inoubliables musées en cafés chaleureux, et découvrez des édifices de toutes époques.

EN BREF

Empreinte carbone (kg/pers) : 6
Distance (km) : 147
Nuits : 10
Budget : €€
Quand partir : toute l'année

❶ Amsterdam

Ses canaux bordés de bâtiments à pignons, ses musées emplis de chefs-d'œuvre, son atmosphère de liberté et son abondance de cafés et de restaurants font d'Amsterdam une capitale séduisante. Aussi, enfourchez un vélo et passez au Rijksmuseum ou au musée Van Gogh ; détendez-vous dans le Vondelpark ; parcourez les quartiers branchés du Jordaan et de De Pijp ; et faites des pauses dans des *bruin cafés* (pubs traditionnels) !

Un train relie Amsterdam à Leyde (plusieurs/heure ; 35 min).

❷ Leyde

Arrêt suivant : la charmante Leyde (Leiden). La ville natale de Rembrandt est parcourue de canaux et constellée de superbes édifices et de passionnants musées. C'est une cité étudiante et dynamique, dotée d'excellentes scènes nocturne et gastronomique.

Prenez le train pour La Haye (plusieurs/heure ; 15 min).

❸ La Haye

Capitale politique et administrative du pays, la majestueuse Den Haag (La Haye, en français) est le siège des ambassades étrangères et du gouvernement néerlandais. Au-delà de ses luxueuses demeures, c'est aussi une ville d'art et de culture. Découvrez le musée Mauritshuis (consacré essentiellement à la peinture hollandaise du XVIIe siècle), mondialement célèbre, ou encore le musée Escher in Het Paleis (qui met l'artiste M.C. Escher à l'honneur). La scène culinaire locale est aussi délectable qu'innovante !

BASILIQUE SAINT-NICOLAS (ST NICOLAASKERK), AMSTERDAM

TERRASSE D'UN CAFÉ DE ROTTERDAM

Prenez le train pour Rotterdam (plusieurs/ heure ; 30 min).

❹ Rotterdam

Fort d'une riche histoire maritime, le plus grand port d'Europe ne laisse pas pour autant son passé l'emporter. Une architecture audacieuse, une ambiance créative, des galeries et des bars et restaurants en vogue en font une ville bien dans son temps. Joignez-vous à une visite guidée pour découvrir ses bâtiments les plus remarquables, mangez un bout dans l'impressionnant Markthal (marché couvert) et terminez à la terrasse d'un café, au bord de l'eau.

Retournez à la gare pour rejoindre Utrecht (ttes les 15-30 min ; 35 min).

❺ Utrecht

La charmante Utrecht, l'une des plus vieilles cités du pays, s'est construite autour de son emblématique Domtoren – une tour médiévale haute de 112 m, que l'on peut gravir pour contempler la ville et ses canaux bordés d'arbres. C'est également un pôle universitaire très animé, que l'on apprécie pour ses cafés conviviaux, ses expositions et ses nombreux concerts.

Reprenez le train pour Amsterdam (ttes les 15-30 min ; 30 min).

ET ENCORE...

Détour : Haarlem

Ses canaux, ses rues pavées et ses agréables cafés confèrent à Haarlem des airs de petite Amsterdam. Le samedi, le Grote Markt anime la place du marché avec ses étals de produits bio, ses meules de fromage et ses en-cas typiquement néerlandais. Admirez les toiles de maître au Frans Hals Museum et buvez une bière à la brasserie Jopenkerk.

Haarlem est reliée à Amsterdam par le train (plusieurs/ heure ; 15 min).

Excursion : un jour à Kinderdijk

Ce village est le lieu idéal pour découvrir les moulins à vent des Pays-Bas. À 16 km à l'est de Rotterdam, c'est la campagne néerlandaise telle qu'on se l'imagine, avec ses canaux, ses marais et 19 moulins anciens, dont deux abritent des musées. Une piste cyclable serpente entre les canaux (vélos à louer).

Des ferries relient l'Erasmusbrug (pont Érasme) de Rotterdam à Kinderdijk (37 min).

COUCHER DU SOLEIL SUR LE KEIZERSGRACHT, UN CANAL D'AMSTERDAM

AU FIL DE LA CÔTE NORMANDE

Rouen – Mont-Saint-Michel

Suivez la côte normande, entre villes médiévales et plages du Débarquement, jusqu'au Mont-Saint-Michel. Cet itinéraire est faisable en train, en bus et en taxi.

EN BREF

Empreinte carbone (kg/pers) : 14
Distance (km) : 350
Nuits : 5-7
Budget : €€
Quand partir : avr-oct

❶ Rouen

Rouen recèle de nombreux trésors historiques, à commencer par ses églises gothiques et son ravissant quartier médiéval. Monet a consacré 30 toiles à sa cathédrale, en restituant l'aspect changeant de sa façade. Le musée interactif de l'Historial Jeanne d'Arc revient sur le singulier destin de la Pucelle d'Orléans, tandis qu'une église postmoderne aux éblouissants vitraux jouxte l'endroit où la sainte fut livrée aux flammes.

Prenez le train pour Caen (ttes les 2 heures ; 1 heure 40).

CIMETIÈRE AMÉRICAIN D'OMAHA BEACH

❷ Caen

Agrandie au XIe siècle par Guillaume le Conquérant, Caen a été ravagée, en 1944, lors de la bataille de Normandie – vous en apprendrez davantage au Mémorial de Caen, un remarquable musée consacré à la Seconde Guerre mondiale. Certains vestiges subsistent tout de même, dont un château restauré, qui abrite un petit musée et d'où l'on a une belle vue sur la ville.

Des trains relient fréquemment Caen à Bayeux (15 min).

❸ Bayeux

Bayeux possède une superbe cathédrale gothique. Toutefois, c'est avant tout sa célèbre tapisserie qui attire les visiteurs : une œuvre brodée longue de 70 m, terminée vers 1077 et célébrant la conquête de l'Angleterre par les Normands. Bayeux est un excellent point de chute pour découvrir les plages du Débarquement.

LE MONT-SAINT-MICHEL

Le bus n°70 rallie plusieurs fois par jour (sauf le dimanche) Colleville-sur-Mer (30 min).

❹ Omaha Beach

Près de Colleville-sur-Mer, cette plage longue de 7 km a vu se jouer les plus terribles combats du débarquement de Normandie. Un circuit permet de visiter en autonomie les bunkers. Non loin de là, en haut d'une falaise, le cimetière américain de Colleville-sur-Mer est un poignant rappel des nombreuses vies fauchées.

Reprenez le bus pour Bayeux, le train pour Pontorson (2/jour ; 2 heures 15), puis un taxi jusqu'au Mont-Saint-Michel, distant de 10 km.

❺ Mont-Saint-Michel

Breton ? Normand ? Une chose est certaine : désormais redevenu une île par intermittence, le Mont-Saint-Michel, semblable à aucun autre, est incontournable. Remontez les siècles au fil de ses rues étroites, et grimpez jusqu'à l'abbaye médiévale, où des visites nocturnes à la lueur des bougies sont proposées.

Des trains relient Pontorson à Rouen (plusieurs/jour ; 4 heures 30), d'où partent de nombreuses autres liaisons.

ET ENCORE...

Détour : Honfleur

Avec son charmant vieux port sur la Seine, Honfleur est une belle étape. Promenez-vous dans son jardin des Personnalités, orné des bustes de figures historiques liées à la ville, et au Naturospace, où oiseaux et papillons volent en liberté dans une grande serre. À découvrir également : les Maisons Satie, qui abritent un parcours scénographique et musical consacré au compositeur.

Un bus direct relie Honfleur à Caen (1 heure).

Détour : Le Havre

Cette ville portuaire animée est un modèle d'architecture moderniste héritée de la période de reconstruction de l'après-guerre. Bombardé durant la Seconde Guerre mondiale, son centre fut rebâti par Auguste Perret, maître de Le Corbusier. Découvrez l'église Saint-Joseph et ses hauts vitraux, le centre culturel du Volcan et l'appartement témoin des années 1950.

Un train relie Rouen au Havre (1/heure ; 1 heure).

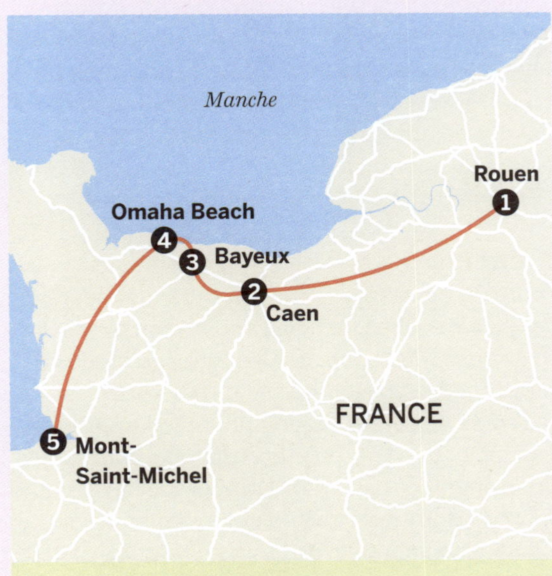

ÉVASION DANS LES HÉBRIDES EXTERIEURES

SPORT
VIN ET BIÈRE
CUISINE
RESPONSABLE
AVENTURE
CULTURE
SPECTACLES
ARTS
ARCHITECTURE
HISTOIRE
FAMILLE
EN SOLO
COURT SÉJOUR
LONG SÉJOUR
PLAGE
HIVER
FAUNE
BIEN-ÊTRE

Lewis – îles Uist

Lande reculée, montagnes et plages frangées de dunes herbeuses rythmeront ce voyage, sur route et sur mer, à travers l'archipel écossais.

EN BREF

Empreinte carbone (kg/pers) : 56
Distance (km) : 308
Nuits : 7
Budget : €€
Quand partir : avr-sept

❶ Lewis

La partie septentrionale de l'île de Lewis et Harris, terre sauvage battue par les vents et la mer, est idéale pour commencer ce périple. À la pointe nord, le phare du cap de Butt of Lewis résiste aux assauts de l'océan. L'intérieur de l'île est occupé par une vaste lande ondoyante, un paysage désolé ponctué de scintillants *F* (petits lacs), tandis que l'ouest dévoile de sublimes plages de sable blanc, comme celle de Mealasta. L'île est constellée de sites préhistoriques nimbés de mystère, comme celui des célèbres pierres dressées (menhirs) de Callanish (Calanais).

Clisham est à 55 km au sud de Callanish.

❷ Harris

Le nord de Harris dévoile un paysage tourmenté, dont les éminences rocheuses culminent avec le Clisham (799 m), que l'on peut gravir à l'occasion d'une boucle d'une journée. Plus au sud, arrêtez-vous au joli port de Tarbert pour goûter au gin à l'algue de la Social Distillery, ou prenez le ferry pour les îles Shiant, peuplées de macareux et de petits pingouins. L'ouest de Harris est ceint de magnifiques plages de dunes, comme celle de Luskentyre, dont le sable blanc s'étire entre une eau azur et des montagnes gris pourpre. La côte est a des airs de fjord ; l'étroite Golden Road y serpente dans un décor lunaire.

Les ferries pour Berneray (au moins 2/jour ; 1 heure) partent de Leverburgh, dans le sud de Harris.

MENHIRS DE CALLANISH, SUR LEWIS

PLAGE DE LUSKENTYRE, SUR HARRIS

3 Berneray

Entre Harris et l'île de North Uist, la superbe Berneray peut se parcourir à pied en quelques heures. Avec des plages bordées de *machair* (dunes herbeuses), des rochers battus par les flots et une quiétude absolue, c'est un véritable concentré des Hébrides extérieures. La faune y est riche ; ouvrez l'œil pour apercevoir loutres et phoques. La plage de West Beach est un bijou de 5 km baigné d'une eau turquoise.

Une chaussée relie Berneray à North Uist.

4 Îles Uist

Une nature sauvage, une lande solitaire et des lochs marins font la beauté de ces deux îles. Sur North Uist, achetez du saumon et des saint-jacques fumés à la tourbe à la Hebridean Smokehouse de Clachan, puis allez pique-niquer sur une plage de sable blanc. Sur South Uist, la réserve naturelle du Loch Druidibeg attire de nombreux oiseaux ; une marche de 3 heures permet d'y observer bécasseaux, grands gravelots, oies cendrées et râles des genêts.

Depuis South Uist, refaites le chemin inverse jusqu'à Stornoway (sur Lewis) ou prenez le ferry qui relie Lochboisdale à Mallaig (3 heures 30), dans le nord-ouest de l'Écosse.

ET ENCORE...

Plus loin : Eriskay

C'est sur l'île d'Eriskay que se trouve la plage de Prince's Strand où Charles Édouard Stuart débarqua en 1745 pour planter son étendard et prendre la tête de la seconde rébellion jacobite. L'île est aussi connue pour avoir vu, en 1941, le naufrage du SS *Politician*, un cargo transportant 250 000 bouteilles de whisky. Cet épisode et le pillage qui s'ensuivit ont inspiré le film *Whisky à gogo* !

Eriskay est reliée à South Uist par une chaussée.

Plus loin : Barra

Paisible et charmante, cette île parmi les plus méridionales des Hébrides extérieures associe collines, landes, *machair* fleuri et plages à couper le souffle. Castlebay, dans le Sud, donne sur le château de Kisimul, posé sur un îlot. Même l'aérodrome est singulier : il s'agit du seul au monde dont la piste d'atterrissage est une plage !

Barra est accessible en ferry depuis Eriskay (5/jour lun-sam, 2 dim ; 40 min).

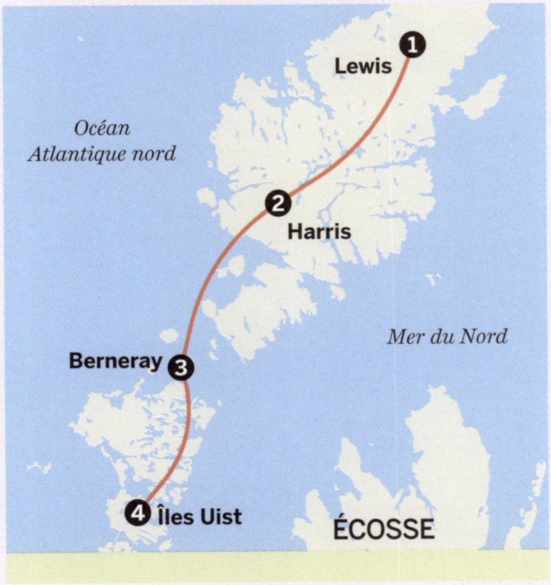

LES MEILLEURES BOULANGERIES ET PÂTISSERIES DE PARIS

Du Pain et des Idées – Poilâne

Cette balade gourmande, à la recherche des meilleurs gâteaux, pains et viennoiseries de Paris, traverse plusieurs quartiers, sur les deux rives de la Seine.

EN BREF

Empreinte carbone (kg/pers) : 0
Distance (km) : 10
Nuits : 1-2
Budget : €
Quand partir : toute l'année

EN VITRINE

❶ Du Pain et des Idées

À 15 minutes à pied au sud-est de gare du Nord, sur la rive ouest du canal Saint-Martin, votre promenade commence rue Yves Toudic, dans l'une des plus jolies boulangeries qui soient. On s'y régale de croissants, ainsi que d'escargots aux parfums variés (goûtez au pistache-chocolat), et d'un généreux "pain des amis". Ouvert du lundi au vendredi uniquement.

Marchez vers le sud jusqu'à la rue de Turenne (10 min).

❷ Tout Autour du Pain

Achetez une savoureuse miche de *schwarzbrot* bien dense à grignoter (elle vous durera plusieurs jours), ou optez pour la baguette (récompensée par un prix), à croquer sur-le-champ. Les viennoiseries ne sont pas en reste, avec un pain aux raisins moelleux à souhait.

Marchez vers le sud-ouest jusqu'à la rue des Rosiers (15 min).

❸ Yann Couvreur

Cette pâtisserie branchée et chaleureuse vend des gâteaux si beaux... qu'on hésite à les entamer. La tradition y est parfois revisitée, avec, par exemple, un éclair au chocolat relevé au Baileys. Les viennoiseries, comme le kouglof, y sont, bien sûr, excellentes.

LE CANAL SAINT-MARTIN

Continuez vers le sud-ouest jusqu'à la rue de la Verrerie (5 min).

4 Maison Aleph

Cette pâtisserie très chic marie les traditions syriennes et françaises dans des créations parfumées (fleur d'oranger, eau de rose, cardamome…), chocolatées et fruitées. La tarte figue-cannelle, en saison, est un délice. Pour offrir (ou vous faire plaisir), pensez au choix de petits gâteaux présentés dans d'élégantes boîtes.
Brûlez quelques calories avec une promenade jusqu'à la rue du Cherche-Midi, rive gauche (30 min).

5 Poilâne

La maison Poilâne est connue dans le monde entier pour ses miches au levain et ses pains de seigle, que l'on peut acheter entiers ou découpés, tranchés ou non. Cette boulangerie (là où tout a commencé) est une jolie petite boutique, où vous trouverez, outre des pains, des croissants et des pains aux raisins, entre autres viennoiseries, les emblématiques sablés Punitions, ronds et dentelés.
L'adresse historique de la maison Poilâne est située tout près des stations de métro Saint-Sulpice et Sèvres-Babylone.

ET ENCORE…

Plus loin : Chambelland

Perle rare à Paris, Chambelland fait du pain, des pâtisseries et des viennoiseries sans gluten. Paris-Brest, tarte aux fruits et éclairs y rivalisent avec les cookies à l'américaine et le *banana bread*. Parmi les pains proposés (tous bio), citons le cinq-graines, le pain au levain et la focaccia. À emporter ou à manger sur place, dans le café ou en terrasse.
Chambelland est à 10 minutes à l'est de Tout Autour Du Pain, rue Ternaux.

Plus loin: Ten Belles

En plus de faire d'excellents pains (au levain, façon focaccia…) et un beau choix de gâteaux franco-anglais, Ten Belles tient un agréable café avec une cour extérieure. Ses généreuses brioches fourrées, ses sandwichs toastés, ses tartes et son très bon café en font un arrêt idéal. Les végétariens trouveront également leur bonheur.
Depuis Yann Couvreur, marchez 20 minutes vers l'est jusqu'à la rue Breguet.

France, Allemagne, Hongrie, Roumanie, Turquie

DE PARIS À ISTANBUL EN TRAIN

BIEN-ÊTRE
SPORT
VIN ET BIÈRE
CUISINE
RESPONSABLE
AVENTURE
CULTURE
SPECTACLES
ARTS
ARCHITECTURE
HISTOIRE
FAMILLE
EN SOLO
COURT SÉJOUR
LONG SÉJOUR
PLAGE
HIVER
FAUNE

Paris – Istanbul
En suivant l'itinéraire du légendaire *Orient Express*, traversez l'Europe sous le signe de l'Art nouveau.

EN BREF
Empreinte carbone (kg/pers) : 20
Distance (km) : 3 233
Nuits : 4-7
Budget : €€
Quand partir : juin-sept

❶ Paris
Paris compte son lot de merveilles Art nouveau à découvrir, qu'il s'agisse de faire un tour au Moulin Rouge, d'admirer les chefs-d'œuvre du musée d'Orsay, de se perdre dans les Galeries Lafayette et La Samaritaine, ou de s'attarder dans certaines stations de métro. Le Train Bleu, somptueuse brasserie de la gare de Lyon, rappelle l'opulence de la Belle Époque.
Un train direct pour Munich part de la gare de l'Est tous les après-midi, sauf le dimanche (5 heures 40).

❷ Munich, Allemagne
La capitale bavaroise est un florilège d'exubérance, allant du château baroque de Nymphenburg aux brasseries et bars animés. Poursuivez votre découverte des styles artistiques du XIXe et du début du XXe siècle dans les musées de la Neue Pinakothek et de la Pinakothek der Moderne.
Un train de nuit part de la Hauptbahnhof à Budapest (10 heures) ; les trains directs sont plus rapides (7 heures).

❸ Budapest, Hongrie
Buda, sur la rive ouest du Danube, est dominée par les édifices médiévaux de la colline du Château, tandis que Pest, de l'autre côté du pont aux Chaînes, est émaillée de monument de style Sécession (Art nouveau). Là, vous pourrez admirer le Parlement bâti en 1902, assister à un spectacle à l'Opéra ou à l'académie Franz-Liszt, puis regagnez Buda, pour contempler les splendides mosaïques des bains Gellért.
Le train de nuit pour Bucarest part de la gare Keleti (1/soir ; 16 heures).

ENGLISCHER GARTEN, MUNICH

PARLEMENT DEPUIS LE BASTION DES PÊCHEURS, BUDAPEST

❹ Bucarest, Roumanie

Pendant l'ère communiste, la capitale roumaine a souffert des destructions et des remaniements, comme en témoigne le palais du Parlement. Pour autant, des trésors demeurent, à l'exemple de la salle de concerts de l'Athénée roumain, avec son dôme fin de siècle et ses éblouissantes mosaïques. Vous trouverez aussi de nombreux bars animés pour profiter des soirées à Bucarest.

Prenez le train-couchette qui relie la Gara de Nord à la gare Halkalı d'Istanbul (1/soir, juin-sept ; 17 heures) ou changez de train en Bulgarie. Les métros de la ligne Marmaray relient Halkalı à la gare de Sirkeci, dans le centre d'Istanbul (35 min).

❺ Istanbul, Turquie

Au sud de la gare de Sirkeci, ancien terminus de l'*Orient Express*, le quartier historique de Sultanahmet concentre bon nombre des monuments anciens d'Istanbul. Vous y trouverez la majestueuse Sainte-Sophie (VIe siècle), la superbe mosquée Bleue aux belles mosaïques et l'opulent palais ottoman de Topkapı.

L'aéroport d'Istanbul est relié à des destinations dans le monde entier.

ET ENCORE...

Excursion : un jour à Vienne

Entre Munich et Budapest, faites halte dans la capitale autrichienne, dont le palais de la Sécession est un modèle d'architecture Art nouveau (Jugendstil). Visitez le palais baroque du Belvédère, riche en œuvres de Klimt, découvrez la majesté gothique de la cathédrale Saint-Étienne (Stephansdom) et admirez l'apparat impérial du palais de la Hofburg et du château de Schönbrunn.

Des trains Munich-Budapest s'arrêtent à Vienne (4 heures).

Détour : Zagreb, Belgrade et Sofia

Depuis Munich, un autre itinéraire est envisageable. Rejoignez Zagreb, en Croatie, pour ses rues historiques et ses musées ; puis Belgrade, en Serbie, pour ses soirées animées ; et enfin Sofia, en Bulgarie, pour ses édifices ottomans et communistes.

Munich-Zagreb (de nuit ; 9 heures) ; Zagreb-Belgrade (tlj ; 7 heures) ; Belgrade-Sofia (tlj ; 10 heures ; direct en été) ; Sofia-İstanbul (de nuit ; 8 heures ; juin-sept).

LA VALLÉE DU RHÔNE AU FIL DES RAILS

VIN ET BIÈRE · CUISINE · RESPONSABLE · AVENTURE · CULTURE · SPECTACLES · ARTS · ARCHITECTURE · HISTOIRE · FAMILLE · EN SOLO · COURT SÉJOUR · LONG SÉJOUR · PLAGE · HIVER · FAUNE · BIEN-ÊTRE · SPORT

Lyon – Orange

Direction le sud-est de la France et la vallée du Rhône pour un itinéraire réalisable en train et en bus, entre vestiges romains, marchés animés et paysages sublimes.

EN BREF

Empreinte carbone (kg/pers) : 11
Distance (km) : 305
Nuits : 5-7
Budget : €€
Quand partir : avr-déc

❶ Lyon

Au confluent du Rhône et de la Saône, Lyon attire les visiteurs depuis sa fondation en 43 av. J.-C. Commencez par une balade sur les quais avant d'explorer le vieux Lyon, ses rues pavées, son architecture Renaissance et ses musées d'histoire, puis de rejoindre la colline de Fourvière, accessible par un funiculaire. Surtout, ne partez pas sans avoir fait un tour au musée des Confluences, découvert des traboules, mangé dans un bouchon et passé une soirée dans le quartier bohème de la Croix-Rousse.

BOUCHON LYONNAIS

Des trains pour Vienne partent des 3 grandes gares de Lyon (ttes les heures ; 30 min).

❷ Vienne

L'héritage gallo-romain de la France s'exprime pleinement dans cette ville paisible, baignée par le Rhône, dont les quartiers anciens recèlent de spectaculaires vestiges. Plongez dans la Vienne antique à travers les mosaïques et les sculptures du Musée gallo-romain, puis admirez le temple d'Auguste et de Livie, et le Théâtre antique. Doté d'une capacité de 13 000 places environ, il accueille notamment le festival de jazz en été.

Prenez le train pour Montélimar (1/heure ; 1 heure 15).

❸ Montélimar

Cette ville se distingue par son charmant centre historique, ainsi que par sa promenade bordée d'arbres et de cafés, qui suit les méandres du fleuve. Du haut de sa colline, le château des Adhémar (XIIe siècle) offre

THÉÂTRE ANTIQUE D'ORANGE

un beau point de vue. Toutefois, on vient avant tout à Montélimar pour son nougat ! La fabrique Arnaud Soubeyran, artisan confiseur depuis 1837, possède un musée et une boutique bien fournie.

Prenez le bus n°76 pour Vallon-Pont-d'Arc (4/jour ; 1 heure).

4 Gorges de l'Ardèche

La commune de Vallon-Pont-d'Arc vous ouvre les portes d'une région sublime, sillonnée de gorges et creusée de grottes. Passez-y une journée à étudier les peintures paléolithiques de la grotte Chauvet, avant d'explorer en canoë les méandres de l'Ardèche entre falaises et arches de pierre.

Reprenez le bus pour Montélimar et montez dans un train pour Orange (1/heure ; 40 min).

5 Orange

Au nombre des grandes cités de la Gaule romaine, Orange possède une collection impressionnante de vestiges. Contemplez-la depuis la colline Saint-Eutrope, puis redescendez dans le centre, inscrit au Patrimoine mondial, pour admirer de près le Théâtre antique, l'arc de triomphe et les musées emplis d'amphores.

Retournez en train à Lyon (2 heures 20), bien reliée à de nombreuses villes.

ET ENCORE...

Plus loin : Beaujolais

À 50 km au nord de Lyon, le Beaujolais est une région vallonnée aux villages assoupis, connue pour ses excellents vins rouges. Réservez une visite et une dégustation au château de Juliénas, bâti au XVIe siècle, et au Caveau du Cru Morgon, établi au XVIIe siècle, puis prenez une table au fameux restaurant franco-japonais Au 14-Février (deux étoiles au Michelin).

Louez une voiture à Lyon et faites 1 heure de route jusqu'au Beaujolais.

Plus loin : Avignon

L'une des plus séduisantes villes de Provence dissimule, derrière ses remparts, un centre historique aux places arborées et de très bons restaurants. Elle est bien sûr célèbre pour son pont médiéval, ainsi que pour le vaste ensemble palatial gothique du palais des Papes, dont la cour d'honneur est indissociable du Festival d'Avignon. Le marché des Halles séduit les gourmands.

De nombreux trains relient Orange à Avignon (22 min).

EN FAMILLE DANS LE PEMBROKESHIRE

Saundersfoot – Freshwater West
Cette virée de quelques jours sur la côte sud-ouest du pays de Galles vous mènera de contrées sauvages en villages de pêcheurs, en passant par d'agréables plages.

EN BREF
Empreinte carbone (kg/pers) : 4,5
Distance (km) : 36
Nuits : 3-4
Budget : €€
Quand partir : toute l'année

❶ Saundersfoot

Les étoiles de mer, les coquillages et les crabes ne manquent pas au milieu des algues sur les rivages de Saundersfoot. Avec sa grande plage, d'abord sablonneuse, puis rocailleuse vers l'est (et ses places de stationnement), cette petite bourgade côtière est un parfait point de départ pour les familles désireuses d'explorer la côte sud du Pembrokeshire. Le sentier côtier, qui suit un ancien chemin de fer et passe par la ville, est praticable avec une poussette.

Faites 5 km vers le sud.

❷ Tenby

Tenby a beau être la plus grosse station balnéaire de la région, elle n'a rien perdu de son charme. Ses remparts médiévaux, son ravissant port et ses bâtiments aux couleurs pastel plaisent aux familles qui sont également attirées par ses quatre belles plages. Entre une session de Bodyboard, un bain de mer et un château de sable, les plus jeunes adorent assister à la mise à l'eau des canots de sauvetage, tandis que les plus grands s'adonnent avec bonheur au *coasteering* : une activité mêlant escalade, sauts et baignade dans des grottes marines.

Continuez vers l'ouest sur 10 km.

PORT DE TENBY

PLAGE DE MANORBIER

❸ Manorbier

Ce village domine une crique sablonneuse sur l'une des plus belles sections du chemin côtier du Pembrokeshire (Pembrokeshire Coast Path). Depuis sa plage, chère aux surfeurs, on accède facilement à des sentiers de randonnée, à l'est comme à l'ouest. Escarpé par endroits, le chemin croise des paysages somptueux et ne manque pas de jolis coins où pique-niquer. Le château de Manorbier, bâti par les Normands, est un terrain d'exploration apprécié des plus jeunes.

Roulez 21 km en direction de l'ouest.

❹ Freshwater West

La plage de Freshwater West est une étape incontournable pour les familles en quête d'aventure. Elle comprend de hautes dunes idéales pour jouer à cache-cache, de grosses pierres à escalader et l'un des meilleurs spots de surf du pays de Galles. Les enfants peuvent aussi y chercher la tombe de Dobby, l'elfe de Harry Potter (une scène a été tournée ici). N'oubliez pas de prendre un sandwich au homard ou une glace au Café Môr, un bateau reconverti en food truck sur le parking de la plage.

Prenez la direction de l'est sur 170 km jusqu'à Cardiff, où vous pourrez prendre le train ou l'avion.

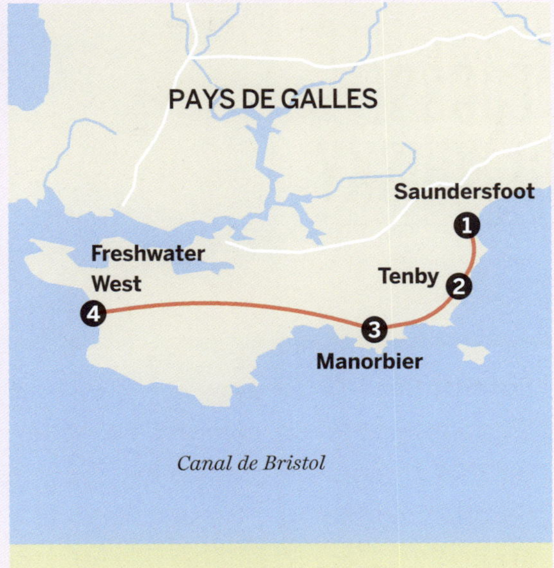

ET ENCORE...

Excursion : sortie en mer à St Davids

À St Davids (la plus petite ville de Grande-Bretagne), les bateaux partent pour les eaux riches du Celtic Deep, peuplées de phoques gris, de marsouins, de macareux, de guillemots et de petits pingouins. Plus loin en mer, vous aurez même des chances de voir des dauphins et des baleines.

St Davids se trouve à 55 km à l'ouest de Freshwater West.

Détour : Barafundle Bay

Les 30 minutes de marche requises depuis le parking de Stackpole contribuent à limiter l'affluence sur cette superbe étendue de sable blond aux eaux cristallines. Le parcours en lui-même est un vrai plaisir ; intégré au chemin côtier du Pembrokeshire, il suit la falaise en passant par des dunes et une odorante pinède.

Barafundle Bay est à 10 km au sud-ouest de Manorbier.

L'ÉCOSSE DU WHISKY

Édimbourg – Aberdeen

Embarquez pour un voyage bien malté à travers l'Écosse et profitez-en pour rendre hommage à la boisson nationale : le whisky.

EN BREF

Empreinte carbone (kg/pers) : 23
Distance (km) : 360
Nuits : 8-10
Budget : €€
Quand partir : toute l'année

DISTILLERIE MACALLAN, À CRAIGELLACHIE

❶ Édimbourg

La capitale écossaise promet une belle entrée en matière, avec une première étape à la Scotch Whisky Experience, au pied du château. Ce musée interactif et sensoriel vous donnera l'occasion d'en apprendre davantage sur le rapport des Écossais à leur whisky. Au programme : un tour en tonneau à la découverte des procédés de fabrication, une leçon d'histoire, des conseils de dégustation et bien d'autres surprises.
Prenez le train pour Pitlochry (ttes les 1-2 heures ; 2 heures).

❷ Pitlochry

Autour de la jolie bourgade de Pitlochry, les plaines du Perthshire s'ouvrent sur les terres hautes et sauvages des Highlands. Là, vous attendent deux belles distilleries : Blair Athol et Edradour. La seconde est d'ailleurs la plus petite distillerie artisanale d'Écosse. Toutes les étapes de la fabrication du whisky y sont exécutées à la main.
Montez dans un train pour Dalwhinnie (ttes les 1-2 heures ; 50 min).

❸ Dalwhinnie

Au milieu de superbes montagnes, vous voilà à Dalwhinnie, aux portes du Cairngorms National

DISTILLERIE D'EDRADOUR, À PITLOCHRY

Park. Cette distillerie est la plus haut perchée d'Écosse et l'on dit même que c'est la neige qui confère à son *single malt* sa saveur singulière.

Continuez en train jusqu'à Aviemore (ttes les 1-2 heures ; 50 min) puis louez une voiture pour rallier Dufftown, à 67 km de là.

❹ Dufftown

Annoncée par ses effluves de malt, Dufftown est surnommée la "capitale mondiale du whisky". De fait, elle se trouve au cœur de la principale région de production, le Speyside. Tout comme Rome fut fondée sur sept collines, on raconte qu'elle fut bâtie sur sept alambics. Six distilleries vous y attendent, dont la célèbre Glenfiddich.

Roulez pendant 85 km jusqu'à Aberdeen.

❺ Aberdeen

Cette cité de granit compte certains des plus beaux bars à whisky du pays. Fort de quelque 600 crus, le Grill jouit encore, 150 ans après sa fondation, d'une belle réputation parmi les curieux en quête de découvertes. Enchaînez avec la Tippling House, où vous pourrez faire une dégustation de plusieurs verres, associés avec fromages, chocolats et autres mets.

Vous pouvez regagner Édimbourg par le train (ttes les 30 min ; 3 heures).

ET ENCORE...

Excursion : un jour à Aberfeldy

Dans le Perthshire, ce charmant bourg aux maisons de pierre est très bien situé pour les amateurs. La distillerie Dewar's y possède un musée interactif et un bar qui invite à découvrir le whisky sous ses deux formes principales, *blended* et *single malt*. Et pourquoi ne pas passer ensuite de l'"eau de vie" à l'eau vive, en vous élançant en rafting sur le superbe cours du Tay ?

Un bus relie Aberfeldy à Pitlochry (40 min).

Excursion : un jour à Craigellachie

Depuis Dufftown, faites un saut au village de Craigellachie, au bord de la Spey, pour une promenade thématique. Passez à la distillerie Macallan ou au Highlander Inn, l'un des plus remarquables bars à whisky du pays, qui sert la meilleure sélection nippone en dehors du Japon, puis découvrez l'art de la fabrication des fûts à la tonnellerie Speyside (Speyside Cooperage).

Prenez l'A94 ou marchez 8 km le long de la Fiddich.

D'ÎLE EN ÎLE DANS LES SCILLY

SPORT · VIN ET BIÈRE · CUISINE · RESPONSABLE · AVENTURE · CULTURE · SPECTACLES · ARTS · ARCHITECTURE · HISTOIRE · FAMILLE · EN SOLO · COURT SÉJOUR · LONG SÉJOUR · PLAGE · HIVER · FAUNE · BIEN-ÊTRE

St Mary's – St Martin's

Entre plages mémorables, criques cachées, ravissants villages et sites préhistoriques, découvrez le meilleur de l'archipel le plus occidental d'Angleterre.

EN BREF

Empreinte carbone (kg/pers) : 0,5
Distance (km) : 26
Nuits : 4-7
Budget : €€
Quand partir : avr-oct

1 St Mary's

Une promenade sur la plus grande des îles Scilly, longue de 5 km, vous révèlera des vestiges d'habitat et de tumulus vieux de 4 000 ans. À découvrir également : des plages magnifiques et le Star Castle, ceint de remparts du XVIIIe siècle. La "capitale" de St Mary's, Hugh Town, est un joli village où l'on trouve d'excellents produits de la mer et un intéressant musée d'histoire locale.

Montez à bord du ferry pour St Agnes (fréquence variable en fonction de la saison et de la météo ; 15 min) ou prenez un bateau-taxi.

2 St Agnes

Loin de tout, cette île rocailleuse abrite un très bon pub, le Turk's Head, qui sert d'excellents *fish and chips* et d'authentiques pintes d'ale. Visitez les vestiges de l'âge du bronze sur l'îlot de Gugh, nagez dans l'eau claire de Covean Beach et louez un paddle au centre d'activités.

Regagnez St Mary's pour prendre le bateau pour Bryher depuis Hugh Town (2/jour ; 15 min).

3 Bryher

C'est la plus petite et la plus sauvage des îles habitées, une merveille couverte de bruyère et de fleurs. La colline de Samson Hill, creusée de chambres funéraires, permet d'embrasser tout l'archipel du regard, tandis que Hell Bay est balayée par le vent et les vagues.

RÉSIDENT CAPRIN DE L'ÎLE DE BRYHER

LE PORT DE NEW GRIMSBY, SUR TRESCO

Des bateaux vont presque tous les jours à Tresco, à 250 m de là (5 min). Quand la marée est très basse, il est possible de traverser à pied (renseignez-vous sur place).

❹ Tresco

Le verdoyant jardin subtropical de Tresco Abbey, créé en 1834 parmi les ruines d'un prieuré bénédictin, est le plus bel attrait de cette île. Toutefois, il y a aussi une histoire plus ancienne à découvrir au King Charles's Castle et au Cromwell's Castle, bâtis aux XVIe et XVIIe siècles. À découvrir également : quelques plages de sable blanc comme celle d'Appletree Bay. Vous pourrez aussi louer un kayak ou un petit voilier pour voguer sur les flots.

Prenez le ferry pour St Mary's puis pour St Martin's (15 min par traversée) ou un bateau-taxi.

❺ St Martin's

Direction Higher Town pour réserver une excursion et découvrir les merveilles que vous réservent les eaux baignant St Martin's. Entre une sortie plongée au milieu d'épaves et une session de snorkeling avec les phoques gris, allez profiter, au sud, de la plus belle plage de l'île : Par Beach.

Reprenez le bateau pour Hugh Town, sur St Mary's.

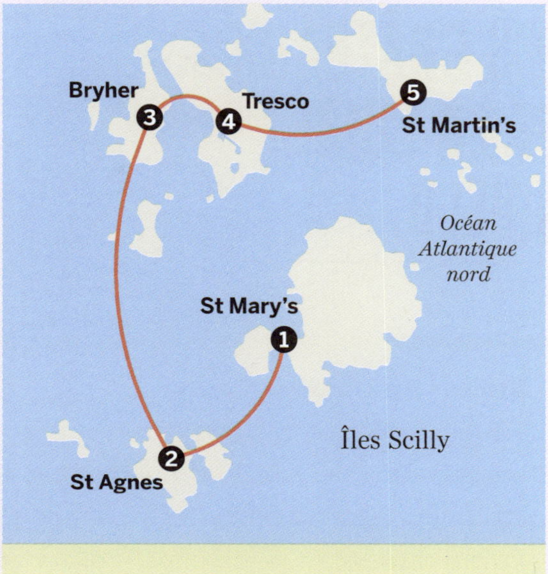

ET ENCORE...

Excursion : un jour à Annet, Bishop Rock et Western Rocks

Les îles Scilly abritent une remarquable population de phoques gris et de nombreuses colonies d'oiseaux. Les macareux y nichent de fin avril à début août, et vous pourrez aussi observer des guillemots, des petits pingouins, des cormorans huppés et d'autres espèces lors d'une sortie en bateau jusqu'à l'île d'Annet, Bishop Rock et les Western Rocks.

De nombreuses excursions sont proposées en été depuis St Mary's.

Plus loin : Penzance et Marazion

Le ferry pour les îles Scilly part du port animé de Penzance, en Cornouailles. Chapel Street y brille par ses édifices georgiens et victoriens, avec la très kitsch Egyptian House. La Penlee House Gallery met à l'honneur des œuvres de l'École de Newlyn et de Lamorna. À 5 km à l'est, le St Michael's Mount émerge des vagues face à la ville de Marazion.

Le Scillonian III fait l'aller-retour à St Mary's (tlj fin mars-début nov ; 2 heures 45).

LES CHÂTEAUX DE LA LOIRE À VÉLO

SPORT VIN ET BIÈRE CUISINE RESPONSABLE AVENTURE CULTURE SPECTACLES ARTS ARCHITECTURE HISTOIRE FAMILLE EN SOLO COURT SÉJOUR LONG SÉJOUR PLAGE HIVER FAUNE BIEN-ÊTRE

Blois – Amboise

La vallée de la Loire compte un nombre de châteaux inégalé. Suivez un tronçon de La Loire à Vélo à la découverte de quelques joyaux du patrimoine architectural français.

EN BREF

Empreinte carbone (kg/pers) : 0
Distance (km) : 114
Nuits : 2-3
Budget : €
Quand partir : mai-sept

❶ Blois

Sept rois de France et dix reines ont séjourné au château royal de Blois, dont les quatre ailes portent les traces de plusieurs grandes périodes architecturales. Vous remarquerez l'admirable escalier d'apparat, en saillie côté cour, orné de salamandres et de F, les emblèmes de François Ier. Richement décorées, la salle des États généraux et les chambres du Roi et de la Reine semblent résonner encore des intrigues de la cour.

CHÂTEAU ROYAL DE BLOIS

Suivez la véloroute vers l'est jusqu'à Chambord (20 km).

❷ Chambord

Le plus vaste et le plus majestueux des châteaux de la Loire comprend pas moins de 426 pièces, 282 cheminées et 77 escaliers. Sa construction débuta en 1519, sous François Ier, et ce qui ne devait être qu'une résidence de chasse devint bientôt l'un des édifices les plus ambitieux – et les plus coûteux – jamais entrepris par un monarque français. Le célèbre escalier à double révolution mène à la superbe tour-lanterne et à sa terrasse.

Roulez sur la véloroute pendant 16 km vers le sud.

❸ Cheverny

En matière d'élégance, difficile de faire mieux que ce château. Parmi ses somptueuses pièces,

CYCLISTES À CHAMBORD

citons la salle à manger, dont les panneaux illustrent l'histoire de Don Quichotte ; la chambre du Roi, avec des représentations de scènes mythologiques sur le plafond et les tapisseries ; et une chambre d'enfant où sont conservés des jouets de l'époque de Napoléon III. Les fans de *Tintin* reconnaîtront dans la façade de Cheverny les traits du fameux château de Moulinsart du capitaine Haddock.

Roulez 42 km vers l'ouest à travers la campagne et le long de la Loire.

4 Amboise

Dominant la ville du même nom, le château royal d'Amboise était un lieu apprécié des rois Valois et Bourbons. Une vue saisissante sur la ville et le fleuve se déploie depuis les remparts, et l'on peut visiter le Logis royal meublé et la chapelle Saint-Hubert (1493), bel exemple de gothique flamboyant. Léonard de Vinci (dont la sépulture se trouve dans la chapelle) passa les cinq dernières années de sa vie non loin, dans la résidence du Clos Lucé. Là, des maquettes de ses inventions sont exposées à l'intérieur et dans les 7 ha de jardins.

Pédalez jusqu'à Blois, à 36 km de là, pour prendre le train.

ET ENCORE...

Plus loin : château de Chenonceau

Enjambant le cours du Cher de ses arches gracieuses, ce château semble tout droit sorti d'un conte. Sa pièce maîtresse est sa Grande Galerie, dont le carrelage en damier s'étend sur 60 m au-dessus de la rivière. Admirez les jardins à la française et le labyrinthe d'ifs.

Depuis Amboise, suivez la piste cyclable sur 14 km.

Plus loin : château d'Azay-le-Rideau

Ce séduisant château entouré de douves fut bâti au tout début du XVIe siècle sur une île au milieu de l'Indre. Ses jolies tourelles, ses fenêtres aux proportions parfaites, ses ornements sculptés et son toit en ardoise en faisaient aux yeux de Balzac un "diamant taillé à facettes".

Amboise est à 55 km à l'est d'Azay-le-Rideau ; Tours et sa gare sont à 26 km (gare TER à Azay-le-Rideau).

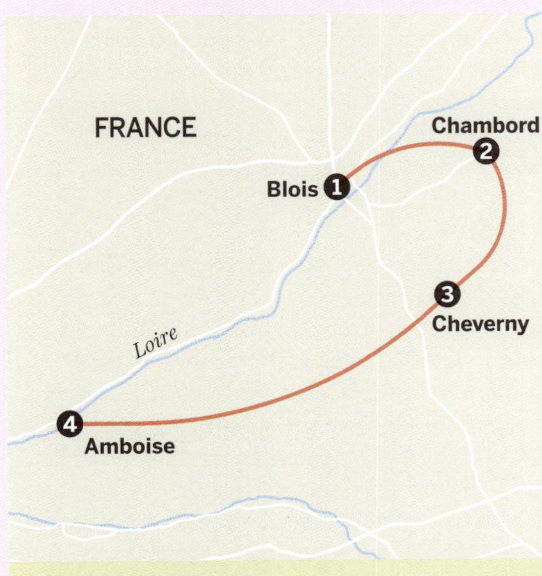

VOYAGE EN PROVENCE ROMAINE

VIN ET BIÈRE · CUISINE · RESPONSABLE · AVENTURE · CULTURE · SPECTACLES · ARTS · ARCHITECTURE · HISTOIRE · FAMILLE · EN SOLO · COURT SÉJOUR · LONG SÉJOUR · PLAGE · HIVER · FAUNE · BIEN-ÊTRE · SPORT

Arles – Vaison-la-Romaine
Entre archéologie et savoureuse cuisine régionale, profitez du soleil de Provence pour explorer les plus beaux sites romains de France.

EN BREF
Empreinte carbone (kg/pers) : 9
Distance (km) : 236
Nuits : 5
Budget : €
Quand partir : avr-oct

❶ Arles

Arles, jadis appelée Arelate, entra dans l'orbite romaine dès le IIe siècle av. J.-C., avant de devenir une colonie à part entière en 46 av. J.-C. Dans son amphithéâtre – les arènes d'Arles –, plus petit que celui de Nîmes, la foule se presse encore à l'occasion des corridas et des courses camarguaises qui y sont organisées. Le théâtre antique, du Ier siècle, accueille toujours des spectacles en plein air. Ailleurs en ville, vous pourrez visiter les fondations romaines et les arcades enfouies sous la place du Forum. Les thermes de l'empereur Constantin, qui datent du IVe siècle, ne sont pas loin non plus.

Montez dans un train pour Nîmes (1/heure ; 20 min).

❷ Nîmes

Monumental, l'amphithéâtre de Nîmes est le mieux conservé de France. Datée du Ier siècle, cette arène pouvait accueillir jusqu'à 24 000 spectateurs lors de spectacles de gladiateurs et d'exécutions publiques. Juste en face, le musée de la Romanité abrite plus de 5 000 trouvailles archéologiques. La Maison Carrée, un temple en pierre blanche datant de l'an 4, est admirablement préservée. Créés en partie à l'emplacement d'un site gallo-romain, les jardins de la Fontaine englobent la tour Magne, haute de 32 m, ainsi que les vestiges du temple de Diane.

Prenez le train pour Avignon (1/heure ; 35 min), puis pour Orange (1/heure ; 22 min).

DANS LES ARÈNES D'ARLES

PARTIE DE PÉTANQUE AU PIED DES ARÈNES D'ARLES

❸ Orange

Découvrez à Orange une autre facette de la culture romaine. Son théâtre antique (103 m de large sur 37 m de haut) est l'un des trois seuls théâtres romains encore intacts (seuls manquent quelques mosaïques et le toit d'origine). Il accueillait jadis 10 000 spectateurs. Pour une vue imprenable sur la ville, suivez la montée Philibert-de-Chalons jusqu'au sommet de la colline Saint-Eutrope, d'où les Romains guettaient leurs ennemis.

Prenez la ligne 4 du réseau de bus ZOU ! pour Vaison-la-Romaine (plusieurs/jour lun-sam, 2 le dim ; 1 heure).

❹ Vaison-la-Romaine

Les ruines de Vasio Vocontiorum, la cité romaine qui se développa ici entre 100 av. J.-C. et 450, s'étendent aujourd'hui sur deux sites au cœur de la petite ville vallonnée de Vaison-la-Romaine. Allez jeter un coup d'œil au joli pont romain qui a résisté au temps et aux violentes crues.

Pour rentrer à Arles, prenez le bus pour Orange puis, de là, un train direct.

ET ENCORE...

Plus loin : pont du Gard

Cet extraordinaire aqueduc à trois niveaux faisait autrefois partie d'un réseau de canaux construit autour de 19 av. J.-C. pour acheminer l'eau sur 50 km, d'Uzès à Nîmes. Haut de 48,77 m et constitué de 52 arches élégantes, il était alors le plus haut aqueduc de tout l'Empire romain. Aujourd'hui, il demeure en tout point sublime.

Depuis Nîmes, plusieurs bus desservent Collias et Remoulins, près du pont (40 min).

Plus loin : Glanum

Remarquablement bien conservé, le site archéologique de Glanum, à 2 km au sud de Saint-Rémy-de-Provence, nous plonge dans le quotidien gallo-romain. Fondée autour de 27 av. J.-C., la cité exhumée révèle ses maisons, temples, colonnes, bains et forum, ainsi que le plus vieil arc de triomphe de France.

Prenez le bus d'Arles à Saint-Rémy-de-Provence (3/jour lun-sam ; 1 heure).

LE PAYS DE GALLES PAR LA CÔTE SAUVAGE

FAUNE · BIEN-ÊTRE · SPORT · VIN ET BIÈRE · CUISINE · RESPONSABLE · AVENTURE · CULTURE · SPECTACLES · ARTS · ARCHITECTURE · HISTOIRE · FAMILLE · EN SOLO · COURT SÉJOUR · LONG SÉJOUR · PLAGE · HIVER

St Davids – Aberdaron

Le long de la baie de Cardigan, ce périple dans l'ouest du pays de Galles vous mènera de légendes en châteaux et de criques en montagnes.

EN BREF

Empreinte carbone (kg/pers) : 39
Distance (km) : 311
Nuits : 7-10
Budget : €€
Quand partir : mars-oct

❶ St Davids

Commencez par la charmante St Davids, la plus petite ville du Royaume-Uni (1 600 habitants), dominée par une impressionnante cathédrale normande. Nommée d'après le saint patron du pays, né ici autour de l'an 500, c'est une destination touristique marquée par une atmosphère détendue et dotée de belles plages, dont Whitesands, appréciée des surfeurs.

Faites 24 km en direction du nord-ouest.

❷ Fishguard

Cette bourgade se niche entre un port (d'où partent les ferries pour l'Irlande) et un village de pêcheurs. Profitez de ses pubs aux accents marins et promenez-vous sur ses falaises, le long des sentiers menant au phare de Strumble Head (à l'ouest) et à Dinas Island (à l'est). Peut-être apercevrez-vous des phoques, des dauphins et, en été, des macareux.

Continuez vers le nord sur 29 km.

❸ Cardigan

Voici une ville plaisante, d'où l'on peut partir explorer la côte du comté de Ceredigion. Protégée par un château vieux de 900 ans, Cardigan est importante pour les Gallois : c'est ici que se tint la toute première Eisteddfod (compétition de musique et de poésie),

CATHÉDRALE DE ST DAVIDS

CÔTE DU PEMBROKESHIRE

en 1176. À 8 km de là, une route étroite mène à la baie de Mwnt, un petit havre isolé, encadré de falaises.

Rejoignez Aberystwyth, à 62 km au nord.

4 Aberystwyth

Aberystwyth est une agréable ville universitaire, dotée de scènes artistique, culinaire et culturelle dynamiques. Une enfilade de maisons georgiennes y borde le front de mer, sa jetée victorienne et sa plage de galets. En haut d'une colline, la National Library of Wales est une impressionnante bibliothèque qui renferme des millions d'ouvrages, parmi lesquels figurent le plus vieux texte gallois, *Le Livre noir de Carmathen* (XIIIe siècle).

Faites 196 km vers le nord, sur une très belle route d'où l'on aperçoit, au loin, le massif de Snowdonia.

5 Aberdaron

La sublime péninsule de Llŷn s'étire telle la queue d'un dragon dans la mer d'Irlande. À sa pointe sud, le joli village d'Aberdon, avec ses maisons blanches, doit à sa magnifique plage de 1,6 km de voir affluer kayakistes, surfeurs et baigneurs. On y prend aussi le bateau pour aller découvrir la faune de l'île Bardsey, surnommée "l'île aux 20 000 saints".

St Davids est à 256 km et Cardiff, à 300 km.

ET ENCORE...

Excursion : un jour au Snowdon

Une fois dans le Nord, difficile de ne pas sentir l'irrésistible appel du sombre et mystérieux massif de Snowdonia. Faites alors un détour dans les terres et le Snowdonia National Park, où le Snowdon, le plus haut sommet du pays de Galles, culmine à 1 085 m. Par temps clair, il offre une vue saisissante sur le massif et la mer, jusqu'à l'Irlande.

Le Snowdonia National Park est à 85 km au nord-est d'Aberdaron.

Détour : Ynyslas

Le vent et les marées ont sculpté cette superbe étendue de 5 km de dunes au sein de l'Unesco Dyfi Biosphere Reserve. Suivez la promenade en bois à travers les dunes, dont les hautes herbes et les fleurs sauvages attirent des papillons et des oiseaux rares, et vous déboucherez sur un vaste croissant de sable battu par les vagues.

Ynyslas est à 14 km au nord d'Aberystwyth sur la route côtière.

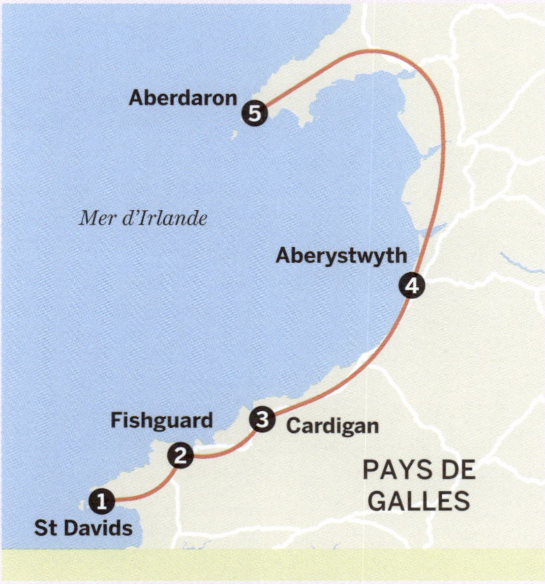

ESCAPADE EN MÉDITERRANÉE

BIEN-ÊTRE SPORT VIN ET BIÈRE FAUNE CUISINE HIVER **RESPONSABLE** PLAGE AVENTURE LONG SÉJOUR **CULTURE** COURT SÉJOUR SPECTACLES ARTS **EN SOLO** FAMILLE **HISTOIRE** **ARCHITECTURE**

Marseille – Sicile

Voguez de la France continentale aux montagnes corses, puis jusqu'à deux îles italiennes marquées par une identité forte et une riche histoire, et dotées de belles plages.

EN BREF

Empreinte carbone (kg/pers) : 30
Distance (km) : 1 825
Nuits : 14
Budget : €
Quand partir : avr-sept

❶ Marseille

Un vaste plan de réhabilitation urbaine a contribué à faire de Marseille une destination tendance. Sur son Vieux-Port rénové, découvrez l'Ombrière, le miroir signé Norman Foster, et le passionnant Mucem (musée des Civilisations d'Europe et de la Méditerranée), puis explorez les boutiques et cafés des docks et le quartier branché du cours Julien, avant d'admirer la vue depuis Notre-Dame-de-la-Garde.

Il y a environ 13 liaisons par semaine entre Marseille et Ajaccio, en Corse (10 heures 30).

LA PIAZZA BELLINI DE PALERME, SICILE

❷ Corse

Le ferry accoste dans le port de la ville natale de Napoléon Bonaparte, aux portes de la façade ouest de cette superbe île montagneuse. Célébrez votre arrivée dans un café, puis gagnez le Sud en passant par de somptueuses plages et la ville de Sartène. À la pointe sud, Bonifacio est une cité labyrinthique, perchée sur une falaise d'où vous apercevrez (par temps clair) votre prochaine étape : la Sardaigne.

Un bus relie Ajaccio à Bonifacio via Scopetto (2/jour ; 4 heures). Plusieurs ferries vont chaque jour de Bonifacio à Santa Teresa di Gallura, en Sardaigne (1 heure).

❸ Sardaigne

Après une courte traversée, vous voilà en Italie, bien que la Sardaigne ait un parfum bien singulier. À Olbia

BONIFACIO, CORSE

(à 2 heures de bus de Santa Teresa), prenez le train pour le Sud et la capitale, Cagliari. En route, faites une halte à Oristano, une jolie ville dotée de superbes plages, ou à Macomer et à Nuoro, surnommée l'"Athènes sarde". Sinon, louez une voiture pour vous aventurer dans les terres, à la découverte des nuraghi (de mystérieuses tours mégalithiques). Consacrez enfin un jour ou deux à Cagliari, ses *palazzi*, ses vestiges romains et ses cafés donnant sur la mer.

Prenez le train d'Olbia à Cagliari (3/jour ; 4 heures), d'où part le ferry pour Palerme (1-2/semaine ; 12 heures).

❹ Sicile

Sous des airs décrépits, Palerme est, comme Marseille, une ville en pleine renaissance. Ici, l'argent confisqué à la Mafia sert à restaurer palais et piazzas. Perdez-vous autour de la Via Maqueda et régalez-vous de spécialités siciliennes. Puis poursuivez votre découverte de l'exceptionnelle cuisine locale sur les marchés (Capo, Vucciria et Ballarò) et dans les restaurants du quartier de la Cala.

Palerme possède un aéroport international. Un ferry relie Messine à l'Italie continentale.

ET ENCORE...

Plus loin : Naples

Pour une dose supplémentaire d'Italie, reliez la Sicile au continent... à bord d'un train, lui-même installé sur un ferry le temps de traverser le détroit de Messine. Remontez la côte jusqu'à Naples et, entre deux églises baroques et musées (ne manquez pas le MADRE, musée d'art contemporain, et le Musée archéologique), faites un tour dans la Via Tribunali, la "rue des pizzas".

Un train direct relie Palerme et Naples (1/jour ; 9 heures 30).

Excursion : un jour aux îles Lavezzi, Corse

Au large de la Corse, l'archipel idyllique des Lavezzi, classé réserve naturelle, est constitué d'îlots inhabités couverts de rochers de granit et baignés par une eau cristalline. C'est une destination privilégiée pour le snorkeling. Depuis le bateau, jetez un coup d'œil à l'île Cavallo, inaccessible villégiature de millionnaires.

Les excursions (1 ou ½ journée) partent de Bonifacio.

SUR LA ROUTE DES JARDINS DU SUSSEX

FAUNE · BIEN-ÊTRE · SPORT · VIN ET BIÈRE · CUISINE · RESPONSABLE · AVENTURE · CULTURE · SPECTACLES · ARTS · ARCHITECTURE · HISTOIRE · FAMILLE · EN SOLO · COURT SÉJOUR · LONG SÉJOUR · PLAGE · HIVER

Leonardslee – Great Dixter

Achetez votre pass du National Trust (qui détient la plupart des sites présentés), mettez le contact et découvrez à votre rythme des jardins anglais aussi beaux que variés.

EN BREF

Empreinte carbone (kg/pers) : 24
Distance (km) : 194
Nuits : 2-3
Budget : €
Quand partir : toute l'année

❶ Leonardslee

Entièrement restauré, ce parc a retrouvé sa splendeur passée. Visitez-le au printemps pour admirer la floraison des azalées, des camélias et des rhododendrons ; à l'automne pour ses feuillages ; et à tout autre moment pour arpenter le jardin de pierres, et pour observer les daims et les wallabies (introduits pas un naturaliste à la fin du XIXe siècle).

Faites 7 km en direction du nord-est.

❷ Nymans

Ce jardin romantique dévoile, autour d'un manoir en ruine, un ensemble de parterres soignés et de bosquets sauvages, où s'épanouissent une multitude de plantes rares. La roseraie, riche de variétés anciennes, vous charmera autant que la vue sur la campagne.

Continuez sur 15 km vers l'est.

❸ Wakehurst

Avec 200 ha de bois, de bosquets et de parterres fleuris, Wakehurst est un parc paysager renommé. Entre prés anglais, prairie nord-américaine, bois de bouleaux blancs et clairière himalayenne, ses milieux étonnent par leur variété. Le site, administré par le Jardin botanique royal de Kew, abrite la banque de graines Millenium, qui conserve plus de 39 000 espèces de plantes.

Roulez encore 12 km en direction du nord-ouest.

SHEFFIELD PARK

GREAT DIXTER

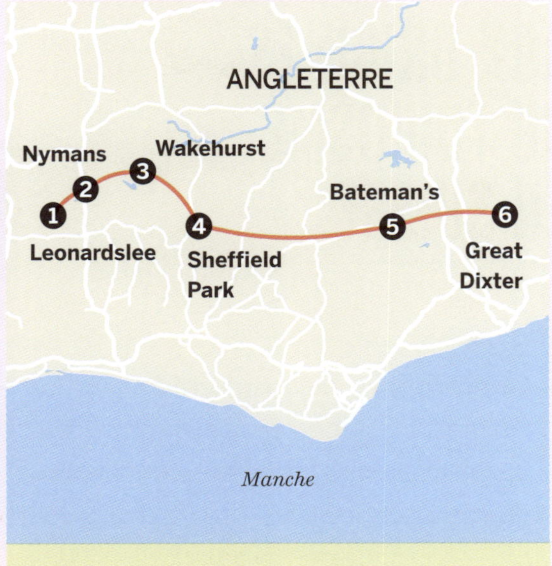

❹ Sheffield Park

Entre parc et jardin, le Sheffield Park englobe pas moins de quatre lacs. Conçu pour resplendir à l'automne, il séduit aussi aux autres saisons, notamment au printemps, lorsque les jonquilles et les jacinthes des bois égaient ses pelouses.

Faites 33 km vers l'est.

❺ Bateman's

Rudyard Kipling vécut dans ce domaine, et il subsiste une atmosphère familiale dans la demeure jacobéenne et les somptueux jardins. Le potager abrité, l'étang fleuri par des nénuphars, la roseraie, le verger et la prairie forment une ravissante mosaïque.

Poursuivez en direction de l'est sur 22 km.

❻ Great Dixter

Créé par feu Christopher Lloyd, jardinier et auteur spécialisé dans l'art des jardins, Great Dixter correspond à l'image que l'on peut se faire du jardin parfait, et ses massifs sont abondamment copiés. C'est un lieu doté d'une personnalité forte, dont les éléments (étang, verger, topiaire et potager) se marient harmonieusement.

Londres est à 105 km au nord-ouest.

ET ENCORE...

Plus loin : Bluebell Railway

Depuis Sheffield Park, prenez le train à vapeur Bluebell jusqu'à East Grinstead (40 min) pour un trajet de 18 km à travers une campagne magnifique. Avec un billet Rover aller-retour, vous pourrez faire halte en chemin à Horsted Keynes et Kingscote, pour découvrir leurs gares restaurées et suivre des sentiers de promenade.

La gare de Sheffield Park est bien indiquée, à 10 min de marche des jardins.

Plus loin : Pashley Manor Gardens

Ce jardin est une affaire de famille, réputée pour ses massifs de tulipes, de roses et de dahlias. On y découvre un chemin parmi les jacinthes, un potager, de très vieux chênes et bouleaux, et une belle vue sur la campagne du Sussex. Un café avec terrasse invite à s'installer pour un verre face aux fontaines et aux autres points d'eau.

Pashley Manor se trouve à 13 km au nord-est de Bateman's.

BIEN-ÊTRE SPORT VIN ET BIÈRE CUISINE RESPONSABLE AVENTURE CULTURE SPECTACLES ARTS ARCHITECTURE HISTOIRE FAMILLE EN SOLO COURT SÉJOUR LONG SÉJOUR PLAGE HIVER FAUNE

AUX ORIGINES DU TOURISME EN SUISSE

Leukerbad – Grindelwald

Partez dans l'Oberland bernois sur les traces du premier voyage organisé de l'histoire du pays, décrit en 1863 par l'Anglaise Jemima Morrell, autrice de *Voyage dans les Alpes*.

EN BREF

Empreinte carbone (kg/pers) : 5
Distance (km) : 140
Nuits : 7-10
Budget : €€
Quand partir : juin-sept

❶ Loèche-les-Bains

Prenez le train de Genève à Loèche, puis le bus n°471 (3 heures 30 en tout) jusqu'à Loèche-les-Bains, point de départ de notre aventure. Fréquentée depuis l'époque romaine, cette station thermale possède de nombreux établissements de bains. Au-dessus de la ville, l'impressionnant col de la Gemmi donne accès à l'Oberland bernois. Gravissez ses sentiers raides en zigzags ou prenez le téléphérique jusqu'à un haut plateau désertique, et redescendez (à pied ou en téléphérique) jusqu'à la vallée de la Kander en faisant halte à l'hôtel Schwarenbach, fondé au XVIIIe siècle.

19 km séparent Loèche-les-Bains de Kandersteg ; les téléphériques fonctionnent presque toute l'année.

❷ Kandersteg

Kandersteg est un village de carte postale entouré de sentiers balisés qui sillonnent la vallée et des monts alentour. Miss Jemima s'y était levée à 4h30 pour prendre la calèche pour Spiez, au bord du lac de Thoune. Vous n'aurez pas à vous lever si tôt : un train rallie aujourd'hui les eaux azur du lac de Thoune sur lesquelles des bateaux à aubes voguent jusqu'à Interlaken. Depuis cette ville entre deux lacs, un train se glisse jusqu'à la singulière vallée de Lauterbrunnen, d'où le Wengernalpbahn, un train à crémaillère, grimpe jusqu'à la station de Wengen.

Prenez le train pour Spiez (1/heure ; 30 min), le bateau pour Interlaken (au moins 3/jour ; 1 heure 20), le train pour Lauterbrunnen (1/heure ;

LA VALLÉE DE LAUTERBRUNNEN VUE DE WENGEN

LAC DE THOUNE, PRÈS DE KANDERSTEG

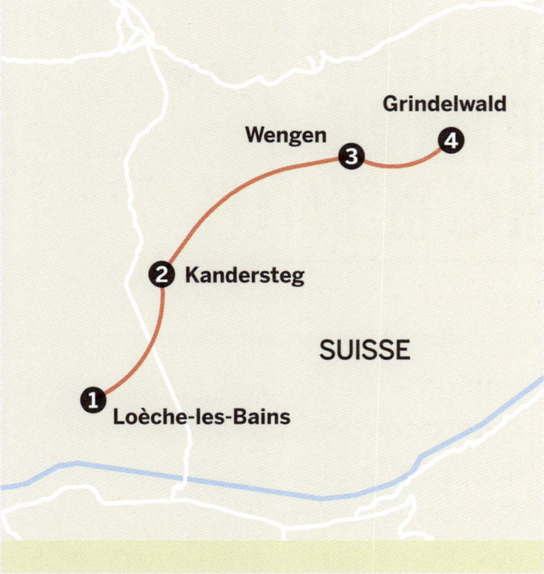

30 min) et le Wengernalpbahn pour Wengen (2/heure ; 15 min).

❸ Wengen

Wengen est un véritable balcon sur les Alpes : de majestueux pics enneigés (dont l'Eiger, le Mönch et la Jungfrau) s'y reflètent dans les fenêtres fleuries de ses chalets. Les randonneurs approchent à pied ces monts spectaculaires. Vous pouvez aussi prendre le train à crémaillère jusqu'au col de la Kleine Scheidegg, puis le Jungfraubahn, qui monte à la gare la plus haute d'Europe, la Jungfraujoch, à 3 454 m.

Si vous ne randonnez pas, prenez le Wengernalpbahn de Wengen à Kleine Scheidegg (1/heure ; 25 min) et de Kleine Scheidegg à Grindelwald (1/heure ; 40 min).

❹ Grindelwald

Cette station alpine est cernée de merveilles naturelles : le sommet dentelé du Wetterhorn, les scintillants glaciers Oberer et Unterer, la redoutable face nord de l'Eiger. Les activités ne manquent pas ; des télécabines desservent certains points en altitude.

Reprenez le train pour Interlaken (2/heure ; 35 min) où vous trouverez des liaisons internationales.

ET ENCORE...

Excursion : un jour au lac d'Oeschinen (Oeschinensee)

À 1 578 m au-dessus de Kandersteg, ce lac est un bijou turquoise serti d'un écrin de sommets, de pins et de fleurs sauvages. Uniquement accessible en téléphérique ou à pied, il est entouré de sentiers. Au programme de l'été : baignade bien fraîche et tour en barque. En hiver : ski, luge et pêche sur glace.

Prenez la télécabine à Kandersteg (ou faites 5 km à pied), puis marchez depuis la station (15 min).

Excursion : un jour Faulhornweg

Partez pour une superbe randonnée d'une journée ! Train à crémaillère, prés fleuris, lacs étincelants, refuge de haute montagne, sommets enneigés... de la Schynige Platte au First, c'est un vrai condensé des Alpes suisses.

Des trains relient Grindelwald à Wilderswil (ttes les 30 min ; 30 min) puis à la Schynige Platte (1/heure ; 50 min). Des télécabines redescendent du First à Grindelwald (8h-18h ; 25 min).

UN CHEMIN DE FER AU PAYS DE GALLES

SPORT · VIN ET BIÈRE · CUISINE · RESPONSABLE · AVENTURE · CULTURE · SPECTACLES · ARTS · ARCHITECTURE · HISTOIRE · FAMILLE · EN SOLO · COURT SÉJOUR · LONG SÉJOUR · PLAGE · HIVER · FAUNE · BIEN-ÊTRE

Llanelli – Knighton

Attention au départ ! Villes thermales, sites historiques, prés peuplés de moutons et sports étranges jalonnent le parcours de la ligne de chemin de fer *Heart of Wales.*

EN BREF

Empreinte carbone (kg/pers) : 5
Distance (km) : 127
Nuits : 2-4
Budget : €
Quand partir : toute l'année

❶ Llanelli

La petite ville de Llanelli, dans le Carmarthenshire, donne sur l'estuaire de la Loughor. La production de fer blanc fit sa richesse à la fin du XVIIIe siècle, comme en témoignent encore plusieurs belles demeures. Faites un tour au Parc Howard Museum, au style italianisant, et prenez un *afternoon tea* dans l'élégante Llanelly House. Il est possible d'emprunter la ligne *Heart of Wales* depuis Llanelli. Toutefois, le mieux est de se rendre à l'arrêt suivant, Bynea, à 10 km de là : le chemin côtier, d'où se déploie une vue superbe sur la péninsule de Gower, passe par le Llanelli Wetland Centre, une étendue de lagunes, d'étangs et de cours d'eau où prospèrent les oiseaux.

Prenez le train de Bynea à Llandeilo (4/jour lun-sam, 2 le dim ; 31 min). Bynea n'est pas desservie systématiquement : faites signe au conducteur pour qu'il marque l'arrêt.

VIADUC DE CYNGHORDY

❷ Llandeilo

Dans le centre de cette ravissante bourgade de la vallée du Tywi, la grand-rue est bordée de boutiques et de cafés colorés. Dans les environs, deux sites historiques se prêtent à de belles promenades : à l'ouest, une forêt ancienne et les ruines du château de Dinefwr ; au sud-est, l'imposant Carreg Cennen, un fort

CARREG CENNEN, PRÈS DE LLANDEILO

du XIIe siècle qui garde le massif des Brecon Beacons. De retour dans le train, installez-vous côté fenêtre : la section centrale de la ligne est mémorable.

Montez dans le train pour Llandrindod (1 heure 30).

❸ Llandrindod Wells

Pour atteindre cette ville au pied des monts Cambriens, le train passe sur les 18 arches du viaduc de Cynghordy, avant de traverser un long tunnel débouchant, au milieu de nulle part, sur la gare de Sugar Loaf ("pain de sucre"), nommée d'après le sommet voisin. Descendez à Llandrindod pour visiter le National Cycle Museum (musée national du Vélo), profiter des sources thermales et faire des balades aux alentours.

Repartez vers Knighton (35 min).

❹ Knighton

Les petites rues de Knighton s'étendent de part et d'autre du cours de la Teme et de la frontière anglaise. La campagne invite à la promenade, avec deux itinéraires de randonnée nationaux (Offa's Dyke et Glyndŵr's Way). Si vous ne souhaitez pas reprendre le train tout de suite, suivez les rails à pied jusqu'à Bucknell (8 km), l'arrêt suivant.

Reprenez la ligne *Heart of Wales* jusqu'à Shrewsbury (40 min), d'où partent d'autres trains.

ET ENCORE...

Détour : Llanwrtyd Wells

Depuis la fin du tourisme thermal, Llanwrtyd s'est tournée vers les sports insolites : on y organise les championnats du monde de natation dans la boue, les Alternative Games (des olympiades loufoques) et d'autres activités surprenantes. Profitez-en pour faire un tour au Neuadd Arms, un pub de bric et de broc qui brasse sa propre bière, la Heart of Wales Bitter.

Llanwrtyd Wells est à 6 arrêts au nord de Llandeilo (1 heure).

Plus loin : Shrewsbury

Attardez-vous au terminus de la ligne, Shrewsbury, chef-lieu du Shropshire et ville natale de Charles Darwin. Explorez son beau centre de style Tudor aux ruelles bordées d'agréables cafés et restaurants, et vsitez son château, son abbaye et son église médiévale, avant une sortie en bateau sur la Severn.

La gare de Shrewsbury est reliée à des grandes villes comme Birmingham (ttes les 30 min ; 1 heure 20) et Manchester (1/heure ; 1 heure 20).

SUR LA VÉLOROUTE DU DANUBE

SPORT · VIN ET BIÈRE · CUISINE · RESPONSABLE · AVENTURE · CULTURE · SPECTACLES · ARTS · ARCHITECTURE · HISTOIRE · FAMILLE · EN SOLO · COURT SÉJOUR · LONG SÉJOUR · PLAGE · HIVER · FAUNE · BIEN-ÊTRE

Passau – Vienne

Sur la véloroute du Danube, pédalez à travers vignes, vergers et villages, le long de l'un des plus grands fleuves d'Europe.

EN BREF

Empreinte carbone (kg/pers) : 0,1
Distance (km) : 310
Nuits : 7-9
Budget : €€
Quand partir : avr-oct

❶ Passau, Allemagne

Près des frontières tchèque et autrichienne, Passau était autrefois un grand évêché du Saint-Empire romain germanique. Sa vieille ville baroque occupe une péninsule à la confluence de trois cours d'eau : le Danube, l'Inn et l'Ilz. Ruelles, tunnels et arches s'y ordonnent autour d'une opulente cathédrale de style italianisant.

Roulez 45 km vers le sud-est, jusqu'en Autriche.

CYCLISTES LE LONG DU DANUBE, AUTRICHE

❷ Schlögener Schlinge, Autriche

La "boucle de Schlögen" est une merveille naturelle : un site où le fleuve décrit un méandre à 180° à travers des collines de granit boisées. Marchez 30 minutes jusqu'au point de vue de Schlögener Blick, au-dessus du village de Schlögen, pour l'admirer d'en haut.

Traversez le fleuve en prenant le bac à Schlögen, puis pédalez vers le sud sur 46 km.

❸ Linz, Autriche

La vallée du Danube s'élargit à mesure que l'on traverse ses plaines fertiles vers la ville de Linz, tournée vers les arts et la culture. Visitez le musée d'art moderne Lentos et l'Ars Electronica Center, consacré à l'art numérique et médiatique, puis explorez la vieille ville baroque et Renaissance, et sa Hauptplatz bordée de cafés.

Poursuivez vers l'est sur 60 km.

❹ Grein, Autriche

Pour de nombreux cyclistes, Grein est la plus belle étape de la véloroute. Au-dessus du village, un imposant château baroque cache une superbe cour bordée d'arcades. Le théâtre, créé au XVIIIe siècle dans l'ancien grenier du bourg, est le plus vieux d'Autriche encore en activité.

Faites 44 km en direction de l'est.

PASSAU, ALLEMAGNE

❺ Melk, Autriche

C'est un spectacle unique qu'offre l'abbaye bénédictine de Melk. Perchée au-dessus du Danube, elle vous ouvre les portes de son église (très) baroque, de sa bibliothèque et de sa salle de marbre (Marmorsaal). Vous pénétrerez ensuite dans la vallée de la Wachau, ponctuée de vignobles, de vergers, de coteaux boisés et de châteaux.

Admirer le paysage au fil des 35 km jusqu'à Krems.

❻ Krems an der Donau, Autriche

Krems, dotée d'un agréable centre historique, possède de charmants cafés, restaurants et hébergements, et offre l'occasion de déguster les excellents vins blancs de la région (Grüner Veltliner et Riesling). Les musées du quartier de Kunstmeile et la somptueuse abbaye de Göttweig méritent le détour.

Plus que 80 km à faire pour gagner Vienne !

❼ Vienne, Autriche

Votre voyage se conclut sur un final grandiose : la capitale autrichienne est un trésor de palais, de musées, de parcs, de salles de concerts et de cafés. Passez-y au moins 2 jours, le temps de vous reposer et d'en explorer les merveilles.

L'aéroport et la gare de Vienne sont bien desservies à l'international.

ET ENCORE...

Plus loin : Spitz et Dürnstein

En passant par Spitz, vous pourrez vous arrêter dans des *heurigen* (tavernes) pour déguster les crus de la région ; à Dürnstein, vous découvrirez les ruines du château où le roi Richard Cœur de Lion fut gardé captif.

Depuis Melk, Spitz se trouve à 18 km et Dürnstein à 29 km, sur la route de Krems.

Plus loin : Tulln

Le peintre expressionniste Egon Schiele (1890-1918) est né dans cette ville, qui lui consacre aujourd'hui deux musées (dont l'un occupe sa maison natale). C'est aussi l'une des plus vieilles localités d'Autriche, surnommée Blumenstadt ("la ville des fleurs"), pour ses beaux parcs et jardins.

Tulln se trouve à 45 km de Krems en direction de Vienne.

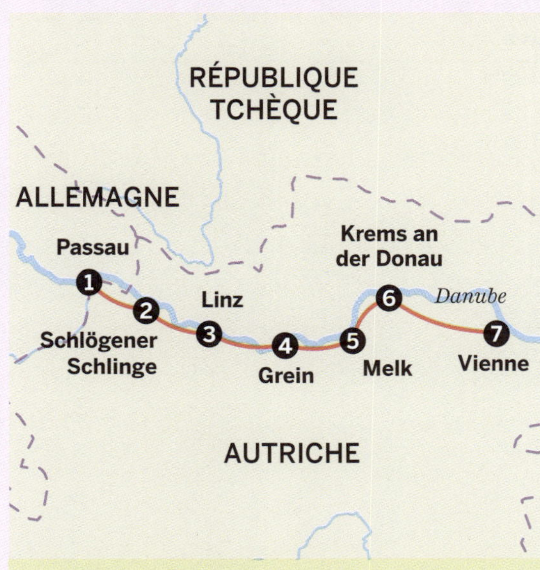

EUROPE CENTRALE ET ORIENTALE

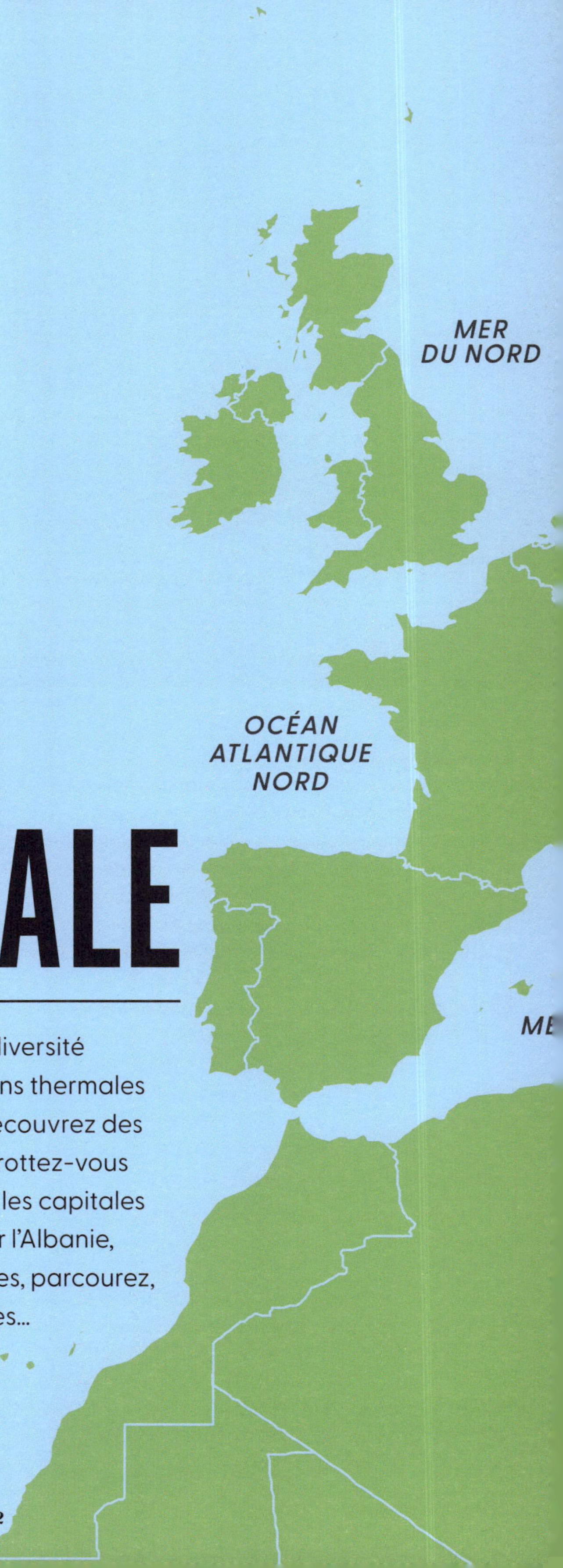

Le centre et l'est de l'Europe offrent une belle diversité d'expériences. Prenez les eaux dans des stations thermales de la mer Noire ou dans des bains Art déco, découvrez des châteaux gothiques et des plages dalmates, frottez-vous à l'architecture brutaliste de Bratislava, visitez les capitales baltes, sortez des sentiers battus pour explorer l'Albanie, ses villes ottomanes et ses Montagnes maudites, parcourez, à pied ou à vélo, des parcs nationaux sauvages...

MER
BALTIQUE
12
ESTONIE
5
LETTONIE
LITUANIE
RUSSIE
BIÉLORUSSIE
POLOGNE
3
2
RÉPUBLIQUE
TCHÈQUE
SLOVAQUIE
UKRAINE
MOLDAVIE
4
HONGRIE
ROUMANIE
11
SLOVÉNIE
1
10
CROATIE
BOSNIE
SERBIE
8
7
MER
NOIRE
9
MONTÉNÉGRO
BULGARIE
6
ALBANIE
TURQUIE
ÉDITERRANÉE
MER
ÉGÉE

ZAKOPANE, PARC NATIONAL DES TATRAS, POLOGNE

SOMMAIRE

TRANSYLVANIE ET VALACHIE : LA ROUMANIE GOTHIQUE À VÉLO

Braşov – Sighişoara

Cols montagneux, architecture gothique et cités médiévales forment la toile de fond de cet inoubliable circuit à vélo.

EN BREF

Empreinte carbone (kg/pers) : 0
Distance (km) : 487
Nuits : 9-10
Budget : €
Quand partir : avr-mai

❶ Braşov

Braşov s'impose comme le point de départ du tour des principales villes gothiques de Transylvanie. Entourée de montagnes, hérissée de flèches d'églises et ceinte de murailles ponctuées de tours de guet, cette sublime cité a pour joyau l'imposante Biserica Neagră (Église noire) du XVe siècle. C'est ici que vécut le redoutable prince valaque Vlad Ţepeş qui inspira le personnage de Dracula.

Pédalez sur 173 km vers le sud-ouest jusqu'à Curtea de Argeş.

LACETS DE LA TRANSFĂGĂRĂŞAN

❷ Curtea de Argeş

Une éprouvante étape mène à l'ancienne capitale de la Valachie (berceau de la Roumanie moderne). Faites une pause au bout de 27 km pour admirer le château de Bran, cher à la reine Marie (1875-1938), l'épouse anglaise de Ferdinand Ier, présenté à tort comme l'antre de Dracula. Curtea de Argeş, où notre itinéraire vire au nord vers la Transylvanie, est le dernier repos de plusieurs princes de Valachie. Tout comme Braşov, cette ville a son lot de légendes : ainsi dit-on que l'épouse de l'architecte de sa cathédrale aurait été enterrée vivante sous les fondations.

Faites 27 km vers le nord jusqu'à Arefu.

❸ Arefu

Poursuivez en direction du nord vers les monts Făgărăş. Les paysages se font spectaculaires à l'approche de la commune d'Arefu, au creux d'une profonde vallée tapissée de forêt. Non loin, on trouve les ruines perchées du château de Poenari, la demeure de Vlad Ţepeş.

CHÂTEAU DE BRAN

Parcourez 124 km sur la Transfăgărășan (route 7C) pour rejoindre Sibiu.

❹ Sibiu

Cette autre étape exigeante suit la sinueuse Transfăgărășan, qui s'étire dans les monts Făgărăş pour rejoindre la Transylvanie en passant près du Moldoveanu (2 544 m), le point culminant du pays. La difficulté du terrain et la beauté de cette région d'altitude (superbes vues sur les pics et le lac Vidraru) invitent à faire une halte : l'hôtel Posada Vidraru, à l'extrémité sud du lac, possède un spa idéal pour apaiser vos muscles endoloris. Descendez ensuite vers la cosmopolite Sibiu ; il vous faudra une journée pour visiter ses trésors architecturaux parmi lesquels figure la cathédrale luthérienne, chef-d'œuvre d'architecture gothique.

Pédalez 96 km au nord-est vers Sighișoara.

❺ Sighișoara

Une journée de pédalage sur la route 106, à travers des villages comme figés dans le temps, vous mènera à Sighișoara, où vous trouverez la maison natale de Vlad Ţepeş. Si votre intérêt pour le personnage (ou son alter ego) s'amenuise, rassurez-vous : la vieille ville fortifiée, classée par l'Unesco, vaut à elle seule le détour.

Regagnez Brașov (132 km) pour prendre le train.

ET ENCORE...

Détour : Făgărăş

La découverte de l'un des châteaux les mieux conservés de Roumanie mérite bien un détour ! La belle citadelle de Făgărăş, bastion des princes valaques, fut élevée au XIVe siècle, avec des murs épais de 3 m entourés de douves. À l'intérieur, le musée Valer Literat est consacré à l'art sacré, à la céramique, aux armures médiévales et à l'histoire des guildes d'artisans.

Făgărăş se trouve sur le chemin du retour entre Sighișoara et Brașov.

Plus loin : Snagov

Si vous repartez à Bucarest après votre périple à vélo, prenez le temps d'aller visiter ce village au bord du lac du même nom. Sur une île, un beau monastère du XIVe siècle passe pour être la dernière demeure de Vlad Ţepeş, qui y aménagea une prison (encore visible) et une salle de torture.

Snagov est à 39 km au sud de Ploiești et à 40 km au nord de Bucarest.

PÉRIPLE BRUTALISTE EN EUROPE CENTRALE

SPORT · VIN ET BIÈRE · CUISINE · **RESPONSABLE** · AVENTURE · CULTURE · SPECTACLES · **ARTS** · **ARCHITECTURE** · **HISTOIRE** · FAMILLE · EN SOLO · **COURT SÉJOUR** · LONG SÉJOUR · PLAGE · HIVER · FAUNE · BIEN-ÊTRE

Berlin – Budapest

Partez pour un voyage en train entre l'Allemagne et la Hongrie, à la découverte des musées et des bâtiments hérités de la période soviétique.

EN BREF

Empreinte carbone (kg/pers) : 36
Distance (km) : 878
Nombre de nuits : 7
Budget : €€
Quand partir : avr-oct

❶ Berlin, Allemagne

Cosmopolite et avant-gardiste, Berlin assume pleinement son histoire tourmentée. On y trouve encore quelques tronçons du Mur devenu, dès sa construction en août 1961, le symbole de la division Est-Ouest. Des œuvres de street art, pour la plupart à connotation politique, ornent aujourd'hui l'East Side Gallery, le segment le mieux conservé de cet austère ouvrage de béton. Non loin, la pompeuse Karl-Marx-Allee était la vitrine architecturale du réalisme soviétique. Le musée de la Stasi éclaire d'un jour sinistre les rouages de la RDA et les menées de son ancienne police secrète.

Prenez le train pour Prague (ttes les 2 heures ; 4 heures 15).

❷ Prague, République tchèque

Elle a beau être célèbre pour ses bâtiments baroques et gothiques, Prague l'enchanteresse porte toujours la marque de son passé communiste. À l'Hôtel International Prague, l'une des plus imposantes constructions de style stalinien en dehors de la Russie, l'étoile rouge qui trônait au sommet de l'édifice a été repeinte en vert, gommant par là-même la couleur du passé soviétique. Traversez les charmants jardins de Letná, théâtre de plusieurs manifestations-clés de la révolution de Velours en 1989, pour rejoindre l'Expo 58 : cette réalisation architecturale tchécoslovaque reçut le prix du plus beau pavillon à l'Exposition universelle de Bruxelles, en 1958.

Continuez en train jusqu'à Bratislava (ttes les heures ; 4 heures).

ÎLE DES MUSÉES, BERLIN

JARDINS DE LETNÁ, PRAGUE

❸ Bratislava, Slovaquie

Tout près de l'Autriche et de l'ancienne frontière entre l'Est et l'Ouest, la capitale slovaque était un modèle d'architecture brutaliste soviétique. Sur le Danube trône le Most SNP (pont du Soulèvement national slovaque ; 1972) et sa capsule pareille à un vaisseau spatial surnommée l'OVNI. Ce pont à haubans relie la vieille ville à la banlieue de Petržalka qui forme le plus vaste ensemble urbain de style soviétique en dehors de l'ex-URSS ; les deux secteurs offrent un contraste saisissant. Au nord de la vieille ville, le bâtiment de la radio slovaque, en forme de pyramide, est un autre exemple d'architecture brutaliste.

Prenez le train pour Budapest (ttes les 1-2 heures ; 2 heures 30).

❹ Budapest, Hongrie

Après avoir admiré les sites du centre-ville, mettez le cap sur le Memento Park, à la périphérie de Budapest. À la fois fascinante et dérangeante, une vaste collection de statues de l'ère communiste, rassemblée ici par les autorités, forme un singulier tableau, non dénué d'ironie.

Budapest est desservie par des liaisons internationales en train et en avion.

ET ENCORE...

Détour : Dresde

Presque rasé par les bombardements alliés de la toute fin de la Seconde guerre mondiale, ce haut lieu de l'architecture allemande fut fidèlement rebâti au cours des décennies suivantes. Vous serez ébloui par les bâtiments, les sculptures et les jardins de l'emblématique Zwinger, chef-d'œuvre baroque admirablement reconstruit, qui accueille aujourd'hui trois musées.

Train depuis Berlin (1/heure ; 2 heures).

Détour : Banská Bystrica

Banská Bystrica abrite l'excellent musée du Soulèvement national slovaque (SNP), aménagé dans un bâtiment semblable à une soucoupe scindée en deux parties reliées par une passerelle. Après la visite, rejoignez le massif des Vel'ká Fatra pour arpenter un tronçon du spectaculaire Cesta Hrdinov SNP (sentier des héros du Soulèvement national slovaque).

Train depuis Bratislava (ttes les 2 heures ; 3 heures 15).

EN TRAIN LE LONG DE LA VISTULE

VIN ET BIÈRE · CUISINE · RESPONSABLE · AVENTURE · CULTURE · SPECTACLES · ARTS · ARCHITECTURE · HISTOIRE · FAMILLE · EN SOLO · COURT SÉJOUR · LONG SÉJOUR · PLAGE · HIVER · FAUNE · BIEN-ÊTRE · SPORT

Cracovie – Gdańsk

En partant de l'ancienne capitale royale, Cracovie, découvrez la Pologne d'hier et d'aujourd'hui au fil de la Vistule, le plus long fleuve du pays.

EN BREF

Empreinte carbone (kg/pers) : 34
Distance (km) : 852
Nuits : 21
Budget : €€
Quand partir : toute l'année

❶ Cracovie

Avec le château royal du Wawel, le vieux quartier juif de Kazimierz et la grand-place du Marché, dominée par la belle halle aux Draps du XVIe siècle et la basilique Notre-Dame, Cracovie est un régal pour les yeux. À l'occasion d'excursions d'une journée, partez aussi à la découverte des fabuleuses sculptures souterraines de la mine de sel de Wieliczka et du musée de l'usine Schindler.
Sautez dans un train pour Varsovie (au moins 1/heure ; 2 heures 30)

❷ Varsovie

Explorer la capitale polonaise demande du temps. Après avoir contemplé la vue depuis la terrasse panoramique de l'immense palais de la Culture et de la Science, d'architecture soviétique, flânez dans la vieille ville, minutieusement reconstruite après-guerre. Attardez-vous au musée du Soulèvement de Varsovie et visitez les vestiges du ghetto, puis terminez par les palais et parcs de Wilanów et Łazienki.
Prenez le train pour Płock en changeant à Kutno (1/heure ; 3 heures).

❸ Płock

Perchée au bord de la Vistule, Płock se distingue notamment par son château des Ducs de Mazovie, de style gothique, et sa majestueuse cathédrale du XIIe siècle. Le musée de Mazovie abrite une admirable collection Art nouveau et des expositions sur l'histoire de la région.
Reprenez le train pour Kutno où vous changerez pour Toruń (ttes les 2 heures ; 2 heures 45-3 heures 30).

BALADE EN CALÈCHE À CRACOVIE

VIEILLE VILLE DE VARSOVIE

❹ Toruń
Classée par l'Unesco, cette superbe cité fortifiée du XIIIe siècle, sur la Vistule, possède un riche patrimoine de monuments anciens, d'églises et de musées, dont l'un est consacré à la spécialité locale, le pain d'épices (avec des ateliers pratiques !). Les vestiges des remparts médiévaux donnent l'occasion de faire une agréable balade.
Pour Gdańsk, prenez une correspondance à Bydgoszcz ou Iława (5/jour ; 3 heures 15).

❺ Gdańsk
Le joyau de ce port sur la Baltique est son quartier ancien. Le Długi Targ (Long Marché) et l'imposante église gothique Sainte-Marie, construite en briques, sont incontournables, de même que le musée de la Seconde Guerre mondiale, aménagé dans un édifice moderne sur le front de mer. Dans les environs de la ville, remontez le temps dans l'imposante forteresse gothique de Malbork, avant de lézarder sur la plage de Sopot.
L'aéroport Lech Wałęsa accueille des vols internationaux.

ET ENCORE...

Plus loin : Kazimierz Dolny
Ce pittoresque port fluvial fondé au XIVe siècle a de longue date la faveur des artistes et des esprits libres. De beaux bâtiments encadrent la place du marché. Traversez la Vistule en bateau (5 min), puis marchez sur 2 km pour rejoindre le château de Janowiec, du début du XVIe siècle.
De Cracovie ou Varsovie, prenez un train pour Puławy, d'où des bus rallient Kazimierz Dolny (45 min).

Plus loin : Zakopane
Selon la saison, cette agréable ville de montagne est un bon point de chute pour randonner dans le parc national des Tatras ou skier dans les stations de la région. Sa belle architecture en bois du début du XXe siècle lui confère un caractère unique. Vous pourrez découvrir l'art et l'artisanat locaux dans des lieux comme le musée du style de Zakopane.
Des trains relient Cracovie à Zakopane (fréquents ; 2 heures 30).

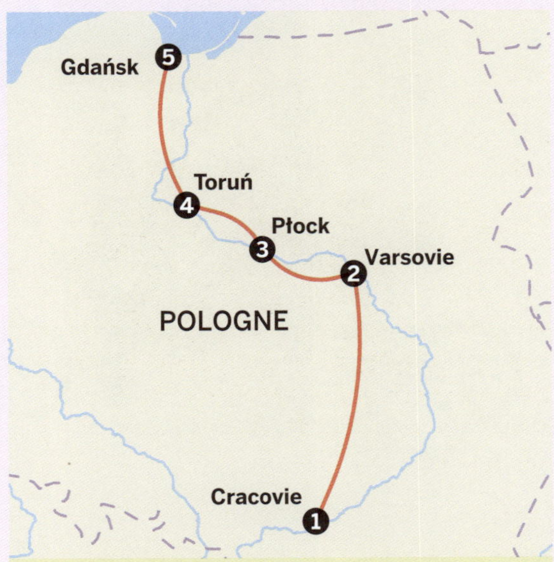

SPAS ET SITES DE BUDAPEST

BIEN-ÊTRE SPORT VIN ET BIÈRE CUISINE RESPONSABLE AVENTURE CULTURE SPECTACLES ARTS ARCHITECTURE HISTOIRE FAMILLE EN SOLO COURT SÉJOUR LONG SÉJOUR PLAGE HIVER FAUNE

Széchenyi – Király et Rudas

Quelques jours dans la capitale hongroise suffisent pour profiter de ses célèbres bains, sans omettre de découvrir ses principaux sites patrimoniaux et naturels.

EN BREF

Empreinte carbone (kg/pers) : 0
Distance (km) : 17
Nuits : 3-4
Budget : €€€
Quand partir : toute l'année

BALADE SUR L'ÎLE MARGUERITE

❶ Bains Széchenyi

Parmi les nombreux bains, spas, thermes et piscines publiques de Budapest, ceux, néobaroques, de Széchenyi, sont absolument incontournables. Aménagé dans le principal parc de la ville, qui mérite à lui seul la visite, cet immense complexe de 18 bassins et 10 saunas est notamment célèbre pour ses baigneurs qui s'adonnent dans l'eau au plaisir des échecs. De là, une agréable marche de 3 km à travers les rues de Pest mène au Parlement, joyau architectural de la ville, qui aurait été en partie inspiré par le palais de Westminster, à Londres. Des visites guidées sont organisées tous les jours.

La prochaine étape, l'île Marguerite, se trouve au milieu du Danube, entre Buda et Pest.

❷ Île Marguerite

Destination idéale en été, agréable toute l'année, cette grande île-parc abrite le Health Spa Resort Margitsziget, les ruines d'un couvent du XIIIe siècle et le centre aquatique Palatinus, très apprécié des familles. On y trouve de nombreux sentiers pour marcher et pédaler, ainsi qu'une piste de course à pied de 5 km de long.

Pour gagner les bains Gellért, traversez le fleuve à destination de Buda.

BAINS GELLÉRT

3 Bains Gellért

Le grand attrait de ces bains Art Déco inaugurés en 1918 est une piscine intérieure de 33 m ornée de colonnes de marbre et de fontaines sous une verrière cintrée qui s'ouvre en été. Ne manquez pas non plus la terrasse et le bassin extérieurs. Derrière l'établissement, le quartier du château de Buda mérite au moins une journée d'exploration : vous découvrirez les maisons de pêcheurs, l'église Mathias du XIIIe siècle et, au sommet de la colline, la Galerie nationale hongroise, aménagée dans l'ancien Palais royal.

Depuis les bains Gellért, suivez le Danube vers le nord pour rejoindre les deux bains suivants.

4 Bains Király et Rudas

Avec leur architecture ottomane des XVIe et XVIIe siècles, ces deux superbes établissements sont ce qui se rapproche le plus d'un hammam à Budapest. Après avoir pris les eaux, repartez à Pest, de l'autre côté du Danube, pour admirer le fastueux intérieur Art nouveau de la Zeneakadémia – le lieu rêvé pour écouter des œuvres du compositeur hongrois Franz Liszt. Non loin, l'Opéra national, l'église baroque Saint-Michel et l'immense basilique Saint-Étienne sont incontournables.

L'aéroport Ferenc Liszt, à 24 km au sud-est de la ville, est desservi par des vols internationaux.

ET ENCORE...

Détour : cimetière Kerepesi

Entre statues, sculptures, mausolées Art nouveau, sépultures de l'armée soviétique, immense panthéon brutaliste élevé en l'honneur du mouvement ouvrier, et tombes de joueurs d'échecs, de musiciens, de politiciens, de poètes et d'acteurs, ce cimetière est un voyage à travers l'histoire tumultueuse du XXe siècle hongrois.

Le cimetière se trouve à Pest, à 3 km à pied du fleuve.

Plus loin : en tram, en train et en métro

Partez pour une excursion d'une journée à bord de moyens de transport originaux : , un train à crémaillère rejoint les collines boisées de Buda et le mini-train des Enfants mène au bois de Hűvösvölgy en longeant des villas du XIXe siècle. En ville, la ligne 2 du tram est un régal au crépuscule, tandis que les 4 lignes de métro possèdent chacune leur style architectural – Art nouveau pour la ligne 1, réalisme socialiste pour la ligne 3.

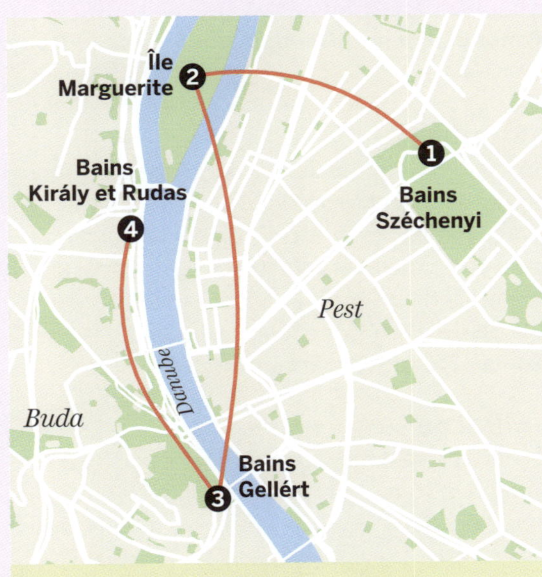

LES CHARMES VARIÉS DE LA LETTONIE

VIN ET BIÈRE
CUISINE
RESPONSABLE
AVENTURE
CULTURE
SPECTACLES
ARTS
ARCHITECTURE
HISTOIRE
FAMILLE
EN SOLO
COURT SÉJOUR
LONG SÉJOUR
PLAGE
HIVER
FAUNE
BIEN-ÊTRE
SPORT

Riga – Riga

Depuis la capitale, Riga, faites une boucle dans le nord du pays, en mêlant avec bonheur nature, histoire, sport et bière, avant de rejoindre la mer Baltique.

EN BREF

Empreinte carbone (kg/pers) : 34
Distance (km) : 278
Nuits : 4
Budget : €€
Quand partir : mai-sept

❶ Riga

Riga est assez compacte pour se visiter à pied, et assez variée pour mériter plusieurs jours. La vieille ville possède un beau patrimoine architectural, notamment Art nouveau. Pour goûter aux produits locaux, une visite du marché (dans un ancien hangar à zeppelins) s'impose, avant une soirée musique classique à l'Opéra national.

Faites 52 km jusqu'au parc national de la Gauja, au nord-est.

❷ Sigulda

Sigulda, porte d'entrée du parc national, est d'abord connue pour son château. Pour une bonne dose d'adrénaline, rejoignez la piste de bobsleigh de la ville, où s'entraînent les champions. Optez pour une descente "soft" ou "normale"... qui vous emmènera à plus de 100 km/h. Ça secoue !

Roulez 25 km jusqu'à Ligatne.

❸ Ligatne

C'est dans un centre de remise en forme au milieu des bois que vous attend un site étonnant : un bunker de l'ère soviétique. Ce vaste ensemble souterrain de 90 salles est resté inchangé depuis les années 1970.

Continuez sur 25 km vers le nord-est jusqu'à Cesis.

CENTRE DE RIGA

FORTERESSE DE CESIS

❹ Cesis
Vous trouverez deux châteaux pour le prix d'un dans la jolie Cesis ! La forteresse médiévale domine la ville depuis huit siècles, tandis que le manoir (XVIIIe siècle) attenant fut bâti par un Allemand, le comte von Sievers. Vous profiterez aussi dans la ville d'un agréable parc paysager et de rues bordées de cafés branchés et de restaurants traditionnels.

Poursuivez sur 38 km en direction de Valmiera.

❺ Valmiera
Il est temps d'étancher votre soif en visitant la brasserie artisanale Valmiermuiža ! Réputée en Lettonie, elle occupe un ancien manoir où l'on brasse de la bière depuis 400 ans. Il est possible de monter à cheval sur place.

Revenez sur 96 km vers le sud-ouest jusqu'à la côte, en passant par le parc national.

❻ Balta Kapa
Pas de visite d'un État balte sans aller voir la mer Baltique. Pour ce faire, Balta Kapa est un bel endroit. Là, un cours d'eau dévale des falaises couvertes de pins dominant le sable blanc du golfe de Riga. Osez une baignade vivifiante et admirez le coucher du soleil le long du sentier aménagé.

Regagnez Riga, à 42 km.

ET ENCORE...

Excursion : la pension Lantus
Les Lettons adorent les saunas. La pension Lantus est le lieu idéal pour les imiter. Laissez-vous fouetter avec des branches d'arbres, rafraîchissez-vous dans le bassin (ou l'étang), puis savourez une bonne cuisine familiale avant de passer la nuit sur place.

La pension est à 19 km au nord-ouest de Valmiera.

Détour : Jurmala
Si Balta Kapa vous a plu, allez à Jurmala. Principale destination balnéaire du pays, elle se compose d'une série de hameaux et de villas prussiennes, plus ou moins animés le soir, qui s'étirent le long de 24 km de sable blanc. Pour découvrir la Jurmala d'avant la jet-set, visitez le musée en plein air consacré à ce qui était autrefois sa principale activité : la pêche.

Des trains et des bus relient Majori et Dzintari, les principaux *resorts*, à Riga.

LE GRAND TOUR DE L'ALBANIE

SPORT · VIN ET BIÈRE · CUISINE · RESPONSABLE · AVENTURE · CULTURE · SPECTACLES · ARTS · ARCHITECTURE · HISTOIRE · FAMILLE · EN SOLO · COURT SÉJOUR · LONG SÉJOUR · PLAGE · HIVER · FAUNE · BIEN-ÊTRE

Tirana – Butrint

Prenez le volant pour découvrir les pics karstiques, les lacs, les villes ottomanes et les ruines romaines de ce pays trop souvent ignoré des voyageurs.

EN BREF

Empreinte carbone (kg/pers) : 150
Distance (km) : 515
Nuits : 14
Budget : €
Quand partir : avr-oct

❶ Tirana

Si elle ne brille pas par sa beauté, la capitale albanaise recèle de fascinants vestiges du communisme, depuis la Pyramide aux allures de vaisseau spatial jusqu'aux fresques triomphales de la place Skanderbeg.

Roulez sur 100 km vers le nord.

PYRAMIDE DE TIRANA

❷ Lac de Shkodra

Le lac de Shkodra, bordé de roseaux, marque la frontière entre l'Albanie et le Monténégro. Passez quelques jours paisibles à y patauger ou louez un vélo pour pédaler sur des ponts ottomans en dos d'âne et dans les hameaux jalonnant ses berges.

Rejoignez les Montagnes maudites dans le cadre d'un circuit organisé – comme ceux offerts par le Lake Shkodra Resort.

❸ Montagnes maudites

Les Montagnes maudites (Alpes albanaises) évoquent un mini-Yosemite albanais. Depuis Shkodra, le circuit classique de 2 ou 3 jours emprunte le petit bateau du lac de Koman à travers une immense gorge, puis la route jusqu'au village de Valbona. Le lendemain, une belle randonnée de 17 km vous conduira à Theth en passant par un col venteux.

Le circuit vous ramène à Shkodra. De là, roulez sur 190 km en direction du sud.

❹ Berat

Vieille citadelle dominant des maisons ottomanes blanches étagées au-dessus d'une rivière : Berat évoque l'image des Balkans d'autrefois. Le pittoresque

BAPTISTÈRE DE BUTRINT

quartier de Mangalem regroupe plusieurs mosquées de toute beauté, notamment celle du Sultan (XVIe siècle), au plafond richement décoré.

Faites 115 km vers le sud.

❺ Gjirokastra

Le principal site de Gjirokastra est son immense forteresse du XIIe siècle, aux couloirs obscurs. Au pied des murailles, les ruelles escarpées sont bordées de demeures ottomanes. La ville compte aussi une curiosité exposée à tous vents : la carcasse d'un avion-espion américain abattu durant la guerre froide.

Poursuivez sur 80 km en direction du sud.

❻ Butrint

Sur une lagune tout au sud de l'Albanie, les ruines de Butrint englobent un théâtre en partie inondé, des temples romains et une église byzantine dans un cadre boisé. Non loin, la station balnéaire de Ksamil, baignée par la mer Ionienne, marquera un agréable point final à votre voyage.

De Butrint, faites 30 km jusqu'à Saranda et prenez le bateau pour Corfou, reliée par avion au reste de l'Europe. Sinon, roulez sur 300 km pour rejoindre Tirana.

ET ENCORE...

Plus loin : la Riviera albanaise

Après la traversée du col de Llogara par une vertigineuse route en lacets surplombant la mer Ionienne, vous voici aux portes de la Riviera albanaise, idyllique littoral ponctué de baies sablonneuses, de châteaux et même d'une base sous-marine de la guerre froide. La ville d'Himara, majoritairement grecque, est un bon point de chute.

Himara est à 70 km au nord de Butrint.

Plus loin : le sentier des pics des Balkans

Comptez au moins 10 jours pour parcourir ce sentier de 190 km au cœur des Montagnes maudites, entre l'Albanie, le Kosovo et le Monténégro. Au programme : un passage au pied du Maja Jezercë, point culminant des Alpes dinariques, en Albanie ; les gorges de Rugova au Kosovo ; des lacs et des montagnes au Monténégro.

Contactez un tour-opérateur local à Valbona ou Theth.

UN CONDENSÉ DE BOSNIE-HERZÉGOVINE

VIN ET BIÈRE
CUISINE
RESPONSABLE
AVENTURE
CULTURE
SPECTACLES
ARTS
ARCHITECTURE
HISTOIRE
FAMILLE
EN SOLO
COURT SÉJOUR
LONG SÉJOUR
PLAGE
HIVER
FAUNE
BIEN-ÊTRE
SPORT

Sarajevo – parc national de Sutjeska
Parcourez en voiture le centre de la Bosnie-Herzégovine, entre beaux paysages et architecture ottomane.

EN BREF
Empreinte carbone (kg/pers) : 109
Distance (km) : 546
Nuits : 7
Budget : €
Quand partir : avr-sept

VUE AÉRIENNE DE SARAJEVO

❶ Sarajevo

Sise dans une cuvette encadrée de montagnes, la capitale bosniaque possède une identité forte, particulièrement perceptible à Baščaršija, son vieux quartier commerçant foisonnant de boutiques, de cafés et de restaurants, et parsemé de mosquées, d'églises et de synagogues. Plusieurs musées mettent en lumière l'histoire tragique de la ville.
Roulez sur 92 km vers le nord en franchissant le pont sur la Bosna.

❷ Travnik

L'ancien siège des gouverneurs ottomans est aujourd'hui une ville paisible qui mérite que l'on s'y attarde quelques heures pour découvrir la "Mosquée colorée" (mosquée Sulejmanija) et la citadelle du XVe siècle, avant d'aller manger dans l'un des restaurants au bord de la rivière Plava Voda.
Continuez sur 67 km en prenant à droite à Donji Vakuf et en suivant la rivière Vrbas.

❸ Jajce

Cette ravissante bourgade occupe un escarpement rocheux au confluent de deux rivières dont l'une se jette dans l'autre par une cascade haute de 21 m. Une forteresse élevée au Moyen Âge, quand Jajce

LE STARI MOST, MOSTAR

était la capitale de l'éphémère royaume de Bosnie, domine sa vieille ville fortifiée.

Repartez à Donji Vakuf, traversez la rivière et suivez les panneaux jusqu'à Mostar (164 km).

❹ Mostar

Soigneusement reconstruit après sa destruction durant la guerre des années 1990, le célèbre pont du XVIe siècle qui enjambe les eaux vertes de la Neretva est l'un des monuments emblématiques des Balkans. Mostar est une belle ville où il est agréable de séjourner 1 ou 2 jours.

Roulez sur 121 km en direction de l'est.

❺ Parc national de Sutjeska

Même si la marche ou le VTT ne vous tentent pas, ce parc national montagneux et densément boisé vaut largement un crochet sur le chemin du retour vers Sarajevo. Renseignez-vous sur les sentiers au centre d'information du parc à Tjentište et arrêtez-vous devant le mémorial des Partisans, tout en arêtes de béton armé, érigé pour commémorer une bataille livrée ici pendant de la Seconde Guerre mondiale.

Retournez à Sarajevo, à 102 km au nord-ouest.

ET ENCORE...

Détour : Blagaj

Poussez jusqu'à la paisible Blagaj et son célèbre *tekké*. Ce monastère fut édifié par des derviches soufis, adeptes d'un islam mystique, qui choisirent le site pour sa beauté époustouflante. Il se dresse à proximité d'une grotte où les eaux turquoise de la Buna émergent d'une falaise à pic.

Blagaj est à 12 km au sud-est de Mostar : un détour de 5 minutes sur la route de Tjentište.

Détour : Trebinje

Dans le sud du pays, entre les frontières croate et monténégrine, Trebinje est une jolie ville où l'on pourrait croire que l'existence suit le même cours tranquille que la Trebišnjica. On y trouve une place centrale arborée, une minuscule vieille ville fortifiée et une intéressante église orthodoxe perchée sur une colline.

Calez ce détour de 100 km entre Mostar/Blagaj et le parc national de Sutjeska.

DÉCOUVERTE DE LA CÔTE DALMATE

SPORT
VIN ET BIÈRE
CUISINE
RESPONSABLE
AVENTURE
CULTURE
SPECTACLES
ARTS
ARCHITECTURE
HISTOIRE
FAMILLE
EN SOLO
COURT SÉJOUR
LONG SÉJOUR
PLAGE
HIVER
FAUNE
BIEN-ÊTRE

Split – Dubrovnik
Prenez le bateau pour découvrir les vignobles, les parcs à huîtres et les palais romains de la belle côte dalmate de Croatie.

EN BREF
Empreinte carbone (kg/pers) : 14
Distance (km) : 211
Nuits : 7-10
Budget : €€
Quand partir : avr-oct

❶ Split
Cœur de la vie à Split depuis 1700 ans, le remarquable palais romain de Dioclétien accueille aujourd'hui, dans d'anciens temples et habitations, des boutiques, des bars et des restaurants. Ailleurs dans la ville vous attendent des places Renaissance, une promenade animée et les flots turquoise de l'Adriatique.
Des bateaux circulent entre Split et Hvar (14-16/jour ; 55 min).

❷ Hvar
L'île la plus branchée de la côte dalmate a des atouts variés : des édifices historiques, un excellent vin, et des criques et plages tranquilles. La ville du même nom possède un centre préservé. Toutefois, pour davantage de calme et d'authenticité, préférez Stari Grad, au nord : là, depuis l'Antiquité, oliviers, vignes, figuiers et lavande poussent dans des champs en terrasses. Des sommets rocheux et des forêts se prêtent à de belles randonnées.
Des bateaux asurent la liaison avec Korčula (2/jour ; 1 heure 10).

❸ Korčula
Peuplée depuis le mésolithique, cette île compte tout à la fois des cités anciennes, des oliveraies et des vignobles. Sa ville principale est émaillée de palais gothiques, Renaissance et baroques, ainsi que d'églises et de belles places. L'ensemble lui vaut le surnom de “Petite Dubrovnik”. Au programme

DUBROVNIK

PALAIS DE DIOCLÉTIEN, SPLIT

également : musique traditionnelle, plages de sable et excellents vins blancs.

De Korčula Domince, des bateaux rallient Orebić (20 min), d'où on peut prendre un bus pour Ston (1 heure 20).

4 Ston

Cet ancien centre de production de sel appartenait autrefois à la république de Raguse. Au-delà de son patrimoine architectural (murailles du XIVe siècle, rues piétonnes, bâtiments médiévaux), Ston séduit par sa cuisine et son vin. Non loin, Mali Ston est connue pour ses huîtres, tandis que la péninsule de Pelješac produit des vins rouges réputés.

Prenez le bus pour Dubrovnik (5/jour ; 1 heure 10).

5 Dubrovnik

Avec ses rues escarpées, ses belles demeures, ses églises baroques et ses places, Dubrovnik s'impose comme l'une des plus belles cités fortifiées d'Europe. L'Adriatique ceinture la vieille ville sur trois côtés. Une balade sur les remparts du IXe siècle est l'occasion de visiter bastions et musées ; prenez le temps de marquer des pauses sur les petites plages et péninsules boisées, en prenant toute la mesure du panorama.

Dubrovnik est desservie par de nombreux vols.

ET ENCORE...

Plus loin : Vis

Cette île peuplée depuis le Ve siècle av. J.-C. réunit des cimetières grecs et des thermes romains, ainsi qu'un fort anglais et une base militaire récente. Longez le front de mer de la ville de Vis, flânez parmi les maisons des XVIIe et XVIIIe siècles à Komiza, faites du paddle, visitez les vignobles... Les charmes de Vis sont nombreux et variés.

Chaque semaine, un ferry assure la liaison entre Hvar et Vis ; il est aussi facile de louer un bateau privé.

Plus loin : îles Pakleni

Le kayak est l'idéal pour explorer ces 16 îles densément boisées et ourlées de petites criques, de lagunes tranquilles et de plages de galets, à quelques encablures de la côte sud de Hvar. Arrêtez-vous pour faire du snorkeling sur la plage de Mlini ou pour vous promener dans les pinèdes.

Louez un kayak à Hvar ou suivez une excursion organisée.

MAGNIFIQUE MONTÉNÉGRO

Podgorica – parc national du lac de Skadar

Suivez ce court itinéraire en voiture à travers le cœur montagneux du Monténégro et le long de son extraordinaire littoral.

EN BREF

Empreinte carbone (kg/pers) : 37
Distance (km) : 186
Nuits : 5
Budget : €€
Quand partir : mai-oct

❶ Podgorica

Une demi-journée suffit pour prendre le pouls de la capitale monténégrine. Flânez dans Stara Varoš, le vieux quartier ottoman, puis franchissez la Morača pour rejoindre les boutiques et les bars de Nova Varoš.

Prenez vers l'ouest sur 36 km.

SVATI STEFAN

❷ Cetinje

Dans un massif karstique du cœur historique du Monténégro, l'ancienne capitale royale est une petite ville fascinante qui fourmille de palais, d'églises, de parcs, de musées et de galeries d'art.

Roulez 20 km jusqu'au parc national du Lovćen.

❸ Parc national du Lovćen

Sillonné par des sentiers de randonnée et de VTT, le Lovćen est la “Montagne noire” à laquelle le Monténégro doit son nom. À son sommet se dressent le mausolée de Njegoš et de gigantesques sculptures signées du célèbre artiste du XXe siècle Ivan Meštrović.

Une étroite route en lacets de 35 km, aussi vertigineuse que magnifique, descend vers les bouches de Kotor.

❹ Kotor

Entourée de fortifications à flanc de colline, Kotor est une des plus belles villes de l'Adriatique. Amarrés dans les eaux calmes de la baie en contrebas, des bateaux vous conduiront vers des plages ou jusqu'à une base sous-marine de l'époque yougoslave. Passez une journée à explorer les ruelles médiévales, les nombreuses églises... et l'insolite musée du Chat.

Partez vers le sud (via le tunnel) et faites 23 km.

ÉGLISE DE NOTRE-DAME-DU-ROCHER, PERAST

5 Budva

Bien que très urbanisée, la villégiature estivale la plus courue du Monténégro a conservé une superbe plage de sable et un charmant quartier médiéval.

Longez la côte vers l'est sur 10 km.

6 Sveti Stefan

C'est depuis la route qui le surplombe qu'on a la plus belle vue sur ce village relié au continent par une chaussée. Propriété d'un groupe hôtelier de luxe, il est à un jet de pierre de plages divines, dont certaines sont ouvertes au public.

Longez la côte sur 33 km en empruntant le tunnel de Sozina sous la montagne.

7 Parc national du lac de Skadar

Le lac de Skadar abrite une avifaune d'une richesse extraordinaire – il est possible d'observer les oiseaux à l'occasion d'excursions en bateau. Des monastères ont été bâtis sur ses îles, tandis que les montagnes alentour sont ponctuées de villages viticoles et de châteaux en ruines.

Faites 26 km en direction du nord pour regagner Podgorica – l'aéroport se trouve sur la route.

ET ENCORE...

Détour : Perast

Dans les bouches de Kotor, la délicieuse petite ville de Perast est ponctuée d'églises et d'anciens palais vénitiens décatis. En face, allez visiter l'îlot artificiel de Gospa od Škrpjela (Notre-Dame-du-Rocher) et son église coiffée d'un dôme bleu. Au retour, prenez place dans l'un des excellents restaurants au bord de l'eau.

De Kotor, suivez la côte sur 12 km en direction du nord.

Détour : Ulcinj

Ulcinj est l'une des plus belles stations balnéaires du Monténégro, à l'extrémité sud de sa côte adriatique. La cité fortifiée surplombe la plage principale, tandis que la partie plus récente est hérissée de minarets. Suivez la côte pour vous baigner au milieu des rochers ou prenez le volant pour rejoindre les étendues sablonneuses de la Velika Plaža.

De Sveti Stefan, empruntez la route côtière vers le sud pendant 55 km.

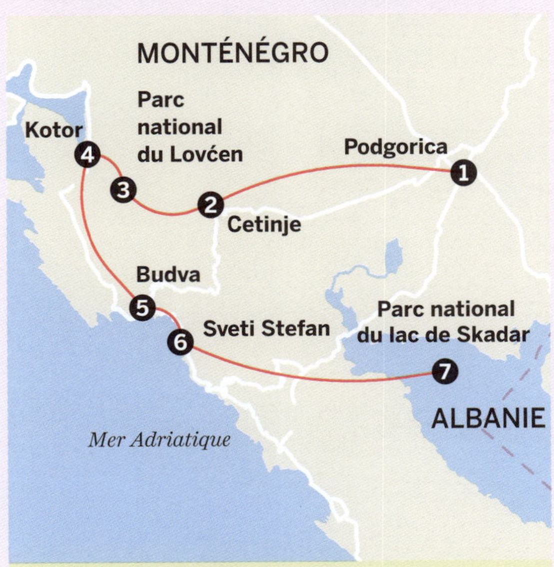

LE MEILLEUR DE LA SERBIE

Novi Sad – Niš

La Serbie reste, à ce jour, un joyau méconnu. Une chance pour les voyageurs qui s'y aventurent et peuvent apprécier ses multiples facettes.

EN BREF

Empreinte carbone (kg/pers) : 18
Distance (km) : 600
Nuits : 10
Budget : €€
Quand partir : toute l'année

TRAMWAY DE BELGRADE

❶ Novi Sad

L'"Athènes serbe" est une ville étudiante animée qui accueille chaque année, en juillet, un grand festival musical débridé : EXIT. Arpentez les tunnels creusés sous l'imposante forteresse de Petrovaradin, du XVIIIe siècle, explorez les nombreux musées et galeries, baignez-vous dans le Danube sur la plage de Štrand et faites la fête dans les bars de Laze Telečkog !

Prenez le train pour Belgrade (ttes les 2 heures ; 1 heure 30).

❷ Belgrade

Goûtez au pan hédoniste de Belgrade avec, en été, la fête jusqu'au petit matin sur une *splav* (discothèque flottante) et, le reste de l'année, les clubs ou *kafane* (tavernes) du quartier central ultra-tendance de Dorćol. Ne laissez pas la *rakija* (eau-de-vie) vous faire oublier la culture et l'histoire, à découvrir dans la citadelle de Kalemegdan (279 av. J.-C.), le musée Nikola Tesla et le quartier bohème de Skadarlija.

Prenez un bus à la gare routière principale (BAS) pour Zlatibor (10/jour ; 4 heures).

❸ Zlatibor

Une merveille en toute saison : l'été, vous viendrez marcher, cueillir des herbes aromatiques et monter

AU FESTIVAL EXIT, À NOVI SAD

à cheval ; l'hiver, vous dégusterez une cuisine roborative devant un feu de cheminée après une descente à ski. Toute l'année, prenez de la hauteur à bord de la Gold Gondola, le plus long téléphérique panoramique du monde (8,95 km). Zlatibor ("pin doré") est également une destination réputée pour ses spas et centres de remise en forme.

Prenez le bus pour Niš (2-3/jour ; 6 heures).

❹ Niš

L'empereur Constantin le Grand est né en 272 dans cette ville où les sites romains antiques, comme le luxueux palais de Mediana orné de mosaïques, côtoient la culture tzigane d'aujourd'hui. La Ćele Kula (tour des Crânes) du début du XIXe siècle et le camp de concentration nazi de la Croix-Rouge ouvrent une fenêtre poignante sur un passé tragique, qui contraste avec les bars branchés de Kazandzijsko Sokace, visage de la Niš d'aujourd'hui.

De fréquents bus partent pour Belgrade et Novi Sad ; d'autres desservent quotidiennement les pays voisins, comme la Bulgarie, la Macédoine du Nord et la Grèce.

ET ENCORE...

Plus loin : Mokra Gora

C'est dans la petite localité de Mokra Gora que se trouve Drvengrad (ou Küstendorf), un mini-village créé par le réalisateur serbe Emir Kusturica pour son film *La vie est un miracle*. À découvrir également : le Huit de Šargan, une ligne de chemin de fer à voie étroite qui monte vers un pic en passant par 22 tunnels.

De Zlatibor, sautez dans un bus pour le trajet de 43 km jusqu'à Mokra Gora.

Plus loin : Sremski Karlovci

Cette jolie bourgade au bord du Danube est riche de beaux bâtiments anciens – des palais, des églises, un séminaire théologique en activité... Elle est aussi connue pour ses vins, comme le Bermet, un assemblage doux dont la recette se transmet de génération en génération.

Les bus publics n°s 60, 61 et 62 circulent toute la journée entre Sremski Karlovci et Novi Sad (30 min).

LA SLOVÉNIE À VÉLO

SPORT · VIN ET BIÈRE · CUISINE · RESPONSABLE · AVENTURE · CULTURE · SPECTACLES · ARTS · ARCHITECTURE · HISTOIRE · FAMILLE · EN SOLO · COURT SÉJOUR · LONG SÉJOUR · PLAGE · HIVER · FAUNE · BIEN-ÊTRE

Kranjska Gora – Koper

Créé en 2020, le circuit à vélo "Bike Slovenia Green" relie des destinations écotouristiques de vallées en vignobles, des Alpes juliennes à l'Adriatique.

EN BREF

Empreinte carbone (kg/pers) : 1,5
Distance (km) : 252
Nuits : 6
Budget : €€
Quand partir : de mi-mai à mi-oct

❶ Kranjska Gora

Desservie en train depuis la capitale, Ljubljana, cette station, qui a accueilli la Coupe du monde de ski, se niche dans le Nord-Ouest boisé et montagneux de la Slovénie, au pied des Alpes juliennes. La première étape du parcours emprunte une ancienne voie ferrée austro-hongroise transformée en piste cyclable.

Pédalez pendant 37 km.

❷ Bled

Cette belle ville s'étend aux rives de l'emblématique lac de Bled, d'origine à la fois glaciaire et tectonique.

ÉGLISE DE L'ASSOMPTION, LAC DE BLED

Profitez du coucher du soleil pour photographier le château de Bled et la célèbre église de l'Assomption, bâtie sur une île au milieu du lac.

Continuez sur 44 km.

❸ Lac de Bohinj

Le tronçon qui mène de Bled au lac de Bohinj, à travers le parc national du Triglav, est un enchantement. Arrivé à Bohinjska Bistrica, principale bourgade de la vallée, offrez-vous une bière artisanale accompagnée de fromages, de saucisses, de fruits et de légumes. L'étape suivante inclut un trajet en train avant de remonter en selle.

Prenez le train de Bohinjska Bistrica à Most na Soči (10/jour ; 35 min), puis faites 32 km à vélo.

❹ Goriška Brda

Construit à l'époque austro-hongroise pour relier Prague et Trieste, le chemin de fer de Bohinj vous conduira dans la vallée de la Soča, une rivière couleur émeraude. Là, enfourchez votre vélo pour grimper vers les vignobles en terrasses de la plus célèbre région viticole de Slovénie, Goriška Brda, à la frontière italienne.

Pédalez sur 52 km.

ENVIRONS DE KRANJSKA GORA

❺ Komen
Ici, l'itinéraire part en direction du sud, vers l'Italie, puis longe la frontière jusqu'au village médiéval de Komen, sur le plateau du Karst, une région de vignes et de grottes appréciée des spéléologues et des œnophiles.
Faites encore 45 km à vélo.

❻ Lokev
Traversez la région du Karst pour rejoindre Lokev, juste au nord de la péninsule d'Istrie qui s'étend en Croatie. Ce village de moins de 1 000 habitants est niché entre deux trésors du patrimoine slovène : le haras de Lipica, d'où sont issus les chevaux de race lipizzan, distinguée par l'Unesco, et les grottes de Škocjan, également inscrites au Patrimoine mondial.
Pédalez sur 42 km.

❼ Koper
Sur une baie au bord de l'Adriatique, avec Trieste au nord et la Croatie au sud, le plus grand port de Slovénie est une destination méconnue, riche d'un passé millénaire. Pour fêter la fin de votre périple, dégustez des fruits de mer et allez voir les oiseaux de la réserve naturelle de la baie de Škocjan (Škocjanski Zatok).
Des trains directs relient Koper à Ljubljana (3/jour ; 2 heures-2 heures 30).

ET ENCORE...

Plus loin : Lipica
Depuis 1576, on élève des chevaux dans ce hameau à deux pas de l'Italie, juste au nord-est de Trieste. C'est dans son haras qu'est née la fameuse race du lipizzan.
Lipica se trouve à 4,5 km de Lokev.

Plus loin : le sentier de la Paix
Dans la vallée de la Soča, ce sentier de 230 km suit le front de l'Isonzo, qui vit Austro-Hongrois et Italiens s'affronter lors de la Première Guerre mondiale. Des musées, des cimetières et des tranchées offrent un éclairage historique. Cette région donne aussi l'occasion d'admirer de beaux paysages et de découvrir la culture locale.
Pédalez sur 5,5 km de Most na Soči à Tolmin.

LE MEILLEUR DES PAYS BALTES

VIN ET BIÈRE
CUISINE
RESPONSABLE
AVENTURE
CULTURE
SPECTACLES
ARTS
ARCHITECTURE
HISTOIRE
FAMILLE
EN SOLO
COURT SÉJOUR
LONG SÉJOUR
PLAGE
HIVER
FAUNE
BIEN-ÊTRE
SPORT

Tallinn – Vilnius

Sillonnez les pays baltes entre les capitales historiques de l'Estonie, de la Lettonie et de la Lituanie, avec une halte au bord de la mer.

EN BREF

Empreinte carbone (kg/pers) : 17
Distance (km) : 602
Nuits : 5-7
Budget : €€
Quand partir : juin-août

❶ Tallinn, Estonie

Des tours et des clochers confèrent un petit air féerique à la capitale estonienne qui renferme en son cœur un superbe quartier médiéval fortifié admirablement préservé. Des bâtiments datant de l'époque soviétique donnent un aspect plus rugueux aux quartiers alentour, dont certains sont aujourd'hui des secteurs commerçants et festifs branchés. Tallinn possède en outre une scène culinaire réjouissante.

Depuis la gare routière centrale, prenez un bus pour Pärnu (ttes les heures ; 2 heures).

RIGA NE MANQUE PAS DE CAFÉS ORIGINAUX

❷ Pärnu, Estonie

La principale villégiature estivale d'Estonie possède une belle plage de sable baignée par la froide mer Baltique. Elle compte quelques vestiges médiévaux, et a conservé l'ambiance et l'apparence de la station balnéaire prisée qu'elle était à la fin de l'époque tsariste, avec des parcs, des promenades arborées, des églises orthodoxes et de belles villas Art nouveau.

Prenez l'un des bus fréquents pour Riga (2 heures 30).

❸ Riga, Lettonie

Au-delà de son quartier médiéval, la capitale lettone est surtout connue pour son "Centre paisible" dans lequel sont concentrés plus de 750 bâtiments Art nouveau : un ensemble exceptionnel de ce style architectural richement ornementé. En été, les parcs

TALLINN

font le plein et des *beer gardens* fleurissent sur les places.

De la gare routière, prenez un bus pour Bauska (ttes les 20-30 min ; 2 heures 45).

❹ Bauska, Lettonie

Au confluent de deux rivières, la petite ville de Bauska possède un joli château médiéval qui abrite aujourd'hui un musée de l'histoire locale. Toutefois, elle attire avant tout les visiteurs pour la proximité du fastueux palais de Rundāle, demeure du duc de Courlande au XVIIIe siècle, dont les jardins sont inspirés de ceux de Versailles. Toutes les heures, des bus desservent Rundāle au départ de Bauska.

Des bus directs vont de Bauska à Vilnius (plusieurs/jour ; 3-4 heures).

❺ Vilnius, Lituanie

La capitale lituanienne est connue pour son patrimoine architectural baroque ; sa vieille ville classée par l'Unesco est sillonnée par des ruelles pavées et émaillées de beaux édifices. Prenez le funiculaire pour monter au château du XVe siècle qui domine l'ensemble.

L'aéroport international de Vilnius est relié à de nombreuses destinations internationales.

ET ENCORE...

Détour : Tartu, Estonie

Dans le cœur historique de l'Estonie, la vie de cette jolie ville en bord de rivière gravite autour de son université. Ses musées, dont le très moderne musée national d'Estonie, occuperont vos journées, tandis que les bars vous retiendront jusque tard dans la nuit.

Bus (ttes les 30 min) et trains moins fréquents (8/jour) entre Tallinn et Tartu (2 heures 30). Bus fréquents depuis/vers Pärnu.

Excursion : parc national de la Gauja, Lettonie

La Gauja bordée de châteaux et de bourgades coule à travers cette vaste forêt de pins où les possibilités d'activités sont variées : randonnée, VTT, canoë, ski de randonnée ainsi que, pour les plus intrépides, saut à l'élastique, bobsleigh, descente en luge ou Accrobranche.

Des trains et des bus relient Riga aux jolies villes de Sigulda et Cēsis, dans le parc.

EUROPE DU NORD

Cap au nord pour vous amuser en famille, vous imprégner de design danois, transpirer dans un sauna finlandais, admirer les fjords norvégiens, et les geysers, glaciers, bains bouillonnants et paysages islandais. Surtout, n'oubliez pas vos jumelles : ces terres nordiques sont la promesse d'apercevoir quantité d'oiseaux, ainsi que des phoques, des baleines et des renards polaires.

SUÈDE
FINLANDE
NORVÈGE
MER BALTIQUE
MER DU NORD
DANEMARK
3
2
11
1
9
12
7
8

TÓRSHAVN, ÎLES FÉROÉ

SOMMAIRE

EN FERRY DE STOCKHOLM À HELSINKI

SPORT · VIN ET BIÈRE · CUISINE · RESPONSABLE · AVENTURE · CULTURE · SPECTACLES · ARTS · ARCHITECTURE · HISTOIRE · FAMILLE · EN SOLO · COURT SÉJOUR · LONG SÉJOUR · PLAGE · HIVER · FAUNE · BIEN-ÊTRE

Stockholm – Helsinki

La légendaire ligne de ferry Stockholm-Helsinki relie deux agréables capitales scandinaves, avec une halte pour explorer les îles Åland.

EN BREF

Empreinte carbone (kg/pers) : 66
Distance (km) : 600
Nuits : 8
Budget : €€€
Quand partir : avr-oct

❶ Stockholm, Suède

Stockholm s'étend sur plusieurs îles. Chacune a son caractère propre. Commencez par Gamla Stan, le cœur historique, avec ses maisons à pignons et ses rues pavées qui serpentent du côté du Palais royal. De nombreux musées sont regroupés à Djurgården, où l'on trouve notamment le musée Vasa et son navire de guerre éponyme du XVIIe siècle parfaitement conservé, tandis que Södermalm est réputée pour ses boutiques et cafés branchés. Vous n'oublierez pas de sitôt la sortie du port, quand vous embarquerez pour Helsinki et gagnerez la mer Baltique en longeant des îlots rocheux, des phares et les villégiatures estivales de l'archipel de Stockholm.

Comptez 7 heures de bateau entre Stockholm et Mariehamn.

ÉGLISE TEMPPELIAUKIO, HELSINKI

❷ Mariehamn, îles Åland

L'archipel d'Åland compte quelque 6 500 îles éparpillées entre la Suède et la Finlande. Singularité géopolitique, cette zone démilitarisée appartient à la Finlande, alors qu'on y parle suédois. Débarquez dans la capitale, Mariehamn, un port tranquille de 11 000 habitants, et allez voir l'excellent Musée maritime. Mariehamn est le point de départ d'excursions à vélo sur les routes plates de l'archipel : pour une

CHÂTEAU DE KASTELHOM, ÅLAND

sortie d'une journée, pédalez vers le nord dans une campagne verdoyante, jusqu'aux remparts du château de Kastelholm. Une courte balade en direction du sud, plus facile, mène à Järsö d'où se déploie une vue panoramique sur une myriade d'îlots et de détroits.
Reprenez le bateau pour les 10 heures de traversée entre Mariehamn et Helsinki.

❸ Helsinki, Finlande

L'arrivée dans le port d'Helsinki est tout aussi spectaculaire que le départ de Stockholm, avec les remparts de la forteresse de Suomenlinna veillant sur la ville et les tours de la cathédrale dominant les mâts des bateaux amarrés. L'architecture conjugue les influences russe et scandinave : si la capitale suédoise est un bastion de tradition, son homologue finlandaise fait la part belle aux bâtiments modernes. Entrez dans la structure métallique incurvée du musée d'art contemporain Kiasma ou visitez l'extraordinaire église Temppeliaukio, taillée dans la roche.
L'aéroport d'Helsinki est desservi par des vols internationaux.

ET ENCORE...

Plus loin : Uppsala

Avec ses places arborées et ses vieilles églises, cette ville universitaire baigne dans une relative quiétude non loin de l'animation de Stockholm. Allez voir la Domkyrka du XIIIe siècle, la plus grande église de Scandinavie, où reposent plusieurs souverains, et le jardin botanique où des espèces tropicales s'épanouissent dans le froid de l'Europe du Nord.
Prenez le train de Stockholm à Uppsala (72/jour ; 30 min).

Plus loin : Tallinn

Si vous aimez les sorties en bateau, embarquez pour Tallinn au départ d'Helsinki. Ses tours de guet, ses églises et ses toits rouges à flanc de colline font de la capitale estonienne la plus jolie ville de la Baltique : perdez-vous dans les étroites ruelles jalonnées de bars et de restaurants traditionnels.
Comptez 2 heures 30 de bateau entre Helsinki et Tallinn.

LE NORD DE LA NORVÈGE EN BUS ET EN TRAIN

Oslo – Cap Nord

Partez vers le nord pour trouver le soleil de minuit en été, les aurores boréales en hiver et, en toute saison, des paysages grandioses.

EN BREF

Empreinte carbone (kg/pers) : 564
Distance (km) : 4 460
Nuits : 7
Budget : €€€
Quand partir : mai-sept (soleil de minuit), oct-fév (aurores boréales)

❶ Oslo

À côté des attractions urbaines, la nature est remarquablement présente à Oslo. Vous pourrez sillonner à pied ou à vélo la forêt de Nordmarka. Plus loin, à Ekebergparken, des sculptures d'artistes mondialement réputés sont disséminées parmi les arbres et dans les prairies.

PARC VIGELAND, OSLO

Prenez le train Flytoget à destination de l'aéroport international de Gardermoen et montez dans un avion pour Tromsø (2 heures).

❷ Tromsø

À près de 400 km au nord du cercle polaire, sur le 69e parallèle, Tromsø est surnommée la "porte de l'Arctique". Des siècles durant, elle tira sa prospérité de la chasse au phoque, puis fut le point de départ d'importantes expéditions polaires, dont certaines de celles menées par l'explorateur norvégien Roald Amundsen. Aujourd'hui, c'est un lieu de choix pour observer les aurores boréales : des circuits sont organisés le soir entre octobre et février.

Gagnez Alta en bus (tlj ; 6 heures 30).

❸ Alta

Alta n'est certes pas la plus jolie ville de Norvège. Elle compte en revanche quelques sites intéressants, comme la cathédrale des Aurores boréales (2013), un surprenant édifice contemporain qui s'élève poétiquement en spirale à 47 m de haut et est revêtu de plaques de titane, et l'Alta Museum, où vous pourrez découvrir en extérieur quelque 6 000 gravures rupestres datant de l'âge de la pierre.

Un bus express relie Alta et Honningsvåg (tlj ; 4 heures).

AURORES BORÉALES, TROMSØ

❹ Honningsvåg

Aux confins du Nord arctique norvégien, cette petite localité donne accès au cap Nord (Nordkapp), où une falaise haute de 307 m marque la pointe la plus septentrionale de la Norvège. Port d'escale des bateaux de la compagnie Hurtigruten, c'est un bon endroit pour s'initier à la pêche au crabe royal, et pour s'adonner aux joies du quad et de la motoneige.

Des bus relient Honningsvåg au cap Nord par la route E69 (36 km). Adressez-vous à l'office du tourisme de Honningsvåg, en particulier en hiver, lorsque la neige oblige les véhicules à rouler en convoi. Sinon, prenez le ferry Hurtigruten (3 heures 30).

❺ Cap Nord

Bien que très touristique, le Nordkapp est incontournable : c'est le point le plus septentrional du continent européen accessible par la route. Plus proche du pôle Nord que d'Oslo, il se situe à la latitude 71°N, où le soleil ne descend pas en dessous de la ligne d'horizon de mi-mai à fin juillet. Malgré la foule, c'est un lieu d'une rare beauté. Par beau temps, on peut voir les vagues se déchaîner à 300 m en contrebas.

Retournez à Honningsvåg en bus et prenez le ferry Hurtigruten pour longer la côte jusqu'à Tromsø, d'où des avions rejoignent Oslo.

ET ENCORE...

Plus loin : Karasjok

Karasjok (Kárásjohka en sami) est la capitale samie de la Norvège. Elle abrite le Parlement et la bibliothèque samis, la radio samie NRK, un parc à thème sami et un musée où sont exposés des costumes traditionnels, des outils, des artefacts et des œuvres d'artistes samis contemporains. En hiver, c'est l'endroit idéal pour faire du traîneau à chiens.

Deux bus quotidiens relient Alta et Karasjok.

Plus loin : Senja

Senja, deuxième île de Norvège par la taille, rivalise de beauté avec les Lofoten et les Vesterålen tout en étant bien moins fréquentée. Il faut au moins 2 jours pour savourer son charme paisible et profiter d'activités comme l'observation des baleines, les sorties dans le fjord, le kayak sous le soleil de minuit...

Une voiture est indispensable car les transports publics sont presque inexistants.

LA ROUTE CÔTIÈRE NORVÉGIENNE

FAUNE · BIEN-ÊTRE · SPORT · VIN ET BIÈRE · CUISINE · RESPONSABLE · AVENTURE · CULTURE · SPECTACLES · ARTS · ARCHITECTURE · HISTOIRE · FAMILLE · EN SOLO · COURT SÉJOUR · LONG SÉJOUR · PLAGE · HIVER

Trondheim – Bodø

Entre glaciers, fjords et îles reculées, les merveilles naturelles de la Norvège ponctuent ce périple côtier émaillé de plusieurs passages en bateau.

EN BREF

Empreinte carbone (kg/pers) : 160
Distance (km) : 905
Nuits : 8-12
Budget : €€€
Quand partir : avr-oct

❶ Trondheim

La route côtière, ou Kystriksveien, démarre dans la petite bourgade de Steinkjer. Mieux vaut toutefois partir de la jolie Trondheim, la troisième ville de Norvège.

GLOMFJORD

Là, marchez jusqu'au pont Gamle Bybro pour admirer les entrepôts de poissons colorés qui bordent la Nidelva.

De Trondheim, le trajet de 320 km vers le nord jusqu'à Leka comprend une traversée en bateau (30 min). Il est inutile de réserver les trajets en bateau sur la Kystriksveien.

❷ Leka

Petite merveille géologique, l'île de Leka se distingue par de fabuleux paysages rocailleux. Des peintures rupestres sont visibles sur la côte ouest et l'on trouve des tumulus vikings dans l'Est.

Faites 115 km vers le nord (avec 2 passages en bateau).

❸ Torghatten

Cette montagne est bien connue pour la cavité qui la traverse de part en part. Depuis le parking, elle est accessible par une marche facile de 20 minutes.

Continuez sur 50 km jusqu'à Vega (avec 1 heure de bateau).

❹ Vega

Dans les eaux agitées de la mer du Nord, des pygargues survolent les baies venteuses de cet archipel où perdure une longue tradition de collecte des

LA NIDELVA, TRONDHEIM

plumes d'eider. Les étapes de confection des duvets les plus chers du monde sont présentées au centre des visiteurs, sur la côte nord de l'île principale.

Le tronçon le plus saisissant de la Kystriksveien s'étire sur 290 km en direction du nord jusqu'à Glomfjord : vous devrez traverser de nombreux fjords en bateau.

5 Glomfjord

À l'approche de Glomfjord, les paysages deviennent encore plus beaux, les fjords plus escarpés et les montagnes plus hautes, tandis que se profile le glacier Svartisen. Une randonnée sur l'Engabreen (l'un de ses bras) peut être organisée facilement depuis Glomfjord – piolets et crampons sont de rigueur pour évoluer sur des veines de glace bleue au-dessus d'un lac turquoise.

Roulez sur 130 km vers le nord.

6 Bodø

Bodø marque la fin de la Kystriksveien, et quelle fin ! Juste avant la ville, un pont enjambe les eaux tourbillonnantes du maelström de Saltstraumen, dont on dit qu'il serait le plus puissant du monde.

Laissez votre voiture à l'aéroport de Bodø et rejoignez Oslo d'où partent des liaisons internationales.

ET ENCORE...

Plus loin : Lovund

Plus isolée encore que Vega, Lovund compte quelques centaines d'habitants et une poignée de maisons rouges blotties sur un confetti de terre très loin au large. Le point fort de l'année, en avril, est l'arrivée de centaines de milliers de macareux qui viennent nicher sur l'île jusqu'en août.

Prenez un bateau dans le port de Stokkvågen, sur la Kystriksveien (tte l'année ; 3/jour ; 1 heure).

Plus loin : îles Lofoten

Avec ses falaises verticales tombant dans une mer glacée, cet archipel compte parmi les paysages emblématiques de la Norvège. Du débarcadère, suivez la route E10 vers le nord-est pour découvrir des villages de pêcheurs, le Musée viking de Lofotr à Vestvågøy et l'église de Vågan.

Comptez 3 heures de bateau entre Bodø et la pointe sud des Lofoten d'où part la route E10.

ROAD TRIP DANS L'OUEST ISLANDAIS

Ísafjörður – Bíldudalur

Reculés et spectaculaires, les fjords de l'Ouest sont un monde de cascades, de bassins alimentés par des sources chaudes, d'oiseaux, de plages et de sagas.

EN BREF

Empreinte carbone (kg/pers) : 24
Distance (km) : 188
Nuits : 5-7
Budget : €€€
Quand partir : mai-sept

❶ Ísafjörður

Outre ses musées et de beaux bâtiments en bois, la "capitale" des fjords de l'Ouest offre de jolies possibilités d'activités, du kayak à l'observation des baleines et des phoques. Pour manger, réservez une table au Tjöruhúsid, aménagé dans une belle demeure du XVIIIe siècle.

L'agence West Tours propose des excursions à Vigur au départ d'Ísafjörður.

❷ Vigur

Parfaite pour une sortie d'une journée depuis Ísafjörður, cette ravissante petite île possède le seul moulin à vent (1840) qui subsiste dans le pays. Contemplez la vue sur le fjord et allez au café vous régaler d'un gâteau.

De retour à Ísafjörður, roulez 40 km jusqu'à Súđavík.

❸ Súđavík

Un passage par l'Arctic Fox Centre de Súđavík sera votre meilleure chance de voir un renard polaire, l'unique mammifère endémique d'Islande. Des renardeaux orphelins sont visibles dans un enclos extérieur.

D'Ísafjörður, faites 50 km en direction du sud.

❹ Péninsule de Þingeyri

Choisissez entre le cheval, le VTT et la marche pour découvrir la péninsule de Þingeyri (où se dresse le Kaldbakur, le point culminant des fjords de l'Ouest) et son histoire (c'est ici, dans la vallée de Haukadalur, que vivait au Xe siècle le héros de la *Saga de Gísli Súrsson*).

Continuez sur 33 km vers le sud-est.

À CHEVAL DANS LES FJORDS DE L'OUEST

ÍSAFJÖRÐUR

❺ Dynjandi

Cette imposante chute d'eau regroupe plusieurs petites cascades et une cataracte principale qui dévale d'une large falaise haute de 100 m. Prenez le sentier qui grimpe sur le côté pour profiter pleinement du spectacle.

Bifurquez vers le sud-ouest sur 45 km.

❻ Reykjafjarðarlaug

On n'est jamais très loin d'un *hot pot* dans les fjords de l'Ouest. À Reykjafjarðarlaug, l'un des plus beaux de ces bains naturels alimentés par des sources chaudes possède un grand bassin face au fjord et, à l'arrière, un petit à 45°C entouré d'herbe.

Roulez sur 20 km en direction de l'ouest.

❼ Bíldudalur

Un joli fjord, des falaises massives, une histoire liée à la *Saga de Gísli Súrsson* et la présence de monstres marins (on en aurait aperçu de quatre espèces différentes ici – vous en saurez plus au musée local) font de Bíldudalur un point d'arrivée aussi amusant que beau.

Rendez votre voiture à l'aéroport de Bíldudalur et prenez un vol pour Reykjavík (tlj sauf sam).

ET ENCORE...

Plus loin : réserve naturelle du Hornstrandir

On ne peut qu'être saisi par la beauté du Hornstrandir, la partie la plus reculée des fjords de l'Ouest. Vu l'absence d'infrastructures et le climat imprévisible, un circuit organisé est idéal pour découvrir les falaises, les cascades et les fleurs sauvages, et pour observer les renards polaires et les oiseaux marins.

Des sorties d'un ou plusieurs jours partent d'Ísafjörður (été uniquement).

Plus loin : Rauðisandur et Látrabjarg

Marron, jaune ou orange vif en fonction de la météo, la plage de Rauðisandur ("sable rouge"), longue de 10 km, offre un spectacle saisissant. À une courte distance le long de la côte par une route accidentée, les falaises de Látrabjarg abritent des millions de macareux, de guillemots et de petits pingouins qui viennent s'y reproduire.

Les routes 614 et 612 qui mènent à ces deux sites sont praticables en 4x4 ; soyez prudent.

L'ISLANDE URBAINE ET SAUVAGE

FAUNE
BIEN-ÊTRE
SPORT
VIN ET BIÈRE
CUISINE
RESPONSABLE
AVENTURE
CULTURE
SPECTACLES
ARTS
ARCHITECTURE
HISTOIRE
FAMILLE
EN SOLO
COURT SÉJOUR
LONG SÉJOUR
PLAGE
HIVER

Reykjavík – Blue Lagoon

Cascades, volcans, icebergs, glaciers et plages : la célèbre Route circulaire et ses environs proches sont émaillés de belles découvertes.

EN BREF

Empreinte carbone (kg/pers) : 165
Distance (km) : 1 380
Nuits : 7-10
Budget : €€€
Quand partir : mai-sept

❶ Reykjavík

La capitale la plus septentrionale de la planète fourmille de musées, de restaurants et de bars. Contemplez-la depuis le clocher de l'immense église en béton Hallgrímskirkja, dînez dans le port de Grandi devenu le repaire des gourmets, faites du shopping à Laugavegur, profitez de ce havre urbain avant de prendre la route.

Emprunter la Route circulaire (Route 1) vers le nord sur 80 km.

AKUREYRARKIRKJA, AKUREYRI

❷ Borgarnes

Première halte : Borgarnes, où vous vous dégourdirez les jambes et visiterez le musée de la Colonisation pour tout savoir sur l'histoire, la faune et la flore islandaises, ainsi que sur la *Saga d'Egill Skallagrímsson*.

Roulez sur 320 km en direction du nord-est.

❸ Akureyri

Au programme dans la deuxième ville du pays par la taille : une cuisine de qualité, le jardin botanique le plus septentrional du monde, et des excursions à Húsavík (pour observer les baleines) et à la puissante Goðafoss (la "chute des Dieux").

Faites 280 km vers le sud-est.

❹ Seyðisfjörður

Artistes, musiciens et artisans vivent dans les maisons colorées de cette bourgade entourée de montagnes enneigées, qui s'anime en été quand accoste le ferry hebdomadaire en provenance du Danemark.

Allez en direction du sud-ouest sur 280 km.

❺ Jökulsárlón

De fabuleux icebergs d'un bleu lumineux dérivent sur cette lagune glaciaire à proximité de la Route

JÖKULSÁRLÓN

circulaire. Embarquez sur un bateau pour les voir de près.

Roulez 200 km vers l'ouest.

6 Reynisfjara

Sable noir, hautes colonnes de basalte, pitons rocheux jaillissant des flots, vagues s'écrasant sur le rivage... En été, les macareux apportent une touche de couleur à cet univers minéral.

Poursuivez vers l'ouest sur 80 km.

7 LAVA - Centre islandais de volcanologie et de sismologie

Cet excellent centre multimédia propose une expérience complète, pour une immersion dans la vie sismique et volcanique de l'île – expositions sur la géologie, carte des séismes en temps réel (il s'en produit plusieurs dizaines par jour)... Belle vue sur le volcan Hekla.

Faites 140 km vers l'ouest.

8 Blue Lagoon

Après ce périple, détendez-vous dans les bassins de ce célèbre complexe thermal, puis offrez-vous un repas et un verre dans son excellent restaurant. Réservez.

Reykjavík et le principal aéroport, Keflavík, sont à une courte distance en voiture du Blue Lagoon.

ET ENCORE...

Plus loin : les fjords de l'Ouest

Certains tronçons de la Route circulaire sont isolés et grandioses. Mais que dire des fjords de l'Ouest ! Semblable à des doigts pointés dans l'océan, cette région sauvage et spectaculaire recèle des cascades, des fjords, des falaises et bien des sites associés aux personnages et aux intrigues des sagas.

Marchez dans le Hornstrandir ou partez en balade sur un cheval islandais.

Plus loin : Grímsey

Cette minuscule île est la seule partie du territoire islandais située sur le cercle arctique, où il fait constamment jour en été et nuit en hiver. Faites de la plongée ou du snorkeling, observez les oiseaux innombrables et ne tardez-pas à vous prendre en photo sur le cercle arctique : du fait de l'inclinaison de la Terre, celui-ci se déplace sans cesse vers le nord !

L'île est accessible en ferry depuis Dalvík.

BALADE DANS LES ÎLES FÉROÉ

SPORT · VIN ET BIÈRE · CUISINE · RESPONSABLE · AVENTURE · CULTURE · SPECTACLES · ARTS · ARCHITECTURE · HISTOIRE · FAMILLE · EN SOLO · COURT SÉJOUR · LONG SÉJOUR · PLAGE · HIVER · FAUNE · BIEN-ÊTRE

Sørvágur – Viðareiði

Explorez en bus le "pays du peut-être" à la découverte de ses imposantes falaises, de ses cascades scintillantes et de ses villages reculés aux maisons à toit de tourbe.

EN BREF

Empreinte carbone (kg/pers) : 5
Distance (km) : 190
Nuits : 5-7
Budget : €€-€€€
Quand partir : mai-août

❶ Sørvágur

Depuis ce village proche de l'aéroport international Vágar, on peut gagner à pied ou à vélo deux des plus jolies localités de l'archipel. Le hameau de Bøur, à 4 km sur la rive nord du Sørvágsfjørður, profite d'une vue de rêve sur les îlots de Tindhólmur et Gáshólmur. Un parcours un peu plus long (10 km) mène à Gásadalur et à sa cascade qui se jette dans l'Atlantique.

TÓRSHAVN

Prenez le bus n°300 pour Tórshavn (5/jour ; 1 heure).

❷ Tórshavn

Dans la dynamique capitale des îles Féroé, vous pourrez déguster du poisson frais sur le port bordé d'entrepôts, de cafés et de boutiques aux couleurs vives. Un dédale de maisons en bois forme le vieux quartier de Tinganes, sur une péninsule rocheuse. De Tórshavn, des excursions en bus rejoignent Kirkjubøur, où vous trouverez une cathédrale vieille de 700 ans et Roykstovan, une ferme encore plus ancienne. En changeant à Oyrarbakki, vous pourrez rejoindre le cimetière viking de Tjørnuvík, d'où une rude marche conduit au pittoresque hameau de Saksun.

Empruntez le bus n°400 de Tórshavn à Oyrarbakki (plusieurs/jour ; 45 min), puis le n°201 jusqu'à Gjógv (45 min).

❸ Gjógv

Dans ce village de pêcheurs blotti entre montagnes et océan, des soirées culturelles sont régulièrement

GJÓGV

organisées : ce sont de bonnes occasions de découvrir les traditions féroïennes. Gjógv est aussi le point de départ de randonnées sur la côte et à l'intérieur des terres, jusqu'au point culminant de l'archipel, le Slættaratindur (882 m).

Reprenez le bus n°201 pour Oyrarbakki (45 min), puis le n°400 à destination de Klaksvík (plusieurs/jour ; 1 heure).

4 Klaksvík

La deuxième ville des îles Féroé par la taille occupe un site fabuleux, entre deux bras de mer entourés de montagnes abruptes. Grimpez au sommet pour contempler le panorama. Le bus n°504 dessert quotidiennement l'île de Kunoy : une autre option pour de belles balades le long des fjords.

Le bus n°500 va à Viðareiði (1/jour ; 40 min).

5 Viðareiði

Tout au nord de l'île la plus septentrionale de l'archipel, le village de Viðareiði jouit d'une belle vue sur l'île la plus orientale, Fugloy. Vous pourrez marcher jusqu'à la haute falaise du cap Enniberg (754 m).

Retournez à Klaksvík, d'où des bus rallient fréquemment Tórshavn.

ET ENCORE...

Plus loin : Mykines

Rude et sauvage, l'île la plus occidentale des Féroé est accessible en bateau depuis Sørvágur... lorsque la météo le permet. Au programme ici : le village de Mykines et ses maisons en bois et tourbe, de sublimes randonnées vers Mykineshólmur ou le mont Knúkur (560 m) et, en été, l'observation de millions de macareux, sternes arctiques et autres oiseaux marins.

Des bateaux vont de Sørvágur à Mykines (2/jour mai-août ; 45 min).

Plus loin : Vestmanna

Ces falaises dressées à 600 m au-dessus de l'Atlantique, juste au nord de Vestmanna, abritent des hordes bruyantes de fulmars, de petits pingouins et de guillemots, tandis que des groupes compacts de macareux se balancent sur l'eau. Une expérience étourdissante.

De Vestmanna, les bus n[os]100 et 300 vont à Tórshavn (plusieurs/jour ; 55 min), avec parfois un changement à Kollafjørður.

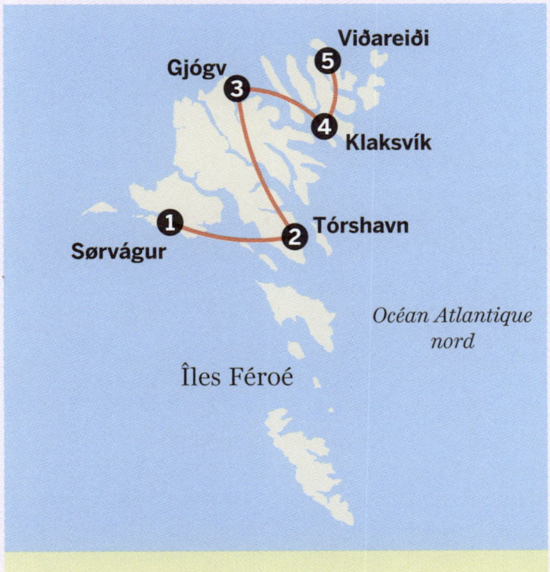

L'ARCHIPEL DES FÉROÉ EST FORMÉ DE 18 ÎLES

LE DANEMARK EN FAMILLE

Copenhague – Billund

Nombreuses aires de jeux dans les aménagements urbains, ports équipés pour la baignade, musées ludiques… Le Danemark est parfait pour un voyage avec des enfants !

EN BREF

Empreinte carbone (kg/pers) : 8
Distance (km) : 270
Nuits : 7
Budget : €€
Quand partir : mai-sept

❶ Copenhague

Les enfants apprécient cette ville calme et bien adaptée au vélo, avec peu de circulation. Commencez par le parc d'attractions de Tivoli avec ses jardins, ses lacs, ses manèges et ses spectacles de danse classique – pour lesquels de nombreux décors ont été conçus par la reine du Danemark. En été, un feu d'artifice y est tiré tous les week-ends. Vous aurez de quoi vous occuper pendant des jours au musée interactif Experimentarium ; quant au superbe Aquarium national, il abrite aussi bien des piranhas que des loutres ! Au musée national du Danemark, les enfants se déguisent en Vikings ou jouent les écoliers du XIXe siècle dans une aile qui leur est consacrée. En été, les canaux invitent à la baignade et la plage n'est qu'à quelques stations de métro.

De la gare centrale, prenez un train pour Odense (ttes les 30 min ; 1 heure 10).

JARDINS DE TIVOLI, COPENHAGUE

❷ Odense

Dans cette jolie ville, plusieurs sites rendent hommage à l'enfant du pays, Hans Christian Andersen, auteur notamment de *La Petite Sirène* et du *Petit soldat de plomb*. Dans le centre culturel qui leur est consacré, les enfants plongeront dans l'univers des contes grâce au déguisement et à la musique. Vous pourrez

LEGOLAND, BILLUND

aussi suivre un parcours dans les arbres au château d'Egeskov, naviguer sur la rivière, découvrir des maisons de diverses époques dans des musées en plein air et visiter le musée interactif Tidens Samling, dont les pièces sont décorées dans des styles allant des années 1900 à 1980.

Prenez le train pour Vejle (ttes les 30 min ; 1 heure), puis le bus pour Billund (30 min).

❸ Billund

Les Danois prennent très au sérieux l'apprentissage par le jeu. À Billund, le siège de Lego, les attractions conçues autour des célèbres petites briques ne manquent pas, à commencer par Legoland : manèges Duplo pour les petits, montagnes russes pour les plus âgés, cités miniatures et sculptures géantes construites en Lego… L'hôtel Legoland possède même des chambres à thème – ainsi que des aires de jeux. Accessible à pied, la Lego House comporte plusieurs zones pour donner libre cours à sa créativité et un café où l'on est servi par des robots en Lego. Dans un autre genre, Lalandia, le plus grand parc aquatique de Scandinavie, possède des toboggans, une rivière paisible, une piscine à vagues et un village de vacances.

Billund est reliée par le train à Copenhague ; son aéroport accueille des vols internationaux.

ET ENCORE…

Plus loin : Helsingør

Classé par l'Unesco, l'imposant château Renaissance de Kronborg est le célèbre Elseneur d'Hamlet. Le festival Shakespeare, en été, est l'occasion de voir des acteurs jouer des scènes du dramaturge de manière à la fois accessible et amusante pour les enfants. Les personnages déambulent dans le château et le tout se termine par un duel à l'épée dans la grande salle.

Prenez le train à Copenhague (ttes les 15-20 min ; 45 min).

Plus loin : Ribe

Très bien conservée, la plus ancienne ville du Danemark est une destination fabuleuse à découvrir en famille, pour explorer des maisons vikings, apprendre à manier l'épée, faire cuire du pain au feu de bois et assister à des reconstitutions de batailles. On vient ici du monde entier, mais surtout de Scandinavie, pour vivre à la manière viking des jours durant.

Le plus simple est de venir en voiture de Billund (70 km).

DÉCOUVERTE DU DESIGN DANOIS

BIEN-ÊTRE
SPORT
VIN ET BIÈRE
CUISINE
RESPONSABLE
AVENTURE
CULTURE
SPECTACLES
ARTS
ARCHITECTURE
HISTOIRE
FAMILLE
EN SOLO
COURT SÉJOUR
LONG SÉJOUR
PLAGE
HIVER
FAUNE

Copenhague – Aalborg

Voyagez dans l'est du Danemark, à la source des lignes épurées et fonctionnelles du design local.

EN BREF

Empreinte carbone (kg/pers) : 11
Distance (km) : 724
Nuits : 7
Budget : €€
Quand partir : mai-sept

❶ Copenhague

Ville du design par excellence, la capitale danoise abrite de nombreux hôtels qui raviront les amateurs, à l'exemple du Radisson, entièrement conçu par le grand architecte et designer danois Arne Jacobsen. Ici, même les lampes qui éclairent les rues sont des créations emblématiques des années 1950. Ne manquez pas le musée du Design et son exceptionnelle collection de chaises, ainsi que le BLOX, qui accueille le Centre d'architecture danois (DAC). Faites le tour des boutiques du centre-ville et visitez l'extraordinaire CopenHill : une piste de ski synthétique couvre le toit en pente de cette usine d'incinération de déchets conçue par le Bjarke Ingels Group qui allie ambition esthétique et respect de l'environnement.

OPÉRA DE COPENHAGUE

Prenez le train pour Aarhus depuis la gare centrale de Copenhague (ttes les 10 min ; 3 heures).

❷ Aarhus

Arne Jacobsen a dessiné l'hôtel de ville de cette cité universitaire située sur la côte est du Jutland. Après avoir contemplé le paysage urbain à travers les baies vitrées multicolores de *Your Rainbow Panorama*, d'Olafur Eliasson (une œuvre consistant en une promenade circulaire longue de 150 m semblable à un arc-enc-ciel), au musée d'art contemporain ARoS, admirez un autre point de vue sur la ville en montant sur le toit du grand magasin Sailing, qui possède une avancée vitrée au-dessus de la rue. Le Bjarke Ingels Group a réaménagé le port pour en faire un petit bijou d'architecture et de design, avec des bains, une fosse à plongeon circulaire, une promenade panoramique et des saunas. En été, arpentez l'Infinite Bridge, un pont

MUSÉE D'ART CONTEMPORAIN AROS, AARHUS

circulaire imaginé par le cabinet d'architecte Gjøde & Povlsgaard.

Prenez le train pour Aalborg (ttes les 15-45 min ; 1 heure 35)

❸ Aalborg

L'Utzon Center a été la dernière création de Jørn Utzon, célèbre architecte de l'Opéra de Sydney, né à Aalbord. Inspiré des industries et des chantiers navals de la ville, ce bâtiment arborant de remarquables toits incurvés abrite des expositions consacrées à Utzon et à d'autres grands architectes et designers danois. On y profite d'une belle vue sur le Limfjord. CF Møller a transformé le front de mer en une promenade évoquant le mouvement des dunes, et les architectes d'ADEPT ont dessiné le Vestre Fjordpark, qui comprend des piscines, des passerelles et des zones pour faire du bateau et du kayak. Bâti au milieu du XXe siècle, le superbe musée d'Art moderne Kunsten est l'œuvre de l'architecte finlandais Alvar Aalto.

Reprenez le train pour Copenhague (ttes les heures ; 4 heures 15).

ET ENCORE...

Plus loin : musée d'art moderne Louisiana

Dans un jardin au bord de l'Oresund, la principale collection danoise d'art contemporain occupe une maison du XIXe siècle agrandie en 1958 : les architectes Bo & Wohlert ont créé ici un bâtiment sobre et discret, en osmose avec son environnement.

De la gare centrale de Copenhague, prenez un train pour Humlebaek (ttes les 20 min ; 40 min).

Plus loin : Charlottenlund

Incontournable pour les amateurs de design, cette petite ville au nord de Copenhague abrite le musée Ordrupgaard de Zaha Hadid (où on peut voir des Hammershøi, des Monet et des Gauguin), ainsi que la maison du célèbre designer du milieu du XXe siècle, Finn Juhl (1912-1989), bâtie en 1942.

Prenez le bus n°23 près de la gare centrale de Copenhague (ttes les 20 min ; 55 min).

SAUNAS FINLANDAIS : CHAUD DEVANT !

BIEN-ÊTRE · SPORT · VIN ET BIÈRE · CUISINE · RESPONSABLE · AVENTURE · CULTURE · SPECTACLES · ARTS · ARCHITECTURE · HISTOIRE · FAMILLE · EN SOLO · COURT SÉJOUR · LONG SÉJOUR · PLAGE · HIVER · FAUNE

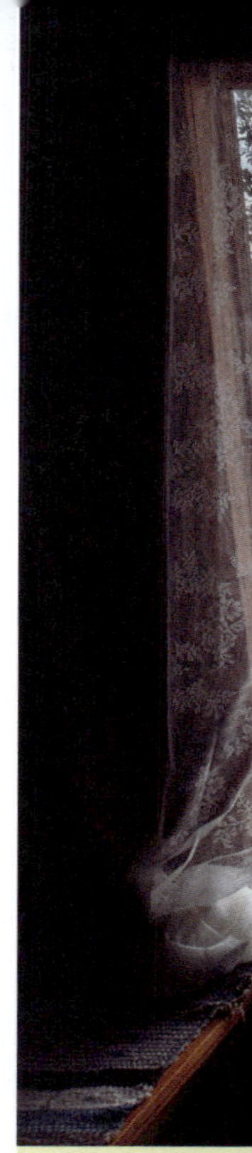

Helsinki – Rovaniemi
Ce circuit à la découverte des saunas de Finlande vous fera osciller entre températures glaciales et expériences brûlantes.

EN BREF
Empreinte carbone (kg/pers) : 101
Distance (km) : 2 200
Nuits : 6-7
Budget : €€
Quand partir : déc-mars

❶ Helsinki

Pour comprendre pourquoi les Finlandais aiment tant se dévêtir et transpirer devant des inconnus par une température de 80°, la capitale, Helsinki, est un bon point de départ. Vous y trouverez même des guides qui vous présenteront la culture du sauna et la manière de vous y comporter. Commencez en beauté au sauna Löyly, dans le quartier de Hernesaari : ce grand bâtiment en bois, ouvert sur le front de mer et entouré d'un joli parc, compte un restaurant et une terrasse panoramique. Un bateau dessert l'île de Pihlajasaari, une réserve naturelle dotée de charmantes plages.

Prenez le train pour Turku (ttes les heures ; 2 heures) et inscrivez-vous à une excursion à Herrankukkaro auprès de Visit Turku (Monitori Market Square, Aurakatu 8).

❷ Herrankukkaro

L'excursion organisée vous conduira dans quelques-unes des îles boisées du vaste archipel qui s'étend au sud de Turku. Votre objectif ? L'ancien village de pêcheurs de Herrankukkaro, où le plus grand sauna à fumée au monde – le type le plus authentique aux yeux des Finlandais – baigne dans une atmosphère enveloppée par le parfum des branches de bouleau.

De retour à Turku, montez dans le train pour Tampere (6/jour ; 2 heures).

SAUNA LÖYLY, HELSINKI

VUE DEPUIS UN SAUNA FINLANDAIS

❸ Tampere

Tampere abrite le plus ancien sauna du pays encore en activité, Rajaportti. Bâti en 1906, il a conservé son système de chauffage au bois d'origine et accueille une clientèle locale qu'on ne croise pas dans les lieux plus touristiques.

Reprenez le train à destination de Kuopio (3/jour ; 3 heures 15).

❹ Kuopio

Située dans la région des lacs, cette ville vous réserve une expérience mémorable : au Jätkänkämppä, un bâtiment en rondins bâti dans les années 1950 pour les bûcherons de la région, vous attendent un sauna traditionnel à fumée (souvent disponible) et des "soirées bûcheronnes", avec spectacle et dégustation de spécialités locales.

Continuez en train vers Rovaniemi, au nord (3/jour ; 7 heures).

❺ Rovaniemi

La capitale de la Laponie n'est pas seulement la ville du Père Noël : elle se distingue aussi par ses saunas de toutes sortes. En hiver, l'Arctic SnowHotel en propose même un entièrement fait à partir de neige et de glace.

Retournez à Helsinki (1 train/jour ; 8 heures).

ET ENCORE...

Détour : Juokslahti

Dans la région des lacs, entre Tampere et Kuopio, le Sauna Village, "capitale mondiale du sauna", compte plus de 20 saunas. On en trouve du XVIIIe et du début du XXe siècle, pour certains toujours en activité. Des visites sont organisées.

Le site est à 13,5 km au nord-est de Jämsä. De Tampere, prenez un train pour Jämsä, puis un bus pour Juokslahti et faites-vous déposer à l'embranchement vers le Sauna Village, à 200 m.

Détour : Ylläs

La plus grande station de ski de Finlande ne s'adresse pas qu'aux amateurs de sports d'hiver. Elle possède aussi l'unique sauna du monde construit dans une télécabine ! Arrachez-vous aux pistes de ski pour un intermède de sudation au-dessus des pentes enneigées.

Ylläs est à 175 km au nord-est de Rovaniemi. Louez une voiture à Rovaniemi, ou prenez un bus pour Kitillä puis une correspondance pour Ylläs.

LE TOUR DE L'ISLANDE

Reykjavík – Parc national de Þingvellir

Suivez la Route circulaire pour un périple en immersion dans la nature islandaise, entre glaciers, volcans et cascades assourdissantes.

EN BREF

Empreinte carbone (kg/pers) : 181
Distance (km) : 1 451
Nuits : 14
Budget : €€
Quand partir : mai-sept

❶ Reykjavík

Au-delà de son atmosphère singulière, de sa scène de street art, de ses concerts et de ses nuits trépidantes, Reykjavík offre l'occasion de découvrir l'histoire islandaise dans des musées ultramodernes, de faire une pause dans un café branché et de se régaler de produits de la mer.

Roulez sur 327 km vers l'est.

PARC NATIONAL DE ÞINGVELLIR

❷ Skaftafell

À l'extrémité sud du parc national du Vatnajökull, élancez-vous sur les sentiers les plus reculés pour savourer en toute quiétude les cascades, les glaciers, les forêts de bouleaux et les lagunes glaciaires du Skaftafell. Non loin s'étendent Jökulsárlón et ses icebergs bleus, ainsi que le Vatnajökull, la plus grande calotte glaciaire d'Islande.

Continuez en direction de l'est sur 339 km.

❸ Seyðisfjörður

Maisons de bois colorées, sommets enneigés et cascades bondissantes : voici la ville la plus animée et la plus bohème des fjords de l'Est. Visitez le musée et le centre culturel locaux, et découvrez des vallées désertes, des villages de pêcheurs, une multitude d'oiseaux et des dauphins joueurs.

Faites 186 km vers le nord.

❹ Dettifoss

La plus impressionnante des chutes islandaises émet une brume qui se voit à 1 km de distance. Quand le soleil brille, un double arc-en-ciel se forme au-dessus de ses eaux rugissantes.

Roulez sur 69 km en direction de l'ouest.

DETTIFOSS

❺ Reykjahlíð

Porte d'entrée vers le sublime lac Mývatn, Reykjahlíð est un lieu féerique, un royaume de mares de boue, de fumerolles et de cratères volcaniques. Explorez des champs de lave géants, grimpez sur les cratères, regardez bouillonner la boue, baignez-vous dans un bassin aux eaux laiteuses...

Poursuivez vers l'ouest sur 83 km.

❻ Akureyri

Outre une poignée d'églises, de musées et de galeries, la paisible Akureyri, deuxième ville du pays par la taille, vaut également le détour pour son étonnant jardin botanique et son excellent festival en été. Allez voir les baleines à Hauganes, au nord, ou embarquez pour Grímsey afin de franchir le cercle arctique.

Faites 400 km vers le sud-ouest.

❼ Parc national de Þingvellir

Þingvellir est le site historique le plus important du pays. Le premier Parlement démocratique du monde, dont il subsiste quelques vestiges, est en effet né dans cette zone de rift créée par l'écartement de deux plaques tectoniques et émaillée de lacs glaciaires, de cascades et de formations rocheuses accidentées.

Retournez à Reykjavík (47 km).

ET ENCORE...

Plus loin : péninsule de Snæfellsnes

La péninsule de Snæfellsnes est un condensé d'Islande, entre calottes glaciaires, pics volcaniques, champs de lave désolés et plages dorées. Si la randonnée sur les pentes du Snæfellsjökull ne vous tente pas, vous pourrez observer les baleines, vous baigner dans des bassins naturels, marcher sur des plages venteuses ou suivre les traces du peuple caché (elfes).

Tour de la péninsule : 300 km.

Plus loin : Strokkur et Gulfoss

Geysir, le geyser qui a donné son nom à tous les autres, est aujourd'hui inactif. En revanche, son voisin, Strokkur, jaillit à 15 ou 30 m de haut toutes les 5 minutes environ, au milieu de fumerolles, de mares de boue et de sources chaudes. À 10 km de là, l'extraordinaire double cascade de Gulfoss plonge dans un étroit ravin haut de 32 m.

De Reykjavík, de nombreux circuits guidés vont à Strokkur et Gulfoss.

NORVÈGE, LES GRANDS CLASSIQUES

Oslo – Hardangerfjord

Découvrez la quintessence de la Norvège – ses villes, ses fjords et ses forêts – en train et en bateau.

EN BREF

Empreinte carbone (kg/pers) : 71
Distance (km) : 1 280
Nuits : 5
Budget : €€€
Quand partir : mai-sept

❶ Oslo

Cette ville fascinante, riche en attractions culturelles, compte d'excellents musées. Le Nasjonalmuseet (Musée national) réunit les principaux trésors artistiques du pays, tandis que le Vikingskipshuset (musée des Bateaux vikings) renferme trois navires qui servirent de sépultures à des chefs de clan. La capitale norvégienne est également de plus en plus réputée pour son architecture avant-gardiste, incarnée par son Opéra stupéfiant et par l'Astrup Fearnley Museet dessiné par Renzo Piano.

BERGEN

Tôt le matin, empruntez le Bergensbanen, le plus beau chemin de fer du pays, jusqu'à Myrdal (5/jour ; 4 heures 45).

❷ Myrdal

Cette ville de montagne possède un atout irrésistible : le Flåmsbana, l'une des lignes ferroviaires les plus raides du monde, avec une pente à 18%. En 20 km, cette merveille d'ingénierie grimpe à 866 m et traverse 20 tunnels en longeant des ravins profonds et des cascades grondantes. Le trajet de Myrdal à Flam dure 45 minutes et il y a jusqu'à 10 départs par jour, ce qui vous permet de faire l'aller-retour dans l'après-midi, avant de poursuivre votre route vers Bergen.

Prenez le train pour Bergen (4/jour ; 2 heures 30).

❸ Bergen

Les bâtiments en bois colorés du quartier de Bryggen, classé par l'Unesco, rappellent le temps où Bergen

VIKINGSKIPSHUSET, OSLO

était un port hanséatique de premier plan. Ses sept collines, ses sept fjords sillonnés de bateaux, ses maisons accrochées sur les coteaux et ses excellents musées d'art participent de son charme, dont vous prendrez toute la mesure en montant en téléphérique au sommet du mont Fløyen.

De Bergen, plusieurs bateaux se rendent dans le Hardangerfjord, notamment le ferry Hardangerfjordekspressen (2 heures).

4 Hardangerfjord

De Bergen, une croisière s'impose vers le Hardangerfjord, à 2 heures au sud, où les falaises à pic, les eaux bleues glacées et les sommets enneigés composent un paysage de carte postale. L'office du tourisme de Bergen propose des excursions d'une journée qui comprennent aussi la cascade de Vøringsfossen et le Centre de la nature du Hardangervidda, à Eidfjord. Avec un peu plus de temps, partez pour une randonnée guidée sur un glacier dans le parc national de Folgefonna.

De retour à Bergen, reprenez le Bergensbanen à destination d'Oslo.

ET ENCORE...

Plus loin : l'express Hurtigruten

Bien plus qu'un simple ferry, l'emblématique express côtier Hurtigruten vous embarque pour une croisière inoubliable. Tous les jours, l'un des 12 ferries de la compagnie part de Bergen à destination de Kirkenes pour 6 jours de trajet et 34 escales. En chemin, il traverse des fjords, fait halte dans des villages isolés à peine accessibles par la route, longe des promontoires spectaculaires et franchit le cercle polaire arctique, avant de repartir dans l'autre sens. Ce périple de 11 jours et 5 200 km aller-retour est la meilleure façon de voir la côte norvégienne dans toute sa splendeur. Si vous avez de la chance (surtout en hiver), vous pourriez même admirer une aurore boréale.

Les ferries vont de Bergen à Kirkenes en s'arrêtant dans 32 autres ports ; comptez entre 7 et 11 jours, avec au moins un départ quotidien toute l'année.

SUR LES TRACES D'ALVAR AALTO

SPORT · VIN ET BIÈRE · CUISINE · **RESPONSABLE** · AVENTURE · CULTURE · SPECTACLES · **ARTS** · **ARCHITECTURE** · HISTOIRE · FAMILLE · **EN SOLO** · **COURT SÉJOUR** · LONG SÉJOUR · PLAGE · HIVER · FAUNE · BIEN-ÊTRE

Helsinki – Villa Mairea
Sillonnez la Finlande en train pour admirer les chefs-d'œuvre de son plus grand architecte et designer, Alvar Aalto (1898-1976).

EN BREF
Empreinte carbone (kg/pers) : 20
Distance (km) : 1 017
Nuits : 4-5
Budget : €€€
Quand partir : juin-août

BÂTIMENT PRINCIPAL DE L'UNIVERSITÉ DE JYVÄSKYLÄ

❶ Helsinki
Bien que peu étendue, la capitale finlandaise brille par sa richesse culturelle. Parmi ses trésors d'architecture et de design figurent plusieurs ouvrages majeurs d'Aalto : visitez sa maison et son atelier au nord-ouest du centre-ville, allez écouter un concert au palais Finlandia revêtu de marbre, admirez ses meubles dans le magasin Artek et attardez-vous devant un repas au restaurant Savoy, qui a conservé son décor d'origine. Ne quittez pas la ville sans avoir fait le tour de ses autres sites phares, comme la forteresse de Suomenlinna, à une courte distance en ferry, le musée du Design, qui présente les œuvres d'autres grands créateurs finlandais, et le musée de l'Architecture finlandaise.
De la gare centrale, prenez le train pour Jyväskylä (ttes les 2 heures ; 3 heures 30).

❷ Jyväskylä
Aalto a passé une partie de son enfance et le début de sa carrière dans cette ville à l'extrémité ouest de la région des lacs. Le musée Alvar Aalto réunit ses principales réalisations en matière d'architecture et d'ameublement. Visitez aussi le musée de la Finlande centrale et le campus de l'université (surtout la piscine).
Prenez le train pour Turku en changeant à Tampere (ttes les 2-3 heures ; 4 heures).

PALAIS FINLANDIA, HELSINKI

❸ Turku

Deuxième ville de Finlande par la taille, Turku est réputée dans les domaines de l'art expérimental, du design et de la musique. Aalto y a travaillé entre 1927 et 1933, abandonnant alors le classicisme nordique en faveur du fonctionnalisme qui allait devenir sa marque de fabrique. Son œuvre la plus connue dans la ville est l'immeuble de bureaux dessiné pour le journal *Turun Sanomat* (Kauppiaskatu 5).

Continuez en train vers Pori en changeant à Tampere (4/jour ; 3 heures 30-4 heures 45).

❹ Villa Mairea

Bâtie en 1939 pour les riches mécènes Maire et Harry Gullichsen, cette villa, sublime mélange des styles finlandais, japonais et moderne, est sans doute la création la plus célèbre et la plus belle d'Aalto. Contactez le site pour réserver une visite guidée et découvrir l'intérieur, décoré par l'épouse et associée d'Aalto, Aino. La villa se trouve à 16 km de Pori – 40 minutes environ par les bus n[os]66 ou 64.

Reprenez le train pour Helsinki (ttes les 2 heures, via Tampere ; 3 heures 30-4 heures), où vous trouverez des liaisons internationales.

ET ENCORE...

Plus loin : hôtel de ville de Säynätsalo

Sur une île boisée près de Jyväskylä, cet édifice construit entre 1949 et 1952 compte au nombre des grandes réalisations d'Aalto. Un patio gazonné apporte une belle luminosité à l'intérieur, et les différents espaces (bibliothèque, salle du conseil, etc.) arborent des meubles créés tout spécialement. Il est possible de dormir sur place.

Pour venir, prenez un bus à Jyväskylä (20 min).

Plus loin : sanatorium de Paimio

À 30 km à l'est de Turku, à la périphérie de Paimio, ce sanatorium de style moderniste a valu à Aalto une renommée internationale en 1933. Les meubles dessinés sur mesure comprennent le célèbre fauteuil Paimio, fait d'une seule pièce de contreplaqué courbée.

À Turku, l'agence de voyages Magni Mundi organise des excursions guidées. Sinon, prenez le bus (45 min-1 heure).

FRONT DE MER D'HELSINKI

TUNISIE
MAROC
ALGÉRIE
LIBYE
ÉGYPTE
MAURITANIE
MALI
NIGER
TCHAD
SOUDAN
SÉNÉGAL
CAP-VERT
NIGERIA
GHANA
RÉPUBLIQUE CENTRAFRICAINE
SOUDAN DU SUD
ÉTHIOPIE
CAMEROUN
GUINÉE ÉQUATORIALE
GABON
OUGANDA
KENYA
RÉPUBLIQUE DÉMOCRATIQUE DU CONGO
TANZANIE
OCÉAN ATLANTIQUE SUD
MALAWI
ANGOLA
ZAMBIE
ZIMBABWE
NAMIBIE
BOTSWANA
MOZAMBIQUE
LESOTHO
AFRIQUE DU SUD
1
2
3
4
5
6
7
8
10
11
12
13
14
15
16
17
19
20

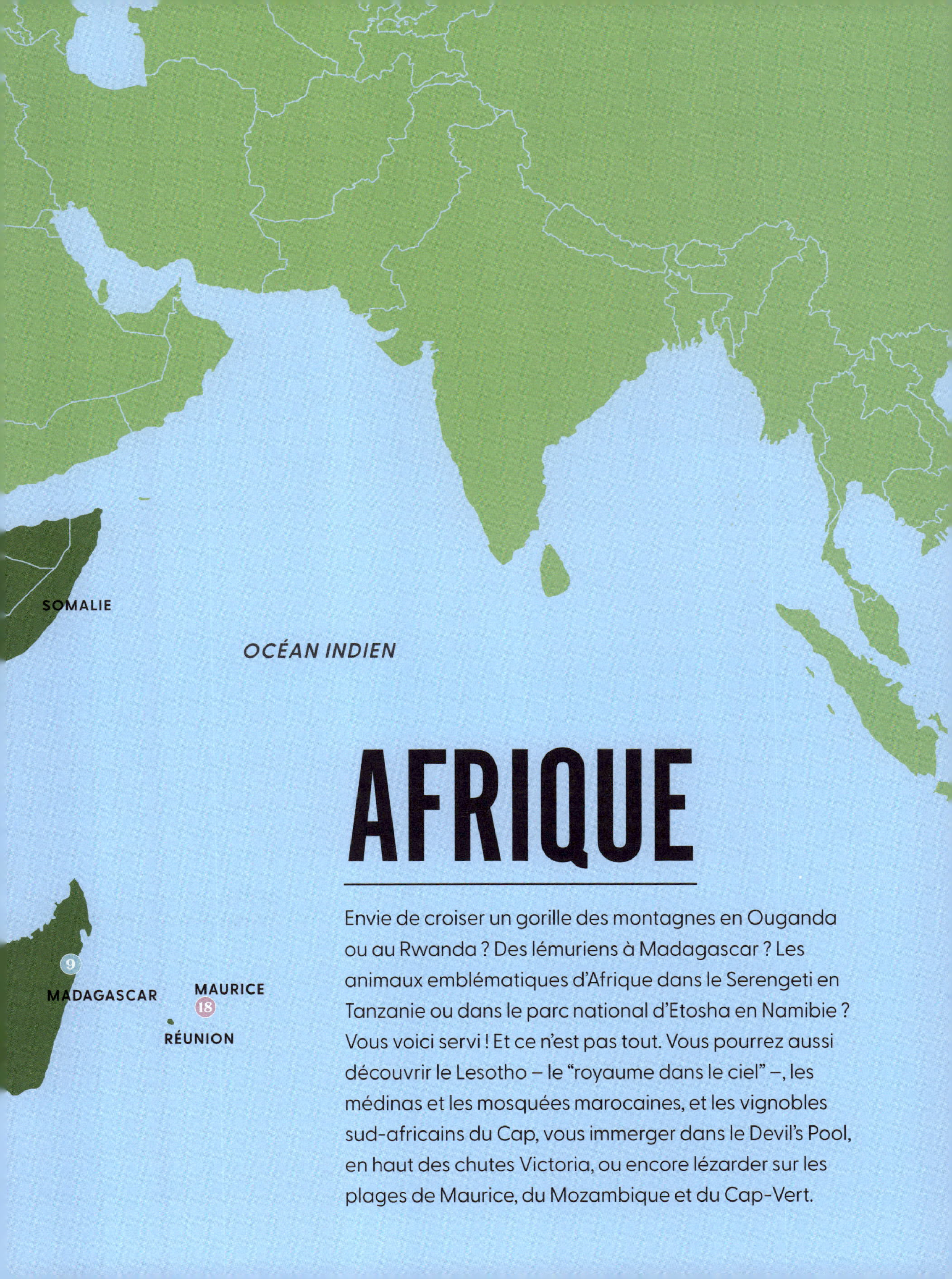

AFRIQUE

Envie de croiser un gorille des montagnes en Ouganda ou au Rwanda ? Des lémuriens à Madagascar ? Les animaux emblématiques d'Afrique dans le Serengeti en Tanzanie ou dans le parc national d'Etosha en Namibie ? Vous voici servi ! Et ce n'est pas tout. Vous pourrez aussi découvrir le Lesotho – le "royaume dans le ciel" –, les médinas et les mosquées marocaines, et les vignobles sud-africains du Cap, vous immerger dans le Devil's Pool, en haut des chutes Victoria, ou encore lézarder sur les plages de Maurice, du Mozambique et du Cap-Vert.

SOMMAIRE

GNOUS DANS LE PARC NATIONAL DU SERENGETI, TANZANIE

LE NORD DU MOZAMBIQUE À PAS LENTS

BIEN-ÊTRE · SPORT · VIN ET BIÈRE · CUISINE · RESPONSABLE · **AVENTURE** · **CULTURE** · SPECTACLES · ARTS · **ARCHITECTURE** · **HISTOIRE** · FAMILLE · EN SOLO · COURT SÉJOUR · LONG SÉJOUR · **PLAGE** · HIVER · FAUNE

Pemba – Gurúè

Passez en mode *slow travel* pour parcourir le nord du Mozambique, à la découverte de la belle côte swahilie et d'îles que l'on croirait figées dans le temps.

EN BREF

Empreinte carbone (kg/pers) : 123
Distance (km) : 1 659
Nuits : 9-10
Budget : €€
Quand partir : mai-nov

❶ Pemba

Principale ville de la côte nord du Mozambique, Pemba se partage en trois grandes parties : un port marqué par la présence portugaise, un quartier africain animé et une large plage (Wimbi) bordée de *guesthouses* bon marché. C'est le lieu rêvé pour goûter à l'atmosphère détendue du littoral mozambicain.

Pour aller à Ibo, le plus simple est de réserver un transfert privé ou un bateau direct par l'intermédiaire de votre hôtel.

❷ Île d'Ibo

Joyau méconnu, Ibo est la plus grande île de l'archipel des Quirimbas. Elle a conservé de la période coloniale des bâtiments portugais aujourd'hui défraîchis, entourés de palmiers luxuriants au bord de l'océan Indien sur lequel naviguent des *dhows* (boutres). Les habitants vivent de la pêche, du travail de l'argent et de la culture du café.

De votre hôtel, prenez un *dhow* jusqu'au village de Tandanhangue, d'où il faut une journée entière pour rejoindre l'île de Mozambique par la route.

❸ Île de Mozambique

Reliée au continent par un pont à une voie, l'Ilha, comme on appelle l'île de Mozambique, est un lieu magique aux ruelles chargées d'histoire. Sa cuisine et sa culture résultent d'un long métissage. Outre un imposant fort portugais, vous y trouverez l'une des plus vieilles églises d'Afrique subsaharienne et des baies tranquilles.

Des *chapas* (minibus) desservent régulièrement Nampula, à l'ouest (3 heures).

CATHÉDRALE DE NAMPULA

PLAGE DE WIMBI, PEMBA

❹ Nampula

Après l'agitation de l'île de Mozambique, la moderne Nampula apporte un certain répit. Vous pourrez visiter son musée et sa grande cathédrale, dormir dans un hôtel climatisé et sirotez un *galão* (café au lait portugais) avant de prendre le train vers l'ouest.

Prenez le train pour Cuamba (2/semaine mar et sam ; 13 heures).

❺ Cuamba

Le long voyage en train jusqu'à Cuamba donne un bon aperçu de la vie dans l'Afrique du Sud-Est. Montez ensuite dans le premier bus pour aller jusqu'à Gurúè, au sud, à travers une campagne aride et vallonnée.

Il y a habituellement un bus (5 heures) par jour pour Gurúè. Renseignez-vous au marché de Maçaniqueira.

❻ Gurúè

En arrivant à Gurúè, vous oublierez bien vite la lenteur et la chaleur du trajet en contemplant l'océan de théiers et le mont Namúli drapé de brume. Les hébergements sont simples et la ville est banale. En revanche, les collines se prêtent à de superbes randonnées dans les plantations de thé et les villages.

Retournez à Nampula en taxi (6 heures) et prenez un avion pour Maputo.

ET ENCORE...

Plus loin : mont Namúli

Le deuxième sommet du pays par la taille occupe une région que la guerre civile avait presque coupée du monde jusqu'à la fin des années 1990. Une rude journée de marche à travers des plantations de thé et des poches de forêt primaire vous mènera en haut. Vous devrez louer les services d'un guide et organiser le transport jusqu'au point de départ, à 12 km de Gurúè.

Pour le guide et le transport, contactez la Pensão Gurúè, à Gurúè.

Détour : Maputo

Facile à parcourir à pied, cette agréable capitale se distingue par son ambiance méditerranéenne, son architecture éclectique et ses cafés qui rappellent le Portugal. Il y a de fortes chances que vous entriez au Mozambique et le quittiez par Maputo : profitez-en pour faire une courte escale et admirer sa forteresse, son musée national d'art et sa splendide gare ferroviaire.

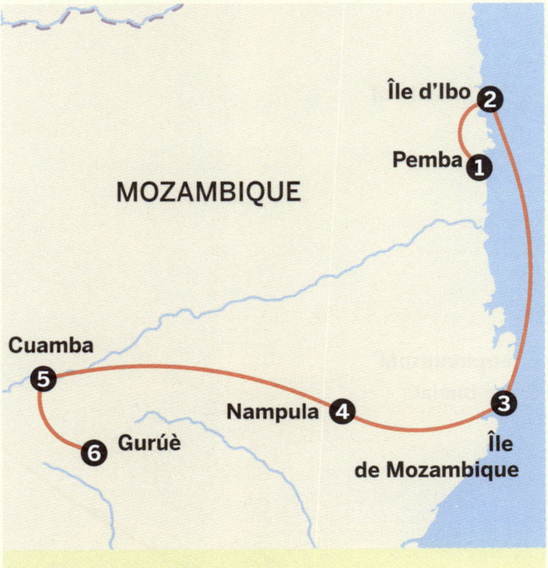

AU-DELÀ DU CAP : VIGNES, DÉSERT ET OCÉAN

Le Cap – Hermanus

Au départ du Cap, cette époustouflante équipée vous emmène à travers les vignobles et le désert sauvage, et au fil du littoral atlantique de l'Afrique du Sud.

EN BREF

Empreinte carbone (kg/pers) : 91
Distance (km) : 731
Nuits : 7
Budget : €€
Quand partir : sept-mai

BALEINE FRANCHE AUSTRALE, HERMANUS

❶ Le Cap

Prenez le pouls de la “Ville Mère” de l'Afrique du Sud sur une terrasse de restaurant à Victoria Harbour. C'est de ce port que partent les bateaux pour Robben Island où fut emprisonné Nelson Mandela. Les sportifs grimperont en haut de Table Mountain, tandis que les amateurs d'art et d'alcools iront découvrir le street art, les brasseries artisanales et les distilleries de gin du Neighbourgoods Market de Woodstock. Pour dormir, direction les adorables maisons colorées de Bo-Kaap, le quartier malais.

Roulez sur 95 km vers l'est via Stellenbosch.

❷ Franschhoek

Pour explorer la région des Winelands, avec d'inoubliables paysages de vignes qui s'étirent au pied des montagnes, basez-vous à Franschhoek, un ancien village huguenot français où vous trouverez dans la plupart des domaines viticoles – Chamonix, La Motte, Haute Cabrière – des restaurants, de quoi pique-niquer, des activités pour les enfants, des visites guidées et des dégustations.

Continuez sur 140 km en direction du nord-est.

❸ Aquila Private Game Reserve

Les montagnes cèdent ici brusquement la place aux étendues désolées du Grand Karoo. Au milieu de ces

BASSIN MARIN À CAMPS BAY, LE CAP

paysages désertiques, la petite réserve privée d'Aquila est parfaitement adaptée aux familles. Au programme : des excursions en jeep ou en quad pour observer les zèbres, les girafes, les rhinocéros et les éléphants.
Prenez la N1 à Touws River et roulez vers le nord-est pendant 66 km.

4 Matjiesfontein

L'une des rares localités du Karoo, Matjiesfontein fait figure d'oasis. C'est là que se dresse le superbe Lord Milner Hotel et l'on pourrait croire que le temps s'est arrêté ici à l'ère victorienne.
Suivez la N1 jusqu'à Touws River, puis les jolies R318 et R326 jusqu'à Hermanus (310 km).

5 Hermanus

Au bord de l'Atlantique, Hermanus s'étend le long de la réserve marine de Walker Bay, une destination de choix pour voir des baleines... et pour plonger avec des grands requins blancs. Cet ancien port baleinier fondé dans les années 1880 s'est réinventé pour devenir une destination écotouristique prisée. C'est aussi le point de départ d'une route des vins dans la verdoyante vallée de Hemel-en-Aarde ("paradis et terre"), où sont produits du pinot noir et du chardonnay.
Rejoignez Le Cap (120 km).

ET ENCORE...

Excursion : un jour à Paternoster

Villégiature favorite des habitants du Cap, ce village de pêcheurs, dont les maisons blanches donnent sur une plage de sable face à l'Atlantique, a percé sur la scène gastronomique en 2019, quand le Wolfgat, un établissement de 20 couverts, a été sacré meilleur restaurant du monde pour sa cuisine durable à base d'ingrédients glanés sur la plage et dans les rochers.
Du Cap, prenez la R27 sur 160 km jusqu'à Paternoster.

Plus loin : Johannesburg

Un court trajet en avion vous mènera à Jo'burg, capitale et plus grande ville de la "nation arc-en-ciel". Cette cité chaotique, voire anarchique, dotée d'une vie culturelle intense, est en passe de surmonter ses problèmes économiques et sociaux. Outre Soweto et le musée de l'Apartheid, ses attraits sont multiples – art, mode, restaurants, scène musicale...
Environ 20 vols directs quotidiens relient Le Cap et Johannesburg (2 heures).

AU CŒUR DES MONTAGNES DU LESOTHO

SPORT · VIN ET BIÈRE · CUISINE · RESPONSABLE · AVENTURE · CULTURE · SPECTACLES · ARTS · ARCHITECTURE · HISTOIRE · FAMILLE · EN SOLO · COURT SÉJOUR · LONG SÉJOUR · PLAGE · HIVER · FAUNE · BIEN-ÊTRE

Malealea Lodge – Sani Pass

Préparez-vous à franchir les plus hauts cols d'Afrique australe, à admirer les sommets du "royaume des montagnes", à loger dans d'anciens comptoirs commerciaux...

EN BREF

Empreinte carbone (kg/pers) : 107
Distance (km) : 865
Nuits : 9-13
Budget : €€
Quand partir : sept-avr

❶ Malealea Lodge

Point de départ de votre périple, ce lodge qui occupe un ancien comptoir commercial dans le village reculé de Malealea est l'un des meilleurs du pays. Franchissez le Gates of Paradise Pass (2 033 m) : en haut de ce col tracé il y a plus d'un siècle par le fondateur du comptoir, une plaque conseille de "s'arrêter pour admirer l'une des portes du Paradis" face aux monts Thaba Putsoa. Partez en randonnée et à dos de poney basotho, et assistez à une représentation de la chorale du village au coucher du soleil.

Roulez sur 90 km vers le nord.

❷ Roma Trading Post Lodge

À Roma, une ville des basses terres où se trouve la seule université du pays, passez la nuit dans ce lodge tranquille ouvert depuis 1903. Au programme : hébergement en *rondavel* (hutte ronde traditionnelle) et excursion pour aller voir des *minwane* (empreintes de dinosaures).

Faites 210 km en direction de l'est jusqu'à Katse.

❸ Katse Dam

Vous devrez franchir plusieurs cols, dont le God Help Me Pass (2 332 m), pour atteindre ce barrage qui produit de l'hydroélectricité et alimente Johannesburg en eau. Il s'agit d'une étape reposante, avec un centre des visiteurs, des visites guidées, un lodge de catégorie moyenne et un beau jardin botanique.

Parcourez 175 km vers le nord jusqu'à Ts'ehlanyane.

❹ Ts'ehlanyane National Park

Redescendez dans les basses terres en faisant une pause au Mafika-Lisiu Pass (3 090 m) pour admirer

RONDAVEL, NORD DU LESOTHO

LE KATSE DAM

le panorama et suivez la frontière nord du Lesotho jusqu'au Ts'ehlanyane National Park, dans les monts Maluti. Là, vous pourrez randonner à pied ou à cheval, et séjourner au Maliba Lodge, le seul hébergement cinq-étoiles du pays.

Roulez 120 km vers l'est jusqu'à Afriski.

5 Afriski Mountain Resort

Le Mahlasela Pass (3 222 m) mène à l'une des rares stations de ski du continent africain. En hiver (de juin à août), à vous les pistes ! Sinon, marchez, faites des descentes en tyrolienne et mangez une pizza au Sky, à 3 010 m d'altitude.

Continuez sur 140 km en direction du sud-est.

6 Sani Pass

Après avoir traversé le "pays dans le ciel", ainsi baptisé car aucun point de son territoire ne se situe à moins de 1 400 m d'altitude, vous voici en haut du célèbre Sani Pass (2 876 m), d'où l'on rejoint l'Afrique du Sud par-delà le Drakensberg. Prenez une chambre au Sani Mountain Lodge et buvez une bière dans le pub le plus haut du continent avant d'entreprendre l'ascension du Thabana-Ntlenyana (3 482 m).

Faites 260 km vers l'est pour gagner Durban et son aéroport international.

ET ENCORE...

Plus loin : Semonkong

Semonkong, le "lieu de la fumée", doit son nom à la brume créée par les Maletsunyane Falls (204 m). L'excellent Semonkong Lodge organise une longue descente en rappel dans ces chutes d'eau… ainsi qu'une tournée des pubs à dos d'âne. Sur la route, arrêtez-vous au Ramabanta Trading Post Lodge, perché depuis 1939 en haut d'une falaise.

Semonkong est à 85 km de Roma en passant par Ramabanta.

Détour : Morija

Cette ville paisible s'étend sur le site de la première mission européenne établie au Lesotho. On y trouve le musée national officieux du pays, le Morija Museum and Archives, véritable mine d'informations sur la culture basotho. Passez la nuit à la ravissante *guesthouse* des Morija Guest Houses, en pierre et chaume, et offrez-vous des balades à pied et à cheval.

Morija est à 45 km de Malealea et à 50 km de Roma.

LE MALAWI ENTRE MONTAGNES ET LAC

Plateau de Viphya – Liwonde NP
Montagnes, villes en bord de lac, anciennes missions et sentiers de randonnée ponctuent cet itinéraire à travers le “cœur chaud de l’Afrique”.

EN BREF
Empreinte carbone (kg/pers) : 145
Distance (km) : 1 170
Nuits : 8-15
Budget : €€
Quand partir : mai-août

❶ Plateau de Viphya
Quittez la capitale malawite, Lilongwe, vers le nord, et arrêtez-vous à l’accueillant Luwawa Forest Lodge pour découvrir la vie rurale à 1 585 m d’altitude. Connu pour ses lacs, le Malawi compte également plusieurs plateaux, comme celui de Viphya, où la fraîcheur des forêts se prête à la randonnée.
Roulez sur 120 km jusqu’à Mzuzu.

❷ Mzuzu
La vie s’écoule paisiblement dans les rues poussiéreuses de la troisième ville du Malawi, au rythme de son unique feu tricolore. Visitez le musée municipal, buvez un café fort et sucré au Mzuzu Coffee Den, puis détendez-vous et dégustez des pâtes maison servies au Macondo Camp, tenu par des Italiens.
Continuez en direction du nord sur 145 km.

❸ Livingstonia
Louez un 4x4 à Chitimba et suivez la route en lacets “Gorode” jusqu’au village de Livingstonia, fondé par l’Église libre d’Écosse en 1894 et baptisé en l’honneur du missionnaire et explorateur David Livingstone. Vous y trouverez deux écolodges, la Mushroom Farm et le Lukwe EcoCamp, et des bâtiments anciens. Remarquez dans l’église les vitraux représentant Livingstone.
Faites 160 km vers le sud en longeant le lac Malawi jusqu’à Nkhata Bay.

❹ Nkhata Bay
L’immense lac Malawi abrite une biodiversité exceptionnelle. Avec son bleu profond et les notes de reggae qui s’échappent des lodges de Nkhata Bay, il rappellerait presque les Caraïbes. Après une sortie avec le club de plongée Aqua Africa pour admirer des cichlidés iridescents, profitez des hamacs du Mayoka Village.
Poursuivez en direction du sud sur 195 km.

LAC MALAWI À CAPE MACLEAR

ÉLÉPHANTS DANS LA SHIRE, LIWONDE NATIONAL PARK

❺ Nkhotakota Wildlife Reserve

L'ONG African Parks a œuvré pour faire du Malawi une destination safari tendance, et la réserve de Nkhotakota a bénéficié de l'arrivée de 500 éléphants provenant de deux parcs situés plus au sud. On est ici au cœur de la brousse africaine, avec de beaux lodges au bord de la Bua, peuplée de crocodiles.

Roulez 280 km vers le sud jusqu'à Cape Maclear.

❻ Cape Maclear

Avec ses filets qui sèchent sur le sable, ses cabanes de plage et ses baobabs, le village de Cape Maclear attire de longue date les voyageurs. Vous pourrez plonger et rejoindre en kayak Domwe ou Mumbo pour passer la nuit sur place, et boire une bière dans un lodge au bord de l'eau.

Continuez sur 150 km vers le sud.

❼ Liwonde National Park

Dans ce parc irrigué par la Shire, des lodges organisent des sorties en bateau ou en canoë pour observer des hippopotames, des crocodiles et des éléphants.

Faites 120 km vers le sud pour atteindre Blantyre, la deuxième ville du pays, où l'on trouve des liaisons internationales.

ET ENCORE...

Plus loin : Mua

Cette mission catholique en brique fondée en 1902 a un petit air de Toscane. En face de l'église, où les offices sont célébrés en chichewa, le remarquable Kungoni Centre of Culture and Art présente la culture des Chewa, des Yao et des Ngoni. Le Chamare Museum renferme un "arbre des esprits" où sont suspendus 280 masques rituels portés lors des danses du Gule Wamkulu.

Mua est à 190 km de Nkhotakota et à 90 km de Cape Maclear.

Détour : Mont Mulanje

Par temps brumeux, ce massif d'une vingtaine de pics de granit culminant à plus de 2 500 m mérite son surnom d'"île dans le ciel". Des sentiers parcourent des vallées verdoyantes, avec des rivières, des cascades, des cyprès endémiques et des animaux allant des oréotragues aux aigles noirs. Des plantations de thé vert émeraude, comme celles du Satemwa Estate, s'étendent alentour.

Le mont Mulanje est à 155 km de Liwonde et à 70 km de Blantyre.

À TRAVERS L'ÉGYPTE, DU DÉSERT AU NIL

Le Caire – Abou Simbel

L'Égypte ne se réduit pas aux pyramides, aux temples et aux tombeaux. Quittez le circuit touristique habituel pour découvrir les oasis du Désert occidental.

EN BREF

Empreinte carbone (kg/pers) : 65
Distance (km) : 2 079
Nuits : 14
Budget : €-€€
Quand partir : nov-mai

❶ Le Caire

Plongez dans l'Égypte antique avec les pyramides de Gizeh et le Musée égyptien, puis changez d'époque en explorant le patrimoine copte de la ville et en vous perdant entre les mosquées et mausolées datant de l'époque des Mamelouks.

À la gare routière Cairo Gateway (Turgoman), prenez un bus Upper Egypt pour Bawiti, dans l'oasis de Bahariya (2/jour ; 5 heures). Sinon, des microbus partent quand ils sont pleins de la gare routière El-Monieb, à Gizeh (4 heures).

❷ Oasis de Bahariya

L'oasis de Bahariya donne accès au désert Blanc et à ses formations rocheuses d'aspect irréel, sculptées par le vent, ainsi qu'au désert Noir, piqueté de rochers brillants.

Prenez un bus Upper Egypt pour Mout, dans l'oasis de Dakhla (2/jour ; 4 heures).

❸ Oasis de Dakhla

Cernée de dunes, cette tranquille oasis est émaillée de sources chaudes et d'habitations blotties à l'ombre des palmeraies. Visitez la cité fortifiée en brique crue d'Al-Qasr et les tombes peintes de Qarat Al-Muzawwaqa.

Prenez un bus Upper Egypt pour Al-Kharga (2/jour ; 3 heures).

❹ Oasis d'Al-Kharga

Si la ville d'Al-Kharga manque de charme, les dunes alentour recèlent les tombes peintes de la nécropole chrétienne d'Al-Bagawat, ainsi que des vestiges de forts romains et des temples égyptiens.

Prenez un bus Upper Egypt pour Assiout (3/jour ; 3 heures 30), puis un train pour Louxor (8/jour ; 4 heures 30).

FELOUQUES SUR LE NIL, ASSOUAN

LES PYRAMIDES DE GIZEH ET LE SPHINX

❺ Louxor
Louxor est riche de ses temples et de ses tombes. Découvrez les sépultures de la Vallée des Rois, admirez Médinet Habou et ses bas-reliefs illustrant les victoires des pharaons, sentez-vous tout petit devant les gigantesques colonnes de la grande salle hypostyle de Karnak...
Gagnez Assouan en train (7/jour ; 3 heures 15).

❻ Assouan
Cette ville détendue est idéale pour prendre son emps devant une chicha et un *karkadé* (infusion de fleurs d'hibiscus) au coucher du soleil, après la visite des villages nubiens de l'île Éléphantine et une balade en felouque.
Prenez le bus pour Abou Simbel (tlj à 8h ; 4 heures).

❼ Abou Simbel
De nombreux voyageurs ne viennent que pour la journée : passez-y la nuit et vous aurez le temple de Ramsès II pour vous tout seul ! Saluez ses statues monumentales à l'entrée, puis arpentez les salles ornées de bas-reliefs à la gloire du pharaon.
Retournez à Assouan en bus (tlj ; 4 heures), puis ralliez Le Caire en train (9/jour ; 13 heures) ou en avion (3/jour ; 1 heure 20).

ET ENCORE...

Plus loin : Dendara
Attardez-vous à Louxor pour visiter Dendara, à 4 km au sud-ouest de Qena. Au temple de Hathor, vous remarquerez les bas-reliefs bleus et les colonnes aux chapiteaux sculptés à l'image de la déesse qui témoignent du culte qui lui était rendu.
Prenez un train de Louxor à Qena (10/jour ; 1 heure 15), puis un taxi jusqu'à Dendara. Sinon, venez directement en taxi de Louxor.

Détour : Assouan-Kom Ombo en felouque
Découvrez une Égypte luxuriante et paisible à l'occasion d'une croisière de deux jours et une nuit sur le Nil au départ d'Assouan, qui vous fera longer des villages nubiens en brique crue, entre palmiers et dunes de sable, pour arriver au temple de Kom Ombo, dédié aux dieux Haroëris et Sobek.
Adressez-vous directement aux capitaines de felouques, à Assouan.

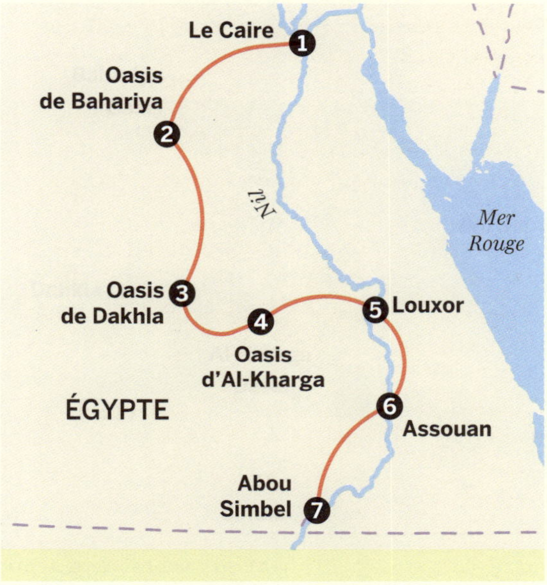

ÉGYPTE ET SOUDAN : LES TRÉSORS DE NUBIE

BIEN-ÊTRE · SPORT · VIN ET BIÈRE · CUISINE · **RESPONSABLE** · **AVENTURE** · **CULTURE** · SPECTACLES · ARTS · ARCHITECTURE · **HISTOIRE** · FAMILLE · **EN SOLO** · COURT SÉJOUR · LONG SÉJOUR · PLAGE · **HIVER** · FAUNE

Assouan - Méroé

Suivez le Nil jusqu'au Soudan à travers l'ancienne Nubie pour découvrir, sans la foule, des temples en ruine et des pyramides à demi enfouies parmi les dunes.

EN BREF

Empreinte carbone (kg/pers) : 47
Distance (km) : 1 690
Nuits : 12-14
Budget : €-€€
Quand partir : nov-mars

❶ Assouan

Accessible depuis le Caire en train (9/jour ; 13 heures) ou en avion (3/jour ; 1 heure), Assouan se trouvait à la frontière entre l'Égypte et la Nubie antiques. Visitez le Musée nubien, puis montez dans une felouque vers l'île de Sehel et sa falaise couverte d'inscriptions qui furent jadis gravées par des dignitaires égyptiens en partance pour la Nubie.

Prenez un bus pour Wadi Halfa, au Soudan (4-6 /jour sam-jeu ; 7 heures avec le passage de la frontière).

LES PYRAMIDES DE MÉROÉ, SOUDAN

❷ Wadi Halfa

Si la distance n'est pas très longue, franchir la frontière peut prendre plusieurs heures : prévoyez de passer la nuit à Wadi Halfa.

Montez dans un microbus pour Dongola et descendez à Abri (ttes les heures environ ; 3 heures).

❸ Abri

Cette ville entourée de champs de fèves au bord du Nil donne accès aux vestiges de la forteresse et de l'église de l'île de Saï, et aux ruines du temple d'Amon de Soleb.

Des microbus partent pour Kerma (2 heures 45) quand ils sont pleins. Sinon, empruntez un microbus à destination de Dongol, descendez à la bifurcation pour Kerma et faites 4 km à pied.

❹ Kerma

Ce village a vu naître la première grande civilisation nubienne. Du haut de la Deffufa occidentale, un temple en brique crue affaissé, la vue embrasse les restes exhumés de la cité antique.

Une fois pleins, des microbus vont à Dongola (1 heure), d'où vous rallierez Karima (microbus réguliers ; 2 heures 45).

LES RUINES DU TEMPLE DE SOLEB, SOUDAN

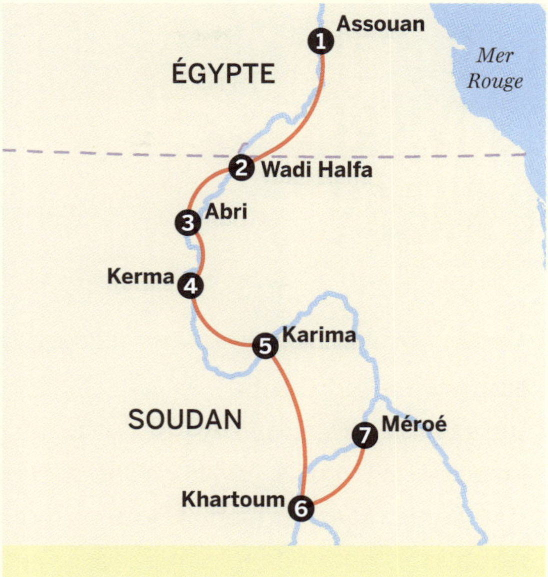

5 Karima

Escaladez le djebel Barkal pour admirer les pyramides de Karima, comme dressées sur l'infini du désert. Entrez dans les tombeaux peints d'El Kurru puis allez voir Nuri et ses pyramides émergeant des dunes.

Prenez un bus pour Khartoum (ttes les 1-2 heures ; 6 heures).

6 Khartoum

Dans la capitale soudanaise, où convergent le Nil Blanc et le Nil Bleu, le Musée national abrite des fresques chrétiennes de la cathédrale de Faras, aujourd'hui engloutie sous les eaux du Haut-Barrage d'Assouan. Le vendredi, assistez au *dhikr* (cérémonie soufie) pratiqué sur la tombe de Hamed el-Nil.

Le mieux pour rejoindre Méroé est d'opter pour un véhicule avec chauffeur (4 heures) ; faites halte à Naqa et Musawarat es-Suffra en chemin.

7 Méroé

Plus grand trésor du Soudan, Méroé fut la dernière capitale du royaume nubien de Kouch. Ses pyramides étêtées sur fond de dunes orangées composent un tableau particulièrement magique au coucher du soleil.

Retournez à Khartoum, desservie par des vols internationaux.

ET ENCORE...

Plus loin : Abou Simbel

Taillé dans la roche, ce temple à la gloire de Ramsès II s'élevait à la frontière de l'Égypte antique et surveillait la Nubie, au sud. Passez sous les colossales statues à l'effigie du souverain et entrez dans les salles décorées de bas-reliefs qui retracent ses victoires et célèbrent sa puissance.

Les hôtels et agences de voyages d'Assouan organisent des excursions d'une journée.

Détour : Naqa et Musawarat es-Suffra

Sur le plateau semi-désertique entre Khartoum et Méroé, on peut quitter la route principale pour voir deux sites du royaume de Kouch : le temple du lion de Naqa, dont les bas-reliefs dépeignent des souverains et des dieux, et le vaste ensemble de Musawarat es-Suffra, orné de sculptures d'éléphants.

Les hôtels et les agences de Khartoum proposent des circuits à Méroé incluant ces deux sites.

LACS ET RIVIÈRES DU GABON

Libreville – Port Gentil

Depuis Libreville, traversez des villages jusqu'à Lambaréné, la ville de l'hôpital du docteur Schweitzer, nichée dans un monde aquatique, avant de rejoindre Port-Gentil.

EN BREF

Empreinte carbone (kg/pers) : 52
Distance (km) : 567
Nuits : 3-4
Budget : €-€€
Quand partir : déc-jan, juil-sept

1 Libreville

Cosmopolite et animée, la capitale est dotée de quelques excellents bars et discothèques – où l'animation bat son plein après minuit. Pour découvrir la culture gabonaise, participez à une visite guidée du musée national des Arts et des Traditions sur le front de mer.

Prenez un taxi collectif jusqu'à la gare routière de la Sogatra, à 8 km à l'est de Libreville, puis le bus (2/jour ; 13h et 15h ; 4 heures) : vous traverserez des villages et franchirez l'équateur avant d'atteindre Lambaréné.

2 Lambaréné

Avec ses lacs scintillants, ses fleuves rapides et son épaisse verdure, Lambaréné possède un charme paisible. Principalement située sur la rive sud du fleuve Ogooué, elle compte peu d'hébergements.

L'hôpital Albert Schweitzer est à une courte distance à pied du centre, sur la rive nord du fleuve.

3 Albert Schweitzer Hospital

Prix Nobel de la paix, le docteur Schweitzer (1875-1965) fonda son célèbre hôpital en 1913 avec sa femme Hélène afin d'y soigner les lépreux, quels que soient leur religion ou leurs moyens financiers. Toujours en service,

LE FLEUVE OGOOUÉ PRÈS DE LAMBARÉNÉ

ALBERT SCHWEITZER HOSPITAL, LAMBARÉNÉ

l'hôpital traite aussi des maladies tropicales comme le paludisme et dispense des soins obstétriques et dentaires. Explorez avec un guide le musée de l'ancien bâtiment pour voir les photos, les tableaux et la maison du médecin, ainsi qu'un petit zoo – où les animaux que vous verrez sont les descendants de ses occupants d'origine. Albert Schweitzer, sa femme et des membres du personnel sont enterrés dans le parc. Il est possible de séjourner dans l'ancien bâtiment restauré du personnel.

Réservez au port une promenade en bateau sur l'Ogooué avant d'aller à Port-Gentil. Présentez-vous sur le quai au moins 1 heure avant le départ (7h tlj ; 7 heures 30). Les gilets de sauvetage sont fournis.

❹ Port-Gentil

Avec ses gigantesques plateformes pétrolières au large, la deuxième ville du Gabon est aussi son pôle économique et industriel. Dotée d'une ambiance décontractée, elle possède des hôtels agréables, de bons bars et restaurants et une longue plage idéale pour se promener.

Prenez l'avion (3-5/jour) pour rallier en 35 minutes Libreville.

ET ENCORE...

Plus loin : lacs de Lambaréné

Louez une pirogue avec un piroguier pour explorer le fleuve et les lacs paisibles dans un luxuriant écrin de forêt tropicale humide. Hormis quelques pêcheurs (et peut-être des hippopotames), l'eau, les arbres et le ciel seront vos seuls compagnons. Une excursion d'une demi-journée permet de découvrir le lac Zilé et ses 30 îles dotées d'une riche avifaune. L'une d'elles est peuplée de cormorans à poitrine blanche. Si vous partez pour la journée, achetez de quoi pique-niquer au marché ou dans un commerce de Lambaréné, et gagnez le lac Azingo, au nord-est, pour voir davantage d'hippopotames, de crocodiles et d'oiseaux. Au retour, vous passerez devant l'hôpital du docteur Schweitzer et sous un pont qui abrite des milliers de chauves-souris.

Louez une pirogue au port de Lambaréné ou à l'hôtel Ogooué Palace.

URECA, VILLAGE HUMIDE DE GUINÉE ÉQUATORIALE

Malabo – Ureca

Si les plages de sable noir bordant une forêt tropicale reculée et intacte, où les tortues pondent leurs œufs, vous attirent, ralliez Ureca, sur l'île de Bioko.

EN BREF

Empreinte carbone (kg/pers) : 27
Distance (km) : 219
Nuits : 3-4
Budget : €€
Quand partir : nov-mars

FORÊT TROPICALE PRÈS DE LUBA

❶ Malabo

La capitale de la Guinée équatoriale se trouve à la pointe nord de l'île de Bioko, au large du Cameroun. Si la ville se distingue surtout par ses larges voies, ses tours de bureaux et ses hôtels de luxe pour cadres du secteur pétrolier, de superbes vestiges de l'architecture coloniale espagnole, dont la Catedral de Santa Isabel d'inspiration gaudienne, se cachent près du port.

Louez un 4×4 avec chauffeur à Malabo pour rallier Moka, à 85 km au sud, en longeant la côte.

❷ Moka

À 1380 m d'altitude, Moka jouit d'un climat plus frais. Ce village que surplombe une ravissante église rose est idéal pour faire une halte et admirer la vue spectaculaire depuis le mirador. À la lisière de la forêt, vous remarquerez les majestueux kapokiers, emblèmes du pays.

Roulez jusqu'à Luba, à 30 km à l'ouest.

❸ Luba

Deuxième ville de l'île de Bioko par la taille, Luba possède un grand port : c'est un endroit de choix pour se régaler de poisson ! Toutefois, c'est avant tout le point de départ vers Ureca qui marquera le temps fort de cet itinéraire.

PLAGE D'ARENA BLANCA À LUBA

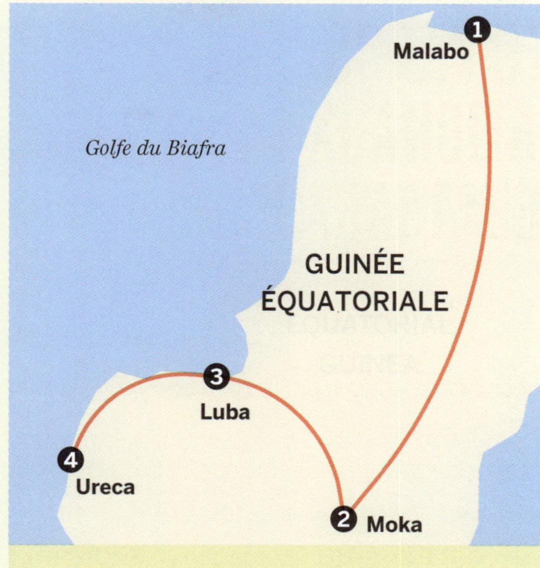

Comptez 1 heure pour parcourir les 26 km de route escarpée entre Luba et le village d'Ureca, sur la côte sud de l'île de Bioko.

4 Ureca

Avec 10,45 m (!) de précipitations annuelles, Ureca est l'un des lieux les plus humides de la planète. Il pleut même durant la saison sèche. Issu d'un partenariat entre la Drexel University de Philadelphie et l'université de Malabo, le Bioko Biodiversity Protection Program (BBPP) dirige un camp de recherches saisonnier, Moaba, qui a pour vocation de protéger les primates et les tortues de mer menacés. Ce camp donne l'occasion de découvrir les travaux de conservation et les actions menées pour la protection de la biodiversité et la promotion de conditions de vie durables auprès de la population locale. Vous pourrez aller de nuit sur des plages reculées où les tortues pondent de novembre à janvier et randonner dans la forêt, autour d'une caldeira peuplée d'oiseaux et de singes – on y trouve notamment le colobe de Pennant, une espèce endémique menacée. Vous dormirez dans de confortables bungalows sur la plage (repas, eau et services des guides fournis).

Pour regagner Malabo (à 78 km), la route à travers la forêt est ardue. Une fois à Luba, il suffit d'aller tout droit en passant par l'université et une mosquée.

ET ENCORE...

Plus loin : le Pico Basilé

Culminant à 3 011 m, le Pico Basilé sur l'île de Bioko est le plus haut pic de Guinée équatoriale. À 6 km après le village de Rebola, une excellente route mène à son sommet. Toutefois, mieux vaut effectuer une partie de l'ascension à pied. Une imposante église avec une statue de la Vierge se dresse à 2 800 m. La vue embrassant le Nigeria et le mont Cameroun est spectaculaire.

Louez une voiture avec chauffeur à Malabo.

Détour : le Wildlife Center de Moka

De Malabo, si vous avez un jour pour découvrir l'île de Bioko et ses animaux, rejoignez le Wildlife Center du BBPP, qui propose des randonnées pour tous les niveaux. Le sentier découverte de 1 km est idéal pour les familles ; sinon, optez pour une demi-journée dans la forêt jusqu'à de belles vallées et des cascades ou pour une ascension plus ardue jusqu'au cratère du lac Biao.

Louez une voiture avec chauffeur entre Malabo et Moka.

LES PARCS NATIONAUX DE MADAGASCAR

FAUNE · BIEN-ÊTRE · SPORT · VIN ET BIÈRE · CUISINE · RESPONSABLE · AVENTURE · CULTURE · SPECTACLES · ARTS · ARCHITECTURE · HISTOIRE · FAMILLE · EN SOLO · COURT SÉJOUR · LONG SÉJOUR · PLAGE · HIVER

Antananarivo – parc national d'Andasibe-Mantadia
Les forêts, rivières et cascades où abondent oiseaux, grenouilles et lémuriens sont accessibles en taxi-brousse d'Antananarivo.

EN BREF
Empreinte carbone (kg/pers) : 15
Distance (km) : 352
Nuits : 2-5
Budget : €€
Quand partir : oct-déc

❶ Antananarivo

Le centre de la capitale animée de Madagascar est dominé par de verdoyantes collines, où des édifices traditionnels et coloniaux abritent d'excellents restaurants et boutiques. Visitez le Rova, le palais royal coiffant le point le plus haut de la ville, d'où se déploie une vue imprenable.

Les taxis-brousse vers l'est partent de la gare d'Ampasapito. Rejoignez d'abord Moramanga (2 heures 45) d'où un autre taxi-brousse vous mènera à Andasibe (45 min). Les taxis démarrent quand ils sont complets.

❷ Andasibe

Le grand village d'Andasibe est entouré de deux parcs nationaux et de réserves. C'est un point de chute idéal pour explorer la région.

Le parc national Analamazaotra, à 1,7 km au nord d'Andasibe, est facilement accessible à pied. Achetez des billets pour les parcs Analamazaotra et de Mantadia, et louez les services d'un guide (obligatoire) au bureau d'Andasibe.

❸ Parc national Analamazaotra

Ce parc assez plat de 8 km^2 de forêt tropicale se visite facilement grâce à quatre sentiers peu difficiles.

PROPITHÈQUES À DIADÈME, PARC NATIONAL DE MANTADIA

DANS LA RÉGION D'ANDASIBE

Il abrite 60 groupes d'indris comptant jusqu'à quatre individus. Vous avez donc de fortes chances d'en voir (et d'en entendre !). Leurs cris vous réveilleront à l'aube. Parmi les autres lémuriens, citons le vari noir et blanc, le maki à front roux, le lémurien laineux, l'hapalémur gris et le propithèque à diadème. Essayez de repérer des caméléons, notamment l'énorme caméléon de Parson. **Louez un vélo à l'hôtel ou prenez un taxi pour le parc national de Mantadia, à 17 km au nord d'Andasibe.**

❹ Parc national de Mantadia

Plus éloigné et moins fréquenté qu'Analamazaotra, ce parc qui dévoile des paysages spectaculaires possède des cascades féeriques, des rivières et un terrain plus accidenté. Suivez le circuit facile de 1,5 km pour nager dans le bassin naturel d'une cascade, et observer des indris et des orchidées. Les autres itinéraires, plus longs et ardus, méritent bien quelques efforts : vous pourrez y croiser indris, avahis laineux, hapalémurs gris et propithèques à diadème. Le caméléon de Parson s'y cache, et les espèces rares de grenouilles et les oiseaux y abondent. **Depuis Andasibe, prenez un taxi-brousse tôt pour revenir à Moramanga (tlj ; 45 min), puis un autre pour Antananarivo (tlj ; 2 heures 45).**

ET ENCORE...

Plus loin : parc à Orchidées

Ce petit parc, où de superbes orchidées fleurissent d'octobre à décembre, borde la route reliant le village d'Andasibe au bureau du parc national. Il compte plus de 100 espèces d'orchidées, dont nombre d'épiphytes, toutes endémiques. Les services d'un guide sont utiles car il n'y a pas de panneaux. C'est un endroit idéal pour apercevoir des caméléons.

L'entrée au parc à Orchidées est gratuite.

Détour : visite nocturne du parc Mitsinjo

Une visite de nuit du parc Mitsinjo, en face du bureau du Parc national, est une occasion fabuleuse d'admirer de rares geckos à queue plate, des caméléons endormis et des lémuriens nocturnes, comme le chirogale à oreilles velues et l'insaisissableaye-aye qui, de son troisième doigt long et fin, déniche des larves dans le bois.

Prévoyez une lampe pour rentrer à l'hôtel – il n'y a pas d'éclairage.

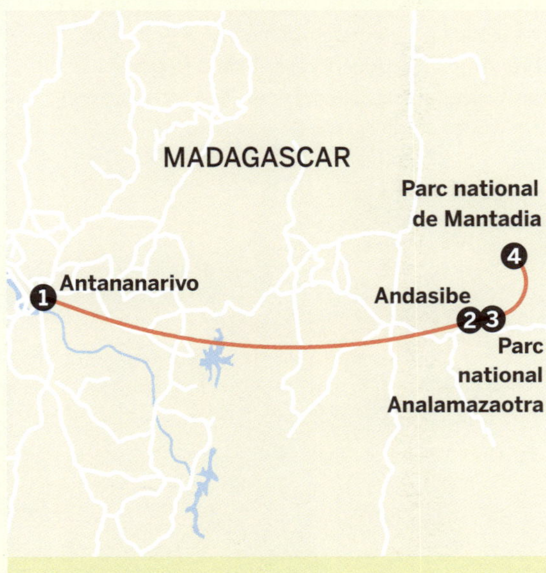

CAP AU NORD DU MAROC

BIEN-ÊTRE · SPORT · VIN ET BIÈRE · **CUISINE** · RESPONSABLE · **AVENTURE** · **CULTURE** · SPECTACLES · ARTS · **ARCHITECTURE** · **HISTOIRE** · FAMILLE · EN SOLO · COURT SÉJOUR · LONG SÉJOUR · PLAGE · HIVER · FAUNE

Casablanca – Moulay Idriss Zerhoun

Ce voyage entre montagnes, vallées et bord de mer vous fera découvrir des souks médiévaux, des médinas, des mosquées et des paysages sublimes.

EN BREF

Empreinte carbone (kg/pers) : 31
Distance (km) : 740
Nuits : 10
Budget : €
Quand partir : avr-juin, sept-oct

❶ Casablanca

La ville la plus moderne du Maroc, principal nœud aéroportuaire du pays, se distingue par ses édifices Art déco néomauresques et sa charmante petite médina. C'est un bon endroit pour prendre le pouls du pays avant de partir vers le nord. Flânez avec les habitants sur la promenade du front de mer et visitez l'imposante mosquée Hassan II, la seule ouverte aux non-musulmans au Maroc.

Prenez le TGV pour Tanger Ville à la gare Casa-Voyageurs (plusieurs/semaine ; 2 heures 10).

***DERB* À CHEFCHAOUEN**

❷ Tanger

À moins de 35 km de l'Europe, Tanger fut au milieu du XXe siècle le refuge d'écrivains, d'artistes et de dissidents politiques. Sa médina blanche récemment rénovée rejoint la casbah crénelée dominant le détroit de Gibraltar. Les vieux cafés qui étaient fréquentés jadis par des rock stars et des écrivains restent très animés.

Réservez un bus CTM pour Chefchaouen (tlj ; 3 heures).

❸ Chefchaouen

Cette ville bleue est particulièrement ravissante avec ses *derb* (allées) bleues et sinueuses ornées de pots de fleurs colorés. La vallée du Rif en toile de fond et le fleuve à proximité ajoutent à son cachet. De par sa torpeur, cette cité qui subjugue les instagrammeurs est un lieu de détente idéal.

Prenez un bus CTM pour Fez (tlj ; 4 heures).

❹ Fès

La vaste médina de Fès est une merveille. Des artisans travaillent dans de minuscules échoppes à l'ombre des minarets, dans des ruelles médiévales où cheminent des ânes lourdement chargés. Ce lieu féerique est aussi idéal pour faire des achats. Explorez-la avec un guide.

BAB EL-MANSOUR, MEKNÈS

Un train de l'ONCF vous conduira à Meknès (1/heure environ ; 40 min).

5 Meknès

Petite sœur de Fès, l'ancienne capitale du pays est plus froide et moins touristique. Passez-y un jour pour visiter ses édifices du XVIIe siècle – les greniers géants de Heri es-Souani et la magnifique porte Bab el-Mansour – datant du règne de Moulay Ismaïl, resté dans l'Histoire comme un sultan particulièrement belliciste et redoutable.

Prenez un grand taxi à l'Institut français de Meknès. Il partira une fois complet (40 min).

6 Moulay Idriss Zerhoun et Volubilis

Perchée sur deux collines verdoyantes au nord de Meknès, Moulay Idriss Zerhoun est un lieu de pèlerinage important. Vous ne trouverez pas ici le cortège de marchands habituel mais des pèlerins cheminant vers le mausolée de Moulay Idriss (interdit aux non-musulmans). La ville, qui est par ailleurs réputée pour ses excellentes keftas, est située à proximité des importants vestiges romains de Volubilis.

Rejoignez Fès pour prendre un train ou un vol intérieur ou international.

ET ENCORE...

Plus loin : Tétouan

Si vous disposez d'un jour ou deux, faites étape à Tétouan entre Tanger et Chefchaouen. Coincée entre la mer et les montagnes du Rif, cette ancienne capitale du protectorat espagnol a conservé de beaux édifices hispano-mauresques et une médina blanche classée au patrimoine de l'Unesco. On y trouve l'École royale d'artisanat et un intéressant Centre d'art moderne.

À Tanger, montez dans un bus CTM (fréquent ; 45 min-1 heure 30).

Détour : Asilah

Asilah se distingue par un côté bohème, une brise marine, une médina paisible et une faible fréquentation. Chaque année, lors du festival d'Asilah (juin/juillet), les murs chaulés de la médina, qui abrite de nombreuses petites galeries, s'ornent de peintures colorées. Des plages de sable, bondées en été et quasi désertes le reste du temps s'étirent à la sortie de la ville.

Plusieurs trains relient Tanger à Asilah (tlj ; 45 min).

TOUR DU LAC VICTORIA, DE L'OUGANDA À LA TANZANIE

SPORT VIN ET BIÈRE CUISINE RESPONSABLE AVENTURE CULTURE SPECTACLES ARTS ARCHITECTURE HISTOIRE FAMILLE EN SOLO COURT SÉJOUR LONG SÉJOUR PLAGE HIVER FAUNE BIEN-ÊTRE

Kampala – Kakamega Forest Reserve
Prenez le volant pour faire le tour des Grands Lacs d'Afrique, en traversant quatre pays et certains des parcs nationaux les plus appréciés du continent.

EN BREF
Empreinte carbone (kg/pers) : 286
Distance (km) : 2 300
Nuits : 20
Budget : €€€
Quand partir : jan-fév, juin-sept

❶ Kampala, Ouganda

S'étirant sur des collines vallonnées au nord du lac Victoria, non loin de la source du Nil Blanc, Kampala est l'une des capitales d'Afrique les plus agréables et les plus faciles à visiter à pied. Le palais Mengo, ancienne résidence des rois du Buganda, rappelle des pans de l'histoire moderne du pays. Des prisons souterraines datent du règne du dictateur Idi Amin Dada.

Prévoyez 2 jours pour atteindre le Volcanoes National Park, à 545 km au sud. Les lacs Mburo et Bunyonyi sont des haltes intéressantes.

❷ Volcanoes National Park, Rwanda

À cheval sur la frontière montagneuse avec la République démocratique du Congo, les forêts luxuriantes du parc national des Volcans abritent des singes dorés, des hyènes et des guibs harnachés, et surtout le gorille des montagnes. Joignez-vous à un trek guidé (permis onéreux) pour un face-à-face avec un dos argenté.

Prévoyez 2 jours pour parcourir 540 km vers le sud-est, franchir la frontière près des chutes de Rusumo et entrer en Tanzanie. Faites une halte à Kigali et contactez le Rubondo Island National Park qui organise les transferts sur l'île. Les touristes en voiture prennent généralement le ferry à Kigongo.

❸ Île de Rubondo, Tanzanie

L'un des lieux les plus beaux (et les plus secrets) de Tanzanie se trouve sur le lac Victoria. Il s'agit de l'île de Rubondo, une réserve où les éléphants, les girafes et les sitatungas (antilopes d'eau) abondent, et où les touristes

AU VOLCANOES NATIONAL PARK, RWANDA

GNOUS DANS LE SERENGETI NATIONAL PARK, TANZANIE

sont rares. Il existe des hébergements simples près de l'accueil et un seul camping de luxe. Réservez tôt.

Comptez 2 jours de plus pour parcourir 515 km vers l'est et rallier l'ouest du parc national de Serengeti.

❹ Serengeti National Park, Tanzanie

La perle des parcs nationaux, le Serengeti, s'étend sur les vastes plaines de la vallée du Grand Rift. La migration des gnous, dont les troupeaux se déplacent au rythme des pluies, est un spectacle fascinant qui attire dans son sillage lions, léopards et hyènes.

Roulez une journée (415 km) vers le nord pour atteindre la Kakamega Forest National Reserve, au Kenya.

❺ Kakamega Forest National Reserve, Kenya

Kakamega est un des derniers vestiges de la forêt tropicale humide qui couvrait jadis l'Afrique de l'Est. La réserve forestière abrite des primates, notamment des colobes, des cercopithèques de Brazza et à diadème : scrutez la canopée pendant une randonnée d'une demi-journée sur l'Isiukhu Trail.

Parcourez 285 km jusqu'à Kampala, et à peu près autant jusqu'à Nairobi. Les aéroports des deux villes sont desservis par des vols internationaux.

ET ENCORE...

Plus loin : îles Ssese, Ouganda

Les îles Ssese, paisible archipel au nord du lac Victoria, sont un havre idéal pour se déconnecter du monde moderne. Le jour, lézardez sur les plages de sable blanc ou dans un hamac ; la nuit, observez les étoiles près d'un feu de camp au bord du lac.

L'île de Buggala, porte d'accès aux îles Ssese, est desservie par un ferry (tlj ; 3 heures 30) depuis le port d'Entebbe, près de Kampala.

Détour : Akagera National Park, Rwanda

Ce parc est un exemple de sauvegarde réussi. Ses marécages et sa savane furent ravagés durant les événements des années 1990. Trente ans plus tard, la faune est de retour : les lions et les rhinocéros noirs, qui ont été réintroduits, côtoient les léopards, les buffles et les éléphants de la région.

Le parc se trouve à 105 km à l'est de la capitale rwandaise, Kigali.

EXPLORER LA TUNISIE ANTIQUE

Tunis – Mahdia

Délaissez les stations balnéaires pour découvrir l'histoire de la Tunisie à travers ses cités antiques accessibles en train, en bus et en taxi.

EN BREF

Empreinte carbone (kg/pers) : 26
Distance (km) : 420
Nuits : 12-14
Budget : €
Quand partir : toute l'année

❶ Tunis

Tunis possède un riche patrimoine historique, des allées tortueuses de sa médina à Sidi Bou Saïd, la bohème. Vous déambulerez parmi les vestiges de son incarnation la plus ancienne, Carthage, la capitale d'Hannibal rasée par les Romains en 146 av. J.-C.

PORT DE BIZERTE

Des trains directs relient Tunis à Bizerte (tlj ; 1 heure 30).

❷ Bizerte

Avec son port en pierre blotti au pied des mosquées et des remparts, Bizerte est plus paisible que Tunis, sa voisine. Flânez un jour ou deux dans les cafés du front de mer, en observant les pêcheurs rentrer avec les prises du matin.

Revenez à Tunis et prenez un bus pour Téboursouk (11/jour ; 2 heures). De là, comptez 10 minutes en taxi jusqu'à Dougga.

❸ Dougga

Les ruines des temples et thermes de Dougga, la ville romaine la mieux conservée d'Afrique du Nord, sont éparpillées sur les montagnes au milieu d'oliveraies. Se tenir sur la place de la Rose des Vents, au pied de hautes colonnes, est un moment inoubliable.

Rebroussez chemin jusqu'à Tunis et prenez un bus pour Kairouan (1/heure ; 2 heures).

❹ Kairouan

Bâtie au VIIe siècle, la Grande Mosquée est l'édifice le plus connu de Kairouan, l'une des quatre villes saintes de l'Islam. Les non-musulmans peuvent jeter un coup

COLISÉE D'EL DJEM

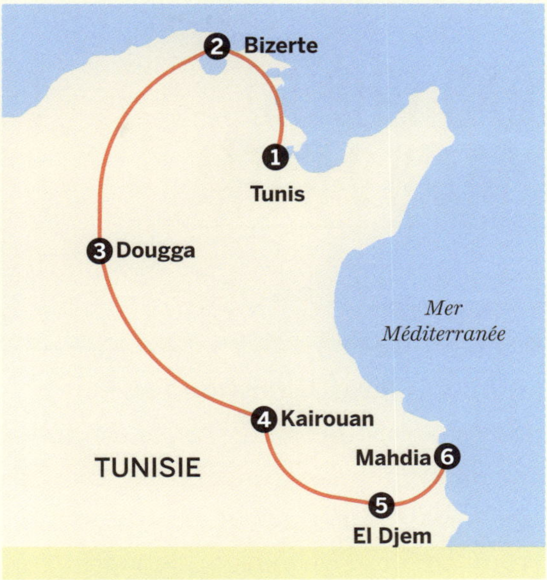

d'œil à sa salle de prière depuis la cour ou se mêler aux pèlerins dans les souks et les allées, et autour des *bab* (portes) de la médina.

À Kairouan, prenez un taxi pour Sousse (1 heure), puis un train pour El Djem (7/jour ; 1 heure).

5 El Djem

Le colisée d'El Djem est presque aussi impressionnant que celui de Rome. Il fut par la suite transformé en forteresse et place de marché. Pourtant, on croirait encore que des gladiateurs viennent tout juste de le quitter. La fosse aux lions vous attend.

D'El Djem, rejoignez Mahdia en taxi (1 heure).

6 Mahdia

Mahdia est peut-être la ville côtière la moins touristique de Tunisie. Avec ses maisons blanches perchées sur une péninsule venteuse et ses plages de sable dominées par de solides remparts ottomans, elle est idéale pour une halte après la visite des vestiges des anciens empires. C'est un grand centre de tissage : allez voir des artisans à l'œuvre.

Des trains directs relient Mahdia à l'aéroport de Monastir (1/heure ; 1 heure) desservi par des vols européens.

ET ENCORE...

Plus loin : Tozeur et le Djerid

La Tunisie offre une belle variété de paysages, des plages méditerranéennes aux dunes du Sahara. Avec ses cités-oasis, ses salants lunaires et ses décors naturels où furent tournées des scènes de *Star Wars*, le Djerid est sa région la plus sauvage. Tozeur est un bon point de départ pour découvrir des canyons ombragés et des cascades secrètes... ou la planète Tatooine.

À Tunis, prenez l'avion pour Tozeur (4/semaine ; 1 heure).

Détour : Djerba

Djerba rappelle une île tropicale qui se serait par erreur éloignée de la côte, avec ses plages de sable blanc et ses eaux turquoise. Il existe une communauté juive dans la ville depuis des temps très anciens et vous pourrez visiter la synagogue de la Ghriba – la plus vieille du continent, ornée de superbes carreaux de faïence d'un bleu lumineux.

De Mahdia, prenez un taxi pour Sfax (1 heure 30), puis un bus pour Djerba (tlj ; 5 heures).

ROAD TRIP AU KWAZULU-NATAL

Durban – Royal Natal National Park

Culture zouloue, faune, plages, randonnées en montagne : découvrez le meilleur de l'Afrique du Sud au cours d'un road trip dans sa province la plus orientale.

EN BREF

Empreinte carbone (kg/pers) : 123
Distance (km) : 989
Nuits : 7-10
Budget : €€
Quand partir : avr-mai, sept-oct

❶ Durban

La partie nord-ouest du KwaZulu-Natal, parfois baptisée Elephant Coast, est peuplée par une faune extraordinaire et englobe les montagnes du Drakensberg. Inutile de s'attarder à Durban, la troisième ville d'Afrique du Sud par la taille : contentez-vous de louer une voiture – même si l'aéroport international est à côté de plages fabuleuses, pour faire du surf et goûter la spécialité, le *bunny chow*, un curry de mouton ou d'agneau servi dans un petit pain blanc.

Louez une voiture à l'aéroport et roulez 210 km vers le nord.

❷ St Lucia et l'iSimangaliso Wetland Park

L'accueillante St Lucia est la porte d'accès à iSimangaliso, la "terre du miracle" en zoulou. Vaste mosaïque de lacs, d'estuaires, de forêts et de savanes au bord de la mer, le parc est une zone humide peuplée de lions, de léopards, d'éléphants, de rhinocéros, de buffles, de zèbres, de nombreux hippopotames et d'innombrables espèces d'oiseaux. De septembre à mars, des milliers de baleines à bosse convergent vers ses côtes.

Poursuivez votre route jusqu'au Hluhluwe-iMfolozi Park, à 73 km à l'ouest.

❸ Hluhluwe-iMfolozi Park

Cette zone protégée, l'une des plus anciennes d'Afrique, est connue pour son projet de sauvegarde du rhinocéros blanc menacé d'extinction. Lors d'un safari à bord de votre propre véhicule, vous verrez une myriade d'animaux : éléphants, buffles, zèbres et rhinocéros blanc ou noir. Cependant, pour vous immerger pleinement dans la nature sauvage, rien ne vaut les randonnées à pied avec des guides expérimentés à travers les étendues d'iMfolozi.

UN *BUNNY CHOW*, LA SPÉCIALITÉ DE DURBAN

ÉLÉPHANT D'AFRIQUE, HLUHLUWE-IMFOLOZI PARK

Parcourez 170 km vers le sud-ouest jusqu'à Isandlwana et Rorke's Drift.

❹ Isandlwana et Rorke's Drift

Rappelant les conflits qui décimèrent la région entre le XIXe et le début du XXe siècle, des sites de batailles, des fortifications, des musées et des mémoriaux sont disséminés dans le centre du KwaZulu-Natal. Parmi les lieux les plus visités et les plus emblématiques, figurent Isandlwana et Rorke's Drift, où les guerriers zoulous et les soldats britanniques s'affrontèrent en 1879.

Le Royal Natal National Park est à 224 km à l'ouest.

❺ Royal Natal National Park

Les escarpements des montagnes du Drakensberg (ou "montagnes du dragon" en afrikaans) évoquent sans nul doute des dragons, et ceux situés dans le Royal Natal National Park comptent parmi les plus spectaculaires. Offrant une vue à couper le souffle sur la falaise dite l'Amphithéâtre, et un accès à de superbes sentiers de randonnée longeant la Tugela Gorge, le Thendele Camp est un lieu de séjour d'exception.

Retournez à l'aéroport international de Durban (312 km) ou gagnez Johannesburg au nord (350 km).

ET ENCORE...

Plus loin : Sodwana Bay

À la pointe nord d'iSimangaliso, la baie de Sodwana, emaillée d'épaves, constitue une formidable destination de plongée. Le récif de corail recèle 1200 espèces de poissons et reçoit la visite saisonnière de requins-baleines, de baleines à bosse et de tortues luths et caouannes. Surf, kitesurf, pêche et plages sont aussi au programme.

Sodwana est à 161 km au nord de St Lucia.

Détour : Giant's Castle Game Reserve

Les montagnes du Drakensberg, les plus hautes du pays, forment un arc déchiqueté à la frontière orientale avec le Lesotho. Plusieurs zones protégées sont sillonnées de sentiers. Partez pour des treks fantastiques à la découverte de la faune – gypaètes barbus et élands du Cap – et des peintures rupestres d'origine san.

Le Giant's Castle Camp est à 154 km au sud-est du Royal Natal NP.

LES ÎLES DU CAP-VERT

São Vicente – Fogo

Partez pour un voyage en ferry à la découverte des vallées luxuriantes, des pics vertigineux et des plages immaculées des îles du Cap-Vert, au large de l'Afrique de l'Ouest.

EN BREF

Empreinte carbone (kg/pers) : 33
Distance (km) : 440
Nuits : 14
Budget : €€
Quand partir : oct-juin

❶ São Vicente

L'île de São Vicente se dresse au nord de l'archipel du Cap-Vert. De jolies plages s'étendent à Calhau, au sud et à Baía das Gatas, à l'est. Le sommet du Monte Verde, qui culmine à 750 m, vous réserve un joli panorama. Toutefois, le principal attrait de l'île est la ravissante ville portuaire de Mindelo aux rues pavées bordées d'édifices colorés datant de l'époque coloniale. Elle est connue pour ses musiciens (la célèbre chanteuse Cesária Évora y est née) et vous entendrez partout résonner les sons mélodieux de la morna, le genre musical traditionnel du pays.

De Mindelo, un ferry de CV Interilhas vous mènera à Porto Novo sur l'île Santo Antão (tlj ; 2 heures).

❷ Santo Antão

Santo Antão affiche le décor le plus spectaculaire du Cap-Vert, avec ses pics vertigineux, ses gorges verdoyantes et ses vallées brumeuses. Elle se prête à de superbes promenades. La grande classique suit le sentier côtier entre Ponta do Sol et la ville de Fontainhas accrochée à une falaise. Vous grimperez sur des collines escarpées en profitant de la vue panoramique sur l'Atlantique. Le village de Paúl situé dans une vallée fertile et la station balnéaire de Ponta do Sol sont de bonnes bases pour explorer l'île.

Revenez à Mindelo par le ferry, puis envolez-vous vers Praia sur l'île Santiago (3/semaine ; 55 min).

VIGNES À L'OMBRE DU PICO DO FOGO

FONTAINHAS, ÎLE SANTO ANTÃO

❸ Santiago

La plus grande île du Cap-Vert englobe tout à la fois des plages de sable, des plaines désertiques, des vallées verdoyantes et un intérieur montagneux. De Praia, sa capitale animée, partez pour une escapade d'une journée à Cidade Velha. Classée au patrimoine mondial de l'Unesco, cette localité abrite les ruines d'un fort du XVIe siècle et d'une cathédrale du XVIIe siècle. Au nord de l'île, la paisible Tarrafal est dotée d'une jolie plage et d'agréables B&B. De belles promenades sont possibles dans la campagne environnante.

Des ferries de CV Interilhas desservent São Filipe sur l'île de Fogo (plusieurs/semaine ; 6 heures).

❹ Fogo

La bien nommée Fogo (feu) renferme le seul volcan actif de l'archipel, le cône éponyme (2 829 m) visible de partout. La charmante ville de São Filipe possède des places fleuries et une plage de sable noir. Sous le volcan fumant, à Chã das Caldeiras, où vit une petite communauté dynamique (qui aime chanter la nuit dans le magasin du village), vous remarquerez des maisons à demi enterrées à la suite d'une éruption en 2015. Des vignes prospèrent dans la campagne alentour.

Regagnez en avion Praia dont l'aéroport accueille des vols internationaux.

ET ENCORE...

PLus loin : Brava

À l'extrême sud-est de l'archipel, le littoral pittoresque et l'intérieurmontagneux de la minuscule Brava se prêtent à de belles balades. Vila Nova Sintra, un village tranquille au milieu de l'île, est un bon point de départ. Le village côtier de Fajã de Água, adossé à la montagne, est d'une beauté inégalée.

Les ferries de CV Interilhas relient Fogo et Brava (3/semaine ; 50 min).

Détour : Maio

Scintillante tel un cristal blanc dans une mer turquoise, Maio possède des plages immaculées, un arrière-pays planté d'acacias et treize villages. Son ambiance décontractée en fait un lieu parfait pour se reposer du voyage. Vous trouverez quelques B&B face à l'océan et des restaurants de poisson sur la plage.

Les ferries de CV Interilhas relient Praia et Maio (3/semaine ; 2 heures 30).

LE MEILLEUR DU SÉNÉGAL

Dakar – Cap-Skirring

Découvrez un captivant mélange de cultures et de superbes paysages tropicaux accessibles en ferry et en bus dans l'un des pays les plus dynamiques d'Afrique de l'Ouest.

EN BREF

Empreinte carbone (kg/pers) : 58
Distance (km) : 1 050
Nuits : 12
Budget : €€
Quand partir : nov-mai

❶ Dakar

Située sur la péninsule la plus occidentale de l'Afrique, la capitale du Sénégal allie avec frénésie marchés, vie nocturne trépidante et quartiers envoûtants. Les activités ne manquent pas : découverte des trésors du musée Théodore-Monod d'Art africain, surf, promenades sur la plage de l'île voisine de N'Gor... Prenez le pouls de la ville au phare des Mamelles du XIXe siècle, qui fait aussi office de restaurant et de scène musicale, et jouit d'une magnifique vue sur l'Atlantique.

ÎLE DE GORÉE

Prenez le ferry au port de passagers de Dakar pour l'île de Gorée (ttes les 1-2 heures ; 20 min).

❷ Île de Gorée

Ce havre de paix sans voitures est de toute beauté, avec ses étroites allées sinueuses et ses demeures coloniales aux balcons en fer forgé drapés de bougainvilliers. Cette apparente sérénité masque un passé tragique et plusieurs sites rappellent le rôle de l'île dans la traite des esclaves. Ce sinistre pan de l'Histoire est retracé dans la Maison des Esclaves, datant du XVIIIe siècle. Aujourd'hui, Gorée accueille une dynamique communauté d'artistes ; des ateliers sont ouverts à la visite.

Revenez en ferry à Dakar et prenez un bus de la Dakar Dem Dik à la gare Liberté 5 pour Saint-Louis (fréquent ; 5 heures).

❸ Saint-Louis

Inscrite au patrimoine mondial de l'Unesco, Saint-Louis est une ville historique au bord du fleuve Sénégal qui se distingue par son ambiance paisible. Des carrioles tirées par des chevaux évoluent ici parmi des édifices coloniaux délabrés. La ville compte quelques curiosités architecturales comme le pont Faidherbe en fonte

DAKAR

du XIXe siècle qui relie l'île au continent. Non loin, le parc national de la Langue de Barbarie est un lieu de choix pour observer les oiseaux.

Revenez en bus à Dakar et passez le nuit sur le ferry menant à Ziguinchor (4/semaine ; 15 heures).

❹ Ziguinchor

Ziguinchor est un ancienne ville coloniale, avec des rues arborées et des marchés animés. Juste à sa périphérie, des communautés vivent au bord d'une petite mangrove. Ziguinchor est connue pour ses festivals. Performances, expositions et autres événements ont lieu toute l'année à l'Alliance Franco-Sénégalaise.

De la gare routière, à 1 km à l'est du centre, prenez un minibus (fréquent ; 2 heures) pour Cap-Skirring.

❺ Cap-Skirring

Avec quelques-unes des plus belles plages d'Afrique de l'Ouest, Cap-Skirring est une superbe destination pour clore votre séjour. Détendez-vous sur le sable, visitez les villages traditionnels des Diolas à l'est, et profitez des bons restaurants et de la vie nocturne.

Des vols directs relient le petit aéroport de Cap-Skirring à Dakar.

ET ENCORE...

Plus loin : lac Retba

À 30 km au nord-est de Dakar, le lac Retba (ou lac Rose) doit sa teinte rose à une forte teneur en sel et à la présence de cyanobactéries. Les dunes qui s'amoncèlent sur les rives ajoutent à la féerie du décor. Les *guesthouses* au bord du lac proposent des sorties en bateau et des balades à cheval.

Le bus n°11 de la Dakar Dem Dik part du terminus Lat Dior pour Keur Massar. Là, prenez le bus n°311 de la DDD jusqu'au lac.

Détour : la Gambie

Le plus petit pays d'Afrique, enclavé dans le Sénégal, possède une côte ravissante aux plages dorées, des villages de pêcheurs et des réserves verdoyantes. Après les plages de Kololi, rejoignez le River Gambia National Park, dans les terres, où vivent plus de 600 espèces d'oiseaux, des lamantins, des hippopotames, des crocodiles et des singes.

Dakar est reliée à Banjul, la capitale de la Gambie (2/jour ; 40 min).

ROAD TRIP CLASSIQUE EN NAMIBIE

SPORT · VIN ET BIÈRE · CUISINE · RESPONSABLE · AVENTURE · CULTURE · SPECTACLES · ARTS · ARCHITECTURE · HISTOIRE · FAMILLE · EN SOLO · COURT SÉJOUR · LONG SÉJOUR · PLAGE · HIVER · FAUNE · BIEN-ÊTRE

Windhoek – Etosha National Park

Ce road trip classique qui fait le tour des plus beaux sites de Namibie offre l'immense privilège d'admirer une nature sauvage peuplée d'animaux, loin des foules.

EN BREF

Empreinte carbone (kg/pers) : 232
Distance (km) : 1 860
Nuits : 14
Budget : €€
Quand partir : avr-oct

❶ Windhoek

La plupart des touristes arrivent dans la capitale namibienne aux accents germaniques via Johannesburg. À l'aéroport, louez une voiture (pas nécessairement un 4×4, malgré les routes gravillonnées) pour prendre la route après une nuit de repos.

Parcourez 300 km vers le sud-ouest jusqu'au parc national de Namib-Naukluft.

❷ Namib-Naukluft National Park

C'est dans l'ouest du pays que les hautes montagnes, les dunes anciennes du désert du Namib et l'Atlantique se rejoignent. Le désert de Sossusvlei, avec ses dunes rouges surplombant d'immenses plaines argileuses craquelées, est le joyau du parc, où vous pourrez aussi faire de sublimes randonnées à pied, à vélo et à cheval, séjourner dans une ferme ou un *lodge* luxueux, et observer les étoiles dans un cadre féerique. Il existe de nombreux hébergements tout autour de Sesriem.

Swakopmund est à 350 km au nord-ouest.

❸ Swakopmund

La station balnéaire de Swakopmund est charmante et singulière, avec ses maisons à colombages germaniques. C'est aussi la capitale des activités de plein air : sortie à VTT, en quad et en 4×4 jusqu'à la côte des Squelettes (Skeleton Coast), sandboard sur les dunes, balades en bateau ou en kayak près de Walvis Bay pour voir dauphins, otaries à fourrure du Cap, flamants ou baleines. Craquez pour quelques pâtisseries allemandes dans l'une des *Bäckerei* de la ville.

Le Damaraland s'étend à 350 km au nord.

SOSSUSVLEI, NAMIB-NAUKLUFT NATIONAL PARK

ETOSHA NATIONAL PARK

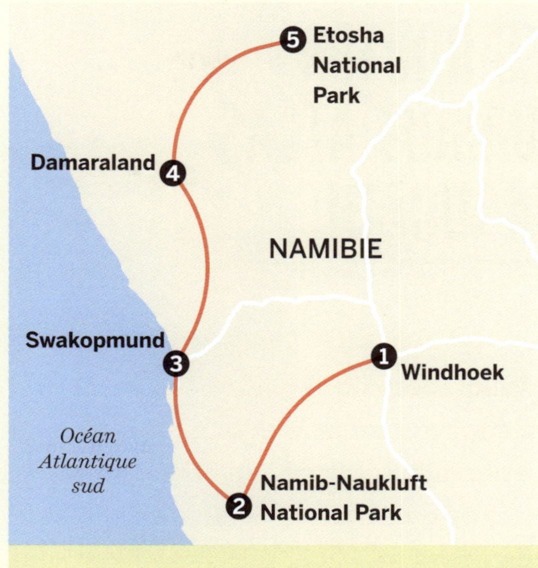

❹ Damaraland

Même si la concurrence est forte en la matière, ces plaines semi-désertiques, montagnes et affleurements rocheux pourraient bien receler la faune et la flore les plus remarquables du pays. Toute la région, en apparence aride, est riche de vie. Le site de Twyfelfontein, orné de gravures rupestres, est classé au Patrimoine mondial. Des *lodges* reculés organisent des safaris pour observer des éléphants du désert, des oryx gazelles, des grands koudous, des élands et des plantes insolites, et pour tenter d'approcher à pied un rhinocéros noir.

Le parc national d'Etosha est à 390 km au nord-est.

❺ Etosha National Park

Le centre de ce parc national est formé par une vaste étendue saline d'un blanc éblouissant. Bien adaptée aux safaris en indépendant, cette vaste réserve abrite près de ses points d'eau, dans son bush épineux et ses bois de mopanes, une multitude d'animaux : rhinocéros noir, troupeaux d'éléphants, lions, léopards, guépards, antilopes, girafes, zèbres et 340 espèces d'oiseaux. Les points d'eau éclairés des campements permettent de les observer de nuit.

Retournez au parc de Windhoek, à 470 km au sud, pour de nouvelles aventures.

ET ENCORE...

Plus loin : Fish River Canyon et Lüderitz

Pour compléter ce circuit, de Windhoek, roulez vers le sud à travers les forêts d'arbres à carquois de Keetmanshoopjusqu'à l'immense Fish River Canyon. Puis direction Lüderitz pour voir des manchots et, dans les terres, une ville fantôme engloutie par le sable.

Keetmanshoop est à 500 km au sud de Windhoek ; Ai-Ais (pour le Fish River Canyon) est à 200 km plus au sud et Lüderitz, à 340 km à l'ouest.

Détour : Waterberg Plateau

À mi-chemin entre Etosha et Windhoek, arrêtez-vous sur le plateaudu Waterberg – avec des falaises de grès rouge, des ravins profonds, des vastes prairies et des forêts mixtes. On peut y faire d'excellentes randonnées, admirer de l'art san et voir de nombreux animaux : léopards, guépards, rare vautour chassefiente...

Le plateau de Waterberg se dresse à 280 km au sud du parc national d'Etosha sur la route de Windhoek.

LES ROUTES DU HAUT ATLAS MAROCAIN

Azilal – Demnate

Découvrez les paysages extraordinaires et les cultures traditionnelles du Haut Atlas lors de ce périple en voiture à l'intérieur du pays.

EN BREF

Empreinte carbone (kg/pers) : 48
Distance (km) : 387
Nuits : 6-8
Budget : €€
Quand partir : juin-oct

❶ Azilal

Partez un jeudi afin de visiter Azilal à l'occasion de son marché traditionnel.

Roulez 98 km sur des routes de plus en plus difficiles le long de la R304 pour une vue panoramique sur le lac de Bin el-Ouidane, prenez la R306 vers l'est puis la R302 vers le sud jusqu'à la réserve naturelle de Tamga.

POTERIES DE DEMNATE

❷ Cathédrale des Rochers

Partez randonner sur les sentiers serpentant à travers la réserve naturelle de Tamga, et sur ceux qui contournent et grimpent à l'imposante masse rocheuse de la Cathédrale des Rochers qui domine l'horizon. Faites halte à l'intéressant jardin botanique près de l'entrée du parc.

Continuez vers le sud sur 45 km jusqu'à Zaouiat Ahansal.

❸ Zaouiat Ahansal

L'architecture traditionnelle du Haut Atlas est mieux préservée ici que partout ailleurs dans la région, grâce au travail de restauration de l'Atlas Cultural Foundation. Les quatre villages de Zaouiat Ahansal dotés de leur *igherm* (ou *agadir* grenier collectif) du XVIIe siècle et d'édifices religieux du XVIIIe siècle ont pour cadre un splendide paysage montagneux.

Suivez la R302 sur 36 km jusqu'à l'embranchement signalé, puis une route de terre sur 26 km jusqu'à la vallée des Aït Bouguemez.

❹ Vallée des Aït Bouguemez

La "vallée heureuse" réjouira les voyageurs en quête de randonnées faciles au fil des villages. Pour un trek plus ardu, partez à l'assaut du massif du M'Goun.

VALLÉE DES AÏT BOUGUEMEZ

Continuez vers l'ouest sur la route de la vallée pour rejoindre la R302 et Aït Bououli (18 km).

5 Aït Bououli

Le long des routes les plus abruptes du Haut Atlas, les villages perchés sur les falaises et les escarpements ocre témoignent de la beauté des lieux et des conditions de vie difficiles dans ces vallées profondes.

Parcourez 57 km vers le nord-ouest sur la R302 via le village perché d'Aït Blel pour rallier Imi n'Ifri.

6 Imi n'Ifri

Traversez à pied le pont naturel en travertin d'Imi n'Ifri surplombant une gorge étroite et baignez-vous avec les habitants dans des sources naturelles riches en minéraux.

Rejoignez Demnate à 7 km au nord.

7 Demnate

Si vous traversez Demnate un dimanche, vous pourrez acheter des olives, des amandes et du miel de la région. Les amateurs de poteries trouveront leur bonheur auprès des artisans du village voisin de Boughlou.

Regagnez Marrakech, à 100 km à l'ouest, où vous trouverez des liaisons internationales.

ET ENCORE...

Plus loin : village de Taghia

Les grimpeurs ont depuis longtemps fait du bucolique village de Taghia, au pied du djebel Oujdad (2 695 m), leur camp de base. Il commence juste à être connu des touristes attirés par la culture et les randonnées d'une journée.

D'Agoudim (Zaouiat Ahansal), suivez la route de terre jusqu'à un embranchement à 2 km après Tighanimine, puis montez sur 5,5 km jusqu'à Taghia.

Détour : cascades d'Ouzoud

Ces cascades de 110 m de haut, où vivent des macaques de Barbarie et qui figurent parmi les sites les plus populaires du centre du Maroc, méritent bien leur popularité. La plupart des visiteurs viennent de Marrakech pour la journée. Restez jusqu'en fin d'après-midi ou la nuit pour profiter de la matinée sans la foule.

Les cascades sont à 28 km d'Azilal.

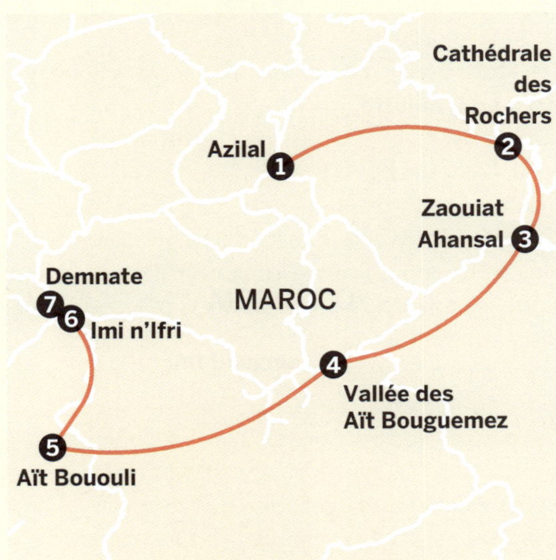

MAURICE À L'ÉCART DES RESORTS

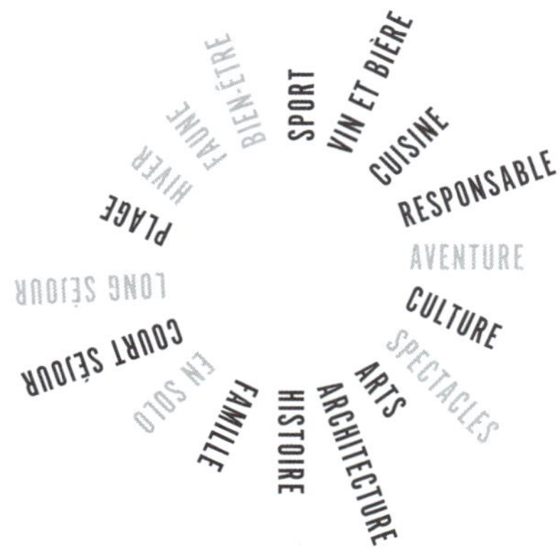

Mahébourg – Grande Rivière Sud-Est

Ce parcours au fil du littoral mauricien et de ses plages fait l'impasse sur les *resorts* au bénéfice d'une expérience plus authentique.

EN BREF

Empreinte carbone (kg/pers) : 28
Distance (km) : 223
Nuits : 7
Budget : €€
Quand partir : mai-déc

❶ Mahébourg

Contrairement à la plupart des visiteurs, qui sautent dans une navette à destination d'un *resort* sitôt débarqués de l'avion, louez une voiture pour rejoindre le charmant village de pêcheurs de Mahébourg, à 15 minutes à l'est. Reprenez des forces dans une *guesthouse* en bord de mer. Faites un tour au marché (le lundi) et visitez le Muséum d'histoire naturelle avant d'entamer le parcours.

De Mahébourg, roulez sur 60 km vers l'ouest jusqu'à La Gaulette.

❷ La Gaulette

Prenez une journée entière pour faire le trajet jusqu'à La Gaulette, sur la côte ouest. Deux itinéraires s'offrent à vous : vous pouvez suivre la route côtière en faisant des pauses baignade sur des plages idylliques, ou prendre au nord sur la B89 à partir de Surinam pour découvrir les panoramas et les sentiers de randonnée du parc national des gorges de Rivière Noire et les étonnantes Terres des Sept Couleurs à Chamarel. À La Gaulette, inscrivez-vous à un cours de kitesurf dans le sublime lagon turquoise du Morne ou embarquez vers l'île aux Bénitiers pour une journée détente sur la plage.

Faites 71 km vers le nord jusqu'à Trou-aux-Biches.

PARC NATIONAL DES GORGES DE RIVIÈRE NOIRE

PLAGE DE TROU-AUX-BICHES

❸ Trou-aux-Biches

La capitale, Trou au Biches, est la base rêvée pour sillonner la côte nord-ouest et faire une excursion d'une journée en bus à Port-Louis. Elle possède en outre de belles plages… et une délicieuse cuisine de rue. Pour venir de La Gaulette, quittez l'A3 à Cascavelle et prenez à droite pour emprunter la route de l'intérieur et éviter ainsi les embouteillages de Port-Louis.

Roulez 60 km en direction du sud-est jusqu'à Grande Rivière Sud-Est.

❹ Grande Rivière Sud-Est

Des paysages paradisiaques se dévoilent le long de la côte est. Après une halte à Poudre d'Or pour voir les pêcheurs débarquer leurs prises, une décision difficile vous attend : le choix de la plage où passer la journée (essayez Belle Mare ou Palmar, par exemple). À Grande Rivière Sud-Est, optez pour un hébergement dans les tentes tout confort d'Otentic, avec un aller-retour gratuit en bateau vers l'île aux Cerfs qui vous ramènera à temps pour un délicieux repas créole.

L'aéroport se trouve à 32 km.

ET ENCORE...

Détour : Port-Louis

Évitez le stress de la conduite dans la capitale mauricienne en prenant le bus pour aller découvrir son patrimoine architectural, sa cuisine de rue et sa scène artistique. Ne manquez pas l'Aapravasi Ghat, un site classé par l'Unesco qui accueillait autrefois les travailleurs sous contrat venus d'Inde.

Des bus relient régulièrement Trou-aux-Biches et Immigration Square, à Port-Louis (1 heure).

Détour : île aux Aigrettes

La Mauritian Wildlife Foundation propose des excursions d'une journée vers cette petite île, sorte d'arche de Noé pour les espèces rares et menacées, où vivent notamment des tortues géantes d'Aldabra, importées des Seychelles pour remplacer les tortues géantesmauriciennes aujourd'huidisparues.

L'embarcadère de Pointe Jérôme (possibilité de laisser sa voiture sur place) est situé au sud de Mahébourg.

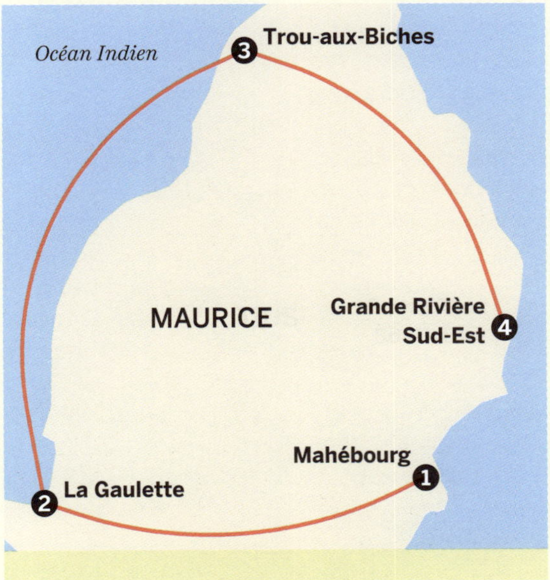

OUGANDA, LA PERLE DE L'AFRIQUE

SPORT · VIN ET BIÈRE · CUISINE · RESPONSABLE · AVENTURE · CULTURE · SPECTACLES · ARTS · ARCHITECTURE · HISTOIRE · FAMILLE · EN SOLO · COURT SÉJOUR · LONG SÉJOUR · PLAGE · HIVER · FAUNE · BIEN-ÊTRE

Kampala – Entebbe

Au programme de cet itinéraire qui vous mènera dans la jungle ougandaise peuplée de gorilles des montagnes : des activités à sensations et des safaris-photos.

EN BREF

Empreinte carbone (kg/pers) : 202
Distance (km) : 1 186
Nuits : 14
Budget : €€€
Quand partir : juin-fév

❶ Kampala

Kampala est le premier point de chute de la plupart des voyageurs. C'est ici que vous pourrez vous procurer les permis nécessaires pour visiter les parcs. Profitez-en pour prendre le pouls de cette ville moderne et cosmopolite, dotée d'une belle scène artistique, de bons restaurants contemporains et d'une vie nocturne animée.

KAMPALA

De Kampala, prenez un bus express pour Jinja (tlj ; 3 heures).

❷ Jinja

Rafting dans des rapides de classe V, saut à l'élastique ou encore *tubing* : destination aventure en plein essor, Jinja est à mille lieues de l'image traditionnelle de l'Afrique. Après une bonne montée d'adrénaline, faites redescendre la pression à l'occasion d'une croisière au crépuscule sur le Nil.

Le Queen Elizabeth National Park est à 460 km de Jinja ; suivez un circuit organisé ou louez un 4×4.

❸ Queen Elizabeth National Park

Un safari-photo est une expérience incontournable en Afrique de l'Est. En la matière, rien ne vaut cet exceptionnel parc national qui englobe plusieurs écosystèmes. Outre les éléphants, les léopards, les chimpanzés et les hippopotames, ses plus célèbres résidents sont sans doute ses lions "grimpeurs" que l'on peut voir somnoler dans les branches des figuiers.

Suivez un circuit organisé ou louez une voiture pour gagner le parc national de la forêt impénétrable de Bwindi (300 km).

GORILLE DES MONTAGNES, BWINDI

❹ Bwindi Impenetrable National Park

Croiser des gorilles des montagnes dans leur habitat naturel est un rêve pour les amoureux des animaux. À Bwindi, vous vous approcherez à quelques mètres seulement de ces grands singes menacés d'extinction, impressionnants et pacifiques, lors de leurs déambulations dans la forêt.

Louez une voiture pour les 78 km entre Bwindi (Buhoma) et Kabale, porte d'accès au lac Bunyonyi.

❺ Lac Bunyonyi

Si l'Ouganda est la perle de l'Afrique, le lac Bunyonyi en est le diamant. Parsemé d'îles, il est entouré de luxuriantes collines en terrasses dans un écrin de nature. Dégustez des écrevisses au coucher du soleil face à ses eaux scintillantes...

Roulez sur 400 km jusqu'à Entebbe.

❻ Entebbe

Finissez votre voyage au bord du lac Victoria, le plus grand et le plus célèbre d'Afrique. Entebbe est une ville agréable et verdoyante, où une réserve accueille des chimpanzés. C'est une excellente dernière étape avant de reprendre l'avion.

L'aéroport international d'Entebbe accueille des vols internationaux.

ET ENCORE...

Plus loin : Mgahinga Gorilla National Park

Au cœur du spectaculaire massif volcanique des Virunga, ce parc est moins touristique que Bwindi. En outre, les permis sont ici plus faciles à obtenir. Les gorilles sont les stars incontestées du lieu, où l'on trouve aussi des singes dorés endémiques. Suivez les sentiers sur les pentes des volcans.

On accède au parc par la ville de Kisoro, à 48 km du lac Bunyonyi et à une journée de route de Kampala (484 km).

Détour : Kibale National Park

Si on vient en Ouganda surtout pour les gorilles, la rencontre avec les chimpanzés de Kibale n'est pas moins mémorable. Il est possible de combiner la visite avec celle du Queen Elizabeth National Park. En outre, le Kibale National Park est également proche des superbes lacs de cratère de Fort Portal.

Ce parc national est situé à 105 km au nord du Queen Elizabeth National Park, sur la route de Jinja.

ZIMBABWE ET ZAMBIE : LES CHUTES VICTORIA

SPORT VIN ET BIÈRE CUISINE RESPONSABLE **AVENTURE** **CULTURE** SPECTACLES ARTS ARCHITECTURE HISTOIRE **FAMILLE** **EN SOLO** **COURT SÉJOUR** LONG SÉJOUR PLAGE HIVER **FAUNE** BIEN-ÊTRE

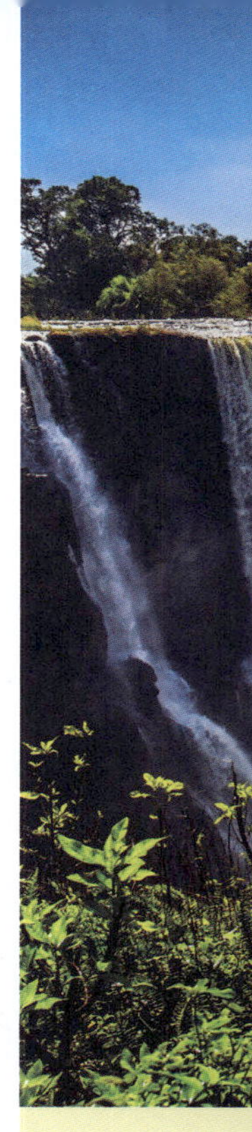

Victoria Falls – Livingstone
Sports extrêmes, faune sauvage et l'une des plus grandes merveilles de la nature : voici le programme de ce voyage entre deux pays accessibles avec le même visa.

EN BREF
Empreinte carbone (kg/pers) : 12
Distance (km) : 73 km
Nuits : 4
Budget : €€
Quand partir : toute l'année

❶ Victoria Falls (Zimbabwe)

Côté zimbabwéen, passez une ou deux nuits dans cette ville touristique détendue, à une courte distance à pied des chutes. Découvrez la culture des Shona et des Ndebele, dégustez une cuisine locale revisitée à la mode contemporaine et profitez du superbe Victoria Falls Hotel.

Gagnez les chutes Victoria à pied (2 km).

RAFTING SOUS LE VICTORIA FALLS BRIDGE

❷ Chutes Victoria

Classées au patrimoine mondial de l'Unesco, ces chutes qui séparent le Zimbabwe de la Zambie forment l'une des frontières naturelles les plus spectaculaires du monde. La puissance prodigieuse de cet immense rideau aqueux, surnommé la "fumée qui gronde", vous laissera à la fois trempé et sans voix.

De retour à Victoria Falls, inscrivez-vous à un safari dans le Zambezi National Park.

❸ Zambezi National Park

Ce parc qui s'étend le long du Zambèze côté zimbabwéen est peuplé d'éléphants, de lions, de girafes, d'hippotragues noirs et de léopards.

De Victoria Falls, marchez sur 3 km jusqu'au pont (la plupart des tour-opérateurs incluent le transport dans leurs forfaits).

❹ Victoria Falls Bridge

Cet emblématique pont au-dessus du Zambèze est au centre d'une multitude d'activités synonymes

LES CHUTES VICTORIA

de poussées d'adrénaline – du saut à l'élastique à la descente des rapides en rafting.

ⓘ **De retour à Victoria Falls, inscrivez-vous à une excursion à Livingstone Island, du côté zambien (avec transport inclus).**

❺ Livingstone Island et Devil's Pool

C'est à Livingstone Island que le célèbre médecin et explorateur David Livingstone (1813-1873) aperçut les chutes pour la première fois. Pour imaginer le frisson qu'il a ressenti, piquez une tête dans le Devil's Pool, le "bassin du diable" perché tout en haut. Du bord, la vue plonge directement sur le torrent d'eau. Nerfs d'acier exigés !

Prenez un taxi pour Livingstone (13 km).

❻ Livingstone, Zambie

Livingstone est la ville de Zambie la plus proche des chutes. Son riche patrimoine culturel, historique et culinaire, et son ambiance tranquille en font une base agréable pour explorer la région.

L'aéroport international de Livingstone est situé à 5 km au nord-ouest de la ville.

ET ENCORE...

Escapade : Hwange National Park (Zimbabwe)

Moins connu que le Kruger ou le Serengeti, ce parc, à 180 km au sud de Victoria Falls, abrite les mêmes animaux, sans la foule. Vous pourrez y observer de gros troupeaux d'éléphants, des lions, des guépards, des léopards, des lycaons, des girafes et 400 espèces d'oiseaux.

Le bus qui va de Victoria Falls à Bulawayo passe par Hwange (tlj ; 2 heures).

Détour : Sinazongwe et lac Kariba (Zambie)

Faites une pause dans votre périple en vous accordant un peu de repos dans cette ville tranquille et pittoresque au bord du lac artificiel Kariba. Au menu : couchers de soleil, plage, canoë et parties de pêche.

Vous devrez louer une voiture ou trouver un chauffeur pour aller de Livingstone à Sinazongwe, sur la rive nord du lac (4 heures 30).

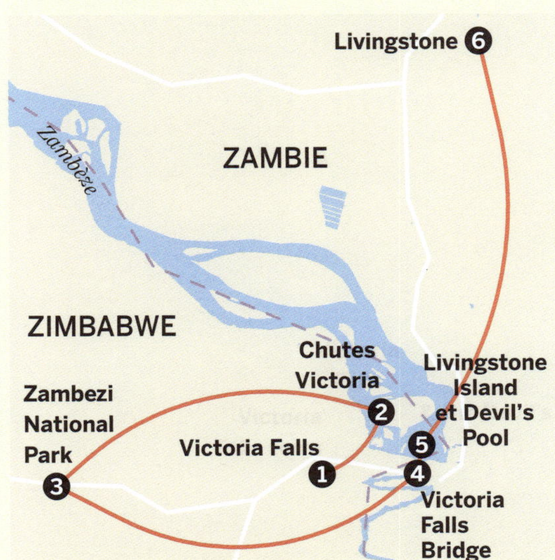

OCÉAN ARCTIQUE
ALASKA
CANADA
ÉTATS-UNIS
MEXIQUE
OCÉAN PACIFIQUE NORD
ÎLES D'HAWAÏ
39
13
33
23
24
29
12
14
20
35
2
38
16
36
15
11
4
18
1
21
34
28
5
30
37
31
7
43
17
44
42
41
40
25
10

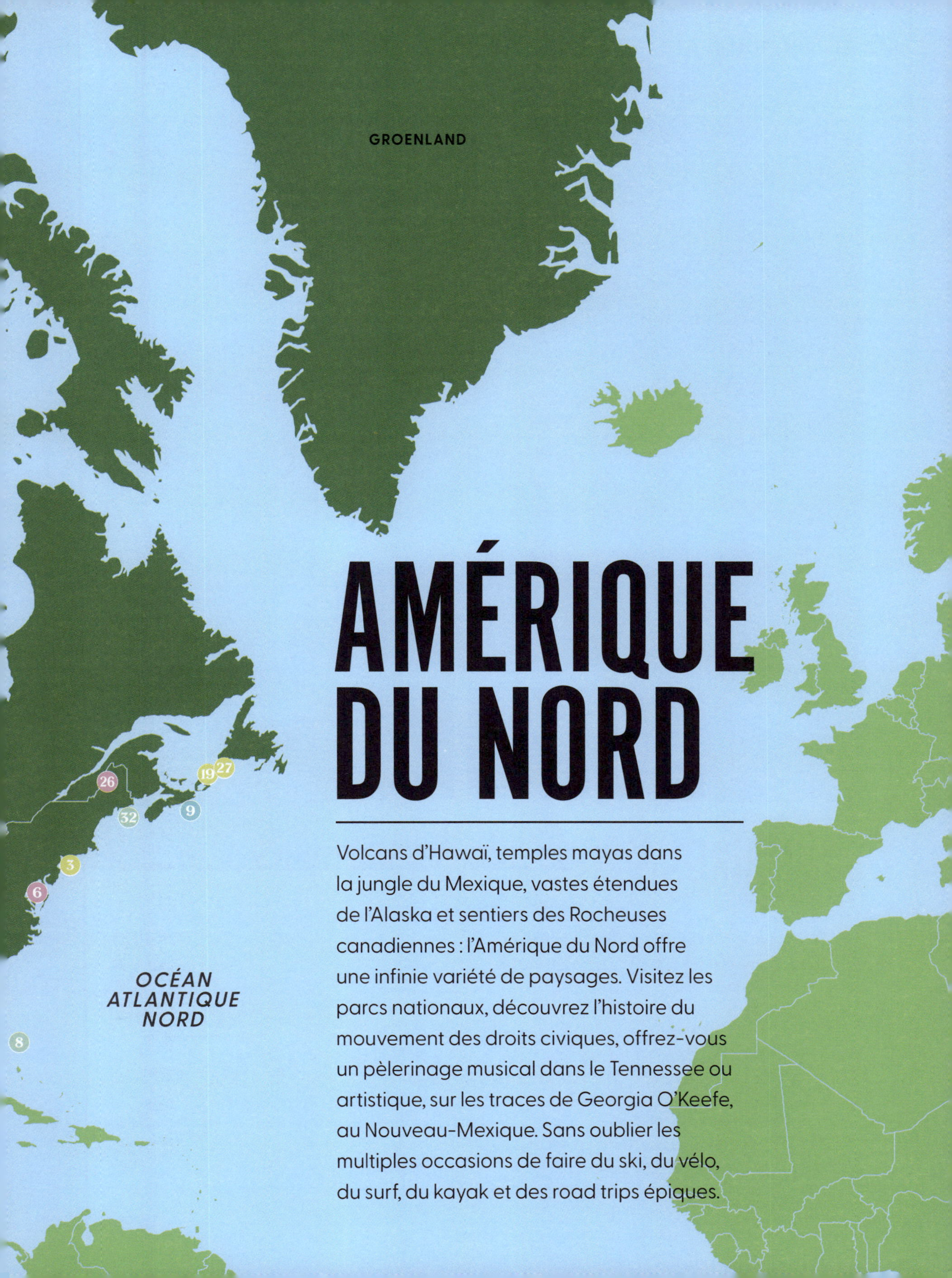

AMÉRIQUE DU NORD

Volcans d'Hawaï, temples mayas dans la jungle du Mexique, vastes étendues de l'Alaska et sentiers des Rocheuses canadiennes : l'Amérique du Nord offre une infinie variété de paysages. Visitez les parcs nationaux, découvrez l'histoire du mouvement des droits civiques, offrez-vous un pèlerinage musical dans le Tennessee ou artistique, sur les traces de Georgia O'Keefe, au Nouveau-Mexique. Sans oublier les multiples occasions de faire du ski, du vélo, du surf, du kayak et des road trips épiques.

CENTRE DE MIAMI, FLORIDE

SOMMAIRE

AUTOUR DE LOS ANGELES EN MÉTRO

SPORT · VIN ET BIÈRE · CUISINE · RESPONSABLE · AVENTURE · CULTURE · SPECTACLES · ARTS · ARCHITECTURE · HISTOIRE · FAMILLE · EN SOLO · COURT SÉJOUR · LONG SÉJOUR · PLAGE · HIVER · FAUNE · BIEN-ÊTRE

Pasadena – Santa Monica

Si, à Los Angeles, la voiture est reine, de nombreux joyaux artistiques et architecturaux, des restaurants du monde et des plages sont accessibles en métro.

EN BREF

Empreinte carbone (kg/pers) : 1,8
Distance (km) : 43
Nuits : 3-5
Budget : €€
Quand partir : toute l'année

❶ Pasadena

Sortez à la station Memorial Park pour découvrir la charmante Pasadena qui se distingue par son architecture – de style Arts and Crafts (Gamble House) au style colonial espagnol (Civic Center) –, ses chefs-d'œuvre artistiques et ses antiquités (Norton Simon Museum), sans oublier ses saveurs asiatiques (partout). Old Pasadena allie boutiques originales et branchées.

Ⓜ **Prenez la ligne L jusqu'à Union Station (15 min).**

❷ Downtown Los Angeles (centre-ville)

Quittez le hall principal d'Union Station, de style espagnol, et empruntez Olvera Street, centre historique de la communauté hispano-mexicaine. Marchez jusqu'à l'impressionnant Walt Disney Concert Hall de Frank Gehry, visitez le Broad et le Museum of Contemporary Art, puis grignotez aux comptoirs de Grand Central Market (1917). Passez la soirée à "DTLA" : il reste tant de choses à voir !

Ⓜ **Depuis la 7th St/Metro Center Station, prenez la ligne E jusqu'à Expo Park/USC (11 min).**

❸ Exposition Park

Petits et grands pourront jouer aux astronautes grâce à la navette spatiale du California Science Center, découvrir des dinosaures et des diamants au Natural History Museum ou explorer l'histoire et l'art des Afro-Américains au California African American Museum. Et bientôt s'ouvrira le Lucas Museum of Narrative Art (fondé par George Lucas, créateur de Star Wars).

GARE ART DÉCO DE LOS ANGELES

SANTA MONICA BEACH

Ⓜ Direction Culver City, sur la ligne E (18 min).

❹ Culver City

Cette ancienne cité-dortoir revendique le titre de "temple du cinéma" – on y trouve les studios Sony (anciennement MGM). Dans le centre historique, allez voir le Culver Hotel (où ont séjourné nombres d'acteurs), le Kirk Douglas Theatre (Art déco) et le nouveau centre Culver Steps. Admirez les boutiques de design de Helms Bakery et les galeries d'art voisines, ainsi que l'époustouflante architecture du quartier Hayden Tract.
Ⓜ Prenez la ligne E jusqu'à Downtown Santa Monica (18 min).

❺ Santa Monica

Santa Monica, la belle du bord de mer, se trouve au bout d'une ligne de métro et de la légendaire Route 66. Sa piste cyclable longeant la mer et sa jetée dominée par une grande roue illustrent de nombreuses cartes postales. Ses magnifiques couchers de soleil sur le Pacifique ont contribué à son succès. Musiciens de rue et hédonistes se pressent sur la Third Street Promenade, tandis qu'une foule branchée apprécie l'ambiance de Main Street et de la chic Montana Avenue.
Ⓜ Santa Monica est un lieu de séjour prisé (mais onéreux), proche de l'aéroport LAX.

ET ENCORE...

Plus loin : Huntington Library, Art Museum and Gardens

Huntington mêle art, littérature, histoire et jardins. On peut y admirer des œuvres de Gainsborough à Warhol, et, dans la bibliothèque, *Les Contes de Canterbury* (XIVe siècle). Visitez ses jardins thématiques (chinois, japonais, du désert…), et prenez un déjeuner léger au salon de thé du Rose Garden.
À 10 minutes en voiture depuis le centre de Pasadena. Réservez un covoiturage.

Détour : Venice Beach

Un vent de folie souffle sur l'Ocean Front Walk de Venice, fascinant défilé (parfois de mauvais goût) d'amateurs de soleil, d'artistes de rue, de cyclistes, de skateurs, de bodybuilders, de diseurs de bonne aventure, de joueurs de tam-tam et de fêtards. En ville, profitez des boutiques branchées et des restaurants de l'Abbot Kinney Blvd ou baladez-vous le long des Venice Canals.
De Santa Monica, longez le front de mer vers le sud à pied ou à vélo.

PARCS NATIONAUX DU NORD-OUEST DU WYOMING

Mammoth Hot Springs – Jenny Lake
Partez pour un road trip à Yellowstone, le premier parc national des États-Unis (et du monde). Après avoir admiré ses geysers et sa faune, direction le Grand Teton.

EN BREF
Empreinte carbone (kg/pers) : 26
Distance (km) : 206
Nuits : 2
Budget : €€€
Quand partir : début mai-début oct

❶ Mammoth Hot Springs

Les merveilles géothermiques et géologiques – bassins calcaires, sources chaudes sulfureuses et terrasses en travertin – du Yellowstone National Park vous réservent de belles surprises. Faites un détour à l'est par la Lamar Valley (40 km) pour apprécier l'étendue du parc (plus vaste que certains États) et apercevoir, avec un peu de chance, des bisons et des wapitis. Restez au moins à 100 m des animaux et soyez patient, car ils encombrent parfois les voies.

Roulez 34 km vers le sud.

❷ Norris Geyser Basin

Arpentez les longues promenades en bois couvrant les deux parties du Norris Geyser. Porcelain Basin est le secteur le plus chaud de Yellowstone et émet des geysers d'eau colorée : verte, bleue, blanche et dorée ! Back Basin, plus vaste, abrite le Steamboat, le plus haut geyser au monde. Si vous avez la chance d'être là quand il entre en éruption, vous verrez l'eau jaillir à plus de 100 m.

En voiture, parcourez 30 km vers le sud.

❸ Grand Prismatic

Grand Prismatic, la source la plus profonde de Yellowstone (37 m) passe pour être le joyau du parc. Des cercles concentriques orange vif, jaunes et verts se forment à sa surface autour de son "œil" bleu central. Suivez la promenade en bois sur 1 km pour l'approcher ou rejoignez Fairy Falls en voiture, puis marchez sur 1,5 km pour l'admirer d'en haut.

Continuez sur 11 km à l'est.

SOURCE GRAND PRISMATIC, YELLOWSTONE

GEYSER OLD FAITHFUL, YELLOWSTONE

❹ Old Faithful
Le plus célèbre geyser d'Amérique doit son nom et sa renommée à la régularité de ses éruptions : environ toutes les 90 minutes (le personnel et une application les annoncent). Échappez à la foule en empruntant les sentiers goudronnés menant à des dizaines de geysers plus petits. Réservez une nuit à l'Old Faithful Inn (ouvert en 1904), le plus vaste édifice en rondins au monde.
Roulez 105 km vers le sud, en franchissant le Continental Divide.

❺ Signal Mountain
Proche du centre de Grand Teton, Signal Mountain (2 314 m) offre une vue époustouflante sur les cinq chaînes montagneuses voisines : Yellowstone Plateau, Teton, Snake River, Gros Ventre et Absaroka. Apportez des jumelles pour admirer la faune.
Roulez 26 km vers le sud-ouest.

❻ Jenny Lake
Creusé dans un glacier, ce lac est le site le plus visité de Grand Teton. Les sentiers de randonnée au milieu des forêts de conifères mènent à des chutes d'eau vertigineuses. Des bateaux navettes, plus rapides, traversent le lac. Séjournez au Jenny Lake Lodge.
Gagnez Jackson à 40 km au sud.

ET ENCORE...

Plus loin : Jackson, Wyoming
Jackson allie grand luxe et ambiance du Far West à l'ancienne. Point de chute des grimpeurs, des cavaliers, des cyclistes (et des skieurs en hiver), elle abrite de bons restaurants, des bars animés et des hébergements huppés. Le National Museum of Wildlife Art expose plus de 5 000 œuvres représentant la faune sauvage.
Jackson est à 8 km au sud du Grand Teton National Park.

Détour : Craters of the Moon National Monument and Preserve, Idaho
Les champs de lave des Craters of the Moon forment un paysage lunaire. Une ascension courte et raide mène à l'Inferno Cone, qui offre une vue sur la Snake River Plain et, par temps clair, sur le Grand Teton. Dans le parc, des sentiers passent par des grottes et des tunnels de lave.
Le parc se situe à environ 460 km au sud-ouest de Yellowstone.

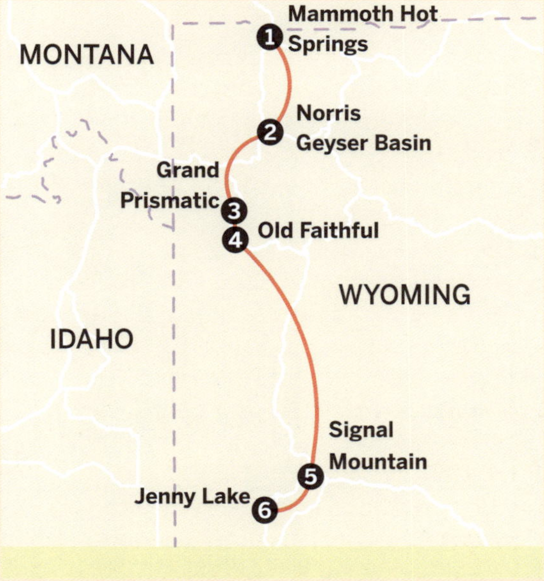

NAISSANCE DES ÉTATS-UNIS

Washington, D.C. – Boston

Ce voyage en train de Washington à Boston, le long de la côte atlantique, est une véritable plongée dans l'histoire de la naissance des États-Unis.

EN BREF

Empreinte carbone (kg/pers) : 14
Distance (km) : 724
Nuits : 8
Budget : €€€
Quand partir : toute l'année

❶ Washington, D.C.

Dans la capitale, une kyrielle de monuments remarquables et de musées gratuits ponctuent les 4 km du National Mall et célèbrent la fondation du pays. Le Washington Monument et le Jefferson Memorial rendent respectivement hommage aux 1er et 3e présidents des États-Unis. Le National Museum of American History et le Capitole mettent en lumière les débuts de la nation américaine. La Maison-Blanche, le Lincoln Memorial et les collections du Smithsonian Castle racontent la suite de cette histoire.

Prenez un train pour Philadelphie (plusieurs par jour ; 2 heures) à l'Union Station.

LINCOLN MEMORIAL, WASHINGTON, D.C.

❷ Philadelphie

Avec ses places élégantes et ses allées pavées, Philly est une jolie ville. Dans ce "berceau du gouvernement américain" où les pères fondateurs signèrent la Déclaration d'indépendance en 1776, l'histoire est à l'honneur. En témoignent, entre autres, l'Independence Hall, l'Independence National Historical Park, le Museum of the American Revolution et le Liberty Bell. Pour reprendre des forces après les visites, la scène culinaire, qui ne se résume plus au fameux cheesesteak, s'est étoffée de nombreux et excellents restaurants.

À la 30th Street Station, prenez le train jusqu'à NYC (plusieurs par jour ; 1 heure-1 heure 30).

❸ New York

"Big Apple", haut lieu de la gastronomie, de la musique, du théâtre, de la mode, de la publicité et des finances, attire les visiteurs du monde entier. La ville compte de nombreux sites historiques liés à la naissance

OLD STATE HOUSE SUR LE FREEDOM TRAIL, BOSTON

de la nation, comme Battery Park, à la pointe de Manhattan, dont les 5 ha accueillent œuvres d'art, jardins et musées. C'est là que des Hollandais s'installèrent en 1623 et que la première batterie de canons fut érigée pour défendre la toute jeune colonie de la Nouvelle Amsterdam. Dévoilée en 1886, l'iconique statue de la Liberté incarne l'égalité des chances et la liberté définies par les pères fondateurs.

Les trains pour Boston partent de Penn Station dans le Midtown Manhattan (plusieurs par jour ; 3 heures 45-5 heures 30).

4 Boston

Boston est sans nul doute la ville la plus chargée d'histoire du pays. Elle fut le théâtre de maints événements liés à la fondation des États-Unis : la Boston Tea Party, la chevauchée de minuit de Paul Revere, la première bataille de la guerre d'Indépendance… Découvrez ces sites le long des 4 km du Freedom Trail, signalé par une ligne rouge au sol de Boston Common à Charlestown, de l'autre côté de la Charles River. Puis installez-vous dans un bar à huîtres ou un café avant de passer une soirée dans un des clubs branchés proches de l'université d'Harvard (1636).

Boston est desservie par de nombreux vols intérieurs et internationaux.

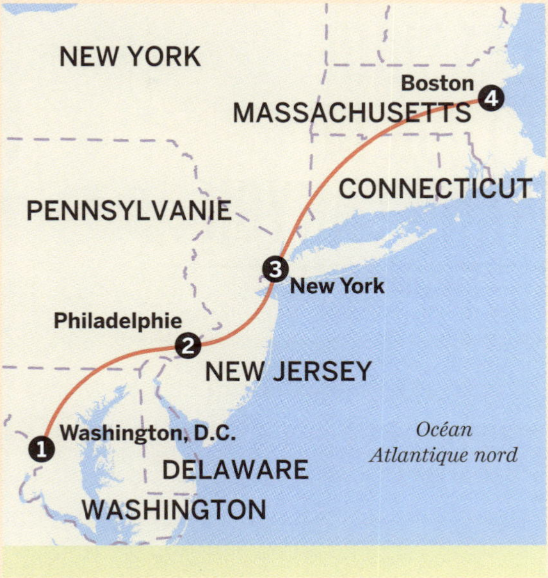

ET ENCORE…

Plus loin : Mount Vernon

Mount Vernon, l'un des sites historiques les plus visités du pays, fut la demeure de George et Martha Washington, premier couple présidentiel des États-Unis. La visite donne un aperçu de la vie dans une plantation au XVIIIe siècle, sans passer sous silence le fait que Washington avait des esclaves. On peut voir les lieux où ces derniers vécurent et le cimetière où ils reposent.

La voiture est le meilleur moyen pour aller à Mount Vernon, à 28 km au sud de Washington, D.C.

Détour : Valley Forge National Historical Park

Après la défaite à la bataille de Brandywine, George Washington se retira avec son armée à Valley Forge. Aujourd'hui, il représente le symbole de sa ténacité et de ses qualités de dirigeant. Historical Park est le site de l'ancien campement, où 2 000 soldats périrent de froid, de faim et de maladies.

Accessible en voiture ou en bus, Valley Forge est à 35 km au nord-ouest de Philadelphie.

ROAD TRIP CLASSIQUE AUTOUR DU GRAND CANYON

Las Vegas – Hoover Dam et Lake Mead

Ce circuit en voiture depuis Las Vegas fait le tour des roches rouges du Grand Canyon, traverse le Nevada et l'Utah, puis l'Arizona avant de revenir dans la "Ville du Péché".

EN BREF

Empreinte carbone (kg/pers) : 272
Distance (km) : 1 360
Nuits : 10
Budget : €€
Quand partir : avr-oct

❶ Las Vegas

Ce road trip classique débute sous les néons du Strip, l'éblouissante vitrine de Las Vegas avec ses fontaines dansantes, son volcan qui crache du feu et sa tour Eiffel, tous proches des casinos. À cela s'ajoutent des concerts, le Mob Museum et d'excellents restaurants.

Roulez juqu'au Valley of Fire State Park, à 74 km au nord-est.

LAC MEAD

❷ Valley of Fire State Park

Les affleurements psychédéliques du parc sont les préférés des photographes, surtout quand ils s'embrasent au lever et au coucher du soleil.

Continuez 200 km vers l'est en traversant l'Utah.

❸ Zion National Park

Les falaises rouges du Zion masquent de gracieuses cascades, d'étroits canyons et des jardins suspendus. Le sentier pour y accéder, au pied de l'Angels Landing Trail, est à déconseiller à ceux qui ont le vertige.

Le parc est situé à 200 km au sud-est.

❹ Grand Canyon National Park – North Rim

Les principales curiosités de ce vaste parc reculé du versant nord sont un lodge bordant le canyon, un terrain de camping, un motel, une épicerie… et des kilomètres de sentiers à travers des prairies fleuries et des bosquets de peupliers faux-trembles et de pins.

Parcourez les 340 km séparant North Rim de South Rim.

❺ Grand Canyon National Park – South Rim

On est d'abord saisi par l'immensité de ce canyon

GRAND CANYON

sculpté par le fleuve Colorado pendant six millions d'années, puis par les strates spectaculaires de roches et enfin par des éléments esthétiques – plateaux accidentés, cimes friables, crêtes carmin – qui attirent le regard. Les promenades au bord de South Rim sont superbes, mais n'oubliez pas de descendre dans le canyon : le South Kaibab Trail est à juste titre très prisé.
Roulez sur 126 km vers le sud.

6 Flagstaff

Porte d'entrée de South Rim, Flagstaff possède un centre-ville (qui se visite facilement à pied) agréable et très éclectique : néons vintage, brasseries artisanales et une poignée d'excellents restaurants. La campagne environnante et les contreforts montagneux se prêtent à une myriade d'activités de plein air.
Le Hoover Dam est à 360 km à l'ouest.

7 Hoover Dam et Lake Mead

À cheval sur la frontière entre l'Arizona et le Nevada, le Hoover Dam, barrage haut de 221 m, aux courbes gracieuses et au style Art déco tranche sur l'austérité du désert alentour. Une route pittoresque serpente le long du lac Mead créé par le barrage.
Achevez votre voyage en retournant à Las Vegas, à 60 km de là.

ET ENCORE...

Plus loin : Bryce Canyon National Park

Les cimes pastel et les colonnes surgissent, tels des mirages. Bien que ce parc soit plus petit que celui de l'Utah, il est peut-être plus saisissant, notamment à l'aube et au crépuscule quand les formations rocheuses se teintent d'orange. Les sentiers abrupts mènent à un amphithéâtre d'aiguilles surnaturelles.
Bryce Canyon est à 116 km à l'est du Zion National Park.

Détour : Horseshoe Bend

Le Horseshoe Bend offre une vue spectaculaire. Là, sans barrière de protection, le fleuve Colorado, 300 m plus bas, forme un U parfait entre les falaises de grès du Navajo : c'est à la fois magnifique et terrifiant. Un sentier de 1 km environ conduit du parking au point de vue.
Comptez 200 km de route entre Grand Canyon North Rim et Horseshoe Bend, au nord-est.

LE MOUVEMENT DES DROITS CIVIQUES

BIEN-ÊTRE · SPORT · VIN ET BIÈRE · **CUISINE** · RESPONSABLE · AVENTURE · **CULTURE** · SPECTACLES · **ARTS** · ARCHITECTURE · **HISTOIRE** · FAMILLE · **EN SOLO** · **COURT SÉJOUR** · LONG SÉJOUR · PLAGE · HIVER · FAUNE

Montgomery – Memphis

Découvrez le mouvement américain des droits civiques au cours d'un circuit en voiture dans les villes clés de l'Alabama, du Mississippi et du Tennessee.

EN BREF

Empreinte carbone (kg/pers) : 92
Distance (km) : 740
Nuits : 6
Budget : €
Quand partir : toute l'année

❶ Montgomery

Le mouvement des droits civiques naquit en 1955 dans la capitale de l'Alabama, quand Rosa Parks refusa de céder sa place à un Blanc dans un bus de la ville – scène reconstituée au Rosa Parks Museum, dans le centre de Montgomery. Pasteur de l'église baptiste de Dexter Avenue (non loin du musée, à l'est), Martin Luther King organisa un boycott des bus qui dura une année. Juste au sud, le Civil Rights Memorial Center est un hommage poignant au mouvement.

Suivez la route de Selma sur 80 km à l'ouest jusqu'au Montgomery National Historic Trail.

❷ Selma

Le 7 mars 1965, surnommé le Bloody Sunday ("dimanche sanglant"), la police de l'Alabama ainsi que des députés blancs récemment élus attaquèrent, avec matraques et gaz lacrymogènes, 500 manifestants pacifiques sur Edmund Pettus Bridge. La scène filmée de la répression fut diffusée dans tout le pays, ce qui joua en faveur du Mouvement des droits civiques. Le National Voting Rights Museum se dresse au sud du pont.

Parcourez 320 km vers l'ouest et le Mississippi.

❸ Jackson

La capitale du Mississippi renferme d'élégants

LORRAINE MOTEL, MEMPHIS

COMMÉMORATION SUR LE EDMOND PETTUS BRIDGE, SELMA

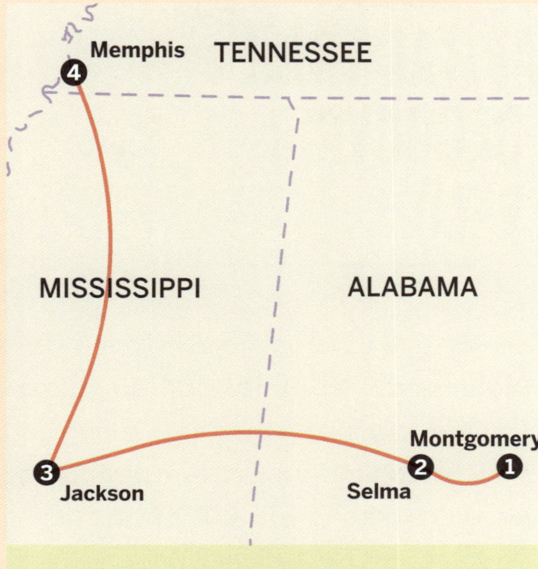

quartiers résidentiels, le Fondren District branché où la gastronomie est à l'honneur, et des zones urbaines délabrées. Dans le Mississippi Civil Rights Museum, dont la création a été saluée, huit salles d'exposition s'emploient avec force à présenter le mouvement américain des droits civiques à travers le prisme de la lutte pour l'égalité dans le Mississippi. Difficile de ne pas être ému devant le fusil qui servit à tuer le militant Medgar Evers en 1963.

Roulez 340 km vers le nord.

4 Memphis

La lutte de Martin Luther King s'interrompit brusquement à Memphis en avril 1968. Venu soutenir la grève des éboueurs noirs locaux, il fut abattu sur le balcon de la chambre 306 du Lorraine Motel, qui fait à présent partie du National Civil Rights Museum. Dans le centre, Beale Street, transformée dans les années 1890 en avenue dédiée à la musique et au divertissement avec ses night-clubs, devint plus tard l'épicentre du blues. Éclectique et moderne, la cuisine fait la renommée de la ville. Outre les vieux restaurants de BBQ et de burgers, on trouve des adresses à la mode dirigées par de grands chefs.

L'aéroport international de Memphis dessert de multiples destinations.

ET ENCORE...

Plus loin : Birmingham

Les militants en faveur des droits civiques lancèrent une campagne contre la ségrégation dans le centre de Birmingham, dans l'Alabama, avec l'aide de nombreux habitants et d'étudiants. La police réagit avec des canons à eau et des chiens d'attaque. Une sculpturae du Kelly Ingram Park immortalise le triaste événement.

Birmingham est située à 146 km au nord de Montgomery.

Détour : le delta du Mississippi

S'étirant au sud du fleuve, le delta est l'endroit où les chants de travail (et d'amour) donnèrent naissance au blues. Allez en écouter au Red's, le *juke joint* de Clarksdale ouvert tard le soir. Dans la ville voisine de Glendora, l'Emmett Till Historic Intrepid Center rappelle le meurtre de Till par deux Blancs, qui furent acquittés par un jury également blanc.

Clarksdale est à 120 km au sud de Memphis.

LE VIRGINIA CAPITAL TRAIL : À DÉCOUVRIR À VÉLO

BIEN-ÊTRE SPORT VIN ET BIÈRE CUISINE RESPONSABLE AVENTURE CULTURE SPECTACLES ARTS ARCHITECTURE HISTOIRE FAMILLE EN SOLO COURT SÉJOUR LONG SÉJOUR PLAGE HIVER FAUNE

Richmond – Colonial Williamsburg
Voyagez dans le passé à vélo le long du Virginia Capital Trail (souvent plat), passant par une plantation du XVIIe siècle et les sites de Jamestown et Colonial Williamsburg.

EN BREF
Empreinte carbone (kg/pers) : 0
Distance (km) : 121
Nuits : 2
Budget : €
Quand partir : mai-oct

COLONIAL WILLIAMSBURG

❶ Richmond

Richmond, la capitale de la Virginie, se distingue par ses restaurants et ses brasseries artisanales, surtout dans le quartier de Scott's Addition. Le Capital Trail part du Great Shiplock Park dans le centre-ville. À vélo, rejoignez l'American Civil War Museum et Belle Isle, une île qui fut une carrière et un camp de prisonniers pendant la guerre de Sécession. Le Capitole, conçu par Thomas Jefferson, et la St John's Church, où Patrick Henry lança : "Donnez-moi la liberté ou la mort !" se trouvent à côté.

Depuis la borne 51,2, début de la piste, pédalez jusqu'à la borne 30 et l'embranchement vers la Shirley Plantation.

❷ Charles City County

Bâties avec l'argent de l'esclavagisme, les superbes demeures des premières familles de Virginie reflètent la division des classes de l'époque. Un grand nombre d'entre elles bordent le Capital Trail sur la rive nord de la James River. Datant de 1613, la Shirley Plantation est la plus grande propriété coloniale intacte de Virginie. L'Upper Shirley Vineyards, voisin, est un domaine viticole pittoresque. Non loin, à l'est, la Berkeley Plantation fut le théâtre du premier Thanksgiving officiel en 1619. Un des signataires de la Déclaration d'indépendance y vécut.

Allez jusqu'à la borne 0 pour atteindre Jamestown.

VIRGINIA STATE CAPITOL, RICHMOND

❸ Jamestown

En 1607, un groupe de 104 Anglais débarquèrent sur cette île marécageuse avec une charte de la Virginia Company of London leur enjoignant de chercher de l'or – et d'autres richesses. Au début de l'année suivante, seuls 40 d'entre eux avaient survécu. Ils fondèrent la première colonie anglaise en Amérique du Nord, aidés par des Powhatans, natifs de la région, qu'ils massacrèrent par la suite. Aujourd'hui, le Jamestown Settlement présente une reconstitution du fort, d'un village amérindien et de navires des colons. Non loin, le Historic Jamestowne est le site d'origine de Jamestown.

Depuis la fin de la piste, parcourez 11 km vers le nord jusqu'à Colonial Williamsburg.

❹ Colonial Williamsburg

La capitale restaurée de la plus grande colonie anglaise du Nouveau Monde est devenue un musée d'histoire où l'on vit, respire et travaille. Le domaine de 12 ha abrite quelque 88 édifices du XVIIIe siècle, où des personnes en costume donnent aux visiteurs un aperçu de la vie à l'époque coloniale. Des tavernes à l'ancienne servent, comme il se doit, des plats d'antan, et les restaurants plus modernes ne manquent pas dans le Merchants Square voisin.

Pédalez ou revenez en train à Richmond.

ET ENCORE...

Excursion : un jour à Monticello

Situé à Charlottesville et conçu par Thomas Jefferson, père fondateur et troisième président des États-Unis, Monticello est un chef-d'œuvre. C'est la seule demeure des États-Unis classée au Patrimoine mondial. Les visites ne cachent pas la part apportée par les esclaves qui y vivaient et y travaillaient.

Pour aller à Monticello, à 112 km à l'ouest de Richmond, choisissez la voiture ou un circuit organisé.

Excursion : un jour à Yorktown

Le 19 octobre 1781, le général britannique Cornwallis capitula devant George Washington à Yorktown, mettant fin à la guerre d'Indépendance. Les expositions multimédias du Museum of the American Revolution font revivre la guerre. Le tente de George Washington est exposée sur place.

Yorktown, à 19 km au sud-est de Colonial Williamsburg, est accessible à vélo.

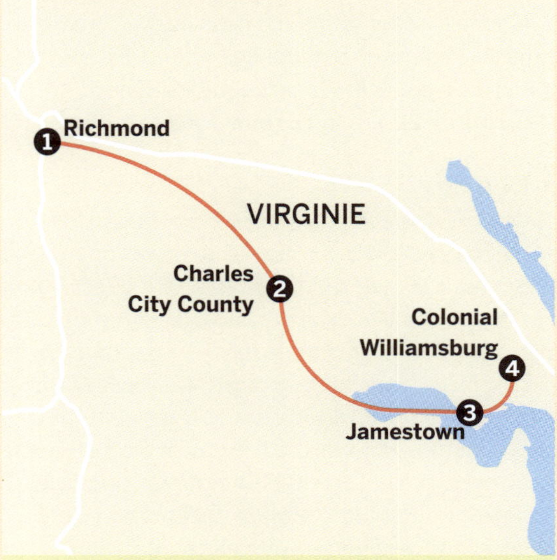

MELTING-POT CULINAIRE LE LONG DU GOLFE DU MEXIQUE

La Nouvelle-Orléans – Houston
Ce road trip gastronomique et festif vous transporte vers les zones marécageuses de la Louisiane et du Texas, ainsi que leur épatant melting-pot humain et culinaire.

EN BREF
Empreinte carbone (kg/pers) : 110
Distance (km) : 550
Nuits : 3
Budget : €€
Quand partir : fév-avr

❶ La Nouvelle-Orléans

Aucune ville n'est un tant soit peu comparable à l'envoûtante Nouvelle-Orléans. La ville allie de beaux bâtiments de l'époque coloniale et une grande ouverture culturelle. Parmi ses restaurants éclectiques figurent des institutions de la cuisine créole telles que le Dooky Chase et le Willie Mae's, où l'on sert le meilleur poulet frit qui soit. D'autres adresses moins traditionnelles sont tout aussi délicieuses, comme le Marjie's Grill qui marie influences du Sud-Est asiatique et plats du sud des États-Unis sans les dénaturer.
Parcourez 20 km vers l'ouest jusqu'à Kenner.

❷ Kenner

Cette banlieue de La Nouvelle-Orléans possède peu de curiosités, mais accueille un grand nombre de nouveaux immigrants qui participent à l'économie de la région et introduisent un mélange cosmopolite de saveurs nouvelles dans la cuisine de tous les jours. D'excellents restaurants bon marché et accueillants servent des plats du monde entier. Nombre d'entre eux bordent Williams Blvd à l'aspect industriel. Goûtez un poulet au piment au Little Chinatown, un *pastel de carne* (chausson à la viande) au Brazilian Café ou une *fritanga*, généreux plat nicaraguayen au fromage frit et aux viandes rôties, au Nola Nica.

Parcourez 200 km à l'ouest en Pays cajun jusqu'à Lafayette après le marécage d'Atchafalaya Basin.

LE QUARTIER FRANÇAIS, LA NOUVELLE-ORLÉANS

ÉCREVISSES À LA MODE DE LA NOUVELLE-ORLÉANS

❸ Lafayette

Le Pays cajun (de Cadien, habitant d'Acadie) est une région ancrée dans le folklore américain. Chassés par les Anglais, des Acadiens du Canada la peuplèrent au XVIIIe siècle. Ils sont à l'origine d'une culture profondément liée aux bayous du sud de la Louisiane, ainsi que d'une cuisine et d'une musique particulières. Allez assister à un concert entraînant au Blue Moon Saloon, la scène musicale la plus prestigieuse de Lafayette, puis dégustez des œufs au boudin au magnifique French Press.

Ralliez Houston, à 330 km à l'ouest, en passant de la Louisiane au Texas.

❹ Houston

La ville tentaculaire de Houston est l'une des plus multiethniques au monde, et sa scène culinaire en est le reflet. Vous apprécierez le biryani (plat complet de riz), semblant venu tout droit de Hyderabad, du Biryani Pot, le bouquet de saveurs de la cuisine végétarienne vietnamienne du Duy Sandwiches, le savoureux *jollof* (riz wolof d'Afrique de l'Ouest) du Baba Jollof et les succulentes écrevisses arrosées de sauce à l'ail du Crawfish & Noodles.

L'aéroport de Houston est desservi par des vols internationaux.

ET ENCORE...

Plus loin : Barataria Preserve

Cette partie du Jean Lafitte National Historical Park s'étend à une courte distance au sud de La Nouvelle-Orléans. Des passerelles en bois partent du centre d'accueil et sillonnent une région envoûtante de forêts de cyprès et de sombres marais. Les alligators sont nombreux, mais parfois tapis dans la végétation.

La Barataria Preserve est à 30 km au sud de La Nouvelle-Orléans.

Détour : Chicot State Park

La culture de la région est étroitement liée à son cadre naturel, et ce parc d'État autour des rives du lac Chicot est idéal pour admirer la splendeur des forêts et des marais du sud de la Louisiane. Les bungalows (sur pilotis) au bord de l'eau sont un excellent choix d'hébergement.

Le Chicot State Park est à environ 80 km au nord de Lafayette.

SPLENDEURS DU SUD DE LA FLORIDE

VIN ET BIÈRE
CUISINE
RESPONSABLE
AVENTURE
CULTURE
SPECTACLES
ARTS
ARCHITECTURE
HISTOIRE
FAMILLE
EN SOLO
COURT SÉJOUR
LONG SÉJOUR
PLAGE
HIVER
FAUNE
BIEN-ÊTRE
SPORT

Miami – Key West

Art et architecture à Miami ou fascinant spectacle de la vie quotidienne à Key West : le sud de la Floride est une région où culture rime souvent avec contre-culture.

EN BREF

Empreinte carbone (kg/pers) : 62
Distance (km) : 322
Nuits : 5
Budget : €€
Quand partir : mars-mai

❶ Miami

La "ville magique" offre un fascinant mélange d'influences hispanophones des Caraïbes, d'un style de vie à l'européenne et d'un état d'esprit américain. Prenez le temps de visiter Wynwood, quartier-musée à ciel ouvert émaillé de galeries et de street art, et de flâner à Little Havana, où les premiers résidents cubains ont été rejoints par des immigrés du monde entier.

Louez un vélo et suivez la MacArthur Causeway du centre jusqu'à Miami Beach (12 km) ou prenez un taxi.

EVERGLADES NATIONAL PARK

❷ Miami Beach

Miami Beach est à la fois une île et une ville distincte de la Miami continentale. Néanmoins, les longues plages de sable fin, les superbes édifices Art déco et les néons d'Ocean Drive ont fait d'elle la véritable "Miami". Admirez les splendides hôtels jalonnant Collins Avenue de Lincoln Road à 24th Sreet, et promenez-vous sur le front de mer le long d'Ocean Drive jusqu'à South Beach.

Louez une voiture pour rejoindre les Everglades, à 90 km au sud de Miami.

❸ Everglades National Park

Le sud de la Floride occupe une prairie inondée en saison et parsemée de hammocks (bosquets) de forêt subtropicale. Les "rivières d'herbes" les mieux conservées se trouvent dans le parc national des Everglades, joyau du National Park Service, combinant zones humides, horizons sans fin et faune digne d'un

OCEAN DRIVE, MIAMI BEACH

zoo, tels les dizaines d'alligators du Royal Palm Visitor Center.

Roulez sur 90 km vers le sud pour prendre l'Overseas Hwy et rejoindre les Keys de Floride.

4 Islamorada

L'archipel des Keys de Floride compte plus de 880 îles dont seule une trentaine est habitée. Les plus grandes localités sont reliées au continent par l'Overseas Hwy. Au centre des Keys, l'originale Islamorada englobe les mangroves et les vasières d'Anne's Beach, ainsi que les marchés, galeries d'art et bateaux de pêche de Robbie's Marina, ce qui fait d'elle une halte agréable en cours de route.

Comptez encore 130 km pour gagner Key West.

5 Key West

La ville la plus méridionale du continent américain est splendide avec ses maisons anciennes, ses palmiers oscillant au gré du vent et ses couchers de soleil aux tons rose, rouge et orange. Duval Street, la principale artère, est connue pour ses galeries d'art, ses restaurants et ses soirées où le rhum coule à flots. Et ne manquez pas de goûter la *Key lime pie* là où elle aurait été créée.

L'aéroport de Key West dessert plusieurs villes américaines, sinon revenez à Miami en voiture.

ET ENCORE...

Plus loin : Shark Valley

L'immense Everglades National Park s'étend de la péninsule de Floride au golfe du Mexique. En empruntant le Tamiami Trail (US-41) vers l'ouest de Miami, on quitte la prairie humide pour entrer dans une forêt inondée à Shark Valley. Un circuit en tram permet d'observer la faune.

Shark Valley se trouve à environ 65 km à l'ouest de Miami.

Détour : Key Largo

Le John Pennekamp Coral Reef State Park se trouve à Key Largo, la plus septentrionale des principales îles habitées. C'est l'un des plus beaux sites de plongée des États-Unis. Tout est fait pour vous attirer dans l'eau. Si vous rechignez à enfiler des palmes, faites une promenade dans un bateau à fond transparent.

Le parc est à environ 100 km au sud de Miami, juste à côté de l'Overseas Hwy.

UN PÉRIPLE AU CANADA ATLANTIQUE

VIN ET BIÈRE
CUISINE
RESPONSABLE
AVENTURE
CULTURE
SPECTACLES
ARTS
ARCHITECTURE
HISTOIRE
FAMILLE
EN SOLO
COURT SÉJOUR
LONG SÉJOUR
PLAGE
HIVER
FAUNE
BIEN-ÊTRE
SPORT

Halifax – St John's

Ce circuit en voiture au Canada atlantique dévoile un monde maritime de vent salé et de violentes tempêtes, où le panorama est spectaculaire et l'accueil chaleureux.

EN BREF

Empreinte carbone (kg/pers) : 228
Distance (km) : 1 458
Nuits : 7
Budget : €€
Quand partir : août-oct

❶ Halifax

La plus grande ville des provinces maritimes canadiennes est un port de mer animé. Ne manquez pas le lieu historique national de la citadelle d'Halifax, une citadelle en forme d'étoile qui joua un rôle clé dans l'histoire de la province. L'Halifax Central Library est une bibliothèque ultramoderne constituée de cubes de verre et de terrasses. Quant au musée canadien de l'Immigration du Quai 21, il célèbre la diversité de la nation canadienne.

La ville de Lake Charlotte est située à 62 km à l'est.

❷ Lake Charlotte

Le patrimoine de la Nouvelle-Écosse est à l'honneur au Memory Lane Heritage Village, reconstitution d'une communauté de la côte atlantique des années 1940, avec une école, une église et une ferme. Les édifices ont été soit déplacés, soit méticuleusement restaurés. L'ambiance conviviale est idéale pour les familles.

Suivez la Transcanadienne sur 250 km jusqu'à Port Hastings, aux portes de l'île du Cap-Breton.

❸ Île du Cap-Breton

Cette île en tous points exceptionnelle est reliée au continent par une digue, la Canso Causeway. L'influence gaélique est une évidence lorsqu'on roule sur le Ceilidh Trail, où se trouve la Glenora Inn & Distillery, première distillerie de whisky single malt en Amérique du Nord. Le Ceilidh est relié au Cabot Trail, superbe route panoramique traversant le parc national des Hautes-Terres-du-Cap-Breton, où on peut admirer des pygargues et des cétacés évoluant au large.

PHARE DE CHÉTICAMP, ÎLE DU CAP-BRETON

ST JOHN'S, TERRE-NEUVE

Prenez le ferry (3/semaine ; 16 heures) à North Sydney en Nouvelle-Écosse pour Argentia sur l'île de Terre-Neuve.

4 Irish Loop

Située à l'extrémité est du Canada, Terre-Neuve est une contrée sauvage battue par les vents. Elle compte des habitants très accueillants. Depuis Argentia, rejoignez l'Irish Loop, fabuleux circuit qui longe les falaises et les montagnes verdoyantes de la péninsule d'Avalon. À Witless Bay, faites une excursion en bateau pour approcher quelques-unes des plus grandes colonies d'oiseaux marins au monde.

Suivez l'Irish Loop jusqu'à St John's à 300 km.

5 St John's

La capitale de la province de Terre-Neuve est composée de charmantes maisons colorées à flanc de colline. Visitez The Rooms, un musée merveilleusement conçu offrant un bel aperçu de Terre-Neuve et de la vaste région du Labrador, à l'ouest de l'île. Puis partez en randonnée pour sentir l'air du large jusqu'au Signal Hill National Historic Site. Cette forteresse offre une vue spectaculaire sur St John's.

Des vols relient St John's à d'autres villes du Canada et du monde.

ET ENCORE...

Plus loin : Mistaken Point Ecological Reserve

À la pointe sud-est de l'Irish Loop, la réserve écologique de Mistaken Point revêt une grande importance sur le plan géologique avec le promontoire de Mistaken Point, un site fossilifère de l'Édiacarien (Précambrien) présentant les plus anciens vestiges connus de la vie multicellulaire sur la Terre.

Mistaken Point est à environ 150 km au sud de St John's.

Détour : Cape Spear

Le point le plus oriental du Canada (et de l'Amérique du Nord – car plus loin, c'est l'Europe) est indiqué par le Cape Spear Lighthouse National Historic Site, perché au-dessus de l'Atlantique. La vue est dégagée depuis le phare du cap Spear, l'air aussi vivifiant qu'on s'y attend, et des icebergs flottent souvent sur les vagues grises.

Le phare est à 16 km à l'est de St John's sur la sinueuse Black Head Rd.

SPORT · VIN ET BIÈRE · CUISINE · RESPONSABLE · AVENTURE · CULTURE · SPECTACLES · ARTS · ARCHITECTURE · HISTOIRE · FAMILLE · EN SOLO · COURT SÉJOUR · LONG SÉJOUR · PLAGE · HIVER · FAUNE · BIEN-ÊTRE

DEUX ÎLES HAWAÏENNES

Kailua-Kona, Big Island – Waimea, Kaua'i
Ce voyage englobe les volcans et des sites historiques de Big Island et les merveilles naturelles de l'île plus petite de Kaua'i.

EN BREF
Empreinte carbone (kg/pers) : 102
Distance (km) : 791
Nuits : 8-12
Budget : €€€
Quand partir : mai-sept

❶ Kailua-Kona, Big Island

Une fois arrivé à l'aéroport international de Kona, partez à la découverte des sites historiques situés sur la côte sous le vent de Big Island, tel l'élégant Hulihe'e Palace, bâti en 1838, qui servit de résidence d'été à la famille royale d'Hawaii.

WAIMEA CANYON, KAUA'I

Non loin, le Kaloko-Honokohau National Historical Park abrite des pétroglyphes, et une plage paisible.

Volcano se trouve à 200 km à l'est de Kailua-Kona.

❷ Volcano, Big Island

Après la spectaculaire côte de Hamakua et la ville décontractée de Hilo, le village bohème de Volcano, entouré de forêts, est un point de départ pour explorer l'Hawai'i Volcanoes National Park. Randonnez une journée sur le Crater Rim Trail, le sentier menant en haut du Kilauea, puis prenez le volant sur la Chain of Craters Raod à travers les champs de lave, jusqu'à la surprenante arche marine de Hōlei.

Parcourez 140 km vers l'ouest le long de la côte sud et de la plage de sable noir de Punalu'u.

❸ Captain Cook, Big Island

En revenant sur la côte ouest de l'île, arrêtez-vous pour déjeuner au Hana Hou, le restaurant le plus méridional des États-Unis. Poursuivez votre route jusqu'à la localité de Captain Cook située sur un versant de colline entouré de plantations de café. C'est un lieu idéal pour faire de la plongée près des rochers de Two Step Beach et pour louer un kayak et traverser la baie de Kealakekua jusqu'à l'endroit où l'explorateur britannique James Cook fut tué en 1779.

TORTUE VERTE, BIG ISLAND

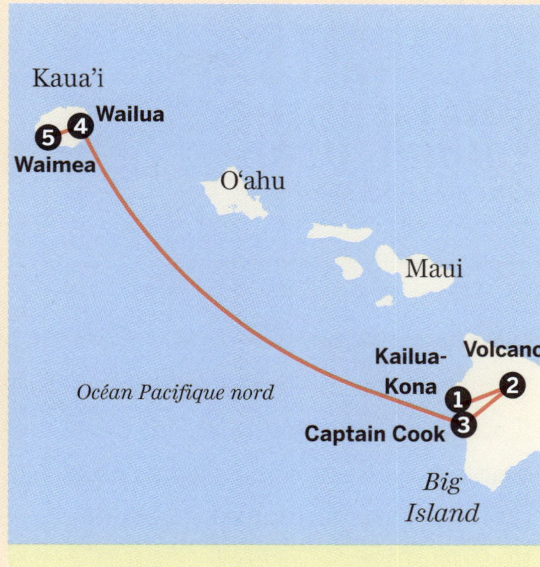

Retournez à Kailua-Kona à 30 km au nord. Envolez-vous pour Lihu'e sur l'île de Kaua'i (tlj ; 1 heure). Là, roulez 10 km vers le nord jusqu'à Wailua.

❹ Wailua, Kaua'i

Les cottages et B&B de Wailua sont des lieux de séjour parfait pour explorer la côte est de Kaua'i. Remontez en kayak la rivière Wailua, sacrée. Allez admirer les cascades et faites une courte balade dans la forêt, puis rendez-vous en voiture à Kapa'a, au nord, pour louer un vélo et parcourir le Ke Ala Hele Makalae Path, jusqu'à l'immense plage de Paliku. De retour à Kapa'a, profitez des food trucks pour vous rassasier.

Waimea est à 48 km à l'ouest.

❺ Waimea, Kaua'i

Logez aux Waimea Plantation Cottages, une ancienne plantation, puis empruntez le spectaculaire Waimea Canyon Drive, en vous arrêtant aux points de vue pour contempler les cascades. Poursuivez votre route jusqu'à Pu'u o Kila, qui offre une belle vue sur la côte de Na Pali. À Port Allen, embarquez sur un catamaran pour une sortie voile et plongée, et admirez les sommets déchiquetés et les vallées du Na Pali depuis l'océan.

Retournez à Lihu'e et envolez-vous pour Honolulu.

ET ENCORE...

Excursion : un jour à Hanalei

Sur la côte nord de Kaua'i, la baie d'Hanalei cache une des plus belles plages de l'île. Découvrez l'ambiance bohème du village, ses food trucks et ses cafés branchés, avant une excursion de deux jours sur le Kalalau Trail. Si vous n'avez qu'une journée, un sentier plus court part de Ke'e Beach jusquà Hanakapi'ai Beach. De retour à Hanalei, prenez un verre au bar Tahiti Nui.

Hanalei est à environ 40 km au nord de Wailua.

Excursion : un jour au Kipu Ranch Adventures

À bord d'un tout-terrain, roulez sur les pistes du ranch où des scènes de *Jurassic Park* ont été tournées. Les circuits vous conduiront aussi sur la rive où Harrison Ford s'est échappé grâce à une corde dans *Les Aventuriers de l'arche perdue*. Enfin, du haut d'une colline, vous pourrez voir la plage immaculée de *The Descendants*.

Le point de départ du Kipu Ranch Adventures est à 18 km au sud-ouest de Wailua.

BIÈRES ARTISANALES EN CALIFORNIE

BIEN-ÊTRE · **SPORT** · **VIN ET BIÈRE** · **CUISINE** · RESPONSABLE · AVENTURE · **CULTURE** · SPECTACLES · ARTS · ARCHITECTURE · HISTOIRE · FAMILLE · EN SOLO · COURT SÉJOUR · LONG SÉJOUR · PLAGE · HIVER · **FAUNE**

San Francisco – Paso Robles
Empruntez l'une des routes les plus emblématiques des États-Unis pour découvrir les meilleures brasseries de Californie.

EN BREF
Empreinte carbone (kg/pers) : 98
Distance (km) : 792
Nuits : 7-10
Budget : €€€
Quand partir : juin-sept

❶ San Francisco
Tolérante et merveilleusement éclectique, San Francisco cache d'épatantes brasseries artisanales. Parcourez les stands "de la ferme à l'assiette" du Ferry Plaza Farmers Market avant d'explorer les brasseries de SoMa (South of Market). Cellarmaker, Black Hammer et 21st Amendment, ainsi que Harmonic, dans le quartier voisin de Dogpatch, figurent parmi les meilleures.
Ralliez Santa Cruz, à 124 km au sud, par la pittoresque Pacific Coast Highway (PCH ou Hwy 1) via Half Moon Bay et Pescadero.

❷ Santa Cruz
Commencez par pédaler sur West Cliff Drive en longeant la côte ou partez faire une sortie en kayak avec un guide depuis la jetée municipale. Puis étanchez votre soif au Humble Sea Brewing en dégustant une de ses excellentes IPA troubles, et au Sante Adairius Rustic Ales, spécialiste des bières de style belge.
Continuez vers le sud sur la PCH jusqu'à Monterey, à 68 km.

❸ Monterey
Visitez le Monterey Bay Aquarium, dont la forêt d'algues sur trois niveaux abrite d'énormes créatures marines, puis allez observer les baleines au Monterey Bay National Marine Sanctuary. D'avril à novembre, baleines bleues et à bosse viennent se nourrir dans les eaux riches en nutriments de la réserve. Après une

FIELDWORK BREWING, MONTEREY

LOUTRES DE MER AU MILIEU DES ALGUES, MONTEREY

journée sur l'eau, faites un tour à l'Alvarado Street Brewery et à la Fieldwork Brewing.

Roulez sur la PCH via Big Sur jusqu'à San Luis Obispo à 220 km.

4 San Luis Obispo

Roulez sur l'une des routes les plus spectaculaires du pays passant par des forêts denses, des criques balayées par le vent et les falaises de Big Sur. Surnommée "SLO", San Luis Obispo compte d'excellents restaurants et brasseries artisanales, et se trouve près des vignobles d'Edna Valley. Dînez dans Higuera Street le jeudi, jour du marché fermier de San Luis Obispo, pour préparer votre tournée des brasseries incluant Libertine Brewing, There Does Not Exist et SLO Brew.

Ralliez Paso Robles à 50 km au nord via la Rte 101.

5 Paso Robles

Bière, vin et distilleries urbaines ne manquent pas à Tin City, quartier animé de Paso Robles. Le week-end, la BarrelHouse Brewing réunit des musiciens et les meilleurs food trucks de la ville, tandis que la Silva Brewing toute proche produit d'excellentes bières de style allemand et des pale ales américaines corsées.

Revenez à San Francisco, à 330 km au nord, par la Rte 101 via la Silicon Valley.

ET ENCORE...

Excursion : un jour à Salinas

À Salinas, ville natale de l'écrivain John Steinbeck, le National Steinbeck Center retrace la vie et l'œuvre de l'auteur des *Raisins de la colère* et de *À l'est d'Eden*, à travers des expositions interactives. On y voit aussi Rocinante, le mobil-home à bord duquel l'écrivain entreprit son road trip à travers les États-Unis, raconté dans *Voyage avec Charley*.

Salinas est à 30 km au nord-est de Monterey.

Excursion : un jour à Morro Bay

Cette ville de pêcheurs est dominée par le Morro Rock, l'une des Nine Sisters, des cônes volcaniques apparus il y a 21 millions d'années. Louez un kayak, un canoë ou une planche de paddle pour explorer l'estuaire géant de Morro Bay et voir des loutres de mer et des pélicans, avant de goûter les bières locales à la Three Stacks and a Rock Brewing.

Morro Bay est à 21 km à l'ouest de San Luis Obispo.

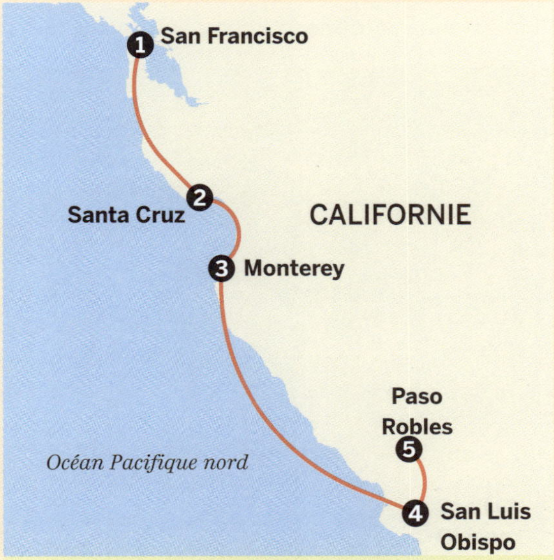

LES CASCADES MOUNTAINS EN TRAIN

SPORT · VIN ET BIÈRE · CUISINE · RESPONSABLE · AVENTURE · CULTURE · SPECTACLES · ARTS · ARCHITECTURE · HISTOIRE · FAMILLE · EN SOLO · COURT SÉJOUR · LONG SÉJOUR · PLAGE · HIVER · FAUNE · BIEN-ÊTRE

Vancouver – Crater Lake National Park

Au cours de ce voyage du Canada aux États-Unis, vous irez en train dans trois villes dynamiques avant de partir en road trip vers le sud et la chaîne des Cascades.

EN BREF

Empreinte carbone (kg/pers) : 234
Distance (km) : 1 746
Nuits : 7-10
Budget : €€€
Quand partir : juil-sept

❶ Vancouver

Commencez ce voyage du Canada dans la plus grande ville de Colombie-Britannique. Allez voir les loutres et les bélugas de l'aquarium de Vancouver, puis faites un tour à pied ou à vélo sur le Seawall du Stanley Park, la promenade du front de mer. Des restaurants très divers jalonnent l'artère cosmopolite de Commercial Drive. Vous aimez la bière ? Allez à la "Brewery Creek" de Main Street. Sinon, flânez dans les rues anciennes de Gastown et parmi les étals du superbe Granville Island Public Market.

Des trains quotidiens relient la Pacific Central Station de Vancouver et la King St Station de Seattle (4 heures 30).

LE MARCHÉ DE PIKE PLACE, SEATTLE

❷ Seattle

Admirez la verve et l'entrain des vendeurs de poisson du Pike Place Market, avant de plonger dans l'histoire du rock et des films de science-fiction et de fantasy, au Museum of Pop Culture. L'héritage musical des gloires de Seattle, comme Jimi Hendrix et Kurt Cobain, est à l'honneur. Juste à côté, montez dans la tour futuriste Space Needle, au charme rétro, qui offre une vue imprenable sur la ville, puis découvrez l'histoire de Boeing et de l'aviation au Museum of Flight.

Un train quotidien Amtrak Cascades dessert l'Union Station de Portland.

❸ Portland

Dans l'agréable capitale de l'Oregon se trouvent des torréfacteurs, des brasseries artisanales et la plus grande librairie indépendante de l'État. Faites un circuit à vélo dans Pearl District et le long de la Willamette River, puis perdez-vous au milieu des rayons de la Powell's City of Books. Profitez de la cuisine internationale d'un bon

CRATER LAKE NATIONAL PARK, OREGON

rapport qualité/prix des food trucks ou laissez-vous tenter par les délices des chefs parmi les plus innovants du pays.
Louez une voiture pour rallier Eugene à 180 km au sud.

4 Eugene

Flânez dans le verdoyant campus de l'University of Oregon avant d'aller admirer la magnifique collection d'art asiatique du Jordan Schnitzer Museum of Art. Le marché du samedi est à l'image du style de vie alternatif et progressiste d'Eugene, tout comme le quartier de Whiteaker, à l'ouest du centre, parsemé de distilleries artisanales, de microbrasseries et d'établissements vinicoles urbains.
Continuez 210 km vers le sud jusqu'au Crater Lake National Park.

5 Crater Lake National Park

Ouverte de juin à mi-octobre, la Rim Drive qui ondule sur 53 km autour du bord crénelé du Crater Lake est un merveilleux moyen de découvrir les splendides paysages du parc. Plus de 30 points de vue la ponctuent, mais c'est le Cloudcap Overlook, à plus de 600 m au-dessus des eaux bleu cobalt, qui dévoile le panorama le plus spectaculaire.
Regagnez Portland et son aéroport bien desservi.

ET ENCORE...

Excursion : un jour à Grouse Mountain

Au printemps et en été, Grouse Mountain troque les sports d'hiver pour d'autres activités exaltantes. Prenez le Skyride (téléphérique) pour aller voir des bûcherons à l'œuvre lors du Lumberjack Show, visitez un refuge de grizzlis ou survolez les forêts en tyrolienne.
Du centre-ville de Vancouver, prenez un SeaBus (ferry) pour Lonsdale Quay, puis un bus pour Grouse Mountain.

Excursion : un jour à Hood River et à la Columbia River Gorge

Découvrez le sublime panorama de la Columbia River Gorge depuis le promontoire de Crown Point, puis Bridal Veil Falls et Multnomah Falls, la plus haute, avec ses 200 m. Hood River est une base idéale pour explorer la gorge, déguster du vin, pratiquer le rafting ou le kayak – voire, pousser jusqu'au superbe Mt Hood, à 100 km au sud.
Portland est à environ 100 km de Hood River.

L'ALASKA EN TRAIN ET EN BUS

FAUNE
BIEN-ÊTRE
SPORT
VIN ET BIÈRE
CUISINE
RESPONSABLE
AVENTURE
CULTURE
SPECTACLES
ARTS
ARCHITECTURE
HISTOIRE
FAMILLE
EN SOLO
COURT SÉJOUR
LONG SÉJOUR
PLAGE
HIVER

Seward – Prudhoe Bay

Traversez l'Alaska par voie ferrée, puis à bord d'un bus passant près du plus haut sommet des États-Unis et gagnez le cercle arctique jusqu'à un avant-poste pétrolier.

EN BREF

Empreinte carbone (kg/pers) : 34
Distance (km) : 982
Nuits : 6-7
Budget : €€€
Quand partir : juin-août

❶ Seward

Minuscule port de croisière coincé entre le Harding Ice Field et Resurrection Bay, Seward a un centre quelconque doublé d'une luxueuse marina. Savourez une bière et des sandwichs au saumon dans un bar et ne quittez pas la ville sans avoir pris la navette pour Exit Glacier, une langue de glace peuplée d'ours.

Prenez le train Coastal Classic de l'Alaska Railroad pour Anchorage (tlj mai-sept ; 4 heures).

❷ Anchorage

Dans un État constitué à 99% d'étendues sauvages, la plus grande région métropolitaine est une poche de civilisation confortable avec des microbrasseries, une cuisine innovante et un délicieux café. Découvrez la culture des peuples autochtones à l'Anchorage Museum, puis dégourdissez-vous les jambes sur le Tony Knowles Trail, sentier au bord de l'eau donnant sur les montagnes de l'Alaska couvertes de glace.

Le train Denali Star menant au Denali National Park au nord (tlj mai-sept ; 7 heures 30) offre une vue sublime sur le plus haut sommet d'Amérique du Nord.

❸ Denali National Park

Dans le parc national le plus accessible d'Alaska, faites une visite guidée en bus de quelque 148 km afin de contempler sans risque le territoire vierge de la toundra austère et glacée dominée par les montagnes et d'observer de gros animaux (c'est garanti !).

CARIBOU, DENALI NATIONAL PARK

DALTON HIGHWAY

Même par temps clair, le Denali (6 190 m) reste très impressionnant.

Poursuivez à bord du Denali Star jusqu'à Fairbanks (tlj mai-sept ; 4 heures).

❹ Fairbanks

Tentaculaire et sans grand attrait, Fairbanks est la porte d'entrée de l'Arctique, indispensable pour s'approvisionner avant de gagner le Nord. Le matin, visitez l'University of Alaska Museum of the North à l'architecture moderne, puis faites le plein d'en-cas, de répulsifs à ours et d'habits chauds pour le trajet en bus.

Réservez à bord du Dalton Highway Express, le minibus qui parcourt les 500 km entre Fairbanks et Deadhorse/Prudhoe Bay (juin-août ; 16 heures), en franchissant le cercle arctique.

❺ Prudhoe Bay

Ce champ pétrolifère est le terminus d'un fabuleux voyage à travers les montagnes, la taïga et la toundra jusqu'au bout de la Terre. Trempez un orteil dans l'océan Arctique, passez la nuit comme les employés du complexe pétrolier au Prudhoe Bay, un hôtel fonctionnel, et profitez du pâle soleil de minuit.

Envolez-vous vers Anchorage depuis le minuscule aéroport de Prudhoe Bay.

ET ENCORE...

Plus loin : Talkeetna

Étape stratégique sur la ligne ferroviaire, Talkeetna est à la fois le camp de base des grimpeurs partant à l'assaut du Denali et une ville d'artistes. Elle a aussi le sens de l'humour : un chat y fut élu maire. Le petit centre ponctué de pubs, de cafés et de magasins de souvenirs installés dans de vieux édifices en bois se visite à pied.

Excursion d'une journée en train depuis Anchorage (2 heures 45).

Détour : Whittier

Dans un État qui n'est pas à une bizarrerie près, Whittier est une localité singulière au cadre splendide et à l'histoire captivante. Base militaire de la Seconde Guerre mondiale, agrandie pendant la guerre froide, c'est un port de croisière avec deux grands immeubles : le sinistre Buckner Building désaffecté et les étonnantes Begich Towers où logent 95% de ses 200 habitants.

Prenez le bus au départ de Seward (tlj mai-sept ; 2 heures 15).

D'UNE ÎLE À L'AUTRE, EN COLOMBIE-BRITANNIQUE

BIEN-ÊTRE · SPORT · **VIN ET BIÈRE** · **CUISINE** · **RESPONSABLE** · AVENTURE · CULTURE · SPECTACLES · ARTS · ARCHITECTURE · HISTOIRE · FAMILLE · EN SOLO · **COURT SÉJOUR** · LONG SÉJOUR · PLAGE · HIVER · FAUNE

Vancouver – Victoria

Voyagez à bord d'un ferry entre les deux principales villes de Colombie-Britannique; en chemin, arrêtez-vous aux bucoliques îles du Golfe (Southern Gulf Islands).

EN BREF

Empreinte carbone (kg/pers) : 9
Distance (km) : 148
Nuits : 5
Budget : €€
Quand partir : avr-oct

❶ Vancouver

En plein centre de la cosmopolite Vancouver, profitez de la beauté bucolique de Stanley Park en vous baladant dans ses recoins sauvages, puis allez voir les "Nations unies de la cuisine" dans Denman Street, où cinq pâtés de maisons concentrent plus de 50 restaurants. Enfin, marchez (ou prenez le téléphérique) jusqu'au sommet de Grouse Mountain pour jouir de la vue sur le détroit de Géorgie.

Prenez le métro de la Canada Line de City Centre à Bridgeport, puis le bus n°620 jusqu'au terminal de ferries de Tsawwassen et un ferry jusqu'à Galiano (2/jour ; 1 heure).

OBSERVATION DES ORQUES, VICTORIA

❷ Île Galiano

Beau prélude au calme idyllique des îles du Golfe, Galiano allie criques paisibles, montagnes boisées, plages jonchées de bois flotté et galeries d'art ésotériques. Pas de vraie ville ici, mais une poignée de bons hôtels et restaurants. Il ne s'y passe pas grand-chose : c'est tout l'intérêt.

Prenez le ferry pour Mayne (au moins 3/jour ; 30 min).

❸ Île Mayne

Ce havre de paix est idéal pour une sortie en kayak de mer, une journée cocooning dans un B&B douillet et pour faire de l'auto-stop aux arrêts prévus à cet effet. Le Saturday Market, un marché de producteurs estival, et le jardin japonais dédié aux premiers résidents nippons de l'île font partie des sites à ne pas manquer.

Embarquez sur le ferry pour l'île de Salt Spring (2/jour ; 1 heure 15).

MÂTS TOTÉMIQUES DE STANLEY PARK, VANCOUVER

4 Île de Salt Spring

La plus grande île du Golfe abrite la seule véritable ville de l'archipel, Ganges, et de nombreuses entreprises locales (vinificateurs, fromagers et une microbrasserie rustique). Le site le plus intéressant, le Mt Maxwell, offre une vue digne de Google-Earth sur tout l'archipel et la mer calme. Pour l'atteindre, pédalez 11 km sur une route abrupte.

Des ferries font la navette entre Long Harbour et Swartz Bay sur l'île de Vancouver (tlj ; 1 heure 15). De là, prenez le bus n°70 ou 72 pour Victoria (1 heure).

5 Victoria

Cette ravissante capitale provinciale serait la ville la plus "british" d'Amérique du Nord. Résolument cosmopolite, Victoria possède désormais des cafés et des restaurants bigarrés et innovants. Que les anglophiles se rassurent, il existe encore des salons de thé, des gargotes de *fish and chips* au bord de l'eau, des pubs avec moquette et (en été) des terrains de criquet bien entretenus. Savourez un Darjeeling près du port dans le majestueux Empress Hotel avant une vivifiante balade en mer pour observer les baleines.

Prenez un ferry direct de Swartz Bay (Victoria) à Tsawwassen (Vancouver).

ET ENCORE...

Plus loin : îles Pender

Ces deux îles (North et South Pender) réunies par un pont étroit, sur la route des ferries entre les îles Mayne et Salt Spring, possèdent tous les atouts des îles du Golfe : sentiers paisibles et denses pâturages où même les vaches ont l'air heureux. Ce cadre charmant abrite aussi un vignoble, un petit musée et, en été, un marché de producteurs.

Les Penders sont accessibles en ferry depuis les îles Mayne ou Salt Spring.

Détour : West Coast Trail

Proche de Victoria, ce sentier sauvage de 75 km longeant la côte du Pacifique est l'un des plus beaux sentiers côtiers de la province. L'itinéraire ardu, traversant une épaisse forêt pluviale et des plages isolées, se parcourt généralement en plus de 6 jours. Réservez l'accès contre une somme modique et apportez ou louez le matériel de camping.

Le West Coast Trail Express assure la liaison aller-retour depuis Victoria (mai-sept).

LA CÔTE CALIFORNIENNE EN TRAIN

BIEN-ÊTRE SPORT VIN ET BIÈRE CUISINE RESPONSABLE AVENTURE CULTURE SPECTACLES ARTS ARCHITECTURE HISTOIRE FAMILLE EN SOLO COURT SÉJOUR LONG SÉJOUR PLAGE HIVER FAUNE

San Francisco – San Diego

Contemplez le Pacifique depuis le train serpentant le long de la magnifique côte californienne et faites des haltes à la fois urbaines et balnéaires.

EN BREF

Empreinte carbone (kg/pers) : 16
Distance (km) : 800
Nuits : 4-7
Budget : €€
Quand partir : toute l'année

❶ San Francisco

Commencez votre odyssée à San Francisco, la ville des selfies devant le Golden Gate Bridge, des expositions au San Francisco Museum of Modern Art, des collines à grimper avec vue sur la baie et des promenades dans les ruelles de Chinatown. Chaque quartier compte d'excellents restaurants servant une cuisine nippo-péruvienne, italienne, californienne créative ou, bien sûr, chinoise.

LIONS DE MER PRÈS DE LA JOLLA, SAN DIEGO

Traversez East Bay pour gagner Emeryville ou Oakland, et prenez un train Amtrak pour San Luis Obispo (1/jour ; 6 heures 30).

❷ San Luis Obispo

Les lieux pour déguster des vins locaux ne manquent pas dans cette ville universitaire nichée entre San Francisco et LA. Arrivez un jeudi pour assister en soirée au marché des producteurs, qui tient plus de la fête de rue que d'un véritable marché. Faites un détour pour visiter l'étonnant Hearst Castle, bâti à grands frais par le magnat de la presse William Randolph Hearst.

Plusieurs trains desservent chaque jour Santa Barbara (2 heures 45).

❸ Santa Barbara

Entre l'église de la mission espagnole, les plages de sable, les musées contemporains, les restaurants gastronomiques et les brasseries artisanales, difficile de s'ennuyer dans cette ville du littoral. Autre atout, la gare jouxte la Funk Zone, quartier de galeries et de bars.

Des trains quotidiens desservent Los Angeles (3 heures).

WINDANSEA BEACH À LA JOLLA, SAN DIEGO

❹ Los Angeles

Vous pourriez passer des semaines à explorer la plus grande ville de Californie, à repérer les vedettes (ou au moins les empreintes de leurs mains) à Hollywood, à observer les gens défiler le long de l'excentrique Venice Beach et à admirer la métropole depuis Griffith Park. Si vous aimez l'art, filez vers les galeries du Broad, le Getty Center dressé sur une colline (avec vue splendide) et l'imposant Los Angeles County Museum of Art. Et n'oubliez pas la multitude de restaurants, en particulier chinois, japonais et mexicains. **Continuez en train vers le sud jusqu'à San Diego (plusieurs trains par jour ; 3 heures).**

❺ San Diego

Si la *beach culture* est toujours bien présente à San Diego, la ville ne se résume pas au sable chaud. Son célèbre zoo situé dans le Balboa Park attire de nombreux visiteurs, et pas seulement des enfants. Le parc abrite aussi des musées éclectiques. Allez voir l'art latino dans le Barrio Logan et visitez la chic La Jolla pour dîner en contemplant l'océan ou pour photographier les délicieuses plages de sable. **L'aéroport de San Diego est desservi par des vols intérieurs et internationaux.**

ET ENCORE...

Plus loin : au nord de San Diego

Faites une excursion d'une journée dans différentes villes balnéaires : découvrez l'histoire du surf au California Surf Museum d'Oceanside, écoutez des airs anciens et actuels au Museum of Making Music de Carlsbad ou admirez les expositions du Lux Art Institute d'Encinitas. Craquez pour un taco au poisson avant de regagner San Diego. **Le Pacific Surfliner longe la côte ; les bus locaux relient les villes.**

Détour : Portland, Oregon

Prêt pour un plus long voyage en train ? Quittez San Francisco pour Portland, la ville la plus originale et décalée de l'Oregon. Empruntez les sentiers de Forest Park, trinquez dans une brasserie artisanale ou dans une distillerie, visitez le Japanese Garden et savourez la cuisine des food trucks. **Des trains Amtrak réguliers relient San Francisco à Portland (21 heures 35).**

UNE ROUTE MÉCONNUE DE CALIFORNIE

BIEN-ÊTRE · SPORT · VIN ET BIÈRE · CUISINE · RESPONSABLE · **AVENTURE** · CULTURE · SPECTACLES · ARTS · **ARCHITECTURE** · **HISTOIRE** · **FAMILLE** · **EN SOLO** · **COURT SÉJOUR** · LONG SÉJOUR · PLAGE · HIVER · **FAUNE**

Lake Tahoe – Las Vegas

Ce road trip loin de la foule suit la Highway 395 qui relie des lacs, des montagnes, des décors de cinéma et des déserts. Rien que ça !

EN BREF

Empreinte carbone (kg/pers) : 88
Distance (km) : 655
Nuits : 5-7
Budget : €€
Quand partir : mai-oct

❶ Lake Tahoe

Vous pouvez vous baigner ou pagayer dans les eaux claires du lac, parcourir à pied ou à VTT les collines couvertes de pins (le Flume Trail est un must), skier sur les sommets enneigés ou simplement admirer la vue en dégustant une boisson au bord de l'eau.

Parcourez 180 km vers le sud sur la Hwy 395.

LAC MONO

❷ Mono Lake

Décor parfait pour un film de science-fiction, le lac Mono se distingue par son paysage surnaturel fait de colonnes de tuf émergeant de son eau salée. Des millions d'oiseaux migrateurs viennent s'y nourrir de petites mouches très abondantes à la surface de l'eau.

Parcourez 50 km vers le sud sur la Hwy 395.

❸ Mammoth Lakes

Les cinq lacs invitant à la baignade, les multiples sentiers de randonnée, le domaine skiable et les sites naturels, telles les colonnes de basalte de Devils Postpile et les Rainbow Falls, attirent les visiteurs. Le soir, hôtels et restaurants de qualité ne manquent pas.

Parcourez 150 km de plus vers le sud sur la Hwy 395.

❹ Manzanar Internment Camp

Un lieu pour rappeler le sinistre traitement infligé par les États-Unis aux personnes d'origine japonaise durant la Seconde Guerre mondiale. Des milliers d'hommes, de femmes et d'enfants y furent internés de 1942 à 1945.

Parcourez encore 20 km vers le sud sur la Hwy 395.

❺ Lone Pine

Si cette ville et ces montagnes vous semblent familières, c'est parce que des centaines de westerns

LE STRIP, LAS VEGAS

ont été tournés à Lone Pine et dans les Alabama Hills à l'ouest, comme en témoigne le musée. Cependant, le véritable joyau des lieux est le Mt Whitney, le plus haut sommet des États-Unis (hors Alaska). Pour le gravir, participez à la loterie des permis ou profitez de l'air frais et de la vue depuis le départ du sentier.

Parcourez 85 km vers l'est sur les Hwy 136/Hwy 190.

6 Death Valley National Park

C'est littéralement le point le plus bas de ce voyage, et aussi de l'Amérique du Nord. Le Badwater de la Vallée de la Mort se trouve à 86 m sous le niveau de la mer. Le parc national d'une beauté austère détient, lui, le record de chaleur sur terre avec 54,4 °C en 2020.

Parcourez 170 km vers le sud-est sur les Hwy 136/Hwy 190.

7 Las Vegas

Changement total de décor : le Strip de Las Vegas fait l'effet d'une décharge d'adrénaline après ce voyage en terre lointaine. Mais c'est indéniablement divertissant de se retrouver au milieu d'extravagances architecturales, de buffets à volonté, de néons scintillants et de tenter sa chance aux tables de jeux.

Le McCarran Airport est desservi par de nombreux vols intérieurs et internationaux.

ET ENCORE...

Plus loin : la ville fantôme de Bodie

Au cœur des montagnes à l'est de la Hwy 395, Bodie, ville de la ruée vers l'or jadis prospère, se résume aujourd'hui à quelques lugubres bâtisses à l'abandon. La route est cahoteuse et il peut faire froid à cette altitude. Jetez un coup d'œil aux maisons désertées et descendez dans les mines pour mesurer la dureté de la vie des orpailleurs.

Bodie se trouve à 20 km à l'est de la Hwy 395 sur la Hwy 270.

Détour : Yosemite National Park

À Mono Lake, dirigez-vous vers l'ouest et, si la route est déneigée, empruntez la Tioga Road pour arriver très vite dans le majestueux décor du Yosemite. Admirez la vue depuis le Glacier Peak, marchez le long de la Merced River et tentez d'immortaliser les Yosemite Falls. Les merveilles naturelles qui se succèdent méritent bien ce détour.

Parcourez 120 km sur la Hwy 120 à l'ouest de la Hwy 395.

LE BERCEAU DE L'INDÉPENDANCE DU MEXIQUE

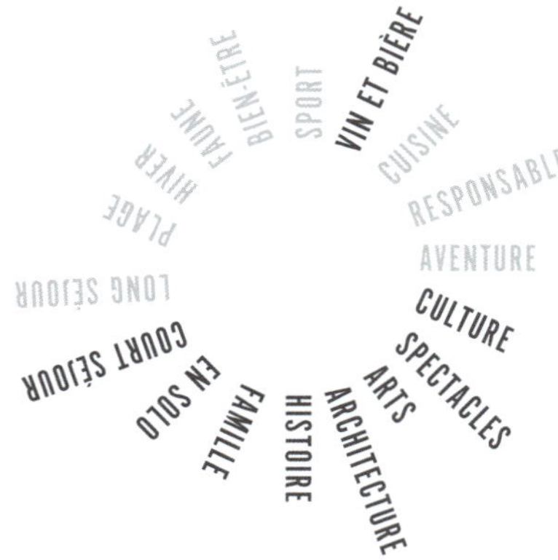

Guanajuato – Dolores Hidalgo

Les hautes terres mexicaines ont une histoire aussi riche que leurs mines d'argent. Elles abritent trois villes ayant joué un rôle clé dans l'indépendance du pays.

EN BREF

Empreinte carbone (kg/pers) : 20
Distance (km) : 175
Nuits : 4-5
Budget : €€
Quand partir : évitez juin-sept (saison des pluies)

❶ Guanajuato

Guanajuato est bien plus que l'une des plus belles villes du Mexique. Si les maisons colorées émaillant les collines de la vallée sont indéniablement photogéniques, ce sont les filons d'argent de ces collines qui firent la richesse de la ville – descendez dans la mine de La Valenciana, d'où étaient autrefois extraits les deux tiers de l'argent mondial. Aujourd'hui, les places élégantes et les édifices de style colonial de Guanajuato sont paisibles. C'est pourtant ici qu'eut lieu, en 1810, la première bataille pour l'indépendance du pays : une statue dominant la vallée rend hommage au héros local, El Pípila. Les festivités et les sites culturels ne manquent pas : festival Cervantes en l'honneur de l'écrivain espagnol, maison-musée du peintre Diego Rivera ou *callejoneadas* (défilés nocturnes de chanteurs et de musiciens en costumes du XVIIe siècle).

Parcourez 80 km vers l'est.

GUANAJUATO

❷ San Miguel de Allende

Remplie aujourd'hui d'artistes, de touristes et d'expatriés appréciant ses édifices coloniaux et ses excellents restaurants, San Miguel de Allende a une histoire tumultueuse. Durant des décennies, elle fut le théâtre de la guerre des Chichimèques qui opposa autochtones et conquérants espagnols. Plus tard, elle vit naître deux

SAN MIGUEL DE ALLENDE

martyrs de l'Indépendance : Juan Aldama et Ignacio Allende (dont le nom fut ajouté à celui de San Miguel) exécutés en 1811. Le déclin qui suivit l'indépendance fut stoppé au milieu du XXe siècle par l'afflux d'artistes américains. Beaucoup s'installèrent dans la ville, contribuant à son cosmopolitisme, à la préservation de son architecture et à sa renaissance culturelle.
Parcourez 40 km vers le nord.

❸ Dolores Hidalgo

Tout Mexicain connaît "El Grito de Dolores", ce cri pour l'Indépendance lancé depuis la principale église de la ville le 16 septembre 1810. Ce jour-là, Miguel Hidalgo y Costilla (on ajouta son nom à la ville en son honneur), le prêtre, fit sonner les cloches de l'église pour réunir les fidèles et les pressa de se révolter contre les Espagnols. Ses mots exacts sont inconnus, mais ils entraînèrent un long combat, finalement victorieux, pour la liberté (l'indépendance fut effective en 1821). Aujourd'hui, la ville est calme, sauf en septembre quand la foule célèbre cet événement devant la fameuse église à la façade churrigueresque. Le président mexicain vient parfois y faire un discours commémoratif. Le musée voisin est consacré à l'histoire de la ville.
Retournez à Guanajuato, à 55 km, et prenez un bus pour Mexico ou pour l'aéroport à León.

ET ENCORE...

Détour : Parador Turístico Sangre de Cristo

Ce vaste complexe sur une colline, à l'ouest de Guanajuato, abrite un café, des boutiques et trois musées. Le premier retrace le passé minier de la région, le deuxième expose 36 momies découvertes dans des églises voisines et le troisième célèbre le jour des Morts avec des poupées à l'effigie de Catrina (squelette à tête de femme).
Le parador est à 23 km à l'ouest de Guanajuato.

Détour : vignoble de Cuna de Tierra

Le plus vieux domaine viticole du Guanajuato est situé au nord de Dolores Hidalgo. Les propriétaires ont relancé la production de vins en 2005, deux siècles après son interdiction par les Espagnols.Aujourd'hui, ils produisent 80 000 bouteilles par an. Visitez les lieux, goûtez les rouges et les blancs du domaine, et grimpez au sommet de la tour.
Le vignoble est à 12 km au nord-est de Dolores Hidalgo.

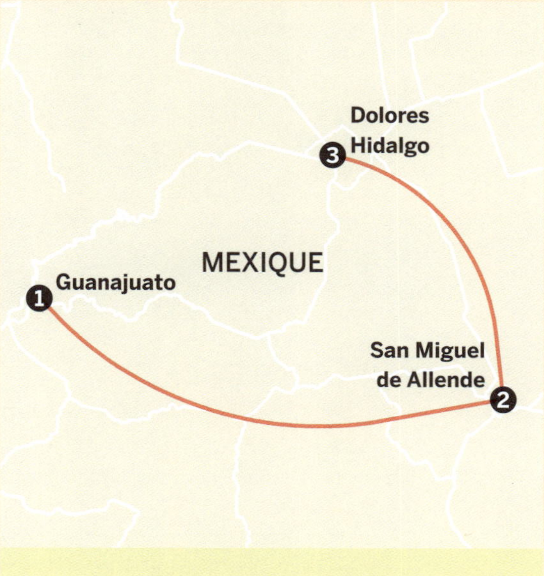

LA SCÈNE MUSICALE DU TENNESSEE

BIEN-ÊTRE
SPORT
VIN ET BIÈRE
FAUNE
HIVER
CUISINE
PLAGE
RESPONSABLE
AVENTURE
LONG SÉJOUR
CULTURE
COURT SÉJOUR
SPECTACLES
EN SOLO
ARTS
FAMILLE
HISTOIRE
ARCHITECTURE

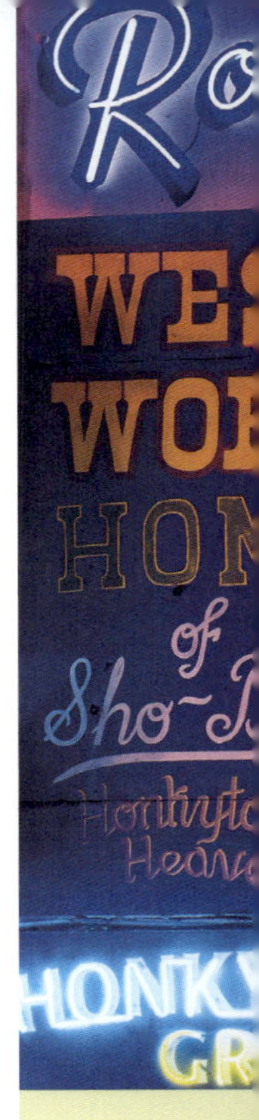

Nashville – Memphis

Découvrez Nashville et Memphis, deux villes emblématiques de la musique américaine, de la country au blues, au cours de ce road trip dans le Tennessee.

EN BREF

Empreinte carbone (kg/pers) : 43
Distance (km) : 340
Nuits : 4-5
Budget : €€
Quand partir : avr-mai et sept-oct

CONCERT DE BLUES À MEMPHIS

❶ Nashville

À l'intérieur du Country Music Hall of Fame, un musée en forme de clé de fa est dédié au genre musical qui a fait la renommée de Nashville : la country. Tous les grands noms (Dolly Parton, Johnny Cash, etc.) sont évoqués, mais ce sont les expositions illustrant la country en tant que phénomène à part entière qui captivent le plus.

Au nord de Nashville se trouve le Ryman Auditorium, une salle de concert devenue un haut lieu de la musique country. L'émission radiophonique Grand Ole Opry, qui fit connaître au pays des légendes comme Hank Williams et les Carter Sisters, s'y déroulait à l'origine. C'est toujours l'une des salles préférées des musiciens et du public.

Au sud du centre-ville, le RCA Studio B fait également partie du patrimoine musical. Suivez une visite guidée, et vous aurez sans doute la chair de poule dans ce lieu où Dolly Parton enregistra I Will Always Love You et où Elvis entonna Are You Lonesome Tonight?

Nashville dispose de trois formidables lieux de concerts : la tapageuse Broadway et ses honky tonks (bars à musique), le célèbre et intimiste Bluebird Cafe, où les musiciens, comme Taylor Swift, perfectionnèrent leur art, et le Grand Ole Opry, dont les spectacles sont toujours diffusés dans le monde entier.

Parcourez 340 km vers le sud-ouest sur la Hwy 40.

BROADWAY, NASHVILLE

❷ Memphis

Commencez le tour du patrimoine musical de Memphis au Sun Studio, qui se revendique comme le lieu de naissance du rock and roll. Force est de reconnaître que le studio a enregistré d'éminents artistes, tels que Jerry Lee Lewis, Roy Orbison et Elvis pour son premier single (*That's All Right*) en 1954.

Le Stax Studio fut à la soul ce que Sun Studio fut au rock. L'histoire de cette musique populaire afro-américaine et ses plus fameux interprètes, comme Otis Redding, sont présentés au Stax Museum.

Graceland, la maison où Elvis Presley vécut, mourut et fut enterré, s'étend au sud du centre-ville. Même si vous n'êtes pas fan du King, le site est un fascinant hommage, à la hauteur de l'une des plus grandes stars du rock. La demeure donne une idée de la personnalité d'Elvis (notamment la Jungle Room !) tandis que les objets exposés témoignent de l'impact culturel de cet idole de l'Amérique. En payant un supplément, vous verrez même ses avions.

Grâce à de grands interprètes, comme BB King et Louis Armstrong, Beale Street est le berceau du blues. Cette rue piétonne, bordée de nombreux bars et restaurants, est le gage de soirées musicales inoubliables.

Memphis est reliée par train, bus et avion à de nombreuses villes américaines.

ET ENCORE...

Détour : Franklin

Franklin, avec sa Main Street animée, a le charme d'une petite ville. Pourtant, en novembre 1864, l'une des batailles les plus sanglantes de la guerre de Sécession s'y déroula. Trois sites en témoignent : Carnton, une plantation devenue hôpital de campagne, Carter House, le théâtre des combats les plus violents et Lotz House, où on voit encore les dégâts causés par les canons.

Franklin se trouve à 35 km au sud de Nashville sur la Hwy 65.

Détour : National Civil Rights Museum, Memphis

Le musée des Droits civiques retrace l'histoire du combat mené par les Afro-Américains pour l'égalité. On y présente les lois ségrégationnistes et le boycott des bus à Montgomery. Un exemple d'exposition temporaire : le *Green Book*, le guide qui fournissait la liste des établissements pour voyageurs noirs.

Le musée est à quelques pâtés de maisons au sud de Beale St.

VIRÉE SUR L'ÎLE-DU-PRINCE-ÉDOUARD

SPORT
VIN ET BIÈRE
CUISINE
RESPONSABLE
AVENTURE
CULTURE
SPECTACLES
ARTS
ARCHITECTURE
HISTOIRE
FAMILLE
EN SOLO
COURT SÉJOUR
LONG SÉJOUR
PLAGE
HIVER
FAUNE
BIEN-ÊTRE

Charlottetown – Souris

Dans ce voyage en voiture sur la petite Île-du-Prince-Édouard, des activités originales vous attendent : visite de phares, pêche au homard, écaillage des huîtres...

EN BREF

Empreinte carbone (kg/pers) : 47
Distance (km) : 378
Nuits : 7
Budget : €€€
Quand partir : mai-sept

❶ Charlottetown

Charlottetown est considérée comme le berceau du Canada. Vous le comprendrez en visitant la Province House, élégant édifice néoclassique, où les "Pères de la Confédération" canadienne se réunirent en 1864 pour décider de la création du pays. Fan de comédies musicales ? Venez en été et réservez des places au Charlottetown Festival, le "plus grand festival de comédie musicale du Canada atlantique depuis 1965".

Parcourez 35 km vers l'ouest.

❷ Victoria-by-the-Sea

Située sur la côte de sable rouge (Red Sands Shore), Victoria-by-the-Sea est un petit village à l'ambiance bohème. Ses maisons victoriennes vert pâle abritent des salons de thé, des galeries d'art, un chocolatier et de délicieux restaurants. La ville est aussi un excellent endroit pour préparer une sortie en kayak de mer.

Parcourez 66 km vers le nord-ouest.

❸ Tyne Valley

Ce paisible village sur la Trout River est la quintessence de l'Île-du-Prince-Édouard traditionnelle. On y voit, ainsi que dans ses environs, des pêcheurs de homards, des ostréiculteurs avec leurs pinces en bois et des fermiers labourant les champs. Ne manquez pas la visite guidée de l'ostréiculteur Valley Pearl Oysters, avec écaillage et dégustation.

Parcourez 15 km vers le nord-est.

❹ Première Nation de l'île Lennox

Empruntez le pont menant à l'île Lennox pour découvrir la culture des Micmacs. Visitez le centre

PHARE D'EAST POINT, PRÈS DE SOURIS

PARC NATIONAL DE L'ÎLE-DU-PRINCE-ÉDOUARD

culturel présentant leur histoire et leurs coutumes, puis baladez-vous sur le Path of Our Forefathers, un sentier traversant les terres traditionnelles du pow-wow, des champs de bleuets (myrtilles) et longeant le rivage.
Le parc national de l'Île-du-Prince-Édouard se trouve à 100 km à l'est.

5 Parc national de l'Île-du-Prince-Édouard

Ourlé de plages adossées à la forêt, le parc national se prête à une myriade d'activités de plein air, notamment la baignade sur les plages (pour les plus courageux, même si l'eau est parfois étonnament chaude) ou les balades à vélo de location le long des 5 km du Robinsons Island Trail System.
Parcourez 84 km jusqu'à l'extrémité est du parc.

6 Souris

Souris est une petite bourgade (de quelque 1 000 âmes) aux nombreux atouts. C'est un lieu de promenade ravissant doté d'une jolie plage et d'un phare historique (grimpez au sommet). Flânez parmi les comptoirs artisanaux (notamment celui d'Artisans on Main), et laissez-vous tenter par les meilleures glaces de l'île. Les studios de yoga ne manquent pas dans la région.
Revenez à Charlottetown, à 78 km à l'ouest.

ET ENCORE...

Plus loin : la maison aux pignons verts

L'Île-du-Prince-Édouard doit aussi sa célébrité au roman *Anne... la maison aux pignons verts* (1908). Les sites qui y sont liés se trouvent à Cavendish, dans le nord de l'île. La maison natale de l'auteur, Lucy Maud Montgomery est située à 10 km du village reconstitué d'Avonlea, avec musée et boutiquesdesouvenirs.
Pour voir ces sites, faites un détour sur la route entre Tyne Valley et le parc national de l'Île-du-Prince-Édouard.

Détour : le phare de Point Prim

Vous pouvez grimper au sommet de ce phare en brique haut de 18 m, le plus vieux (il a été construit en 1845) des cinquante phares de l'Île-du-Prince-Édouard. La récompense ? Une superbe vue sur le détroit de Northumberland et la baie du Hillsborough. Sinon, on peut faire une visite virtuelle.
Le phare se dresse à 50 km au sud de Charlottetown.

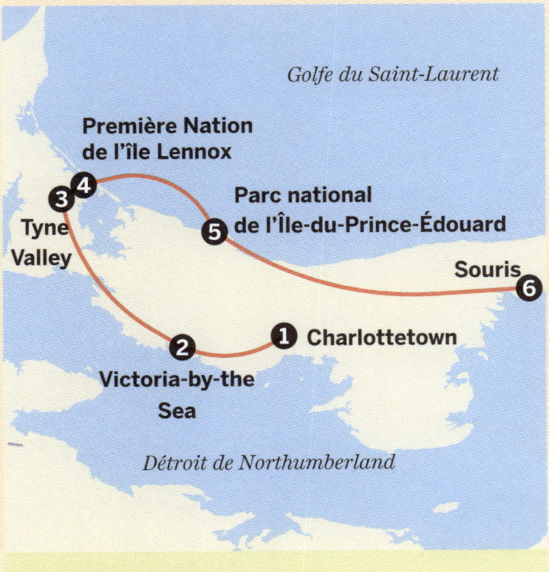

ROAD TRIP CANADIEN SUR L'ÎLE DE VANCOUVER

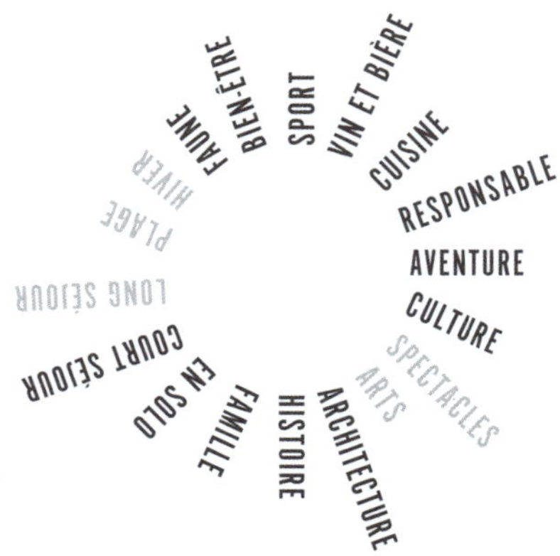

Victoria – Ucluelet

L'île de Vancouver, la plus vaste des 6 000 îles de la Colombie-Britannique, sert d'écrin à la capitale provinciale et réserve des aventures aux amateurs de road trips.

EN BREF

Empreinte carbone (kg/pers) : 81
Distance (km) : 649
Nuits : 5-7
Budget : €€-€€€
Quand partir : mars-nov

❶ Victoria

Déambulez dans les rues de la paisible capitale de la Colombie-Britannique à laquelle les édifices victoriens confèrent un cachet tout britannique. Prenez un thé au Fairmont Empress Hotel et passez aux Parliament Buildings, au style néogothique. Puis partez à vélo visiter Chinatown, le plus ancien quartier chinois du Canada, aux rues ornées de lanternes rouge et or (ne manquez pas la Gate of Harmonious Interest et la Fan Tan Alley, l'une des ruelles les plus étroites), Craigdarroch Castle, parfait exemple d'architecture néogothique avec ses beaux vitraux et le Royal BC Museum offrant un aperçu intéressant de l'histoire et la culture locales. Poursuivez jusqu'au Fisherman's Wharf pour photographier les maisons flottantes colorées et les phoques, puis pédalez jusqu'au Beacon Hill Park où se dresse le plus haut mât totémique (40 m).

Parcourez 111 km vers le nord-ouest.

POINT DE DÉPART DU WILD PACIFIC TRAIL, UCLUELET

❷ Nanaimo

Deuxième ville de l'île de Vancouver, Nanaimo est l'endroit idéal pour découvrir le patrimoine local, des Premières Nations à l'héritage des colons, au musée municipal. Ensuite, dégustez une bière dans une brasserie artisanale et croquez une barre Nanaimo, une spécialité au chocolat. Montez à bord d'un ferry qui conduit en 10 minutes au Saysutshun (Newcastle Island Marine) Provincial Park. Explorez les bassins de marée et les villages des Snuneymuxw, ou randonnez à pied ou à vélo sur les sentiers du parc (22 km).

Continuez 207 km vers l'ouest.

PARC NATIONAL DE PACIFIC RIM

3 Tofino

Sur la côte ouest, Tofino constitue une excellente base pour explorer cette surprenante partie de l'île de Vancouver. Le meilleur moyen de se familiariser avec la région consiste à participer à une randonnée guidée avec les Long Beach Nature Tours. Ensuite, faites du surf (Tofino est la capitale du surf au Canada), du paddle, du kayak, ou une croisière dans le détroit de Clayoquot. Tentez d'apercevoir des ours ou (avec de plus grandes chances) des baleines. À Tofino, sur l'Industrial Way, vous trouverez des charcuteries, des brasseries et de bonnes boulangeries.

Parcourez 40 km vers le sud-est.

4 Ucluelet

Promenez-vous le long du Wild Pacific Trail, un sentier pittoresque bordant le Pacifique, avant de vous régaler avec les délicieuses spécialités du Pluvio, un des meilleurs restaurants du pays. Découvrez les créatures marines des eaux locales au remarquable Ucluelet Aquarium – tous les animaux sont relâchés dans l'océan à la fin de la saison.

Retournez à Victoria, à 291 km, pour partir vers de nouveaux horizons.

ET ENCORE...

Plus loin : de Nanaimo à Tofino

Prenez votre temps entre Tofino et Nanaimo : cette partie du voyage est spectaculaire. La route passe par une chaîne de montagnes, serpente au milieu d'anciennes forêts pluviales, longe de sombres lacs. Allez voir les imposants sapins de Douglas de Cathedral Grove au MacMillan Provincial Park, marchez jusqu'aux cascades du Little Qualicum Falls Provincial Park, et profitez des points de vue le long de la Hwy 4.

Détour : Pacific Rim National Park

Ne manquez pas de faire une randonnée dans le Pacific Rim National Park. Choisissez les pistes longeant les plages reculées ou les sentiers de découverte parcourant des forêts anciennes de cèdres et de pruches. L'un des plus beaux, le Willowbrae Trail, reliait Ucluelet à Tofino avant la création d'une route en 1942.

Le parc s'étend sur la côte entre Tofino et Ucluelet.

MERVEILLES MODERNISTES : DE L.A. À PALM SPRINGS

SPORT · VIN ET BIÈRE · CUISINE · RESPONSABLE · AVENTURE · CULTURE · SPECTACLES · ARTS · ARCHITECTURE · HISTOIRE · FAMILLE · EN SOLO · COURT SÉJOUR · LONG SÉJOUR · PLAGE · HIVER · FAUNE · BIEN-ÊTRE

Los Angeles – Palm Springs

Découvrez les chefs-d'œuvre de l'architecture moderniste lors d'un road trip sur la côte, entre la "Cité des Anges" et la ville du désert la plus agréable du pays.

EN BREF

Empreinte carbone (kg/pers) : 58
Distance (km) : 470
Nuits : 10
Budget : €€€
Quand partir : toute l'année

1 Los Angeles

L'irrésistible L.A. est la demeure hédoniste des gens riches et célèbres, ou de ceux qui rêvent de le devenir. Elle abrite l'emblématique panneau Hollywood, la fameuse jetée de Santa Monica et l'extravagante Venice Beach. C'est aussi l'une des villes du monde où l'on peut admirer les plus beaux exemples de l'architecture du milieu du XXe siècle, tels que l'Eames Case Study House, le Getty Center, la Hollyhock House conçue par Frank Lloyd Wright, la Stahl House de Pierre Kœnig et la Schindler House de Rudolph Schindler.

De Santa Monica, suivez la Pacific Coast Hwy (PCH) vers le sud jusqu'à Palos Verdes, à 58 km.

2 Palos Verdes

Mettez le cap au sud pour un époustouflant voyage sur la route pacifique (PCH), longeant la côte, en contemplant les jolies plages qui défilent. Après Redondo Beach, prenez Palos Verdes Blvd, puis tournez à droite dans Palos Verdes Drive, la route de l'éblouissante péninsule de Palos Verdes. Arrêtez-vous à la Wayfarers Chapel, un superbe édifice de verre et de séquoia conçu par Lloyd Wright, fils de Frank Lloyd Wright.

Poursuivez votre route jusqu'à San Diego, à 188 km au sud-ouest sur la PCH via Huntington Beach, Newport Beach et Laguna Beach.

ARCHITECTURE MODERNISTE, PALM SPRINGS

GIESEL LIBRARY, SAN DIEGO

❸ San Diego

San Diego rime avec surf, sable et skateboard. Cette ville décontractée, destination par excellence des amateurs de soleil, est émaillée de sites de renom, tels que le San Diego Zoo et l'Hotel del Coronado. C'est aussi un temple méconnu de l'architecture moderniste avec des édifices comme la Geisel Library de l'université de San Diego, le Salk Institute for Biological Studies et le Timken Museum of Art du Balboa Park pour n'en citer que quelques-uns.
Dirigez-vous vers l'intérieur des terres pour rallier Palm Springs, à 224 km au nord-est.

❹ Palm Springs

Nulle part ailleurs, vous ne trouverez autant de merveilles du milieu du XXᵉ siècle que dans cette oasis du désert californien. À l'époque, Palm Strings attirait les membres du Rat Pack et les stars d'Hollywood qui faisaient la fête dans des maisons dessinées par Albert Frey, Frank Lloyd Wright et Richard Neutra... Réservez dans un motel des années 1950, avec Sinatra en musique de fond et des cocktails au bord de la piscine sous les palmiers. Et venez en février durant la Modernism Week, qui célèbre ce style architectural.
L'aéroport international de Palm Springs est desservi par des vols intérieurs et internationaux.

ET ENCORE...

Plus loin : Las Vegas

Pourplusd'architecture et de paysages grandioses, poussez jusqu'à la "Ville du Péché", connue pour son architecture postmoderniste. Ce mouvement né à la fin des années 1960 en réaction au modernisme ajouta couleurs et touches ludiques aux édifices. Le Neon Museum et la Guardian Angel Cathedral comptent parmi les joyaux du milieu du XXᵉ siècle de Vegas.
Vegas est à 375 km au nord-est de Palm Springs.

Détour : Joshua Tree National Park

Une excursion d'une journée depuis Palm Springs permet d'admirer le paysage surréaliste du parc avec ses fameux yuccas géants (arbres de Josué) et ses étranges rochers. Lacez vos chaussures de randonnée et empruntez l'un des nombreux sentiers, ou posez-vous pour profiter du panorama psychédélique et de l'atmosphère mystique.
Le parc s'étend à 54 km au nord de Palm Springs sur la route de Las Vegas.

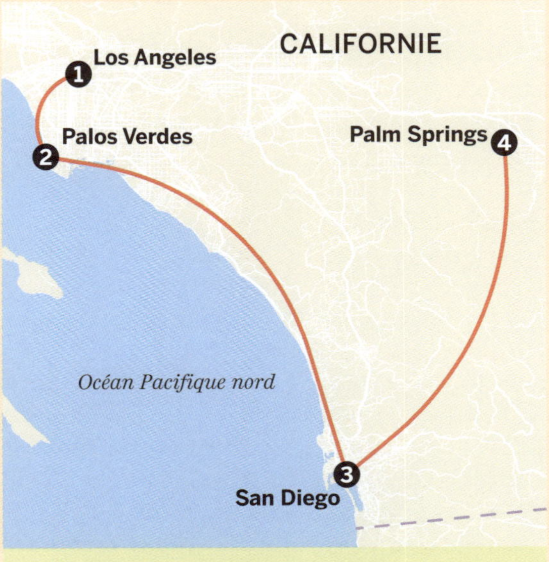

LE MEILLEUR DES APPALACHES DU SUD

Cloudland Canyon – Shenandoah
Partez du sud des Appalaches pour explorer parcs nationaux, forêts et parcs de loisirs et camper dans certains des plus beaux sites de l'Est américain.

EN BREF
Empreinte carbone (kg/pers) : 172
Distance (km) : 1 381 km
Nuits : 7-10
Budget : €€
Quand partir : mars-nov

❶ Cloudland Canyon State Park
Descendez au fond du canyon au "Pays des nuages" pour admirer ses ruisseaux, ses cascades et ses formations rocheuses d'une taille étonnante ; guettez les "champignons" fabuleux et les "tortues" assoupies.
Quittez la Géorgie pour le Tennessee et parcourez 42 km vers le nord.

❷ Chattanooga
Porte d'accès aux Appalaches méridionales, Chattanooga ne manque pas d'attraits. Cédez à vos envies de kitsch au parc de Rock City, allez au Tennessee Aquarium ou faites du bateau sur la rivière Tennessee.
Continuez vers le nord-est pendant 241 km.

MCAFEE KNOB, ROANOKE

❸ Great Smoky Mountains National Park
Les Smokies abritent le parc national le plus visité du pays, mais ne vous découragez pas : il existe quantité d'endroits où s'éloigner de la foule grâce aux 1 287 km de sentiers offrant une vue spectaculaire sur la plus ancienne chaîne de montagnes des États-Unis.
Parcourez 73 km vers le nord.

❹ Knoxville
Knoxville possède un centre-ville animé (doté de trois remarquables théâtres historiques) et d'un quartier plein de charme, Old City. Ne manquez pas d'explorer la Knoxville's Urban Wilderness, une zone protégée de plus de 400 ha (forêts, parcs, pistes de VTT, etc.).
Continuez vers l'est pendant 187 km pour gagner la Caroline du Nord.

❺ Asheville
Asheville est une destination de week-end très prisée avec ses restaurants, ses brasseries et le Biltmore Estate, la spectaculaire propriété des Vanderbilt située non loin. Passez la nuit au cœur de l'animation ou

SPECTACLE AUTOMNAL, BLUE RIDGE PARKWAY

réservez une cabane alentour pour une escapade.
Parcourez 10 km en direction du sud-est.

6 Blue Ridge Parkway

La Blue Ridge Parkway serpente à travers les Appalaches sur 754 km. Empruntez cet itinéraire en automne, lorsque les arbres se parent de somptueuses couleurs, et faites deux ou trois randonnées en chemin.
Suivez la Parkway vers le nord-est pendant 440 kilomètres de paysages superbes.

7 Roanoke

Arrêtez-vous à Roanoke, la "capitale des Blue Ridge". Effectuez à pied une étape du célèbre sentier des Appalaches et ralliez McAfee Knob, l'un des plus beaux et des plus impressionnants points de vue de la région.
Parcourez 226 km jusqu'au Shenandoah National Park.

8 Shenandoah National Park

L'itinéraire s'achève à Shenandoah, une vaste étendue montagneuse d'environ 81 000 ha, dotée de 804 km de pistes de randonnée. Dormez dans l'un des nombreux campings du parc, parcourez la Skyline Drive et randonnez jusqu'aux points de vue (il y en a plusieurs).
Depuis le parc, ralliez Washington D.C. (162 km).

ET ENCORE...

Plus loin : Blowing Rock et Boone

En traversant la Caroline du Nord via la Blue Ridge Parkway, arrêtez-vous au Moses H. Cone Memorial Park, dont les nombreux sentiers sont faciles d'accès depuis la route ; ne manquez pas Blowing Rock et sa vue sur les montagnes. Passez la nuit à Boone, juste au nord, une ville universitaire accueillante et écoresponsable.
Boone est située à 136 km au nord-est d'Asheville.

Détour : Lake Lure

Les fans de *Dirty Dancing* pourront se rendre à la station touristique de Lake Lure, nichée dans la Hickory Nut Gorge. Réservez une chambre à l'historique Lake Lure Inn, où furent tournées plusieurs scènes, ou faites une randonnée à Chimney Rock. En septembre se tient le Dirty Dancing Festival, avec cours de danse, courses à la pastèque et concours dans les eaux du lac.
Lake Lure se trouve à 45 km à l'est d'Asheville.

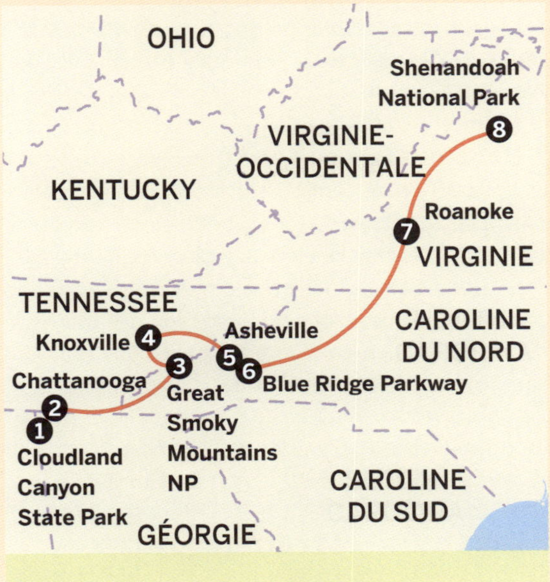

CIRCUIT DANS LES ROCHEUSES CANADIENNES

BIEN-ÊTRE · SPORT · VIN ET BIÈRE · CUISINE · RESPONSABLE · AVENTURE · CULTURE · SPECTACLES · ARTS · ARCHITECTURE · HISTOIRE · FAMILLE · EN SOLO · COURT SÉJOUR · LONG SÉJOUR · PLAGE · HIVER · FAUNE

Calgary – parc national Jasper

Explorez les montagnes, lacs et glaciers des Rocheuses canadiennes lors de ce road trip très dynamique. Au programme : randonnée, canoë, escalade…

EN BREF

Empreinte carbone (kg/pers) : 103
Distance (km) : 830
Nuits : 6-8
Budget : €€
Quand partir : mai-oct

❶ Calgary

Avant de traverser les parcs nationaux Banff et Jasper, sites incontournables des Rocheuses canadiennes, découvrez Calgary, la porte d'accès de la région. Après un aperçu de l'histoire et de la culture locales au Glenbow Museum, baladez-vous au bord du fleuve et prenez un café dans le quartier revitalisé d'East Village. Explorez le patrimoine musical canadien au National Music Centre, puis faites la tournée des clubs du Music Mile.

Quittez Calgary pour rejoindre Banff, à 125 km à l'ouest.

❷ Parc national Banff

Plus de 1 600 km de sentiers serpentent dans les montagnes et le long de lacs glaciaires au sein du parc national le plus ancien et le plus fréquenté du pays. Rejoignez les cimes en téléphérique ou par une via ferrata, baignez-vous dans des sources thermales, ou explorez les lacs en canoë ou au fil d'une croisière. Visitez le lieu historique national de Cave & Basin pour découvrir les origines du parc. Réservez votre hébergement bien à l'avance, campings compris.

Continuez vers le nord-ouest pendant 60 km.

❸ Lac Louise et Icefields Parkway

Une balade le long des eaux turquoise du lac Louise,

ÉLAN (WAPITI) MÂLE, PARC NATIONAL JASPER

KAYAK SUR LA BOW RIVER, PARC NATIONAL BANFF

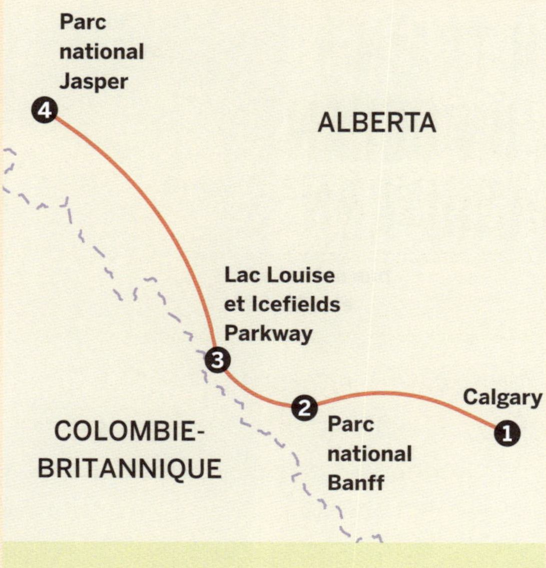

immortalisé maintes fois, est le temps fort de tout voyage dans les Rocheuses canadiennes. Randonnez dans les montagnes couronnées de glaciers qui encerclent le lac pour une vue incomparable. Baladez-vous en canoë sur le lac Moraine puis faites un détour par le parc national Yoho, qui recèle l'incontournable lac Emerald et les chutes Takakkaw, l'une des plus hautes cascades du Canada (373 m). Profitez des paysages de la route du nord, l'Icefields Parkway, l'une des plus spectaculaires du pays, jusqu'à Jasper. Capturez la vue plongeante sur le lac Peyto, parcourez le Wilcox Pass Trail pour admirer le panorama glaciaire, ou faites une excursion au Columbia Icefield, le plus vaste champ de glace des Rocheuses.

Suivez l'Icefields Parkway (Hwy 93) du lac Louise à Jasper (230 km).

4 Parc national Jasper

À Jasper, plus vaste parc des Rocheuses canadiennes, on peut découvrir en bateau les eaux bleues du lac Maligne et s'offrir un bain relaxant aux Miette Hot Springs. Vous pouvez aussi randonner des jours durant. Le soir, faites une visite virtuelle de la Jasper Dark Sky Preserve au planétarium de la ville éponyme.

Pour rejoindre Calgary et ses moyens de transport, reprenez l'Icefields Parkway en sens inverse (415 km).

ET ENCORE...

Plus loin : Edmonton

De Jasper, dirigez-vous vers l'est pour un week-end de culture urbaine à Edmonton, qui compte des quartiers riches en diversité et des musées contemporains comme l'Art Gallery of Alberta ou le Royal Alberta Museum. Hors de la ville, allez guetter les bisons à l'Elk Island National Park.

Edmonton est à 365 km à l'est de Jasper. Continuez vers le sud pendant 300 km pour rallier Calgary.

Détour : parcs de l'est de la Colombie-Britannique

Depuis Jasper, le lac Louise et Banff, visitez de magnifiques parcs. De Jasper, suivez la Hwy 16 puis la Hwy 5 jusqu'au Wells Gray Provincial Park. Continuez sur la Hwy 1 jusqu'aux parcs nationaux Mount Revelstoke, Glacier et Yoho. Un détour depuis la Hwy 93 mène au parc national Kootenay.

Le circuit de Jasper à Calgary via Wells Gray et les parcs nationaux couvre 1 200 km.

LE CANADA EN TRAIN : D'UN OCÉAN À L'AUTRE

Vancouver – Toronto

Des forêts humides de la côte ouest aux Rocheuses en passant par les Prairies et des villes multiculturelles, ce périple en train vous montre le meilleur du Canada.

EN BREF

Empreinte carbone (kg/pers) : 89
Distance (km) : 4 466
Nuits: 4-14 (selon le nombre d'étapes)
Budget : €€
Quand partir : toute l'année

❶ Vancouver

Alliant nature et culture urbaine, Vancouver est un paradis pour les passionnés de plein air. Explorez Stanley Park à vélo, lancez-vous en paddle depuis les plages du centre-ville ou gagnez les montagnes de North Shore pour randonner ou skier à 30 minutes du centre-ville. Visitez des brasseries artisanales, admirez des peintures murales et des galeries d'art autochtone, et régalez-vous de produits de la mer et de plats asiatiques. Puis montez à bord du *Canadien*, le fameux train de VIA Rail, jusqu'à Toronto. La traversée dure quatre jours, mais prenez le temps d'explorer certaines localités en chemin.

Prenez le train VIA Rail jusqu'à Jasper (2-3/semaine ; 19 heures).

ICEFIELDS PARKWAY

❷ Jasper

Le *Canadien* fait étape dans cette ville des Rocheuses, au cœur du spectaculaire parc national Jasper. Allez au centre des visiteurs, face à la gare, pour vous orienter. Partez en randonnée sur le Valley of the Five Lakes Trail, qui mène à cinq lacs aux couleurs saisissantes. En ville, le Jasper-Yellowhead Museum relate l'histoire des lieux, et Jasper Food Tours vous fait découvrir la cuisine locale. Pour explorer montagnes et glaciers au fil de l'Icefields Parkway, réservez un circuit d'une journée dans une agence locale ou louez une voiture.

CENTRE-VILLE DE VANCOUVER ET STANLEY PARK

Continuez en train VIA Rail jusqu'à Winnipeg (2-3/semaine ; 33 heures).

❸ Winnipeg

Nombre de sites se trouvent à quelques minutes à pied de la gare, notamment le musée canadien pour les Droits de la personne et Qaumajuq (Winnipeg Art Gallery), qui possède la plus importante collection d'art inuit contemporain au monde. Le lieu historique national de la Fourche, à la confluence des rivières Rouge et Assiniboine, recèle un excellent espace de restauration.

Reprenez le train en direction de l'est pour rallier Toronto (2-3/semaine ; 38 heures).

❹ Toronto

À courte distance à pied de la gare Union Station, la tour CN est idéale pour débuter votre visite de la plus grande ville du pays ; le regard porte jusqu'aux chutes du Niagara depuis sa plateforme panoramique (447 m). Puis visitez d'excellents musées tel l'Art Gallery of Ontario et flânez dans divers quartiers multiethniques. Prenez le ferry sur le lac Ontario pour une échappée nature aux îles de Toronto. Des bus et des trains se rendent féquemment aux chutes du Niagara (130 km).

L'aéroport de Toronto dessert des destinations nationales et internationales.

ET ENCORE...

Plus loin : Montréal, ville de Québec et Halifax

Prolongez votre voyage jusqu'à l'Atlantique. De Toronto, de nombreux trains VIA Rail rallient Montréal et la ville de Québec, deux villes animées et dotée d'excellents restaurants. Continuant vers l'est, le train *Océan* traverse de nuit le Nouveau-Brunswick et arrive à Halifax, en Nouvelle-Écosse, 22 heures après. On y trouve maints endroits où déguster du homard.

Détour : de Prince Rupert à Jasper

Si l'aventure dans le Nord canadien vous tente, prenez l'avion de Vancouver à Prince Rupert, sur la côte nord de la Colombie-Britannique. Découvrez les cultures autochtones au Museum of Northern BC, puis réservez un circuit guidé au Khutzeymateen Grizzly Bear Sanctuary pour observer des grizzlis dans la nature. Un train VIA Rail relie Prince Rupert à Jasper (1160 km). Là, montez à bord du *Canadien* et continuez vers l'est.

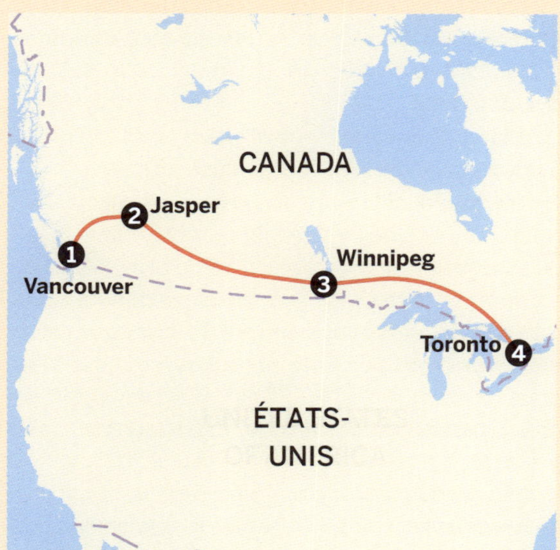

HAWAÏ : MAUI, AU-DELÀ DES PLAGES

SPORT · VIN ET BIÈRE · CUISINE · RESPONSABLE · AVENTURE · CULTURE · SPECTACLES · ARTS · ARCHITECTURE · HISTOIRE · FAMILLE · EN SOLO · COURT SÉJOUR · LONG SÉJOUR · PLAGE · HIVER · FAUNE · BIEN-ÊTRE

Kahului – Wailuku

Au-delà de ses magnifiques plages, explorez le patrimoine, les arts et la cuisine multiculturels de l'île hawaïenne de Maui au fil de routes moins touristiques.

EN BREF

Empreinte carbone (kg/pers) : 35
Distance (km) : 278
Nuits : 5-8
Budget : €€
Quand partir : toute l'année

❶ Kahului

En louant une voiture dès votre arrivée à l'aéroport de Kahului, vous pourrez explorer Maui à loisir. Avec ses mégastores et sa circulation aux heures de pointe, Kahului évoque les banlieues américaines, mais jouit d'une vie locale animée. Consultez l'agenda du Maui Arts & Cultural Center, repérez les food trucks en vogue et dénichez des objets artisanaux au Maui Swap Meet.
Parcourez 40 km vers l'ouest jusqu'à Lahaina.

❷ Lahaina

Les bâtiments anciens de la ville évoquent son passé, à l'image du Lahaina Heritage Museum. Le Wo Hing Temple Museum met en lumière l'histoire de la communauté chinoise de Maui. Allez voir l'immense bouddha de la Lahaina Jodo Mission et le Pu'upiha Cemetery, où les tombes sont creusées dans le sable.
Continuez vers l'est pendant 74 km pour rallier Paia en passant par Kula et Makawao.

❸ L'Upcountry : Kula, Makawao et Paia

Gagnez l'Upcountry, une région à vocation agricole. Savourez des fromages de chèvre et des glaces à la Kula's Surfing Goat Dairy, visitez l'Hawaii Sea Spirits pour leur vodka distillée à partir de canne à sucre bio, puis examinez les fruits et légumes de la Maui Nui Farm. À Makawao, goûtez la vodka à base d'ananas de l'Hali'imaile Distilling Company. Continuez

'OHE'O GULCH, SUR LA ROUTE DE HANA

LITTORAL FRANGÉ DE PALMIERS À MAUI

© Vanessa Ziegler Cerday | Getty Images; Christopher Kimmel | Getty Images

jusqu'au nord pour voir les véliplanchistes et les kitesurfeurs à Ho'okipa Beach avant de dîner à Paia.
Hana se situe à 72 km au sud-est de Paia.

❹ Route de Hana

La plus célèbre route de Maui serpente dans des paysages de forêt tropicale ponctués de cascades au fil de ponts à une seule voie. Prenez votre temps pour négocier les innombrables lacets jusqu'à la localité de Hana. Là, parcourez les rayons d'un magasin historique, le Hasegawa General Store, vérifiez si le petit centre culturel local est ouvert et déjeunez d'un plat de food truck ou d'une grillade.
Reprenez la route en sens inverse et continuez le long de la côte nord jusqu'à Wailuku (84 km).

❺ Wailuku

Le principal attrait de cette bourgade industrieuse est l'Iao Needle, un pic rocheux qui se dresse dans les forêts luxuriantes de l'Iao Valley State Park. Wailuku compte de bons restaurants. Grignotez d'excellents *manju* (petits gâteaux fourrés) dans la boulangerie Home Maid Bakery, déjeunez d'un bento à TJ's Warehouse et consultez l'agenda musical du Maui Coffee Attic ; vous vous sentirez vite comme chez vous.
L'aéroport de Kahului n'est qu'à 8 km.

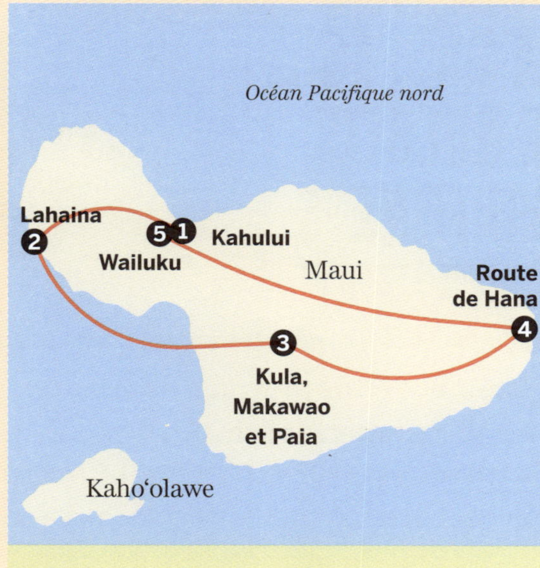

ET ENCORE...

Plus loin : Haleakalā National Park

Culminant à 3 055 m d'altitude, le volcan Haleakalā semble jaillir des nuages. Assister au lever du soleil depuis le sommet est très prisé – pensez à réserver. Vous pouvez randonner au bord du volcan et dans le cratère. Munissez-vous d'eau, de provisions et de vêtements chauds car il fait froid sur les hauteurs.
L'entrée du parc menant au volcan Haleakalā se situe à 37 km de Paia. Comptez 30 minutes de plus pour rallier le volcan lui-même.

Détour : Kīpahulu

La plupart des voyageurs qui suivent la route de Hana font demi-tour après avoir atteint la ville. Mais en longeant la côte vers l'est sur la Hana Highway, vous arriverez dans le district de Kīpahulu, au sein du parc national Haleakalā. Profitez de la vue sur l'océan, faites une randonnée au cœur de forêts humides menant à deux cascades et plantez votre tente dans le camping rustique (gratuit) qui surplombe les falaises.
Kīpahulu se situe à 19 km de Hana.

ROAD TRIP EN GASPÉSIE, LE QUÉBEC MARITIME

Québec – Sainte-Anne-des-Monts

Partez à l'aventure dans des parcs nationaux maritimes, observez les baleines et découvrez la culture acadienne lors de ce road trip dans la péninsule gaspésienne.

EN BREF

Empreinte carbone (kg/pers) : 189
Distance (km) : 1 524
Nuits : 7
Budget : €€
Quand partir : juin-sept

❶ Ville de Québec

Le matin, savourez un café et un pain au chocolat dans la vieille ville de Québec, fondée en 1608. Explorez le quartier Petit-Champlain qui domine le fleuve, flânez dans le faubourg Saint-Jean-Baptiste et le quartier Saint-Roch, et achetez des pâtisseries avant de partir.

PLACE ROYALE, VILLE DE QUÉBEC

La route 132 épouse les contours de la large péninsule gaspésienne, qui s'avance dans le golfe du Saint-Laurent. À Mont-Joli, bifurquez vers le sud-est pour faire le tour de la Gaspésie dans le sens inverse des aiguilles d'une montre et garder la mer sur votre droite ; vous jouirez d'une vue spectaculaire sur l'eau.

De Québec, roulez vers le nord-est jusqu'à Carleton-sur-Mer (555 km).

❷ Carleton-sur-Mer

En arrivant dans cette petite station balnéaire, gagnez le mont Saint-Joseph, d'où l'on jouit d'une vue superbe sur la baie des Chaleurs et le Nouveau-Brunswick, avant de dîner dans l'un des bons restaurants de la ville et d'y passer la nuit.

Continuez vers l'est pendant 200 km jusqu'à Percé ; faites étape au Musée acadien du Québec à Bonaventure pour un aperçu de l'héritage acadien de la région.

❸ Percé

Le village côtier de Percé est réputé pour son rocher éponyme. Des bateaux vous emmènent faire le tour de cet îlot rocheux et de son arche spectaculaire jusqu'à l'île Bonaventure, qui abrite la plus importante colonie de fous de Bassan au monde. Le village est également

ROCHER PERCÉ, GASPÉSIE

apprécié pour ses excellents produits de la mer.
Parcourez 62 km vers le nord jusqu'à Gaspé.

❹ Gaspé et le parc national Forillon

Pivot commercial de la pointe nord-est gaspésienne, Gaspé compte un bon choix d'hébergements et de restaurants ainsi qu'une brasserie artisanale. À 30 km à l'est, le parc national Forillon est splendide avec ses falaises qui plongent dans la mer. Randonnez jusqu'au "Bout du monde", allez observer les baleines ou taquinez le maquereau depuis le quai de Grande-Grave.
Continuez vers l'ouest sur la route du littoral, entre océan et montagnes, pour gagner Sainte-Anne-des-Monts (207 km).

❺ Sainte-Anne-des-Monts

En retournant à Québec, arrêtez-vous dans cette ville maritime et savourez des produits de la mer. Faites un détour dans les terres pour une randonnée en montagne au parc national de la Gaspésie. Quittez brièvement la route 132 à Sainte-Flavie afin d'admirer une sculpture insolite de Marcel Gagnon, Le Grand Rassemblement, qui met en scène une centaine de personnages de pierre émergeant du golfe du Saint-Laurent.
De Sainte-Anne-des-Monts, retournez à Québec (500 km).

ET ENCORE...

Plus loin : Charlevoix

Pour une délicieuse échappée depuis Québec, prenez la route 138 en direction du nord-est et de Charlevoix. La charmante bourgade de Baie-Saint-Paul, où galeries et bistrots bordent la grand-rue, sera votre point de chute. Suivez la route des Saveurs, un itinéraire gourmand qui met à l'honneur plus de 30 boulangers, fromagers, cidriers et autres petits producteurs.
Baie-Saint-Paul se situe à 94 km au nord-est de Québec.

Détour : Saguenay-Lac-Saint-Jean

Dans cette région au nord de Québec, vous pourrez camper au bord du lac Saint-Jean, randonner jusqu'à des points de vue sur le fjord du Saguenay et observer les baleines lors d'une sortie en bateau depuis Tadoussac. Visitez ensuite le musée amérindien de Mashteuiatsh et faites provision de délices à la Chocolaterie des Pères Trappistes de Mistassini.
Tadoussac est à 215 km au nord-est de Québec.

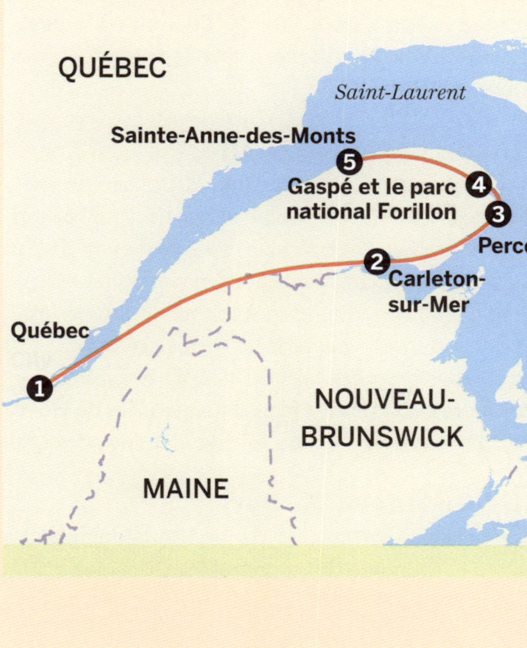

ÎLES-DE-LA-MADELEINE, PERLE DU QUÉBEC

SPORT · VIN ET BIÈRE · CUISINE · RESPONSABLE · AVENTURE · CULTURE · SPECTACLES · ARTS · ARCHITECTURE · HISTOIRE · FAMILLE · EN SOLO · COURT SÉJOUR · LONG SÉJOUR · PLAGE · HIVER · FAUNE · BIEN-ÊTRE

Souris – île de Grande-Entrée
L'archipel isolé des Îles-de-la-Madeleine est réputé pour ses falaises de grès rouge, ses plages, sa culture acadienne ainsi que ses délicieux poissons et fruits de mer frais.

EN BREF
Empreinte carbone (kg/pers) : 52
Distance (km) : 257
Nuits : 4-6
Budget : €€
Quand partir : juin-sept

❶ Souris

Bien que les Îles-de-la-Madeleine fassent partie du Québec, elles sont bien plus proches de l'Île-du-Prince-Édouard, au Canada atlantique. Débutez donc votre périple dans le port de Souris, d'où partent les ferries pour les îles. Avant la traversée, montez au phare d'East Point pour jouir de la vue et visitez le parc provincial de Basin Head, où le sable doré crisse sous les pas.

Prenez le ferry pour l'île du Cap-aux-Meules (tlj juil-début sept, 3-6/semaine le reste de l'année ; 5 heures).

❷ Île du Cap-aux-Meules

Le ferry accoste à Cap-aux-Meules, dans la partie centrale de l'archipel. Découvrez ses falaises rouges sur son flanc ouest et baladez-vous en kayak depuis le parc de Gros-Cap. Apprenez à cuisiner le homard avec la chef Johanne Vigneau, propriétaire de la boutique Gourmande de Nature. Puis, savourez une bière à la microbrasserie À l'Abri de la Tempête.

Parcourez 25 km vers le sud jusqu'à l'île du Havre-Aubert par la route 199, qui relie les six îles principales.

❸ Île du Havre-Aubert

Sur la côte est, le musée de la Mer donne un aperçu de l'histoire maritime de l'archipel. Puis, gagnez la plage isolée de Sandy Hook (ou plage du Havre), souvent déserte. Un déjeuner copieux au Café de La Grave,

PHARE DU CAP-AUX-MEULES

ÎLE DU HAVRE-AUX-MAISONS

dans une ancienne épicerie, vous remettra sur pied.
Roulez vers le nord pendant 33 km jusqu'à l'île du Havre-aux-Maisons.

4 Île du Havre-aux-Maisons

Faites demi-tour, traversez Cap-aux-Meules et gagnez l'île du Havre-aux-Maisons, où vous pourrez goûter d'autres délices, comme le hareng fumé du Fumoir d'Antan et les fromages de la Fromagerie du Pied-de-Vent.
Continuez vers le nord 40 km jusqu'à Grosse-Île.

5 Grosse-Île

La route 199 longe une étroite langue de terre jusqu'à l'extrémité nord de l'archipel, où s'étend la superbe plage de sable de la Grande Échouerie, longue de 10 km.
Parcourez 15 km vers le sud jusqu'à Grande-Entrée.

6 Île de Grande-Entrée

Grande-Entrée est le principal port de pêche des îles ; de son quai, vous pourrez assister au départ en mer des pêcheurs (si vous êtes levé avant l'aube). Visitez le Centre d'interprétation du phoque, qui propose des expositions sur la faune marine de l'archipel.
Rebroussez chemin et regagnez le port des ferries sur Cap-aux-Meules (57 km).

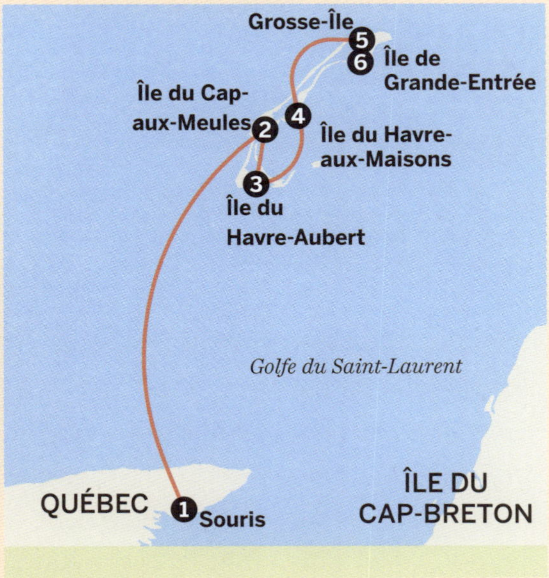

ET ENCORE...

Plus loin : Charlottetown

Flânez sur le front de mer de la jolie capitale de l'Île-du-Prince-Édouard, suivez la promenade de planches au Victoria Park et admirez les édifices du centre historique. Jetez un coup d'œil à la basilique Saint-Dunstan, richement décorée, ou visitez COWS Creamery, réputé pour ses glaces, avant de vous attabler devant un bon plat de fruits de mer.
De Souris, parcourez 81 km vers l'ouest jusqu'à Charlottetown.

Détour : Cavendish et ses environs

Cavendish est la ville natale de Lucy Maud Montgomery, auteure du best-seller *Anne... la maison aux pignons verts* ; visitez la ferme de l'héroïne du récit (Anne) à Cavendish et l'Anne of Green Gables Museum, situé non loin, à Park Corner. Les longues plages bordées de dunes du parc national de l'Île-du-Prince-Édouard, idéales pour une balade, sont toute proches.
Cavendish se situe à 112 km de Souris ou à 40 km de Charlottetown.

ESCAPADES URBAINES EN ARIZONA

BIEN-ÊTRE SPORT VIN ET BIÈRE CUISINE RESPONSABLE AVENTURE CULTURE SPECTACLES ARTS ARCHITECTURE HISTOIRE FAMILLE EN SOLO COURT SÉJOUR LONG SÉJOUR PLAGE HIVER FAUNE

Phoenix – Mesa

En voiture, au fil des villes de l'Arizona, vous découvrirez de l'art contemporain, une architecture innovante et un riche héritage amérindien, mexicain et espagnol.

EN BREF

Empreinte carbone (kg/pers) : 84
Distance (km) : 673
Nuits : 4-6
Budget : €€
Quand partir : oct-mai

❶ Phoenix

Débutez votre voyage dans la capitale de l'Arizona, principal carrefour de la région. Découvrez les peuples amérindiens du Sud-Ouest au Heard Museum ; baladez-vous parmi les fleurs sauvages au Desert Botanical Garden ; admirez les œuvres de la Western Gallery au Phoenix Art Museum, et écoutez de la musique de plus de 200 pays au Musical Instrument Museum. Dans le centre-ville, explorez Roosevelt Row, où abondent galeries et œuvres de street art. Une petite faim ? Les food trucks de la Phoenix Street Food Coalition feront parfaitement l'affaire ou faites la tournée des taquerías.

HEARD MUSEUM, PHOENIX

Parcourez les 21 km qui séparent le centre-ville de Phoenix de Scottsdale.

❷ Scottsdale

Cette ville de banlieue aisée possède une scène artistique florissante, avec son Museum of Contemporary Art, son programme d'art sculptural public ou encore le Cattle Track, un collectif artistique avec ateliers à visiter. Scottsdale est aussi un centre architectural dont l'œuvre phare est Taliesin West, de Frank Lloyd Wright, qui fut à la fois sa résidence d'hiver et un lieu d'enseignement.

Quittez Scottsdale pour Tucson, à 185 km au sud-est.

❸ Tucson

Ville universitaire abritant le Saguaro National Park, où randonner parmi les cactus. Visitez la mission San Xavier del Bac (XVIIIe siècle) et admirez les œuvres

VUE DE TUCSON ET DE SENTINEL PEAK

de street art, telle l'insolite sculpture Bike Church, au fil de quartiers d'une riche diversité. Détendez-vous dans l'un des bars de 4th Avenue ou savourez des en-cas dans un restaurant mexicain de South 12th Avenue. Enfin, goûtez les succulents chocolats de Monsoon Chocolate.
Continuez vers l'est pendant 133 km jusqu'à Willcox.

❹ Vignobles de l'Arizona

Deux petits vignobles de l'Arizona se trouvent à courte distance en voiture de Tucson. À 80 km au sud-est, Sonoita-Elgin compte une douzaine de domaines, tandis que d'autres propriétés entourent Willcox, plus à l'est. Désignez un conducteur sobre ou réservez un circuit. En allant à Willcox, faites étape à Dragoon pour voir les expositions de l'Amerind Museum sur l'art, l'histoire et la culture contemporaine des Amérindiens.
De Willcox, roulez pendant 315 km jusqu'à Mesa.

❺ Mesa

Faites étape à Mesa, un centre d'agrotourisme, et visitez des petites fermes, des laiteries, des orangeraies, et même un producteur d'huile d'olive. Renseignez-vous sur les expositions du Mesa Contemporary Arts Museum. Ensuite, marchez dans le désert, faites une descente en bouée sur la Salt River ou du paddle sur un lac.
Mesa se situe à 19 km de l'aéroport de Phoenix.

ET ENCORE...

Plus loin: Sedona

Cette ville touristique au nord de Phoenix se distingue par ses formations de grès rouge... et son mysticisme. Quelle que soit votre opinion concernant l'existence du vortex d'énergie spirituelle, vous pourrez explorer ses beaux parcs d'État comme Slide Rock ou Red Rock. La ville recèle des cantines mexicaines et des restaurants servant une cuisine du Sud-Ouest américain.
Sedona se trouve à 185 km au nord de Phoenix.

Détour : le Grand Canyon

Le Grand Canyon, merveille naturelle de l'Arizona (et de la planète), est creusé par le Colorado. Ses gorges profondes offrent au regard des couches rocheuses striées de nuances sombres. Séjournez dans un lodge ou un camping proche de la South Rim, à moins de préférer la superbe North Rim, plus paisible, en général accessible de mai-juin à octobre ou jusqu'aux premières neiges.
La South Rim est située à 360 km au nord de Phoenix.

ROAD TRIP CANADIEN AU YUKON

SPORT · VIN ET BIÈRE · CUISINE · RESPONSABLE · AVENTURE · CULTURE · SPECTACLES · ARTS · ARCHITECTURE · HISTOIRE · FAMILLE · EN SOLO · COURT SÉJOUR · LONG SÉJOUR · PLAGE · HIVER · FAUNE · BIEN-ÊTRE

Whitehorse – Dawson City

Découvrez de vastes champs de glace et les plus hauts sommets du Canada, revivez l'époque de la ruée vers l'or et allez à la rencontre des cultures autochtones.

EN BREF

Empreinte carbone (kg/pers) : 168
Distance (km) : 1 350
Nuits : 7-10
Budget : €€
Quand partir : juin-sept

❶ Whitehorse

La capitale du Yukon vous offre l'occasion d'explorer le passé au MacBride Museum of Yukon History, d'embarquer sur un bateau à aubes au lieu historique national SS Klondike et d'admirer des œuvres d'art autochtones au Kwanlin Dün Cultural Centre. Randonnez dans le superbe Miles Canyon, puis relaxez-vous dans les eaux thermales des Takhini Hot Pools. Suivez la Klondike Highway en direction de Carcross, au sud, pour découvrir le plus petit désert canadien. Escaladez les dunes, dont le sable constituait jadis le fond d'un lac glaciaire, puis faites étape à Carcross pour visiter les ateliers de sculpteurs autochtones et d'autres artisans avant de regagner Whitehorse.
Parcourez 160 km vers l'ouest jusqu'à Haines Junction, point d'accès au Kluane National Park.

DAWSON CITY

❷ Parc national Kluane

Cela peut sembler étonnant, mais sur les 20 plus hauts sommets du Canada, 17 se situent dans ce parc national du Yukon. Organisez un trek ou une randonnée en pleine nature, faites du rafting sur la rivière Alsek, découvrez le lac Kathleen en paddle ou admirez plus d'une centaine d'espèces d'oiseaux. Pour terminer en beauté, survolez les immenses champs de glace en avion de tourisme (en n'oubliant pas votre appareil

CHAMPS DE GLACE, PARC NATIONAL KLUANE

photo). Avant de quitter Haines Junction, jetez un coup d'œil au Da Kų Cultural Centre, où vous découvrirez le peuple Aishihik, dont les ancêtres peuplaient autrefois les terres alentour.

De Haines Junction, continuez vers le nord jusqu'à Dawson City (660 km).

3 Dawson City

Revivez la ruée vers l'or du Klondike de 1898 en vous promenant parmi les bâtiments historiques de la ville. Des guides de Parcs Canada en costume d'époque proposent des circuits à pied au fil de ses rues en terre battue. Faites une croisière sur un bateau à aubes ou explorez la vie de l'auteur Jack London, qui fut aussi chercheur d'or, au musée qui lui est consacré, assorti d'une réplique de sa cabane. Dawson s'étend sur les terres traditionnelles des Tr'ondëk Hwëch'in ; visitez le Dänojà Zho Cultural Centre pour en apprendre davantage sur leur culture. Si vous osez, goûtez la boisson la plus célèbre de la ville : le Sourtoe Cocktail, un shooter de whisky qui contient un orteil humain (!). La nuit, gagnez le Midnight Dome, un point de vue surplombant Dawson, pour tenter d'apercevoir les lueurs dansantes d'une aurore boréale (d'août à avril).

Retournez à Whitehorse (à 530 km au sud) par la Hwy 2, ou Klondike Highway.

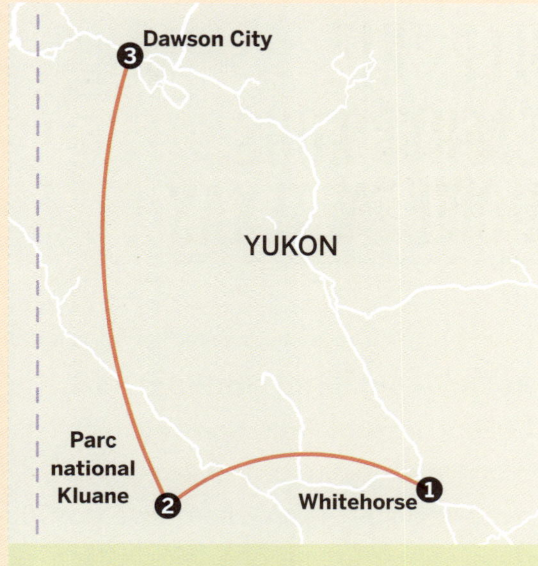

ET ENCORE...

Plus loin : Tombstone Territorial Park

Dans ce parc de 220 000 ha, non loin de Dawson, vous marcherez parmi les fleurs sauvages au milieu de sommets abrupts. La Dempster Highway, qui mène aux Territoires du Nord-Ouest, coupe le parc en deux. Emportez un pique-nique et visitez le centred'interprétation pour connaître les pistes de randonnée et les autres activités.

Le Tombstone Interpretive Centre est à 110 km au nord-est de Dawson.

Détour : la Top of the World Highway

De Dawson, ce bel itinéraired'unejournée jusqu'en Alaska implique de franchir le fleuve Yukon sur le ferry *George Black* pour rejoindre la Top of the World Highway (ouverte de mai à sept, vérifier avant le départ), qui serpente jusqu'au poste frontière le plus septentrional d'Amérique. Continuez jusqu'à Chicken, en Alaska, pour déjeuner, avant de retourner à Dawson.

Chicken se trouve à 170 km de Dawson.

VILLES ET DÉSERTS SOUS LE CIEL DU TEXAS

Austin – Big Bend National Park

Ce road trip aux États-Unis vous emmène dans la ville la plus branchée du Texas, avec en prime culture alternative, paysages désertiques et montagnes impressionnantes.

EN BREF

Empreinte carbone (kg/pers) : 219
Distance (km) : 1 760
Nuits : 10-12
Budget : €€
Quand partir : oct-mai

RIVER WALK, SAN ANTONIO

❶ Austin

Réputée pour sa scène musicale, Austin est l'une des villes les plus agréables du Texas. Chaque soir, vous pouvez assister à un concert rockabilly, blues ou punk, et ses festivals de musique, tel l'Austin City Limits, valent le détour. Le long de South Congress Avenue se succèdent magasins caritatifs et jolies boutiques, bars et restaurants aux cours arborées et food trucks. Quand la chaleur est écrasante, dégustez une glace à Amy's Ice Cream ou plongez dans la rafraîchissante Barton Springs Pool. Au soleil couchant, assistez au vol de chauves-souris depuis le pont de Congress Avenue.

Parcourez 130 km en direction du sud-ouest pour rallier San Antonio.

❷ San Antonio

San Antonio possède un centre-ville qui se prête à la balade. Visitez ses musées et ses édifices historiques, dont le célèbre fort Alamo, une ancienne mission espagnole devenue forteresse. Flânez sur les berges bordées de restaurants de la charmante River Walk. De là, prenez une navette fluviale écologique sur le canal au fil de jolis jardins et ponts de pierre jusqu'au Pearl, abritant boutiques, cafés, bars et marchés.

Un long trajet vous attend pour gagner Marfa, située à 650 km à l'ouest.

BIG BEND NATIONAL PARK

❸ Marfa

Nichée à la lisière d'un vaste désert, Marfa tient à la fois de la petite bourgade de western et du repaire bohème. Les rues sont ponctuées de galeries, de restaurants créatifs et d'hébergements insolites comme El Cosmico, un hôtel constitué de caravanes au style rétro-chic. L'atout phare de Marfa est la Chinati Foundation, un ancien fort militaire qui abrite la plus grande collection permanente d'art minimaliste au monde.

Continuez vers le sud pendant 220 km.

❹ Big Bend National Park

Au cœur du désert de Chihuahua, Big Bend a tout d'une terre désolée au premier abord. En réalité, ses canyons abrupts, son corridor fluvial fertile, son maquis désertique et ses crêtes boisées recèlent des microclimats variés où s'épanouit une faune abondante. On peut y voir le plus grand nombre d'espèces d'oiseaux de tous les parcs nationaux des États-Unis. Plusieurs activités peuvent y être pratiquées : randonnée (240 km de pistes), baignade dans des sources thermales, balades équestres et rafting sur le Rio Grande.

Rejoignez Austin et son aéroport (760 km).

ET ENCORE...

Plus loin : Luckenbach

Avec sa poignée de bâtiments datant de la conquête de l'Ouest, cette localité possède le charme typique du Texas Hill Country. Dégustez une bière Shiner Bock en écoutant des musiciens gratter leur guitare à l'ombre d'un grand chêne. Vous pourrez esquisser un two-step dans le dancehall dans le vénérable saloon, qui fait aussi office d'épicerie et de bureau de poste.

Luckenbach se trouve à 116 km à l'ouest d'Austin.

Détour : ville fantôme de Terlingua

Non loin de Big Bend, Terlingua est une ancienne ville minière qui fut abandonnée dans les années 1940. Aujourd'hui, les visiteurs peuvent explorer les vestiges de bâtiments en adobe et le cimetière abandonné. Le soir, rendez-vous au Starlight Theatre, un ancien cinéma à ciel ouvert transformé en restaurant et salle de concerts.

De Big Bend, parcourez 67 km vers le nord-ouest jusqu'à Terlingua.

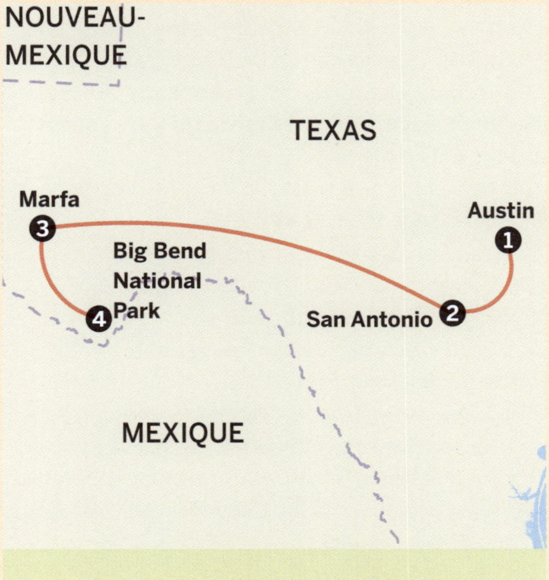

CULTURES CRÉOLE ET CAJUN EN LOUISIANE

FAUNE
BIEN-ÊTRE
SPORT
VIN ET BIÈRE
CUISINE
RESPONSABLE
AVENTURE
CULTURE
SPECTACLES
ARTS
ARCHITECTURE
HISTOIRE
FAMILLE
EN SOLO
COURT SÉJOUR
LONG SÉJOUR
PLAGE
HIVER

La Nouvelle-Orléans – Lafayette
Un road trip aux États-Unis entre villes chargées d'histoire et marécages, au rythme des cuivres de La Nouvelle-Orléans et des violons cajuns de la Louisiane.

EN BREF
Empreinte carbone (kg/pers) : 57
Distance (km) : 457
Nuits : 5-7
Budget : €€
Quand partir : oct-avr

❶ La Nouvelle-Orléans

Nichée dans un méandre du Mississippi, La Nouvelle-Orléans est la ville des fanfares jazz, des fêtes de Mardi gras et d'une architecture créole haute en couleur. La cuisine n'est pas en reste, avec ses huîtres grillées, ses écrevisses à l'étouffée et ses gumbos, qui s'accordent parfaitement avec le French 75 (un cocktail champagne, gin et citron vert). Il y a beaucoup à voir, du French Quarter aux demeures majestueuses du Garden District, ainsi que de beaux parcs tels l'Audubon ou le City Park, desservis par un tramway vintage.

Suivez la rive sud du Mississippi vers l'ouest pendant 80 km.

❷ Whitney Plantation

Si d'impressionnantes plantations ponctuent les rives du Mississippi le long de River Road, seul le site historique de Whitney s'attache exclusivement à décrire la vie des 350 esclaves de la propriété. La visite guidée vous fera découvrir les cases où les familles vivaient et leurs conditions de vie, ainsi que la résidence du premier propriétaire de la plantation (1790). Il y a plusieurs mémoriaux poignants, comme les statues grandeur nature d'enfants esclaves dans l'Antioch Baptist Church.

Continuez vers l'ouest pendant 160 km.

WHITNEY PLANTATION

KAYAK AU LAC MARTIN

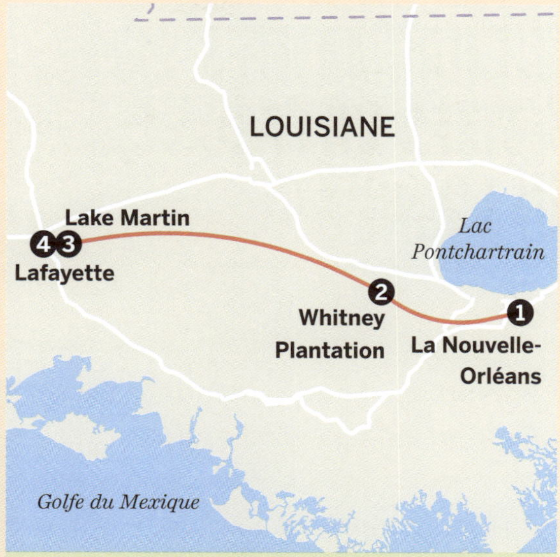

❸ Lake Martin

Dans les marécages sauvages du lac Martin, vous verrez des grands hérons, des aigrettes neigeuses et des spatules rosées voleter parmi les cyprès chauves, tandis que des alligators glissent dans les eaux couleur d'encre. Une boucle de 4 km permet d'en faire le tour, mais l'idéal est de l'explorer sur l'eau. Cajun Country Swamp Tours propose des sorties en bateau en compagnie de guides qui ont grandi dans ce merveilleux environnement. Pour découvrir le lac à votre rythme, Pack & Paddle organise des circuits en kayak.

Roulez vers l'ouest sur la Prairie Highway pendant 17 km.

❹ Lafayette

La capitale autoproclamée de la Louisiane française est idéale pour une immersion dans la culture cajun. Découvrez l'histoire des Acadiens à Vermilionville, la reconstitution d'un village du XIXe siècle où se produisent des groupes le week-end. Régalez-vous au restaurant Prejean's, réputé pour ses écrevisses à l'étouffée, son riz à l'andouille fumée et autres mets cajuns. Pour finir, assistez à un concert au Blue Moon Saloon, où des groupes de zydeco font danser la foule.

Regagnez La Nouvelle-Orléans (200 km) et son aéroport.

ET ENCORE...

Plus loin : Saint Francisville

Avec ses nombreuses maisons des XVIIIe et XIXe siècles, cette ville paisible donne l'impression d'avoir remonté le temps. Musardez dans son quartier historique puis visitez l'Oakley Plantation, où le naturaliste J. J. Audubon peignit les oiseaux de la forêt environnante en 1821. Le soir, joignez-vous à un circuit fantôme à la Myrtles Plantation, une des demeures les plus hantées d'Amérique.

Saint Francisville se trouve à 140 km de Lafayette.

Détour : Mandeville

Sur la rive nord du lac Pontchartrain (le plus vaste de Louisiane), cette ville possède une longue promenade au bord de l'eau, d'élégantes demeures et des restaurants et cafés en plein air. Les cyclistes peuvent suivre la Tammany Trace, une piste ferroviaire longue de 50 km. Non loin, on peut observer la faune (oiseaux, alligators) au Fontainebleau State Park.

Mandeville se situe à 56 km de La Nouvelle-Orléans par la chaussée du lac Pontchartrain.

CÔTES ABRUPTES ET CHARMANTES PETITES VILLES DU MAINE

SPORT · VIN ET BIÈRE · **CUISINE** · RESPONSABLE · AVENTURE · CULTURE · SPECTACLES · **ARTS** · ARCHITECTURE · HISTOIRE · **FAMILLE** · EN SOLO · **COURT SÉJOUR** · LONG SÉJOUR · PLAGE · HIVER · FAUNE · BIEN-ÊTRE

Portland – Acadia National Park
Ce road trip le long du littoral du Maine, au nord-est des États-Unis, conjugue côtes au relief tourmenté, activités de plein air, et poisson et fruits de mer frais à gogo.

EN BREF
Empreinte carbone (kg/pers) : 66
Distance (km) : 535
Nuits : 7
Budget : €€€
Quand partir : mai-juin, sept-oct

❶ Portland

Perchée sur une péninsule face à Casco Bay, la plus grande ville du Maine possède une scène culinaire réputée, d'excellents musées et de nombreux espaces verts face aux flots tourmentés de l'Atlantique. Le quartier d'Old Port est très intéressant ; dans ses rues pavées et ses bâtiments en brique du XIXe siècle se nichent des cafés, des restaurants, des boutiques et des bars façon microbrasserie. Baladez-vous à pied ou à vélo le long de l'Eastern Promenade en contemplant la vue sur les îlots rocheux et les voiliers qui fendent les eaux de Casco Bay. Le pittoresque Portland Head Light, le plus ancien phare en fonctionnement de l'État du Maine, vaut aussi le détour.

JORDAN POND HOUSE, ACADIA NATIONAL PARK

Suivez la Hwy 1 vers le nord-est pendant 130 km jusqu'à Camden.

❷ Camden

La petite station balnéaire de Camden possède un port charmant, digne d'une carte postale, et ses petites rues émaillées de galeries sont un ravissement. Patrie de la plus importante flotte de grands voiliers du Maine, Camden est l'endroit idéal pour la navigation de plaisance. Juste au nord de la ville, le Camden Hills State Park compte près de 50 km de sentiers de randonnée, dont la courte ascension au mont Battie pour une vue panoramique sur Penobscot Bay, semée d'îles.

Suivez la route panoramique qui longe Penobscot Bay jusqu'à Castine (90 km).

PORTLAND ET LE QUARTIER D'OLD PORT

❸ Castine

Castine est l'un des plus jolies localités du Maine. Elle recèle quelques bâtiments historiques, et sa rue principale, Main Street, débouche sur un agréable front de mer. Malgré sa petite taille, Castine vaut que l'on s'y attarde : effectuez une sortie en kayak, une balade dans les bois à Witherle Woods, et installez-vous dans un café avec un bon livre tout en vous imprégnant de l'ambiance villageoise.

Parcourez 75 km vers l'est pour rejoindre l'Acadia National Park.

❹ Acadia National Park

Ce parc spectaculaire où les montagnes rejoignent l'océan est une merveille avec ses lacs bordés de forêts, son littoral accidenté et les falaises escarpées de Mount Desert Island (île des Monts-Déserts). Les activités ne manquent pas, tant pour les randonneurs (avec des dizaines de pistes) que pour les cyclistes (72 km de routes) et les baigneurs, dans les eaux plutôt froides d'Echo Lake ou de Sand Beach. Savourez ensuite un thé et des popovers (sortes de brioches soufflées) dans la demeure historique de Jordan Pond House et dévalisez les boutiques à Bar Harbor, une petite ville dotée de restaurants de fine cuisine.

Regagnez Portland (240 km).

ET ENCORE...

Plus loin : Deer Isle et Isle au Haut

Deer Isle est un ensemble d'îles reliées par des chaussées. Vous goûterez les confitures maison de Nervous Nellie's au milieu de sculptures insolites. Les sorties en kayak sont un must. À Stonington, offrez-vous un festin de la mer ou ralliez Isle au Haut en bateau (45 min) pour explorer les sentiers côtiers et les denses forêts.

Castine est à 42 km de Deer Isle ; comptez 16 km de plus pour rejoindre Stonington.

Détour : Southwest Harbor

C'est dans l'ouest de Mount Desert Island, moins fréquenté, que se cache le joli village de Southwest Harbor. De là, faites une excursion en bateau aux Cranberry Islands ou roulez jusqu'au phare de Bass Harbor, doté d'une belle vue. Rendez-vous à Thurston's Lobster Pound, face à la baie, pour vous régaler de crustacés.

Southwest Harbor est à côté de l'Acadia National Park, sur les rives du Somes Sound.

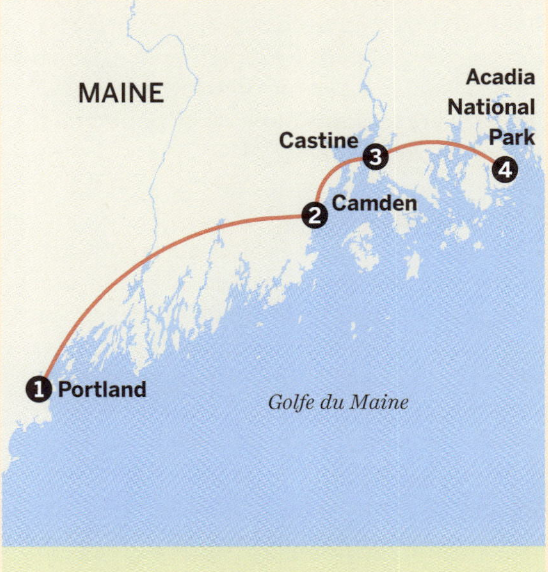

LA ROUTE DE LA POUDREUSE EN COLOMBIE-BRITANNIQUE

BIEN-ÊTRE · SPORT · VIN ET BIÈRE · CUISINE · RESPONSABLE · AVENTURE · CULTURE · SPECTACLES · ARTS · ARCHITECTURE · HISTOIRE · FAMILLE · EN SOLO · COURT SÉJOUR · LONG SÉJOUR · PLAGE · HIVER · FAUNE

Kicking Horse – Fernie

Dévalez les pistes du royaume de la poudreuse, en Colombie-Britannique, avec ses splendides paysages, ses stations de ski et ses sympathiques localités.

EN BREF

Empreinte carbone (kg/pers) : 88
Distance (km) : 710
Nuits : 7-10
Budget : €€€
Quand partir : déc-avr

❶ Kicking Horse

Kicking Horse a des airs de paradis pour les passionnés de ski et de snowboard. Les conditions sont exceptionnelles, même au regard des autres superbes domaines skiables de la province. De plus, la station possède un fort dénivelé, même s'il existe des pistes en pente douce. Son atout maître, c'est la neige ; si légère, si floconneuse et toujours si constante. Rendez-vous au restaurant Eagle Eye, en haut des pistes, pour une vue panoramique sur les Rocheuses. La station voisine de Golden, sympathique et sans prétention, vaut le détour.
Roulez vers le sud sur une route panoramique pendant 150 km.

❷ Panorama

Panorama est l'une des meilleures stations de la province pour les familles et les groupes de niveaux mixtes ; les pistes pour novices sont excellentes, tandis que les bons skieurs et snowboardeurs profitent d'un domaine exceptionnel, autrefois réservé à l'héliski. Il est très facile de s'éloigner de la foule pour s'immerger en pleine nature sur fond de montagnes dentelées. Le village est compact, et la circulation, aisée ; parmi les activités d'après-ski, citons des bains à remous en extérieur et une patinoire. La ville voisine d'Invermere, au bord d'un lac, vaut aussi le coup d'œil.

PARADIS HIVERNAL, FERNIE

SKI HORS PISTE, KICKING HORSE

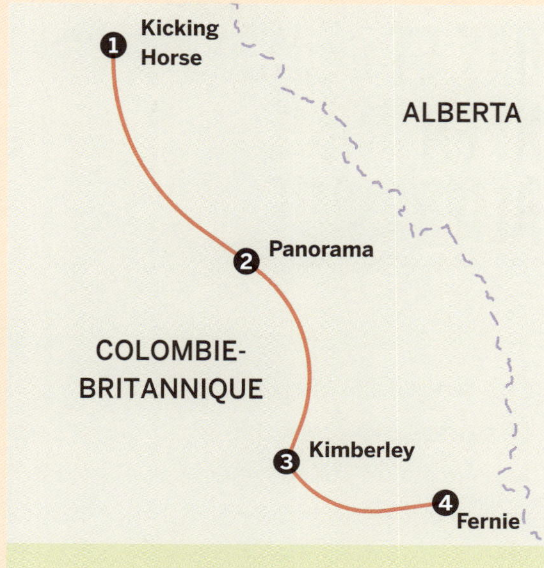

Roulez vers le sud pendant 140 km.

3 Kimberley

Kimberley est une petite station moins connue, à l'atmosphère accueillante, ce qui explique sa popularité auprès des habitants. Elle convient bien aux skieurs débutants et intermédiaires désireux de progresser, tout en offrant des pistes plus techniques aux skieurs chevronnés. La ville de Kimberley est plutôt branchée et mâtinée d'influences bavaroises, comme en témoigne son coucou (le plus grand du Canada) et sa boutique de sculpture sur bois, gérée par un ancien champion de yodel autrichien.

Continuez vers l'est pendant 120 km.

4 Fernie

Des paysages époustouflants, de longues pistes de rêve en forêt et une neige d'excellente qualité valent à Fernie un statut quasi mythique auprès des adeptes du ski et du snowboard. Séjournez dans le centre historique pour un aperçu du patrimoine de cette ancienne ville minière. Fernie est aussi une bonne base pour un circuit en autoneige dans les zones sauvages.

Parcourez 300 km vers le nord pour rejoindre l'aéroport de Calgary.

ET ENCORE...

Plus loin : Radium Hot Springs

Plongez vos membres fatigués dans les eaux revigorantes de Radium Hot Springs, avec pour toile de fond le canyon Sinclair du parc national Kootenay. Le contraste entre l'eau minéralisée naturellement chaude et l'air glacial des montagnes est très agréable. Il y a aussi un bassin d'eau plus fraîche avec couloirs de nage, des cours de yoga et des séances de soins au spa.

Radium Hot Springs se trouve à 36 km au nord-est de Panorama.

Détour : Whitewater

La station de Whitewater vaut largement le détour grâce à son excellent enneigement (notamment sa poudreuse, sèche et floconneuse) et son ambiance traditionnelle. Séjournez à Nelson, une ancienne petite ville pionnière avec bâtiments anciens et bars animés. Whitewater est une bonne base pour le ski de randonnée et le splitboard.

Whitewater est située à 250 km à l'ouest de Kimberley.

SURF ET SKI EN CALIFORNIE

SPORT · VIN ET BIÈRE · CUISINE · RESPONSABLE · **AVENTURE** · CULTURE · SPECTACLES · ARTS · ARCHITECTURE · HISTOIRE · **FAMILLE** · EN SOLO · COURT SÉJOUR · LONG SÉJOUR · **PLAGE** · HIVER · FAUNE · BIEN-ÊTRE

Los Angeles – San Francisco

Le parfait road trip américain débute sur les plages de Los Angeles, traverse les montagnes enneigées de l'arrière-pays et s'achève près de San Francisco.

EN BREF

Empreinte carbone (kg/pers) : 128
Distance (km) : 1 030
Nuits : 7-10
Budget : €€€
Quand partir : printemps

LAKE TAHOE DEPUIS HEAVENLY

❶ Los Angeles

Si le surf est né en Polynésie, c'est sur les plages de Los Angeles et des environs qu'il a gagné ses galons. Huntington Beach et Malibu sont deux des spots les plus célèbres ; profitez de la constance des vagues et des nombreux loueurs de planches sur place. Huntington Beach abrite aussi l'International Surfing Museum. Allez vous promener à Venice Beach, un autre excellent spot de surf, dont le skate-park fait face à l'océan. Son rôle dans l'évolution du skateboard moderne, dans les années 1970, est relaté dans le film *Dogtown and Z-Boys*.
Parcourez 500 km vers le nord pour atteindre la Sierra Nevada.

❷ Mammoth Mountain

L'influence de la culture surf et skate s'étend jusqu'à Mammoth Mountain, sur le versant oriental de la Sierra Nevada, Elle accueille autant de snowboardeurs que de skieurs, sinon plus. En outre, Mammoth met à l'honneur le snowboard et le ski freestyle ; ses snowparks et ses half pipes sont salués dans le monde entier et attirent des adeptes jeunes et branchés. Les amateurs du ski et du snowboard classiques ne sont pas oubliés, avec des pistes pour tous les niveaux, d'excellents parcours en forêt et une vue époustouflante sur la Sierra Nevada.

SPOT DE SURF À HUNTINGTON BEACH, LOS ANGELES

Continuez pendant 230 km vers le nord ; à Mono Lake apparaissent d'étranges tours de tuf.

3 Heavenly

Parmi les 15 stations de ski autour de Lake Tahoe, Heavenly jouit de la plus belle vue. Cette vaste station entre la Californie et le Nevada bénéficie de 300 jours d'ensoleillement par an en moyenne. Elle comprend une zone de snowboard tous niveaux, des pistes damées en pente douce aux descentes à pic, et des parcours au milieu d'anciennes forêts de pins.
Quittez les montagnes pour San Francisco, à 300 km en direction de l'ouest.

4 San Francisco

À la lisière ouest de San Francisco s'étend Ocean Beach, bien différente des plages de Los Angeles ; mais le brouillard, le vent et les eaux tumultueuses font partie de son charme. Cela ne décourage pas les passionnés de surf et donne au quartier une ambiance plus décontractée, moins touristique que dans le reste de la ville. Ce spot est toutefois déconseillé aux novices, qui lui préféreront Linda Mar ou Half Moon Bay (respectivement à 20 et 40 km au sud).
L'aéroport de San Francisco dessert des destinations nationales et internationales.

ET ENCORE...

Plus loin : Santa Cruz

Cette paisible ville balnéaire au bord du Pacifique est pourvue d'une jetée et d'un parc d'attractions sur le front de mer (montagnes russes vintage en bois). C'est aussi le paradis des surfeurs grâce à ses superbes breaks. Jack O'Neill y inventa la combinaison dans les années 1950, ce qui permis aux surfeurs de profiter de nouveaux spots en eaux froides, tel celui de Santa Cruz.
Santa Cruz est à 125 km au sud de San Francisco.

Détour : Sausalito

Le vélo est le meilleur moyen de rejoindre la jolie Sausalito, blottie de l'autre côté de la baie de San Francisco. Partez du front de mer de SF (où vous trouverez des loueurs) et pédalez sur l'iconique Golden Gate Bridge avant de rejoindre le bas de Sausalito, avec ses maisons flottantes colorées et ses nombreuses galeries. Retournez à San Francisco en ferry.
Sausalito se trouve à 13 km de San Francisco.

VIE AU GRAND AIR SUR LA PÉNINSULE OLYMPIQUE

Seattle – Aberdeen
Explorez des villes côtières et des merveilles de la nature en voiture et en ferry autour de la péninsule Olympique, un paradis du plein air facile d'accès.

EN BREF
Empreinte carbone (kg/pers) : 77
Distance (km) : 614
Nuits : 4
Budget : €€
Quand partir : mai-oct

❶ Seattle
Commencez par une escapade urbaine au cœur de Seattle. Visitez la Space Needle, récemment rénovée, et admirez des œuvres d'art en plein air à l'Olympic Sculpture Park avant de déjeuner au Pike Place Market et de flâner dans les charmants quartiers de la ville.
Prenez le ferry pour Bremerton (toutes les 60-90 min ; 1 heure), puis parcourez 83 km vers le nord jusqu'à Port Townsend.

❷ Port Townsend
Des demeures victoriennes perchées sur des falaises dominent le Puget Sound et le joli centre historique au bord de l'eau. Les amateurs d'histoire militaire apprécieront le Fort Worden State Park, à l'extérieur de la ville, où ils auront un aperçu des opérations dans la région. Les voyageurs aventureux s'adonneront au kayak ou iront admirer la faune dans Port Townsend Bay. Guettez les orques qui peuplent ces eaux.
Continuez vers l'ouest pendant 76 km jusqu'à Port Angeles.

❸ Port Angeles
De Port Angeles, on jouit d'une belle vue sur Victoria Island (Colombie-Britannique) au-delà de la Salish Sea, et l'intérieur de la péninsule Olympique est tout aussi invitant. Aventurez-vous au sud, dans les montagnes de l'Olympic National Park ; Hurricane Ridge, une destination très prisée en été, a un centre d'accueil

OLYMPIC NATIONAL PARK

MARINA DE PORT TOWNSEND

des visiteurs et maints sentiers de randonnée. Relaxez-vous ensuite au Sol Duc Hot Springs Resort, ouvert aux non-résidents, pour profiter des sources thermales nées dans les montagnes que vous venez d'escalader.

Parcourez 141 km pour rejoindre la Hoh Rainforest.

❹ Hoh Rainforest et Ruby Beach

Plusieurs sites valent que l'on s'y attarde le long de la côte Pacifique. Avec 3,55 m de précipitations annuelles en moyenne, la Hoh Rainforest est l'une des forêts les plus humides au monde. Les arbres drapés de mousse et la canopée créent une ambiance surnaturelle. À 52 km à l'ouest, Ruby Beach est exposée aux éléments ; la plage est recouverte de bois flotté et les eaux semées d'éperons rocheux sont toujours frangées d'une abondante écume de mer.

Continuez vers le sud sur l'US-101 pendant 130 km.

❺ Aberdeen

Sur le chemin du retour, Aberdeen vaut le coup d'œil pour la maison natale de Kurt Cobain, le chanteur de Nirvana. Un petit panneau se trouve près de la maison, et un parc commémoratif, à quelques minutes à pied.

Traversez la péninsule vers l'est pour regagner Bremerton (132 km) et retourner à Seattle en ferry.

ET ENCORE...

Plus loin : Sequim et Dungeness Spit

Vous pourrez vous dégourdir les jambes à Sequim et alentour. L'été, les champs de lavande sont en fleur – une fête de la lavande se tient ici en juillet. Juste au nord, Dungeness Spit, le plus long cordon de sable naturel aux États-Unis, vous permet de rejoindre à pied le Dungeness National Wildlife Refuge et le phare de Dungeness.

Sequim est situé à 50 km à l'ouest de Port Townsend, sur la route de Port Angeles.

Détour : Victoria

Une courte traversée en ferry vous mène à la charmante Victoria, sur l'île de Vancouver. Craigdarroch Castle illustre parfaitement l'architecture victorienne de la ville, et le Royal BC Museum offre un excellent aperçu de la région, notamment de la culture autochtone. Achevez votre visite en savourant un *afternoon tea* au Fairmont Empress.

Des ferries relient Port Angeles à Victoria (2/jour ; 1 heure 30).

DANS LES PAS DE GEORGIA O'KEEFFE AU NOUVEAU-MEXIQUE

SPORT · VIN ET BIÈRE · CUISINE · RESPONSABLE · AVENTURE · CULTURE · SPECTACLES · ARTS · ARCHITECTURE · HISTOIRE · FAMILLE · EN SOLO · COURT SÉJOUR · LONG SÉJOUR · PLAGE · HIVER · FAUNE · BIEN-ÊTRE

Santa Fe – Ghost Ranch

Traversez les mesas, canyons et déserts du nord du Nouveau-Mexique et admirez la beauté éthérée de cet État que l'artiste Georgia O'Keeffe appelait "Le Lointain".

EN BREF

Empreinte carbone (kg/pers) :29
Distance (km) : 233
Nuits : 6-10
Budget : €€
Quand partir : toute l'année

RIO CHAMA VALLEY

❶ Santa Fe

Une visite au Georgia O'Keeffe Museum est incontournable pour replacer dans son contexte la vie de l'artiste au Nouveau-Mexique. Néanmoins, Santa Fe a bien d'autres atouts ; les rues arborées de cette ville pleine de charme fondée à l'ère coloniale espagnole, sont bordées d'édifices en adobe. Relaxez-vous ensuite à l'Eloisa, dont le dîner comporte des plats qui font référence aux œuvres de l'artiste moderniste (l'un d'eux est servi dans un crâne de vache).

De Santa Fe, parcourez 76 km vers le nord-ouest pour rejoindre Abiquiú.

❷ Abiquiú et la Rio Chama Valley

Réservez votre visite au Georgia O'Keeffe Home and Studio, résidence de l'artiste en hiver, à la périphérie d'Abiquiú. Elle s'inspira des lieux pour imaginer plus de 20 tableaux, beaucoup dépeignant les peupliers et la rivière sinueuse au cœur de la Rio Chama Valley. Celle-ci s'étend au nord-ouest d'Abiquiú et se prête à de charmantes promenades. Puis, comme l'aurait dit O'Keeffe, "Gas up" ("Faites le plein") en savourant un chili burger au piment vert au Bode's General Store, à Abiquiú.

Continuez vers l'ouest pendant 30 km jusqu'au Cerro Pedernal.

CHARTRES LABYRINTH, GHOST RANCH

❸ Cerro Pedernal et l'Abiquiú Lake

Le Cerro Pedernal (la "Colline aux silex") est une mesa qui culmine à 3 006 m d'altitude et surplombe un réservoir, le lac d'Abiquiú. Georgia O'Keeffe en était tombée sous le charme, et il aura sûrement le même effet sur vous. Elle disait : "Il m'appartient. Dieu m'a dit que si je le peignais assez, je pourrais le garder." C'est ainsi que lorsqu'elle décéda en 1986 à l'âge de 98 ans, ses cendres furent dispersées au sommet du Cerro.

Parcourez 30 km vers le nord pour rallier Ghost Ranch.

❹ Ghost Ranch

C'est au nord-ouest d'Abiquiú, près d'une route bordée de merveilles chamarrées, que s'étend Ghost Ranch, un ranch découvert par Georgia O'Keeffe en 1929. Il est indispensable de réserver votre billet pour les circuits en bus et à pied qui permettent de découvrir les sites dépeints par O'Keeffe. Ne manquez pas les étranges formations rocheuses à Plaza Blanca, avec leurs falaises blanches et leurs cheminées de fées. C'était l'un des lieux favoris d'O'Keeffe. Nombre de visiteurs viennent ici pour marcher sur les sentiers, dont le plus réputé est une boucle de 5 km qui grimpe à Chimney Rock. Procurez-vous le guide des randonnées au centre d'accueil.

Retournez à Santa Fe (97 km).

ET ENCORE...

Plus loin : Taos Pueblo et Taos

Taos Pueblo, le plus remarquable site amérindien du Nouveau-Mexique, était très apprécié de Georgia O'Keeffe et de son ami Ansel Adams, qui photographia à maintes reprises ce site du Patrimoine mondial. Dans la bourgade de Taos, vous pouvez passer la nuit au Mabel Dodge Luhan House, dans une chambre où dormit O'Keeffe.

Taos Pueblo se trouve à 120 km au nord de Santa Fe.

Détour : White Sands National Monument

Ralliez ce site étonnant, qui évoquera peut-être aux fans de Georgia O'Keeffe son *Sky with Flat White Cloud* ("Ciel avec nuage blanc plat") avec ses dunes aplaties de gypse blanc. Suivez la boucle panoramique (faites une pause pour marcher dans le sable) ; le lever et le coucher du soleil sont idéals pour capturer la beauté du site.

White Sands est à 460 km de Santa Fe via Albuquerque.

ROAD TRIP CINQ ÉTOILES AU TEXAS

Houston – Marfa

Ce périple de près de 1 400 km sera l'occasion de découvrir la musique, la cuisine, l'art, l'histoire et les sites naturels du Texas, un État largement sous-estimé.

EN BREF

Empreinte carbone (kg/pers) : 172
Distance (km) : 1 378
Nuits : 15-21
Budget : €€
Quand partir : toute l'année

❶ Houston

La plus grande ville du Texas plaira aux voyageurs, qu'ils se passionnent pour les étoiles ou la culture. L'incontournable Space Center Houston de la NASA relate l'histoire de l'exploration spatiale. Les œuvres d'art de la Menil Collection, la superbe Rothko Chapel et l'installation Twilight Epiphany Skyspace, de James Turrell, au Moody Center for the Arts de la Rice University, sont tout aussi impressionnantes, de même que le Buffalo Bayou Park Cistern, un réservoir souterrain désaffecté des années 1920.

Parcourez 260 km vers l'ouest pour rejoindre Austin.

❷ Austin

Cette ville texane branchée se distingue par ses salles de concerts, tel le Continental Club, et des lieux pleins d'atmosphère comme le Driskill Bar. En journée, explorez le Blanton Museum of Art, le State Capitol et le parc de sculptures du Contemporary Austin à Laguna Gloria, sur les berges du Lake Austin, puis, en début de soirée, allez observer les chauves-souris sur le Lady Bird Lake.

Roulez au sud-ouest jusqu'à San Antonio (127 km).

❸ San Antonio

Découvrez le San Antonio Stock Show and Rodeo, une institution texane. Promenez-vous le long de la River Walk, bordée de cyprès, pour rejoindre le San Antonio Museum of Art (SAMA) et le Pearl, une ancienne brasserie qui abrite certains des meilleurs restaurants du Texas. Plusieurs sites témoignent du passé hispanique de la ville, dont la Mission San José

SXSW MUSIC FESTIVAL, AUSTIN

LADY BIRD LAKE, AUSTIN

(XVIIIe siècle), et Alamo, un site chargé d'histoire où se déroula l'un des plus célèbres sièges militaires du pays.
Parcourez 114 km vers le nord.

❹ Fredericksburg

Avec sa rue principale bordée de jolies boutiques, de salles de dégustation de vin et de glaciers, cette ville est idéale pour musarder, faire provision de crus locaux et acheter un chapeau et des bottes de cowboy pour explorer les terres arides du Texas occidental.
Faites le plein d'essence pour parcourir 565 km jusqu'à Marfa.

❺ Marfa

Art et Far West texan font bon ménage dans la petite ville bohème de Marfa, au cœur de paysages que les cinéphiles reconnaîtront peut-être pour les avoir vus dans *Géant*, *There Will Be Blood* et *No Country for Old Men*. À la périphérie de Marfa, l'artiste Donald Judd a transformé une base militaire désaffectée en un espace artistique exceptionnel, la Chinati Foundation. La ville déborde de galeries, de restaurants et de boutiques de décoration ; d'immenses peintures dépeignent des scènes de *Géant*, avec James Dean.
Parcourez 312 km vers l'ouest jusqu'à El Paso et son aéroport.

ET ENCORE...

Plus loin : Lyndon B Johnson National Historical Park

Au cœur de la région viticole du Texas, parmi les collines rocheuses plantées de vignes, de yuccas, de cactus, de genévriers et de chênes persistants, se dresse la maison de Lyndon B. Johnson (LBJ), président des États-Unis de 1963 à 1969, et de sa populaire Première Dame, surnommée Lady Bird Johnson.
Le site se trouve à 27 km à l'est de Fredericksburg.

Détour : Big Bend Ranch State Park et National Park

Les vastes paysages désertiques de ces deux parcs recèlent des canyons spectaculaires et des points de vue vertigineux sur le Rio Grande. Ajoutez-y Terlingua, une ancienne ville minière pleine de caractère, un ciel nocturne d'un noir d'encre et une impression de paix quasi surnaturelle, et vous obtenez une excursion inoubliable.
Terlingua se situe à 180 km au sud de Marfa, entre les deux parcs.

EXPLORER LE DOOR COUNTY AU WISCONSIN

SPORT · VIN ET BIÈRE · CUISINE · RESPONSABLE · AVENTURE · CULTURE · SPECTACLES · ARTS · ARCHITECTURE · HISTOIRE · FAMILLE · EN SOLO · COURT SÉJOUR · LONG SÉJOUR · PLAGE · HIVER · FAUNE · BIEN-ÊTRE

Sturgeon Bay – Bailey's Harbor

Profitez d'un court road trip américain de Green Bay au Door County. Au programme : cerises locales en abondance et vue panoramique sur le lac Michigan.

EN BREF

Empreinte carbone (kg/pers) : 51
Distance (km) : 241
Nuits : 2-3
Budget : €€
Quand partir : toute l'année (en été pour les cerises)

❶ Sturgeon Bay

Sturgeon Bay est généralement considérée comme le point d'accès au Door County. Située sur un canal de navigation qui coupe en deux la péninsule de Door, la plus importante localité du comté attire désormais de nouveaux résidents (artistes, restaurateurs) et tourne la page de son passé industriel. Ne manquez pas de visiter le Door County Maritime Museum qui présente des expositions sur les Grands Lacs et d'admirer un pont historique, le Michigan Street Bridge.

Longez la côte ouest de la péninsule de Door (45 km) en traversant Egg Harbor et Fish Creek.

PORT DE SISTER BAY

❷ Ephraim

Au creux d'une paisible baie où s'établirent certains des premiers peuplements du Door County, le village d'Ephraim accueille aujourd'hui des galeries d'art et des *diners* à l'ambiance familiale. Outre la vue panoramique depuis le front de mer, l'une de ses principales curiosités est le Peninsula State Park, dont les vertigineuses falaises de calcaire, sculptées par les glaciers durant des millions d'années, font partie de l'escarpement du Niagara. Savourez ensuite le *fish boil* (une spécialité qui reflète l'héritage scandinave de la région) et une part de délicieuse tarte aux cerises dans l'un des restaurants d'Ephraim.

Continuez vers le nord-est pendant 7 km.

❸ Sister Bay

Sister Bay se trouve à moins de dix minutes en voiture d'Ephraim, mais les deux localités ne pourraient être

PHARE DE STURGEON BAY

plus différentes. Aux maisons pittoresques du front de mer d'Ephraim succède l'architecture plus moderne de Sister Bay, où la cuisine est à l'honneur. Faites étape au Fred & Fuzzy's Waterfront Bar & Grill pour déguster leur fameuse margarita aux cerises locales, ou allez prendre un verre et dîner à l'Al Johnson's Swedish Restaurant, dont les chèvre paissent sur le toit végétalisé. Terminez par une promenade digestive entre Sister Bay Beach et la marina voisine.
Longez la côte est du Door County pendant 15 km en direction du sud pour rejoindre Bailey's Harbor.

❹ Bailey's Harbor

Les eaux calmes de Green Bay cèdent la place aux flots plus sauvages du lac Michigan à Bailey's Harbor, sur la côte est du Door County. Cette localité est réputée pour ses merveilles naturelles, du Ridges Sanctuary, où vous pourrez observer les oiseaux et admirer des phares, au lac lui-même, qui se prête aux balades en kayak à la découverte de ses grottes marines. Pour clore cette journée d'aventure en plein air, dînez dans l'un des nombreux restaurants avec vue sur le lac.
Parcourez 107 km vers le sud-ouest pour rejoindre Green Bay et ses correspondances.

ET ENCORE...

Plus loin : Washington Island

Réservez votre billet de ferry depuis Northport, à l'extrémité nord de la péninsule de Door, pour gagner Washington Island en franchissant Death's Door (la "Porte des Morts"). Baladez-vous dans les champs de lavande, ramassez du verre dépoli à sur la plage Schoolhouse Beach ou explorez l'île isolée de Rock Island, un parc d'État.
Prenez le ferry pour Washington Island depuis Northport (5-6/jour en été).

Détour : Plum Island

Faites une sortie en bateau à Plum Island depuis Gills Rock, sur la rive nord de la péninsule de Door, et baladez-vous en admirant les phares et balises de navigation. Demandez au capitaine de s'arrêter au Grape Shot Shipwreck, l'épave bien préservée d'un navire de la guerre de Sécession qui repose au large de l'île.
Des prestataires proposent des croisières pour Plum Island, principalement depuis Gills Rock.

LA "DERNIÈRE FRONTIÈRE" : L'ALASKA

SPORT
VIN ET BIÈRE
CUISINE
RESPONSABLE
AVENTURE
CULTURE
SPECTACLES
ARTS
ARCHITECTURE
HISTOIRE
FAMILLE
EN SOLO
COURT SÉJOUR
LONG SÉJOUR
PLAGE
HIVER
FAUNE
BIEN-ÊTRE

Anchorage – Seward

Laissez-vous séduire par les grands espaces, la faune et les traditions culturelles de l'Alaska. Découvrez le meilleur de cet État en avion, en train et en voiture.

EN BREF

Empreinte carbone (kg/pers) : 164
Distance (km) : 1 557
Nuits : 5
Budget : €€€
Quand partir : juin-août

❶ Anchorage

La plus grande ville de l'État offre un grand choix d'activités. Louez des vélos auprès de l'un des prestataires du centre-ville et suivez le Tony Knowles Coastal Trail en profitant de la vue sur le golfe de Cook – il n'est pas impossible que vous croisiez un élan. Vous aurez peut-être la chance de voir le Denali (6 190 m), la plus haute montagne des États-Unis, à l'horizon nord. L'après-midi, explorez le quartier historique de Downtown et l'Anchorage Museum, où vous pourrez admirer une collection d'objets et d'artisanat autochtones prêtée par la Smithsonian Institution, à laquelle le musée est affilié.

Prenez le train Alaska Railroad du matin jusqu'à Denali (tlj en été : 8 heures).

❷ Denali National Park

Si l'Alaska est riche en paysages hors nome, le mont Denali en est le joyau. L'immense parc national du Denali, où se dresse la montagne éponyme, s'étend sur près de deux millions et demi d'hectares. Le seul moyen d'y accéder est un bus scolaire transformé en navette par le National Park Service. Réservez le circuit Tundra Wilderness (8 heures) pour avoir les meilleures chances d'apercevoir la faune du parc et peut-être le Denali, visible 30% du temps seulement.

ÉLAN D'AMÉRIQUE, DENALI NATIONAL PARK

KENAI FJORDS NATIONAL PARK

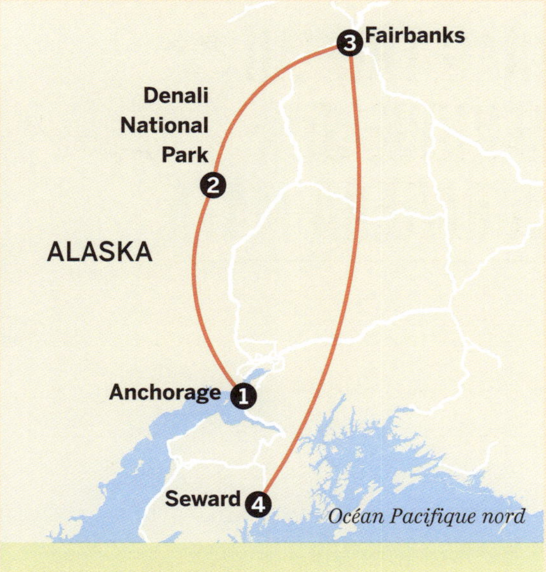

De Denali, prenez le train vers le nord jusqu'à Fairbanks (tlj en été ; 4 heures).

❸ Fairbanks

En hiver, Fairbanks est un paradis pour les amateurs d'aurores boréales ; en été, place à l'exploration au grand air et à la découverte de l'histoire de l'Alaska. Que vous décidiez de consacrer une journée à la randonnée et aux baignades dans des sources thermales, ou à la visite de différents sites culturels comme le Museum of the North et le Morris Thompson Cultural Center, vous en apprendrez beaucoup sur l'arrière-pays en très peu de temps.

Regagnez Anchorage en avion (1 heure) et récupérez votre voiture de location pour parcourir les 200 km qui vous séparent de Seward, au sud.

❹ Seward

Prenez votre temps pour rallier Seward, car la Seward Highway longe le Turnagain Arm, un bras de mer où il est possible d'observer des baleines. Une fois à destination, réservez une journée de croisière au Kenai Fjords National Park, riche en faune. Cette sortie en mer vous permettra de voir les glaciers de près ; guettez le bruit de tonnerre de ces géants de glace.

Retournez à Anchorage.

ET ENCORE...

Plus loin : Girdwood

Sur la route de Seward, faites étape à Girdwood ; cette petite ville blottie dans une vallée accueille un festival des arts en été. Prenez le téléphérique du mont Alyeska et partez en randonnée ou dînez au restaurant du *resort*, doté d'une vue spectaculaire. Redescendez dans la vallée, où vous trouverez d'autres restaurants, des boutiques et des galeries d'art.

Girdwood se trouve à 63 km d'Anchorage sur la Seward Highway.

Détour : Eagle River

Au nord d'Anchorage, Eagle River sert de base pour la Chugach National Forest. Rendez-vous à l'Eagle River Nature Center, au fond de la vallée, pour une randonnée plus ou moins exigeante en fonction du temps dont vous disposez et de votre forme physique. Puis reprenez des forces dans l'un des restaurants d'Eagle River, tel la Matanuska Brewing Company, avec bières artisanales locales.

Eagle River est à 25 km au nord d'Anchorage.

ROAD TRIP AU MEXIQUE SUR LA RIVIERA MAYA

BIEN-ÊTRE SPORT VIN ET BIÈRE CUISINE RESPONSABLE AVENTURE CULTURE SPECTACLES ARTS ARCHITECTURE HISTOIRE FAMILLE EN SOLO COURT SÉJOUR LONG SÉJOUR PLAGE HIVER FAUNE

Cancún – Tulum

Prenez le temps d'explorer les plages et les ruines mayas, et d'observer la faune en longeant le littoral le plus réputé du Mexique.

EN BREF

Empreinte carbone (kg/pers) : 33
Distance (km) : 266
Nuits : 4-5
Budget : €€
Quand partir : nov-juil

TORTUE VERTE, BAIE D'AKUMAL

❶ Cancún

Cette ville balnéaire ne vit que pour la fête, et ceux en quête d'une escapade conviviale et hédoniste sous le soleil adoreront Cancún. Elle recèle quantité d'hôtels et de restaurants de qualité (certains étoilés au Michelin), et ses plages comptent parmi les plus belles du pays. C'est dans le centre-ville de Cancún, en retrait des ensembles hôteliers bordant les plages, que vous découvrirez une culture locale plus authentique. La ville réserve aussi quelques surprises aux amateurs d'histoire, tel l'excellent Museo Maya de Cancún, qui abrite quelque 400 objets témoignant d'une civilisation maya jadis florissante. Le site archéologique attenant de San Miguelito vaut également la visite.

Récupérez votre voiture de location et longez la côte pendant 68 km jusqu'à Playa del Carmen.

❷ Playa del Carmen

À Playa del Carmen, restaurants et bars à jus de fruits frais côtoient des taquerías à l'ancienne, et la vie nocturne se déroule aussi bien dans des bars avec vue nichés sur le toit d'hôtels chics que dans des lieux artistiques d'avant-garde. Si les plages locales sont parfois bondées, leur point fort est leur convivialité, qui fait souvent défaut aux plages surveillées des *resorts*, et les récifs sont idéals pour observer la faune marine.

VESTIGES MAYAS, TULUM

Continuez vers le sud pendant 39 km.

3 Akumal

Akumal constitue une halte pratique entre Playa del Carmen et Tulum, et vaut la visite pour les tortues de mer qui fréquentent son rivage. Enfilez un masque et des palmes et immergez-vous dans les eaux peu profondes pour observer ces chéloniens et la riche faune du récif. En longeant un peu le littoral, vous découvrirez Yal-Kú , une lagune où un *cenote* (puits naturel) déverse de l'eau douce dans la mer.
Parcourez 29 km vers le sud.

4 Tulum

Tulum est très prisée des adeptes d'Instagram, non sans raison. Louez un bungalow face à la mer et contemplez le sable blanc et les eaux turquoise. Le site maya éponyme, juché en haut d'une falaise spectaculaire surplombant la mer des Caraïbes, témoigne du riche passé de la région. Festive, Tulum compte plusieurs hébergements économiques en sus de ses hôtels haut de gamme. À 10 km au sud, la Reserva de la Biósfera Sian Ka'an propose des balades guidées dans la forêt, qui abrite des singes et plus de 300 espèces d'oiseaux.
Retournez à Cancún (130 km).

ET ENCORE...

Plus loin : Cobá

Cobá se distingue par la plus haute pyramide de la région. Grimpez jusqu'au sommet (prudence), baladez-vous parmi les autres vestiges, puis louez un vélo et pédalez jusqu'à trois *cenotes* hors des sentiers battus – des trous d'eau où vous pourrez vous baigner loin de la foule. Ne manquez pas Tamcach-Ha , un *cenote* si profond qu'il est équipé d'une plateforme de saut.
Cobá se situe à 48 km au nord-ouest de Tulum.

Détour : Valladolid

Située au cœur du Yucatán, Valladolid est une bonne base pour explorer l'arrière-pays. Outre l'attrait de son architecture coloniale aux couleurs pastel, la ville est proche de plusieurs *cenotes* ainsi que du site emblématique de Chichén Itzá, la plus importante cité maya de la péninsule (allez-y tôt pour éviter la foule), et des ruines plus paisibles d'Ek' Balam .
Valladolid se trouve à 150 km au sud-ouest de Cancún.

CIRCUIT MAYA AU MEXIQUE

Palenque – Lagos de Montebello

Explorez les plus beaux des sites mayas, nichés dans les forêts de pins et les jungles luxuriantes des plateaux du sud du Mexique, pour un voyage d'aventure.

EN BREF

Empreinte carbone (kg/pers) : 132
Distance (km) : 730
Nuits : 5-6
Budget : €-€€
Quand partir : nov-mai

❶ Palenque

Le site archéologique de Palenque (accessible depuis la ville éponyme) est l'une des destinations phares du Chiapas et l'un des plus beaux exemples d'architecture maya au Mexique. La forêt foisonnante qui recouvre ce paysage vallonné forme une superbe toile de fond. Des centaines d'édifices en ruine s'étendent sur plus de 15 km², dont une partie seulement ont été mis au jour dans une zone centrale assez restreinte. Prévoyez une journée entière pour parcourir le site, en prenant le temps d'explorer les impressionnants Templo de las Inscripciones, El Palacio et Templo del Sol. Ne manquez pas de visiter le musée situé hors de la cité.

Des minibus réguliers relient Palenque à la zone archéologique (9 km). De retour en ville, louez une voiture avec chauffeur, ce qui vous laissera plus de temps pour profiter de l'expérience en toute quiétude. Prochaine étape : Bonampak, à 145 km au sud-est.

❷ Bonampak

Enfoui dans une forêt dense, le site archéologique de Bonampak, l'un des plus remarquables du Chiapas, fut ignoré du monde jusqu'en 1946. Outre son cadre superbe, le site recèle notamment des fresques aux couleurs éclatantes qui font revivre la civilisation maya.

Continuez pendant 44 km jusqu'à Frontera Corozal, à la frontière du Guatemala, où vous attend un circuit à Yaxchilán en bateau à moteur (1 heure).

ARAS ROUGES, EJIDO REFORMA AGRARIA

TEMPLO DE LAS INSCRIPCIONES, PALENQUE

❸ Yaxchilán

Au cœur de la forêt luxuriante, en surplomb d'une boucle en U du Río Usumacinta, Yaxchilán est l'une des plus importantes cités mayas de l'époque classique dans la région, réputée pour ses monuments aux façades et aux crêtes faîtières ouvragées.

Passez la nuit à Frontera Corozal puis continuez vers le sud jusqu'à Ejido Reforma Agraria (113 km).

❹ Ejido Reforma Agraria

Cette petite communauté servant de sanctuaire au guacamaya (ara rouge), une espèce menacée d'extinction, compte un écolodge accueillant, Las Guacamayas, et propose la visite guidée des sites de nidification des aras. Sur la rive opposée du fleuve, la Reserva de la Biósfera Montes Azules recèle quantité d'oiseaux et de singes hurleurs.

Continuez vers l'ouest pendant 155 km.

❺ Lagos de Montebello

Consacrez une journée à l'exploration des beaux lacs de Montebello. Il en existe plus de 50, nichés dans une forêt de pins et de chênes. Vous pourrez passer la nuit au village de Tziscao.

Parcourez 150 km jusqu'à San Cristóbal de las Casas ou 208 km pour rallier Tuxtla Gutiérrez.

ET ENCORE...

Plus loin : cascades de Misol-Ha et d'Agua Azul

Spectaculaire, la cascade de Misol-Ha, haute de 35 m, et les chutes grondantes d'Agua Azul se situent en pleine jungle. L'endroit est idéal pour marcher et profiter de la nature ; en dehors de la saison des pluies, on peut se baigner à Misol-Ha, mais pas à Agua Azul, où le courant est rapide.

Le meilleur moyen de se rendre aux cascades est de participer à un circuit organisé depuis Palenque.

Détour : San Cristóbal de las Casas

Blottie au creux d'une vallée montagneuse, cette ville coloniale possède des églises anciennes et de bons restaurants. Ne manquez pas la collection de textiles au Centro de Textiles del Mundo Maya, ou encore le Museo de Sergio Arturo Castro Martínez, où sont exposés des costumes traditionnels ainsi que les dons de villageois reconnaissants au propriétaire du musée.

Avec ses bonnes infrastructures, la ville est idéale pour achever votre circuit.

PYRAMIDES ET CULTURE PRÉHISPANIQUE

BIEN-ÊTRE SPORT VIN ET BIÈRE CUISINE RESPONSABLE AVENTURE CULTURE SPECTACLES ARTS ARCHITECTURE HISTOIRE FAMILLE EN SOLO COURT SÉJOUR LONG SÉJOUR PLAGE HIVER FAUNE

Mexico – Teotihuacán

Délaissez l'effervescence de la capitale pour gravir des pyramides, vous imprégner de l'atmosphère de Tepotzlán et monter sur la plus vaste pyramide au monde à Cholula.

EN BREF

Empreinte carbone (kg/pers) : 14
Distance (km) : 512
Nuits : 4
Budget : €€
Quand partir : toute l'année

❶ Mexico

La capitale tentaculaire du Mexique surprend agréablement les visiteurs. Promenez-vous dans les quartiers verdoyants de Roma et Condesa en profitant des cafés et d'excellents restaurants, puis explorez les nombreux musées, dont deux exceptionnels : le Museo Nacional de Antropología, centré sur les civilisations précolombiennes, et le Templo Mayor, jadis au cœur de l'Empire aztèque. Rendez-vous également au Museo Frida Kahlo, logé dans la maison intacte de l'artiste.

De la gare routière de Taxqueña, prenez un bus Pullman de Morelos vers Tepoztlán (toutes les 40 min ; 1 heure 15).

ÉDIFICES COLORÉS À MEXICO

❷ Tepoztlán

À Tepoztlán, vous pourrez savourer des plats préhispaniques et végétariens sur un marché bigarré, participer à une cérémonie ayahuasca (plante supposée favoriser l'éveil spirituel) dans un hôtel et musarder dans des boutiques new age. Toutefois, l'attrait majeur des lieux est la Pirámide Tepozteco, qui domine ses rues pavées. Gagnez son sommet par une pente raide pour admirer la vue sur la ville et la vallée. El Tepozteco est consacré à Tepoztécatl , le dieu aztèque du *pulque* (alcool d'agave fermentée), à déguster dans l'un des nombreux bars après la balade.

Regagnez Mexico. De la gare routière TAPO, prenez le bus pour la gare CAPU à Puebla (fréquents ; 2 heures), puis un bus ou un taxi pour Cholula.

PIRÁMIDE TEPANAPA, CHOLULA

❸ Cholula

Si elle ressemble davantage à une colline, la Pirámide Tepanapa est la plus grande pyramide jamais construite en volume. En réalité, il s'agit d'une série de pyramides bâties l'une au-dessus de l'autre ; un tunnel long de 800 m passant par son centre permet d'apprécier sa taille monumentale. L'extérieur recèle les vestiges d'autels de pierre et de peintures murales. Gagnez l'église érigée au sommet pour admirer le panorama et mesurer la splendeur passée du site.
De retour à Mexico, réservez une excursion en minibus à Teotihuacán. Des circuits avec guide bilingue ont lieu chaque matin (6-10 heures).

❹ Teotihuacán

Teotihuacán est l'un des sites les plus imposants et les plus mystérieux du Mexique. On en sait peu sur la civilisation à l'origine de cette cité antique. Avec leurs temples en ruine ornés de sculptures et de peintures sur stuc représentant le mythique serpent à plumes, la Pirámide del Sol (pyramide du Soleil, la troisième au monde par sa taille) et la Pirámide de la Luna (pyramide de la Lune) peuvent être escaladées pour une vue plongeante sur la métropole.
Retournez à Mexico pour vos correspondances nationales et internationales.

ET ENCORE...

Plus loin : Xochimilco

Les Espagnols bâtirent Mexico là où se trouvaient un lac et ses canaux, et certains sont encore visibles à Xochimilco. Les *trajineras* glissent sur ces cours d'eau ponctués de *chinampas* – des îles artificielles cultivées depuis l'époque aztèque. Sur l'insolite Isla de las Muñecas, d'effrayantespoupées sont suspendues aux arbres.
Prenez le train léger à la gare de Taxqueña jusqu'à Xochimilco (35 min).

Détour : Puebla

Ne manquez pas de faire une balade dans le centre historique de Puebla, sur la route de Cholula. Les rues pavées sont bordées d'églises colorées, d'édifices tapissés de *talaveras* (carreaux ouvragés) et de restaurants servant des plats au *mole poblano* (sauce au chocolat infusée aux épices). Les plus aventureux goûteront les *escamoles* (larves de fourmis) au beurre.
La gare routière CAPU de Puebla rejoint Mexico (bus fréquents).

LE CHEMIN DE FER “EL CHEPE”

BIEN-ÊTRE
SPORT
VIN ET BIÈRE
CUISINE
RESPONSABLE
AVENTURE
CULTURE
SPECTACLES
ARTS
ARCHITECTURE
HISTOIRE
FAMILLE
EN SOLO
COURT SÉJOUR
LONG SÉJOUR
PLAGE
HIVER
FAUNE

Los Mochis – Creel

Le train du canyon du Cuivre traverse un époustouflant canyon entre panoramas vertigineux, montagnes boisées et anciennes villes coloniales.

EN BREF

Empreinte carbone (kg/pers) : 9
Distance (km) : 430
Nuits : 6
Budget : €€
Quand partir : sept-oct

❶ Los Mochis

Les voyageurs ne s’attardent pas à Los Mochis, une ville étendue des basses terres, mais elle mérite qu’on y passe la journée avant de monter à bord du célèbre train du canyon du Cuivre (Ferrocarril Chihuahua Pacífico), surnommé “El Chepe”. Baladez-vous dans le jardin botanique Benjamin Francis Johnston, puis prenez un taxi jusqu’à Playa El Maviri pour un festin de la mer et une balade sur la plage. Vous pouvez faire une jolie excursion en bateau autour de Bahía de Ohuira depuis Topolobampo.

Le luxueux El Chepe Express et le train régional, très spartiate, desservent tous deux El Fuerte (3/semaine chacun ; 2 heures 30).

❷ El Fuerte

Fondée en 1564, cette ville paisible à l’architecture coloniale constitue une délicieuse étape nocturne. Faites une excursion en bateau sur le Río Fuerte pour voir évoluer des martins-pêcheurs, des gobe-mouches et des hérons, avant de faire escale pour admirer des pétroglyphes vieux de 2 000 ans. Il est possible de visiter des communautés mayas et d’assister à une démonstration de *danza del venado* (danse du cerf).

Ralliez Divisadero en train express ou régional (3/semaine respectivement ; 6 heures).

CUISINE DE RUE À DIVISADERO

VUE DEPUIS LE TRAIN DU CANYON DU CUIVRE

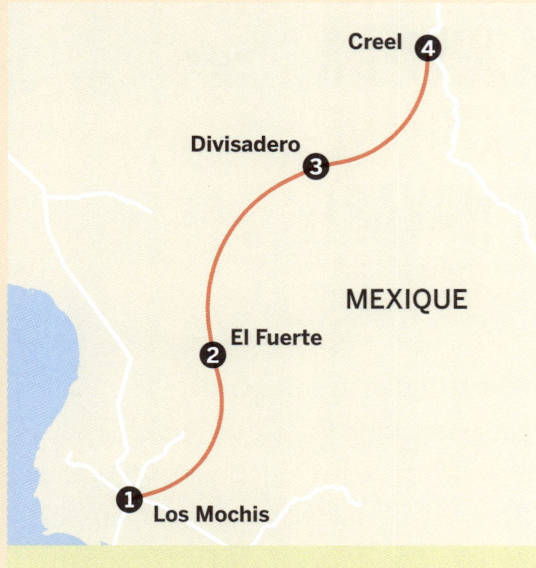

❸ Divisadero

Gare ferroviaire sans village, Divisadero jouit d'une magnifique vue sur le canyon du Cuivre (ou Barranca del Cobre), qui a donné son nom à la ligne de chemin de fer. Le marché adjacent propose d'exquis *gorditas* (gâteaux de maïs garnis), préparées sous vos yeux. Il y a d'excellents hébergements avec vue, ainsi qu'un parc d'aventures vivement recommandé, le Parque de Aventura Barrancas del Cobre, tout proche. Il comprend des tyroliennes suspendues au-dessus du canyon, et des guides autochtones proposent des randonnées alentour.

Continuez en train express ou régional jusqu'à Creel (3/semaine chacun ; 1 heure 20).

❹ Creel

Les voyageurs s'attardent volontiers quelques jours dans la paisible bourgade de Creel. Faites une promenade équestre, allez admirer de vertigineuses cascades, baignez-vous dans des sources thermales, découvrez les communautés autochtones Tarahumaras (Rarámuri), explorez les boutiques d'artisanat local... à moins de choisir de vous détendre au bord du Lago Arareko, entouré de pins, à quelque 9 km au sud de la ville.

De Creel, retournez à Los Mochis (9 heures), ou allez à Chihuahua en train régional (6 heures) ou en bus (4 heures 30) pour prendre l'avion.

ET ENCORE...

Plus loin : Chihuahua

Capitale du plus grand État mexicain, Chihuahua est une ville dotée d'un agréable centre-ville avec des édifices coloniaux et des rues piétonnes bordées de boutiques. Parmi ses musées, citons le Museo Histórico de la Revolución, dans l'ancienne demeure du révolutionnaire Pancho Villa.

Des bus fréquents relient Creel à Chihuahua (4 heures 30) ; des trains plus lents desservent Chihuahua 3 fois par semaine (6 heures).

Détour : Batopilas

Niché au fond de la Barranca del Cobre, cet ancien site d'exploitation de mines d'argent s'est transformé en une charmante bourgade assoupie où vous pourrez vous reposer après des journées d'exploration de la région. La route qui descend dans le canyon est réellement spectaculaire, entre virages en lacet et vertigineux à-pics.

Des minibus effectuent le trajet depuis Creel (tlj lun-sam ; 4 heures).

LA RIVIERA MEXICAINE DU NAYARIT

SPORT · VIN ET BIÈRE · CUISINE · **RESPONSABLE** · AVENTURE · **CULTURE** · SPECTACLES · ARTS · ARCHITECTURE · HISTOIRE · **FAMILLE** · EN SOLO · **COURT SÉJOUR** · LONG SÉJOUR · PLAGE · HIVER · FAUNE · BIEN-ÊTRE

Puerto Vallarta – Bucerías

Longez la côte Pacifique mexicaine dans l'État du Nayarit pour observer des baleines, admirer des couchers de soleil, flâner dans les galeries d'art et vous relaxer.

EN BREF

Empreinte carbone (kg/pers) : 39
Distance (km) : 317
Nuits : 4
Budget : €€
Quand partir : toute l'année

❶ Puerto Vallarta

Puerto Vallarta possède de belles plages, avec la possibilité d'effectuer une sortie en bateau sur le Pacifique pour observer les baleines. Les amateurs de fête apprécieront sa vie nocturne débridée avant de rallier des destinations beaucoup plus paisibles.

Parcourez 40 km vers le nord-ouest.

❷ Sayulita

Première étape : Sayulita, la plus réputée des localités côtières du Nayarit. Les visiteurs pourront photographier ses jolies rues ornées de guirlandes de *papel picado* (papier ajouré), musarder dans les boutiques chics et bohèmes, ou encore, savourer un mezcal et des plats d'inspiration marine dans l'un de ses bars et restaurants. Sayulita est prisée des surfeurs ; réservez un cours de surf et affrontez l'océan.

Roulez vers le nord pendant 7 km pour gagner l'accueillante bourgade de San Francisco.

❸ San Francisco (San Pancho)

Affectueusement surnommé San Pancho, San Francisco est un ancien village de pêcheurs devenu une petite ville intéressante à l'ambiance arty. Visitez des boutiques amusantes comme Mexicolate (spécialisée dans le cacao sous toutes ses formes) et La Baba del Diablo (pour goûter son mezcal fait maison), ou suivez la rue principale bordée d'arbres jusqu'à la plage pour observer les baleines en saison. Ne manquez pas de consulter

PARQUE NACIONAL LA TOVARA, PRÈS DE SAN BLAS

PUERTO VALLARTA

l'agenda des manifestations : avec de la chance, vous pourrez assister à un spectacle de l'école de cirque locale, gérée par un ancien directeur du Cirque du Soleil.
Remontez la côte vers le nord pendant 113 km.

❹ San Blas

Situé à l'extrémité nord du Nayarit, San Blas fut un important port de l'Empire espagnol. Considéré comme le centre historique de l'État, c'est aujourd'hui une petite ville tranquille, prisée des amateurs d'ornithologie. Le Parco Nacional La Tovara, tout proche, abrite des centaines d'espèces d'oiseaux, certaines endémiques à la région, et une excursion en bateau dans la mangrove permet d'observer une faune riche – vous pourriez même apercevoir d'énormes crocodiles.
Redescendez la côte pendant 135 km.

❺ Bucerías

Faites une dernière étape à Bucerías. Surtout connue pour son immense marché aux puces, la petite station balnéaire vaut également que l'on s'attarde dans ses nombreuses galeries et boutiques de décoration ; en outre, des parcours artistiques guidés sont proposés de novembre à avril. La plage de Bucerías est idéale pour admirer le coucher du soleil.
Regagnez l'aéroport de Puerto Vallarta (22 km).

ET ENCORE...

Plus loin : Lo de Marcos

Si vous rêvez de détente dans une paisible localité du bord de mer, quittez la voie rapide et passez l'après-midi à Lo de Marcos. Ce petit village de pêcheurs est le remède idéal après l'animation frénétique de Sayulita et de San Francisco. Relaxez-vous, prenez un verre et profitez de sa plage de sable en toute quiétude face à l'océan.
Lo de Marcos se situe à 11 km au nord de San Francisco.

Détour : La Cruz de Huanacaxtle

Si vous retournez à Bucerías un dimanche, faites un détour par La Cruz, qui abrite le meilleur marché du Nayarit. On y trouve de tout, des vêtements de fabrication locale aux objets d'art et bijoux autochtones en passant par des smoothies tout frais. Des musiciens contribuent à la gaieté ambiante. Attention, seules les espèces sont acceptées.
La Cruz se trouve à 6 km à l'ouest de Bucerías.

GOLFE DU MEXIQUE
BAHAMAS
ÎLES TURQUES-ET-CAÏQUES
1
3
CUBA
ÎLES CAÏMAN
RÉPUBLIQUE
DOMINICAINE
HAÏTI
JAMAÏQUE
PORTO
RICO
BELIZE
GUATEMALA
4
HONDURAS
MER DES
CARAÏBES
SALVADOR
NICARAGUA
2
COSTA RICA
PANAMA
OCÉAN
ATLANTIQUE
NORD

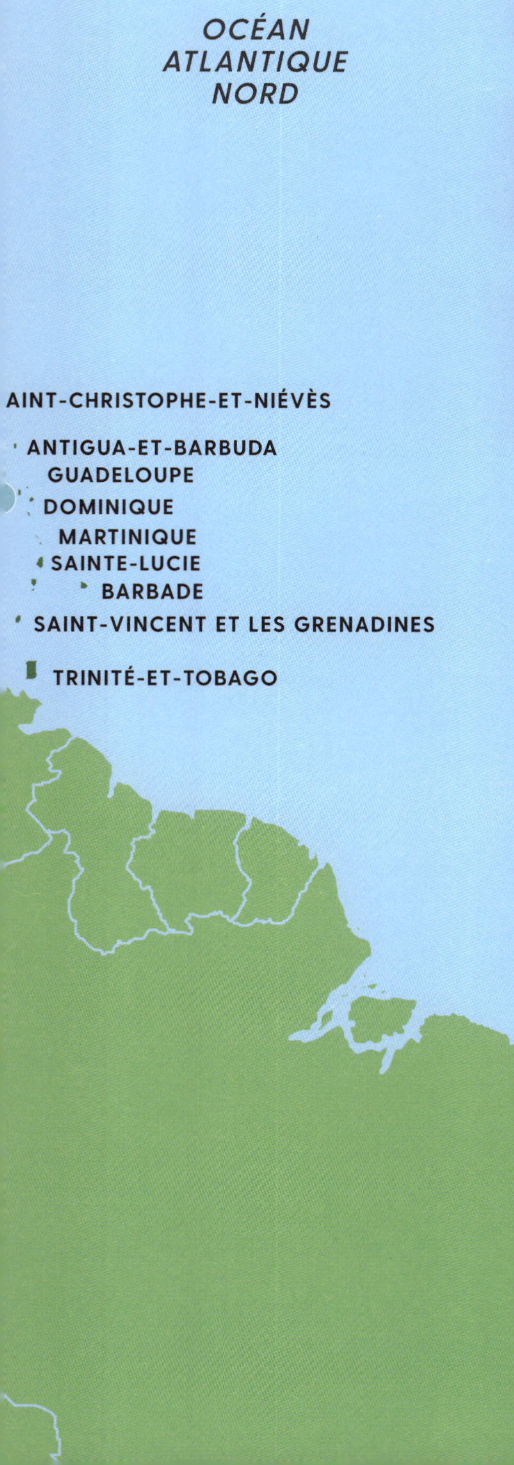

AMÉRIQUE CENTRALE ET CARAÏBES

Certes, il y a les plages – étendue de sable fin frangée de palmiers et baignée d'eau turquoise ou crique découpée dans un noir rivage volcanique –, mais ce n'est pas tout ! Marchez sur les pas des révolutionnaires ou laissez-vous électriser par la scène musicale à Cuba ; découvrez les sites mayas et la biodiversité des parcs nationaux du Guatemala ; glissez en kayak sur les lacs du Nicaragua ; rafraîchissez-vous sous les cascades ou pratiquez le snorkeling dans les récifs de la Dominique et de Sainte-Lucie ; et savourez des moments de farniente un verre de rhum à la main en Guadeloupe et en Martinique.

PLAYAS DEL ESTE, CUBA

SOMMAIRE

ROAD TRIP À CUBA

SPORT · VIN ET BIÈRE · CUISINE · RESPONSABLE · AVENTURE · CULTURE · SPECTACLES · ARTS · ARCHITECTURE · HISTOIRE · FAMILLE · EN SOLO · COURT SÉJOUR · LONG SÉJOUR · PLAGE · HIVER · FAUNE · BIEN-ÊTRE

La Havane – Playas del Este

Les charmes de La Havane, les plantations de tabac autour de Viñales, Trinidad et sa musique et les étendues de sable des Playas del Este sont des figures imposées.

EN BREF

Empreinte carbone (kg/pers) : 53
Distance (km) : 956
Nuits : 12
Budget : €€
Quand partir : toute l'année, mais privilégiez nov-avr

❶ La Havane

Musique, architecture coloniale, art d'avant-garde, vieilles voitures américaines et savoureux cocktails ont fait la réputation de La Havane. Parcourez à pied la vieille ville et le centre, puis, à bord d'une "belle Américaine", faites le tour des quartiers chics d'El Vedado et de Miramar. Sites historiques, musées, boutiques d'artisans et cafés occuperont vos journées. Le soir, place à la danse et aux bars à cocktails.

Louez une voiture ancienne avec chauffeur sur nostalgicarcuba.com et roulez jusqu'à Viñales, 185 km à l'ouest.

❷ Viñales et sa vallée

Avec ses *mogotes* (buttes calcaire) à sillonner à cheval ou à pied, Viñales attire les amoureux de nature. Régalez-vous de fruits frais et de porc accompagné de beignets de malanga (taro). Le soir, dégustez un mojito avec vos hôtes ou à la terrasse d'un bar.

Les agences sur la place de Viñales organisent le transport aller-retour à Cayo Jutías.

❸ Plantations de tabac de la Vuelta Abajo et Cayo Jutías

Première étape : la Vuelta Abajo, principale région productrice de tabac, et la visite de la Finca Hector Luis Prieto. Là, vous comprendrez comment la feuille de tabac devient un cigare de luxe. Seconde étape : Cayo Jutías, au nord, une petite île du golfe du Mexique aux plages de sable fin. Nagez dans la mer bleu saphir, faîtes un festin de langouste grillée et scrutez les eaux peu profondes de la pointe avant de repartir pour Viñales.

MUSICIEN DE RUE À LA HAVANE

VALLÉE DE VIÑALES

Prenez le bus Víazul (1/jour ; 9 heures 30) ou un taxi collectif (6 heures) pour Trinidad.

❹ Trinidad

Trinidad a connu un essor fulgurant au XIXe siècle grâce à l'industrie de la canne à sucre. Les vieilles demeures et les églises qui bordent ses ruelles pavées en font un véritable joyau de l'ère coloniale. C'est aussi un haut lieu de la musique cubaine ; profitez-en à la nuit tombée !

Le bus Víazul vous ramènera à La Havane (1/jour ; 6 heures 30). Pour rallier ensuite les Playas del Este (30 min), prenez un taxi privé ou collectif à la gare routière ou le bus touristique HabanaBusTour au Parque Central.

❺ Playas del Este

Les "plages de l'Est" sont la destination de prédilection des habitants de La Havane. Si la jolie Santa María del Mar plantée de palmiers est souvent bondée, la Playa Mégano est plus calme. Il y a des baraques où louer des chaises longues, des parasols et des catamarans, et des paillotes où acheter des boissons – parfait pour accompagner votre pique-nique.

Le bus Habana BusTour dessert régulièrement La Havane (30 min).

ET ENCORE...

Plus loin : Las Terrazas

Au cœur d'une nature luxuriante, l'écovillage de Las Terrazas bruit du chant des oiseaux et du fracas des cascades. Enfoncez-vous dans la forêt, découvrez les plantations de café à l'abandon, des ateliers d'artistes et le tout proche jardin des orchidées à Soroa, puis goûtez à la cuisine végétarienne du restaurant El Romero.

Bus Víazul entre La Havane et Las Terrazas (tlj ; 1 heure), sinon, certains en direction de Viñales font le détour.

Détour : Playa Caletón, baie des Cochons

La baie des Cochons dissimule une vaste barrière de corail, des poissons multicolores et les épaves du débarquement raté organisé par la CIA en 1961. Direction Playa Caletón, ses B&B et ses bars, pour du snorkeling, puis le parc national de la Ciénaga de Zapata pour observer les oiseaux.

Un bus Víazul qui relie Trinidad et La Havane s'arrête à Playa Larga, près de Caletón (tlj ; 3 heures).

FAUNE BIEN-ÊTRE SPORT VIN ET BIÈRE CUISINE RESPONSABLE AVENTURE CULTURE SPECTACLES ARTS ARCHITECTURE HISTOIRE FAMILLE EN SOLO COURT SÉJOUR LONG SÉJOUR PLAGE HIVER

INCURSION AU NICARAGUA

Managua – San Juan del Sur

Destination émergente, le Nicaragua a pour atouts une histoire captivante, une nature spectaculaire et un repaire de surfeurs décontracté sur la côte pacifique.

EN BREF

Empreinte carbone (kg/pers) : 17
Distance (km) : 502
Nuits : 10-13
Budget : €€
Quand partir : nov-mai

❶ Managua

Tentaculaire, effervescente et anarchique, la capitale du pays fascine autant qu'elle déconcerte. Contemplez-là de loin, depuis la réserve de Tiscapa, ou de près, en vous baladant le long du Malecón (jetée).

CATHÉDRALE DE GRANADA

Prenez le bus pour Léon (fréquents ; 2 heures) à la gare routière du Mercado Bóer. Nombre de voyageurs organisent à l'avance le transfert direct en navette depuis l'aéroport international de Managua (2 heures).

❷ León

Cette ville universitaire fut le bastion des sandinistes lors de la guerre civile qui secoua le Nicaragua de 1978 à 1990. D'ailleurs, une fraternité d'anciens combattants propose chaque jour de montrer aux visiteurs le Museo de la Revolución. Admirez la vue depuis le toit de la cathédrale du XVIIIe siècle, de préférence au coucher du soleil quand les habitants se retrouvent dans le Parque Central.

Rendez-vous en van à Granada (ttes les heures ; 2 heures 30).

❸ Granada

Fondée en 1524 sur la rive ouest du lac Nicaragua, Granada est l'une des plus anciennes villes coloniales du continent américain et le fleuron architectural du pays. Au crépuscule, les vendeurs de cuisine de rue s'installent près de la cathédrale. Négociez une promenade en calèche dans les petites rues typiques et au bord du lac.

Prenez le matin un bus pour Rivas (1 heure 30), puis un bus ou un taxi jusqu'à San Jorge (20 min),

KAYAK SUR LE LAC NICARAGUA

avant d'embarquer pour Moyogalpa, sur l'Isla de Ometepe (1 heure).

❹ Isla de Ometepe

La plus grande île du lac Nicaragua s'étend à l'ombre de deux volcans jumeaux, le Concepción et le Maderas. La zone humide du Rio Istián se prête aux excursions en kayak à la rencontre des hérons, des aigrettes, des caïmans et des bandes de singes hurleurs.

Regagnez San Jorge en bateau et prenez un bus ou un taxi pour Rivas, d'où un bus vous conduira au sud à San Juan del Sur (ttes les heures ; 45 min).

❺ San Juan del Sur

Des boutiques de tatoueurs et des bars à jus bio égayent cette destination de surf de la côte pacifique. Côté cuisine, d'excellents restaurants dans des maisons en bardeaux colorées accommodent de manière créative langoustes, crevettes et espadon. Il y a même une brasserie artisanale tendance.

Retournez en bus à Rivas, puis prenez une correspondance pour Managua (ttes les 30 min ; 2 heures 30). Sinon, des navettes directes desservent l'aéroport international de Managua (2 heures 30).

ET ENCORE...

Détour : Laguna de Apoyo

Échappez à la chaleur et la poussière de Granada autour de la Laguna de Apoyo, dans une caldeira vieille de 23 000 ans. Des lodges confortables bordent le lac volcanique, dont la plupart proposent boissons et ceviches. Restez une nuit ou explorez en kayak les petites criques tranquilles.

Les tour-opérateurs de Granada assurent le transport en navette jusqu'aux lodges du lac.

Détour : environs de San Juan del Sur

À San Juan del Sur, réservez auprès de votre lieu d'hébergement une sortie en catamaran le long de la côte, vers le nord ou le sud de la ville. Demandez au skipper de faire une pause baignade à Playa Rosa (au nord) où, dans une simple cabane de plage, sont servies des langoustes grillées à l'ail.

Réservez une journée entière de navigation en catamaran à San Juan del Sur.

SUR LES TRACES DE LA RÉVOLUTION CUBAINE

La Havane – Santiago de Cuba
Découvrez en bus les épisodes des guerres d'indépendance et du mouvement révolutionnaire à travers sites historiques, musées et monuments commémoratifs.

EN BREF
Empreinte carbone (kg/pers) : 29
Distance (km) : 1 005
Nuits : 8-9
Budget : €€
Quand partir : nov-mars

❶ La Havane

Concert spontané ou soirée arrosée chère à Hemingway, il se passe toujours quelque chose à La Havane. Mais l'entrée en matière des amateurs d'histoire cubaine reste le Museo de la Revolución, dans l'ancien palais présidentiel. L'histoire y est retracée de manière détaillée et un brin grandiloquente, et centrée sur la période de Fidel Castro.
Un bus Víazul au départ de la principale gare routière de La Havane rallie la baie des Cochons (2/jour ; 3 heures 15).

❷ Baie des Cochons

Théâtre d'une invasion américaine ratée en 1961, la baie des Cochons est aujourd'hui un site de plongée. Des panneaux de propagande jalonnent la route côtière qui conduit au village de Playa Girón, où un avion de chasse britannique utilisé par les forces aériennes cubaines garde le petit musée traitant de l'événement.
Prenez un bus Víazul pour Cienfuegos (3/jour ; 1 heure 30), puis un autre pour Santa Clara (2/jour ; 1 heure 30).

❸ Santa Clara

Si sa vie nocturne rivalise presque avec celle de La Havane, tout à Santa Clara tourne autour de Che Guevara, entre son mausolée monumental et le Café Revolución, dont le patron espagnol a rassemblé une collection d'objets et de photos sur la révolution cubaine.
Empruntez le bus Víazul à destination de Camagüey (4/jour ; 4 heures).

❹ Camagüey

Dans la troisième ville du pays, l'esprit révolutionnaire est incarné par l'enfant du pays Ignacio Agramonte, un héros de la guerre des Dix Ans (1868-1878). Bastion

PLONGÉE DANS LA BAIE DES COCHONS

VIEILLE VILLE DE LA HAVANE

du catholicisme cubain, Camagüey possède une demi-douzaine d'églises de la période coloniale.
Montez dans un bus Víazul pour Bayamo (4/jour ; 3 heures 30).

5 Bayamo

La paisible Bayamo cache un passé agité : elle fut la première ville libérée lors de la guerre des Dix Ans. La grand-place ombragée accueille un monument dédié à l'hymne national cubain, joué ici pour la première fois en 1868, et la maison-musée de Carlos Manuel de Céspedes, le "père de la Patrie".
Des bus Víazul se rendent à Santiago de Cuba (4/jour ; 2 heures 15).

1 Santiago de Cuba

La "ville des révolutionnaires" a pour monument emblématique la caserne de la Moncada, désormais un musée et une école, dont Fidel Castro tenta en vain de s'emparer en 1953. Citons aussi le cimetière Santa Ifigenia, siège de l'imposant mausolée du héros national José Martí, et la maison natale d'Antonio Maceo, combattant de la lutte pour l'indépendance.
Il y a des vols quotidiens entre Santiago de Cuba et La Havane.

ET ENCORE...

Plus loin : Comandancia de la Plata

Rejoignez le village de montagne de Santo Domingo. Passez la nuit dans son hôtel, et louez le lendemain les services d'un guide du parc national de la Sierra Maestra. En voiture puis à pied, il vous mènera à travers une forêt de nuages au QG de Fidel Castro,soigneusement camouflé et resté quasiment inchangé depuis les années 1950, d'où les guérillerosplanifièrent la prise de Cuba.
Santo Domingo est accessible en taxi depuis Bayamo.

Détour : Baracoa

Une ambiance magique règne à Baracoa. Les raisons de découvrir ce lieu authentique et hors du temps ne manquent pas : cuisine épicée pleine de saveurs, concerts improvisés, plages sauvages à l'ombre des palmiers et nature foisonnante abritant une faune endémique. Sans oublier les habitants, qui semblent suivre leurs propres règles.
Des bus circulent entre Santiago de Cuba et Baracoa (1/jour ; 4 heures 45).

MEILLEURES EXPÉRIENCES AU GUATEMALA

Antigua – Tikal

Au menu : villes coloniales, volcans actifs, forêts tropicales, communautés amérindiennes et impressionnantes pyramides mayas noyées dans la jungle.

EN BREF

Empreinte carbone (kg/pers) : 43
Distance (km) : 1 571
Nuits : 18
Budget : €
Quand partir : oct-avr

❶ Antigua

Restaurée après les tremblements de terre qui l'ont ravagée au XVIIIe siècle, Antigua arbore façades colorées et églises baroques datant de la colonisation espagnole. Goûtez à la gastronomie locale et tentez l'ascension du Pacava, l'un des trois volcans gardant la ville.

Des minibus desservent quotidiennement Panajachel (2 heures).

❷ Lac Atitlán

De Panajachel, des bateaux traverse ce lac cerné de volcans jusqu'à Santiago Atitlán (30 min), San Pedro La Laguna (30 min) et son atmosphère bohème, l'écologique San Marcos La Laguna (20 min) et San Juan La Laguna (40 min), haut lieu de l'artisanat.

Prenez un minibus pour Quetzaltenango (départs réguliers ; 2 heures).

❸ Quetzaltenango

Animée, Quetzaltenango ("Xela") est un bon point de chute pour aller voir des volcans, des sources chaudes, l'église bariolée de San Andrés Xecul et le lac de cratère de Chicabal, un site sacré maya.

Des minibus rallient fréquemment Guatemala City (3 heures).

COATI À NEZ BLANC, TIKAL

LAC ATITLÁN

❹ Guatemala City

La capitale vaut surtout pour ses musées consacrés aux costumes traditionnels mayas (Ixchel), à l'archéologie et l'ethnologie (La Aurora) et à l'art précolombien et colonial (Popol Vuh).
Prenez le bus pour Cobán (5 heures), puis Lanquín (2 heures 30) et Semuc Champey (30 min).

❺ Semuc Champey

Baignez-vous en pleine nature dans les eaux turquoise de la rivière Cahabón qui se déversent dans une succession de bassins calcaires.
Prenez la navette Adrenlina Tours à destination de Río Dulce (1/jour ; 6 heures).

❻ Río Dulce

Dormez dans la jungle puis voguez sur le Rio Dulce à travers la forêt tropicale et entre de hautes falaises jusqu'au lac Izabal, porte vers la côte caribéenne.
Embarquez dans l'un des bateaux réguliers à destination de Lívingston (1 heure 10).

❼ Lívingston

Cette accueillante ville caribéenne conjugue plages, palmiers, cascades et musique des Garifunas, descendants d'esclaves évadés.

ET ENCORE…

Plus loin : Todos Santos Cuchumatán

Dans ce village de l'Altiplano, les hommes portent un pantalon rayé blanc et rouge et une chemise bleue. On y trouve de jolis sacs et huipiles (chasubles brodées) colorés. Allez-y pour un trek ou les festivités bien arrosées du 1er novembre, marquées par une course de chevaux et des danses.
De fréquents bus partent de la gare routière de Huehuetenango, au nord de Quetzaltenango (2 heures).

Détour : Monterrico

Située sur la côte pacifique, Monterrico jouit d'une ambiance détendue. Outre se balancer au creux d'un hamac et siroter des cocktails les pieds dans le sable chaud en contemplant le coucher du soleil, on peut explorer la mangrove en bateau à la rencontre des oiseaux ou assister à un lâcher de bébés tortues luths et olivâtres dans l'océan.
Navettes au départ d'Antigua (2 heures) et de Guatemala City (3 heures).

TEMPLE I, TIKAL

Retournez à Río Dulce pour gagner Flores en bus (4 heures).

8 Flores et le lac Péten Itzá

Située sur une île lacustre, Flores constitue le point de départ d'excursions vers de fabuleux sites mayas, notamment Tikal. Beaucoup moins connues et fréquentées, les ruines mayas de Yaxhá sont accessibles depuis la paisible localité d'El Remate, sur la rive est du lac.

Des minibus circulent régulièrement entre Flores et Tikal (1 heure 15), via El Remate.

9 Tikal et les temples mayas

Les temples, pyramides et stèles de la puissante cité maya de Tikal s'inscrivent dans une jungle luxuriante peuplée de singes hurleurs et de toucans. Plus au nord, Uaxactún possède le plus grand observatoire astronomique du monde maya découvert à ce jour.

Retournez en minibus à Flores, d'où partent les vols et bus internationaux.

HUIPILES À VENDRE, HAUTES TERRES (ALTIPLANO)

ANTIGUA

DE LA GUADELOUPE À SAINTE-LUCIE

Guadeloupe – Sainte-Lucie

Le ferry vaut bien le yacht pour naviguer d'île en île dans les Petites Antilles, profiter des plages de sable fin et d'un cadre naturel luxuriant.

EN BREF

Empreinte carbone (kg/pers) : 6
Distance (km) : 300
Nuits : 14-21
Budget : €€
Quand partir : déc-avr

❶ Guadeloupe

Pourquoi séjourner sur une seule île des Caraïbes quand il est possible d'en visiter quatre ? Commencez par la Guadeloupe, dans les Antilles françaises, comprenant elle-même deux îles principales : Grande-Terre et Basse-Terre. Couverte par la forêt du parc national de Guadeloupe, Basse-Terre est dominée par le volcan de la Soufrière (1 467 m). C'est un paradis pour la randonnée et le VTT. Plus développée, Grande-Terre accueille à Pointe-à-Pitre le Mémorial ACTe, consacré à l'histoire de la traite négrière.

Les ferries de L'Express des îles relient Pointe-à-Pitre à Roseau (environ 4/semaine ; 2 heures 30).

COLIBRI MADÈRE, GUADELOUPE

❷ Dominique

Le ferry accoste à Roseau, la capitale. Promenez-vous dans le centre ancien, autour du Vieux Marché (où se tenait autrefois le commerce des esclaves), puis découvrez la vraie richesse de cette petite île anglophone : la nature. À l'intérieur des terres, la végétation luxuriante du parc national de Morne Trois Pitons est émaillée de gorges, lacs et cascades où se baigner. Au large, observez les baleines, présentes toute l'année, ou plongez sur les superbes récifs (par exemple dans la réserve marine de Scotts Head).

Prenez L'Express des îles pour Fort-de-France (horaires saisonniers ; 2 heures).

❸ Martinique

Escale suivante, la Martinique affiche fièrement ses racines créoles. Parmi ses plus célèbres plages figurent

BAIE ET PITONS DE LA SOUFRIÈRE, SAINTE-LUCIE

Grand Anse, éclatante de blancheur, et l'Anse Noire, au sombre sable volcanique. L'île est aussi la capitale caribéenne du rhum, pour l'essentiel agricole, et le seul au monde à bénéficier d'une AOC. Achetez quelques bouteilles au marché couvert de Fort-de-France ou visitez une distillerie comme L'Habitation Clément, au cœur des plantations de cannes à sucre.

L'Express des îles dessert Castries (horaires saisonniers ; 1 heure 30), capitale de Sainte-Lucie.

4 Sainte-Lucie

Alliant hôtels de charme et hébergements bon marché, cette île volcanique luxuriante attire aussi bien les jeunes mariés en lune de miel que les routards en quête d'aventure. Quel que soit votre cas, vous ne pourrez manquer les deux pitons emblématiques de l'île. Faites-en l'ascension ou naviguez à leur pied, ou contemplez-les depuis le Tet Pau Trail, un sentier qui offre des panoramas somptueux sur la mer. S'il vous reste de l'énergie, explorez d'anciennes plantations à VTT ou apprenez à fabriquer un onctueux chocolat.

Vols vers d'autres îles des Caraïbes au départ de l'aéroport George FL Charles, près de Castries. L'aéroport de Hewanorra, au sud de l'île, accueille les vols internationaux.

ET ENCORE...

Plus loin: Marie-Galante, Guadeloupe

Plate et quasi circulaire, la "grande galette" est ourlée de sable fin – idéal pour lézarder deux ou trois jours. Pour changer de la plage, visitez une distillerie traditionnelle, telles que l'Habitation Bellevue et son moulin à vent ou l'Habitation Murat et son écomusée.

Des bateaux naviguent entre Pointe-à-Pitre et Grand-Bourg, sur Marie-Galante (1/jour ; 1 heure).

Détour : Les Saintes, Guadeloupe

Seules deux îles de l'archipel sont habitées. À Terre-de-Haut, cafés animés et plages de rêve sont dominés par des montagnes verdoyantes. Grimpez jusqu'au fort Napoléon puis allez nager dans la baie de Pompierre. Sur la sauvage Terre-de-Bas, randonnées et artisanat seront au programme.

Terre-de-Haut est desservie en bateau depuis Trois-Rivières (1/jour) et Pointe-à-Pitre (1/semaine).

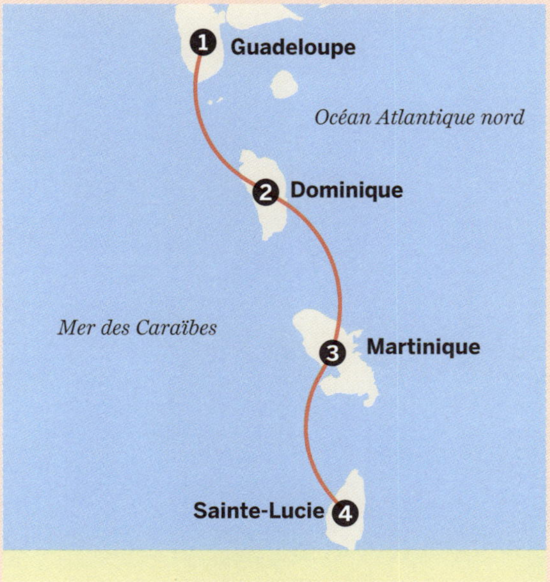

OCÉAN
ATLANTIQUE
NORD
VENEZUELA
GUYANA
11
SURINAME
GUYANE (FRANCE)
COLOMBIE
ÉQUATEUR
8
BRÉSIL
6
3
PÉROU
BOLIVIE
PARAGUAY
10
9
CHILI
4
URUGUAY
1
2
5
OCÉAN
PACIFIQUE
SUD
ARGENTINE
7
OCÉAN
ATLANTIQUE
SUD

AMÉRIQUE DU SUD

Pics enneigés des Andes, dunes imposantes, jungles luxuriantes traversées de cours d'eau, zones humides foisonnantes : l'Amérique du Sud présente une nature d'une exceptionnelle diversité. Partez à sa rencontre du Chili, où vous observerez les étoiles au-dessus du désert d'Atacama, au Guyana, pour voir l'une des plus spectaculaires chutes d'eau au monde et une faune d'une richesse unique. Puis, à vous la Route des vins en Argentine et en Uruguay, les sites précolombiens méconnus du Pérou et les plages de rêve de la côte caribéenne en Colombie !

CI-DESSUS : PLAGE DE COPACABANA, RIO DE JANEIRO, BRÉSIL

SOMMAIRE

LA ROUTE DES VINS EN ARGENTINE

VIN ET BIÈRE
CUISINE
RESPONSABLE
AVENTURE
CULTURE
SPECTACLES
ARTS
ARCHITECTURE
HISTOIRE
FAMILLE
EN SOLO
COURT SÉJOUR
LONG SÉJOUR
PLAGE
HIVER
FAUNE
BIEN-ÊTRE
SPORT

Mendoza – Valle de Uco

Entre les sommets enneigés des Andes et la pampa s'étend une fameuse région viticole. Attiré par le malbec, vous resterez pour la cuisine et les paysages.

EN BREF

Empreinte carbone (kg/pers) : 26
Distance (km) : 207
Nuits : 7
Budget : €€
Quand partir : mars-juin, sept-nov

❶ Mendoza

Au cœur de la première région viticole d'Argentine, Mendoza est l'une des plus grandes villes du pays. Elle est réputée pour sa population estudiantine (elle abrite une université de renom), ses rues piétonnes animées et le Parque General San Martín, un vaste parc urbain agrémenté de lacs et d'allées ombragées. Ses hôtels et restaurants de qualité en font le parfait point de chute pour rayonner alentour.

Gagnez Maipú en voiture, 12 km au sud.

❷ Maipú

Les visiteurs pressés de rejoindre les domaines viticoles négligent souvent Maipú, à la périphérie de Mendoza. Le musée du Vin et des Vendanges, dans une vénérable villa Art nouveau entourée d'oliveraies et de vignes, permet pourtant d'en apprendre davantage sur l'histoire de la viticulture locale. Arrêtez-vous ensuite à la Bodega La Rural, l'une des plus anciennes propriétés de la région, pour déguster une bouteille de Rutini et voir la collection d'outils de vigneron de son petit musée.

Continuez 13 km vers le sud.

❸ Luján de Cuyo

Après le détour par Maipú, reprenez la mythique Route 40 jusqu'aux fameux vignobles de Luján de

CAVES, VALLE DE UCO

VIGNOBLE DANS LA PROVINCE DE MENDOZA

Cuyo. C'est dans cette vallée qui s'étend de part et d'autre du Rio Mendoza que fut introduite pour la première fois la culture du malbec, un cépage importé de France. Il a donné naissance à des crus qui ont peu à peu conquis les amateurs de vin au-delà des frontières argentines. Un certain nombre de domaines proposent des visites sur réservation. En voiture ou à vélo, il est possible d'en enchaîner plusieurs dans une même journée.

Roulez vers la Valle de Uco, à 72 km au sud.

❹ Valle de Uco

Le Valle de Uco est considéré comme l'une des plus formidables régions viticoles d'Argentine, et pour cause ! Plantés sur les contreforts des Andes, les vignes s'alignent sur fond de sommets couverts de neige – un panorama éblouissant qui s'offre depuis les vignobles comme des salles de dégustation. Pour combiner les divers points forts de la région, déjeunez en plein air dans un domaine rustique comme la Bodega La Azul ou offrez-vous un repas sélect au restaurant Siete Fuegos du chef Francis Mallmann, au Vines Resort & Spa.

Regagnez Mendoza (110 km) pour poursuivre le voyage.

ET ENCORE...

Excursion : un jour à Potrerillos

Si vous avez le temps, roulez jusqu'au barrage de Potrerillos où les eaux vives du Río Mendoza alimentent un lac d'un bleu intense au milieu des montagnes. L'endroit est idyllique pour un pique-nique accompagné d'un cru de la région. Non loin, la petite ville d'Uspallata est située sur le Chemin de l'Inca. Levez les yeux : vous verrez peut-être planer des condors !

Potrerillos se trouve 45 km à l'ouest de Mendoza.

Excursion : balade à cheval

De nombreuses agences proposent des randonnées équestres d'une journée autour de Mendoza. Si certaines ont pour but le Rio Mendoza ou les vignobles, les plus palpitantes vous mèneront dans les contreforts des Andes, où s'ébattent des chevaux sauvages – surtout si une halte dans une *estancia* (ranch) est prévue.

La plupart des excursions incluent le transport depuis/vers Mendoza.

LE CHILI DE PABLO NERUDA

Santiago – Isla Negra

De Santiago, au pied de la cordillère des Andes, à la côte Pacifique en passant par l'anarchique et colorée Valparaiso, marchez sur les traces du plus célèbre poète chilien.

EN BREF

Empreinte carbone (kg/pers) : 9
Distance (km) : 297
Nuits : 4-6
Budget : €
Quand partir : déc-avr

MÉMORIAL DANS LA MAISON DE NERUDA, ISLA NEGRA

❶ Santiago

La réputation du Chili comme terre de poètes (*país de poetas*) est largement due à ses deux Prix Nobel de littérature, Gabriela Mistral et, surtout, Pablo Neruda. Plusieurs de ses vers évoquent le Chili, célébrant son vin, ses montagnes et son littoral. Mais c'est à l'intérieur des terres avec sa capitale, Santiago, cernée par les sommets des Andes, que s'ouvre ce circuit. Montez en haut du Cerro San Cristóbal, coiffé d'une immense statue de la Vierge. La vue sur les Andes et la métropole en contrebas vous inspirera peut-être, comme elle le fit pour Neruda lorsqu'il vivait ici. Sa maison dans le quartier de Bellavista, baptisée La Chascona, renferme des objets personnels rappelant les divers aspects de sa personnalité.

Prenez un bus pour Valparaíso (ttes les heures ; 1 heure 45).

❷ Valparaíso

Neruda a consacré une ode à cette ville où les maisons s'agrippent à des collines tellement abruptes que les rues sont souvent reliées entre elles par des escaliers, voire uniquement par des ascenseurs. Perdez-vous dans le dédale anarchique de ce port aux murs égayés par des œuvres de street art. Neruda habita La Sebastiana, une maison qui domine la baie de Valparaíso tel un vaisseau sur l'océan. Le panorama est splendide

VALPARAÍSO

et, à l'intérieur, les souvenirs de voyage révèlent la bienveillance d'un homme alors mondialement connu. **Montez dans un bus à destination d'Algarrobo (ttes les heures ; 1 heure).**

3 Algarrobo

Il n'y a pas de lien direct entre Neruda et Algarrobo, mais la principale station balnéaire du Chili est un lieu idéal pour profiter de la mer que le poète adorait. Ses principaux atouts : de superbes plages de sable, des activités nautiques et, juste au nord de San Alfonso del Mar, l'une des plus grandes piscines au monde. **Prenez en bus jusqu'à Isla Negra (ttes les heures ; 10 min).**

4 Isla Negra

Dans ce coin tranquille, Neruda a vécu au bord du Pacifique, qui fut l'une de ses principales sources d'inspiration. Il y acheta une cabane qu'il transforma au fil du temps en son "bateau ancré sur terre". La résidence regorge d'objets célébrant la mer : figures de proue, coquillages ou carte marines. Après la visite, promenez-vous sur le rivage tempétueux d'Isla Negra ou attablez-vous dans un restaurant de fruits de mer. **Regagnez Santiago en bus (ttes les heures ; 1 heure 45).**

ET ENCORE...

Plus loin : Viña del Mar

Avec sa baie ourlée de sable, ses grands boulevards et ses beaux espaces verts comme le Parque Quinta Vergara, la voisine de Valparaíso est sa parfaite opposée. Elle est renommée pour ses musées et ses festivals, mais aussi pour ses activités balnéaires et sa vie nocturne. Ne manquez pas le Castillo Wulff (1906), une villa avec tours et mâchicoulis face à la mer. **Le métro de Valparaíso dessert Viña Del Mar (4/heure ; 10 min).**

Détour : Casablanca

Plus proche de l'équateur que les autres régions viticoles de renom et soumise à l'humidité du Pacifique, la vallée de Casablanca est un terroir exceptionnel pour le chardonnay, le sauvignon blanc et le pinot noir. Goûtez au crus locaux au domaine Casas del Bosque et vous comprendrez la passion de Neruda pour les vins chiliens. **Casablanca est entre Isla Negra et Santiago ; des bus assurent la liaison avec les deux (ttes les heures ; 1 heure).**

LE PÉROU HORS DES SENTIERS BATTUS

Cajamarca – Tarapoto

Parti des hauteurs des Andes, vous descendrez dans la jungle amazonienne du nord du Pérou – un itinéraire spectaculaire jalonné de sites précolombiens.

EN BREF

Empreinte carbone (kg/pers) : 21
Distance (km) : 704
Nuits : 7
Budget : €
Quand partir : juin-août

❶ Cajamarca

Conquise par les Incas au XIVe siècle, Cajamraca tomba aux mains des Espagnols en 1532, scellant le sort de l'Amérique du Sud. El Cuarto del Rescate, seul vestige précolombien encore debout, ses nombreuses églises, sa cathédrale et l'ensemble religieux monumental de Belén (XVIIIe siècle) témoignent aujourd'hui de ce passé.

Prenez le bus pour Celendín (4/jour ; 2 heures 30).

❷ Celendín

Petite ville assoupie connue pour ses chapeaux de paille, Celendín est juste une étape où passer la nuit entre Cajamarca à Leimebamba. La route étroite et vertigineuse qui les relie se faufile à travers des gorges encaissées, des forêts de nuages fantomatiques et des collines couvertes d'un patchwork de verdure.

Des bus Virgin del Carmen desservent Leimebamba (2/jour ; 7 heures).

❸ Leimebamba

Une halte à Leimebamba s'impose pour avoir un aperçu de la culture des Chachapoyas, qui vivaient dans la région avant la conquête espagnole. L'excellent musée du village rassemble 200 momies du XVe siècle mises au jour en 1996 dans des mausolées à flanc de falaise au-dessus de la Laguna de los Cóndores.

Suivez en bus la vallée du Río Utcubamba jusqu'à Chachapoyas (5/jour ; 2 heures).

❹ Chachapoyas

Dotée de bonnes infrastructures, cette ville aux maisons blanches organisée autour d'une vaste place centrale est en passe de devenir le centre culturel et touristique du nord du Pérou. Une agence locale propose des

CHACHAPOYAS

KUÉLAP

excursions d'une journée vers différents sites et nécropoles pré-incaïques, dont Kuélap et Yalape, et aux proches chutes d'eau, ainsi que du canyoning.
Des bus Turismo Selva se rendent à Moyobamba (5/jour ; 6 heures).

5 Moyobamba

Peu visitée, Moyobamba vaut pourtant une halte pour ses orchidées sauvages et ses sources d'eau chaude. Avec les communautés amérindiennes, les autorités locales ont développé des activités écologiques comme des randonnées et des sorties en bateau.
Un bus Turismo Selva vous conduira jusqu'à Tarapoto (4/jour ; 2 heures).

6 Tarapoto

À l'orée de l'Amazonie, Tarapoto étouffe sous une chaleur moite et connaît une circulation frénétique. Raison de plus pour filer vers les chutes d'eau, lacs et villages d'artisans des alentours ; des tour-opérateurs basés en ville organisent des excursions. Accessible à pied depuis le centre, la parcelle de jungle protégée d'Alto Shilcayo abrite cinq cascades peu ées ainsi qu'une population de singes et d'oiseaux bigarrés.
L'aéroport de Tarapoto assure des vols quotidiens à destination de Lima.

ET ENCORE...

Plus loin : Kuélap

Ne manquez pas Kuélap, un ancien centre cérémoniel perché à 3 000 m sur le sommet plat d'une montagne embrumée. Cette forteresse des Chachapoyas, dont les murailles mesurent 20 m de hauteur, a été surnommée le "Machu Picchu du Nord". Depuis peu, un téléphérique facilite l'accès au site.
Un bus relie Chachapoyas au village de Nuevo Tingo (1 heure), point de départ du téléphérique qui monte au site.

Détour : Catarata Gocta

Après 45 minutes dans un minibus bondé depuis Chachapoyas, descendez au pont de Cocahuayaco. Enfoncez-vous dans la jungle jusqu'à la Catarata Gocta, l'une des plus hautes chutes de la planète. Le circuit passant par ses cascades supérieure et inférieure couvre 15 km. Cartographiées au début des années 2000, les chutes restent épargnées par le tourisme de masse.
Hélez une moto-taxi pour rejoindre le point de départ/d'arrivée.

LA CÔTE CARIBÉENNE DE COLOMBIE

Cartagena – Guajira

C'est parti pour un circuit en bus entre la perle des Caraïbes, inscrite au Patrimoine mondial, et la région désolée des Wayuu, via un superbe parc national.

EN BREF

Empreinte carbone (kg/pers) : 63
Distance (km) : 574
Nuits : 6
Budget : €€
Quand partir : nov-avr

❶ Cartagena

Cartagena (Carthagène) compte au nombre des villes d'Amérique latine chargées d'histoire. Elle arbore dans son vieux centre une remarquable architecture d'époque coloniale, avec des maisons aux balcons en bois, de petites places, le plus grand fort espagnol du continent et 11 km de remparts préservés. Logez dans un hôtel de charme et passez-y deux ou trois jours.

VIELLE VILLE DE CARTAGENA

Réservez pour rejoindre en minibus Santa Marta (4 heures), sur la côte ; certains vous prendront et vous déposeront là où vous logez.

❷ Santa Marta

Moins séduisante que Cartagena, Santa Marta se targue en revanche d'être la plus ancienne ville fondée par des Européens en Amérique du Sud. Elle vaut surtout pour ses rues animées et ses hôtels à prix raisonnable où séjourner pour explorer la campagne alentour, en particulier le village de Minca et le site précolombien de Ciudad Perdida, d'où il est possible de faire un époustouflant trek dans la Sierra Nevada.

Des bus circulent entre Santa Marta et l'entrée du parc national de Tayrona (ttes les 30 min ; 1 heure).

❸ Parc national de Tayrona

Petit mais d'une valeur écologique inestimable, Tayrona marque le point de rencontre entre la forêt tropicale humide et les eaux bleues de la mer des Caraïbes. Plusieurs plages sont interdites à la baignade sur ces terres sacrées. Celle de Cabo San Juan del Guía, paradisiaque, s'atteint par un sentier ombragé depuis l'entrée d'El Zaino, mais est souvent envahie par la foule.

PARC NATIONAL DE TAYRONA

À l'entrée d'El Zaino, hélez un minibus pour Palomino, d'où vous pourrez gagner Riohacha en bus (ttes les 30 min ; 1 heure 30).

❹ Riohacha

À Riohacha, les palmiers cèdent la place aux cactus et la jungle à un environnement semi-désertique. Baladez-vous sur la jetée de cette ville de bord de mer sans artifices. Porte d'entrée de la péninsule de Guajira, c'est un bon point de départ vers ses zones sauvages grâce à ses bons restaurants à prix raisonnable et ses deux auberges de jeunesse haut de gamme.

La péninsule de Guajira se parcourt en jeep. Les nombreuses agences de voyages de Riohacha y organisent des excursions d'un à plusieurs jours.

❺ Péninsule de Guajira

Cette bande de terre aride le long de la frontière vénézuélienne est le territoire des indomptables Wayuu, dont la culture reste bien vivante. Un 4X4 avec chauffeur sera nécessaire pour parcourir les pistes jusqu'à Punta Gallinas, à l'extrémité de la péninsule, où les flots se heurtent aux dunes du désert.

Retour en 4X4 à Riohacha, d'où des bus desservent Cartagena (ttes les heures ; 7 heures).

ET ENCORE...

Plus loin : Ciudad Perdida

Enfouie sous la végétation tropicale de la Sierra Nevada, la "Cité perdue" construite par les Tayronas entre le XIe et le XIVe siècle n'a été découverte que dans les années 1970. L'accès se fait uniquement à pied. Le trek guidé, de difficulté moyenne, dure entre 4 et 6 heures, visite comprise. Les ruines et les paysages sont magnifiques.

De nombreuses agences de voyages de Santa Marta assurent l'excursion.

Détour : Palomino

Havre attractif pour les routards des années 1980 comme les voyageurs aisés d'aujourd'hui, Palomino est un village balnéaire tranquille. Les hébergements ne manquent pas, de la cabane rustique à l'hôtel de charme. Pêcheurs et touristes se croisent sur la plage, au pied des montagnes où vivaient les Tayronas. Outre la baignade, l'activité favorite est le tubing sur la rivière.

Les bus Santa Marta-Riohacha s'arrêtent à Palomino.

L'URUGUAY, ENTRE OCÉAN ET VIGNOBLES

SPORT · VIN ET BIÈRE · CUISINE · RESPONSABLE · AVENTURE · CULTURE · SPECTACLES · ARTS · ARCHITECTURE · HISTOIRE · FAMILLE · EN SOLO · COURT SÉJOUR · LONG SÉJOUR · PLAGE · HIVER · FAUNE · BIEN-ÊTRE

Montevideo – Laguna de Rocha

Une capitale aussi animée qu'attachante, des vignobles méconnus, d'étonnantes stations balnéaires et une lagune classée à l'Unesco… le Paraguay a tout pour séduire.

EN BREF

Empreinte carbone (kg/pers) : 60
Distance (km) : 484
Nuits : 5
Budget : €€
Quand partir : oct-juin

❶ Montevideo

Belle surprise, la capitale uruguayenne est sûre et se découvre à pied (mais préférez le vélo pour parcourir les 24 km de la Rambla, la promenade le long du Rio de la Plata). Partez de la Plaza Independencia, dominée par la silhouette du Palacio Salvo (1928). Bâtiments Art déco, demeures coloniales, bodegas et bars à tango se côtoient dans les rues de La vieille ville. Si vous avez envie d'un épais steak grillé, direction le vénérable Mercado del Puerto. Pour une tranche de vie locale, rendez-vous au très animé marché aux puces Tristan Narvaja qui se tient le dimanche.

Louez une voiture et rejoignez Canelones, à 50 km au nord.

❷ Canelones

Les collines fertiles autour de Canelones sont la première région viticole d'Uruguay. Presque tous dotés d'un restaurant, ses 80 domaines proposent dégustations et pique-niques dans les vignes. La Bodega Bouza se distingue par sa salle remplie de voitures anciennes ; L'Establecimiento Juanico par ses vins d'orange vieillis dans des amphores ; et Vincs de Lucca par les photos des ancêtres ornant la cave. Côté hébergement, le choix va du B&B rural à l'hôtel chic avec spa.

Roulez jusqu'à Atlántida, à 74 km au sud-est.

❸ Atlántida

Dans cette station balnéaire au charme désuet, les eaux marron du Río de la Plata rencontrent les flots

PLAZA INDEPENDENCIA, MONTEVIDEO

PLAGE DE PUNTA DEL ESTE

bleus de l'Atlantique – le lieu parfait pour un barbecue sur la plage ou un repas de poisson et fruits de mer. À la sortie de la ville, la Bodega Pablo Fallabrino et la Bodega Bracco Bosca, deux exploitations viticoles, rappellent combien l'immigration italienne a marqué l'identité du pays. La première utilise des cépages italiens comme l'arneis, la seconde accompagne les dégustations de jambon de Parme et d'olives.

Suivez la côte vers l'est jusqu'à la Laguna de Rocha (160 km).

❹ Vers la Laguna de Rocha

La route longeant l'époustouflante côte Atlantique passe par Punta del Este, avec ses faux airs de Miami. Attenante, La Barra est réputée pour ses spots de surf, ses restaurants et ses boîtes de nuit. Plus au nord, le village de pêcheurs de José Ignacio est devenu une station sélecte. Dans les terres, la Bodega Oceánica José Ignacio produit du vin et de l'huile d'olive tandis qu'à l'est se déploient les collines plantées de vigne de la "Toscane uruguayenne". Là se niche la Bodega Garzón, un domaine en pointe. Logez dans le village de Garzón puis explorer à pied ou en kayak la Laguna de Rocha, zone humide classée réserve de biosphère par l'Unesco.

Regagnez Montevideo, à 200 km à l'ouest.

ET ENCORE...

Plus loin : Colonia del Sacramento

La plus ancienne ville d'Uruguay se targue d'une architecture coloniale et de plages de rêve. Buenos Aires, sur l'autre rive du Rio de la Plata, n'est qu'à une heure de ferry. Embarquez pour une croisière au coucher du soleil ou partez voir les gauchos dans la pampa et les domaines viticoles, tel Alcamén de la Capilla, tenu par une famille italienne depuis cinq générations.

Colonia se trouve à 180 km à l'ouest de Montevideo.

Détour : Fray Bentos

Le bus traverse des pâturages sans fin jusqu'à Fray Bentos, longtemps synonyme de viande bovine. Ses usines fournissaient le marché international, et ont assuré l'approvisionnement des armées pendant les deux guerres mondiales. Désaffectées, elles sont classées au Patrimoine mondial.

Un bus direct au départ de la gare routière Tres Cruces de Montevideo dessert Fray Bentos (3/jour ; 4 heures 20).

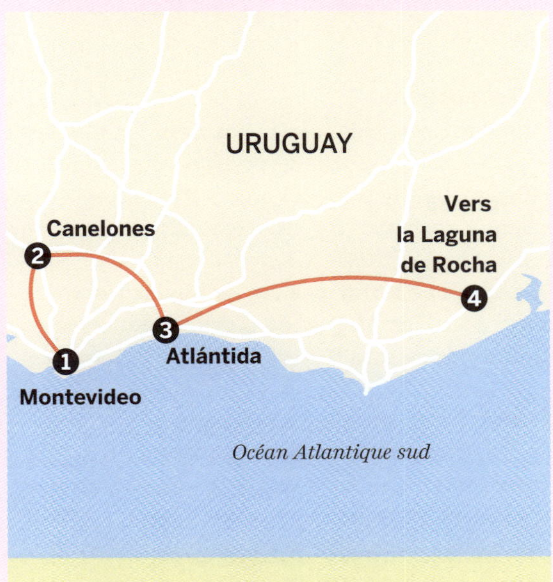

SPORT VIN ET BIÈRE CUISINE RESPONSABLE AVENTURE CULTURE SPECTACLES ARTS ARCHITECTURE HISTOIRE FAMILLE EN SOLO COURT SÉJOUR LONG SÉJOUR PLAGE HIVER FAUNE BIEN-ÊTRE

LE NORD-EST DU BRÉSIL

Natal – Jericoacoara

En route pour une aventure épique en buggy et 4x4 dans les sables du magnifique Nordeste brésilien baignés par les eaux de l'Atlantique sud.

EN BREF

Empreinte carbone (kg/pers) : 29
Distance (km) : 235
Nuits : 4
Budget : €€
Quand partir : toute l'année

❶ Natal

Plaque-tournante des échanges régionaux, la capitale du Rio Grande do Norte est une ville accueillante en bord de mer. Passez la soirée à Ponta Negra : vous y rencontrerez d'autres voycgeurs, et sa dune vous donnera un avant-goût de ce qui vous attend après.

Plusieurs prestataires, dont Natal Vans, proposent des excursions à Genipabu, 10 km au nord de Natal.

❷ Genipabu

L'endroit est mondialement connu pour ses immenses dunes aux noms évocateurs comme "Mur de la Mort" ou "Descente verticale". Les excursions existent en deux versions, *com emoção* ou *sem emoção* (avec ou sans émotions fortes) : faites le bon choix.

De retour à Natal, prenez un bus Expresso Cabral pour São Miguel de Gostoso depuis la gare routière Rodoviária Nova (3-6/jour ; 2-3 heures).

❸ São Miguel de Gostoso

À l'écart des circuits touristiques, ce petit village côtier est un paradis pour les sports de glisse ou juste pour lézarder sur la plage.

Rejoignez Galos/Galinhos en buggy de plage ou en 4X4 en longeant le littoral (2 heures 15).

❹ Galos/Galinhos

Isolés sur une presqu'île, les villages de pêcheurs de Galos et Galinhos sont difficiles d'accès, ce qui a contribué à les préserver. Étendues de sable ponctuées de baraques colorées et balayées par la brise marine, couchers de soleil éblouissants... ici, le temps suspend son vol.

Les transports publics vers l'ouest sont quasi inexistants. Réservez un buggy ou en 4X4 jusqu'à Canoa Quebrada (4-5 heures, souvent réparties sur deux jours).

CANOA QUEBRADA

GENIPABU

❺ Canoa Quebrada

De flamboyants couchers de soleil embrasent les abruptes falaises de grès rose de Canoa Quebrada, l'une des merveilles côtières de l'État de Ceará. Plage splendide, dunes imposantes, palmiers à cire et cocotiers composent un paysage de rêve.

Prenez un bus São Benedito à destination de Fortaleza (4-6/jour ; 3 heures 15).

❻ Fortaleza

La capitale animée du Ceará offre aux voyageurs des équipements dignes d'une métropole, de bons restaurants et de jolies plages (dont la Praia do Futuro). Une bouffée d'urbanisme à mi-parcours bienvenue pour les citadins endurcis !

Pour gagner Jericoacoara, prenez un taxi collectif ou la formule Fretcar combinant bus et 4X4 ouvert (5/jour ; 5 heures).

❼ Jericoacoara

Ce village de pêcheurs isolé aux rues sablonneuses est devenu une destination appréciée pour ses restaurants, sa vie nocturne et les sports de glisse. Autour, c'est un paradis de dunes, lagunes bleues et plages. Splendide.

Rentrez en voiture à Fortaleza, dotée d'un aéroport international, pour la suite du voyage.

ET ENCORE...

Plus loin : Fernando de Noronha

L'archipel de Fernando de Noronha, à 325 km au large de Natal à vol d'oiseau, est un endroit réellement paradisiaque. Il est rigoureusement protégé car il fait partie d'un parc national marin peuplé de dauphins à long bec et de tortues de mer. Seuls quelques élus pourront profiter de ses plages et de ses spots de plongée exceptionnels, le nombre de voyageurs étant limité.

Des vols relient Natal à l'île principale (1/jour ; 1 heure 15).

Détour : Parque Nacional dos Lençóis Maranhenses

Lassé du spectacle des dunes ? Le Parque Nacional dos Lençóis Maranhenses ("draps du Maranhão"), environ 400 km à l'ouest de Jericoacoara, dans l'État de Maranhão, va vous laisser sans voix. Sur 1 550 km^2, des dunes d'un blanc éclatant enserrent des bassins aux eaux cristallines. Magique !

Réservez un transfert privé de Jericoacoara à Barreirinhas, via Camocim.

LA PATAGONIE, ENTRE ARGENTINE ET CHILI

SPORT · VIN ET BIÈRE · CUISINE · RESPONSABLE · AVENTURE · CULTURE · SPECTACLES · ARTS · ARCHITECTURE · HISTOIRE · FAMILLE · EN SOLO · COURT SÉJOUR · LONG SÉJOUR · PLAGE · HIVER · FAUNE · BIEN-ÊTRE

Puerto Madryn – Puerto Natales.
Baleines au large, vastes espaces, glaciers géants et montagnes drapées de nuages : l'immense Patagonie battue par les vents ne laissera personne indifférent.

EN BREF

Empreinte carbone (kg/pers) : 226
Distance (km) : 1 820
Nuits : 14
Budget : €€
Quand partir : oct-mars

❶ Puerto Madryn, Argentine

Le périple commence sur la côte à Puerto Madryn, point de départ des excursions vers la péninsule Valdés. Enfilez un gilet de sauvetage et embarquez pour observer de près les baleines franches australes qui hantent ces eaux glacées entre juin et décembre. En dehors de cette période, allez voir la colonie de manchots de Magellan qui vit à Punta Tombo et découvrez les merveilleuses plages de la région.

Parcourez 870 km vers le sud sur la Ruta Nacional 3.

❷ Puerto San Julián, Argentine

Faites une halte à Puerto San Julián, considéré comme le berceau historique de la Patagonie. Le navigateur portugais Fernand de Magellan débarqua dans ce port naturel en 1520 et y passa l'hiver avant d'emprunter le détroit qui porte aujourd'hui son nom. Ses falaises impressionnantes et ses maisons colorées rendent inoubliable cette ville asscupie.

Roulez 465 km vers l'ouest.

❸ El Chaltén, Argentine

Porte d'accès aux trésors naturels du parc national Los Glaciares, le village d'El Chaltén attire les amateurs de nature. Faites la randonnée jusqu'au Mirador de los Condores, d'où la vue embrasse les montagnes enneigées et les lacs glaciaires. Effectuez ensuite le circuit en bateau au milieu des icebergs menant à l'énorme glacier Viedma, qui fait partie du vaste champ de glace du sud de la Patagonie.

MANCHOTS À PUNTA TOMBO, ARGENTINE

PARC NATIONAL LOS GLACIARES, ARGENTINE

Continuez au sud pendant 210 km le long d'une fabuleuse route panoramique.

❹ El Calafate, Argentine

El Calafate doit son nom à une plante endémique dont la baie agrémente parfois le cocktail pisco sour et dont la consommation garantit, dit-on, de revenir un jour en Patagonie. À 80 km de là, des plateformes permettent d'observer le gigantesque glacier Perito Moreno, particulièrement impressionnant quand de gros blocs de glace se détachent et tombent dans la mer avec fracas.
Roulez sur 275 km vers le sud et traversez la frontière pour passer au Chili.

❺ Puerto Natales, Chili

Puerto Natales vous réserve une aventure hors du commun. C'est en effet le camp de base des randonneurs venus s'attaquer au Trek W, l'une des plus belles randonnées de la planète, au cœur du tout proche parc national Torres del Paine. Assurez-vous d'être bien équipé avant de parcourir ses forêts préservées et ses vallées glaciaires car, comme disent les habitant de la Patagonie, les quatre saisons peuvent ici se succéder dans la même journée.
Regagnez en avion Santiago du Chili, d'où partent des vols internationaux.

ET ENCORE...

Plus loin : Gaiman et Trelew

En 1995, la princesse Diana rendit visite à la communauté galloise implantée en Patagonie argentine depuis la fin du XIXe siècle, et sacrifia au *tea time* dans l'un des salon de thé traditionnels de Gaiman. La ville voisine de Trelew, où tous les panneaux sont écrits en gallois, possède un musée consacré aux immigrantsoriginaires du pays de Galles.
Gaiman est à 80 km au sud-ouest de Puerto Madryn.

Détour : Comodoro Rivadavia

En Patagonie, les distances sont considérables, aussi vaut-il mieux fractionner certains de vos trajets. Sur la route entre Puerto Madryn et San Julián, la ville industrielle de Comodoro Rivadavia est une étape pratique pour passer la nuit, à défaut d'avoir du cachet.
Comodoro Rivadavia est à 440 km au sud de Puerto Madryn.

L'"AVENUE DES VOLCANS" EN ÉQUATEUR

Quito – Cuenca

Des cônes volcaniques couverts de neige, des parcs nationaux de haute altitude et des villes coloniales animées se succèdent le long de la cordillère des Andes.

EN BREF

Empreinte carbone (kg/pers) : 19
Distance (km) : 650
Nuits : 10
Budget : €€
Quand partir : juin-sept

❶ Quito

Classé au patrimoine mondial de l'Unesco, le centre historique de Quito est l'un des mieux préservés du continent, avec ses églises aux dorures éblouissantes, ses monastères et ses places ombragées de palmiers où se côtoient toutes les couches de la société équatorienne. Après une plongée dans le passé colonial, la visite de la Capilla del Hombre (chapelle de l'Homme), musée imaginé par l'artiste Oswaldo Guayasamín (1919-1999), vous fera revenir vers les temps modernes. Le soir, l'animation bat son plein dans les restaurants multiethniques et les bars festifs de Mariscal, et la musique résonne à La Ronda.
Pour rejoindre Cotopaxi, réservez un transport privé (2 heures 30) auprès d'une hacienda.

❷ Parque Nacional Cotopaxi

Le cône quasi parfait du volcan Cotopaxi (5 897 m) s'élève au-dessus du *paramo* (prairie andine), où les lamas paissent sous l'œil des condors planant dans le ciel. Si l'ascension du Cotopaxi (deux jours) est réservée aux grimpeurs expérimentes, les randonnées à pied ou à cheval vers les lacs d'altitude et l'observation des oiseaux s'adressent à tous. Place ensuite à la contemplation du coucher du soleil et à une soirée au coin du feu dans l'une des haciendas des environs, telles El Porvenir, qui organise de nombreuses activités, et La Cienega, qui existe depuis 400 ans !
Faites-vous déposer à l'entrée du parc sur la Panaméricaine, prenez un bus en direction du sud jusqu'à Ambato (fréquent ; 3 heures), puis un autre pour Baños (ttes les heures ; 1 heure).

BALANÇOIRE À LA CASA DEL ARBOL, BAÑOS

VAQUEROS, PARQUE NACIONAL COTOPAXI

❸ Baños

Coincée entre les Andes et l'Amazone, Baños (1 840 m) attire les visiteurs grâce à la multitude d'activités de plein air qui se pratiquent dans les environs : rafting, visite de cascades, excursions dans la jungle et descente à VTT riche en adrénaline jusqu'à Puyo, en bordure du bassin amazonien. Les sources chaudes à la périphérie de la ville seront ensuite bienvenues pour détendre vos muscles endoloris.

Prenez un bus pour Ambato (ttes les heures ; 1 heure), puis une correspondance pour Cuenca (ttes les heures ; 7 heures).

❹ Cuenca

Multiples clochers, balcons débordant de géraniums, marchés gardant bien vivaces les traditions artisanales… Cuenca, fondée au XVIe siècle par les Espagnols, est un véritable joyau. Si vous en avez assez des églises coloniales, le Museo Pumapungo dédié aux cultures indigènes d'Équateur vous occupera un moment. Vous pourrez aussi musarder dans les boutiques qui vendent d'authentiques *toquillas* (panamas) ou sur les berges du Río Tomebamba.

Des vols quotidiens relient Cuenca à Quito (1 heure).

ET ENCORE…

Plus loin : Otavalo

Otavalo est fière de ses traditions amérindiennes, à découvrir lors du grand marché du samedi, entre les stands d'artisanat (vêtements, couvertures, bijoux…) et de cuisine – dont le cochon de lait rôti accompagné de *mote* (maïs séché puis bouilli) et de chicha (boisson alcoolisée à base de maïs ou de manioc fermenté). Un marché plus petit se tient les autres jours.

De Quito, des bus fréquents vont à Otavalo (3 heures).

Détour : Parque Nacional Cajas

À seulement 30 km à l'ouest de Cuenca, ce parc national offre des paysages spectaculaires mêlant prairie andine, lacs brumeux et bosquets tortueux de Polylepis. Des lamas, des alpagas, des cervidés et des renards y vivent, ainsi que plus de 150 espèces d'oiseaux.

À Cuenca, où des agences proposent des excursions, prenez un bus pour Guayaquil ; il dessert l'entrée du parc, proche de la Laguna Llaviucu.

UNE ODYSSÉE AU SUD-EST DU BRÉSIL

SPORT · VIN ET BIÈRE · CUISINE · RESPONSABLE · **AVENTURE** · **CULTURE** · SPECTACLES · **ARTS** · ARCHITECTURE · **HISTOIRE** · FAMILLE · EN SOLO · COURT SÉJOUR · LONG SÉJOUR · **PLAGE** · HIVER · FAUNE · BIEN-ÊTRE

Rio de Janeiro – São Paulo

Le sud-est du Brésil réunit îles tropicales, étendues de sable fin, patrimoine colonial et deux des plus dynamiques métropoles d'Amérique du Sud.

EN BREF

Empreinte carbone (kg/pers) : 19
Distance (km) : 690
Nuits : 7-10
Budget : €€
Quand partir : oct-nov, mars-avr

❶ Rio de Janeiro

Destination mythique, la *cidade maravilhosa* ("ville merveilleuse") s'est développée entre ses fameuses plages et des hauteurs boisées. Farniente sur le sable d'Ipanema, panorama au sommet du Pão de Açúcar (Pain de Sucre) et promenade dans les ruelles de la vielle ville coloniale occuperont vos journées. Le soir, allez danser dans un club de samba à Lapa ou dégustez une *chope* (bière à la pression) glacée dans un bar de Leblon ou bien un cocktail original sur les hauteurs de Santa Teresa.

PARATY

De nombreux bus Costa Verde desservent Conceição de Jacareí (2 heures 30), d'où des bateaux partent régulièrement pour Vila do Abrãao (30 min), plus grand village d'Ilha Grande.

❷ Ilha Grande

Cette île exempte de voitures abrite l'une des dernières forêts tropicales humides atlantique du Brésil. Des sentiers balisés à travers la jungle luxuriante débouchent sur des plages immaculées baignées d'eaux turquoise comptant parmi les plus belles du pays, comme la Praia Lopes Mendes. Vous pourrez également effectuer une randonnée guidée de 6 km jusqu'au sommet du Pico do Papagaio (982 m), pratiquer la plongée ou rejoindre par la mer des parties de l'île autrement difficiles d'accès.

Prenez un bateau pour Angra dos Reis (ttes les 2 heures ; 1 heure), puis un bus pour Paraty (ttes les heures ; 2 heures).

RIO DE JANEIRO

❸ Paraty

Adossée à de vertes collines, Paraty est une ville de carte postale avec ses rues pavées, ses maisons coloniales aux ouvertures soulignées de couleurs vives et ses églises du XVIIIe siècle. Autour, ce ne sont qu'îles tropicales, plages paradisiaques et forêt tropicale humide à découvrir à pied, en VTT, à cheval ou en kayak. Pourquoi ne pas rester quelques jours dans une charmante *pousada* afin de profiter des délicieux restaurants et des bars avec musique ?

Prenez un bus Reunidas Paulista à destination de São Paulo (6/jour ; 7 heures 30).

❹ São Paulo

La plus grande ville du Brésil et la plus cosmopolite est une mégapole à l'horizon hérissé de gratte-ciel. Montez au 26e étage du Farol Santander à l'architecture Art déco pour l'embrasser dans son ensemble, déjeunez au Mercado Municipal de style Belle Époque et visitez la plus importante collection d'art brésilien dans la Pinacoteca do Estado, un bâtiment néoclassique. Entre l'enclave japonaise de Liberdade, le très chic quartier des Jardins ou celui de Vila Madalena jalonné de bars, São Paulo comporte de multiples visages.

L'aéroport GRU de São Paulo accueille de nombreux vols internationaux.

ET ENCORE...

Plus loin : Ouro Preto

Ville coloniale par excellence, Ouro Preto fut fondée au début du XVIIIe siècle après la découverte d'or dans la région. Son lacis de ruelles en pente dissimule des églises toute en dorures, des chefs-d'œuvre de la sculpture baroque attribués à Aleijadinho et la figure légendaire de Chico Rei, ancien esclave devenu roi de la ville.

Des bus se rendent à Ouro Preto depuis São Paulo (11 heures) et Rio (8 heures).

Détour : Petrópolis

C'est à Petrópolis, au cœur des montagnes, que l'empereur du Brésil Pierre II fuyait l'été la chaleur de Rio. Un parfum d'Europe flotte sur les jardins soignés, les canaux et les rues bordées de vieux réverbères. Ne manquez pas le Museu Imperial, résidence des monarques au XIXe siècle, et les majestueuses villas telle la Casa da Ipiranga.

Des bus Única Fácil circulent entre Rio et Petrópolis (ttes les 30 min ; 1 heure 30).

LE NORD DU CHILI, ENTRE PLAGES ET DÉSERT

BIEN-ÊTRE · **SPORT** · VIN ET BIÈRE · CUISINE · RESPONSABLE · **AVENTURE** · CULTURE · SPECTACLES · ARTS · ARCHITECTURE · HISTOIRE · FAMILLE · **EN SOLO** · COURT SÉJOUR · LONG SÉJOUR · **PLAGE** · HIVER · **FAUNE**

San Pedro de Atacama – Arica

Des vallées lunaires, des villes fantômes et des rivages d'une stupéfiante beauté composent le décor de ce périple en bus dans le nord du Chili.

EN BREF

Empreinte carbone (kg/pers) : 25
Distance (km) : 850
Nuits : 7-10
Budget : €€
Quand partir : mars-mai, sept-nov

❶ San Pedro de Atacama

Perché à 2 438 m d'altitude sur un plateau désertique, ce village est à un jet de pierre de plusieurs trésors naturels. Surfez sur les versants de la "Vallée de la Mort" (portant aussi le nom évocateur de "vallée martienne"), baignez-vous dans des lacs d'eau salée sous l'œil d'une colonie de flamants roses, émerveillez-vous devant les plus hauts geysers du monde, des ruines précolombiennes et le soleil se couchant sur la "Vallée de la Lune", qui n'a pas volé son nom. Enfin, initiez-vous à la cosmologie amérindienne lors d'une sortie astronomique.

Prenez le bus de nuit San Pedro de Atacama-Iquique (1/jour ; 9 heures 30).

❷ Iquique

Construite autour d'un croissant de sable blond, cette destination balnéaire bien connue du Chili se prête idéalement au surf ainsi qu'à d'autres sports d'aventure comme le parapente, le surf sur dunes et l'escalade. Son architecture néoclassique et ses trottoirs en bois datent du XIXe siècle, quand le salpêtre fit sa fortune.

Des nombreux bus et des colectivos (taxis collectifs) rejoignent Humberstone (1 heure), dans l'arrière-pays.

❸ Humberstone

Plusieurs villes fantômes parsèment le désert d'Atacama, mais Humberstone est la plus saisissante. Jadis habitée par 3 000 ouvriers travaillant dans

IQUIQUE

OBSERVATION DES ÉTOILES À SAN PEDRO DE ATACAMA

les mines de nitrate et leurs familles, elle comprend des dizaines de bâtiments, certains croulants, d'autres restaurés qu'il est possible de visiter sans risque. Arpentez les ruelles à l'abandon et la place centrale envahie de mauvaises herbes en jetant un coup d'œil à l'intérieur des salles de classe, des anciens marchés et de l'hôtel. Le théâtre a la réputation d'être hanté.
Retournez à Iquique, où plusieurs compagnies de bus desservent Arica (1/jour ; 4 heures 30), au nord.

❹ Arica

Quoi de mieux que la séduisante Arica, au bord du Pacifique, pour clore ce périple ? Prenez le temps de vous balader dans le charmant centre piétonnier et de paresser sur la plage, puis crapahutez le long du rivage rocheux pour observer otaries, *chungungos* (loutres marines) et *piqueros* (fous). Au terme d'une courte ascension, l'abrupt Morro de Arica dévoile une vue sur la ville très photogénique. Après quelques clichés, vous pourrez dîner dans l'un des excellents restaurants de poisson du front de mer. Enfin, c'est dans la vallée d'Azapa (12 km) que l'on trouve les plus anciennes momies du monde, celles des Chinchorros.
Il y a plusieurs vols quotidiens entre Arica et Santiago, d'où partent les vols internationaux.

ET ENCORE...

Plus loin : Salar d'Uyuni, Bolivie

À San Pedro de Atacama, réservez un circuit en 4x4 en territoire bolivien. Là vous attendent lacs d'altitude, formations rocheuses insolites, volcans et, surtout, le fameux Salar d'Uyuni, un désert de sel. L'excursion dure 3 ou 4 jours (avec repas et hébergement). Prévoyez en-cas, vêtements chauds et sac de couchage.
À San Pedro, des agences comme Cordillera Traveller organisent des circuits.

Détour : Parque Nacional Lauca

Avant-goût des Andes, ce superbe parc national s'étend à 160 km au nord-est d'Arica, dans l'altiplano. Couvrant 1 380 km^2, c'est une réserve de biosphère de l'Unesco qui englobe des volcans coiffés de neige, des lacs scintillants et des sources chaudes. Au village aymara de Putre (3 530 m), vous pourrez vous acclimater et louer les services d'un guide.
Un bus quotidien relie Arica à Putre (2 heures 30).

LE GUYANA, TERRE D'AVENTURE

Georgetown – Waikin Ranch
En vous enfonçant en bus et en bateau au cœur de la jungle du Guyana, vous comprendrez pourquoi c'est la destination en vogue chez les amateurs d'aventure.

EN BREF
Empreinte carbone (kg/pers) : 18
Distance (km) : 650
Nuits: 8
Budget : €€
Quand partir : sept-avr

SINGE-ÉCUREUIL GUYANAIS

❶ Georgetown

À Georgetown, la capitale anglophone du Guyana, vous aurez un peu l'impression d'être aux Antilles. Consacrez au moins une journée à ses marchés animés et ses édifices de l'époque coloniale, et goûtez à la cuisine créole du Backyard Cafe, une institution locale. Il est temps de gagner la jungle ! La plupart des visiteurs s'y rendent en avion dans le cadre d'un circuit, mais, si vous venez en dehors de la saison des pluies (mai-août), vous économiserez argent et carbone en prenant le bus, la voiture et le bateau.

Des minibus à destination de la ville frontalière de Lethem, au sud, quittent Georgetown à 18h30. Le trajet de 350 km jusqu'à l'Atta Rainforest Lodge dure au minimum 12 heures.

❷ Atta Rainforest Lodge

La riche faune des jungles et savanes de la région du Rupununi, dans le sud-ouest du Guyana, attire nombre de touristes. En bordure du principal axe nord-sud du pays – une simple piste –, l'Atta Rainforest Lodge s'impose comme première halte. Passez-y deux nuits afin de profiter de la forêt, des passerelles dans la canopée d'où observer les animaux, et de la délicieuse nourriture. Certains enchaînent avec une nuit au Surama Ecolodge, un hébergement géré par la communauté amérindienne.

CHUTES DE KAIETEUR

Organisez le transfert par la route (et/ou en bateau) à la Caiman House (une demi-journée).

3 Caiman House

Plutôt que de sauter dans le bus Georgetown-Lethem en direction du Waikin Ranch, ralliez Caiman House (organisez le transfert à l'avance). En bord de rivière, dans un village isolé, ce lodge sert également de station d'étude du caïman noir. En journée, joignez-vous aux safaris en 4x4 ou en canoë, et aux expéditions de marquage par les chercheurs à la nuit tombée.

Comptez plusieurs heures pour le transfert jusqu'au Waikin Ranch par voie terrestre.

4 Waikin Ranch

Dans la savane du Rupununi, le Waikin Ranch se trouve à quelques kilomètres de la route nationale. Safari équestre à la rencontre des tamanoirs, baignade dans un plan d'eau aux allures d'oasis et délicieux produits de la ferme sont parfaits pour se réacclimater à la civilisation.

Organisez le transfert par la route jusqu'à Lethem (28 km/30 min), d'où vous regagnerez Georgetown en avion ou en bus. Le trajet en bus dure 16 heures, si les conditions sont bonnes.

ET ENCORE...

Plus loin : chutes de Kaieteur

Avion de tourisme ou trek de plusieurs jours sont les seuls moyens d'accéder à ces chutes, les plus hautes du monde (226 m). Choisissez entre une journée d'excursion depuis Georgetown et un circuit au Guyana incluant le site, comme le propose Wilderness Explorers. À l'arrivée, un guide vous conduira à d'époustouflants points de vue.

L'avion décolle de Georgetown à 13h et repart de Kaieteur vers 17h (1 heure).

Détour : Essequibo

Sur une île du puissant fleuve Essequibo, le Baganara Island Resort propose des excursions en bateau pour voir des paresseux, des toucans, etc. Au coucher du soleil, la plage invite à se détendre, un cocktail à la main.

Prenez un taxi de Georgetown à Parika (1 heure), puis un bateau jusqu'à Bartica (1 heure), où l'embarcation du resort viendra vous chercher.

OCÉANIE

L'Océanie est le paradis des amoureux du grand air. Que diriez-vous d'une descente en canoë sur la Whanganui en Nouvelle-Zélande, d'une plongée en Technicolor sur la Grande Barrière de corail, d'une croisière sur les eaux turquoise des Whitsundays ou d'une séance détente sur les plages paradisiaques des îles Cook et de Viti Levu, aux Fidji ? Parcourez l'emblématique cœur rouge et les forêts humides du Queensland en Australie, puis faites du surf sur la Gold Coast. La culture n'est pas en reste et il existe d'innombrables et excellents musées, tandis que vignobles, marchés fermiers et délices culinaires raviront les gourmands. Seul dilemme : où entamer votre exploration...

PAPOUASIE-NOUVELLE-GUINÉE
ÎLES SALOMON
OCÉAN PACIFIQUE NORD
SAMOA AMÉRICAINES
VANUATU
FIDJI
NOUVELLE-CALÉDONIE
TONGA
ÎLES COOK
NOUVELLE-ZÉLANDE
TASMANIE
OCÉAN PACIFIQUE SUD
1
2
3
4
7
8
10
11
12
13
15
16
17
18
19
20
21

WINEGLASS BAY, TASMANIE, AUSTRALIE

SOMMAIRE

KOALA À CAPE OTWAY, AUSTRALIE

AVENTURE POLYNÉSIENNE AUX ÎLES COOK

SPORT · VIN ET BIÈRE · CUISINE · RESPONSABLE · AVENTURE · CULTURE · SPECTACLES · ARTS · ARCHITECTURE · HISTOIRE · FAMILLE · EN SOLO · COURT SÉJOUR · LONG SÉJOUR · PLAGE · HIVER · FAUNE · BIEN-ÊTRE

Rarotonga – 'Atiu

Ce superbe périple dans le Pacifique Sud est l'occasion de découvrir la culture polynésienne traditionnelle et les paysages tropicaux de trois îles très différentes.

EN BREF

Empreinte carbone (kg/pers) : 111
Distance (km) : 700
Nuits : 5-7
Budget : €€€
Quand partir : avr-nov

❶ Rarotonga

Combinez activités douces et détente sur Rarotonga, la plus peuplée des îles Cook : musique et danse au Highland Paradise Cultural Centre ; planche à voile, paddle et kayak sur les eaux abritées du lagon de Muri ; cuisine de rue et saveurs locales au Punanga Nui Market, l'endroit le plus animé de la ville le samedi matin. Le lendemain, assistez à un service religieux pour découvrir la chaleureuse hospitalité des îliens et entendre certains des plus beaux ensembles musicaux du Pacifique Sud. Pour explorer les petites routes de cette île densément boisée, louez un buggy tout-terrain ou partez en 4x4 dans l'arrière-pays abrupt. Vous reprendrez des forces en dégustant un sandwich garni de thon ou de mahi mahi frais au Mooring Fish Cafe ; le bar du Trader Jacks, au bord de l'eau, est l'un des meilleurs endroits de Polynésie pour savourer une bière ou un cocktail l'après-midi.

✈ De Rarotonga, envolez-vous vers Aitutaki (tlj ; 45 min).

❷ Aitutaki

Survolez les flots céruléens de l'indomptable Pacifique jusqu'à Aitutaki et son lagon de rêve, au nord de Rarotonga. Le sommet du mont Maungapu (124 m), le point le plus élevé de l'île (30 min), offre une vue splendide sur l'atoll en forme de hameçon aux eaux bleu saphir. Le lagon abrité est idéal pour pratiquer

FAUNE MARINE, ÎLES COOK

AITUTAKI

le snorkeling et apprendre à plonger ; les plus expérimentés profiteront de l'excellente visibilité pour explorer de fascinants fonds marins dotés de murs, de tombants et de réseaux de grottes. Il est possible de pêcher le thazard, la carangue à grosse tête et le tarpon, vif comme l'éclair. Sinon, vous pourrez tout simplement admirer la faune marine du lagon turquoise à bord d'un bateau à fond transparent. Des croisières vont à l'îlot d'Akaiami, où les hydravions traversant le Pacifique se ravitaillaient en carburant dans les années 1950.

Ralliez 'Atiu en avion depuis Aitutaki (3/semaine d'avril à novembre ; 45 min).

3 'Atiu

Continuez votre aventure aux îles Cook en faisant escale dans cette île rocheuse et isolée. Compact, 'Atiu est creusée de cavernes calcaires, notamment l'Anatakitaki Cave, seul habitat connu du kopeka (salangane de Cook). Les forêts tropicales de l'île abritent d'autres oiseaux remarquables, tel le kakerori (monarque de Rarotonga), une espèce menacée. Achevez cette journée d'exploration en bavardant avec les habitants dans un *tumunu* (club traditionnel d'amateurs de bière).

Regagnez Rarotonga en avion (5 vols/semaine d'avril à novembre ; 45 min).

ET ENCORE...

Excursion : un jour sur le Cross-Island Track

Le sommet du Te Rua Manga (The Needle ; 413 m), sur Rarotonga, est le point d'orgue de cette piste (3-4 heures). Certains tronçons sont escarpés et le sentier rocheux serpente entre des racines d'arbre. Sur la côte sud, rafraîchissez-vous à la Wigmore's Waterfall.

Un bus local mène au point de départ, au parking de l'Avatiu Stream, côte nord de Rarotonga.

Excursion : un jour avec les Storytellers Eco Cycle Tours

Ces circuits guidés à vélo ou à pied au gré des petites routes et sentiers de Rarotonga donnent un aperçu de l'histoire, de l'environnement et de la culture insulaires, comme le programme de conservation des baleines de Rarotonga et l'Ata Metua, une piste polynésienne qui reliait jadis les villages entre eux.

Storytellers offrira un service de transport depuis votre hébergement.

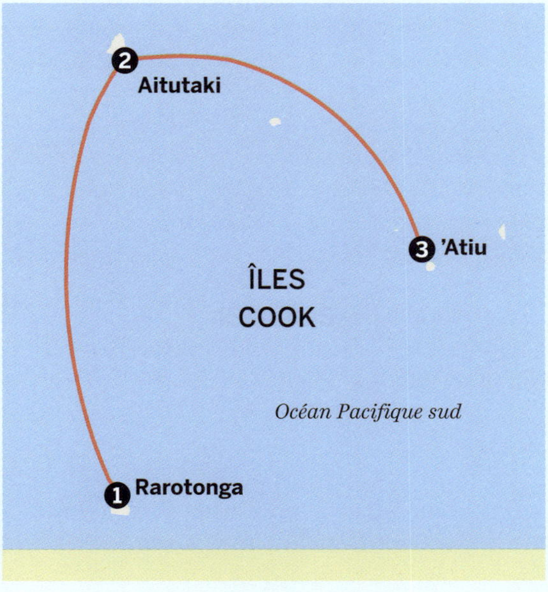

DÉCOUVERTE DE LA CÔTE EST AUSTRALIENNE

SPORT
VIN ET BIÈRE
CUISINE
RESPONSABLE
AVENTURE
CULTURE
SPECTACLES
ARTS
ARCHITECTURE
HISTOIRE
FAMILLE
EN SOLO
COURT SÉJOUR
LONG SÉJOUR
PLAGE
HIVER
FAUNE
BIEN-ÊTRE

Sydney – Wilsons Promontory National Park

Longez la côte est de l'Australie, de Sydney à Melbourne, au gré d'un superbe périple mêlant histoire, faune, cuisine et vins.

EN BREF

Empreinte carbone (kg/pers) : 153
Distance (km) : 1 237
Nuits : 7-10
Budget : €€€
Quand partir : sept-nov

❶ Sydney

Entamez votre périple côtier à Sydney, une ville portuaire unique au monde. Direction le célèbre Harbour Bridge pour une vue splendide sur l'Opéra. De Circular Quay, gagnez Manly en ferry. Prenez un verre ou dînez dans le quartier verdoyant de Surry Hills, les rues bohèmes de Newtown, ou encore à la célèbre plage de Bondi.

PORT DE SYDNEY

Ponctué de food trucks, le circuit des brasseries artisanales de Marrickville constitue une promenade agréable le week-end. Parcourez le superbe sentier du littoral qui relie Bronte à Coogee par les falaises (6 km) avant de déguster une bière bien méritée.

Parcourez 220 km vers le sud au fil des beaux paysages côtiers du Royal National Park, dont le spectaculaire Sea Cliff Bridge.

❷ Mollymook

Les gourmets affluent à Mollymook en quête de plats de poisson et de fruits de mer. Jouissant d'une superve vue, Rick Stein at Bannisters met à l'honneur les coquilles Saint-Jacques et le vivaneau issus de la pêche locale, et, à quelques kilomètres, l'Ulladulla Oyster Bar sert des huîtres toutes fraîches à accompagner d'une bière. Pour goûter d'excellents vins locaux, rendez-vous au Cupitt's Estate, dont les cépages sauvignon blanc et sémillon donnent d'excellents vins.

Continuez à longer la côte pendant 250 km en passant par Bermagui et Tathra.

❸ Eden

De la fin du XVIIIe siècle à 1930, les baleines furent chassées dans la Twofold Bay. Désormais protégées, elles fréquentent ces eaux abritées de septembre

BONDI BEACH, SYDNEY

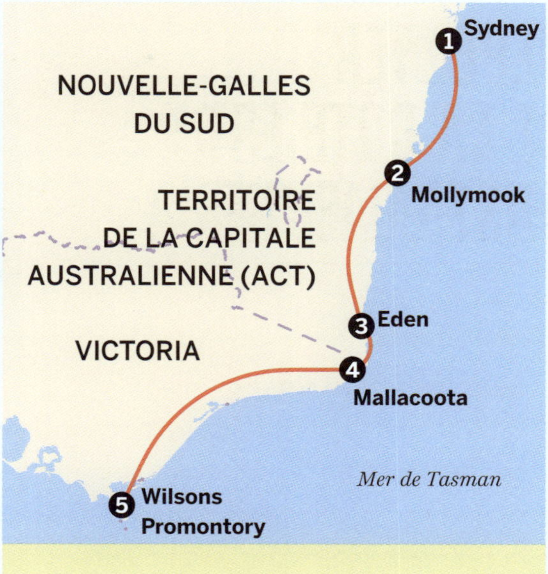

à novembre. Participez à l'Eden Whale Festival, fin octobre, ou observez la migration des baleines à bosse et des baleines franches australes lors d'une croisière.
Quittez la Nouvelle-Galles du Sud pour le Victoria (85 km).

❹ Mallacoota

À la pointe est du Victoria, cette ville, bordée de plages de surf, est proche des dunes du Croajingolong National Park. Ralliez Gabo Island pour voir des otaries, des baleines et des dauphins, et passez la nuit (si possible) dans la maison du gardien du phare. Le Mallacoota Bunker Museum évoque de manière captivante le rôle de ce centre de communications de haute sécurité durant la Seconde Guerre mondiale.
Longez la côte du Victoria vers l'ouest (472 km).

❺ Wilsons Promontory

Le "Prom" est l'un des parcs nationaux les plus appréciés d'Australie. Explorez son réseau de plus de 80 km de sentiers, découvrez ses côtes au gré d'un circuit guidé en canoë ou en paddle, ou même d'une descente en rappel tout en admirant sa faune, notamment des kangourous et des wombats.
Achevez votre périple en parcourant 210 km vers le nord-ouest pour gagner Melbourne.

ET ENCORE...

Excursion : un jour à Jervis Bay

La ville d'Huskisson est la plus urbanisée de la vaste Jervis Bay. Flânez sur les plages au sud d'"Husky", dont le sable serait le plus blanc du monde, ou joignez-vous à un circuit en kayak ou en paddle. Baleines et dauphins fréquentent la baie de septembre à novembre, et le Booderee National Park, sur une péninsule, promet de superbes randonnées dans le bush.
Huskisson, située entre Sydney et Mollymook, est à 24 km de Nowra.

Excursion : un jour au Ben Boyd National Park

Dans ce parc national, au sud d'Eden, explorez d'anciens bâtiments comme le phare de Green Cape et la Boyd's Tower, un ancien poste d'observation des baleines. Sachez qu'ils sont reliés par un sentier long de 30 km, la Light to Light Walk, entre plages frangées de forêts et rivages rocheux ocre rouge.
Le Ben Boyd National Park se trouve à 33 km d'Eden.

EXPLORER LE HIGH COUNTRY DANS LE VICTORIA

BIEN-ÊTRE · SPORT · VIN ET BIÈRE · CUISINE · RESPONSABLE · AVENTURE · CULTURE · SPECTACLES · ARTS · ARCHITECTURE · HISTOIRE · FAMILLE · EN SOLO · COURT SÉJOUR · LONG SÉJOUR · PLAGE · HIVER · FAUNE

Beechworth – Omeo

Explorez cette étonnante région subalpine de l'Australie au gré d'un road trip mêlant sites chargés d'histoire, balades à vélo et traditions culinaires et viticoles.

EN BREF

Empreinte carbone (kg/pers) : 35
Distance (km) : 279
Nuits : 5-7
Budget : €€€
Quand partir : oct-avr

❶ Beechworth

Beechworth se distingue par un joli centre ancien classé par le National Trust ; cette ville de la ruée vers l'or est également liée au célèbre hors-la-loi Ned Kelly. Participez à un circuit guidé parmi les édifices en granit couleur ocre pour tout savoir des aventures du rebelle australien dans le nord-est du Victoria, et visitez une prison historique, Beechworth Gaol. Le Burke Museum (1857), l'un des plus vieux musées du pays, retrace l'histoire de la région. Parmi les nombreux bars et restaurants, citons le Provenance, une table raffinée d'inspiration japonaise, et le Bridge Road Brewers, servant de bonnes bières artisanales. À environ 20 km au nord, le Yeddonba Aboriginal Cultural Site conserve des peintures rupestres aborigènes.

Parcourez 74 km vers le sud-ouest jusqu'à Whitfield, au cœur de la King Valley.

❷ King Valley

Colonisée par des cultivateurs de tabac italiens, la King Valley est désormais une region viticole en plein essor. Goûtez le prosecco Dal Zotto ou des vins de cépages siciliens moins connus comme le grecanico et le nero d'avola de Politini. Passez la nuit au douillet Mountain View Hotel, à Whitfield, après y avoir savouré des plats d'inspiration italienne et des bières artisanales locales du King River Brewing. Pizzini Wines propose des cours de cuisine italienne très appréciés.

Parcourez 95 km vers l'est pour rallier Bright.

BRIDGE ROAD BREWERS, BEECHWORTH

COULEURS AUTOMNALES, VILLE DE BRIGHT

❸ Bright

Située sur la piste Murray-to-Mountains Rail Trail, la petite Bright possède des rues bordées d'arbres et de cafés cosmopolites et une brasserie populaire, la Bright Brewery. C'est une destination prisée des Melbourniens le week-end. Louez des vélos (classiques ou électriques) et parcourez le joli tronçon de 6 km au bord du fleuve jusqu'à Porepunkah ; les familles apprécieront les cafés et l'aire de jeux en chemin. Au printemps et en été, les plus aventureux peuvent pratiquer des activités comme la descente en rappel, le kayak, et explorer une rivière souterraine. Les après-midi de week-end, ne manquez pas d'aller à Wandiligong pour écouter de la musique live au Wandi Pub.

La Great Alpine Road serpente vers le sud-est au milieu de superbes paysages jusqu'à Omeo (110 km).

❹ Omeo

Envisagez de faire étape à Mt Hotham ou à Dinner Plain pour une balade à VTT avant de rallier la petite bourgade historique d'Omeo. Située à la lisière des Snowy Mountains, elle constitue un bon point d'accès au Snowy River National Park, l'un des derniers habitats naturels du rare wallaby des rochers à queue en pinceau.

Dirigez-vous vers l'ouest pour gagner Melbourne (430 km) et son aéroport international.

ET ENCORE...

Excursion : un jour à Yackandandah

La ravissante Yackandandah consiste en une rue bordée de bâtiments du XIXe siècle bien conservés. Une visite guidée de l'ancienne mine d'or (1857) est proposée le week-end, et l'office du tourisme fournit la carte d'une randonnée locale, la YackandandahGorge Scenic Walk. Régalez-vous ensuite d'une délicieuse tourte chez Gum Tree Pies.

Yackandandah est située à 22 km à l'est de Beechworth.

Excursion : un jour à Mt Buffalo

Dominant les localités de Bright et de Porepunkah, le Mt Buffalo National Park est une destination de sports d'hiver sans prétention. En automne et au printemps, la route d'accès est fréquentée par les cyclistes. Rochers de granit, cascades, flore et faune sauvages y abondent. Un terrain idéal pour la randonnée et le VTT.

Le sommet de Mt Buffalo est à une heure de route.

BOUCLE ALPINE SUR L'ÎLE DU SUD

SPORT · VIN ET BIÈRE · CUISINE · RESPONSABLE · AVENTURE · CULTURE · SPECTACLES · ARTS · ARCHITECTURE · HISTOIRE · FAMILLE · EN SOLO · COURT SÉJOUR · LONG SÉJOUR · PLAGE · HIVER · FAUNE · BIEN-ÊTRE

Christchurch – Lake Tekapo

Profitez de l'un des plus beaux voyages en train au monde avant de sillonner le merveilleux massif alpin de l'île du Sud, en Nouvelle-Zélande.

EN BREF

Empreinte carbone (kg/pers) : 211
Distance (km) : 1 340
Nuits : 8-12
Budget : €€€
Quand partir : oct-avr

❶ Christchurch

Après un séisme en 2011, la plus grande ville de l'île du Sud a fait l'objet d'une réhabilitation urbaine, et des immeubles modernes côtoient d'élégants édifices du XIXe siècle. La Christchurch Art Gallery abrite des œuvres d'art néo-zélandaises tandis que le street art a envahi les rues du SALT District. Baladez-vous en barque ou en kayak sur l'Avon dans le verdoyant Hagley Park, et découvrez la diversité croissante de la ville en savourant les cuisines du monde au Riverside Market, ou en vous baladant au Riccarton Farmers Market le samedi matin.

Le train panoramique TranzAlpine rallie Greymouth (tlj ; 5 heures) au fil de vallées fluviales et de cols de montagne. Puis, louez une voiture et parcourez 175 km jusqu'au Franz Josef Glacier.

❷ Glaciers Franz Josef et Fox

Situés à seulement 26 km l'un de l'autre, ces deux glaciers semblent dévaler les montagnes jusqu'à la côte ouest. Admirez de plus près ces merveilles aux reflets bleus entourées de forêts au gré de courtes balades, partez en héli-rando sur les hauteurs ou survolez les glaciers pour une vue exceptionnelle.

L'itinéraire qui mène à Queenstown (350 km), au sud, abonde en superbes panoramas.

❸ Queenstown

La petite ville de montagne préférée des Néo-Zélandais associe activités d'aventure, paysages grandioses, et bars et restaurants cosmopolites. Faites un saut à l'élastique au-dessus d'une rivière, parcourez les vignobles de la Gibbston Valley ou prenez le Skyline Gondola pour une

SKYLINE GONDOLA, QUEENSTOWN

LUPINS AU LAC TEKAPO

vue superbe sur le lac Wakatipu et les Alpes du Sud. Le lac se prête aux sorties en jet-boat ou à bord d'un vénérable navire à vapeur, le TSS *Earnslaw*.
Continuez sur 260 km jusqu'à l'Aoraki/Mt Cook.

❹ Aoraki/Mt Cook
À l'ombre de la plus haute montagne de Nouvelle-Zélande, l'Aoraki ou mont Cook (3 724 m), vous pouvez randonner dans de beaux paysages émaillés de vallées alpines et de lacs glaciaires. Fendez les eaux du lac Tasman en kayak ou en bateau pneumatique au pied du glacier éponyme, et atterrissez en hélicoptère sur le vaste manteau de glace qui recouvre les massifs.
Longez la rive ouest du lac Pukaki jusqu'au lac Tekapo (100 km).

❺ Lake Tekapo
Au cœur du Mackenzie Country, le lac Tekapo est idéal pour observer la voûte céleste de l'hémisphère sud, car le mont John voisin se situe dans une réserve internationale de ciel étoilé. Relaxez-vous ensuite aux sources thermales de Tekapo en admirant les eaux turquoise du lac et les monts alentour ; la Church of the Good Shepherd offre une vue divine sur le lac.
Achevez votre circuit des Alpes du Sud en regagnant Christchurch (225 km).

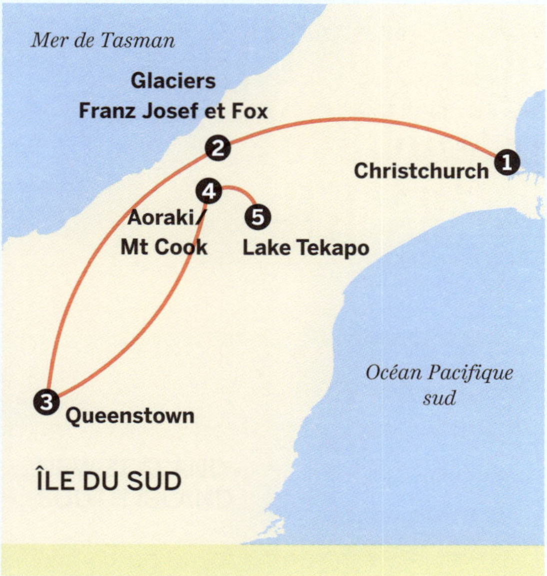

ET ENCORE...

Plus loin : Punakaiki
Direction le Nord et les spectaculaires Pancake Rocks à Punakaiki. Usées par un processus d'érosion particulier, ces formations rocheuses calcaires ont pris la forme de piles de crêpes géantes. Le site est surtout spectaculaire à marée haute, quand la mer de Tasman s'engouffre dans lescavernesrocheuses et que l'eau salée jaillit d'orifices creusés dans la roche tels des geysers.
Punakaiki est situé à 46 km au nord de Greymouth.

Détour : Arrowtown
Fondée dans les années 1860 après la découverte d'or, cette bourgade compte plus de 60 édifices bien conservés dans sa rue principale. Découvrez son histoire au musée local et le village des mineurs chinois avant de parcourir à vélo (location possible) la jolie Arrow Bridges River Ride (12 km). Achevez la journée en dégustant une bière artisanale à la Lake & Wood Brew Co.
Arrowtown se trouve à 20 km seulement de Queenstown.

INCURSION DANS LE SUD-OUEST AUSTRALIEN

SPORT · VIN ET BIÈRE · CUISINE · RESPONSABLE · AVENTURE · CULTURE · SPECTACLES · ARTS · ARCHITECTURE · HISTOIRE · FAMILLE · EN SOLO · COURT SÉJOUR · LONG SÉJOUR · PLAGE · HIVER · FAUNE · BIEN-ÊTRE

Perth – Esperance

Après l'animation de Perth, parcourez l'une des côtes les moins connues du pays entre sites historiques, parcs nationaux splendides, et cuisine et vins de haute volée.

EN BREF

Empreinte carbone (kg/pers) : 140
Distance (km) : 1 125
Nuits : 7-10
Budget : €€€
Quand partir : sept-mars

❶ Perth

Baignée par l'océan Indien et la Swan River, la capitale d'État la plus isolée d'Australie se distingue par son animation et son dynamisme. Photographiez la ville depuis le vaste Kings Park, puis visitez le Western Australian Museum, à Northbridge, rénové récemment. Non loin, l'Art Gallery of Western Australia possède une belle collection d'art aborigène. Leederville et Mount Lawley abondent en cafés, bars et restaurants, et les quartiers de Cottesloe ou Scarborough, en bord de mer, sont idéals pour prendre un verre au coucher du soleil.

Parcourez 270 km jusqu'à Margaret River.

❷ Margaret River

La région viticole de Margaret River est l'une des plus réputées du pays, notamment pour ses chardonnays et ses crus rouges dans le style des vins de Bordeaux. C'est aussi l'une des régions côtières les plus spectaculaires d'Australie-Occidentale. Effectuez tout ou partie de la Cape to Cape Walk, un sentier au sommet de falaises (140 km au total ; 5-6 jours). De septembre à décembre, le littoral se prête au surf et aux croisières d'observation des baleines. Les domaines viticoles recèlent des restaurants, des bistrots informels aux tables raffinées.

Longez la côte jusqu'à Albany (375 km) ; en chemin, admirez les eucalyptus géants près de Walpole et les impressionnantes piscines naturelles d'Elephant Rocks près de Denmark.

KANGOUROU À LUCKY BAY, ESPERANCE

VIGNOBLE À MARGARET RIVER

❸ Albany

Albany est l'une des plus anciennes villes d'Australie-Occidentale, et le quartier historique bordant Stirling Terrace arbore un patrimoine exceptionnel. Visitez le National Anzac Centre, un musée à la mémoire des soldats australiens et néo-zélandais qui embarquèrent à Albany pour rejoindre le front lors de la Première Guerre mondiale. Les paysages côtiers de la région, grandioses, s'apprécient depuis le spectaculaire Natural Bridge, au Torndirrup National Park.

Longez la côte vers l'est jusqu'à Esperance (480 km).

❹ Esperance

Ce périple de plus de 1000 km s'achève à Esperance. Baignée par des eaux turquoise, cette ville décontractée permet d'explorer certains des plus beaux parcs nationaux d'Australie-Occidentale. La boucle de Great Ocean Drive (40 km), à l'ouest de la ville, donne un avant-goût de la splendeur naturelle des paysages en direction de l'est. Là, on accède aux plages de Lucky Bay, entre sable blanc et eaux cristallines, où s'ébattent parfois des kangourous. Frenchman Peak offre la plus belle vue sur le littoral ; on y arrive par un sentier escarpé en boucle (3 km ; 2 heures) au sein du Cape Le Grand National Park.

Regagnez Perth en avion (3/jour ; 90 min).

ET ENCORE...

Plus loin : Cape Leeuwin

C'est à Cape Leeuwin – le point le plus méridional d'Australie –, sauvage et balayé par le vent, que se mêlent les flots des océans Indien et Austral. Ne partez pas sans effectuer une visite guidée du plus haut phare d'Australie-Occidentale, qui offre un panorama superbe sur l'âpre relief côtier.

De Margaret River, une belle route mène à Cape Leeuwin en passant par Hamelin Bay (60 km).

Détour : Fremantle

Baladez-vous dans les rues victoriennes de "Freo", avec ses cafés, ses bars et ses boutiques de design, puis visitez les galeries maritimes du Western Australian Museum. Si vous avez le temps, prenez un ferry pour Rottnest Island, une île aux belles plages de sable. Vous pourrez y faire du vélo et voir des quokkas, de petits marsupiaux très prisés des amateurs de selfies.

Des trains relient Perth à Fremantle (fréquents ; 45 min).

EXPLORER LA PÉNINSULE D'EYRE, EN AUSTRALIE

SPORT · VIN ET BIÈRE · CUISINE · RESPONSABLE · AVENTURE · CULTURE · SPECTACLES · ARTS · ARCHITECTURE · HISTOIRE · FAMILLE · EN SOLO · COURT SÉJOUR · LONG SÉJOUR · PLAGE · HIVER · FAUNE · BIEN-ÊTRE

Port Lincoln – Streaky Bay

Sous le ciel infini de l'Australie-Méridionale, le vaste triangle de la péninsule d'Eyre a plusieurs atouts : parcs nationaux, requins et festins de poisson et fruits de mer.

EN BREF

Empreinte carbone (kg/pers) : 78
Distance (km) : 627
Nuits : 5-7
Budget : €€
Quand partir : mai-oct

❶ Port Lincoln

Située à 50 minutes en avion d'Adélaïde, Port Lincoln, la principale ville de la vaste péninsule d'Eyre, s'étend face à Boston Bay. La "capitale mondiale du thon" ne manque pas d'attraits. Florissante grâce à la pêche, elle compte d'excellents hébergements et restaurants, des pubs animés et un front de mer très dynamique. Les excursions pour nager avec des lions de mer et des requins sont très populaires. Juste au sud de la ville, le Lincoln National Park déploie ses plages solitaires. L'Axel Stenross Maritime Museum, en bordure de la baie, vaut le visite les jours de pluie.

Roulez vers l'ouest jusqu'à Coffin Bay (47 km).

❷ Coffin Bay

Dégustez des huîtres à Coffin Bay, baptisée ainsi en 1802 par l'explorateur britannique Matthew Flinders du nom de son ami sir Isaac Coffin. Visitez une ferme ostréicole ou commandez une douzaine de ces bivalves au bar à huîtres local, idéalement accompagnées d'une Long Beach Lager bien fraîche, brassée à Port Lincoln. Non loin, les dunes du Coffin Bay National Park sont peuplées de kangourous, d'émeus, de balbuzards et de gros varans à observer lors d'une randonnée à pied ou d'une sortie en kayak de mer.

Parcourez 32 km vers le nord jusqu'à Coulta, puis 12 km vers l'ouest sur une piste jusqu'à Greenly Beach.

HUÎTRES DE COFFIN BAY

PISCINE NATURELLE À GREENLY BEACH

❸ Greenly Beach

Au nord de Coffin Bay, Greenly Beach est une excellente plage de surf abritant une magnifique piscine naturelle aux eaux turquoise à son extrémité nord. Si vous préférez explorer les environs, gravissez le mont Greenly (305 m), une randonnée courte et très escarpée.

Parcourez 241 km vers le nord-ouest pour gagner Streaky Bay.

❹ Streaky Bay

La route émaillée de bourgades de pêcheurs assoupies mène à la petite ville de Streaky Bay. À quelques kilomètres au sud se dressent les Murphy's Haystacks, un groupe d'inselbergs – des affleurements de granit coloré et sculpté par les intempéries, vieux de 1500 millions d'années. Tout aussi impressionnant, le grand requin blanc long de 5 m exposé dans la station-service de Streaky Bay est une réplique du monstre pêché ici en 1990. Reprenez vos esprits sur la terrasse du pub ou faites une boucle de 38 km jusqu'à Cape Bauer. Le parcours est ponctué de plages sauvages, de récifs, de geysers maritimes et de falaises de calcaire, au son incessant des vagues – une plongée vivifiante dans la nature avant de regagner Port Lincoln.

Parcourez 295 km jusqu'à Port Lincoln et reprenez l'avion pour Adélaïde.

ET ENCORE...

Plus loin : Port Augusta

À Port Augusta, sur la côte est de la péninsule d'Eyre, des routes filent vers l'ouest jusqu'en Australie-Occidentale, vers le nord jusqu'à Darwin, vers le sud jusqu'à Adélaïde et vers l'est jusqu'à Sydney. Visitez l'excellent Australian Arid Lands Botanic Garden et arpentez la vieille ville et le front de mer, où les enfants sautent dans le golfe de Spencer depuis les jetées.

Port Augusta est à 345 km de Port Lincoln, et à 304 km d'Adélaïde.

Détour : Head of Bight

De Streaky Bay, roulez vers l'ouest jusqu'à la bourgade ostréicole de Ceduna, puis continuez jusqu'au Head of Bight.
Là, des plateformes d'observation au sommet des falaises surplombent un important site de reproduction des baleines franches australes, qui migrent chaque année de l'Antarctique entre mai et octobre.

Ceduna se trouve à 111 km de Streaky Bay ; continuez vers l'ouest pour rallier le Head of Bight (285 km).

CÔTE EST DE LA TASMANIE : D'UNE VILLE À L'AUTRE

SPORT · VIN ET BIÈRE · CUISINE · RESPONSABLE · AVENTURE · CULTURE · SPECTACLES · ARTS · ARCHITECTURE · HISTOIRE · FAMILLE · EN SOLO · COURT SÉJOUR · LONG SÉJOUR · PLAGE · HIVER · FAUNE · BIEN-ÊTRE

Launceston – Bruny Island

Découvrez les plaisirs de la vie urbaine à Hobart et Launceston au gré d'un road trip sur la côte est, avec randonnées dans le bush et baignades au Freycinet National Park.

EN BREF

Empreinte carbone (kg/pers) : 54
Distance (km) : 434
Nuits : 7
Budget : €€
Quand partir : nov-mars

❶ Launceston

Démarrez votre périple tasmanien à Launceston, une petite ville vallonnée peu connue qui abrite des édifices anciens bien conservés et de délicieux restaurants. Les falaises abruptes de la Cataract Gorge et la route des vins de la Tamar Valley sont toutes proches, pour combiner randonnées dans le bush et tournée des vignobles.

Parcourez 175 km vers le sud jusqu'au Freycinet National Park via Campbell Town et Coles Bay.

❷ Freycinet National Park

La côte ouest de la Tasmanie reçoit la majeure partie des précipitations ; quand les nuages atteignent le Freycinet National Park, sur la côte est, ils ne sont plus porteurs de pluie. Profitez du temps ensoleillé pour gravir les pentes escarpées des monts Hazards, tout de granit rose, et vous extasier sur les eaux cristallines ourlées de sable blanc de la célèbre Wineglass Bay en contrebas. Descendez ensuite jusqu'à la plage (déserte le matin) pour une baignade rafraîchissante dans l'océan. Les restaurants de Coles Bay vous permettront de reprendre des forces, à moins que vous ne préfériez les produits de la mer ultra-frais de la Freycinet Marine Farm.

Continuez vers le sud jusqu'à Hobart (193 km).

❸ Hobart

Fondée en 1804, Hobart, la plus ancienne ville d'Australie après Sydney, a du caractère. Elle s'étend

HOBART DEPUIS KUNANYI/MT WELLINGTON

BRUNY ISLAND

des majestueux contreforts du kunanyi/Mt Wellington aux eaux gris ardoise de la Derwent River. Passez une journée à explorer le vieux village de Battery Point, à boire une bière à la Cascade Brewery (la plus ancienne brasserie du pays), à profiter des bars et restaurants du front de mer et à remonter le fleuve jusqu'au spectaculaire MONA. Avec ses expositions divertissantes et anticonformistes, ses marchés et ses festivals, ce musée est au cœur de la vie culturelle d'Hobart depuis plus de dix ans. Autre must : la descente à VTT depuis le sommet du Mt Wellington (1 271 m) jusqu'au front de mer.

Parcourez 33 km jusqu'à Kettering et traversez le D'Entrecasteaux Channel en ferry (15 min).

4 Bruny Island

Cette île au large de la Tasmanie vaut largement le détour, tant pour sa beauté naturelle que pour sa scène culinaire. Guettez manchots et otaries lors d'une sympathique croisière, randonnez dans le bush au South Bruny National Park ou faites du surf dans les eaux glaciales de Cloudy Bay, puis savourez les meilleurs produits de Tasmanie : fromages, huîtres, fruits rouges, whisky, miel, bières artisanales et vins issus du vignoble le plus méridional d'Australie.

Regagnez Hobart et son aéroport.

ET ENCORE...

Plus loin : Derby

Après la fermeture des mines d'étain de Derby, jadis les plus riches du monde, la localité s'était vidée de ses résidents, mais, vers 2015, l'essor du VTT dans les collines alentour lui a donné un nouveau souffle. Le réseau "Blue Derby" comprend 125 km de pistes de classe mondiale pour tous niveaux. Sachez que restaurants et hébergements sont pris d'assaut lors des compétitions.

Derby est située à 95 km au nord-est de Launceston.

Détour : Port Arthur Historic Site

La fascinante péninsule de Tasman abrite le premier site touristique de l'île : un ancien bagne. Ses édifices d'époque portent encore l'empreinte des tragédies humaines qui s'y jouèrent. Entre 1830 et 1877, quelque 12 500 convicts furent emprisonnés dans des conditions effroyables ; d'émouvantes visites font découvrir l'histoire du pénitencier.

Port Arthur se trouve à 100 km au sud-est d'Hobart.

L'OUTBACK AUSTRALIEN AU FIL DU BIRDSVILLE TRACK

Brisbane – Adélaïde

Ralliez Adélaïde depuis Brisbane au gré d'un exaltant itinéraire en 4x4 sur le Birdsville Track et de petites routes isolées, entre hameaux et pubs de l'outback.

EN BREF

Empreinte carbone (kg/pers) : 388
Distance (km) : 3 119
Nuits : 10-14
Budget : €€€
Quand partir : mai-sept

❶ Brisbane

Le Birdsville Track, l'une des pistes les plus spectaculaires du pays, retrace l'histoire des pionniers australiens. Vous y accéderez depuis Brisbane ; profitez de cette ville dynamique et fêtarde, puis faites le plein et lancez-vous dans le bush avec votre 4x4.

Roulez jusqu'à St George (513 km) via Toowoomba.

❷ St George

Dans les terres, le paysage devient désertique et les hameaux, plus dispersés, sont balayés par les vents. Si Toowoomba a des airs de métropole et Goondiwindi, un peu plus loin, de carrefour animé, St George n'est qu'un simple point sur la carte ; c'est toutefois un bon endroit où faire étape et passer la nuit.

Continuez jusqu'à Cunnamulla (285 km).

STREETS BEACH, SOUTH BANK PARKLANDS, BRISBANE

❸ Cunnamulla

La piste file tout droit au milieu d'un paysage de broussailles fauve jusqu'à Cunnamulla, une accueillante bourgade de 1 200 âmes ; dotée de pubs et d'une piscine publique. À voir : de beaux couchers de soleil sur la Warrego River.

Roulez pendant 683 km jusqu'à Windorah.

❹ Windorah

Une autre journée de route dans le désert vous conduit à Windorah, votre prochaine étape pour la nuit. C'est non loin de là que les explorateurs Burke et Wills trouvèrent la mort, affamés et épuisés, lors de leur voyage de retour après avoir traversé l'Australie du sud au nord.

Parcourez 532 km vers l'ouest jusqu'à Birdsville.

❺ Birdsville

Le point de départ du Birdsville Track a un parfum de légende, grâce à ses dunes rouges et à une course hippique, la Birdsville Cup. Déjeunez d'un steak arrosé d'une *stubby* (petite bouteille de bière) au Birdsville Hotel,

DUNES DANS L'OUTBACK

avant de vérifier vos provisions d'eau et de carburant et d'explorer la partie la plus reculée du Queensland.
Parcourez 315 km vers le sud jusqu'à Mungerannie.

6 Mungerannie Hotel

Il n'y a rien à Mungerannie hormis un hôtel, où vous trouverez carburant, provisions et hébergement.
Roulez vers le sud pendant 202 km jusqu'à Marree.

7 Marree

Le Birdsville Track déroule son ruban poussiéreux et désolé jusqu'à Marree et son inévitable pub de bush ; on aperçoit non loin la silhouette d'un chasseur aborigène longue de 4 km, tracée dans le désert. Bifurquez ensuite sur l'Oodnadatta Track, moins cahoteux ; vous croiserez des stations de télégraphe en ruine, des sources thermales et plusieurs campings nichés dans de superbes paysages.
Parcourez 589 km vers le sud jusqu'à Adélaïde.

8 Adélaïde

Après le calme de l'outback, Adélaïde vous enveloppe de sa chaleureuse ambiance animée. Mangez et dormez à loisir, puis visitez la Barossa Valley ou détendez-vous sur la plage.
Rejoignez l'aéroport d'Adélaïde.

ET ENCORE...

Plus loin : Barossa Valley

Située à une heure de route au nord d'Adélaïde, la Barossa Valley est sans doute la région viticole la plus épicurienne du pays. Outre les visites guidées de caves et les dégustations de crus, on y trouve d'élégants B&B, des restaurants pour gourmets et des marchés fermiers. Séjournez à Angaston et faites tranquillement la tournée des vignobles à vélo.
Angaston est située à 89 km au nord-est d'Adélaïde.

Détour : Kangaroo Island

Si vous êtes las des paysages déserts, cap sur Kangaroo Island et sa faune abondante. Ses eaux sont peuplées d'otaries, de dauphins et de manchots sous des nuées d'oiseaux de mer, tandis que kangourous, koalas, échidnés, opossums et autres créatures s'ébattent dans les terres. Prenez le ferry à Cape Jervis et campez sur l'île – une solution économique.
D'Adélaïde, roulez jusqu'à Cape Jervis (200 km) et prenez un ferry (45 min).

L'AUSTRALIE ABORIGÈNE SUR LA PÉNINSULE DE DAMPIER

SPORT · VIN ET BIÈRE · CUISINE · RESPONSABLE · AVENTURE · CULTURE · SPECTACLES · ARTS · ARCHITECTURE · HISTOIRE · FAMILLE · EN SOLO · COURT SÉJOUR · LONG SÉJOUR · PLAGE · HIVER · FAUNE · BIEN-ÊTRE

Broome – Cygnet Bay Pearl Farm
De Broome, traversez la péninsule de Dampier en direction du nord jusqu'à Cape Leveque, en découvrant en chemin de fascinantes communautés aborigènes.

EN BREF
Empreinte carbone (kg/pers) : 58
Distance (km) : 469
Nuits : 4-5
Budget : €€€
Quand partir : mai-août

❶ Broome

À Broome, plongez dans les eaux turquoise de Cable Beach, le site le plus connu de la région ; repérez des empreintes de dinosaures au pied des falaises de pindan (terre) rouge, et découvrez l'histoire perlière de la ville lors d'un circuit à pied. Puis, immergez-vous dans la culture aborigène des communautés de la péninsule de Dampier au fil de la Cape Leveque Road.
Beagle Bay est à 147 km au nord de Broome. Allez-y en voiture ou joignez-vous à un circuit de plusieurs jours organisé par un tour-opérateur local. Ces circuits font étape dans une ou deux des communautés aborigènes mentionnées plus loin. Un 4x4 est nécessaire, car les routes d'accès à ces communautés ne sont pas goudronnées.

❷ Beagle Bay

La communauté de Beagle Bay se targue d'une belle église édifiée par deux pères pallotins allemands entre 1915 et 1918. Confinés à Beagle Bay pendant la Première Guerre mondiale, les religieux s'occupèrent en construisant ce bâtiment insolite, utilisant de la nacre ainsi que des cauris et des troques pour embellir la nef, l'autel et le chemin de croix.
Lombadina est située à 82 km au nord-ouest de Beagle Bay.

❸ Lombadina

Lombadina possède une jolie église et un petit centre d'art et d'artisanat. Des guides aborigènes proposent

ÉGLISE DE BEAGLE BAY

FALAISES DE KOOLJAMAN, CAPE LEVEQUE

divers circuits : ramassage des crabes de boue, observation des baleines, kayak, excursions en 4x4 et découverte d'empreintes de dinosaures vieilles de 20 000 ans (réservations sur le site Web de Lombadina).
Roulez vers le nord jusqu'à Cape Leveque (17 km).

❹ Cape Leveque

À l'extrémité de la péninsule de Dampier, Cape Leveque et ses falaises rouges constituent l'un des fleurons de cette région d'Australie. Plages désertes, faune aviaire et circuits nature d'exception en compagnie de guides bardi jawi sont incontournables. Dormez dans un camp en pleine nature alimenté à l'énergie solaire et géré par Kooljaman, une entreprise aborigène.
La ferme perlière est à 15 km de Cape Leveque.

❺ Cygnet Bay Pearl Farm

La plus vieille ferme perlière du pays fait face à l'archipel des Boucaniers (plus de 800 îles). Débutez par une visite guidée pour tout savoir des huîtres et de la culture des perles, suivie d'une sortie en bateau pour observer des dauphins à aileron retroussé, des dugongs et des tortues. Plantez votre tente au camping du site ou blottissez-vous dans une luxueuse cabane ou tente de safari.
Rebroussez chemin jusqu'à Cape Leveque, puis retournez à Broome (208 km).

ET ENCORE...

Plus loin : Whale Song Cafe

Sortez réellement des sentiers battus en vous rendant à Munget, face à l'époustouflante Pender Bay. Le Whale Song Cafe, une cantine respectueuse de l'environnement, constitue le cœur de la communauté ; on y sert un délicieux café et de bons en-cas. Il est possible de passer la nuit dans son camping au sommet des falaises.
Le café se trouve à 30 km au nord-ouest de Beagle Bay.

Détour : Middle Lagoon

Les plages désertes et isolées de Middle Lagoon sont idéales pour se baigner, faire du snorkeling, pêcher et paresser avec un bon livre. Munissez-vous de jumelles pour repérer des oiseaux, des tortues, des dugongs et des baleines de passage.
Middle Lagoon est située à 30 km au nord-ouest de la Cape Leveque Rd (mais le trajet peut prendre plusieurs heures, en fonction de l'état de la route).

LE NORD-OUEST DE LA TASMANIE

SPORT · VIN ET BIÈRE · CUISINE · RESPONSABLE · AVENTURE · CULTURE · SPECTACLES · ARTS · ARCHITECTURE · HISTOIRE · FAMILLE · EN SOLO · COURT SÉJOUR · LONG SÉJOUR · PLAGE · HIVER · FAUNE · BIEN-ÊTRE

Devonport – Lake St Clair

Cradle Mountain attire les voyageurs, mais le nord-ouest de la Tasmanie recèle aussi des villes décalées, de jolies bourgades, une faune endémique et de beaux sites isolés.

EN BREF

Empreinte carbone (kg/pers) : 86
Distance (km) : 693
Nuits : 7
Budget : €€
Quand partir : déc-avr

❶ Devonport

Des ferries naviguent de nuit entre Melbourne, sur le continent australien, et Devonport ; vous pourrez ainsi débarquer à l'aube avec votre véhicule pour entamer votre road trip. Rejoignez d'abord le phare rouge et blanc à Mersey Bluff, puis découvrez l'héritage marin de la ville au Bass Strait Maritime Centre.

Longez la côte pendant 50 km en jetant un coup d'œil au manchot géant érigé à Penguin.

❷ Burnie

La ville industrielle de Burnie se réinvente activement en tant que centre créatif. Le Burnie Regional Museum offre un aperçu de l'histoire locale, le Makers' Workshop explore la fabrication et l'art du papier, et d'autres manchots vous attendent au Little Penguin Observation Centre. Goûtez le délicieux whisky élaboré à la Hellyers Road Distillery.

Continuez vers l'ouest pendant 79 km.

❸ Stanley

Le ravissant petit village de pêcheurs de Stanley est incontournable. Intimement liée à l'océan, cette localité chargée d'histoire est blottie au pied du Nut, un ancien volcan gigantesque qui domine la côte – un sentier et un télésiège mènent au sommet. Visitez ensuite le Highfield Historic Site, une propriété de 1835 parfaitement restaurée.

Parcourez 184 km jusqu'à Cradle Mountain.

DASYURE TIGRE, CRADLE MOUNTAIN

CRADLE MOUNTAIN

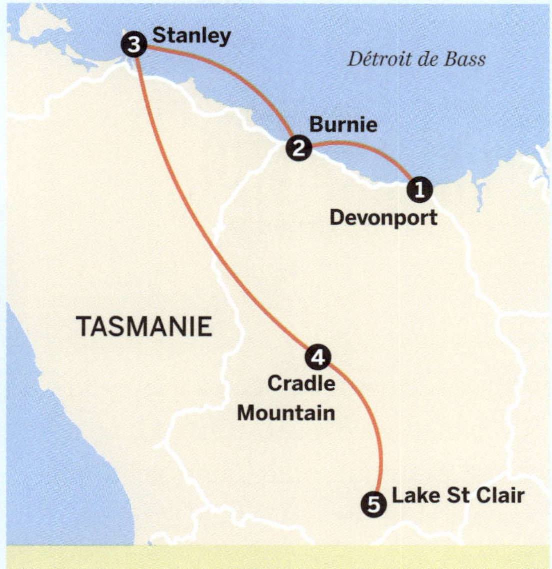

❹ Cradle Mountain

Si d'innombrables photographes ont immortalisé Cradle Mountain et son croissant parfait, il est préférable de la voir en vrai ! Les sentiers alpins qui la sillonnent peuvent être très fréquentés en été, mais il suffit de dépasser le circuit de Dove Lake pour pouvoir admirer ce pic en toute quiétude. Cradle Mountain est une bonne destination pour observer la faune : vous verrez des wombats, des diables de Tasmanie, des pademelons, des dasyures tigres, des wallabies ou des serpents-tigres assoupis au soleil. La montagne est également le point de départ de l'Overland Track, un trek de cinq jours (pass à réserver bien à l'avance).

Parcourez 200 km vers le sud jusqu'au lac St Clair en passant par Queenstown.

❺ Lake St Clair

À la lisière sud du Cradle Mountain-Lake St Clair National Park s'étend le lac St Clair, le plus profond d'Australie (200 m). Cette sombre crevasse glaciaire vaut largement la visite et se découvre au gré de superbes randonnées le long de ses rives densément boisées, ponctuées de sites idéals pour un pique-nique face aux eaux miroitantes.

Retournez à Devonport (180 km) ou ralliez Hobart (même distance).

ET ENCORE…

Plus loin : Marrawah

De Stanley, continuez vers le sud-ouest jusqu'à la bourgade isolée de Marrawah, qui posséderait l'air le plus pur de la planète. Les vents des quarantièmes rugissants balaient le secteur et génèrent des vagues gigantesques ; une compétition de surf, la Marrawah West Coast Classic, s'y tient depuis 1975. Non loin, la Preminghana Indigenous Protected Area recèle des pétroglyphes.

Marrawah est à 68 km au sud-ouest de Stanley.

Détour : Strahan et Queenstown

Site incontournable de la côte ouest, ce petit port de pêche abrite d'excellents hébergements et restaurants. Une kyrielle de circuits explorent la vaste baie estuarienne de Macquarie Harbour et la forêt humide qui borde la Gordon River. Prenez le train de la West Coast Wilderness Railway jusqu'à Queenstown, une bourgade minière au passé rude.

Strahan se trouve à 137 km au sud-ouest de Cradle Mountain.

RÉCIFS CORALLIENS ET FORÊTS HUMIDES DANS LE QUEENSLAND

SPORT · VIN ET BIÈRE · CUISINE · RESPONSABLE · AVENTURE · CULTURE · SPECTACLES · ARTS · ARCHITECTURE · HISTOIRE · FAMILLE · EN SOLO · COURT SÉJOUR · LONG SÉJOUR · PLAGE · HIVER · FAUNE · BIEN-ÊTRE

Cairns – Daintree et Cape Tribulation

Un circuit en voiture dans l'extrême nord du Queensland, entre Grande Barrière de corail, forêts humides et stations balnéaires huppées.

EN BREF

Empreinte carbone (kg/pers) : 47
Distance (km) : 350
Nuits : 14
Budget : €€€
Quand partir : toute l'année

❶ Cairns

Certes, Cairns est une porte d'accès à la Grande Barrière de corail et à la Daintree Rainforest, mais la ville vaut que l'on s'y attarde. Parcourez sa promenade en planches longue de 3 km et baignez-vous dans son splendide lagon artificiel d'eau salée, visitez l'aquarium et profitez d'une vue plongeante sur la forêt humide depuis un des téléphériques les plus longs du monde.

ⓘ À Cairns, nombre de prestataires proposent des excursions à la Grande Barrière de corail.

❷ Grande Barrière de corail

Ce royaume aquatique classé au Patrimoine mondial est une destination rêvée pour les passionnés des fonds marins. La Grande Barrière de corail s'étire sur plus de 2 000 km au large du Queensland. Son écosystème recèle une faune marine très variée : poissons, raies, dugongs, baleines à bosse, dauphins et tortues marines en voie d'extinction ; découvrez-la lors d'une sortie de plongée ou de snorkeling au départ de Cairns.

De retour à Cairns, dirigez-vous vers Palm Cove, au nord (30 km).

❸ Palm Cove

Cette ravissante bourgade côtière est la destination chic de l'extrême nord du Queensland ; plus calme que Cairns et sa voisine Port Douglas, elle est parfaite pour une journée au spa ou une soirée en tête-à-tête. Sa promenade bordée de niaoulis se prête aux balades romantiques, avant de dîner dans un restaurant raffiné.

Longez la côte vers le nord pendant 42 km.

EMBOUCHURE DE LA DAINTREE RIVER, CAPE TRIBULATION

GRANDE BARRIÈRE DE CORAIL

❹ Port Douglas

Luxueuse mais décontractée, Port Douglas est une bonne alternative à Cairns pour explorer la Daintree Rainforest et la Grande Barrière. La ville séduit tout autant les couples aisés que les jeunes familles actives ; outre sa belle marina et ses *resorts* clinquants, elle compte un sanctuaire d'animaux australiens et propose quantité de sports nautiques. Visitez Cooya Beach (Kuyu Kuyu), le territoire de pêche ancestral des Kuku Yalanji, lors d'un circuit organisé. Un guide kubirri warra vous fera découvrir la culture aborigène et les utilisations traditionnelles des plantes.

Roulez vers le nord et la Daintree Rainforest (69 km).

❺ Daintree et Cape Tribulation

La forêt humide ancienne de Daintree et Cape Tribulation forment un site sublime, où les montagnes densément boisées s'étendent jusqu'aux plages de sable. Traversez la Daintee River en bac (15 min) pour atteindre cette oasis tropicale reculée inscrite au Patrimoine mondial, d'une grande biodiversité et riche en faune (vous verrez notamment des crocodiles).

Regagnez tranquillement Cairns (126 km), carrefour des transports nationaux et internationaux.

ET ENCORE...

Plus loin : Kuranda

Niché dans la forêt humide, ce village bohème est un excellent but d'excursion en train depuis Cairns. Découvrez l'art et l'artisanat locaux au Kuranda Original Rainforest Market, puis savourez un plat de pub (tourte au kangourou, barramundi) sur la vaste terrasse du Kuranda Hotel.

Des trains relient Kuranda à Cairns Central (tlj ; 2 heures). Départs 8h30 et 9h30, retours 14h et 15h30.

Détour : Mossman Gorge

Peu avant d'atteindre la Daintree Forest, faites étape dans ce sanctuaire pour profiter d'un bassin de baignade aux eaux émeraude, entouré d'énormes rochers à l'ombre de la forêt humide. Ce site magique fait partie des terres ancestrales du peuple Kuku Yalanji.

La Mossman Gorge se situe dans les terres, à environ 22 km de Port Douglas par la Captain Cook Hwy.

CROISIÈRE DANS L'ARCHIPEL DES WHITSUNDAYS

Airlie Beach – Hamilton Island

Louez un bateau et partez pour des îles australiennes paradisiaques abritant des plages parmi les plus belles du monde, avec baignade et snorkeling en chemin.

EN BREF

Empreinte carbone (kg/pers) : 1
Distance (km) : 62
Nuits : 7-10
Budget : €€€
Quand partir : juin-août

❶ Airlie Beach

Cette petite ville côtière du Queensland continental est le point d'embarquement pour le sublime archipel des Whitsundays. Vous pouvez y louer un bateau sans permis (aucune expérience requise) avant de plonger dans l'ambiance fêtarde, ou, plus sobrement, acheter des provisions et tout le nécessaire pour votre croisière. La ville possède un joli lagon pour la baignade (sans crocodiles ni méduses), une marina et d'agréables *beer gardens* où passer un moment avant de lever l'ancre.

HILL INLET, HOOK ISLAND

Comptez environ 2 heures de traversée pour rejoindre le mouillage de Nara Inlet à Hook Island.

❷ Hook Island

Faites une première escale à Hook Island, la deuxième île des Whitsundays par la taille. Jetez l'ancre dans l'anse de Nara et marchez jusqu'à des sites d'art rupestre, ici et près d'une autre anse, Hill Inlet ; des panneaux présentent le peuple Ngara. Passez la nuit sur place. Le lendemain, gagnez le nord de l'île pour vous baigner, faire du snorkeling et profiter du soleil sur la ravissante plage de Butterfly Bay, où abondent les papillons.

Quittez Nara Inlet et naviguez vers le sud-est pendant 2-3 heures pour rallier Cid Harbour, sur Whitsunday Island.

❸ Whitsunday Island

Whitsunday Island, qui a donné son nom à l'archipel, en est la plus grande île. Elle abrite une magnifique

AU LARGE DE WHITEHAVEN BEACH, WHITSUNDAY ISLAND

plage connue dans le monde entier, Whitehaven Beach, qui offre au regard 7 km de sable blanc immaculé. Jetez l'ancre à Whitehaven et lancez-vous dans une randonnée exigeante jusqu'au sommet de Whitsunday Peak, d'où l'on jouit d'une vue sublime sur cette île tropicale. Redescendez ensuite vous baigner dans l'eau rafraîchissante, paresser sur le sable ou faire du snorkeling dans les fonds marins de toute beauté.

De Whitehaven, voguez vers le sud-ouest pendant 2-3 heures jusqu'à la marina d'Hamilton Island.

❹ Hamilton Island

Hamilton Island abrite le plus grand *resort* des Whitsundays. C'est l'endroit idéal où vous réapprovisionner et profiter des installations, accessibles aux non-résidents à la journée. Dînez dans l'un des restaurants du front de mer, parcourez des sentiers de randonnée dans le bush ou fendez les eaux en kayak, en planche à voile ou en paddle. Les paresseux prendront le soleil sur les étendues sablonneuses de Casteye Beach ou encore d'Escape Beach (2 heures de marche).

Reprenez la mer pour retourner à Airlie Beach, jeter l'ancre une dernière fois et rendre votre bateau.

ET ENCORE...

Plus loin : Langford Island

Située en face d'Hayman Island (réservée aux clients du *resort*), la petite île de Langford est une étape de choix : relativement à l'abri du vent, elle possède en outre un long et ravissant banc de sable. L'endroit est adapté aux amateurs de snorkeling qui débutent – les fonds marins proches de la plage abondent en poissons et autres créatures marines.

Depuis Airlie Beach, naviguez jusqu'à Langford Island avant de rallier Hook Island.

Détour : Chalkies Beach

Située en face de Whitehaven Beach, sur la côte ouest d'Haslewood Island, Chalkies Beach possède le même sable de silice blanc et doux que Whitehaven, mais elle est souvent déserte, car assez reculée. Il est agréable d'y faire du snorkeling à marée moyenne ou basse.

Vous pouvez jeter l'ancre à Chalkies Beach.

SURF, SOLEIL ET FORÊT HUMIDE SUR LA GOLD COAST

SPORT · VIN ET BIÈRE · CUISINE · RESPONSABLE · AVENTURE · CULTURE · SPECTACLES · ARTS · ARCHITECTURE · HISTOIRE · FAMILLE · EN SOLO · COURT SÉJOUR · LONG SÉJOUR · PLAGE · HIVER · FAUNE · BIEN-ÊTRE

Coolangatta – Lamington National Park

Misez sur le glamour dans les stations balnéaires de la Gold Coast australienne entre baignades, cocktails et dîners chics, puis retrouvez la sérénité dans la forêt humide.

EN BREF

Empreinte carbone (kg/pers) : 23
Distance (km) : 187
Nuits : 7
Budget : €€
Quand partir : toute l'année

❶ Coolangatta

Dotée de breaks de surf exceptionnels, Coolangatta est l'endroit idéal où débuter votre road trip. Rendez-vous à Point Danger pour une vue panoramique sur le littoral ; les surfeurs se mesureront aux vagues à Greenmount, Kirra ou Snapper Rocks, réservé aux experts. Le coucher du soleil depuis la terrasse du Rainbow Bay Surf Life Saving Club, face à la superbe baie, est inoubliable. En outre, la ville compte plusieurs motels des années 1950 et d'excellents restaurants.

Longez la côte vers le nord pendant 13 km.

❷ Burleigh Heads

Avant de gagner l'arrière-pays, cap sur Burleigh Heads, dont la scène culinaire est l'une des meilleures de la Gold Coast. La plage bordée de pins est ravissante, les enfants adorent observer la faune endémique au David Fleay Wildlife Park, et le Jellurgal Aboriginal Cultural Centre propose des promenades à la découverte des Yugambeh, les premiers habitants du territoire.

Roulez vers l'intérieur des terres (37 km).

❸ Springbrook National Park

En dépit de son côté clinquant et un peu kitsch, avec des lycéens fêtards qui l'envahissent une fois par an, la Gold Coast reste une merveilleuse destination. Outre des plages sublimes, l'arrière-pays renferme une partie des forêts humides Gondwana (classées au Patrimoine mondial). Le Springbrook National Park en fournit un bon échantillon : chemins de randonnée, cascades et points de vue époustouflants.

Parcourez 40 km pour regagner la côte.

SURF À BURLEIGH HEADS

SURFERS PARADISE

❹ Surfers Paradise

Si Surfers Paradise mérite sa réputation licencieuse et incarne pour beaucoup tous les défauts de la Gold Coast, sa vaste plage de sable nacré et ses eaux scintillantes sont absolument superbes. En outre, la ville recèle suffisamment de bons cafés et de boutique-hôtels pour satisfaire tous les voyageurs. Il y a quantité d'activités pour les familles, et même les gratte-ciel semblent attrayants dans la lumière du soir depuis la plateforme d'observation du Q1, qui fut quelque temps la plus haute tour résidentielle du monde (322 m).

Parcourez 46 km vers le sud-ouest via Nerang jusqu'à la zone de Binna Burra au Lamington National Park.

❺ Lamington National Park

Pour le peuple Yugambeh, le territoire de Lamington est "Woonoongoora", ce qui signifie "tranquille et intemporel". C'est exactement ce qu'éprouvent les visiteurs quand ils pénètrent au cœur de la forêt humide, loin de la frénésie de Surfers Paradise. Le parc est divisé en deux zones, Binna Burra à l'est et Green Mountains (O'Reilly's) à l'ouest ; toutes deux combleront les randonneurs et les amateurs d'ornithologie.

Retournez à Surfers Paradise, où s'achève votre voyage.

ET ENCORE...

Plus loin : parcs à thème

Les parcs à thème de la Gold Coast attirent de nombreux visiteurs. Hurlez de peur sur les montagnes russes et les manèges à sensations fortes de Dreamworld, faites-vous asperger au parc aquatique Wet 'n' Wild par une chaude journée d'été et gardez l'estomac bien accroché sur l'attraction *Batwing Spaceshot* au Warner Bros Movie World.

Les parcs à thème se trouvent à 20-25 km au nord-ouest de Surfers Paradise.

Détour : South Stradbroke Island

Ralliez l'île sans voitures de South Stradbroke, qui s'étire sur 21 km. Séjournez au Couran Cove, désuet mais adapté aux familles, ou dans un camping rustique. La plage est digne de Robinson Crusoé (attention aux requins !) et la faune locale est riche : serpents, wallabies...

Les ferries pour Couran Cove partent de la Hope Harbour Marina, à 30 km au nord de Surfers Paradise.

GASTRONOMIE ET VINS À ADÉLAÏDE ET ALENTOUR

BIEN-ÊTRE · **SPORT** · **VIN ET BIÈRE** · **CUISINE** · RESPONSABLE · AVENTURE · CULTURE · SPECTACLES · **ARTS** · ARCHITECTURE · **HISTOIRE** · FAMILLE · **EN SOLO** · **COURT SÉJOUR** · LONG SÉJOUR · PLAGE · HIVER · FAUNE

Adélaïde – McLaren Vale

Découvrez la culture et la scène culinaire d'Adélaïde, puis gagnez la jolie région des collines et goûtez certains des meilleurs vins d'Australie (conducteur sobre requis).

EN BREF

Empreinte carbone (kg/pers) : 27
Distance (km) : 215
Nuits : 5-7
Budget : €€
Quand partir : toute l'année

❶ Adélaïde

La capitale de l'Australie-Méridionale est une vaste métropole au charme rustique, dont l'ambiance informelle et détendue s'étend de son centre-ville semé d'églises à ses plages sablonneuses – une baignade rafraîchissante est la bienvenue en été, car la chaleur est étouffante. La "capitale australienne des festivals" accueille quantité de manifestations, auxquelles s'ajoute une scène artistique et culturelle florissante. Flânez dans les allées de l'excellent Central Market (l'un des meilleurs marchés alimentaires du pays), admirez les œuvres de grands artistes australiens à l'impressionnante Art Gallery of South Australia, sautez dans un tramway pour rejoindre la plage à Glenelg et révisez vos connaissances en œnologie au National Wine Centre avant de faire des haltes dans les vignobles alentour.

CENTRAL MARKET, ADÉLAÏDE

Parcourez quelque 70 km vers le nord-est pour gagner la Barossa Valley.

❷ Barossa Valley

Région viticole mondialement réputée, la Barossa Valley ravira tous les amateurs de vin. Elle compte plus de 170 domaines appartenant à des familles établies de longue date, certaines remontant à six générations. La Barossa est surtout connue pour ses syrahs (shiraz) et ses rieslings, à déguster dans d'innombrables caves, du légendaire Penfolds au domaine primé Peter Lehmann en passant par Rockford Wines, qui produit de délicieux crus, et Seppeltsfield, aux charmants bâtiments en pierre bleue.

VIGNOBLES À MCLAREN VALE

Suivez la belle route vallonnée qui mène aux Adelaide Hills (60 km environ) en passant par Mt Pleasant, Birdwood et Woodside.

3 Adelaide Hills

Autre région viticole de choix, les Adelaide Hills sont également appréciées pour leurs excellents fruits et légumes locaux, leur ambiance européenne et leurs merveilleux paysages. Découvrez-les au fil de localités pleines de charme – l'enclave kitsch d'Hahndorf, la ville animée de Mount Barker et le joli village de Stirling – en visitant chemin faisant des brasseries artisanales et des caves climatisées, sans oublier le mont Lofty pour une vue grandiose.
Parcourez 45 km vers le sud-ouest.

4 McLaren Vale

Admirez le cadre bucolique de la région viticole de McLaren Vale, puis consultez la carte des domaines (disponible au centre d'information des visiteurs) avant de composer votre itinéraire. Goûtez des syrahs dans de charmantes salles de dégustation, savourez des plats copieux sur la route et dînez dans des restaurants gastronomiques, puis quittez la région à regret.
De McLaren Vale, parcourez 40 km vers le nord pour regagner Adélaïde.

ET ENCORE...

Plus loin : Clare Valley

Une fois que vous aurez épuisé les plaisirs de la Barossa Valley, continuez vers le nord pour explorer la Clare Valley, une autre destination viticole réputée qui possède deux atouts majeurs : ses rieslings et aussi de merveilleux paysages dans un cadre rural. Louez un vélo et suivez le Riesling Trail pour les découvrir.
La Clare Valley est située à environ 100 km au nord de la Barossa Valley.

Détour : Willunga

La jolie Willunga est une bonne alternative à McLaren Vale ; allez-y le samedi pour acheter des produits bio au Willunga Farmers Market puis baladez-vous dans High Street, bordée de bâtiments d'époque recelant restaurants, pubs et brasseries artisanales. Pour un repas mémorable face à la péninsule de Fleurieu, rendez-vous au Star of Greece, à Port Willunga (à l'ouest).
À McLaren Vale, prenez Main Rd vers le sud jusqu'à Willunga (7 km).

LA NOUVELLE-ZÉLANDE INSOLITE, D'OAMARU À DUNEDIN

SPORT
VIN ET BIÈRE
CUISINE
RESPONSABLE
AVENTURE
CULTURE
SPECTACLES
ARTS
ARCHITECTURE
HISTOIRE
FAMILLE
EN SOLO
COURT SÉJOUR
LONG SÉJOUR
PLAGE
HIVER
FAUNE
BIEN-ÊTRE

Oamaru – Dunedin

Entre les folies steampunk d'Oamaru et les rues semées de street art de Dunedin, vous découvrirez d'étonnants rochers et un restaurant de poisson original.

EN BREF

Empreinte carbone (kg/pers) : 14
Distance (km) : 116
Nuits : 2
Budget : €€€
Quand partir : sept-fév

❶ Oamaru

Avec ses entrepôts victoriens vétustes aménagés dans le style steampunk (d'inspiration victorienne), Oamaru est la quintessence de la petite ville néo-zélandaise décalée. Au fil de ses rues, vous rencontrerez des artistes, des inventeurs, des antiquaires et des personnages bohèmes qui célèbrent à la fois le passé et l'avenir avec audace sous la bannière du "C'était demain". Mais n'oubliez pas la colonie de manchots ! Chaque soir, jusqu'à 250 adorables manchots bleus (l'espèce la plus petite) regagnent leurs nids près du port en se dandinant. Vous pouvez les voir défiler depuis la digue, et même les observer à l'endroit où ils nichent.

Roulez vers le sud pendant 40 km.

TOITU OTAGO SETTLERS MUSEUM, DUNEDIN

❷ Moeraki

Le nom "Moeraki", qui signifie "endroit où dormir en journée ", donne une indication sur le rythme de vie de ce petit village de pêcheurs. La localité compte toutefois un lieu animé, Fleur's Place, l'un des meilleurs restaurants de poisson et fruits de mer et l'un des plus prisés de toute l'île du Sud. Cette construction en tôle et en bois quelque peu déglinguée ne manque pas de charme ; à l'intérieur, on sert notamment de délicieux coquillages frais, de la morue bleue fondante et d'autres prises du jour (pensez à réserver).

LES MOERAKI BOULDERS

Ensuite, baladez-vous sur la plage semée d'énormes rochers sphériques semblables à des billes géantes, les Moeraki Boulders.

Roulez vers le sud pendant 76 km.

❸ Dunedin

Dunedin, sur l'île du Sud, réserve bien des surprises. Cette Ville créative de littérature de l'Unesco, qui abrite l'excellent Toitu Otago Settlers Museum, figure également sur la carte internationale du street art ; des artistes du monde entier s'y pressent pour apposer leurs œuvres sur les murs les plus en vue. Nombre d'entre eux plébiscitent la zone d'entrepôts florissante au sud de The Octagon (centre-ville), qui accueille des restaurants de burgers branchés et des cafés végans. S'y ajoute une scène musicale dynamique, boostée par la présence des étudiants de la plus ancienne université du pays. La ville compte aussi la rue la plus pentue au monde, Baldwin Street, dotée d'une pente de 34,8%. En 2019, Dunedin a temporairement disparu du Livre Guinness des Records, cédant son titre à Ffordd Pen Llech, à Harlech (pays de Galles), avant de le retrouver en 2020, après l'intervention réussie du géomètre local Toby Stoff.

L'aéroport de Dunedin dessert les principales villes de Nouvelle-Zélande.

ET ENCORE...

Plus loin : péninsule d'Otago

Cet éden vallonné, ponctué de baies et de falaises, abrite une faune abondante : manchots, otaries à fourrure, lions de mer et, surtout, des albatros. Présents toute l'année, ils nichent de décembre à mars ; les parents montent la garde auprès de leur petit et chassent à tour de rôle. Une visite guidée du Royal Albatross Centre permet de les observer.

L'extrémité de la péninsule se trouve à 30 km de Dunedin.

Détour : Riverstone Kitchen

Sous l'égide de son chef Bevan Smith, le restaurant primé Riverstone Kitchen propose une cuisine raffinée dans un domaine insolite. La plupart des produits proviennent du potager, ouvert à la visite. Derrière le restaurant se dresse un "château" ceint de douves, fruit de l'imagination de Dot Smith, maman du chef et reine des lieux.

Le Riverstone Kitchen est situé à 20 km au nord d'Oamaru.

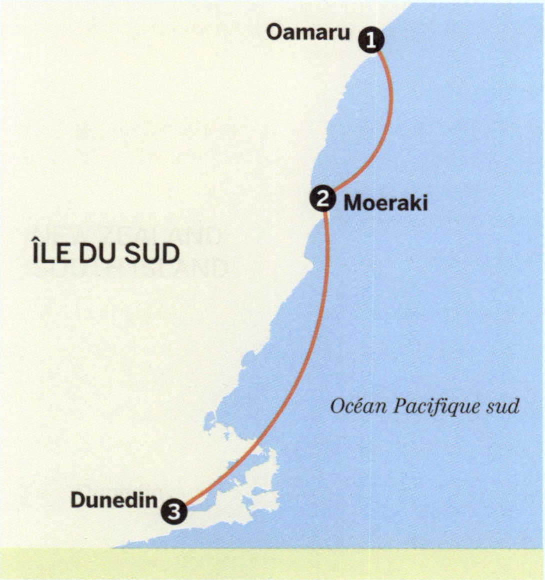

EN CANOË SUR LA WHANGANUI RIVER

Tongariro National Park – Pipiriki

Faites une grande randonnée fluviale en canoë le long de la Whanganui, une rivière de l'île du Nord, au fil de paysages luxuriants et d'accueillants villages maoris.

EN BREF

Empreinte carbone (kg/pers) : 8
Distance (km) : 188
Nuits : 5-6
Budget : €€
Quand partir : oct-avr

❶ Tongariro National Park

Le plus ancien parc national du pays, dominé par les volcans Ruapehu, Ngauruhoe et Tongariro, est aussi un haut lieu du volcanisme sur l'île du Nord. Ses pistes de ski sont prisées en hiver et le Tongariro Alpine Crossing serait le meilleur trek sur une journée au monde. Admirez les Emerald Lakes et le Blue Lake depuis des sentiers se faufilant parmi les volcans en activité, ou explorez le parc à vélo, en paddle ou en kayak.

LA WHANGANUI RIVER, PRÈS DE TAUMARUNUI

Depuis le parc, prenez un bus pour Taumarunui (tlj ; 35 min).

❷ Taumarunui

Accédez au site de Ngahuinga (Cherry Grove), à Taumarunui, et montez à bord de votre canoë pour la première partie de votre périple sur la Whanganui, . Aux terres agricoles succèdent des vallées escarpées, peuplées d'arbres endémiques tels le rata et le rimu et ponctuées de quelques rapides revigorants.

La descente en canoë jusqu'à Ohinapane couvre 22 km (3-5 heures).

❸ Ohinapane

La végétation se fait plus dense en continuant vers l'aval ; guettez la faune locale, comme les *tuna* (anguilles), les *kererū* (pigeons ramiers) et les *tui*, des oiseaux bruyants et colorés. Faites un petit détour pour admirer les chutes d'eau d'Ohura en remontant l'affluent éponyme.

Parcourez 35 km jusqu'à Whakahoro (6-8 heures).

❹ Whakahoro

En pénétrant dans le parc national Whanganui, la vallée devient une gorge encaissée, aux flancs rocheux criblés de trous faits par les perches des canoéistes maoris. Les flots puissants vous emportent à travers la péninsule

EMERALD LAKES ET BLUE LAKE, TONGARIRO NATIONAL PARK

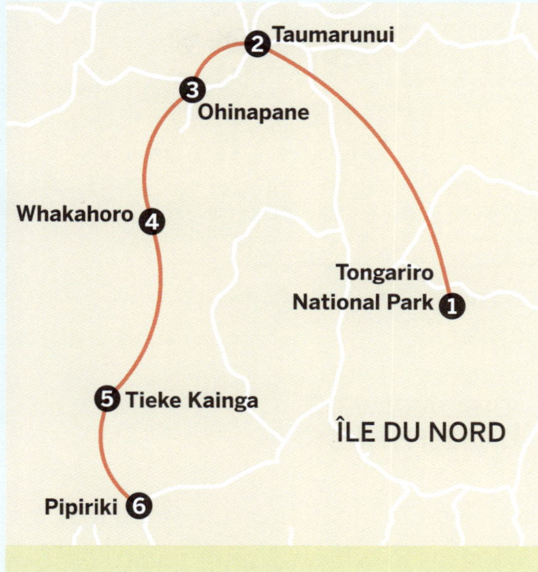

de Kirikiriroa, des rapides de Tarepokiore (tourbillon) à Tamatea's Cave, une grotte tapissés de mousse, avant d'arriver à John Coull Hut, un refuge assorti d'un camping dont les berges s'illuminent de lucioles. Passez-y la nuit, avant de vous diriger vers Tieke Kainga.
Comptez 37,5 km jusqu'à John Coull (7-9 heures), puis 29 km jusqu'à Tieke Kainga (7-9 heures).

5 Tieke Kainga

Après avoir parcouru cette section verdoyante et isolée, vous arriverez enfin à Tieke Kainga, une communauté maorie. Un refuge et un camping côtoient un marae (lieu de rencontre). Vous pourrez y admirer un poteau de bois ouvragé, le pou whenua, et serez peut-être accueilli lors d'une cérémonie appelée pōwhiri.
Parcourez 21,5 km (4-6 heures) pour rallier Pipiriki.

6 Pipiriki

Vous croiserez plusieurs grottes et pièges à anguilles en chemin, puis le confluent avec la Manganui o te Ao River, peuplé de *whio* (canards bleus), et franchirez les rapides de Ngaporo et d'Autapu, avant d'atteindre Pipiriki, où votre canoë sera tiré hors de l'eau.
Si vous effectuez le parcours en indépendant, réservez votre transfert vers Ohakune, Whanganui ou tout autre nœud de transports.

ET ENCORE...

Plus loin : Bridge to Nowhere

De Mangapurua Landing, entre John Coull et Tieke Kainga, le Mangapurua Track (35,5 km) serpente jusqu'au parc national Whanganui. Le Bridge to Nowhere ("Pont ne menant nulle part") fut érigé au cœur de la forêt luxuriante dans le cadre d'un projet de peuplement jamais abouti. Comptez une journée à vélo ou deux jours à pied.
À Pipiriki, des circuits en jet-boat mènent à Mangapurua Landing.

Détour : Whanganui en bus postal

La Whanganui River serpente vers le sud jusqu'à la ville côtière éponyme, jadis un centre majeur de trafic fluvial, aux rues bordées d'élégants édifices de styles victorien et édouardien. Rejoignez cette bourgade bohème en bus postal pour rencontrer les gens de la région et admirer la vue sur la Whanganui Valley en chemin.
Réservez votre place dans le bus postal qui relie Pipiriki à Whanganui (2 heures).

ROAD TRIP NÉO-ZÉLANDAIS À LA DÉCOUVERTE DE L'ÎLE DU NORD

SPORT · VIN ET BIÈRE · CUISINE · RESPONSABLE · AVENTURE · CULTURE · SPECTACLES · ARTS · ARCHITECTURE · HISTOIRE · FAMILLE · EN SOLO · COURT SÉJOUR · LONG SÉJOUR · PLAGE · HIVER · FAUNE · BIEN-ÊTRE

Auckland – Wellington

Volcans, plages et musées sont au programme de ce road trip dans l'île du Nord, depuis la plus grande ville du pays jusqu'à son effervescente capitale.

EN BREF

Empreinte carbone (kg/pers) : 87
Distance (km) : 700
Nuits : 5-7
Budget : €€
Quand partir : toute l'année

❶ Auckland

Cet itinéraire fait la part belle aux volcans, et Auckland, la plus grande ville du pays, est justement édifiée sur une cinquantaine d'entre eux. Elle est ordonnée autour de deux ports, de diverses plages et îles, de domaines viticoles et d'une forêt humide. Profitez de son excellent musée, de sa galerie d'art et de sa cuisine cosmopolite avant d'entamer votre parcours.

Récupérez votre voiture de location et roulez vers le sud pendant 230 km.

❷ Rotorua

Rotorua est situé au cœur de la zone géothermique la plus active du pays, comme en témoigne son air saturé de soufre. Fumerolles, mares de boue en ébullition et geysers jouxtent des villages maoris historiques. L'endroit est profondément ancré dans les traditions des Maoris. Après votre long trajet, délassez-vous dans les bassins d'eau chaude naturelles au bord des lacs.

Continuez vers le sud pendant 80 km.

❸ Taupō

Au centre de l'île du Nord, le vaste lac Taupō loge dans la caldeira d'un volcan très puissant, ce que nul ne pourrait deviner en observant ce paysage paisible. Si une baignade relaxante vous tente, des sources thermales affleurent à plusieurs endroits. À l'instar de Rotorua, la petite ville de Taupō propose toutes sortes d'activités de plein air, du saut à l'élastique au parachutisme en chute libre.

SAUT À L'ÉLASTIQUE, TAUPŌ

CHAMPAGNE POOL, LACS DE ROTORUA

Parcourez 320 km vers le sud en longeant le lac et en traversant les paysages spectaculaires du North Island Volcanic Plateau.

4 Kapiti Coast

Dotée de bonnes liaisons ferroviaires, la côte au nord de Wellington a l'attrait de longues plages peu fréquentées, et les principales localités de Waikanae, Otaki, Paraparaumu et Paekakariki s'agrémentent de jolis cafés. Si vous avez du temps, parcourez le Paekakariki Escarpment Track et faites une croisière en bateau jusqu'à la réserve naturelle de Kapiti Island. **La dernière partie de l'itinéraire (70 km) vous mène à Wellington.**

5 Wellington

La capitale néo-zélandaise a tout pour plaire, et son rayonnement dépasse de loin ce que laisserait supposer sa taille modeste. Explorez à loisir les excellentes collections de ses musées, en particulier le Te Papa Tongarewa, et ses galeries, bars, cafés et restaurants. Si le vent n'est pas de la partie, promenez-vous le long du port ou dans les collines alentour. **L'aéroport international de Wellington assure des liaisons dans le monde entier. L'avion est la meilleure solution pour regagner Auckland.**

ET ENCORE...

Plus loin : Mount Maunganui

La superbe Bay of Plenty est très prisée l'été grâce à ses belles plages de sable. Mt Maunganui est une petite station de surf populaire et animée ; étirée le long d'uneétroitepéninsule qui s'achève par un volcan éteint (232 m), elle séduit les visiteurs avec ses plages de baignade, ses bassins d'eau chaude et ses bars branchés. **Cette excursion à Mt Maunganui, à 210 km d'Auckland, permet de rejoindre facilement Rotorua.**

Détour : Tongariro National Park

Trois volcans actifs dominent le paysage : Tongariro (1 967 m), Ngauruhoe (2 287 m) et Ruapehu (2 797 m). Vous reconnaîtrez peut-être le mont Ngauruhoe, qui incarne le mont Destin dans *Le Seigneur des anneaux* ; quant au mont Ruapehu, c'est la meilleure destination de ski de l'île du Nord. Enfin, citons le fameux Tongariro Alpine Crossing, une randonnée épique. **Le parc national est situé à 90 km au sud de Taupō.**

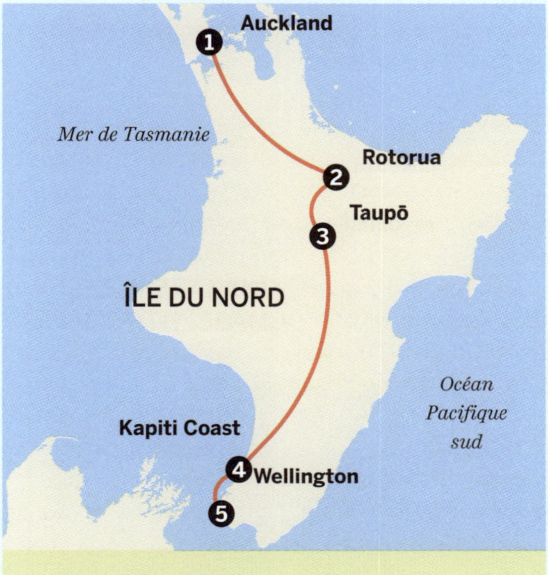

AU FIL DE LA GREAT OCEAN ROAD

Torquay – Twelve Apostles
Parcourez la Great Ocean Road, une route australienne emblématique du sud-ouest du Victoria, pour découvrir ses plages de surf, sa faune et ses sites grandioses.

EN BREF
Empreinte carbone (kg/pers) : 53
Distance (km) : 429
Nuits : 3
Budget : €€
Quand partir : toute l'année

❶ Torquay

C'est à Torquay que débute officiellement la Great Ocean Road. Ce berceau spirituel du surf australien est l'endroit idéal où débuter votre safari surf. Que vous soyez novice ou surfeur chevronné en quête de vagues de légende à Bells Beach, l'essentiel est de se lancer. Entre deux séances, visitez le musée du Surf et profitez de l'ambiance jeune et décontractée dans les restos, les microbrasseries et les brûleries tendance.

Parcourez la Great Ocean Road (B100) vers le sud-ouest pendant 20 km.

KOALA, CAPE OTWAY

❷ Anglesea

Goûtez aux joies des vacances d'été australiennes dans cette bourgade côtière d'allure rétro, réputée pour ses belles plages paisibles. C'est l'endroit parfait où déguster un *fish and chips*, s'amuser sur la rivière et se balader au sommet de falaises spectaculaires ou dans la lande semée d'orchidées sauvages. Les amis des animaux se rendront au parcours de golf local, où réside une bande de kangourous.

Continuez vers le sud-ouest pendant 28 km.

❸ Lorne

Plébiscitée par des générations de vacanciers, Lorne reste l'une des stations balnéaires les plus populaires de la Great Ocean Road. Sa plage de sable blanc en croissant est bordée d'une belle forêt d'eucalyptus. Après avoir paressé face à la mer, ne manquez pas

TWELVE APOSTLES

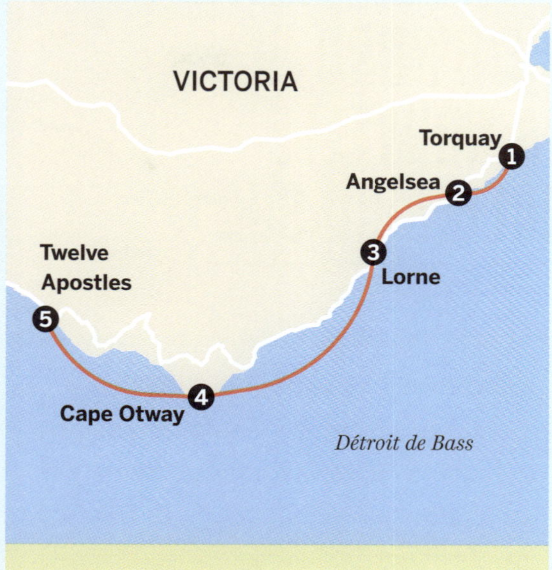

de gagner l'intérieur des terres pour admirer de superbes cascades.

Parcourez 78 km pour rallier Cape Otway.

4 Cape Otway

La Great Ocean Road est vraiment spectaculaire entre Lorne et Cape Otway ; la route serpente à l'intérieur des terres et traverse une forêt humide à la canopée très dense. À Cape Otway, guettez les koalas qui se nourrissent dans les arbres en vous rendant à l'un des plus vieux phares du pays (1848). Là, vous pourrez tenter de repérer des baleines, entendre parler des navires qui se sont échoués dans les eaux de la région et découvrir la vie du peuple local Gadubanud.

Continuez vers l'ouest sur la Great Ocean Road pendant 73 km.

5 Twelve Apostles

Le site des "Douze Apôtres", formations rocheuses qui semblent surgies des flots tumultueux, conclut admirablement cet itinéraire. Au coucher du soleil, les piliers de calcaire sont nimbés d'une douce lumière dorée et se détachent sur un ciel zébré de rose.

Ralliez Melbourne soit par l'intérieur des terres (230 km), soit en rebroussant chemin le long de la côte (270 km).

ET ENCORE...

Plus loin : Birregurra

Blottie à la lisière d'une forêt humide luxuriante dans les Otways, la petite ville de Birregurra est un haut lieu culinaire. Vous y découvrirez le Brae, l'une des meilleures tables du pays, qui figure au classement des 100 meilleurs restaurants du monde. Sa cuisine contemporaine et créative aux influencesaborigènes est à base de produits locaux.

Birregurra est située à 40 km de Lorne en passant dans les terres.

Détour : péninsule de Bellarine

Bifurquez vers l'est entre Melbourne et Torquay pour explorer cette péninsule bordée de plages superbes et de villages côtiers. Baignez-vous à Ocean Grove, puis plongez dans le passé en admirant les édifices historiques à Queenscliff avant de faire la tournée des vignobles, rénommés pour leur pinot noir et leur chardonnay.

Queenscliff se trouve à 100 km au sud de Melbourne et à 40 km à l'est de Torquay.

L'ÉBLOUISSANTE CÔTE NORD DE LA NOUVELLE-GALLES DU SUD

SPORT · VIN ET BIÈRE · CUISINE · RESPONSABLE · AVENTURE · CULTURE · SPECTACLES · ARTS · ARCHITECTURE · HISTOIRE · FAMILLE · EN SOLO · COURT SÉJOUR · LONG SÉJOUR · PLAGE · HIVER · FAUNE · BIEN-ÊTRE

Byron Bay – Cabarita Beach

Cet itinéraire vous mène de Byron Bay à l'arrière-pays et sur la sublime côte nord de la Nouvelle-Galles du Sud, entre plages, forêts et étapes gourmandes.

EN BREF

Empreinte carbone (kg/pers) : 16
Distance (km) : 131
Nuits : 8-10
Budget : €€€
Quand partir : toute l'année

❶ Byron Bay

Paradis de la contreculture dans les années 1960 et 1970, Byron Bay s'attache à cultiver son image bohème. Toutefois, les routards, les surfeurs et les hippies vieillissants côtoient désormais de riches promoteurs immobiliers, des influenceurs, des célébrités et de jeunes familles en vacances. Si certains regrettent ce paradis perdu, les plages sublimes, la beauté rude de la nature alentour, l'ambiance décontractée et la scène culinaire effervescente de Byron Bay restent des atouts exceptionnels. Prenez le petit-déjeuner dans un café puis baladez-vous jusqu'au phare pour jouir de la vue. Ensuite, déjeunez dans l'un des innombrables restaurants du centre-ville avant de gagner la plage. Le soir, après un cocktail devant un magnifique coucher du soleil, allez dîner et peut-être écouter de la musique live au pub local.

Parcourez 15 km vers l'intérieur jusqu'à Bangalow.

❷ Bangalow et Newrybar

Délaissez les rues encombrées de Byron Bay pour vous évader dans l'arrière-pays verdoyant, où l'esprit de communauté et la culture alternative existent encore dans les délicieuses villes de Bangalow et Newrybar, situées à 6 km l'une de l'autre. Les excellents restaurants et les marchés fermiers mettent le bio à l'honneur.

Continuez vers le nord pendant 21 km.

❸ Mullumbimby

Mullumbimby est une paisible bourgade de l'arrière-pays aux rues bordées de palmiers. Venez y prendre un café torréfié localement, faites provision de

PROMONTOIRE DE BYRON BAY

CABARITA BEACH

vitamines dans les boutiques de bien-être, dégustez une bière australienne Arvo, puis allez prendre un verre et dîner dans l'air doux du soir. Le vendredi, un excellent marché fermier s'installe à l'ombre de figuiers.

Parcourez 10 km vers l'est pour regagner la côte.

❹ Brunswick Heads

Plus simple et plus paisible que Byron Bay, Brunswick Heads possède aussi une longue plage de surf, et sa scène culinaire (le Fleet notamment est réputé pour sa cuisine raffinée) est exceptionnelle au regard de sa taille. La bourgade compte un pub très prisé des années 1940 doté d'un vaste *beer garden*, et une fabuleuse salle de spectacles rétro à vocation communautaire, la Brunswick Picture House.

Longez la côte vers le nord pendant 35 km.

❺ Cabarita Beach

Nichée entre Byron Bay et la limite sud de la Gold Coast au Queensland, Cabarita Beach incarne la plage en version glamour. Séjournez à Halcyon House, un agréable boutique-hôtel, et dînez au Paper Daisy, un restaurant qui a la cote. La plage de sable d'une blancheur éclatante a remporté le titre de meilleure plage d'Australie en 2020, décerné par Tourism Australia.

Regagnez Byron Bay, au sud (50 km).

ET ENCORE...

Plus loin : Nimbin

Capitale d'origine de la contreculture australienne, cette bourgade de l'intérieur se visite en une journée depuis Byron Bay. Il y règne encore l'ambiance "peace and love" des années 1970 – et l'odeur de l'herbe est toujours présente. Bavardez avec ses résidents amicaux au style de vie alternatif, savourez un repas au pub et achetez du miel bio ou des glaces véganes locales.

Nimbin se situe à 65 km à l'ouest de Byron Bay.

Détour : Nightcap National Park

Le parc national Nightcap vaut largement le détour depuis Byron Bay ; territoire traditionnel des Widjabul, il fait partie des forêts Gondwana, classées au Patrimoine mondial. C'est l'endroit idéal où faire une randonnée, pique-niquer et admirer de splendides cascades.

Le parc se situe à 63 km à l'ouest de Byron Bay ; cette excursion peut aussi inclure la visite de Nimbin, à 33 km du parc.

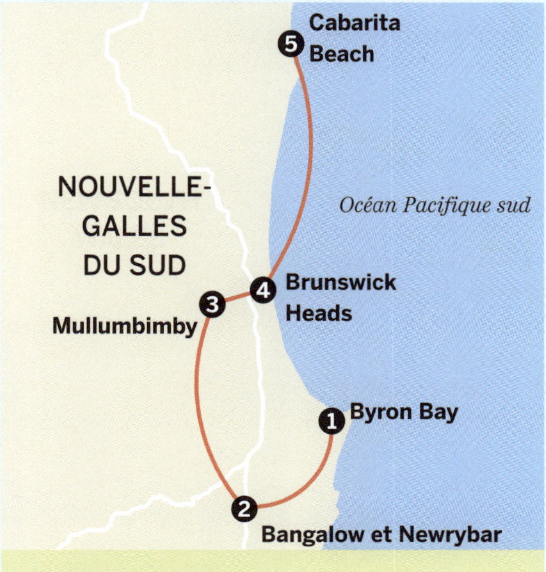

DÉCOUVERTE DES GOLDFIELDS DANS LE VICTORIA

VIN ET BIÈRE · CUISINE · RESPONSABLE · AVENTURE · CULTURE · SPECTACLES · ARTS · ARCHITECTURE · HISTOIRE · FAMILLE · EN SOLO · COURT SÉJOUR · LONG SÉJOUR · PLAGE · HIVER · FAUNE · BIEN-ÊTRE · SPORT

Ballarat – Kyneton

Un road trip (qui plaira aussi aux enfants) au nord-ouest de Melbourne à travers la jolie campagne du Victoria, ponctuée de villes datant de la ruée vers l'or.

EN BREF

Empreinte carbone (kg/pers) : 34
Distance (km) : 275
Nuits : 5
Budget : €€
Quand partir : toute l'année

❶ Ballarat

Débutez votre circuit dans la plus connue des localités aurifères du Victoria. Ballarat fut fondée au tout début de la ruée vers l'or, dans les années 1850, et son centre-ville témoigne clairement de cette période opulente avec ses beaux édifices d'époque, souvent transformés en élégants hôtels et restaurants. Outre Sovereign Hill (la reconstitution d'une ville minière), qui plaira aux enfants, Ballarat possède une merveilleuse galerie d'art, un beau lac et plusieurs sites historiques ; sa scène culinaire et ses bars sont en plein essor.

Parcourez 45 km vers le nord-ouest jusqu'à Daylesford.

LAKE DAYLESFORD

❷ Daylesford

Les Melbourniens adorent passer le week-end dans la charmante station thermale de Daylesford. Délassez-vous dans un bain chaud aux vertus curatives, goûtez l'eau pétillante locale et profitez d'une gamme étendue de massages et de soins. Découvrez sa culture café et ses vins locaux devant un bon feu de cheminée. Enfin, ne manquez pas d'explorer les environs, qui recèlent de jolies bourgades dotées de cidreries, de restaurants de chefs réputés proposant une cuisine à base de produits frais et locaux, et de merveilleuses balades dans le bush.

Continuez vers le nord pendant 38 km.

❸ Castlemaine

La vieille ville de Castlemaine a du charme à revendre ; son côté rustique teinté de tradition ouvrière contraste avec des aspirations artistiques plus urbaines. Le centre compte un superbe théâtre d'époque

SOVEREIGN HILL, BALLARAT

récemment rénové qui accueille des concerts et des manifestations, et une pizzeria. Incontournable, la galerie d'art régionale abrite les œuvres d'artistes australiens de renom.

Roulez vers le nord jusqu'à Bendigo (38 km).

❹ Bendigo

Comme sa rivale Ballarat, Bendigo s'est construite sur l'or et abonde en beaux édifices du XIXe siècle richement décorés. Sa scène artistique est florissante, sa galerie d'art excellente et son théâtre est situé au sein d'une ancienne prison tristement célèbre. De plus, Bendigo compte nombre de sites adaptés aux familles, et ses restaurants attirent les gourmets de Melbourne.

Parcourez 65 km vers le sud.

❺ Kyneton

Si l'État du Victoria connaît un essor spectaculaire en tant que destination gastronomique, Kyneton fait figure de pionnière. La scène culinaire de cette petite ville est centrée sur une section de Piper Street longue de 400 m où se succèdent restaurants, gastropubs, cafés et bars, ainsi qu'une distillerie de gin, sous l'égide de propriétaires talentueux qui connaissent leur métier.

Ralliez Melbourne (89 km) pour toute correspondance.

ET ENCORE...

Plus loin : Hanging Rock

Mystérieuse, l'ancienne formation volcanique Hanging Rock a été rendue célèbre par le roman (Joan Lindsay) et le film (Peter Weir) *Pique-nique à Hanging Rock*. Un sentier de difficulté moyenne permet de rejoindre le sommet de cette montagne couverte de végétation typique du bush, avec vue sur les Macedon Ranges. Pique-niquez sur l'herbe en compagnie des kangourous.

Hanging Rock est situé à 21 km au sud-est de Kyneton.

Détour : région viticole d'Heathcote

Réputée pour sa syrah et d'autres vins rouges corsés, Heathcote mérite bien sa réputation épicurienne, avec quelque 60 exploitations à visiter, la plupart pourvues d'une salle de dégustation. Vous pourrez aussi faire une pause dans des brasseries et des bistrots concoctant une cuisine "de la ferme à l'assiette".

La région viticole d'Heathcote s'étend à environ 45 km au sud-est de Bendigo.

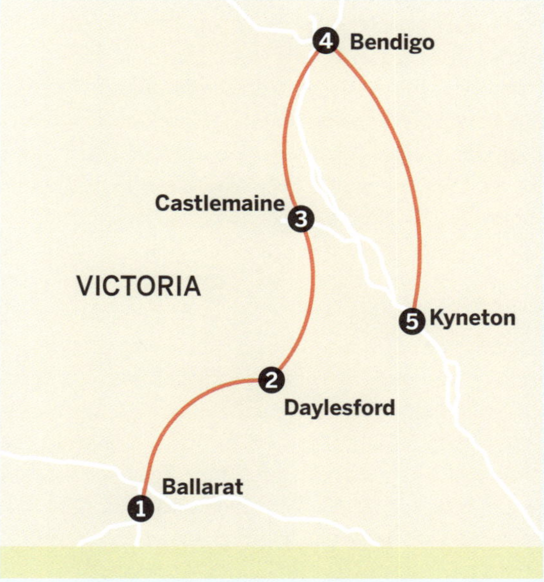

AVENTURE EN FAMILLE AUX ÎLES FIDJI

SPORT VIN ET BIÈRE CUISINE RESPONSABLE AVENTURE CULTURE SPECTACLES ARTS ARCHITECTURE HISTOIRE FAMILLE EN SOLO COURT SÉJOUR LONG SÉJOUR PLAGE HIVER FAUNE BIEN-ÊTRE

Denarau Island – Pacific Harbour

Viti Levu, la plus grande île des Fidji, a tout pour plaire aux familles : soleil, mer d'un bleu intense, activités de plein air, clubs pour enfants et accueil chaleureux.

EN BREF

Empreinte carbone (kg/pers) : 5
Distance (km) : 200
Nuits : 10-12
Budget : €€
Quand partir : mai-oct

❶ Denarau Island

À 6 km seulement de Nadi, le principal carrefour des transports sur Viti Levu (où se situe l'aéroport international des Fidji), la petite île de Denarau abrite une kyrielle de *resorts* adaptés aux familles, de jolies boutiques et des attractions tel le Big Bula Waterpark. Si l'endroit manque quelque peu d'authenticité, les enfants seront néanmoins comblés : tous les *resorts* ont des piscines étincelantes, des programmes d'activités destinés aux plus jeunes, et la restauration variée convaincra les mangeurs les plus difficiles.

Le catamaran rapide *Yasawa Flyer* dessert tous les *resorts* des îles Yasawa et nombre de ceux situés dans les Mamanuca. Il part chaque matin de Denarau Marina (de 30 min à 5 heures selon la destination).

❷ Îles Mamanuca et Yasawa

Ces deux archipels volcaniques constitués d'une cinquantaine d'îles promettent aux voyageurs des vacances de rêve avec leurs plages de sable blanc face à une mer sublime. Très accueillantes, certaines îles des Mamanuca telles que Treasure, Castaway et Malolo Lailai sont des destinations familiales réputées ; de même, les îles Yasawa, plus éloignées, abritent des *resorts* dotés d'excellents clubs pour enfants comme Octopus, Paradise Cove et Blue Lagoon.

Le catamaran *Yasawa Flyer* retourne à Denarau Marina chaque après-midi à 17h45. Sur l'île principale de Denarau, un bus dessert Sigatoka (plusieurs/jour ; 1 heure 30) depuis la gare routière de Nadi ; mieux vaut rejoindre cette dernière en taxi (13 min), car le dernier bus à destination de Sigatoka part entre 18h20 et 18h50.

REQUINS-BOULEDOGUES AU LARGE DE PACIFIC HARBOUR

ÎLES MAMANUCA

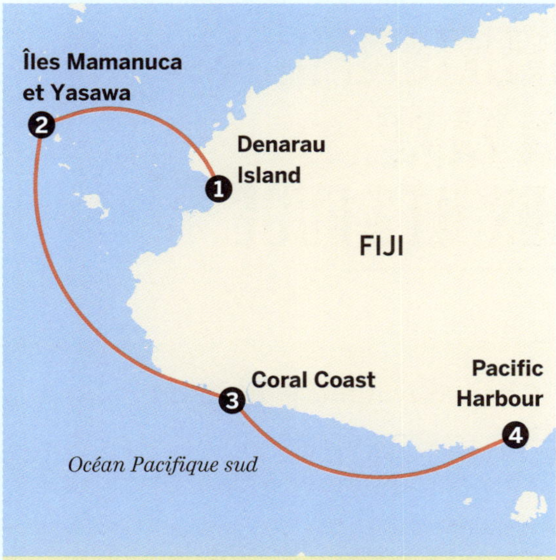

❸ Coral Coast

Figurant parmi les plus beaux paysages du littoral de Viti Levu, la Coral Coast doit son nom à la vaste barrière de corail qui la protège de la houle. Sigatoka, la plus grande localité côtière, est une excellente base pour découvrir les sites d'intérêt et activités de la région : les dunes de Sigatoka à dévaler en sandboard, le Kula Wild Adventure Park, le Coral Coast Scenic Railway au fil de paysages verdoyants, les circuits en radeau de bambou traditionnel ou en jet-boat et la visite de villages.

Prenez le bus pour Pacific Harbour (plusieurs/jour ; 2 heures).

❹ Pacific Harbour

Si Pacific Harbour est présentée comme étant la "capitale de l'aventure aux Fidji" (avec plongée avec des requins-bouledogues et parcours en tyrolienne), c'est aussi un bon point de départ pour des excursions culturelles et hors des sentiers battus pour toute la famille. Assistez aux démonstrations de firewalking (marche sur le feu) et de combat à l'Arts Village, et faites un circuit en 4x4 dans les contreforts luxuriants des Namosi Highlands.

Retournez à Nadi en bus (fréquents ; 3 heures 30) pour toute liaison aérienne internationale.

ET ENCORE...

Plus loin : Sabeto Hot Springs

Le bassin de boue au pied du mont Batilamu (surnommé "le géant endormi") est un but d'excursion enchanteur, mais salissant. Les enfants s'amuseront comme des fous en se vautrant dans la boue aux propriétés dites thérapeutiques, et les parents se réjouiront de la présence de sources chaudes sulfurées pour les rincer.

Les sources sont situées à environ 30 minutes en taxi de Denarau.

Détour : Nananu-i-Ra

Au large de Viti Levu, cette petite île vallonnée est appréciée pour ses sports nautiques, ses eaux peuplées de poissons tropicaux et ses randonnées faciles.Hébergements sommaires.

De Nadi, prenez un bus pour Ba (fréquents ; 1 heure 30) puis un bus pour Ellington Wharf (fréquents ; 3 heures). Réservez le bateau (15 min) jusqu'à votre hôtel. Pour gagner la Coral Coast, revenez à Nadi puis prenez un bus pour Sigatoka.

BOUCLE ÉPIQUE DANS LE DÉSERT ROUGE

Alice Springs – Yulara

Imprégnez-vous de paysages parmi les plus extraordinaires d'Australie à l'occasion d'un road trip, à faire de préférence en 4x4, dans le cœur désertique du pays.

EN BREF

Empreinte carbone (kg/pers) : 141
Distance (km) : 1 129
Nuits : 6
Budget : €€
Quand partir : mai-oct

❶ Alice Springs

Consacrez au moins une journée à la visite d'Alice Springs, une ville passionnante au cœur du désert rouge qui possède certaines des plus belles galeries australiennes d'art aborigène, dont l'Araluen Arts Centre. "Alice" compte également d'excellentes pistes de VTT près du site historique de Telegraph Station (où vous pourrez louer vélos et matériel) ; guettez les dingos et les wallabies des rochers.

KINGS CANYON, WATARRKA NATIONAL PARK

Parcourez 132 km vers l'ouest jusqu'à l'Ormiston Gorge Campground.

❷ Tjoritja (West MacDonnell Ranges)

Le Tjoritja/West MacDonnell National Park s'étend sur 161 km à l'ouest d'Alice. Il est ponctué de formations naturelles spectaculaires, dont Simpsons Gap, Ochre Pits, Standley Chasm, et les trous d'eau d'Ellery Creek et d'Ormiston Gorge, idéals pour se rafraîchir. Le camping est pour le moment la seule option d'hébergement au sein du parc.

Continuez pendant 245 km jusqu'à Kings Canyon via Mereenie Loop (une partie étant non goudronnée, les voyageurs qui n'ont pas de 4x4 devront retourner à Alice et rallier Kings Canyon en passant par la Stuart Hwy et la Lasseter Hwy).

❸ Kings Canyon

Si vous voyagez en 4x4, jetez un coup d'œil au cratère géant de Tnorala (Gosse Bluff) en vous rendant à

ORMISTON GORGE, TJORITJA/WEST MACDONNELL NP

Petermann, qui vous servira de base pour explorer la beauté brute du Watarrka National Park et de Kings Canyon, une merveille géologique. Réservez au camping chic du Kings Canyon Resort et levez-vous tôt le lendemain pour parcourir la Kings Canyon Rim Walk (6 km ; 3-4 heures) avant de rallier Yulara, porte d'accès à l'Uluru-Kata Tjuta National Park.

Continuez pendant 305 km jusqu'à Yulara.

4 Yulara

Déposez vos bagages à votre hébergement et gagnez l'une des aires d'observation pour admirer les couleurs changeantes du majestueux Uluru au coucher du soleil (attention aux kangourous si vous circulez de nuit). Prévoyez au moins deux jours pour explorer l'Uluru-Kata Tjuta National Park, en commençant par la Mala Walk, un circuit gratuit au pied du monolithe sacré en grès rouge sous la conduite d'un ranger. Randonnez également parmi les formations rocheuses de Kata Tjuta ("beaucoup de têtes") à l'ouest d'Uluru.

Pour regagner Alice (à 447 km de Yulara), prenez la Lasseter Hwy et la Stuart Hwy. Arrêtez-vous au Mt Conner Lookout pour admirer la mesa surnommée "Fool-uru" en raison de sa ressemblance avec Uluru, et dans des relais routiers de l'outback comme Curtin Springs Station et Erldunda Roadhouse.

ET ENCORE...

Plus loin : Hermannsburg

Au lieu de rallier Kings Canyon depuis Tnorala, prenez le LarapintaDrivejusqu'à Hermannsburg, à l'est, à la découverte des bâtiments historiques d'une ancienne mission luthérienne et des œuvres d'artistes aborigènes locaux. Continuez vers le sud-est pendant 50 km pour voir des peintures rupestres et acheter des poteries aborigènes au Wallace Rockhole.

Hermannsburg se trouve à 62 km au sud-est de Tnorala (Gosse Bluff).

Détour : Arltunga Historical Reserve

L'Arltunga Historical Reserve constitue une excursionintéressante depuis Alice. Fondée lors de la ruée vers l'or de 1887, Arltunga fut la première ville officielle d'Australie centrale et compta jusqu'à 300 habitants. Rendez-vous au centre des visiteurs, puis promenez-vous parmi les vestiges – des mines aux anciens bâtiments administratifs.

Arltunga est à 114 km au nord-est d'Alice Springs.

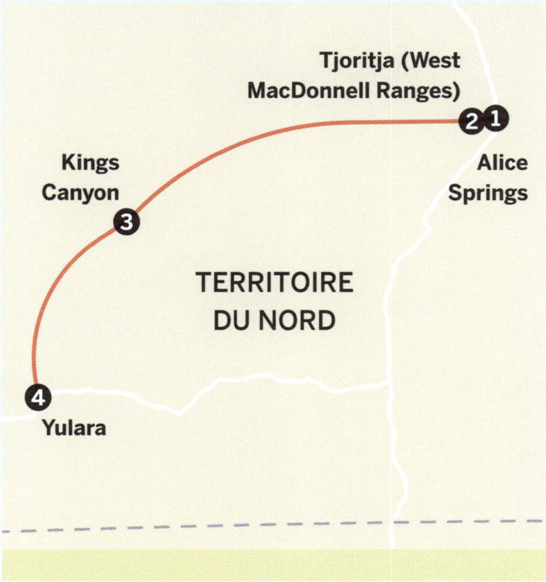

RUSSIE
4
KAZAKHSTAN
MONGOLIE
OUZBÉKISTAN
3
2
KIRGHIZISTAN
TURKMÉNISTAN
1
TADJIKISTAN
CHINE

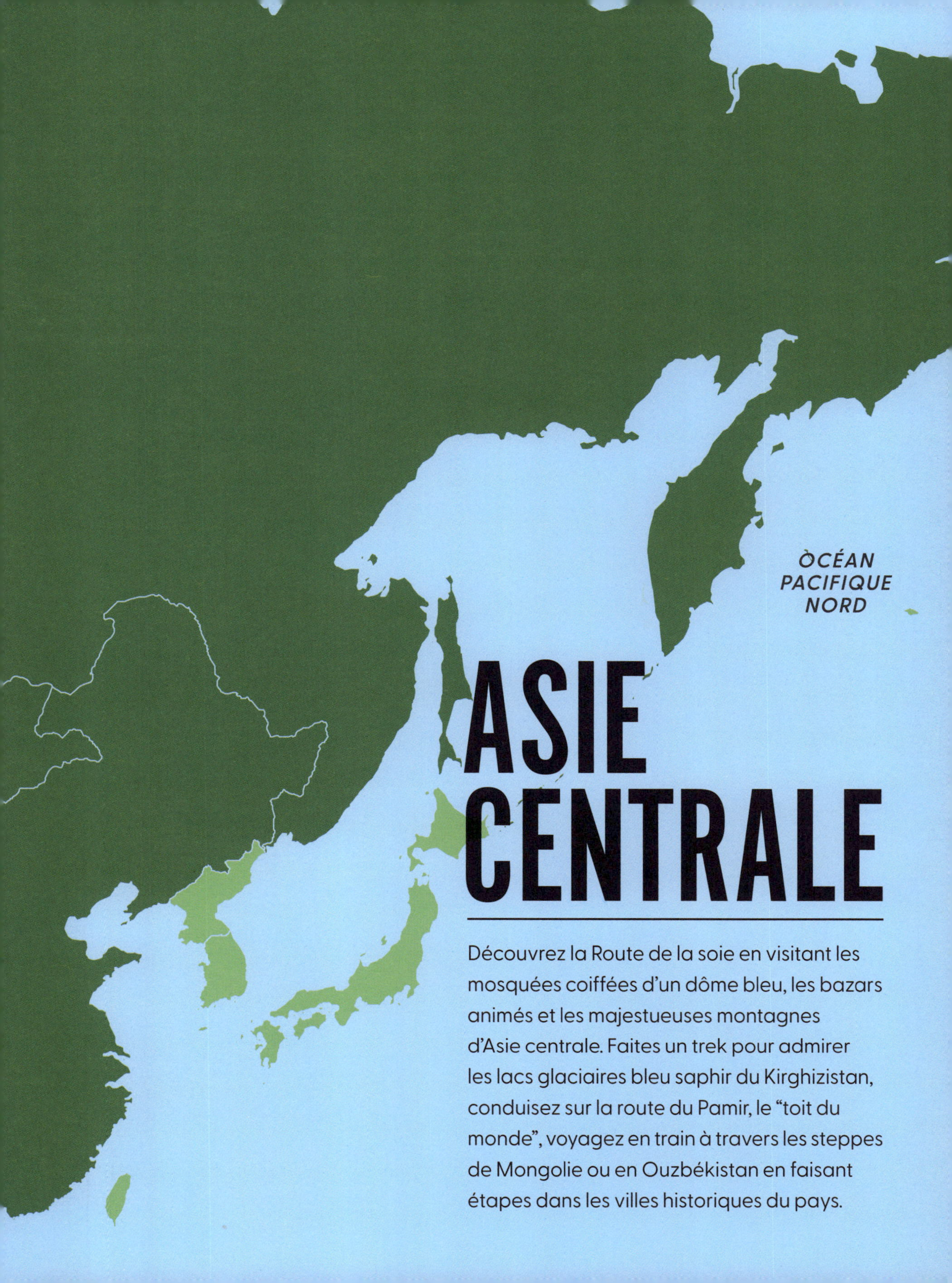

ASIE CENTRALE

Découvrez la Route de la soie en visitant les mosquées coiffées d'un dôme bleu, les bazars animés et les majestueuses montagnes d'Asie centrale. Faites un trek pour admirer les lacs glaciaires bleu saphir du Kirghizistan, conduisez sur la route du Pamir, le "toit du monde", voyagez en train à travers les steppes de Mongolie ou en Ouzbékistan en faisant étapes dans les villes historiques du pays.

LE REGISTAN À SAMARCANDE, OUZBÉKISTAN

SOMMAIRE

LA ROUTE DU PAMIR AU TADJIKISTAN

Douchanbé – Mourgab

La route la plus spectaculaire d'Asie centrale traverse le Badakhchan, une contrée reculée, jusqu'à l'aride plateau du Pamir et à Och au Kirghizistan.

INFOS

Empreinte carbone (kg/pers) : 214
Distance (km) : 1 217
Nuits : 8
Budget : €€
Quand partir : juin-oct

❶ Douchanbé

La capitale du Tadjikistan mérite absolument une visite. Admirez les façades néoclassiques de l'avenue Rudaki, la plus grande maison de thé (*tchaïkhana*) du monde et la plus grande statue de Bouddha d'Asie centrale au musée national des Antiquités, avant d'échapper à la chaleur, autour d'un thé et de brochettes à la Chaykhona Rokhat de style persan.

TREK SUR LE PAMIR PRÈS D'OCH

Le vol quotidien du matin pour Khorog dépend de la météo, soyez prêt à passer une journée de plus à Douchanbé.

❷ Khorog

Après un vol spectaculaire (parfois éprouvant), vous voici au cœur du massif de l'ouest du Pamir aux superbes pics déchiquetés. Les montagnes caramel encadrent les rues bordées de peupliers de Khorog, unique ville du Badakhchan. Passez la journée à discuter avec des Wakhis, peuple de musulmans ismaéliens, approvisionnez-vous au bazar (vous ne trouverez plus de véritables boutiques jusqu'à Och) et louez un moyen de transport pour le lendemain.

Pour gagner Och, réservez un véhicule et un chauffeur auprès d'un tour-opérateur. Le village de Langar est la première étape, à 240 km au sud-est, dans la vallée du Wakhan.

❸ Vallée du Wakhan

Cette magnifique vallée est l'un des sites les moins connus d'Asie centrale. Prenez donc le temps de

FORT DE YAMTCHOUN, VALLÉE DU WAKHAN

l'explorer. Le long de la route, des fermiers fauchent le blé, alors qu'à un jet de pierre au sud se profilent les sommets rocheux de l'Hindu Kuch. La route serpente, passe devant des forts de la Route de la soie, des sources chaudes et les vestiges d'un ancien stupa bouddhiste. Elle suit la route qu'emprunta Marco Polo pour gagner la Chine. L'hospitalité des habitants et les milliers de pétroglyphes, à quelques kilomètres du village, font de Langar un lieu tout indiqué pour la nuit.

Ralliez Mourgab à 230 km de Langar.

4 Mourgab

À partir de Langar, la route du Pamir monte rapidement sur le plateau du Pamir, vallonné, aride et désolé. Culminant à 4 000 m, d'où son surnom de "toit du monde", il n'est émaillé que de quelques tombeaux et de camps de yourtes. Arrangez-vous pour dormir dans une yourte kirghize près de la route ou dans une maison d'hôte à Mourgab, hameau du bout du monde. Au nord, au-dessus du col d'Ak-Baïtal à 4 655 m, vous passerez devant le lac Karakoul, d'un bleu saisissant, avant d'entrer au Kirghizistan après avoir travsersé le col de Kyzyl-Art.

Parcourez 410 km pour rallier Och et partir ailleurs.

ET ENCORE...

Plus loin : vallée d'Alaï

Avant de franchir le dernier col pour arriver à Och dans la vallée de Fergana, dirigez-vous à l'ouest dans la vallée reculée d'Alaï, encadrée des monts enneigés du Pamir-Alaï et du Trans-Alaï. Séjournez chez l'habitant à Sary-Moghul ou dans une yourte au pied du pic Lénine (7 134 m) et faites d'inoubliables randonnées jusqu'à des camps de base et des lacs alpins.

Effectuez ce parcours à bord d'un véhicule loué avec un chauffeur.

Détour : Och

Après les rigueurs de votre périple, la ville d'Och située sur la Route de la soie, au Kirghizistan, mérite qu'on s'y attarde un jour ou deux. Au pied d'une montagne à cinq pics, la ville est accueillante et possède un bazar animé, des brasseries avec jardin, une statue de Lénine et un lieu de pèlerinage islamique médiéval. Vous pourrez même visiter la seule yourte du monde à trois niveaux.

L'aéroport d'Och est desservi par des vols internationaux.

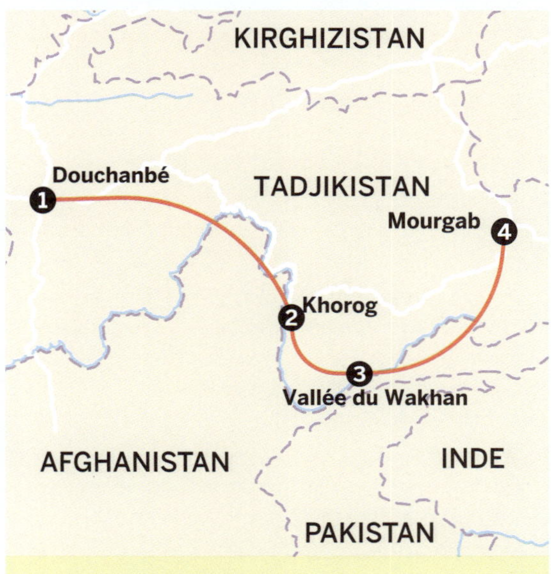

LA ROUTE DE LA SOIE EN OUZBÉKISTAN

BIEN-ÊTRE SPORT VIN ET BIÈRE CUISINE RESPONSABLE AVENTURE CULTURE SPECTACLES ARTS ARCHITECTURE HISTOIRE FAMILLE EN SOLO COURT SÉJOUR LONG SÉJOUR PLAGE HIVER FAUNE

Tachkent – Khiva

Parcourez la Route de la soie en train, passez la nuit dans les caravansérails les plus évocateurs et découvrez le passé fascinant de la région.

INFOS

Empreinte carbone (kg/pers) : 40
Distance (km) : 2025
Nuits : 12
Budget : €€
Quand partir : avr-juin, sept-oct

❶ Tachkent (Toshkent)

La capitale aux allures soviétiques mérite un ou deux jours de visite pour admirer les trois meilleurs musées du pays, dédiés à l'histoire, aux beaux-arts et aux arts appliqués. Empruntez son extraordinaire métro construit à l'époque soviétique (les photos sont autorisées depuis 2018), puis admirez, dans le centre religieux Khast Imam, le Coran d'Osman, le plus ancien au monde. Enfin, profitez des bars et des restaurants de la ville.

Prenez un train à grande vitesse pour Samarcande (3-4/jour ; 2 heures 15).

❷ Samarcande (Samarqand)

Cité de Timur Lang (Tamerlan), fondateur au XIVe siècle d'un empire en Asie centrale, Samarcande se distingue par ses monuments timourides, comme Chah-i-Zinda, l'avenue des mausolées aux somptueuses mosaïques, le mausolée de Gour-e-Amir où repose Tamerlan et l'immense mosquée Bibi-Khanoum reconnaissable à sa splendide coupole turquoise. En partie détruite par le séisme de 1897, elle fut reconstruite à partir des années 1970. Autre joyau, le Registan, une imposante place bordée de trois madrasas médiévales, est encore plus majestueux. Si vous avez le temps, visitez l'observatoire d'Ulug Beg du XVe siècle et l'atelier de fabrication traditionnelle de papier.

Quittez Samarcande pour Boukhara à bord du train rapide (2/jour ; 1 heure 30).

MARCHÉ À KHIVA

SAMARCANDE

❸ Boukhara (Buxoro)

Ancienne capitale de l'émirat de Boukhara, cette ville historique est particulièrement intéressante. Elle possède une imposante citadelle, Ark, qui révèle l'opulence des émirs et de magnifiques monuments islamiques, notamment le minaret Kalon et le mausolée Ismaïl Samani. À l'intérieur de la citadelle, vous pourrez traquer les fantômes du Grand Jeu (on appelait ainsi les rivalités russes et britanniques au XIXe siècle en Asie centrale) dans la "fosse aux insectes", un cachot. Baladez-vous dans les ruelles avant d'aller boire un thé près du bassin du Liab-i-Hauz, cœur culturel de Boukhara.

Prenez le train pour Khiva (3/semaine ; 5 heures).

❹ Khiva (Xiva)

Une journée suffit tout juste pour voir les merveilles architecturales de Khiva, la plupart étant situées dans l'enceinte de la cité. Visitez les deux résidences du khan (Koukhna Ark et le palais Tosh-Hovli) ainsi que les mosquées, les madrasas et les sanctuaires soufis dressés à chaque coin de rue, renfermant de superbes mosaïques et de petits musées. Au crépuscule, montez au sommet du minaret Islam-Khodja pour une vue remarquable sur la cité en pisé.

Prenez un train de nuit pour Tachkent (16 heures) et son aéroport international.

ET ENCORE...

Plus loin : Les citadelles du désert

La plus belle excursion d'une journée depuis Khiva consiste à faire le tour du Karakalpakstan pour admirer de nombreux forts du désert, palais et temples zoroastriens. Toprak-Qala, l'ancienne capitale du Kharezm bâtie y a 2 000 ans, et les trois forts d'Ayaz-Qala, où on peut dormir dans un camp de yourtes, comptent parmi les plus beaux sites.

Le seul moyen d'y aller consiste à louer une voiture avec chauffeur.

Détour : Chakhrisabz (Chahrisabz)

Chakhrisabz, la ville natale de Tamerlan au-delà des montagnes, abrite d'autres édifices timourides. Si des rénovations récentes l'ont privée de son charme, les ruines du palais d'Ak-Saraï impressionnent toujours. Le Dorus Siyadat, mausolée du XIVe siècle, accueille le tombeau du fils préféré de Tamerlan et la crypte qu'il se destinait.

Prenez un taxi collectif ou privé, ou louez une voiture avec chauffeur auprès d'un tour-opérateur.

TREK AU KIRGHIZISTAN

SPORT · VIN ET BIÈRE · CUISINE · **RESPONSABLE** · **AVENTURE** · **CULTURE** · SPECTACLES · ARTS · ARCHITECTURE · HISTOIRE · FAMILLE · EN SOLO · **COURT SÉJOUR** · LONG SÉJOUR · PLAGE · HIVER · **FAUNE** · BIEN-ÊTRE

Vallée de Jyrgalan – station de Jeti-Ögüz
Suivez la crête du massif du Terskeï-Alataou depuis le village de Jyrgalan jusqu'au magnifique lac d'Ala-Köl, et terminez à Jeti-Ögüz, station thermale de l'ère soviétique.

EN BREF
Empreinte carbone (kg/pers) : 0
Distance (km) : 109
Nuits : 7
Budget : €
Quand partir : juin-oct

❶ Vallée de Jyrgalan

L'écotourisme est à l'honneur dans le village de Jyrgalan, lieu de séjour idéal pour effectuer des randonnées d'une journée et rejoindre le point de départ de nombreux treks plus longs (ainsi que pour acheter des cartes topographiques). Explorez les lacs et cascades de la région, puis longez la verdoyante vallée de Jyrgalan jusqu'au sommet du Terim-Tör Bulak. Campez au pied des pics déchiquetés.

VALLÉE DE JYRGALAN

Depuis le village de Jyrgalan, une randonnée de 28 km par les cols Terim-Tör et Boz-Utchuk mène aux lacs de Boz-Utchuk.

❷ Lacs de Boz-Utchuk

Coiffant un petit plateau à l'entrée de la vallée, les trois lacs de Boz-Utchuk reflètent les étendues lointaines et sauvages typiques du Kirghizistan. Ce vaste pâturage, que traverse un cours d'eau alimenté par un glacier, se rétrécit en s'élevant vers un massif rocheux dominé par une crête dentelée. Il est parsemé de camps de yourtes de familles semi-nomades et de troupeaux.

De Boz-Utchuk marchez 30 km vers le sud-ouest en franchissant trois cols pour atteindre Altyn Arashan.

❸ Altyn-Arachan

À mi-chemin de votre trek d'une semaine, soulagez vos muscles endoloris dans les sources chaudes d'Altyn-Arachan ("spa d'or"). Faites comme les gens du cru : restez dans l'eau autant que vous le pouvez, puis sautez dans la rivière froide située à quelques pas.

LAC D'ALA-KÖL

Suivez le sentier très fréquenté de 12 km jusqu'à Ala-Köl.

❹ Lac d'Ala-Köl

C'est le trekking emblématique du Kirghizistan. L'ascension des éboulis de l'ultime pente menant au col d'Ala-Köl à 3 907 m vous essoufflera, mais la vue depuis le sommet vous laissera sans voix. Long de 3 km, le lac Ala-Köl s'étire 500 m plus bas. Alimenté par l'étincelant glacier Takyr-Tor qui le surplombe, il a pour toile de fond une rangée de pics de plus de 5 000 m. Cette vision est non seulement le point ultime de ce trek, mais de tout votre voyage au Kirghizistan.
Quittez l'Ala-Kol par le sud-ouest en traversant le col Panorama, poursuivez jusqu'au col Telety, puis descendez à Jeti-Ögüz (soit 39 km de marche).

❺ Station thermale de Jeti-Ögüz

Après un trek de plus de 100 km, cette station thermale à l'ancienne vient à point nommé. À Jeti-Ögüz, profitez, dans une ambiance toute soviétique, de bains de radon, de soins cicatrisants à base de boue ou de massages plus traditionnels.
Des minibus partent toute la journée de l'entrée principale de la station pour Karakol, une ville touristique importante et bien desservie.

ET ENCORE...

Plus loin : Turnaly Kol

Avant de quitter Jyrgalan, octroyez-vous une journée pour de courtes randonnées dans les environs. La boucle de 13 km qui monte jusqu'au Turnaly Kol (lac de la Grue) se fait en une demi-journée, ou à cheval si vous préférez économiser vos forces.
Turnaly Kol est situé juste au nord de Jyrgalan. Escaladez la crête au nord-est du village, descendez vers le lac, et revenez en traversant la petite forêt vers l'ouest.

Détour : Vallée de Tchong Kyzyl-Suu

Pourquoi ne pas marcher 22 km de plus vers l'ouest et franchir le col d'Archa-Tor (3 890 m) ? Vous pourrez y admirer de petits lacs. La faune abonde : vous avez de bonnes chances de voir des loups et des argalis.
Louez un moyen de transport pour atteindre le sentier de la station de météorologie de Kyzyl-Suu, sinon marchez 22 km de plus jusqu'au village (et les transports) de Kyzyl-Suu.

À BORD DU TRANSMONGOLIEN

Moscou, Russie – Beijing, Chine

Ce merveilleux périple, l'un des plus beaux voyages en train du monde, traverse la Russie, la Mongolie et la Chine au fil de paysages qui se transforment sans cesse.

EN BREF

Empreinte carbone (kg/pers) : 299
Distance (km) : 7 621
Nuits : 6-10
Budget : €€
Quand partir : toute l'année

❶ Moscou, Russie

Ce voyage mythique débute dans la capitale russe. Allez-y pour voir la place Rouge, la cathédrale Saint-Basile-le-Bienheureux, de splendides stations de métro et apprenez-en plus sur la riche histoire de la ville. Moscou est une ville cosmopolite abritant des bars animés, des restaurants d'avant-garde, de grands musées, des galeries d'art et de superbes parcs. C'est une étape tout indiquée avant un long voyage en train.

À Moscou, prenez le train pour Irkoutsk (7/jour ; 3-5 jours), une halte prisée en cours de voyage.

MARCHÉ DE DONGHUAMEN, BEIJING

❷ Irkoutsk et le lac Baïkal, Russie

Emportez un roman de Dostoïevski ou de Tolstoï pour ce long voyage. En traversant la Sibérie, vous verrez défiler des forêts de bouleaux à perte de vue, de bucoliques terres agricoles et de nombreuses datchas (maisons de campagne). Faites une étape de quelques jours dans la ville historique d'Irkoutsk et profitez de ses magnifiques édifices du XIXe siècle et de ses plaisirs épicuriens, avant de remonter dans le Transmongolien pour poursuivre votre périple. Juste au moment où le paysage devient monotone, vous verrez surgir de majestueux pics enneigés, puis les eaux cristallines du lac Baïkal (le plus grand de la planète) à quelques mètres seulement des fenêtres du train.

À Irkoutsk, prenez le train pour Oulan-Bator (tlj ; 27 heures).

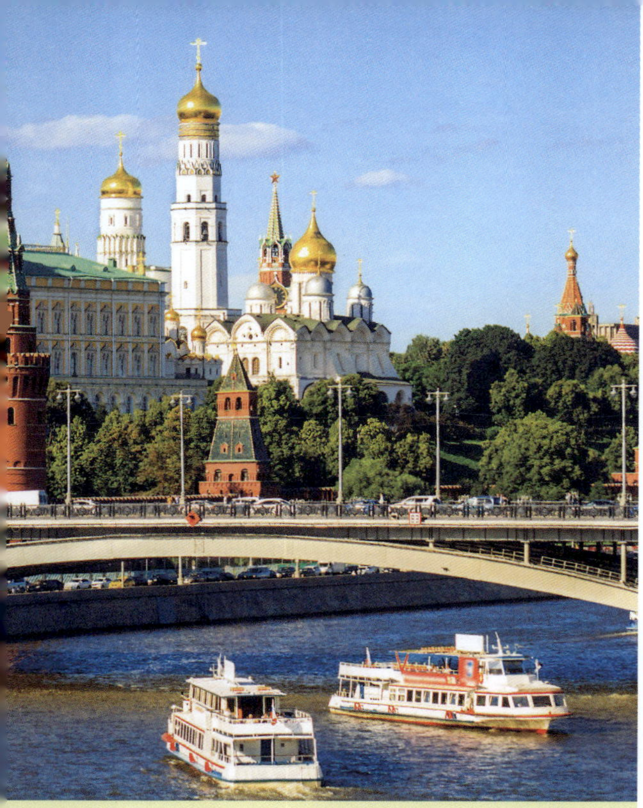
LE KREMLIN ET LA MOSKOVA, MOSCOU

❸ Oulan-Bator, Mongolie

Se réveiller dans le train et prendre conscience que l'on traverse la Mongolie est l'un des moments les plus stupéfiants de ce voyage. Ici, le paysage change : une steppe immense et vallonnée s'étire à l'infini. La plupart des passagers descendent à Oulan-Bator pour visiter les temples bouddhiques, les musées et les sites datant de l'époque soviétique, puis s'éloignent un peu de la capitale pour dormir dans une *ger* (yourte).

Le trajet d'Oulan-Bator à Beijing (tlj ; 28 heures) est le dernier tronçon du Transmongolien.

❹ Beijing (Pékin), Chine

Ce dernier tronçon de la ligne traverse l'impressionnant désert de Gobi. Le train franchit ensuite la frontière avec la Chine, dont les montagnes couvertes de pins se profilent à l'horizon. À Beijing, visitez les sites qui ont rendu la capitale célèbre dans le monde entier. Perdez-vous dans la Cité interdite et déambulez dans le Palais impérial, arpentez la gigantesque place Tiananmen et faites une excursion jusqu'à la Grande Muraille. Enfin, pour clore ce périple, passez la soirée dans le dédale des *hutong* (ruelles) de Beijing, remplies de bars et de restaurants animés.

L'aéroport de Beijing est desservi par de nombreux vols internationaux.

ET ENCORE...

Plus loin : Vladivostok, Russie

Arrivé à Irkoutsk, plutôt que de vous rendre à Oulan-Bator, en Mongolie, vous pouvez traverser la Russie jusqu'à Vladivostok, le dernier arrêt de la ligne du Transsibérien. Cette passionnante ville d'Extrême-Orient offre culture et vie nocturne animée.

À Irkoutsk, montez dans le Transsibérien jusqu'à Vladivostok (3/jour ; 72 heures), dont l'aéroport est desservi par des vols internationaux.

Détour : Harbin, Chine

Pour ceux qui préfèrent les routes (ou les voies ferrées) moins fréquentées, le Transmandchourien part aussi de Moscou, traverse la Sibérie puis contourne la Mongolie et franchit la frontière avec la Chine. Descendez à Harbin, ville frontalière connue pour son festival de glace et de neige (déc-fév) avant de poursuivre jusqu'à Beijing.

De nombreux trains circulent entre Harbin et Beijing (8/jour ; 10-16 heures).

RUSSIE
CHINE
3
TAÏWAN
HONG KONG

EST DE L'ASIE

Au Japon, où se mêlent tradition et avant-garde, découvrez l'architecture ancienne et la culture urbaine, explorez le chemin de pèlerinage du Kumano Kodo, rêvez devant les cerisiers en fleur, dévalez les pistes de ski d'Hokkaidō et goûtez les spécialités locales – une exploration culinaire qui se prolonge à Hong Kong, avec son festival de saveurs. En Corée, à la trépidante Séoul succèdera la détente sur les plages de l'île de Jeju. Enfin, en Extrême-Orient russe, des paysages infinis d'une saisissante beauté sont à contempler à bord du Transsibérien.

TEMPLE SENSŌ-JI, TOKYO

SOMMAIRE

HOTEL GRACERY
TOHO CINEMAS
IMAX
歌舞伎町にウシジマ社長、降臨!!
10.22
KABUKI町
GODZILLA ROAD
GANTZ:O
10.14
ROADSHOW
MARUHAN
マルハン新宿東宝ビル店
SHIDAX
BIC DRUG
BIC CAMERA × SHIDAX
カラオケ館
747 カラオケランド
Booth
ネットカフェ & カプセル 8F~5F
CENTRAL R
虎の子 4F
山内農場 5F
お好み焼き 2階
とらそば 1F
かっぱ B1
海の家へ
大衆酒場 トラノコ
歩行者専用

LES SENTIERS DU KUMANO KODO AU JAPON

Tanabe – Kumano Nachi Taisha

Célèbre chemin de pèlerinage, le Kumano Kodo passe par la montagne, la forêt, des stations thermales et trois sanctuaires shinto. Nombreuses navettes par bus.

EN BREF

Empreinte carbone (kg/pers) : 4
Distance (km) : 128
Nuits : 3
Budget : €
Quand partir : mars-juin, sept-déc

❶ Tanabe

Arrivé en train d'Osaka ou de Kyoto, faites le plein de provisions autour de la gare et renseignez-vous au proche office du tourisme sur les horaires des bus, les itinéraires, les hébergements et les bagages (qui peuvent être portés d'une étape à l'autre). Plusieurs bus circulent dans la journée, et les auberges ne manquent pas.

Prenez le bus pour Kawayu Onsen (2 heures).

❷ Kawayu Onsen

Passez la nuit dans ce village dont la rivière est chauffée par des sources souterraines. Comme les habitués, creusez un petit bassin dans les graviers.

Rendez-vous en bus à Hosshinmon-oji (30 min).

KAWAYU ONSEN

❸ Kumano Hongu Taisha

De l'arrêt de bus Hosshinmon-oji, la randonnée de 7 km au Hongu Taisha, le premier des trois principaux sanctuaires du Kumano Kodo, est un incontournable. Une fois passé sous le grand torii (portique d'entrée) qui domine les rizières, il faut gravir un long escalier en pierre bordé de cèdres et de cyprès pour l'atteindre.

Montez dans un bus à destination de Yunomine Onsen (15 min).

❹ Yunomine Onsen

Une rivière tumultueuse traverse ce village dont les sources chaudes sont connues depuis 1 800 ans. Ses chambres d'hôtes rustiques, ses auberges traditionnelles et son petit établissement de bain donnent l'impression que le temps s'est arrêté. Vous pourrez même faire cuire vos repas dans les "onsen de cuisson" de Yunomine.

Gagnez en bus Michi-no-eki Kumano-gawa (40 min).

❺ Kumano Hayatama Taisha

C'est par le fleuve Kumano que les fidèles rejoignaient le Kumano Hayatama Taisha – deuxième sanctuaire

GARDIENS DU KUMANO HONGU TAISHA

le plus sacré –, situé à son embouchure (un trajet de 1 heure 30 aujourd'hui sur un bateau à fond plat au départ d'Hitari). Au-dessus de ses pavillons vermillon, le Kamikura-jinja s'atteint par un escalier raide. Ce petit sanctuaire jouxte le rocher sur lequel les dieux de Kumano seraient descendus. La corde qui l'entoure marque son caractère sacré.

Empruntez le bus qui dessert la gare de Kii-Katsuura (35 min).

❻ Katsuura

Ce port de pêche – attendez-vous à manger du poisson frais au dîner ! – mérite une halte pour ses auberges dotées de sources chaudes, certaines avec vue sur la mer.

Poursuivez en bus jusqu'au Daimon-zaka (20 min).

❼ Kumano Nachi Taisha

Desservi par un spectaculaire sentier pavé bordé de cèdres, le troisième grand sanctuaire du Kumano Kodo est d'une beauté intemporelle : sa pagode se détache sur fond de collines boisées, à côté de la plus haute chute d'eau du Japon (Nachi-no-taki, 133 m).

Retournez en bus à la gare de Kii-Katsuura. Là, prenez le train pour Osaka ou Kyoto.

ET ENCORE...

Plus loin : Kōya-san

Sur la péninsule de Kii, entre la région de Kumano et Osaka, le mont Kōya est le berceau du bouddhisme Shingon, né ici au début du IXe siècle. Ses temples, ses monuments et la nature environnante séduiront même les plus profanes. Logez dans l'un des nombreux shukubō (hébergement dans un temple ; repas végétariens).

Un funiculaire et un train express relient le Kōya-san à Osaka (1 heure 30).

Détour : Ise-Jingū (grand sanctuaire d'Ise)

Entre Kumano et Nagoya, le principal lieu saint du shintoïsme au Japon occupe deux sites boisés : le Gekū, dédié au dieu de l'agriculture (près de la gare ferroviaire), et le Naikū, consacré à la gardienne de la nation japonaise, 6 km plus loin. Restaurants à proximité.

Prenez un train express Kintetsu pour Ise-Jingū de Nagoya (1 heure 15), Osaka (1 heure 45) ou Kyoto (2 heures 15).

GASTRONOMIE NIPPONE DANS LE TOHOKU

Aomori – Niigata

Rapide ou plus lent, le train vous emmènera dans une région parmi les moins touristiques du Japon, qui brille pourtant par ses paysages et sa cuisine.

EN BREF

Empreinte carbone (kg/pers) : 15
Distance (km) : 461
Nuits : 6
Budget : €€
Quand partir : mai-oct

❶ Aomori

Les touristes ont bien tort de dédaigner le Tohoku, région du nord-est de Honshu – la plus grande île du Japon – réputée pour ses délicieuses spécialités culinaires. Commencez par Aomori, tout au nord. Cette plaisante ville côtière organise chaque année la Nebuta Matsuri, une parade de chars traditionnels se déroulant en août (un musée lui est consacré). Son marché au poisson (Furukawa) est très réputé.

Rejoignez Hirosaki, au sud, en train (fréquents ; 35 min).

❷ Hirosaki

Bienvenue au pays des pommes, déclinées ici sous toutes les formes : tarte, cidre, spectacle de pommiers en fleur… et plusieurs spécialités locales à ne pas manquer. Ancien fief du clan Tsugaru, Hirosaki s'enorgueillit d'une riche histoire dont témoignent son magnifique château (avec petit musée), entouré de jardins, ainsi que plusieurs temples et pagodes.

Prenez le Ou Main Limited Express jusqu'à Akita (4/jour ; 2 heures).

❸ Akita

Il y a trois choses qu'il faut absolument goûter à Akita, sur la côte ouest de Honshu : les Inaniwa udon, nouilles façonnées et étirées à la main souvent servies avec une sauce au soja ou au sésame ; le kiritanpo, du riz pilé au miso écrasé autour d'un bâtonnet pour être grillé au charbon de bois ; et le saké de la région.

À la gare d'Akita, prenez un train Inaho pour Sakata (3/jour ; 1 heure 30).

CHÂTEAU DE HIROSAKI

SHOJIN RYORI (CUISINE DES TEMPLES), TSURUOKA

❹ Sakata

On vient à Sakata pour une seule et unique raison : les ramen. Ces délicieuses nouilles de fabrication artisanale flottent dans un délicat bouillon à base de poisson volant, d'anchois séchés et de bonite. Une fois rassasié, visitez les entrepôts Sankyo (1893), utilisés pour le riz, dont l'un a été transformé en musée.

Empruntez un train de la ligne Uetsu vers le sud jusqu'à Tsuruoka (7/jour ; 30 min).

❺ Tsuruoka

Ce n'est pas un hasard si Tsuruoka a vu sa cuisine traditionnelle distinguée par l'Unesco ! Sushis et sashimis à base de produits extra-frais, tofu au sésame ou Shojin Ryori – la cuisine végétalienne des moines bouddhistes – sont à tomber.

Prenez un train Inaho pour Niigata (4/jour ; 2 heures).

❻ Niigata

Le riz produit autour de la ville côtière de Niigata et le saké à partir duquel il est distillé seraient les meilleurs du Japon. Vérifiez par vous-même au comptoir d'un izakaya (bistrot).

Retour à Tokyo par le Shinkansen (le TGV nippon ; ttes les heures ; 2 heures).

ET ENCORE...

Plus loin : les trois monts de Dewa

Dewa-Sanzan est le nom collectif de trois mont sacrés shinto près de Tsuruoka : le Haguro-san – dont la pagode de cinq niveaux à son pied est classée Trésor national –, le Gas-san et le Yudono-san. La renommée des monts de Dewa vient aussi du restaurant Hagurosan Saikan, en pleine forêt, où goûter le Shojin Ryori, la cuisine végétalienne bouddhique.

Prenez le bus à la gare de Tsuruoka pour Haguro-san (5/jour ; 1 heure).

Détour : Sukayu Onsen

Cette petite station thermale dans les montagnes au sud d'Aomori est composée de plusieurs bassins, dont le grand sen-nin-buro, le "bain de mille personnes". Mixte, il peut en fait accueillir 200 baigneurs, et vous ne serez pas obligé d'être nu comme les habitants pour profiter de ses eaux aux vertus curatives.

De la gare d'Aomori, de nombreux bus desservent le Sukayu Onsen (50 min).

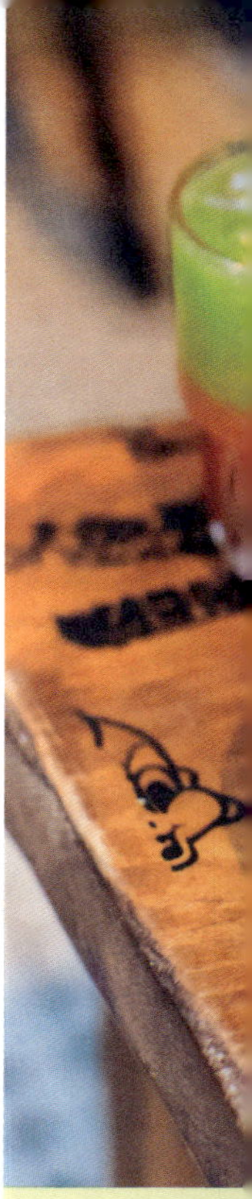

PLAISIRS DE LA TABLE À HONG KONG

Île de Hong Kong – île de Lantau

À Hong Kong, les marchés, la cuisine de rue et les restaurants de haut vol sont un paradis pour les gourmets… à découvrir à pied et en transport en commun.

EN BREF

Empreinte carbone (kg/pers) : 5
Distance (km) : 47
Nuits : 4
Budget : €
Quand partir : toute l'année

❶ Île de Hong Kong

Le cœur de Hong Kong bat dans les quartiers de Central, Wan Chai et Causeway Bay, et la scène culinaire y est très créative, que ce soit avec Otto e Mezzo ou Bo Innovation – tous deux étoilés au Michelin –, ou chez Mak's Noodle, une gargote où déguster potages et raviolis traditionnels. En prenant le tram rétro, surnommé Ding-Ding, vous vous arrêterez à des marchés de produits frais, des échoppes de plantes médicinales, des salons de thé, des fabriquants de nouilles ou de sauce soja, etc.

Prenez le Star Ferry qui traverse Victoria Harbour jusqu'à Tsim Sha Tsui, à Kowloon (fréquents ; 10 min).

❷ Kowloon

Le front de mer de Kowloon, sur le continent, est marqué par les immeubles étincelants et les centres commerciaux de Tsim Sha Tsu, où T'ang Court concocte de délicieuses spécialités cantonaises. Pour la cuisine de rue, direction le Ladies Market et ses stands de poulpe grillé, boulettes de bœuf et dim sum. Rapide et efficace, le MTR (métro) vous emmènera ensuite au nord-est à Sai Kung, dans les Nouveaux Territoires. Là, les pêcheurs vendent leurs prises depuis leur sampan. Pour finir, commandez des crabes au piment, des palourdes au poivre et des oursins au Chuen Kee Seafood.

BOUDDHA DU MONASTÈRE DE PO LIN, ÎLE DE LANTAU

DÉJEUNER À LA MODE DE HONG KONG

Prenez le Star Ferry jusqu'à Central, puis montez à bord du Lamma Ferry (ttes les 20 min ; 1 heure).

❸ Île de Lamma

Lamma est un havre verdoyant où se mêlent expatriés et pêcheurs du cru. Des dizaines d'établissements y servent des fruits de mer allant de la langouste aux ormeaux. Pour un dîner plus romantique, marchez jusqu'au charmant port de Yung Shue Wan, de l'autre côté des collines, et régalez-vous de couteaux, mérou et mantes de mer au Lamcombe Seafood Restaurant, qui a pour spécialité les pétoncles vapeur aux vermicelles transparents et gingembre émincé.
Retournez sur l'île de Hong Kong, d'où un ferry vous déposera à Lantau (fréquents ; 1 heure 30).

❹ Île de Lantau

Sacrifiez au rituel : grimpez jusqu'au bouddha géant qui coiffe l'île et requinquez-vous à côté avec la délicieuse cuisine végétarienne des moines du monastère de Po Lin, Si vous avez des enfants, optez plutôt pour Discovery Bay, sa plage, sa marina et ses restaurants de cuisine internationale, ou mieux encore : visitez l'attraction phare de Lantau, Hong Kong Disneyland.
L'aéroport international de Hong Kong, près de Lantau, assure des liaisons avec le monde entier.

ET ENCORE...

Plus loin : Macao

Les visiteurs affluent dans cet ancien comptoir portugais pour deux raisons : les casinos géants qui en ont fait le "Las Vegas de l'Asie" et son architecture séculaire, mêlant influences portugaises et chinoises, inscrite au patrimoine mondial de l'Unesco.
Des ferries rapides pour Macao lèvent l'ancre de l'embarcadère de Sheung Wan sur l'île de Hong Kong (ttes les 30 min ; 55 min).

Détour : sentier du Dragon's Back

Derrière ses gratte-ciel futuristes, Hong Kong cache quelques parcelles préservées, idéales pour la randonnée. Les plus chevronnés s'attaqueront au redoutable MacLehose Trail, les autres se lanceront sur le "dos du dragon", un sentier de crête qui rejoint Shek O Beach en bord de mer.
De la station MTR Central, prenez l'Island Line jusqu'à Shau Kei Wan, puis le bus n°9 pour To Tei Wan (1 heure 15).

PERLES DE L'EXTRÊME-ORIENT RUSSE

SPORT · VIN ET BIÈRE · CUISINE · RESPONSABLE · AVENTURE · CULTURE · SPECTACLES · ARTS · ARCHITECTURE · HISTOIRE · FAMILLE · EN SOLO · COURT SÉJOUR · LONG SÉJOUR · PLAGE · HIVER · FAUNE · BIEN-ÊTRE

Vladivostok – Birobidzhan

Dans le lointain Extrême-Orient russe, plusieurs trains desservent des poches urbaines perdues au milieu de paysages grandioses.

EN BREF

Empreinte carbone (kg/pers) : 174
Distance (km) : 4 224
Nuits : 28
Budget : €€
Quand partir : avr-oct

❶ Vladivostok

La ville la plus dynamique et cosmopolite de l'Extrême-Orient russe s'est développée autour de hautes collines dévalant vers la côte pacifique. Baignée par la mer du Japon et base navale depuis la fin du XIXe siècle, elle est le terminus du Transsibérien et présente un curieux mélange de bâtiments anciens et modernes, quelques excellents musées et une intéressante scène culinaire. Ne manquez pas le centre d'art contemporain Zarya, installé dans une ancienne usine de confection, ni la brève montée en téléphérique jusqu'au splendide point de vue sur le gigantesque pont à haubans de la Corne d'or, qui relie l'île Rousski au continent.

Prenez le train pour Khabarovsk (8/jour ; 11-15 heures).

❷ Khabarovsk

Un joli parc avec plage le long du fleuve Amour constitue la carte maîtresse de cette ville de plus de 600 000 habitants, à 30 km environ de la frontière chinoise. Elle arbore plusieurs beaux édifices du tournant des XIXe-XXe siècles, en particulier celui qui héberge le musée régional.

La ligne ferroviaire Magistrale Baïkal-Amour (BAM) conduit à Komsomolsk-na-Amure (2/jour ; 10 heures).

❸ Komsomolsk-sur-l'Amour

Changement d'ambiance 400 km plus au nord, toujours au bord de l'Amour, avec cette cité industrielle dont les fresques colorées sont dans le plus pur style socialiste et ses bâtiments néoclassiques de l'époque stalinienne.

Reprenez le BAM jusqu'à Tynda (1/jour ; 38 heures).

CO-CATHÉDRALE DE LA TRINITÉ, TYNDA

GARE DE KHABAROVSK

❹ Tynda
Sans surprise, l'ancienne base arrière pour la construction du BAM a comme principal intérêt un musée consacré à la ligne ferroviaire ainsi qu'aux Evenks, un peuple autochtone. Sa gare ne déparerait pas dans un film de science-fiction.

Les jours impairs, un train direct dessert Blagoveshchensk (16 heures).

❺ Blagoveshchensk
Face à Heihe, sur la rive chinoise de l'Amour, cette modeste ville frontalière ne se distingue guère de ses voisines perdues de l'Extrême-Orient russe. Elle conserve toutefois de nombreux bâtiments de l'époque tsariste, dont le musée de l'Oblast de l'Amour.

Ralliez en train Birobidzhan (1/jour ; 10 heures 45).

❻ Birobidjan
Bienvenue dans la capitale de l'Oblast autonome juif de Russie, créé par Staline en 1934, à ce jour le seul territoire juif officiel en dehors d'Israël. La menorah géante devant la gare, le musée consacré aux premiers colons et le centre Freud témoignent de sa spécificité culturelle et religieuse.

Retournez à Khabarovsk (6/jour ; 2 heures 30), pour prendre l'avion vers d'autres destinations.

ET ENCORE...

Plus loin : Iakoutsk
Même pour les standards sibériens, la capitale de la république de Sakha est reculée. Dans cette ville bâtie sur le pergélisol, les visiteurs arpentent les galeries souterraines ou partent en croisière aux Colonnes de la Léna, une curiosité géologique vieille de 35 millions d'années.

Iakoutsk est desservie par le rail et la route, mais il est plus rapide de venir en avion depuis Khabarovsk (2 heures 45) ou Vladivostok (3 heures 15).

Détour : Kamchatka
Volcans enneigés, geysers bouillonnants, rivières à saumons et vastes troupeaux de rennes, cette péninsule de glace et de feu se démarque aux confins de la Russie. Petropavlovsk-Kamchatsky en est la porte d'accès. Le joli village d'Esso, à 10 heures de route au nord, est proche des sentiers de l'excellent parc naturel de Bystrinski.

Il y a des vols au départ de Khabarovsk (3 heures) et de Vladivostok (3 heures 30).

TOKYO, LES CINQ LACS ET LE MONT FUJI

BIEN-ÊTRE SPORT VIN ET BIÈRE CUISINE RESPONSABLE AVENTURE CULTURE SPECTACLES ARTS ARCHITECTURE HISTOIRE FAMILLE EN SOLO COURT SÉJOUR LONG SÉJOUR PLAGE HIVER FAUNE

Tokyo – Mont Fuji

Après la frénésie de la capitale nippone, empruntez trains et bus vers des emblèmes du Japon éternel, autour du sublime mont Fuji.

EN BREF

Empreinte carbone (kg/pers) : 11
Distance (km) : 343
Nuits : 10
Budget : €€
Quand partir : mars-oct (juil-déb sept pour l'ascension du mont Fuji)

❶ Tokyo

Il faut passer plusieurs jours dans la capitale du Japon pour réellement s'imprégner de son ambiance. Laissez-vous surprendre par le quartier de Harajuku, mêlez-vous à la foule qui traverse le carrefour de Shibuya, profitez de la vie nocturne à Shinjuku et découvrez le vieux Tokyo à Asakusa.

Prenez la ligne JR Yokosuka jusqu'à Kamakura (trains ttes les 15 min ; 55 min).

❷ Kamakura

À moins d'une heure de Tokyo, Kamakura surprend par son ambiance détendue de bord de mer, ses restaurants locavores et sa multitude de temples. Le témoignage le plus important de son passé est le grand bouddha Amida, un bronze datant de 1252.

Prenez la ligne JR Yokosuka jusqu'à Ofuna (trains ttes les 10-15 min), la ligne JR Tōkaidō jusqu'à Odawara (train ttes les 20 min), puis la ligne Hakone Tozan jusqu'à la gare de Hakone-Yumoto (train ttes les 10 min), soit 1 heure 15 de trajet en tout.

❸ Hakone

Hakone est un lieu d'escapade très populaire chez les Tokyoïtes. On vient y admirer le mont Fuji qui domine le lac Ashi, des eaux duquel émerge le torii vermillon du sanctuaire Hakone-Jinja, ainsi que des œuvres de Rodin, Miró et Picasso logées dans le Musée en plein air. Dans la montagne se cachent des ryokan (auberges traditionnelles) et des onsen (bains thermaux).

Prenez un bus pour Gotemba à la gare de Hakone-Yumoto en changeant à Sengokuhara (ttes les 20 min ; 50 min), il dessert le lac Kawaguchi (ttes les 20 min ; 45 min)

CARREFOUR DE SHIBUYA, TOKYO

LE MONT FUJI DOMINANT LE LAC ASHI

❹ Fujigoko
Si la star incontestée des lieux reste le mont Fuji, les cinq lacs à ses pieds et dans les eaux desquels le cône volcanique se reflète ne déméritent pas. Enfilez vos chaussures de randonnée, prenez votre appareil photo et partez immortaliser le célèbre volcan depuis les lacs de Yamanaka-ko, Kawaguchi-ko, Sai-ko, Shōji-ko et Motosu-ko.
Prenez le bus entre le lac Kawaguchi et la 5e station du mont Fuji (1 heure, environ ttes les 1 heure 30 de 9h à 15h durant la saison d'ascension).

❺ Mont Fuji
Inscrit au patrimoine mondial de l'Unesco, le mont Fuji (3 776 m) est l'emblème du Japon. Son ascension ne doit pas être prise à la légère car il s'agit d'un trek éprouvant et les conditions météo peuvent changer en un instant. Vous serez toutefois récompensé par un paysage éblouissant. L'itinéraire le plus fréquenté, le sentier Yoshida, permet d'atteindre le sommet en 6 heures environ. La saison officielle s'étend de début juillet à début septembre.
De la 5e station du mont Fuji, un bus direct dessert Tokyo (ttes les heures ; 2 heures).

ET ENCORE...

Plus loin : Yokohama
La ville portuaire et cosmopolite de Yokohama vaut bien une excursion d'une journée, en raison de sa scène artistique dynamique, sa gastronomie et sa vie nocturne animée. Ses nombreuses brasseries artisanales attireront les amateurs de bière. S'ajoutent à cela un quartier chinois plein de vie et une multituded'attractions pour les familles.
Des trains JR relient Tokyo à Yokohama (ttes les 10 min ; 25-30 min).

Détour : péninsule d'Izu
Envie de décompresser ? Prolongez le voyage de quelques jours dans la péninsule d'Izu, 100 km au sud-ouest de Tokyo. Ses côtes accidentées recèlent des villes balnéaires comme Itō, Shimoda, Ō-shima et Shirahama. Plages, baignade et thermalisme en plein air figurent au programme.
Des trains relient les principales villes depuis Tokyo et des bus sillonnent la péninsule, mais mieux vaut être motorisé.

LE JAPON À TRÈS GRANDE VITESSE

BIEN-ÊTRE SPORT VIN ET BIÈRE CUISINE RESPONSABLE AVENTURE CULTURE SPECTACLES ARTS ARCHITECTURE HISTOIRE FAMILLE EN SOLO COURT SÉJOUR LONG SÉJOUR PLAGE HIVER FAUNE

Tokyo – Hiroshima

Grâce au TGV nippon, vous passerez en un éclair du chaos de Tokyo à la splendeur de Kyoto, de l'architecture traditionnelle de Nara à Hiroshima et son message de paix.

EN BREF

Empreinte carbone (kg/pers) : 32
Distance (km) : 1 600
Nuits : 8
Budget: €€€
Quand partir : toute l'année

❶ Tokyo

Forêt d'enseignes géantes au néon, gratte-ciel vertigineux, robots serveurs dans les restaurants, lutteurs de sumo... une fois que vous aurez coché la liste des clichés, partez à la recherche des autres facettes de la capitale. Testez des tables étoilées au Michelin, faites la tournée des bars de Shinjuku, égosillez-vous dans un karaoké, visitez des galeries avant-gardistes et des temples séculaires, flânez dans de vastes parcs et passez des heures dans de grands magasins remplis de gadgets futuristes.

Trois types de Shinkansen circulent sur la ligne Tōkaidō jusqu'à Kyoto (ttes les 10-20 min ; 2 heures 30) ; le Nozomi est le plus rapide.

PAGODE DU TŌ-JI, KYOTO

❷ Kyoto

Après la trépidante Tokyo, quelques jours de sérénité dans la capitale culturelle du pays seront les bienvenus. Explorez des jardins paisibles, quelques-uns de ses 2 000 temples, des ruelles où vous croiserez peut-être une élégante *geiko* (geisha de Kyoto) ; goûtez à la cuisine kaiseki (fine cuisine locale) et dégustez une tasse de matcha dans une vénérable maison de thé, puis rejoignez le marché de Nishiki, avec ses stands de produits alimentaires et ses restaurants.

Prenez un train de la ligne Kintetsu entre Kyoto et Nara (toutes les 10 min ; 35 min).

❸ Nara

Nara – la première capitale du Japon – vaut amplement une journée de visite depuis Kyoto.

GRAND BOUDDHA (DAIBUTSU), NARA

Les sites les plus en vue occupent le grand parc Nara-kōen, peuplé de daims, et ses alentours. Parmi les incontournables figurent le colossal Daibutsu (Grand Bouddha) en bronze doré, d'une quinzaine de mètres de haut, et le Musée national, dont la collection d'art bouddhique est exceptionnelle.

Reprenez la ligne Kintetsu pour regagnez Kyoto, puis prenez un Shinkansen de la ligne JR Sanyō jusqu'à Hiroshima (ttes les 20 min ; 1 heure 30).

4 Hiroshima

Enracinée dans la mémoire collective comme le lieu de la première attaque nucléaire, Hiroshima attire à ce titre des visiteurs du monde entier. Son parc et son musée du Mémorial de la paix, de même que le Dôme de la bombe A évoquent ce passé pour mieux lancer un émouvant message pacifiste. En dépit de ses blessures, la ville présente un aspect moderne et résolument cosmopolite. On y mange par ailleurs très bien, notamment une spécialité locale d'*okonomiyaki* (ingrédients enrobés dans une pâte et cuits sur une plaque chauffante).

Prenez un Shinkansen de la ligne JR Sanyō pour rentrer à Tokyo (ttes les 20 min ; 4 heures).

ET ENCORE...

Plus loin : Himeji

Sur le trajet entre Kyoto et Hiroshima, n'hésitez pas à faire une halte à Himeji. Là se dresse l'immense château du Héron blanc, l'un des plus anciens et des mieux préservés du Japon. Il doit son nom à la forme de son architecture et la couleur de ses enduits extérieurs. Depuis le dernier étage, on a une superbe vue sur la ville.

Himeji est l'un des arrêts du Shinkansen sur la ligne JR Sanyō.

Détour : Miyajima

Avant de retrouver Tokyo, faites une incursion sur cette île classée au Patrimoine mondial et considérée comme l'un des trois sites les plus photogéniques du pays. Elle le doit notamment à son torii (portique de temple) vermillon haut de 16 m qui, à marée haute, semble flotter au-dessus de l'eau.

À la gare d'Hiroshima, prenez le tram n°2 pour le terminal maritime de Miyajima-guchi d'où partent les ferries pour l'île (10 min ; ttes les 15 min).

LA ROUTE DES CERISIERS EN FLEUR

VIN ET BIÈRE · CUISINE · RESPONSABLE · AVENTURE · CULTURE · SPECTACLES · ARTS · ARCHITECTURE · HISTOIRE · FAMILLE · EN SOLO · COURT SÉJOUR · LONG SÉJOUR · PLAGE · HIVER · FAUNE · BIEN-ÊTRE · SPORT

Matsuyama – Tokyo

Suivez la floraison éphémère des cerisiers (*sakura*) qui débute au sud pour s'achever au nord du Japon : partout, le spectacle est magique.

EN BREF

Empreinte carbone (kg/pers) : 37
Distance (km) : 980
Nuits : 10
Budget : €€€
Quand partir : mi-mars à début avr

❶ Matsuyama

Sur l'île de Shikoku, cette élégante ville thermale abrite le légendaire Dogo Onsen, l'un des plus beaux établissements de bains du Japon, qui date du XIXe siècle. Les visiteurs y viennent aussi pour son château féodal perché sur la colline de Katsuyama – un spectacle mémorable au printemps, quand les quelque 200 cerisiers qui l'entourent sont en fleur.

Prenez l'hydroptère pour rentrer à Hiroshima (1 heure 15).

COLLINES FLEURIES DE YOSHINO

❷ Hiroshima

Hiroshima est loin de se résumer à la tragédie qui l'a frappée à la fin de la Seconde Guerre mondiale. Outre ses monuments commémoratifs comme le Dôme de la bombe A et le musée du Mémorial de la paix, cette ville accueillante se distingue par ses galeries d'art, ses excellents restaurants et ses espaces verts comme le parc Hijiyama-kōen, non loin du centre. C'est l'endroit préféré des habitants pour admirer les cerisiers en fleur.

Prenez le Shinkansen pour rejoindre Kyoto (ttes les heures ; 1 heure 20).

❸ Kyoto

Sans surprise, Kyoto, l'une des plus belles villes du Japon, attire les foules à la saison des cerisiers en fleur. Les sites touristiques et les parcs sont envahis lorsque les arbres plantés le long des canaux, dans l'enceinte des temples et à l'intérieur des jardins se couvrent de fleurs délicates. Ceux du Maruyama-kōen, de la promenade du philosophe et du parc du Palais impérial composent un tableau enchanteur.

RIVIÈRE MEGURO, TOKYO

À la gare Kintetsu de Kyoto, prenez la ligne Kintetsu Yoshino jusqu'au terminus (ttes les 30 min ; 1 heure 45).

4 Yoshino

Bien qu'isolé à l'extrémité nord des monts Kii, le village de Yoshino est l'endroit le plus visité du pays pour admirer la floraison des cerisiers, d'où une forte affluence à cette occasion. Le plus beau point de vue sur les collines drapées d'une robe rose pâle constituée par près de 30 000 arbres fleuris est appelé *hitome-senbon* (littéralement "mille arbres d'un seul coup d'œil").

Reprenez la ligne Kintetsu Yoshinopour revenir à Kyoto puis prenez le Shinkansen pour Tokyo (ttes les 20 min ; 2-3 heures).

5 Tokyo

Quand les fleurs de cerisier s'épanouissent, les Japonais se pressent dans les parcs de la capitale – en particulier le Yoyogi-kōen, le Ueno-kōen et le Shinjuku-gyōen – ainsi que les sentiers qui longent la rivière Meguro pour pique-niquer et méditer sur la brièveté de la vie.

Les deux aéroports internationaux de Tokyo assurent des liaisons avec le monde entier.

ET ENCORE...

Plus loin : Hirosaki

Pour prolonger le voyage au pays des fleurs au-delà de Tokyo, direction Hirosaki. Cette ville de la préfecture d'Aomori à la pointe nord de l'île de Honshu s'étend à l'ombre du mont Iwaki. L'immense parc Hirosaki-kōen autour du château (XVIIe siècle) est planté de plus de 5 000 cerisiers.

Shinkansen jusqu'à Shin-Aomori (ttes les heures ; 3 heures 30), puis train local jusqu'à Hirosaki (ttes les heures ; 35 min).

Détour : Osaka

Pour une version très couleur locale de la saison des cerisiers en fleur, rien ne vaut Osaka. Réputés pour leur esprit ouvert et moins conservateur qu'ailleurs, les habitants célèbrent l'événement d'une manière festive en buvant du saké et en grignotant des en-cas dans le parc du majestueux château de la ville.

Osaka est facilement accessible en train depuis Kyoto (ttes les 5-10 min ; 30 min).

NATURE ET SPIRITUALITÉ SUR L'ÎLE DE SHIKOKU

BIEN-ÊTRE SPORT VIN ET BIÈRE **CUISINE** RESPONSABLE **AVENTURE** **CULTURE** SPECTACLES **ARTS** **ARCHITECTURE** **HISTOIRE** **FAMILLE** **EN SOLO** COURT SÉJOUR LONG SÉJOUR PLAGE HIVER FAUNE

Tokushima – Takamatsu

Parcourez en voiture la plus petite des quatre grandes îles japonnaises : Shikoku. Temples, châteaux féodaux, sources chaudes et forêts font tout son charme.

EN BREF

Empreinte carbone (kg/pers) : 69
Distance (km) : 554
Nuits : 10-12
Budget : €€
Quand partir : toute l'année

❶ Tokushima

À l'ombre du mont Bizan (290 m) et coupée en deux par la rivière Shinmachi, Tokushima est le point de départ du pèlerinage vers les 88 temples de Shikoku. Outre les sanctuaires, son musée d'Art moderne vaut la visite .Vous pourrez aussi monter en téléphérique en haut du mont Bizan pour jouir de la vue.

Rejoignez en voiture Muroto-misaki, 120 km au sud-ouest.

❷ Muroto-misaki

Ce cap rocheux spectaculaire s'avance dans l'océan Pacifique. Un sentier mène au temple 24 (Hotsumisaki-ji), sur les hauteurs. C'est le plus important du pèlerinage, car c'est ici que le moine Kobo Daishi, fondateur du bouddhisme Shingon, atteignit l'éveil.

Depuis le cap, roulez sur 80 km en direction du nord-ouest.

❸ Kōchi

Kōchi est un bon camp de base pour explorer la région, car les plages, les grottes et les montagnes alentour peuvent faire l'objet d'excursions d'une journée. Quant à la ville même, elle abrite l'un des rares châteaux japonais ayant conservé l'ensemble des édifices intérieurs et le donjon d'origine (6 étages). Venez de préférence un dimanche, jour où un excellent marché se tient le long du chemin qui y mène.

Gagnez Matsuyama, 110 km au nord-ouest, par les pittoresques gorges de Nakatsu.

❹ Matsuyama

Plus grande ville de l'île, Matsuyama s'inscrit au cœur d'une luxuriante vallée fluviale. Son château féodal,

DOGO ONSEN, MATSUYAMA

RITSURIN-KŌEN, TAKAMATSU

construit sur les hauteurs, domine les rues du centre, sillonnées par des tramways. La principale curiosité demeure toutefois le Dogo Onsen, des bains du XIXe siècle dont les eaux auraient des vertus curatives.
Parcourez 160 km vers l'est à l'intérieur des terres en suivant la Rte 32 à flanc de falaise jusqu'à la vallée d'Iya.

5 Vallée d'Iya

Pentes abruptes et boisées, rivières torrentueuses, gorges vertigineuses : tel est l'écrin au milieu duquel serpente la route. Cette vallée féerique se prête idéalement à la randonnée et au kayak, mais la plupart des touristes viennent voir les ponts de lianes et faire la tournée des onsen (établissements de bains).
Continuez 84 km vers le nord.

6 Takamatsu

Intéressante ville-carrefour, Takamatsu possède l'un des plus beaux jardins du Japon, le Ritsurin-kōen, agrémenté d'étangs, de ponts et de maisons de thé. Ne partez pas sans avoir goûté les Sanuki-udon, spécialité du cru, dans un restaurant de nouilles.
Des trains desservent Okayama, où l'on peut prendre un Shinkansen pour les grandes villes du pays comme Kyoto, Nagoya et Tokyo.

ET ENCORE...

Plus loin : Ashizuri-misaki

Si vous avez le temps, rejoignez Kōchi depuis Matsuyama par la route côtière – un itinéraire un peu plus long mais superbe – et arrêtez-vous au cap Ashizuri. Sur une colline surplombant le cap, le temple 38 (Kongōfuku-ji) est entouré de jardins et d'étangs. Quelques hôtels donnant sur la mer assurent le gîte.
Le cap se trouve à 150 km au sud de Kōchi. Il faut ensuite rouler sur 200 km vers le nord pour rallier Matsuyama.

Détour : Naoshima

Cette petite île paisible située dans la mer intérieure de Seto accueille le projet Benesse Art Site, dédié à la création contemporaine. Des musées conçus par l'architecte Tadao Ando y côtoient des sculptures et des installations en plein air, à l'image de Yellow Pumpkin, la courge kabocha géante de Yayoi Kusama au bout de la jetée.
Des ferries relient Takamatsu et Naoshima (jusqu'à 5/jour ; 50 min).

LE MEILLEUR DE KYŪSHŪ

Fukuoka – Beppu

Kyūshū, l'île au sud-ouest de l'archipel nippon, est réputée pour son patrimoine historique et ses sources d'eau chaude – à découvrir au fil d'un agréable voyage en bus et en train.

EN BREF

Empreinte carbone (kg/pers) : 36
Distance (km) : 1 032
Nuits : 8-10
Budget : €€
Quand partir : mars-oct

❶ Fukuoka

Porte d'entrée de Kyūshū, Fukuoka résulte de la fusion, en 1889, des villes de Fukuoka et Hakata, séparée par le fleuve Naka. Entre l'excellent musée des Arts asiatiques, le quartier branché de Daimyō et les jardins traditionnels, vous n'aurez pas le temps de vous ennuyer. N'oubliez pas de goûter la spécialité des lieux : le ramen d'Hakata.

Prenez un train de la ligne JR jusqu'à la gare de Sasebo (toutes les heures ; 2 heures), puis un bus direct pour Hirado (1 heure 30).

ARDIN SENGAN-EN, KAGOSHIMA

❷ Hirado

Au début de la période Edo (1603-1868), Hirado fut un comptoir commercial néerlandais. Aujourd'hui, ses ruelles pavées, son château, ses églises (les chrétiens continuèrent à y pratiquer leur culte malgré son interdiction), ses musées et sa plage isolée invitent à une journée d'escapade – l'occasion aussi de déguster des fruits de mer ultra-frais.

De retour à Sasebo, prenez un bus JR express pour Nagasaki (ttes les 30-60 min ; 3 heures au total).

❸ Nagasaki

Victime du deuxième bombardement atomique de l'histoire, Nagasaki n'est est pas moins charmante, dynamique et accueillante. La ville a bien plus à offrir que les mémoriaux et les musées traitant de son passé tragique : le site de l'ancien comptoir hollandais de Dejima, des temples, des églises, de superbes jardins paysagers et une scène culinaire en plein essor avec pour vedette le *champon*, des nouilles au porc, légumes et fruits de mer.

Prenez le train JR Limited Express pour Hakata, à Fukuoka (au moins 1 ttes les heures ; 1 heure 30),

GUNKANJIMA, "L'ÎLE NAVIRE DE GUERRE"

puis le Shinkansen jusqu'à Kagoshima-Chuo (ttes les 30 min ; 1 heure 30-2 heures).

❹ Kagoshima

À Kagoshima, où le soleil brille toute l'année, les parapluies ne servent qu'à se protéger des cendres du volcan Sakurajima, de l'autre côté de la baie. Les amateurs de thermalisme auront le choix entre une cinquantaine d'onsen, avant d'aller méditer dans le jardin Sengan-en ou de faire la tournée des bars du pittoresque quartier de Meizanbori.

À la gare de Kagoshima-Chuo, prenez le Shinkansen pour Kokura (ttes les 20-40 min ; 1 heure 15), d'où le train JR Sonic rejoint Beppu (ttes les 30 min ; 1 heure 20).

❺ Beppu

Si vous n'avez pas encore eu votre dose d'eau thermale, la ville des "Huit Enfers" est faite pour vous. Ces bassins fumants sont trop chauds pour la baignade, mais d'innombrables onsen se prêtent à la détente – détente à prolonger dans un izakaya (bistrot) de la ville, qui jouit d'une vie nocturne animée grâce à sa population étudiante.

L'aéroport d'Ōita, voisin, assure des vols vers Tokyo et Osaka.

ET ENCORE...

Plus loin : Hashima

Sa forme lui a valu le surnom de Gunkanjima ("l'île navire de guerre"). Inscrite au Patrimoine mondial, cette île aujourd'hui fantôme connut la plus forte densité de population au monde quand une abondante main-d'œuvre y exploitait le charbon. Le décor apocalyptique dans lequel James Bond affronte le méchant de *Skyfall* se visite avec un guide.

Prenez le bateau à Nagasaki pour une excursion à Hashima (avr-oct ; 3 heures).

Détour : Kurokawa Onsen

Cette petite station thermale noyée dans la verdure figure parmi les meilleures du pays. Profitez de ses bains en plein air au bord de la rivière. Les visiteurs d'une journée auront accès à plusieurs onsen, mais l'expérience sera plus complète en passant la nuit dans un ryokan (auberge traditionnelle).

On peut rallier Kurokawa Onsen en bus depuis la gare de Hakata, à Fukuoka (2/jour ; 3 heures).

LA CORÉE DU SUD : SÉOUL ET JEJU

SPORT · VIN ET BIÈRE · CUISINE · RESPONSABLE · AVENTURE · CULTURE · SPECTACLES · ARTS · ARCHITECTURE · HISTOIRE · FAMILLE · EN SOLO · COURT SÉJOUR · LONG SÉJOUR · PLAGE · HIVER · FAUNE · BIEN-ÊTRE

Séoul – Seogwipo

À la capitale coréenne, quintessence de l'urbanisme, répond l'île subtropicale de Jeju, où plages préservées, chutes d'eau et volcan célèbrent la beauté de la nature.

EN BREF

Empreinte carbone (kg/pers) : 73
Distance (km) : 582
Nuits : 5-8
Budget : €€€
Quand partir : avr-mai, sept-nov

❶ Séoul

Plusieurs mondes se côtoient dans la capitale coréenne. Ainsi le Cheonggyecheon, une promenade au bord de l'eau, mène-t-il aussi bien au futuriste Dongdaemun Design Plaza qu'au traditionnel marché de rue de Gwangjang où se régaler de *mandu* (raviolis) au kimchi, tandis que les bars tendance et le quartier branché de Gangnam contrastent avec les temples traditionnels et les palais royaux.

Prenez un vol pour l'aéroport de Jeju, sur l'île éponyme (ttes les 20 min ; 1 heure 10). Achetez une carte T-Money rechargeable (en vente dans les aéroports et les commerces de proximité) qui couvre l'ensemble du réseau de transports coréen, y compris sur Jeju.

❷ Ville de Jeju et ses environs

Les restaurants servant fruits de mer et porc noir local sont nombreux à Jeju, la capitale de l'île, dotée d'un marché traditionnel. La ville est une base pratique pour rayonner dans la partie nord. À l'est, des plages se succèdent jusqu'au tunnel de lave de Manjanggul. À l'ouest s'étendent des plantations de thé, tandis que le parc national de Hallasan et Jeju Loveland, un parc de sculptures érctiques plus amusant que grivois, vous attendent au sud.

Le bus 201 au départ de Jeju longe la côte est jusqu'au Seongsan Ilchul-bong (ttes les 30 min ; 2 heures).

MARCHÉ DONGMUN, JEJU

OLLE TRAIL, ÎLE DE JEJU

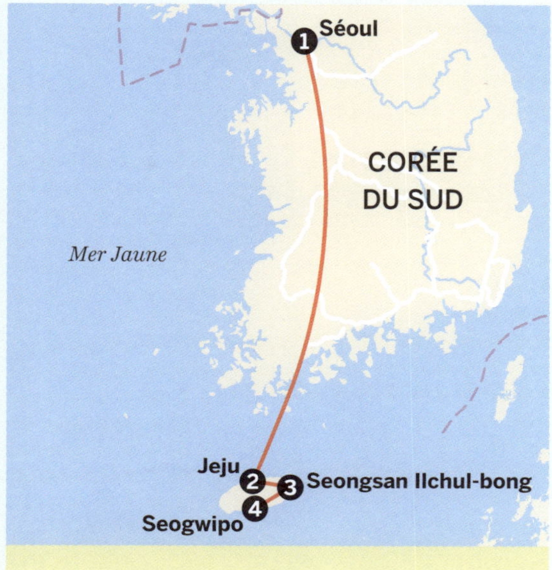

❸ Seongsan Ilchul-bong

L'ascension de ce volcan éteint est un incontournable de Jeju. Les escaliers sont raides, mais 20 minutes suffisent pour atteindre les points de vue sur son vaste cratère. Ses environs verdoyants se prêtent à des promenades faciles qui réservent des panoramas splendides sur la mer. Pour inverser la perspective, embarquez sur l'une des vedettes qui contournent le volcan. À son pied, les *haenyeo* ("femmes de la mer") font des démonstrations de pêche en apnée à 13h30 et 15h.

Le bus n°201 rejoint Seogwipo (ttes les 30 min ; 2 heures) au sud.

❹ Seogwipo

L'esprit décontracté de l'île règne à Seogwipo, la plus calme de ses deux villes, dont le centre abrite le musée d'art Lee Jung Seob et des restaurants conviviaux. Pour passer quelques jours au grand air, direction les falaises basaltiques d'Oedolgae et les chutes de Cheonjiyeon, aisément accessibles par les sentiers balisés du Olle Trail.

Le bus n°600 dessert l'aéroport de Jeju (fréquents ; 2 heures), d'où partent des vols directs pour Séoul (ttes les 20 min ; 1 heure 10).

ET ENCORE…

Plus loin : Udo

N'hésitez pas à faire la courte traversée jusqu'à l'"île de la vache", au large de la côte est de Jeju. Une navette en fait le tour en 30 minutes. Sinon, louez un vélo ou un scooter pour explorer ses grottes et ses plages de sable blanc bordées d'eaux turquoise, et dégustez une glace à la cacahuète pour clore la visite.

Les ferries pour Udo (fréquents ; 15 min) partent du port de Seongsan, près du Seongsan Ilchul-bong.

Détour : Busan en ferry

Un ferry lent met 12 heures pour atteindre la deuxième ville de Corée du Sud, où le rythme est moins frénétique qu'à Séoul. Ses stands de cuisine de rue vendent des portions de fruits de mer assez généreuses pour faire un repas. Autres atouts : son marché au poisson, proche du port, et les randonnées sur les hauteurs environnantes.

MS Ferry assure la traversée trois fois par semaine entre l'île de Jeju et Busan.

HOKKAIDŌ SOUS LA NEIGE

Hakodate – Sapporo

Durant l'hiver, le ski et les festivals de sculptures de glace sont à l'honneur sur l'île la plus septentrionale du Japon, où les onsen fumants aident à supporter le froid.

EN BREF

Empreinte carbone (kg/pers) : 14
Distance (km) : 335,3
Nuits : 14
Budget : €€€
Quand partir : jan-fév

❶ Hakodate

Port le plus méridional d'Hokkaidō, Hakodate bénéficie d'une liaison directe avec Tokyo en Shinkansen (train à grande vitesse). La ville possède un riche passé, car elle fut l'une des premières au Japon à ouvrir ses portes aux marchands européens, russes et américains au milieu du XIXe siècle. À cette époque, négociants étrangers et Japonais fortunés firent construire de belles demeures et églises en bois à flanc de colline, dont beaucoup subsistent dans le quartier de Motomachi. Le marché du matin (*asa-ichi*), réputé pour ses produits de la mer, le téléphérique qui monte au sommet panoramique du Hakodate-yama (334 m) et le musée municipal des Peuples du Nord, dédié à la culture des Aïnous, valent également la visite.

RESTAURANT DARUMA HONTEN, SAPPORO

Le trajet en train de Hakodate à Niseko implique un changement à Oshamambe. Selon l'endroit où vous logez, descendez à la gare de Niseko, Hirafu ou Kutchan (3-4 heures).

❷ Niseko

En hiver, le domaine skiable le plus réputé du Japon se targue d'une couverture de poudreuse atteignant jusqu'à 15 m d'épaisseur. On peut facilement consacrer une semaine aux multiples pistes qui relient les quatre stations sur le flanc est de la montagne, Niseko Annupuri, où règne une atmosphère internationale. Hirafu concentre le plus grand nombre d'hébergements et de lieux où sortir le soir.

Prenez le train jusqu'à Otaru (fréquents ; 1 heure 30).

SPORTS D'HIVER À NISEKO

❸ Otaru

Cette jolie ville portuaire touristique s'est enrichie au tournant du XXe siècle grâce à la pêche au hareng et à la modernisation de l'île d'Hokkaidō. Ses beaux édifices classés, souvent de style occidental, ont été convertis en hôtels, restaurants, bars et boutiques, en particulier le long du canal.

Reprenez le train jusqu'à Sapporo (fréquents ; 30-45 min).

❹ Sapporo

La capitale de la préfecture d'Hokkaidō a tout ce qu'on peut attendre d'une métropole japonaise dynamique. Lors du festival de la neige (Yuki Matsuri), début février, la ville se pare de sculptures de glace éphémères. Autrement, elle compte des monuments anciens et des institutions, comme le musée de la Bière hébergé dans les bâtiments de l'historique Brasserie Sapporo. Quand le froid hivernal se fait trop vif, pensez aux eaux thermales des onsen pour vous réchauffer.

L'aéroport de Shin-Chitose, au sud-est de Sapporo (36 min en train), assure de nombreux vols vers Tokyo et l'étranger.

ET ENCORE...

Plus loin : Noboribetsu

Bienvenue dans l'une des meilleures stations thermales d'Hokkaidō, où une passerelle en bois traverse la fumante et bouillonnante "vallée de l'enfer" (Jigkoku-dani). Après un bain dans les sources chaudes, partez visiter les sites alentour, notamment le musée et parc national aïnou Upopoy à Shiraoi, consacré aux premiers habitants de l'île.

Trains fréquents depuis Hakodate (2 heures 30) et Sapporo (1 heure 30).

Détour : Tōya-ko

Au parc national de Shikotsu-Tōya, ce pittoresque lac de caldeira a une île en son centre. Non loin s'élèvent le très actif Usu-zan et le dôme de lave volcanique Shōwa-Shinzan, qui a surgi à ses côtés en 1943. Le téléphérique qui monte jusqu'à la plateforme d'observation, surplombant le cratère du premier, offre des perspectives splendides sur les environs.

Trains directs au départ de Sapporo (1 heure 45).

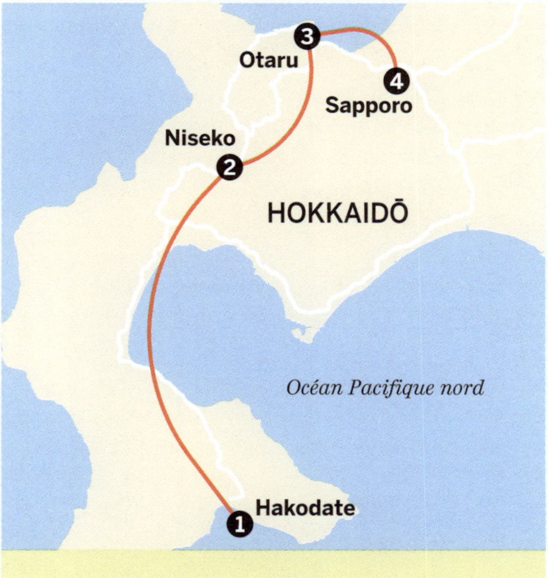

L'ART JAPONAIS D'HIER ET D'AUJOURD'HUI

BIEN-ÊTRE · SPORT · VIN ET BIÈRE · CUISINE · RESPONSABLE · AVENTURE · CULTURE · SPECTACLES · ARTS · ARCHITECTURE · HISTOIRE · FAMILLE · EN SOLO · COURT SÉJOUR · LONG SÉJOUR · PLAGE · HIVER · FAUNE

Tokyo – île de Naoshima
Un parcours en train à la découverte des traditions artistiques du Japon, qui ont donné naissance à des œuvres d'art raffinées, à la ville comme à la campagne.

EN BREF
Empreinte carbone (kg/pers) : 30
Distance (km) : 730
Nuits : 14
Budget : €€€
Quand partir : toute l'année

❶ Tokyo

Le collectif d'art numérique teamLab se cache souvent derrière les meilleures installations artistiques du Japon. Son musée permanent à Tokyo, teamLab Borderless, réunit 60 œuvres interactives à voir absolument. Autre incontournable de la capitale nippone, le musée qui célèbre l'œuvre psychédélique de Yayoi Kusama, un lieu surprenant littéralement envahi par les fameux pois et courges kabucha chers à l'artiste. Dans la banlieue ouest de Tokyo, à Mitaka, le musée Ghibli, conçu par le réalisateur de dessins animés et fondateur des studios éponymes Hayao Miyazaki, exerce sa magie sur tous les visiteurs, petits et grands.

Prenez un train pour Yamanashi (ttes les 30 min ; 1 heure 30) à la gare de Shinjuku.

❷ Musée Itchiku Kubota, Yamanashi

Un musée donnant sur le mont Fuji ne peut pas décevoir, surtout lorsqu'il présente le travail d'Itchiku Kubota. Cet artiste a ressuscité au XXe siècle la technique de teinture de tissus appelée *tsujigahana* pour créer de magnifiques kimonos. Le bâtiment traditionnel couvert d'une haute charpente en bois est en parfaite harmonie avec la nature environnante. Un bain exquis dans un onsen, des randonnées en forêt et des treks en montagne peuvent compléter le séjour dans la région.

Rejoignez Kyoto en train (ttes les heures ; 4-5 heures).

❸ Kyoto

Le musée national d'Art moderne de Kyoto vient s'ajouter à la longue liste des excellents sites culturels de la ville. Il renferme notamment la plus remarquable

PINCEAUX À CALLIGRAPHIE, KYOTO

MUSÉE GHIBLI, TOKYO

collection de céramiques japonaises du pays, parmi lesquelles de nombreuses œuvres de Kanjiro Kawai. Quant au musée de l'Ukiyo-e, il ne compte qu'une seule salle, remplie d'estampes japonaises gravées sur bois, dont l'emblématique *Grande Vague de Kanagawa* (1830) peinte par Hokusai.

Prenez le train Hikari pour Okayama (ttes les heures ; 1 heure 30), puis une correspondance pour Uno (50 min), d'où des ferries effectuent la traversée jusqu'à Naoshima (fréquents ; 20 min).

❹ Île de Naoshima

Cette île de la mer intérieure de Seto réjouira les amateurs d'art contemporain et d'architecture. Elle doit sa renommée au Benesse House Museum, conçu par Tadao Ando et basé sur la "coexistence entre nature, art et architecture", et à l'Art House Project. Pour ce projet, des artistes et architectes contemporains (comme James Turrell ou Hiroshi Sugimoto) ont rénové et transformé une habitation traditionnelle en harmonie avec son cadre naturel. Naoshima est également parsemée de sculptures et d'installations artistiques.

De retour à Okayama, prenez le Shinkansen pour rejoindre Tokyo et son aéroport international.

ET ENCORE...

Plus loin : Nara

À Nara, le Daibutsu (imposant bouddha en bronze) est l'objet de toutes les attentions. Pourtant, cette séduisante ville, capitale au VIIIe siècle, cache bien d'autres trésors. Ses temples bouddhiques, le grand sanctuaire shinto Kasuga-taisha, le musée d'art Neiraku au cœur du jardin Isui-en et son musée national arrivent en tête de liste.

Des trains relient Kyoto à Nara (ttes les 30 min ; 40-50 min).

Détour : musée Miho, Koka

Proche du village de Shigaraki, ce musée privé renferme une remarquable collection d'art rassemblée par Mihoko Koyama. Conçu par l'architecte Ieoh Ming Pei, il est en partie aménagé dans la montagne pour se fondre dans la nature environnante.

De la gare de Kyoto, prenez un train de la ligne JR Tokaidō jusqu'à Ishiyama (fréquent ; 15 min), puis le bus Teisan n°150 (50 min).

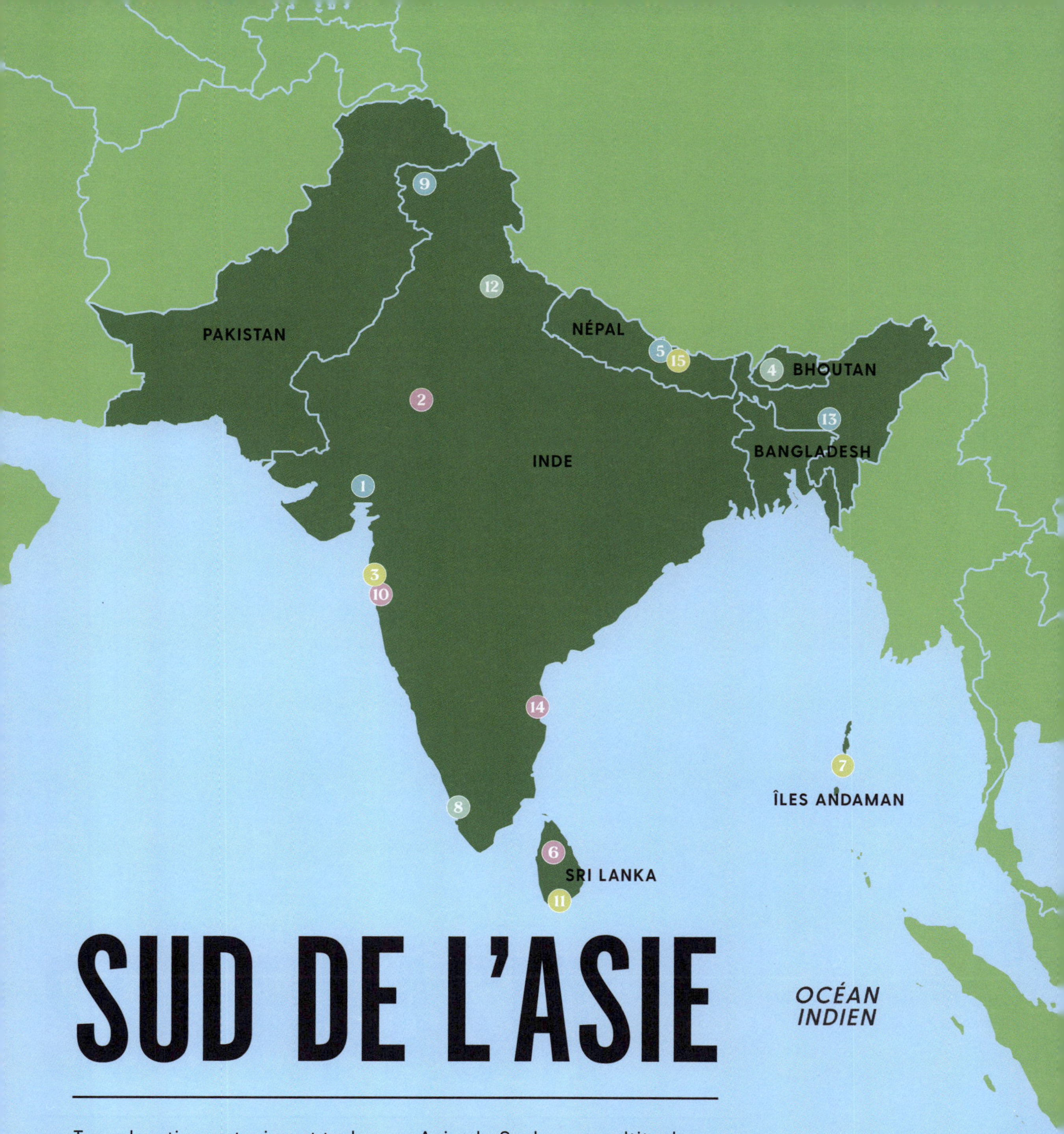

SUD DE L'ASIE

Temples, tigres, trains et treks : en Asie du Sud, une multitude de sensations vous envahit, que l'on grimpe dans l'Himalaya au Népal ou que l'on fasse le tour des majestueuses cités du Rajasthan. Les temps plus calmes ne manquent pas non plus : excursions en bateau sur les paisibles backwaters du Kerala, circuit en voiture avec chauffeur au Bhoutan ou périple en train dans les montagnes du Sri Lanka.

MOINES BOUDDHISTES TIBÉTAINS À BODHNATH, NÉPAL

SOMMAIRE

LIONS, TEXTILES ET TEMPLES DU GUJARAT

BIEN-ÊTRE · SPORT · VIN ET BIÈRE · CUISINE · RESPONSABLE · AVENTURE · CULTURE · SPECTACLES · ARTS · ARCHITECTURE · HISTOIRE · FAMILLE · EN SOLO · COURT SÉJOUR · LONG SÉJOUR · PLAGE · HIVER · FAUNE

Ahmedabad – Gir National Park

Visitez le Gujarat, en Inde, sur les pas de Gandhi (il y est né), à la découverte de ses textiles et de ses paysages. Louer une voiture avec chauffeur facilite le périple.

EN BREF

Empreinte carbone (kg/pers) : 149
Distance (km) : 1 200
Nuits : 12
Budget : €-€€
Quand partir : nov-fév

❶ Ahmedabad

À première vue, la capitale du Gujarat semble peu attrayante, car envahie par la circulation. Mais prenez le temps de l'explorer et vous découvrirez des sites intéressants, tels le superbe Calico Museum of Textiles et l'ashram de Gandhi. Ajoutez à cela, une remarquable architecture indo-musulmane, des marchés de nuit animés, des hôtels d'époque superbement restaurés, et vous changerez vite d'avis !

Roulez 167 km vers l'ouest jusqu'au Little Rann.

❷ Little Rann

Inondé pendant la saison des pluies, le petit Rann de Kutch couvre des milliers de kilomètres carrés. Abritant une faune unique, cette zone par ailleurs désertique s'étend jusqu'à un horizon ponctué de lambeaux de végétation. C'est le dernier habitat de l'âne sauvage indien (khur). Des fermes salines émaillent un paysage désolé dans lequel les *agariyas* (paludiers) gagnent leur vie en extrayant le sel de marmites de boue peu profondes.

Continuez 280 km vers l'ouest.

❸ Bhuj

Reconstruit après un séisme dévastateur, en 2001, le chef-lieu du Kutch (Kachchh) possède des palais d'une beauté presque irréelle, toutefois, les voyageurs viennent surtout ici pour découvrir les villages d'artisans autour de la ville. Vous pourrez y voir d'habiles ouvriers

JAMA MASJID, AHMEDABAD

LION D'ASIE, GIR NATIONAL PARK

fabriquer textiles et objets d'artisanat et en acheter auprès des coopératives locales.

Continuez 335 km vers le sud.

❹ Junagadh

Junagadh est situé au pied du mont sacré Girnar. Dix mille marches permettent aux pèlerins de grimper jusqu'au sommet émaillé de temples jaïns et hindous. L'ascension dès l'aube au côté des pèlerins, des porteurs – qui transportent ceux qui ne peuvent ou ne veulent pas marcher – et des sadhus, pieds nus ou même sans vêtements, est une expérience inoubliable.

Roulez 50 km vers le sud-est jusqu'à Sasan Gir, d'où partent les safaris vers la réserve des lions.

❺ Gir National Park

Cette grande zone forestière vallonnée est la seule réserve où vit encore le lion d'Asie. Elle abrite plus de 400 grands félins en voie de disparition ainsi que des cerfs, des crocodiles et des léopards. Vous pouvez faire un safari en 4×4 à partir du village de Sasan Gir ; le meilleur moment pour observer la faune étant l'aube ou le crépuscule.

Retour de Sasan Gir à Ahmedabad : 368 km.

ET ENCORE...

Plus loin : Diu

Cette île près de la côte sud du Kathiawar est l'endroit préféré des Gujaratis pour aller boire une bière (l'alcool est interdit dans la majeure partie de l'État). On y retrouvel'architecture coloniale portugaise blanchie à la chaux et des plats d'influence portugaise dans certains restaurants locaux.

Le train relie Diu à Sasan Gir (3 heures 30) et à Junagadh (6 heures 15).

Détour : Gondal

Pour couper le long trajet de Sasan Gir à Ahmedabad, arrêtez-vous à Gondal, ancienne capitale d'un royaume dirigé par les Rajput Jadeja, censés descendre de Krishna. La ville s'étend le long d'une rivière bordée de berges verdoyantes et conserve plusieurs beaux palais dont l'un transformé en hôtel.

Depuis Sasan Gir, comptez environ 3 heures 30.

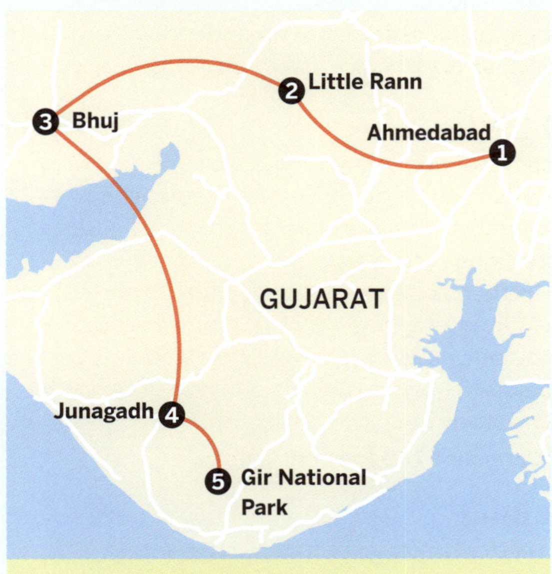

LES MILLE ET UN JOYAUX DU RAJASTHAN

Jaipur – Jodhpur

Terre des princes rajputs, le Rajasthan est un pays des merveilles avec ses forteresses, ses palais et ses cités colorées.

EN BREF

Empreinte carbone (kg/pers) : 48
Distance (km) : 643
Nuits : 12
Budget : €-€€
Quand partir : nov-fév

CITY PALACE VU DU LAC PICHOLA, UDAIPUR

❶ Jaipur

Métropole tourbillonnante, la capitale du Rajasthan doit son surnom de "ville rose" à ses bâtiments peints en rose doré. Le long des rues à colonnades s'alignent des bazars colorés dont les étals débordent des célèbres textiles imprimés au bloc et de céramiques peintes à la main. Arrêtez-vous au splendide Hawa Mahal (palais des Vents), dont la façade évoque une ruche avec ses cinq étages de fenêtres finement ajourées. Au cœur de Jaipur, le somptueux City Palace abrite aujourd'hui un musée. Même le cinéma Raj Mandir, construit en 1975, a des allures de palais avec son décor rose flamboyant de style Art déco. Une promenade en rickshaw en dehors de la ville vous mènera au fort d'Amber, un autre palais grandiose construit à flanc de colline avec une vue époustouflante sur Jaipur.

De nombreux trains quotidiens desservent Udaipur (7 heures 30), le mieux étant de prendre le train de nuit.

❷ Udaipur

La ville la plus romantique du Rajasthan ? À voir ses *haveli* (demeures de marchands traditionnelles) ivoire surmontés de coupoles, ses temples et son magnifique City Palace en bordure du lac Pichola, on serait tenté de dire oui. Sur une île, au centre du lac, se dresse

CITY PALACE, JAIPUR

le luxueux Lake Palace Hotel, uniquement accessible en bateau. La ville a beau avoir par trop cédé aux sirènes du commerce, s'asseoir sur un toit-terrasse pour contempler le coucher du soleil au-delà du lac reste un moment mémorable d'un voyage en Inde. Par-delà les limites de la ville, les ondulations mauves de la chaîne des Aravalli forment une toile de fond digne d'une miniature moghole.

Louez un taxi pour rejoindre Jodhpur (5 heures), en vous arrêtant en route pour admirer les temples en marbre blanc de Ranakpur et la magnifique forteresse de Kumbhalgarh en nid d'aigle.

3 Jodhpur

Le surnom de Jodhpur est facile à deviner quand on voit ses maisons peintes d'un bleu céleste. Le fort Meranghah, qui domine la ville bleue, fut construit au XVe siècle sur un affleurement de 300 m de haut et ses murs immenses s'élèvent encore 100 m plus haut, comme s'ils émergeaient de la roche. Des tyroliennes permettent de survoler le fort et la ville. Dans les rues en contrebas, le dédale des bazars qui vendent des épices, de l'encens, du cuir et des tissus vous transporte comme par magie au Moyen Âge.

Retour à Jaipur en train de nuit depuis Jodhpur Junction.

ET ENCORE...

Plus loin : Pushkar

Haut lieu de pèlerinage hindou, la petite ville abrite plus de 500 temples autour d'un lac qui aurait été formé par un pétale de lotus. Sa foire aux chameaux (oct-nov) l'a rendue célèbre, mais Pushkar est merveilleuse toute l'année avec son marché animé et ses 52 ghats (escaliers) d'où les pèlerins descendent se baigner dans les eaux sacrées.

Prenez un bus de Jaipur à Ajmer (ttes les 30 min ; 2 heures 20), puis un taxi pour Pushkar (15 min).

Détour : Jaisalmer

Magnifique cité fortifiée en grès, au milieu de plaines désertiques, Jaisalmer, la "ville d'or", était un important centre caravanier sur la Route de la soie. Le nombre de temples et de *haveli* finement sculptés à l'intérieur des remparts témoigne de sa richesse et de son importance. Faites un safari à dos de chameau dans les dunes de sable fin des environs.

Un train quotidien relie Jodhpur Junction et Jaisalmer (6 heures).

ÉPICES, BATEAUX ET BACKWATERS EN INDE DU SUD

Mumbai – backwaters du Kerala
Un périple dans l'Inde du Sud vous envoûtera par ses épices, ses éléphants sauvages et ses promenades en bateau. Le voyage commence à Mumbai.

EN BREF
Empreinte carbone (kg/pers) : 91
Distance (km) : 1 477
Nuits : 14
Budget : €-€€€
Quand partir : nov-fév

❶ Mumbai (Bombay)
Pays de Bollywood et du big business, la ville la plus grande de l'Inde est aussi la porte d'entrée vers le sud du pays, plus tranquille. Bâtie sur plusieurs îles, elle conserve de nombreuses traces d'architecture anglo-indienne dans son centre historique, telle la Gateway of India (Porte de l'Inde), d'où des bateaux emmènent les visiteurs vers les anciens temples d'Elephanta Island. À Mumbai, l'écart des richesses est immense – entre son bidonville, l'un des plus grands de l'Inde, et l'une de ses luxueuses maisons, parmi les plus chères au monde.
Prenez le train de nuit à Chhatrapati Terminus pour Margao (11 heures ; réservez au moins un mois à l'avance). À Margao, montez dans un bus ou un taxi pour Palolem (1 heure).

❷ Palolem, Goa
Un croissant de sable fin, des cocotiers, des huttes en bois au bord de l'eau et des paillottes servant une cuisine qui fleure bon la noix de coco : Palolem a tout de la plage tropicale de rêve. On peut s'y baigner, y faire du kayak ou du paddle dans des eaux paisibles, pratiquer le yoga sur la plage ou visiter des plantations d'épices dans l'arrière-pays.
Prenez l'avion de Goa vers Kochi (via Bengaluru ; 4 heures) au Kerala.

❸ Kochi (Cochin), Kerala
Pendant des siècles, le port de Kochi a attiré marchands, colons et aventuriers venus chercher fortune sur la côte des épices. De ce riche passé, le centre historique conserve une étonnante diversité : synagogue revêtue de carreaux de Delft, filets de

HOUSE-BOAT SUR LES BACKWATERS DU KERALA

GATEWAY OF INDIA, MUMBAI

pêche chinois, cimetière de l'ère coloniale, bungalows de l'époque portugaise… Aujourd'hui, les rues sont jalonnées de restaurants, de praticiens de l'ayurveda, de maisons d'hôtes et de galeries. Bref, une ville cosmopolite agréable à explorer.

Prenez le train de Kochi vers Alappuzha (2 heures), point d'embarquement sur les backwaters du Kerala.

❹ Backwaters du Kerala

Les backwaters du Kerala forment un réseau de rivières, de canaux et de lagunes naturels et artificiels qui s'étire de la côte sud vers l'arrière-pays en serpentant sur plus de 900 km. Bordées de palmiers, de rizières et de villages, ces voies maritimes navigables sont très fréquentées par les bateaux qui transportent des fibres de coco, du poisson et aussi des villageois. Louez un house-boat – embarcation pittoresque adaptée des barges de riz traditionnelles, avec pilote, chef et personnel à bord – pour faire un périple de plusieurs jours sur les backwaters : une expérience apaisante et vraiment magique !

D'Alappuzha, retournez à Kochi (aéroport international).

ET ENCORE…

Plus loin : Munnar

Munnar est une station de montagne entourée de plantations de thé, de flamboyants arbres appelés flammes de la forêt, de vallées émeraude et de cascades. À 1600 m d'altitude, elle offrait un répit contre la chaleur à l'époque du Raj britannique – quelques villas avec vérandas en témoignent – et reste un havre de paix où il fait bon marcher, déguster des thés et découvrir les jardins d'épices.

Munnar est à 4 heures de taxi ou de bus d'Alappuzha.

Détour : Periyar Wildlife Sanctuary

Patchwork de jungle et de collines, cette vaste réserve abrite un millier d'éléphants sauvages, ainsi que des bisons, des sambars, des sangliers et quelques tigres. Au centre s'étend un grand lac, qu'on peut traverser en bateau. Pour observer la faune, suivez un trek guidé par les villageois.

Kumilly, la ville la plus proche, est accessible en voiture ou en bus depuis Kochi (environ 5 heures).

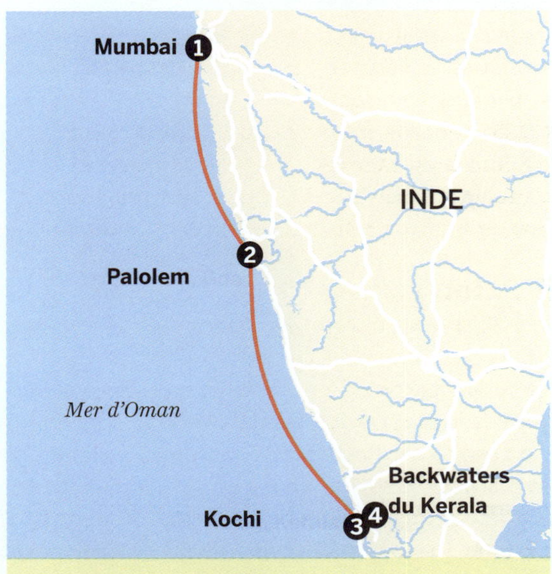

PÉRIPLE AU BHOUTAN : DE PARO À PUNAKHA

BIEN-ÊTRE SPORT VIN ET BIÈRE CUISINE RESPONSABLE AVENTURE CULTURE SPECTACLES ARTS ARCHITECTURE HISTOIRE FAMILLE EN SOLO COURT SÉJOUR LONG SÉJOUR PLAGE HIVER FAUNE

Paro – Punakha

Cet itinéraire classique offre une parfaite introduction aux grands sites du surprenant Bhoutan himalayen. La location d'une voiture avec chauffeur et guide est impérative.

EN BREF

Empreinte carbone (kg/pers) : 35

Distance (km) : 280

Nuits : 6

Budget : €€€

Quand partir : fév-avr, oct-déc

RHINOCÉROS UNICORNE, CHITWAN NATIONAL PARK

❶ Paro

Dotée du seul aéroport international du pays, Paro est la ville la plus visitée du Bhoutan et aussi l'une des plus intéressantes. Aussi, prévoyez d'y passer vos deux premières nuits. Le Rinpung Dzong, forteresse-monastère, est incontournable, de même que le Musée national voisin, qui présente l'histoire et les traditions du pays, et le splendide Kyichu Lhakhang (VIIe siècle), l'un des temples les plus sacrés du royaume. Le plus photogénique ? Le monastère du Nid du Tigre, accroché à une falaise abrupte au-dessus de la vallée de Paro. Souvent négligé, le Dumtse Lhakhang est couvert de peintures colorées parmi les plus belles du Bhoutan. Dans le centre de Paro, le meilleur de l'artisanat du pays est vendu dans des bâtiments traditionnel en bois.

ⓘ Organisez le transport en voiture avec chauffeur à Paro ; il y a 60 km de route jusqu'à Thimpu.

❷ De Paro à Thimpu

En rejoignant Thimphu, vous aurez d'excellentes occasions de quitter la route des bus touristiques, prenez donc le temps de visiter la fabrique traditionnelle d'encens de Bondey. Une très belle excursion de trois heures mène au Drak Kharpo, site de pèlerinage jalonné de grottes de méditation. Plus

MONASTÈRE DU NID DU TIGRE

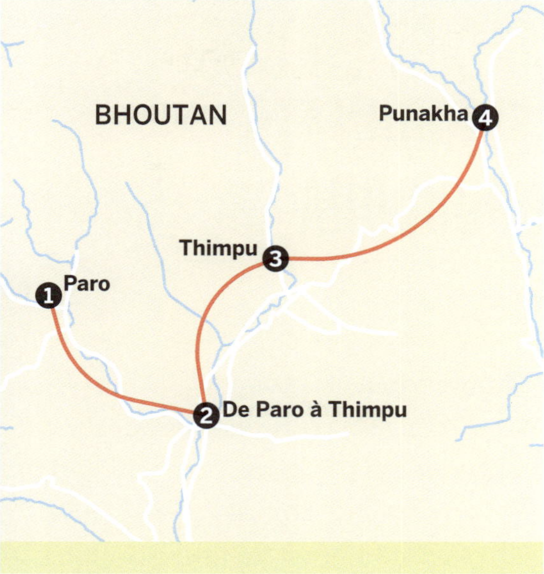

à l'est, le Tamchhog Gompa est un temple intemporel auquel on accède par un pont en fer du XVe siècle, construit par Tangthong Gyalpo, maître de la tradition tantrique, médecin et pionnier de l'ingénierie civile.

❸ Thimphu

La capitale du Bhoutan présente un fascinant mélange de traditions médiévales et de modernité. Outre les temples anciens de la ville, c'est aussi le meilleur endroit pour voir un takin (animal national du Bhoutan), assister à un concours de tir à l'arc traditionnel et visiter l'école de peinture de thangka ou un atelier de bijoux en argent. Planifiez, si possible, votre séjour afin de coïncider avec le formidable marché du week-end.

Il y a 74,5 km entre Thimpu et Punakha.

❹ Punakha

Partez de bon matin de Thimphu pour atteindre le col de Dochula suffisamment tôt afin de profiter de vues dégagées sur l'Himalaya. Descendez ensuite au temple du "Fou divin" du Bhoutan dont le phallus est peint sur les maisons du pays. À Punakha, ville subtropicale, allez voir l'immense dzong (forteresse-monastère), le plus beau du pays, qui sert de résidence au plus haut dignitaire bouddhiste et accueille le couronnement des souverains.

Retour sur Paro et son aéroport.

ET ENCORE...

Plus loin : Bumdrak

Envie d'un trek d'une demi-journée ? Partez de la vallée de Paro et grimpez jusqu'à l'ermitage de Bumdrak (XVIIe siècle), accroché à la paroi à 3 900 m. Les agences organisent la nuit sous la tente (vrai lit) et repas : vous n'avez qu'à contempler le ciel de l'Himalaya. Le lendemain, descendez tôt vers le monastère du Nid du Tigre. Les temples en chemin offrent des vues fabuleuses sur ce monastère.

Passez par une agence pour organiser le trek.

Détour : Haa

Le plus haut col carrossable du Bhoutan, le Cheli La, mène vers la vallée reculée de Haa, une région de forêt émaillée de sanctuaires, de monastères et de villages traditionnels. Partez de Paro et, en chemin, arrêtez-vous au couvent de Kila et au Dzongdrakha Goemba, lieu de retraite et de méditation à flanc de falaise. Le lendemain, rejoignez la route vers Thimphu.

Comptez 3 jours pour l'excursion à Haa.

CIRCUIT EN BUS, DE BODHNATH À BOUDDHA

BIEN-ÊTRE SPORT VIN ET BIÈRE CUISINE RESPONSABLE AVENTURE CULTURE SPECTACLES ARTS ARCHITECTURE HISTOIRE FAMILLE EN SOLO COURT SÉJOUR LONG SÉJOUR PLAGE HIVER FAUNE

Katmandou – Lumbini

Ce circuit classique relie les deux sites bouddhiques les plus sacrés du Népal à ses deux plus grandes villes et jusqu'à un parc national où la faune abonde.

EN BREF

Empreinte carbone (kg/pers) : 23
Distance (km) : 815
Nuits : 14
Budget : €
Quand partir : oct-mars

❶ Katmandou

Commencez par vous rendre à Bodhnath (Boudha), centre de la communauté tibétaine, pour suivre les moines en robe bordeaux et les dévots qui effectuent la circumambulation rituelle autour du plus grand stupa du Népal. Bodhnath étant proche de Katmandou, logez dans la capitale. Visitez Durbar Square, à l'architecture royale médiévale, et la vieille ville de Katmandou, toujours aussi fascinante. Thamel est le quartier des voyageurs où abondent librairies, magasins de matériel de montagne et centres artisanaux.

Prenez le bus touristique du matin pour Pokhara (6 heures).

❷ Pokhara

Deuxième ville du Népal, Pokhara invite à la décontraction avec ses cafés et restaurants accueillants sur les rives du lac. Grimpez jusqu'au Shanti Stupa pour la vue sur le lac Phewa Tal et jusqu'à la chaîne de l'Annapurna, 40 km plus loin. Pokhara est l'endroit idéal pour entreprendre un trek de 3 à 10 jours dans les contreforts de l'Annapurna. Pour un avant-goût, envisagez des treks moins longs vers Ghandruk, Ghachok ou Poon Hill.

Prenez le bus touristique quotidien pour Chitwan (7 heures).

RHINOCÉROS UNICORNE, CHITWAN NATIONAL PARK

DURBAR SQUARE, KATMANDOU

❸ Chitwan

Les plaines humides et chaudes du Teraï, en lisière de l'Inde, révèlent une autre face du Népal. Ici, le Chitwan National Park protège les rhinocéros unicornes, les éléphants, les gavials, les léopards et les tigres du Bengale. Parmi les nombreuses activités : balade avec les éléphants dans la forêt, safari photo en jeep à l'aube ou safari d'observation des oiseaux, une nuit dans un luxueux lodge et un apéritif au crépuscule en écoutant les cris des singes dans la forêt.

Un bus part le matin pour Lumbini en passant par Bhairawa (5 heures).

❹ Lumbini

Cet itinéraire de pèlerinage s'achève sur le lieu même de la naissance de Bouddha, dont il ne reste que les vestiges d'un petit temple et d'une colonne commémorative érigée par l'empereur Ashoka. Louez un vélo pour découvrir la kyrielle de temples, de tous styles, édifiés par les nations bouddhistes du monde entier. Puis visitez le site archéologique de Kapilavastu (Tilaurakot) où Siddhartha Gautama aurait passé les 29 premières années de sa vie avant de renoncer au monde matériel et d'entamer son voyage spirituel avant de devenir "l'Éveillé".

Un bus quotidien revient à Katmandou (8 heures).

ET ENCORE...

Plus loin : Patan

La ville jumelle de Katmandou mérite bien une excursion d'une journée. Vous y verrez une Durbar Square (place royale) tout aussi grandiose, le plus beau musée du pays, de nombreux ateliers cachés dans des ruelles, des stupas bouddhiques et des temples à toit doré. On y trouve aussi les meilleurs restaurants du Népal et d'excellentesboutiques d'artisanat équitable.

Patan est à 30 minutes en taxi de Katmandou.

Détour : Bandipur

Perchée sur une crête, cette ville newar fait une excellente étape entre Katmandou et Pokhara. Vous pourrez loger dans l'une des maisons de marchands transformées en auberges. Les activités ne manquent pas entre la vie culturelle animée, les randonnées dans l'Himalaya, les temples, les grottes et même une magnanerie (élevage des vers à soie).

Bandipur est reliée par bus à Pokhara (3 heures).

CITÉS ANCIENNES DU SRI LANKA

BIEN-ÊTRE SPORT VIN ET BIÈRE CUISINE RESPONSABLE AVENTURE CULTURE SPECTACLES ARTS ARCHITECTURE HISTOIRE FAMILLE EN SOLO COURT SÉJOUR LONG SÉJOUR PLAGE HIVER FAUNE

Dambulla – Mihintale

Ce périple au cœur du Sri Lanka relie de grands monuments bouddhiques aux anciennes capitales et à certains des sites historiques les plus réputés du pays.

EN BREF

Empreinte carbone (kg/pers) : 27
Distance (km) : 250
Nuits : 7
Budget : €€
Quand partir : toute l'année

❶ Dambulla

À deux heures de Kandy, la capitale culturelle, Dambulla doit sa renommée à son temple troglodyte, site de pèlerinage depuis plus de 2 000 ans. Ses cinq sanctuaires-grottes ornés de sculptures et de peintures remontant au XVIIIe siècle sont, par leurs couleurs et leurs compositions, de merveilleux exemples de l'art bouddhique.

Bus fréquents pour Sigiriya (45 min).

SIGIRIYA

❷ Sigiriya

Au Ve siècle, le roi Kassyapa fit édifier une improbable forteresse au sommet d'un rocher de 180 m de haut. Aujourd'hui en ruine, ce site est un incontournable du Sri Lanka. Après avoir traversé les jardins d'eau, l'ascension débute entre les pattes d'un lion taillé dans la roche. À mi-parcours, on découvre de jolies peintures, et, au sommet, une vue fantastique sur une mer d'arbres. Admirez le site sous un angle différent depuis le rocher de Pidurangala voisin.

Prenez le bus pour Polonnaruwa et changez à Dambulla Hwy (fréquents ; 2 heures).

❸ Polonnaruwa

Capitale du Sri Lanka durant deux siècles, Polonnaruwa se mua en une fabuleuse cité-jardin au XIIe siècle. De nombreux vestiges (stupas, palais, temples, monastères, bassins, etc.) sont éparpillés sur un vaste site et donnent la mesure de son importance. À côté de superbes sculptures en pierre

TEMPLES TROGLODYTES DE DAMBULLA

et bouddhas taillés dans la roche, les recoins à explorer à l'écart de la foule ne manquent pas.
Prenez un bus pour Anuradhapura (ttes les heures ; 3 heures).

❹ Anuradhapura

Cette ville sainte établie autour d'une bouture de l'"arbre de l'éveil" de Bouddha fut pendant 1 300 ans la capitale politique et religieuse de Ceylan. Ce qu'il reste aujourd'hui des palais, monastères et stupas (gigantesques) témoigne de son importance. Au centre, le ficus sacré Sri Maha Bodhi est le site les plus vénéré du pays. Louez un vélo ou un rickshaw pour explorer les lieux et démarrez tôt – il peut faire 40°C l'après-midi.
Prenez un bus pour Mihintale (fréquents, 30 min) ou un auto-rickshaw.

❺ Mihintale

Ce lieu de pèlerinage, d'où le bouddhisme se propagea à Ceylan, se situe en haut d'une colline, à 11 km d'Anuradhapura. Gravissez avec les pèlerins l'escalier de pierre et passez devant des grottes monastiques pour atteindre le dagoba qui marque le site où le fils de l'empereur Ashoka convertit le roi cinghalais.
Revenu à Anuradhapura, bus ou train vous mèneront à Colombo (fréquents ; 6 heures).

ET ENCORE...

Plus loin : Minneriya

Entre Polonnaruwa et Anuradhapura/Sigiriya, arrêtez-vous pour un safari en jeep tôt le matin ou en fin d'après-midi dans ce parc national qui abrite des cerfs sambars, des léopards, des crocodiles et des éléphants sauvages. En août-septembre, plus de 200 éléphants s'y rejoignent en formant le célèbre "rassemblement".
Minneriya peut être une escale entre deux bus sur la route Polonnaruwa-Anuradhapura.

Détour : Ritigala

Caché dans la forêt, ce monastère quasi abandonné se dresse sur les flancs du mont Ritigala. Des sentiers serpentent le long d'escaliers en pierre, passant par des bâtiments de méditation, des bains et des cours noyés sous la végétation. Un site agréable à explorer et où on est souvent seul.
On y accède en voiture ou en auto-rickshaw depuis Habarana, un crochet de 15 km aller-retour sur la route Polonnaruwa-Anuradhapura.

AVENTURE DANS LES ÎLES ANDAMAN

SPORT · VIN ET BIÈRE · CUISINE · RESPONSABLE · AVENTURE · CULTURE · SPECTACLES · ARTS · ARCHITECTURE · HISTOIRE · FAMILLE · EN SOLO · COURT SÉJOUR · LONG SÉJOUR · PLAGE · HIVER · FAUNE · BIEN-ÊTRE

Port Blair – Neil Island (Shaheed Dweep)
Pour une escapade balnéaire dans une île tropicale de l'océan Indien, il n'y a pas mieux que le merveilleux archipel des îles Andaman.

EN BREF
Empreinte carbone (kg/pers) : 2,4
Distance (km) : 130
Nuits : 10-15
Budget : €-€€
Quand partir : oct-mai

❶ Port Blair

Relié par avion à l'Inde du Sud (à 1 370 km), Port Blair, la capitale des îles Adaman, est la première étape. D'intéressants sites historiques et de bons repas sans prétention vous occuperont avant de poursuivre le voyage. Explorez le Cellular Jail National Memorial (prison britannique construite au XXe siècle pour les dissidents politiques) et les vestiges coloniaux envahis par la jungle de Ross Island (Netaji Subhas Chandra Bose Dweep). Informez-vous sur les communautés indigènes menacées d'extinction et faites une excursion en bateau dans le Mahatma Gandhi Marine National Park (280 km^{2}).

Les compagnies de ferries privées Makruzz et Green Ocean relient tous les jours Port Blair et Havelock Island (Swaraj Dweep) (1 heure 30-2 heures 30 ; réservez le plus tôt possible). Réservez les ferries publics quotidiens quelques jours à l'avance et en personne, à la jetée Phoenix Bay de Port Blair.

❷ Havelock Island (Swaraj Dweep)

Plages de sable blanc doré, couchers de soleil flamboyants, vagues turquoise, collines couvertes de forêts luxuriantes et plongées parmi les plus exaltantes d'Asie : on resterait bien sur cette île paradisiaque, mais cinq jours devraient tout de même suffire. Découvrez la fabuleuse plage de Radhanagar au petit matin sans la foule, lézardez sur le sable frangé de palmiers

PLONGÉE À HAVELOCK ISLAND

PLAGE DE RADHANAGAR, HAVELOCK ISLAND

tout autour de l'île, réservez auprès des écoles de plongée locales, goûtez à l'animation du grand bazar et faites du snorkeling, de la randonnée et du kayak. Cafés et restaurants décontractés, huttes de plage en bambou et quelques hôtels au charme tropical et écoresponsables (le Jalakara justifie à lui seul la visite) contribuent au plaisir d'un séjour dans ce petit paradis.
Des ferries publics et privés relient Havelock et Neil Island (Shaheed Dweep) plusieurs fois par jour (environ 1 heure).

3 Neil Island (Shaheed Dweep)

D'un charme plus rustique que Havelock, cette île respire la douceur de vivre avec ses rizières couleur émeraude, ses cocotiers et ses plages paisibles. Le petit bazar et la jetée voisine forment le cœur de l'île. Passez-y, par exemple, 3 ou 4 jours, et promenez-vous à vélo ou à scooter, pour explorer les plages (plage n°5 à l'est pour la salutation au soleil le matin, plage n°1 pour le coucher du soleil) et pour pratiquer le snorkeling ou la plongée.
Plusieurs ferries quotidiens publics et privés vous ramènent à Port Blair (1-2 heures), où il faudra sans doute passer la nuit avant votre correspondance.

ET ENCORE...

Plus loin : Middle Andaman et North Andaman

Les rares voyageurs qui s'aventurent dans la région sont récompensés par la beauté des îlots Ross et Smith, les tortues qui nidifient à Kalipur et les logements chez l'habitant à Mayabunder.
Des bus relient Port Blair et Diglipur (tlj ; 12 heures), certains via Mayabunder (10 heures). On peut aussi prendre un ferry (2-3/sem ; 17 heures), ou louer une voiture avec chauffeur.

Détour : Little Andaman

De fabuleux spots de surf, des plages au sable crème, des bungalows de plage où passer la nuit et une ambiance très détendue, voilà, hors des sentiers battus, les joies qu'offre la délicieuse Little Andaman (une grande partie est une réserve ethnique interdite).
Des ferries relient Port Blair et Little Andaman (4-5/sem ; 5 heures 30-8 heures 30).

LE KERALA : DES PLAGES AUX BACKWATERS

BIEN-ÊTRE
SPORT
VIN ET BIÈRE
CUISINE
RESPONSABLE
AVENTURE
CULTURE
SPECTACLES
ARTS
ARCHITECTURE
HISTOIRE
FAMILLE
EN SOLO
COURT SÉJOUR
LONG SÉJOUR
PLAGE
HIVER
FAUNE

Thiruvananthapuram – Kochi
Explorez les cours d'eau paisibles de cet État du sud de l'Inde, découvrez sa faune et sa flore, et profitez de séjours chez l'habitant.

EN BREF
Empreinte carbone (kg/pers) : 35
Distance (km) : 1 035
Nuits : 23-35
Budget : €-€€
Quand partir : août-avr

CANOTAGE SUR LES BACKWATERS D'ALAPPUZHA

❶ Thiruvananthapuram (Trivandrum)

Commencez par la capitale du Kerala avec ses musées, son étonnante architecture, sa fine cuisine du sud de l'Inde et les plages de Kovalam.

Prenez le train pour Varkala (fréquents ; 1 heure).

❷ Varkala

Passez quelques jours ici à profiter des plages dorées, du surf et du yoga, des flamboyants couchers de soleil depuis les falaises rouille, du charme tranquille des pensions et du temple à l'ombre d'un énorme banian.

Prenez le train pour Kollam (30 min-1 heure).

❸ Kollam (Quilon) et Munroe Island

Port animé, Kollam est la porte d'entrée à la plus calme Munroe Island dont on peut explorer les paisibles canaux en bateau.

Prenez le bateau du State Water Transport vers Alappuzha (tlj en saison ; 8 heures), en vous arrêtant au célèbre ashram d'Amritapuri, où vit Amma, la "Mère qui étreint".

❹ Alappuzha (Alleppey)

Base importante de circuits en kayak ou house-boat sur les backwaters, cette ville animée

PLANTATIONS DE THÉ DE MUNNAR

combine plage et lieux de rencontre pour les voyageurs.

Prenez le bus pour Kumily et Periyar (tlj ; 6 heures).

❺ Periyar Tiger Reserve

S'étendant sur les Ghats occidentaux, cette vaste réserve sauvage et luxuriante abrite des tigres, des éléphants et des cerfs. Randonnée, plantations d'épices et cours de cuisine justifient au moins 3 nuits sur place.

Bus quotidiens pour Munnar (4-5 heures).

❻ Munnar

La principale région productrice de thé du sud de l'Inde attire les voyageurs qui font de la randonnée et logent chez l'habitant au milieu des plantations d'un vert éclatant.

Bus fréquents pour Kochi (5 heures).

❼ Kochi (Cochin)

La paisible Cochin, sur la côte de Malabar, reflète l'âme culturelle du Kerala : sites anciens, activités culturelles, cuisine, etc. Commencez par Fort-Cochin, ses palais, ses synagogues, ses temples et ses bazars.

Pour la côte nord, prenez le train vers Kannur (fréquents ; 5 heures-6 heures 30), ou vers Bekal Fort (1/jour ; 8 heures) ou bien les trains plus fréquents en direction de Kanhangad/Kasaragod.

ET ENCORE...

Plus loin : escapades balnéaires au Kerala

À 15 km au sud-est de Trivandrum, le village de pêcheurs de Kovalam (une alternative en début de séjour) est devenu une station balnéaire entourée de centres ayurvédiques. Autre site balnéaire, Marari, au nord d'Alappuzha, propose de superbes hébergements.

De nombreux bus relient Trivandrum et Kovalam (30 min). Les bus d'Alappuzha vers le nord s'arrêtent près de Marari (30 min). Sinon, prenez un taxi.

Détour : Mysuru (Mysore)

Dans le Karnataka, Mysore brille par sa profusion de palais et sa grandiose architecture anglo-indienne – comptez une demi-journée rien que pour le palais du Maharaja. La ville est aussi renommée comme centre de yoga et pour les festivités de Dussehra (10 jours ; sept-oct).

Des bus relient Mysuru à Kannur (6/jour ; 6 heures), à Mananthavadi (5/jour ; 3 heures) et à Kalpetta (ttes les 30 min ; 3 heures 30) près du Wayanad.

HOUSE-BOAT PRÈS D'ALAPPUZHA

❽ Côte Nord

Paisible et peu visitée, la côte nord du Kerala attire les voyageurs appréciant les plages et les backwaters. Kannur (Cannanore) est une ville où se pratique le *theyyam* (transes rituelles). Allez-y pour profiter de ses plages dorées et de ses agréables chambres chez l'habitant. Bekal est quant à elle appréciée pour ses plages désertes, son fort du XVIIe siècle et ses hôtels exquis.

Des bus réguliers relient Kannur à Mananthavadi près du Wayanad (3 heures).

❾ Région du Wayanad

Prenez le temps d'explorer le Wayanad Wildlife Sanctuary. Randonnez dans les collines, séjournez chez l'habitant et observez les éléphants sauvages dans ce coin isolé du nord-est du Kerala, montagneux et d'une splendeur inégalée.

Retour en bus à Kannur ou à Kozhikode (fréquents ; 3 heures), qui ont chacun un aéroport, ou à Kochi (6 heures).

YOGA SUR LA PLAGE À VARKALA

LITTORAL DE VARKALA

HIMALAYA SECRET : DU CACHEMIRE AU LADAKH

FAUNE · BIEN-ÊTRE · SPORT · VIN ET BIÈRE · CUISINE · RESPONSABLE · AVENTURE · CULTURE · SPECTACLES · ARTS · ARCHITECTURE · HISTOIRE · FAMILLE · EN SOLO · COURT SÉJOUR · LONG SÉJOUR · PLAGE · HIVER

Srinagar – Leh

Partez à la découverte des montagnes de l'Himalaya, des vallées alpines du Cachemire musulman aux paysages lunaires du Ladakh bouddhiste.

EN BREF

Empreinte carbone (kg/pers) : 12
Distance (km) : 419
Nuits : 7-10
Budget : €€
Quand partir : nov-avr

❶ Srinagar

Dans cette région souvent troublée, Srinagar reste une ville à part, hors du temps, fascinante. Facile d'accès (avion, train ou jeep) depuis Delhi, elle charme par ses mosquées médiévales ornées de motifs en papier mâché, ses jardins moghols et ses house-boats paisiblement amarrés sur le lac Dal. Vérifiez les conditions de sécurité avant tout voyage.

Rejoignez Kargil en bus ou en jeep collective (elle part quand elle est pleine ; 7-10 heures).

❷ Kargil

La route de Srinagar à Kargil en passant par le Zoji La (col à 3 528 m) quitte les riantes prairies du Cachemire pour grimper vers les paysages désertiques à l'ombre de l'Himalaya. Ville commerçante animée, Kargil est un point de chute pour les treks dans les montagnes alentour qui dévoilent des images du Bouddha taillées dans le rocher et les époustouflants paysages de la vallée de la Suru.

Montez dans un bus ou une jeep collective menant à Mulbekh (2 heures).

❸ Mulbekh

Mulbekh marque la transition entre Cachemire musulman et Ladakh bouddhiste, comme le confirme un bouddha, haut de 8 m, en bordure de route. Des randonnées à travers un paysage minéral mènent aux petits monastères de Shargol et de Rgyal, et aux ruines du château qui surplombe Mulbekh.

Prenez un bus pour Lamayuru tôt le matin (2-3 heures).

JARDINS DE NISHAT BAGH, SRINAGAR

LAMAYURU, LADAKH

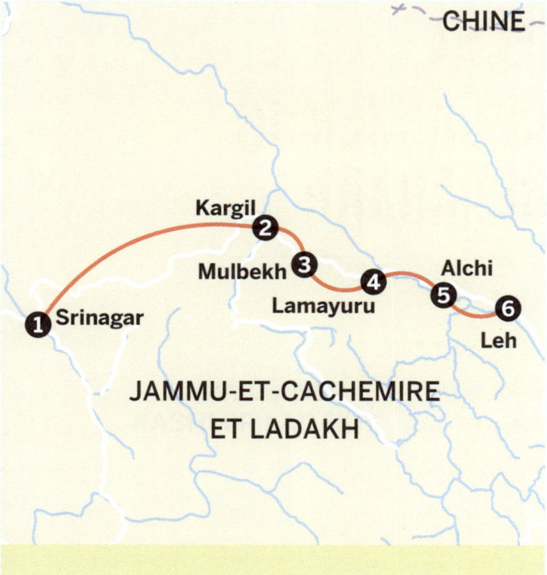

❹ Lamayuru

Bâti sur un escarpement creusé de grottes, le *gompa* (monastère) de Lamayuru est éclatant de couleurs sur fond de montagnes sombres. On peut loger dans le *gompa* ou dans les pensions du village souvent dotées d'un toit-terrasse avec une vue panoramique.
Prenez le bus le matin ou en début d'après-midi pour Alchi en passant par Saspol (2 heures).

❺ Alchi

Nichés dans une vallée à l'écart de la grand-route, les modestes bâtiments des temples de Choskhor d'Alchi cachent les plus belles peintures murales du Ladakh. La finesse des détails et la richesse des coloris forment un contraste saisissant avec l'aridité alentour.
Partez en bus tôt le matin pour Leh (2-3 heures).

❻ Leh

Après le vide méditatif des étapes depuis Kargil, Leh donne le sentiment de retrouver une grande ville. Enfin, presque. S'il y a des DAB, des hôtels de charme, des cafés pour voyageurs, des cours de yoga et des endroits où boire une bière, les ruelles ne sont pas pavées et mènent à des monastères médiévaux, des rochers érodés et des vergers de pommiers.
Prenez un vol pour Delhi (tlj ; 1 heure 30).

ET ENCORE...

Plus loin : Zanskar

Une route accidentée partant vers le sud de Kargil mène au mythique Zanskar, une vaste plaine encerclée par de très hauts sommets. Depuis la poussiéreuse Padum, grimpez jusqu'aux spectaculaires *gompa* de Karsha, Stongdey, Sani et Phuktal en traversant des paysages grandioses de haute montagne.
Des jeeps collectives partent de Kargil vers Padum à l'aube (tlj ; 10-12 heures).

Détour : vallée de la Nubra

Au nord de Leh, une route rudimentaire grimpe vers le Khardung La (5 359 m), deuxième col carrossable le plus élevé au monde, puis redescend dans la vallée de la Nubra, ancienne étape très fréquentée sur la Route de la soie. Cette vallée séduit par son calme, ses vergers d'abricotiers, ses camps de tente et ses magnifiques monastères.
Organisez location de jeep et permis à Leh (5 heures).

DE MUMBAI À GOA, PAR LA ROUTE ET LE RAIL

VIN ET BIÈRE
CUISINE
RESPONSABLE
AVENTURE
CULTURE
SPECTACLES
ARTS
ARCHITECTURE
HISTOIRE
FAMILLE
EN SOLO
COURT SÉJOUR
LONG SÉJOUR
PLAGE
HIVER
FAUNE
BIEN-ÊTRE
SPORT

Mumbai – Hampi
À ce périple débutant à Mumbai et s'achevant sur les plages de Goa s'ajoutent des détours vers l'intérieur des terres pour découvrir des ruines spectaculaires.

EN BREF
Empreinte carbone (kg/pers) : 67
Distance (km) : 1 777
Nuits : 7
Budget : €€
Quand partir : sept-mai

❶ Mumbai

Mumbai est la porte de l'Inde la plus invitante pour les voyageurs, moins frénétique que Delhi ou Kolkata, et possédant plus de cachet historique que Bengaluru. Vous y trouverez certains des meilleurs restaurants du pays (tels Trishna ou Bombay Canteen aux divines saveurs). L'histoire complexe de la ville prend vie dans les rues du Fort, un monument construit par les Britanniques, et sur Elephanta Island (accès en bateau) dont les temples rupestres, aux impressionnantes sculptures, datent d'avant l'arrivée des Européens.

Prenez le Dadar-Madgaon Jan Shatabdi Express pour Margao (tlj ; 8 heures 30). Le train traverse de splendides paysages à admirer depuis la voiture panoramique Vistadome. De Margao, un bus local mène à Panaji (ttes les 15 min ; 1 heure).

CHARIOT DU TEMPLE DE VITTALA, HAMPI

❷ Panaji

Nonchalante capitale de l'État de Goa, Panaji affiche fièrement ses influences portugaises dans ses demeures à toit de tuiles et ses églises d'un blanc étincelant, en particulier dans le quartier de Fontainhas.

Prenez le bus pour Old Goa (ttes les 10 min ; 30 min).

❸ Old Goa

Direction Old Goa pour une excursion à la journée. La cité, surnommée "la Lisbonne de l'Orient" rappelle la grandeur passée de cette ancienne capitale des Indes portugaises. Les cathédrales, églises et couvents, certains en ruine, s'étendent le long de la rivière Mandovi et témoignent de sa splendeur. À son apogée, Old Goa comptait plus d'habitants que Londres.

GARE CHHATRAPATI SHIVAJI MAHARAJ, MUMBAI

Une fois revenu en bus à Panaji, décidez sur quelle plage aller.

4 Plages de la côte nord

On n'imagine pas Goa sans ses plages et, dans ce domaine, la côte nord offre l'embarras du choix. Les bus locaux desservent Candolim, Calangute et Baga (ttes les 10 min ; 30 min) ; chacune offrant une étendue idyllique de sable bordée de palmiers et de paillottes où déjeuner de poisson et de fruits de mer et, le soir, faire durer le plaisir d'un apéritif.
Revenez à Panaji, prenez le bus pour Margao (ttes les 15 min ; 1 heure) et, de là, le bus pour Hampi (3/jour ; 11 heures).

5 Hampi

Les vestiges de la capitale de l'empire hindou de Vijayanagar se dressent au milieu d'énormes rochers de toutes formes. Un paysage surréaliste ! Comparez le temple de Vittala, dont les sculptures marquent l'apogée de l'art vijayanagar, avec le temple de Virupaksha, encore en service, avec ses *gopuram* (tour d'entrée) élancés couverts de divinités.
Montez dans le bus Hampi-Hosapete (ttes les 30 min ; 30 min) puis dans un train pour Mumbai (2/jour ; 19 heures).

ET ENCORE...

Plus loin : Pune

Le trajet étant long entre Hosapete et Mumbai, songez à faire une pause à Pune, où abondent cafés de style européen, brasseries artisanales et restaurants fusion. Dépensez vos calories en visitant des temples, des forts, des palais et, en hommage au chemin de fer, le Joshi's Museum of Miniature Railways.
Des trains relient Hosapete et Pune (tlj ; 17-18 heures).

Détour : Bengaluru

Vous ne retournez pas à Mumbai ? Depuis Hampi, poursuivez jusqu'à Bengaluru, la jolie capitale du Karnataka, réputée pour sa cuisine et sa vie nocturne, ses centres commerciaux chics et son ambiance cosmopolite. Visitez des palais, des temples et la très belle National Gallery of Modern Art avant d'aller vous détendre dans le Cubbon Park.
Des trains relient Hosapete à Bengaluru (plusieurs/jour ; 9 heures).

VERTES MONTAGNES DU SRI LANKA

SPORT
VIN ET BIÈRE
CUISINE
RESPONSABLE
AVENTURE
CULTURE
SPECTACLES
ARTS
ARCHITECTURE
HISTOIRE
FAMILLE
EN SOLO
COURT SÉJOUR
LONG SÉJOUR
PLAGE
HIVER
FAUNE
BIEN-ÊTRE

Colombo – Badulla

C'est la ligne ferroviaire emblématique du Sri Lanka : le train grimpe de Colombo à Kandy et continue à travers les plantations de thé jusqu'au cœur des hautes terres.

EN BREF

Empreinte carbone (kg/pers) : 13
Distance (km) : 252
Nuits : 7
Budget : €€
Quand partir : déc-mars

❶ Colombo

Si la capitale du Sri Lanka vous attire, passez-y quelques jours pour vous régaler de sa cuisine et apprécier ses contrastes : églises coloniales blotties entre des gratte-ciel, temples bouddhiques et hindous ajoutant des notes de couleur aux rues, centres commerciaux rutilants et bazars animés.

Prenez le train à Fort Station pour Kandy (10/jour ; 3 heures).

❷ Kandy

Quittant la moiteur de la côte, le train monte vers la fraîcheur des collines. Capitale culturelle de l'île, Kandy a beaucoup de charme et abrite le temple de la Dent, censé conserver la relique d'une dent du Bouddha, ce qui en fait un lieu saint pour les bouddhistes.

Le train grimpe jusqu'à Nanu Oya (5/jour ; 4 heures), puis un triporteur vous mène à Nuwara Eliya (20 min).

❸ Nuwara Eliya

Dans le train de Kandy à Nuwara Eliya, vous pourrez admirer la vue depuis les grandes baies vitrées des salons panoramiques de 1re classe – ou, en 2e classe, regarder défiler le paysage depuis la porte du wagon. À Nuwara Eliya, faites des randonnées dans les hautes terres et logez dans un hôtel de l'époque britannique ou une ancienne villa coloniale pour avoir le sentiment de remonter le temps.

De retour à Nanu Oya (20 min) prenez le train pour Haputale (5/jour ; 1 heure 30).

PLANTATIONS DE THÉ, LIGNE KANDY-NUWARA ELIYA

TEMPLE DE LA DENT SACRÉE, KANDY

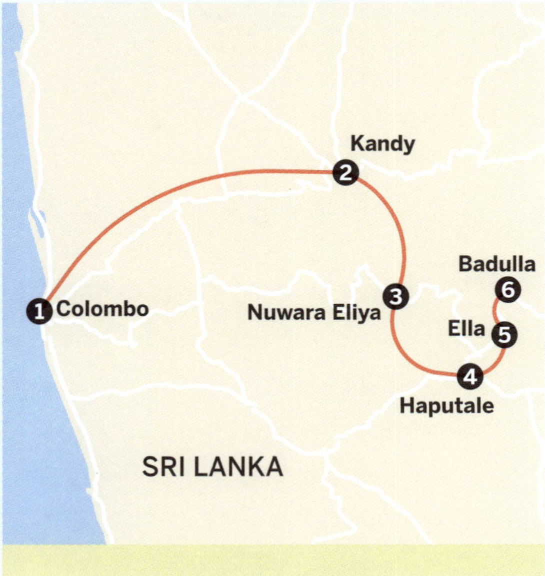

❹ Haputale

Accroché à une étroite crête, Haputale est une saisissante localité située dans les hautes terres. Prévoyez une journée pour visiter la fabrique de thé de Dambatenne, fondée par Thomas Lipton, puis admirer la vue depuis le Lipton's Seat, d'où le baron du thé surveillait ses plantations.

Prenez le train pour Ella (5/jour ; 1 heure 30).

❺ Ella

Le train serpente au milieu des plantations de thé qui sont autant de jardins vert émeraude. À Ella, vous logerez dans des pensions douillettes (et mangerez une succulente cuisine maison) et pourrez vous balader jusqu'au Little Adam's Peak et jusqu'à l'Ella Rock.

Montez dans un train pour Badulla (5/jour ; 1 heure).

❻ Badulla

Le reste du trajet jusqu'à Badulla n'est pas moins luxuriant et spectaculaire. Une fois arrivé, vous avez le choix : prendre le train de nuit pour revenir à Colombo, ou redescendre des hautes terres vers les stations de surf de la côte est.

Prenez le train pour Colombo (tlj ; 10 heures) ou le bus pour la côte est.

ET ENCORE...

Plus loin : Horton Plains National Park

Les rudes paysages de ce haut plateau dénudé contrastent avec le décor verdoyant du reste des hautes terres. En marchant sur ces étendues solitaires non loin du deuxième et du troisième plus hauts pics du Sri Lanka, Kirigalpotta et Totapola, le panorama est inoubliable.

Des chauffeurs proposent des circuits à la journée depuis Nuwara Eliya ; puis faites-vous déposer à Pattipola pour prendre le train vers Haputale.

Détour : Arugam Bay

Après la fraîcheur brumeuse des hautes terres, vous apprécierez le changement de température en descendant vers la côte est. Une fois arrivé, trouvez une pension, louez une planche de surf puis testez les vagues à Baby Point avant d'attaquer des breaks plus ambitieux.

Prenez un bus Badulla-Monaragala (réguliers ; 2 heures), puis une correspondance pour Pottuvil et un rickshaw vers Arugam.

VARIATION SUR LE TRIANGLE D'OR DE L'INDE

BIEN-ÊTRE · SPORT · VIN ET BIÈRE · CUISINE · **RESPONSABLE** · AVENTURE · **CULTURE** · SPECTACLES · **ARTS** · **ARCHITECTURE** · **HISTOIRE** · **FAMILLE** · **EN SOLO** · **COURT SÉJOUR** · LONG SÉJOUR · PLAGE · HIVER · FAUNE

Delhi – Jaipur
Cette version du circuit ferroviaire iconique de l'Inde allie des sites illustres – palais de Jaipur, Taj Mahal, Fort Rouge de Delhi – et de belles surprises en chemin.

EN BREF
Empreinte carbone (kg/pers) : 20
Distance (km) : 575
Nuits : 7
Budget : €
Quand partir : sept-mai

❶ Delhi
Dans la chaotique Delhi, tous les sens sont stimulés par une profusion de sons, d'odeurs et de couleurs. Imprégnez-vous en dans les anciens bazars de Shahjahanabad, en suivant le dédale de ruelles jalonnées de marchands de cartes de mariage, de saris, de casseroles, de pantoufles et de cerfs-volants, pour rejoindre la magnifique Jama Masjid et les fameux murs de grès du Fort Rouge.
Prenez le train pour Mathura (ttes les heures ; 2-3 heures).

SOUIMANGA ASIATIQUE, KEOLADEO NATIONAL PARK

❷ Mathura et Vrindavan
À l'écart du tourisme, Mathura serait le lieu de naissance du dieu Krishna. La ville attire une foule de pèlerins hindouistes sur ses ghats (marches sur les rives d'un fleuve) et dans ses ruelles émaillées de temples de Krishna. À 30 minutes de bus au nord, Vrindavan, où Krishna aurait grandi, recèle des temples plus clinquants, dont le siège mondial de la secte Hare Krishna.
Prenez le train pour Agra (ttes les heures ; 1 heure).

❸ Agra
Que la foule de rabatteurs ne vous dissuade surtout pas d'aller contempler le Taj Mahal dans toute sa splendeur. Consacrez-lui le plus de temps possible pour observer au fil des heures les variations de couleur de ce bijou architectural. Puis allez voir le Fort d'Agra et la fastueuse cité fantôme voisine de Fatehpur Sikri, construite par l'empereur moghol Akbar.
Attrapez le bus pour Bharatpur (ttes les 30 min ; 1 heure 30).

TAJ MAHAL, AGRA

❹ Bharatpur

Bharatpur possède un intéressant fort en ruine, mais la principale curiuosité reste le Keoladeo National Park, une zone humide située au sud de la ville. C'est l'une des plus importantes réserves ornithologiques au monde, avec quelque 360 espèces d'oiseaux d'octobre à février.

Prenez un bus pour Alwar (ttes les heures, 4 heures).

❺ Alwar

Les touristes négligent souvent la capitale du plus ancien État princier du Rajasthan. À tort ! Passez par le palais, le fort et le cénotaphe autrefois fastueux du maharajah, puis allez voir des tigres dans la Sariska Tiger Reserve.

Montez à bord d'un train pour Jaipur (ttes les heures ; 3-4 heures).

❻ Jaipur

La "ville rose" doit son surnom aux fortifications et palais de grès peints en rose sur lesquels ont régné des générations de maharadjas rajpoutes. Visitez l'élégant City Palace, le Hawa Mahal aux fenêtres finement ajourées, le Jantar Mantar, observatoire astronomique bâti par Jai Singh II, et le fort d'Amber tout proche.

Revenez en train à Delhi (9/jour ; 4 heures 30-6 heures).

ET ENCORE...

Plus loin : Gwalior

D'Agra, un train mène à Gwalior (au Madhya Pradesh) décrit par l'empereur moghol Babur comme "la Perle de l'Inde". Explorez les palais, temples, musées et portes monumentales (pour le passage des éléphants royaux) de la citadelle, puis allez admirer les sculptures jaïnes taillées dans la roche, soigneusement restaurées après avoir été dégradées par les Moghols.

Le train Agra-Gwalior part toutes les 30 minutes (2 heures).

Détour : Ajmer et Pushkar

Une fois à Jaipur, on est tenté de poursuivre jusqu'à Ajmer pour admirer son sanctuaire vénéré, édifié autour du mausolée du saint soufi Khwaja Moin-ud-din Chishti. Non loin, le lac sacré de Pushkar disparaît presque sous les temples hindous (allez-y en octobre ou novembre au moment de la fameuse foire aux chameaux).

Prenez un train Jaipur-Ajmer (ttes les 30 min ; 2 heures) puis un bus local jusqu'à Pushkar (30 min).

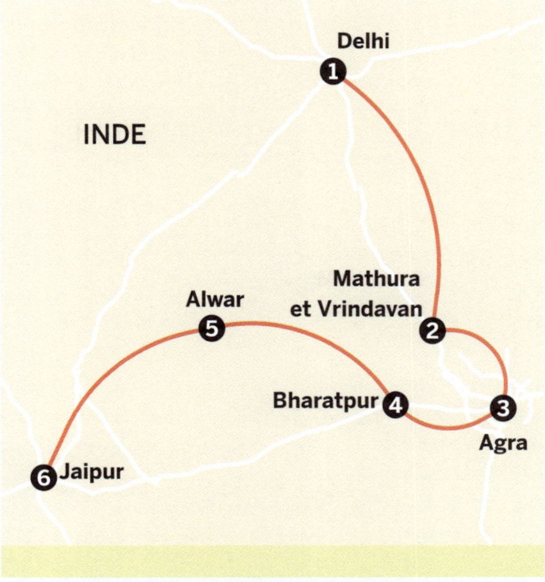

À LA RENCONTRE DES ETHNIES DU NORD-EST DE L'INDE

FAUNE · BIEN-ÊTRE · SPORT · VIN ET BIÈRE · CUISINE · RESPONSABLE · AVENTURE · CULTURE · SPECTACLES · ARTS · ARCHITECTURE · HISTOIRE · FAMILLE · EN SOLO · COURT SÉJOUR · LONG SÉJOUR · PLAGE · HIVER

Guwahati – Kohima

Ce périple en jeep vous entraîne à la rencontre de villages ethniques animistes et bouddhistes dans les territoires méconnus du nord-est de l'Inde.

EN BREF

Empreinte carbone (kg/pers) : 283
Distance (km) : 2 279
Nuits : 14
Budget : €€€
Quand partir : sept-mai

❶ Guwahati

La capitale de l'Assam est la porte d'entrée vers les États indiens du Nord-Est, dont les collines sont couvertes de jungle. La géographie et les particularismes ethniques de ces régions n'ont qu'un lien ténu avec ceux du reste de l'Inde. Pour explorer ces États, le plus simple est de contacter (un mois à l'avance) une agence à Guwahati pour louer une jeep et obtenir les permis. Prévoyez une journée à Guwahati pour découvrir les bazars et les temples dédiés à Shakti (puissance créatrice féminine).

Direction Tezpur (182 km vers le nord-est).

❷ Tezpur

Loger dans cette bourgade assoupie permet de faire une excursion à la journée dans le magnifique Kaziranga National Park, où on est presque sûr de voir des rhinocéros unicornes. Il est facile d'organiser un safari (en jeep, pas à dos d'éléphant) au siège du parc, près de Kohora, à deux heures de voiture de Tezpur.

Direction Tawang (330 km vers le nord-ouest).

❸ Tawang

Il faut un permis spécial pour se rendre dans l'Arunachal Pradesh, mais cela en vaut la peine. La route au nord de Tezpur qui mène à Tawang grimpe dans les montagnes, en passant par le Se La (un col à 4 170 m), et conduit à l'une des merveilles de l'Himalaya : le gompa de Tawang, plus grand monastère bouddhiste de l'Inde, un vaste ensemble dont les bâtiments anciens couronnent une crête boisée.

Direction Ziro via Itanagar (2 jours, 556 km).

HUTTES SUR PILOTIS À TOIT DE CHAUME, NAGALAND

GOMPA DE TAWANG

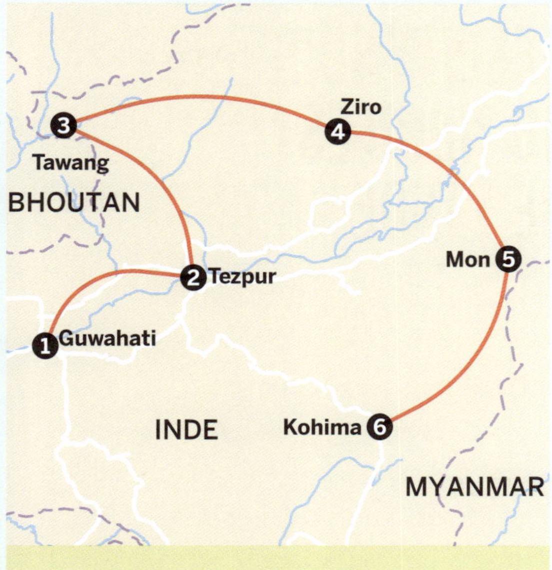

❹ Ziro

Après l'Himalaya, les contreforts verdoyants de la vallée de Ziro semblent un autre monde. Les villages soignés aux maisons sur pilotis et toit de chaume appartiennent aux Apatani, une ethnie connue pour ses croyances animistes, ses tatouages faciaux et les disques de narine des femmes en rotin noirci.
Direction Mon via Dibrugarh (383 km vers le sud-est).

❺ Mon

Après la traversée du puissant Brahmapoutre à Dibrugarh, une route cahoteuse mène dans les collines du Nagaland. Les villages immaculés des Konyak Naga disséminés à flanc de colline sont ornés de cornes de buffles et, dans les vallées les plus reculées, de crânes d'humains victimes de ces chasseurs de têtes.
Direction Kohima via Jorhat (2 jours, 358 km).

❻ Kohima

Encore une route cahoteuse, qui conduit cette fois à la capitale du Nagaland. Kohima somnole pendant la majeure partie de l'année, mais s'anime en décembre pendant le festival du Calao, le plus grand rassemblement annuel du peuple Naga.
Retour sur Guwahati (460 km vers l'ouest).

ET ENCORE...

Plus loin : Sivasagar

Entre le Nagaland et Guwahati, on peut facilement ajouter une halte à Sivasagar. La capitale historique de la dynastie Ahom est une ville émaillée de temples intemporels et de vestiges des palais Ahom. Au nord, l'île fluviale de Majuli abrite des *satra* (monastères hindous) séculaires.
Demandez au chauffeur de bifurquer vers Sivasagar entre Mon et Kohima.

Détour : Shillong

Avec ses paysages luxuriants et l'air frais des montagnes, Shillong est surnommée “l'Écosse de l'Orient”. Il est aisé d'y venir en hélicoptère depuis Guwahati – c'est l'un des vols en hélicoptère les moins chers au monde. À l'arrivée,baladez-vous au marché (lew Duh) où les Khasi, vêtus de châles à carreaux, négocient légumes, arcs, flèches et grenouilles à manger.
Les hélicoptères font deux allers-retours par jour (lun-sam).

KALÉIDOSCOPE DE TEMPLES AU TAMIL NADU

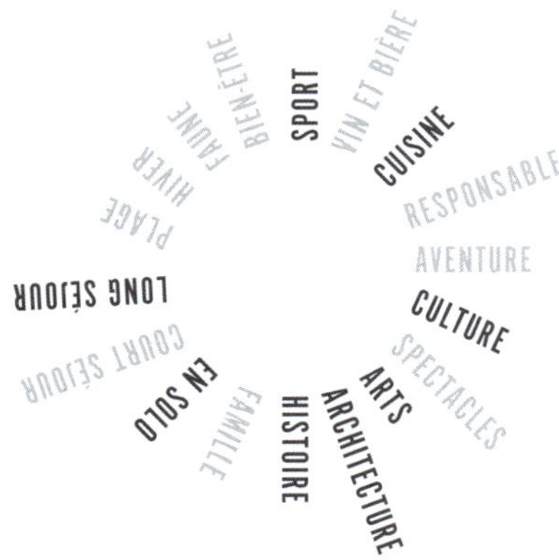

Chennai – Kanyakumari

Découvrez l'extrémité sud de l'Inde et ses temples spectaculaires et variés, des sanctuaires animés de Chennai aux lieux de culte paisibles des villages.

EN BREF

Empreinte carbone (kg/pers) : 35

Distance (km) : 1 010

Nuits : 18-25

Budget : €-€€

Quand partir : oct-mars

❶ Chennai (Madras)

Dans la dynamique capitale du Tamil Nadu, ne manquez pas le vénérable temple aux mille couleurs de Kapaleeshwarar. Cuisine tamoule, shopping et visite guidée par un expert pour aller voir le fort Saint-George sauront aussi vous séduire.

Prenez un bus public pour Mamallapuram (fréquents ; 2 heures-2 heures 30) à la CMTB (gare routière de Chennai Mofussil).

❷ Mamallapuram (Mahabalipuram)

Grand port du temps des Pallava, "Mahabs" conserve de merveilleux temples et rochers sculptés classés au patrimoine mondial de l'Unesco. C'est aussi un rendez-vous de surfeurs, comme Kovalam (Covelong). Ce qui justifie d'y passer quelques jours.

Prenez un bus pour Kanchipuram (plusieurs/jour ; 2 heures).

❸ Kanchipuram

Capitale de la dynastie Pallava du VIe au VIIIe siècle, la trépidante Kanchipuram est réputée pour ses temples richement ornés et pour ses saris en soie tissés à la main. Dormez sur place ou allez-y en excursion depuis Mamallapuram.

Bus pour Tiruvannamalai (fréquents ; 3 heures).

❹ Tiruvannamalai

Sise au pied du mont Arunachala, un volcan éteint sacré, Tiruvannamala abrite de nombreux ashrams

TEMPLE DE MINAKSHI AMMAN, MADURAI

TEMPLE DU RIVAGE, MAMALLAPURAM

et l'un des plus vastes sanctuaires du pays, le temple d'Arunachaleshwar (10 ha) où Shiva est vénéré dans son incarnation du feu.

Bus pour Puducherry (ttes les heures ; 3 heures).

❺ Puducherry (Pondichéry)

Sous domination française jusqu'en 1954, "Pondy" mérite au moins quatre nuits pour son mélange de vie locale tamoule, de spiritualité, d'architecture coloniale et de rues verdoyantes. S'y ajoutent des hôtels élégants et originaux, et une savoureuse cuisine.

Bus pour Kumbakonam (plusieurs/jour ; 3 heures).

❻ Kumbakonam

Passez la nuit dans cette ancienne place forte médiévale pour admirer ses deux temples chola richement sculptés inscrits au patrimoine mondial de l'Unesco.

Prenez le train pour Thanjavur (plusieurs/jour ; 30 min-1 heure).

❼ Thanjavur (Tanjore)

La capitale de l'empire médiéval des Chola est à voir pour son temple de Brihadishwara classé par l'Unesco et pour son palais royal bâti par les Nayak.

Trains et bus réguliers pour Trichy (1 heure).

ET ENCORE...

Plus loin : Chettinad

Aride, le Chettinad se distingue par ses demeures opulentes (construites par de riches négociants locaux), ses saris en soie et coton et ses jolis carreaux d'argile fabriqués à la main. Ses tranquilles bourgades abritent quelques-uns des plus fabuleux hôtels du Tamil Nadu.

Louez une voiture avec chauffeur à Madurai, Thanjavur ou Trichy. Des bus et des trains desservent Pudukkottai et Karaikkudi.

Détour : Ghats occidentaux

Dans les Ghats occidentaux du Tamil Nadu, on trouve des stations de montagne, dont Kodaikanal, dans les Palani Hills, et Ooty (Udhagamandalam) dans les Nilgiri, des forêts de *shola*, des lacs, des sentiers, de belles demeures... et une vue sublime.

Réservez le Nilgiri Mountain Railway de Mettupalayam à Ooty (4 heures 45). Ralliez Kodaikanal en bus depuis Madurai (4 heures) ou Trichy (6 heures).

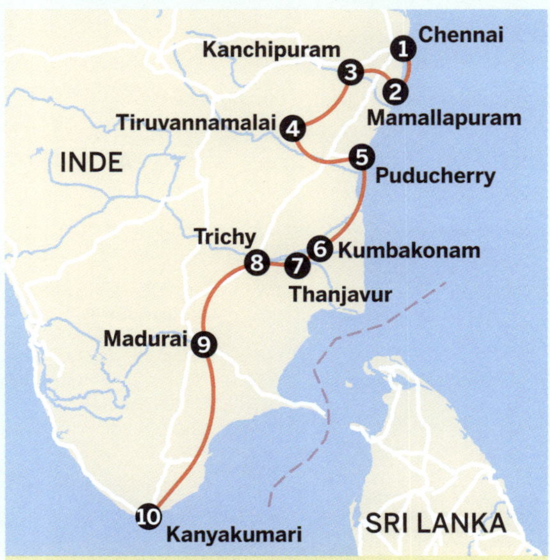

DÉTAIL DU TEMPLE DE KAPALEESHWARAR À CHENNAI

❽ Trichy (Tiruchirappalli)

Cette ville-carrefour très animée recèle l'immense temple de Ranganathaswamy richement sculpté et le vénérable Rock Fort Temple perché sur un promontoire.

Train pour Madurai (plusieurs/jour ; 2-3 heures).

❾ Madurai

Ancienne capitale puissante, Madurai possède l'un des temples les plus importants du pays – le Meenakshi Amman aux 12 gopuras et aux deux vimanas, des tours en forme de pyramide – et elle est réputée pour ses spécialités culinaires.

Train pour Kanyakumari (tlj ; 5 heures).

❿ Kanyakumari (Cap Comorin)

Pour conclure, quoi de mieux que le temple de la déesse Kumari qui vainquit les démons, à l'extrême pointe du sous-continent ? (Ne manquez pas le palais de Padmanabhapuram, situé à Thuckalay non loin de Kanyakumari.)

Pour rejoindre un aéroport, prenez le train pour Madurai, Trichy, Chennai ou Thiruvananthapuram.

ASHRAM DE SRI AUROBINDO, PUDUCHERRY

RUE À PUDUCHERRY

TREKS DANS LE MASSIF DE L'ANNAPURNA

Vallée de Katmandou – trek de Poon Hill

Explorez les anciennes cités de la vallée de Katmandou avant de parcourir les spectaculaires sentiers himalayens qui se déploient au-delà de Pokhara.

EN BREF

Empreinte carbone (kg/pers) : 13
Distance (km) : 530
Nuits : 10-12
Budget : €
Quand partir : sept-mai

❶ Vallée de Katmandou

Trépidante capitale du Népal, à 1 350 m d'altitude, Katmandou est une bonne base pour explorer les anciennes cités-États de la vallée. Prenez vos repères sur Durbar Square, la place flanquée de palais royaux, qui a beaucoup souffert du seisme de 2015, mais reste le cœur battant de la vieille ville. Depuis le centre de Katmandou, un taxi vous mènera en 30 minutes dans les rues plus calmes de Bhaktapur, dont le site le plus connu est le majestueux temple de Nyatapola (XVIIIe siècle), dédié à la déesse Lakshmi. À 30 minutes au sud de Katmandou se trouve Patan, la troisième de ces cités, aussi appelée en sanskrit Lalitpur, “cité de la Beauté”, un nom amplement justifié lorsqu'on se promène au milieu de ses temples hindous et bouddhistes.

De Katmandou, rejoignez Pokhara en bus (ttes les 30 min ; 7 heures) ou en avion (très fréquent ; 30 min ; assis du côté droit vous aurez une meilleure vue sur l'Himalaya).

❷ Pokhara

La deuxième ville du Népal s'inscrit dans un cadre sublime : sur les rives du lac Phewa avec, en toile de fond, la massive silhouette blanche du Machhapuchhre jamais gravi. Les activités ne manquent pas sur place :

CAMP DE BASE DE L'ANNAPURNA

DURBAR SQUARE, KATMANDOU

partez en randonnée facile à travers bois jusqu'à la pagode de la Paix ou faites du parapente au-dessus du lac. Toutefois, pour la plupart des visiteurs, Pokhara est surtout le point de départ des treks dans la région de l'Annapurna. C'est aussi le dernier endroit où faire des provisions avant d'attaquer l'ascension.

Des bus réguliers relient Pokhara à Nayapul (2 heures), point de départ du trek de Poon Hill.

❸ Trek de Poon Hill

Deux des treks les plus prisés du Népal sont situés dans la région de l'Annapurna. Le trek du Sanctuaire de l'Annapurna (11 jours) conduit les marcheurs jusqu'au camp de base de l'Annapurna (4 130 m), entouré de glaciers et de pics de 8 000 m. Le trek du Tour des Annapurnas (21 jours) fait le tour du massif éponyme. Plus court, le trek de Poon Hill couvre 40 km en 4 jours et offre des panoramas envoûtants sur les sommets enneigés. Au départ de Nayapul, le chemin grimpe dur jusqu'au village de Ghorepani puis jusqu'au Poon Hill (3 210 m), d'où l'on jouit d'un superbe point de vue sur le massif de Dhaulagiri. On redescend par la bucolique Ghandruk, en se reposant en chemin dans de douillettes maisons de thé.

Revenez en bus de Nayapul à Pokhara, puis en bus ou en avion à Katmandou.

ET ENCORE...

Plus loin : Chitwan National Park

Ce parc national présente un visage différent du Népal. Sa mosaïque de prairies, de forêts et de marécages s'étend jusqu'à la frontière indienne. On peut y observer des rhinocéros, des éléphants et des singes. Le parc abrite aussi des tigres du Bengale, mais il faut être chanceux pour en apercevoir.

Il est préférable d'explorer le parc dans le cadre d'un safari organisé depuis Katmandou.

Détour : trek du camp de base de l'Everest

Long et exigeant, ce trek de plus de 12 jours, avec 2 500 m de dénivelé, vous fera découvrir le monastère de Tengboche, la capitale sherpa de Namche Bazaar et la redoutable cascade de glace du Khumbu.

Prenez le vol Katmandou-Lukla (30 min). Réservez un trek guidé "EBC" auprès d'une agence spécialisée ou voyagez en indépendant, avec ou sans sherpa.

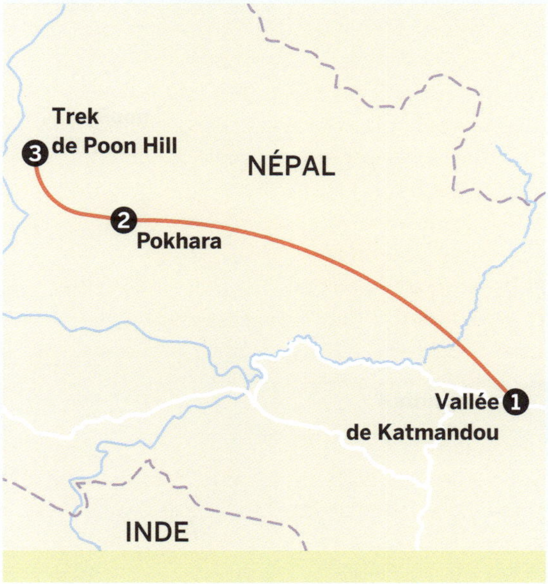

ASIE DU SUD-EST

Forêts tropicales, plages désertes, vestiges archéologiques, villes ultra-modernes : l'Asie du Sud-Est a de quoi satisfaire tous les goûts. Faites des emplettes sur les marchés flottants du Vietnam, naviguez dans l'archipel des Moluques en Indonésie, suivez un cours de cuisine à Chiang Mai en Thaïlande, admirez les temples de Bagan au Myanmar ou ceux d'Angkor au Cambodge et explorez les récifs colorés au large des plages de Bali et de la Malaisie !

OCÉAN PACIFIQUE NORD
MYANMAR (BIRMANIE)
LAOS
THAÏLANDE
CAMBODGE
VIETNAM
PHILIPPINES
MALAISIE
BRUNEÏ
SINGAPOUR
BORNÉO
MOLUQUES DU NORD
INDONÉSIE
JAVA
LOMBOK
BALI
TIMOR-ORIENTAL
OCÉAN INDIEN
1
2
3
4
5
6
7
8
9
10
11
12
13
14
15
16
17
18

RIZIÈRES EN TERRASSES PRÈS D'UBUD, BALI

SOMMAIRE

LE CENTRE DU VIETNAM EN BUS ET EN TRAIN

Danang – parc national de Phong Nha-Ke Bang

En allant vers le nord depuis Danang vous attendent patrimoine culturel, spécialités culinaires et activités en pleine nature.

EN BREF

Empreinte carbone (kg/pers) : 61
Distance (km) : 948
Nuits : 8-12
Budget : €€
Quand partir : fév-juin

❶ Danang

Ville en plein essor de la côte centrale sud, Danang est un point de départ idéal. Dégustez ses fameux poissons et fruits de mer lors d'une sortie-découverte de sa cuisine de rue, admirez le pont du Dragon crachant du feu depuis un bar face au fleuve Han, et remontez le temps au musée de la Sculpture cham.

Réservez auprès de votre hôtel un transfert en minibus vers Hoi An (1 heure). Les bus locaux vous déposeront à 15 minutes à pied du centre de Hoi An.

❷ Hoi An

Séjourner dans un établissemnt sur la superbe plage d'An Bang peut être un bon plan pour partir explorer Hoi An, ancien port fluvial au riche patrimoine culturel. Chinois, Japonais et Portugais y ont tous laissé leur empreinte. Visitez les maisons communes richement ornées, explorez l'arrière-pays sur une Vespa vintage ou à VTT, puis appréciez ses cafés et restaurants cosmopolites.

Un bus direct mène à Hué (fréquents ; 3 heures). Sinon, la formule "Easy Rider" consiste à effectuer le trajet en tant que passager sur une moto (9 heures) avec pauses déjeuner, plages et arrêt au col de Hai Van.

❸ Hué

Hué fut la capitale impériale du Vietnam de 1802 à 1945. Commencez par explorer l'immense citadelle. Puis descendez le long de la rivière des Parfums en bateau, à vélo ou en moto pour voir sur ses berges les extravagants mausolées de la dynastie des Nguyen.

STAND DE PHO, HOI AN

MAISON COMMUNE DE CHAOZHOU, HOI AN

La cuisine impériale de Hué est considérée, à juste titre, comme l'une des meilleures du pays.

Empruntez l'"Express de la Réunification", le train pour Dong Hoi (5/jour ; 3 heures 30).

4 Dong Hoi

Profitez des plages de la mer de Chine autour de Dong Hoi avant de partir à l'aventure dans le parc national de Phong Nha-Ke Bang. Goûtez les fameuses *bánh khoai* (crêpes au crabe) de la région au restaurant Tu Quy.

Prenez le bus pour Son Trach (ttes les heures ; 1 heure 30), principal village du parc national, ou un taxi direct (45 min).

5 Parc national de Phong Nha-Ke Bang

Classée au patrimoine mondial de l'Unesco, la région de Phong Nha abrite les plus grandes grottes du monde. S'il faut réserver longtemps à l'avance pour explorer la vaste Hang Son Doong, d'autres expéditions souterraines sont plus accessibles. Combinez tyrolienne, kayak et spéléologie à Hang Toi avec du camping à Hang En et Hang Va.

De retour à Dong Hoi, prenez un train de nuit pour rejoindre Hanoi (10 heures) et son aéroport international.

Excursion : un jour sur la péninsule de Son Tra

Ancienne zone militaire, la péninsule de Son Tra s'explore de préférence en jeep où à l'arrière d'une moto. La route serpente à travers la forêt jusqu'au sommet du mont Son Tra, d'où la vue porte loin sur la mer. Les incontournables : Linh Ung, une statue du Bouddha colossale, et un déjeuner dans un restaurant de poisson.

Réservez une excursion auprès d'une agence à Danang ou Hoi An.

Excursion : un jour dans la vallée de Bong Lai

Récupérez à Son Trach une carte tracée à la main pour explorer la vallée de Bong Lai. Les activités locales plairont à toute la famille : déguster un fameux poulet grillé au Pub With Cold Beer ou un repas au délicieux restaurant Moi Moi, visiter la ferme écologique Wild Boar ou pratiquer le tubing. Conseillé aussi : nourrir les canards du Duck Stop.

Louez un VTT à Son Trach.

D'ÎLE EN ÎLE, AU NORD-EST DE LA MALAISIE

SPORT · VIN ET BIÈRE · CUISINE · RESPONSABLE · AVENTURE · CULTURE · SPECTACLES · ARTS · ARCHITECTURE · HISTOIRE · FAMILLE · EN SOLO · COURT SÉJOUR · LONG SÉJOUR · PLAGE · HIVER · FAUNE · BIEN-ÊTRE

Kota Bharu – Pulau Kapas

Alternez entre détente dans des îles aux rivages bordés de récifs colorés et animation dans deux villes malaisiennes pleines de charme.

EN BREF

Empreinte carbone (kg/pers) : 10
Distance (km) : 228
Nuits : 8-12
Budget : €€
Quand partir : mai-août

❶ Kota Bharu

Attachée à sa culture malaise traditionnelle, la capitale de l'État de Kelantan est une ville où il fait bon vivre. Après un *nasi kerabu* – petit-déjeuner traditionnel

NASI KERABU, SPÉCIALITÉ DE KOTA BHARU

à base de riz bleu, noix de coco et poisson – au Restoran Capital, arpentez les musées autour de Padang Merdeka, notamment le somptueux Istana Jahar, ancienne résidence royale.

Prenez un bus pour Kuala Besut (fréquents ; 2 heures) et, de là, un bateau rapide pour les îles Perhentian (40 min).

❷ Îles Perhentian

Cet archipel, composé principalement de Perhentian Besar ("la grande") et Perhentian Kecil ("la petite"), est un paradis pour la plongée et le snorkeling grâce à des courants faibles et des eaux peu profondes et limpides – idéal pour les débutants. Au programme également : randonnées dans la jungle et détente sur la plage. L'hébergement est varié, du basique à l'élégant bungalow en bois. Une flotte de bateaux locaux facilite les excursions vers cinq îles plus petites. Ceux qui cherchent du volontariat pourront aider à la gestion des ressources marines, en particulier à la protection des tortues.

Revenu sur le continent, prenez un bus vers le sud (fréquents ; 2 heures).

❸ Kuala Terengganu

Tradition et modernité cohabitent dans la capitale de l'État de Terengganu, dont l'essor est lié à la

ÎLES PERHENTIAN

prospection pétrolière et gazière offshore. Aux vieilles maisons de Chinatown, où s'alignent restaurants de produits de la mer et herboristeries, répondent les cafés branchés et les mosaïques colorées de Turtle Alley, ainsi que les parcs et promenades modernes du front de mer. Allez voir aussi le Jambatan Angkat Kuala Terengganu, un pont à bascule à l'architecture contemporaine sur l'embouchure de la rivière Terengganu, et contemplez le coucher du soleil sur la ville depuis la passerelle supérieure du pont.
Rejoignez en taxi le quai des ferries à Marang (30 min) pour prendre un bateau rapide vers Pulau Kapas (15 min).

❹ Pulau Kapas

Cette île, pas trop grande, se révèle parfaite pour se détendre en fin de périple. Allez-y en semaine, c'est plus calme, et renseignez-vous auprès des prestataires locaux sur les sorties plongée et snorkeling vers la petite Pulau Gemia. Niché dans une crique rocheuse, le *resort* de Kapas Turtle Valley propose d'élégants bungalows ornés de batik.
De retour à Kuala Terengganu, prenez un bus vers Kota Bharu (fréquents ; 3 heures) puis un vol vers Kuala Lumpur (1 heure).

ET ENCORE...

Détour : Dabong

Relié à Kota Bharu par le Jungle Railway, Dabong fait une excellente base pour explorer le Gunung Stong State Park. Renseignez-vous à Dabong sur les circuits guidés comprenant randonnée, baignade et trek dans la jungle, ou encore spéléologie et raft.
À la gare Wakaf Bharu de Kota Bharu, prenez le train pour Dabong (4/jour ; 3 heures 30). De là, prenez un taxi pour Gunung Stong (15 km).

Détour : Penarik

Arrêtez-vous à Penarik pour une excursion au Penarik Firefly Sanctuary. En fin d'après-midi, votre bateau s'enfonce dans la mangrove sur laquelle tombe une nuit noire jusqu'à un endroit où scintillent des milliers de lucioles. Dormez ensuite dans une maison en bois du confortable Terrapuri Heritage Village.
Les bus de Kota Bharu vers le sud (2 heures) et de Kuala Terengganu vers le nord (1 heure) s'arrêtent à la demande à Penarik.

ANCIENS ROYAUMES DE THAÏLANDE

SPORT · VIN ET BIÈRE · **CUISINE** · **RESPONSABLE** · AVENTURE · **CULTURE** · SPECTACLES · ARTS · **ARCHITECTURE** · **HISTOIRE** · **FAMILLE** · **EN SOLO** · COURT SÉJOUR · LONG SÉJOUR · PLAGE · HIVER · FAUNE · BIEN-ÊTRE

Bangkok – Chiang Mai
Le train et le bus qui relient Bangkok à Chiang Mai traversent les anciens royaumes thaïs : un vrai voyage dans le temps !

EN BREF
Empreinte carbone (kg/pers) : 27
Distance (km) : 744
Nuits : 7-10
Budget : €€
Quand partir : nov-avr

❶ Bangkok

Amateurs d'histoire, évitez l'avion entre Bangkok et Chiang Mai. Prenez plutôt le train et le bus pour visiter certains des plus fascinants sites du pays. Partez de Ko Ratanakosin, cœur du vieux Bangkok, où les rues sont jalonnées d'étincelants temples bouddhiques (appelés "Wat"), témoins de la richesse de la dynastie Chakri.
Prenez le train à la gare Hua Lamphong pour Ayuthuya (ttes les heures ; 1 heure 30).

❷ Ayuthaya

Bangkok n'est que la plus récente d'une série de capitales fondées par d'anciennes dynasties. Ayuthaya a régné sur le pays de 1350 à 1767 : ses temples et stupas en ruine dégagent un profond sentiment de puissance disparue. Malgré leur délabrement, les Wat Chai Wattanaram, Ratchaburana et Phra Si Sanphet sont parmi les monuments les plus impressionnants de Thaïlande.
Prenez le train pour Phitsanulok (jusqu'à 10/jour ; 6 heures).

❸ Phitsanulok

Si cette capitale provincicle se trouve à l'écart des circuits touristiques, beaucoup ont déjà vu en photo le bouddha Chinnarat qui se dresse dans le Wat Phra Si Ratana Mahathat. Dans le centre, le musée folklorique du Sergent-Major Thawi et la fonderie de bouddhas Buranathai présentent d'autres perspectives sur les liens étroits entre vie publique et vie religieuse dans le centre du pays.
Prenez le bus pour Sukhothai (ttes les heures ; 1 heure).

KHAO SOI, À CHIANG MAI

WAT MAHATHAT, SUKHOTHAI

❹ Sukhothai

Une centaine de temples évocateurs, de stupas et de ruines donnent une idée de l'étendue de l'ancienne Sukhothai, capitale du pays avant Ayuthaya. Ce site étonnant, classé au Patrimoine mondial, mérite plusieurs jours d'exploration à pied ou à vélo.

Bus pour Lampang (ttes les heures ; 3 heures).

❺ Lampang

Ne filez pas vers le nord sans faire une pause dans cette gracieuse capitale provinciale, appréciée par les visiteurs pour ses opulents marchés, ses cafés, ses temples… et son absence générale de stress.

Prenez le train pour Chiang Mai (5/jours ; 3 heures).

❻ Chiang Mai

L'ancienne capitale du royaume de Lanna est constellée de vieux monastères. Elle est aussi réputée pour ses marchés nocturnes, en partie dédiés à la cuisine de rue. Essayez le porc à la chinoise du Cowboy Hat Lady au marché Pratu Chang Pheuak ou le *khao soi* (soupe aux poulet, noix de coco et nouilles). Participez à un cours de cuisine et remportez votre plat.

Chiang Mai est reliée par avion à d'autres villes d'Asie.

ET ENCORE...

Plus loin : parc historique de Si Satchanalai-Chaliang

Entre Phitsanulok et Chiang Mai, à l'écart de la grand-route, ce parc abrite les ruines des anciennes cités khmères Si Satchanalai et Chaliang, qui s'étendent sur les rives de la Maenam. Temples et images de Bouddha patinées par le temps participent à la sérénité du lieu.

Des bus relient le parc à Sukhothai (ttes les heures ; 1 heure 30).

Détour : Lamphun

Entre Lampang et Chiang Mai, la ville de Lamphun, au bord de la rivière, était l'avant-poste septentrional du royaume môn Dvaravati (750-1281). C'est la dernière occasion de goûter la paix et la tranquillité au milieu des temples et des *chedi* (stupa) dans le nord de la Thaïlande avant l'agitation de Chiang Mai.

Des bus réguliers vont de Lampang à Lamphun (1 heure 30) et continuent jusqu'à Chiang Mai (30 min).

DE LA THAÏLANDE AU CAMBODGE VIA ANGKOR

VIN ET BIÈRE
CUISINE
RESPONSABLE
AVENTURE
CULTURE
SPECTACLES
ARTS
ARCHITECTURE
HISTOIRE
FAMILLE
EN SOLO
COURT SÉJOUR
LONG SÉJOUR
PLAGE
HIVER
FAUNE
BIEN-ÊTRE
SPORT

Bangkok – Phnom Penh

Les petites routes entre Bangkok et Phnom Penh en passant par Siem Reap sont jalonnées de nombreux temples, connus dans le monde entier ou plus confidentiels.

EN BREF

Empreinte carbone (kg/pers) : 21
Distance (km) : 728
Nuits : 7-10
Budget : €€
Quand partir : nov-avr

❶ Bangkok

Commencez ce voyage par la trépidante Bangkok, autrefois au cœur de l'Empire khmer. Régalez-vous de sa délicieuse cuisine de rue, explorez ses marchés et rendez-vous au Wat Phra Kaew (la maquette d'Angkor Vat y a été installée par le roi Rama IV, qui n'a pas réussi à déplacer le temple vers Bangkok en 1859).

Prenez le train pour Aranya Prathet (2/jour ; 5 heures), un *sŏrngtăaou* (pick-up) pour Poipet (frontière cambodgienne) puis un bus pour Sisophon (1-2 heures).

❷ Sisophon

Quittez vite la sinistre ville-frontière de Poipet pour Sisophon, carrefour et point d'accès vers les temples de Banteay Chhmar, 61 km au nord. Ces magnifiques monuments khmers sont couverts de bas-reliefs, semblables à ceux d'Angkor. Prenez un taxi collectif pour y passer la journée ou dormez près des ruines dans de charmants logements chez l'habitant.

Le matin, prenez un bus ou un taxi collectif pour Siem Reap (1 heure 30).

❸ Siem Reap

Si les fameux temples sauves de la jungle ont fait connaître Siem Reap, la ville ne doit pas tout à sa

LE BAYON, SIEM REAP

ANGKOR VAT, SIEM REAP

proximité avec Angkor. Posez vos valises dans une auberge de jeunesse branchée ou un boutique-hôtel digne des plus beaux magazines, régalez-vous d'une savoureuse cuisine cambodgienne et consacrez plusieurs jours à admirer les temples. Si la foule se presse autour d'Angkor Vat (très fréquenté, notamment au lever du soleil) et le proche Bayon, prenez le temps d'explorer d'autres édifices évocateurs.
Prenez le bateau pour Phnom Penh (tlj ; 5-6 heures).

❹ Phnom Penh

Gagner la capitale du Cambodge depuis Angkor par le Tonlé Sap, une importante voie d'eau reliée au Mékong, était jadis un rite de passage et reste aujourd'hui beaucoup plus intéressant que l'avion. Vous débarquerez dans le centre de Phnom Penh, où les terrifiants souvenirs de la période des Khmers rouges – camp d'extermination de Choeung Ek, musée du Génocide Tuol Sleng – côtoient des cafés et des bars tendance, des restaurants de classe internationale et des monastères bouddhiques peuplés de novices en robe safran.
L'aéroport de Phnom Penh dessert plusieurs villes d'Asie, y compris Bangkok.

ET ENCORE...

Plus loin : Banteay Srei

Plutôt excentré, le site de Banteay Srei donne une idée de l'atmosphère d'Angkor Vat quand seuls les routards le visitaient. C'est un pur joyau orné de divinités hindoues d'une finesse exceptionnelle sculptées dans du grès rose. Vous pourrez ensuite méditer sur le fléau des mines antipersonnelles au Cambodia Landmine Museum et, enfin, explorer la "rivière aux Mille Lingams" (Kbal Spean).
Louez un véhicule pour venir de Siem Reap (1 heure).

Détour : Koh Rong

Si l'appel de la mer se fait sentir après ce périple dans les terres, quittez Phnom Penh et embarquez à Sihanoukville sur le ferry pour Ko Rong. Le village de Koh Tuch est festif, mais les plages restent magnifiques, en particulier la portion de sable blanc autour de Long Set. Le soir, le chant des grenouilles rivalise avec les basses qui résonnent dans les bars.
Sihanoukville est à 6-10 heures de bus de Phnom Penh, puis la traversée en ferry prend 1 heure.

DÉCOUVRIR LE NORD DU VIETNAM

SPORT · VIN ET BIÈRE · CUISINE · RESPONSABLE · AVENTURE · CULTURE · SPECTACLES · ARTS · ARCHITECTURE · HISTOIRE · FAMILLE · EN SOLO · COURT SÉJOUR · LONG SÉJOUR · PLAGE · HIVER · FAUNE · BIEN-ÊTRE

Hanoi – Parc national de Ba Be
Quittez la bourdonnante capitale du Vietnam pour vous enfoncer dans les montagnes isolées et sauvages de l'extrême nord du pays.

EN BREF
Empreinte carbone (kg/pers) : 40
Distance (km) : 1 450
Nuits : 10-15
Budget : €
Quand partir : mars-mai

❶ Hanoi

Flânez dans le dédale de la vieille ville et goûtez l'excellente cuisine de rue, tel le *pho bo* (soupe de bœuf aux nouilles) suivi d'un *cà phê đá* (café glacé) près du lac Hoan Kiem. Face à l'agitation urbaine, le temple de la Littérature, aux jardins ordonnés, est l'antidote parfait.
Des bus-couchettes relient Hanoi (gare routière Gia Lam) à Sapa (10 heures).

❷ Sapa

Station climatique fondée par les Français en 1922, Sapa est aujourd'hui le point de départ des meilleurs treks dans le nord du Vietnam. Réservez auprès de Sapa O'Chau, agence gérée par des membres de l'ethnie locale Hmong, pour vous aventurer dans les hautes vallées et loger chez l'habitant.
Prenez un minibus pour Lao Cai (fréquents ; 1 heure) et changez pour Ha Giang (6 heures).

❸ Ha Giang

Bienvenue dans cette région jouxtant la Chine, l'une des plus fascinantes du Vietnam avec ses paysages de pitons calcaires et d'affleurements granitiques. Depuis Ha Giang, sa capitale éponyme, gagnez le col de Quan Ba (porte du Ciel), 40 km plus au nord, qui dévoile une vue spectaculaire sur une succession de montagnes karstiques.
Le bus pour Dong Van part à 5h et à 10h de Ha Giang (5 heures).

❹ Dong Van

Ce bourg, où se tient le marché dominical le plus animé de la région, est une base idéale pour faire des randonnées d'une journée dans les villages

VIEILLE VILLE, HANOI

RIZIÈRES EN TERRASSES PRÈS DE SAPA

des minorités ethniques et pour la superbe excursion jusqu'à Lung Cu, dont la haute tour au drapeau est un symbole national et marque la pointe nord du Vietnam.
Prenez un taxi pour Bao Lac (3 heures) et attrapez le bus du matin vers Cao Bang (4 heures).

❺ Cao Bang
Prévoyez une longue journée de voyage pour rejoindre Cao Bang, agréable capitale provinciale et étape très pratique pour rallier le parc national de Ba Be, au sud-ouest.
Le bus de Cao Bang à Cho Ra part à 9h et 12h (5 heures). À Cho Ra, prenez une moto-taxi pour rejoindre le parc (18 km).

❻ Parc national de Ba Be
Surmontés de pics calcaires, les trois lacs du parc national s'étendent dans la forêt. Sillonnez-les en bateau et logez sur leurs rives, chez l'habitant. Le parc abrite une foule d'oiseaux, des grottes et des cascades et quelque 13 villages d'ethnies minoritaires, Tay pour la plupart.
Rentrez à moto à Cho Ra et prenez un des nombreux bus pour la gare routière Gia Lam de Hanoi (la destination "Hanoi" figure à l'avant du bus ; 4 heures).

ET ENCORE...

Plus loin : Topas Ecolodge
Surplombant une vallée profonde et verdoyante à 18 km de Sapa, le Topas Ecolodge est l'endroit rêvé où séjourner pour quelques jours de randonnée et de VTT. Ses bungalows en pierre et chaume sont conçus pour jouir de la vue imprenable, tandis que la visite de marchés et d'ateliers textiles offrent une fenêtre sur la vie des ethnies locales.
Transfert gratuit depuis Sapa (30 min) pour les clients de l'écolodge.

Détour : Bac Ha
Le marché du dimanche attire à Bac Ha les touristes venus de Sapa. Faites l'inverse : logez à Bac Ha et découvrez les marchés alentour. Celui du samedi à Can Cau est fréquenté par les Hmong fleurs et les Hmong bleus, et celui de Sri Cheng, le mercredi, est la plaque tournante du commerce des Nung et des Thulao.
Prenez un minibus de Sapa à Lao Cai (30 min) et changez pour Bac Ha (2 heures).

EN BUS ET EN BATEAU AU CŒUR DU SARAWAK

Kuching – Parc national de Gunung Mulu

Le nord de l'île de Bornéo réserve bien des surprises, avec des grottes, des rapides, une nature préservée et deux grandes villes.

EN BREF

Empreinte carbone (kg/pers) : 215
Distance (km) : 1 584
Nuits : 10-12
Budget : €€
Quand partir : avr-sept

❶ Kuching

Sur les rives du Sarawak, la capitale de l'État éponyme offre une formidable diversité en matière de culture, cuisine et artisanat. Empruntez le pont piétonnier Darul Hana, qui mène au fort Margherita, dînez d'un *laksa* piquant dans un café vintage et baladez-vous dans le dédale commerçant de Chinatown.

Des vols fréquents relient Kuching à Sibu (45 min).

❷ Sibu

Port d'attache des bateaux remontant la Batang Rejang, au cœur de la jungle, Sibu doit aussi son animation à l'activité commerciale des descendants des Chinois venus du Fujian. Visitez le Sibu Heritage Centre et dinez à l'un des excellents stands du marché de nuit.

Remontez la Batang Rejang en bateau express jusqu'à Kapit (3 heures).

PINNACLES, PARC NATIONAL DE GUNUNG MULU

❸ Kapit

Principal village commerçant en amont de la Batang Rejang, Kapit conserve une ambiance de bout du monde. Sirotez un *kopi* (café) dans un modeste café au bord de l'eau, observez le va-et-vient du commerce fluvial et admirez l'architecture coloniale en bois du fort Sylvia.

Prenez le bateau express du matin pour Belaga (4 heures 30).

❹ Belaga

Ce village assoupi se situe encore plus haut sur la Batang Rejang. Renseignez-vous auprès des modestes pensions sur les excursions dans la jungle à la découverte des *longhouses* (maisons communes) et des cascades rafraîchissantes.

Trouvez une place dans l'un des 4x4 Land Cruisers qui partent vers 7h30 pour Bintulu (4 heures).

PONT DARUL HANA, KUCHING

❺ Bintulu

La prospection de gaz naturel depuis 50 ans a transformé le bourg de pêcheurs d'antan en une ville côtière de 200 000 habitants. C'est l'endroit parfait pour renouer avec la vie citadine après un long périple sur le fleuve. Dégustez bières fraîches et produits de la mer sur Jalan Abang Galau.

Bus fréquents pour Miri (4 heures).

❻ Miri

Cosmopolite, la deuxième ville du Sarawak oscille entre culture traditionnelle et modernité. Goûtez la cuisine *kelabit* (des hautes terres du Nord-Est) au Summit Cafe et achetez de l'artisanat et des tissus au Miri Handicraft Centre.

MASwings propose des vols réguliers de Miri au parc national de Gunung Mulu (30 min).

❼ Parc national de Gunung Mulu

Immenses, la Deer Cave (plus de 2 km de long et 174 m de haut) et la Wind Cave (sa Chambre du Roi a la taille d'une cathédrale) sont des grottes qui se visitent avec un guide. Les plus aventureux tenteront le trek dans la jungle, le parcours dans la canopée ou la marche le long d'une rivière souterraine.

Vols pour Miri (30 min) ou Kuching (1 heure 40).

ET ENCORE...

Détour : Semenggoh Wildlife Centre

Ce centre a pour but de réadapter des orangs-outans orphelins, blessés, ou autrefois en captivité, à la vie sauvage. C'est ainsi l'un des rares endroits où en voir dans leur habitat naturel. Même s'ils peuvent trouver des fruits dans la forêt, ils descendent quand les gardiens du parc viennent les nourrir à 9h et 15h.

De Kuching, taxis et agences de voyages vous emmènent à Semenggoh (30 min).

Détour : Kelabit Highlands

Au nord-est de la Malaisie, à la frontière du Kalimantan indonésien, les Kelabit Highlands abritent certaines des communautés les plus isolées du Sarawak. Le climat frais des montagnes est idéal pour les randonnées d'une journée, ou plus, guidées par des villageois. Il est possible de loger dans de confortables *longhouses* autour de Bario.

Prenez un vol de Miri à Bario (2/jour ; 50 min).

LE DELTA DU MÉKONG À SCOOTER

VIN ET BIÈRE · CUISINE · RESPONSABLE · AVENTURE · CULTURE · SPECTACLES · ARTS · ARCHITECTURE · HISTOIRE · FAMILLE · EN SOLO · COURT SÉJOUR · LONG SÉJOUR · PLAGE · HIVER · FAUNE · BIEN-ÊTRE · SPORT

Hô Chi Minh-Ville – Vinh Long

Faites comme les gens du pays : sillonnez à scooter la fourmillante Hô Chi Minh-Ville puis tracez votre route pour aller plus loin, vers le delta du Mékong.

EN BREF

Empreinte carbone (kg/pers) : 76
Distance (km) : 655
Nuits : 6
Budget : €
Quand partir : déc-mai

❶ Hô Chi Minh-Ville

Cœur vibrant et chaotique du sud du Vietnam, l'ancienne Saigon est noyée sous la circulation. Rendez-vous chez Tigit Motorbikes pour louer un scooter Honda 110 cc, le favori des habitants, et partir à la découverte de son riche patrimoine culturel. Après avoir visité le musée des Souvenirs de guerre et l'Opéra, filez vers le sud. Quittez les faubourgs étouffants pour la quiétude du delta du Mékong, déjeunez à My Tho puis rejoignez Ben Tre au bord du fleuve.

Roulez 87 km de Ho Chi Minh-Ville à Ben Tre.

❷ Ben Tre

Ben Tre est une agréable ville-carrefour le long du fleuve dotée de plusieurs restaurants engageants. C'est aussi la porte d'entrée vers le delta du Mékong, hors des sentiers battus, où des chemins de terre défoncés s'enfoncent dans les rizières tandis qu'en bord de route, des paillottes vendent du café glacé avec du lait concentré.

Direction sud-ouest, entre rivières et rizières, jusqu'à Can Tho (113 km).

❸ Can Tho

La principale ville du delta accueille son plus grand marché flottant, Cai Rang. Ses restaurants proposent des spécialités locales comme le *sa dec* (bouillon clair aux nouilles de riz) ou le *cong* (gâteau salé aux crevettes).

Direction nord-ouest jusqu'à Long Xuyen (98 km), puis bifurquez à gauche vers Oc-èo.

MARCHÉ FLOTTANT DE CAI RANG, DELTA DU MÉKONG

HÔ CHI MINH-VILLE

❹ Oc-èo
Ce village donne accès au site archéologique d'Oc-èo où, parmi les nombreux vestiges, ont été retrouvées des monnaies romaines. Il y a aussi un grand marché local où déguster le délicieux *hu tieu* (soupe de nouilles avec viande et herbes).
Direction nord vers Chau Doc (68 km).

❺ Chau Doc
À la frontière avec le Cambodge, Chau Doc est une ville ancienne où les influences kmère et cham se mêlent à la culture vietnamienne. Grimpez au sommet de la montagne de Sam, plus haut point du delta, pour la vue sublime sur les plaines inondées alentour.
Comptez un jour entier (150 km), avec plusieurs traversées de rivières en bateau, pour rejoindre Vinh Long au sud-est.

❻ Vinh Long
Sur les rives du Mékong, Vinh Long est un point de chute plaisant avec des temples et des promenades en bateau – l'occasion de savourer une dernière fois l'ambiance détendue du delta.
Comptez 139 km pour rejoindre les faubourgs industriels puis le centre de Hô Chi Minh-Ville.

ET ENCORE...

Plus loin : Dong Sen Thap Muoi
Entre Chau Doc et Vinh Long, il suffit d'une heure pour atteindre ce lac couvert de nénuphars et hérissé de cabanes sur pilotis. Là, installés dans des hamacs, les gens du cru dégustent plats locaux et bière bon marché. Il y a sur place des hébergements rustiques, au cas où vous décidiez de rester plus longtemps.
Dong Sen Thap Muoi se trouve à 94 km à l'est de Chau Doc.

Détour : Soc Trang
Si vous souhaitez faire une halte entre Ben Tre et Can Tho, choisissez Soc Trang, autre ville-carrefour au bord de l'eau. Cet endroit paisible abrite la plus importante communauté khmère en dehors du Cambodge. Les imposants temples des environs vous donneront un bon aperçu de cette culture, tout en profitant de la magie du fleuve.
De Ben Tre, roulez 103 km vers le sud-ouest jusqu'à So Trang.

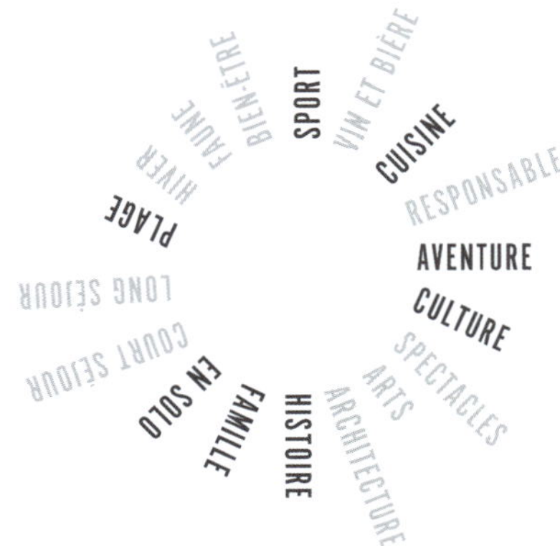

DÉTENTE ET SÉRÉNITÉ AU LAOS

Luang Prabang – Don Det et Don Khon
Prenez votre temps pour découvrir le Laos, des montagnes karstiques aux îles paisibles, en passant par les ruines khmères et les caches secrètes du Pathet Lao.

EN BREF
Empreinte carbone (kg/pers) : 204
Distance : 2 186
Nuits : 16
Budget : €€AQuand partir : oct-avr

❶ Luang Prabang
Ses temples bouddhiques dorés, ses monastères, son héritage français, ses cafés et ses échoppes d'artisans confèrent une ambiance unique à l'ancienne capitale royale du Laos.
À la gare routière, prenez un minibus pour Nong Khiaw (régulier ; 4 heures).

❷ Nong Khiaw
En suivant la pittoresque rivière Nam Ou, goûtez à la rude beauté du nord du Laos, ses pics karstiques et ses cascades, dans le cadre d'une randonnée guidée. Les séances de yoga sont un must.
Prenez le bus pour Sam Neua et descendez au centre d'accueil de l'aire nationale protégée de Nam Et-Phou Louey (tlj ; 5 heures).

VAT PHU, CHAMPASAK

❸ Aire nationale protégée de Nam Et-Phou Louey
Ces montagnes isolées abritent une faune rare, à observer notamment lors du Nam Nern Night Safari, une excursion nocturne en bateau.
Prenez le minibus tôt le matin pour Sam Neua (6 heures), puis un taxi pour Vieng Xai (1 heure).

❹ Vieng Xai
De 1964 à 1973, les nationalistes du Pathet Lao et quelque 20 000 villageois s'abritèrent des bombes américaines dans ce réseau de grottes. Certaines, transformées en bureaux, théâtre ou hôpital, se visitent.
Prenez un taxi pour l'aéroport de Sam Neua (1 heure) puis un vol pour Vientiane (le matin lun-sam ; 1 heure 20).

❺ Vientiane
Temples bouddhiques, monuments communistes, savoureuse cuisine et bon café : cette petite capitale hors des sentiers battus offre une authenticité encore teintée d'influence française.
Prenez un minibus pour Vang Vieng (3 heures).

DÉTENTE ET SÉRÉNITÉ AU LAOS

❻ Vang Vieng

Vang Vieng est entourée de pitons karstiques – autour desquels s'enroule la rivière Nam Song (descendez-la en tubing) –, de grottes et de cours d'eau.

De retour à Vientiane, prenez l'avion pour Pakse (6-7/jour ; 1 heure 15), puis un *songthaew* (pick-up) pour Ban Muang (1 heure) et, enfin, un bateau pour Champasak (à la demande ; 20 min).

❼ Champasak et Vat Phu

Charmante ville au bord du Mékong, Champasak donne accès aux ruines khmères du Va Phu, édifié sur une montagne sacrée parfumée par les frangipaniers, dont la fleur est un symbole du Laos.

De retour à Ban Muang, réservez auprès de votre lieu d'hébergement un minibus pour Don Det et Don Khon (3 heures, y compris la traversée à Ban Nakasang).

❽ Don Det, Don Khon et les 4 000 îles

Les douces îles de Don Det et Don Khon sont couvertes de palmiers. Partez à vélo à la recherche des vestiges du rêve ferroviaire français et essayez d'apercevoir le rare dauphin de l'Irrawady en naviguant sur le Mékong.

Réservez un minibus pour Paksé et son aéroport.

ET ENCORE...

Plus loin : Elephant Conservation Center

Seuls 400 *Elephas maximus* survivent à l'état sauvage dans une contrée autrefois connue comme le “Pays du million d'éléphants”. Dédié à la sauvegarde de l'éléphant d'Asie, ce centre où vivent 29 d'entre eux propose aux visiteurs de mieux les connaître et de les soigner lors d'un séjour de 3 jours.

Prenez le forfait ECC avec transfert depuis/vers Luang Prabang (tlj ; 2 heures 30).

Détour : Plateau des Bolovens

Ce plateau volcanique culminant à plus de 1 000 m, dans le sud du Laos, est réputé pour ses plantations de café de premier choix, de thé, de fruits, ainsi que ses chutes d'eau spectaculaires. Admirez-lessuspendu à une tyrolienne, logez chez l'habitant, guettez les rares calaos dans la forêt et visitez une exploitation de café.

Louez une moto à Paksé pour la journée ou réservez un circuit auprès de votre hôtel à Paksé.

NORD-EST DE LA THAÏLANDE : DE BANGKOK À VIENTIANE

SPORT · VIN ET BIÈRE · CUISINE · RESPONSABLE · AVENTURE · CULTURE · SPECTACLES · ARTS · ARCHITECTURE · HISTOIRE · FAMILLE · EN SOLO · COURT SÉJOUR · LONG SÉJOUR · PLAGE · HIVER · FAUNE · BIEN-ÊTRE

Bangkok – Vientiane
En chemin vers le Laos, en train ou en bus, imprégnez-vous des paysages paisibles du nord-est de la Thaïlande, de ses merveilles naturelles et de ses temples.

EN BREF
Empreinte carbone (kg/pers) : 31
Distance (km) : 800
Nuits : 10
Budget : €€
Quand partir : oct-avr

❶ Bangkok

Si l'on se sent d'abord dépassé par la frénésie de Bangkok, parcourue de nombreux *khlong* (canaux), on tombe vite sous le charme de ses petites rues, de ses temples éblouissants et de sa cuisine de rue, peut-être la meilleure de l'Asie du Sud-Est.

Prenez le train à Hua Lamphong pour Pak Chong (ttes les 2 heures ; 4 heures 30), puis un *sŏrngtăaou* (pick-up) pour le parc national de Khao Yai (ttes les 30 min ; 1 heure).

❷ Parc national de Khao Yai

Le plus ancien parc du pays protège l'une des plus vastes forêts de mousson au monde, peuplées d'éléphants, de tigres, de léopards, de gibbons et d'une foule d'espèces d'oiseaux. Après une randonnée sur les sentiers, visitez l'un des domaines viticoles (eh oui !), face au parc.

Prenez un *sŏrngtăaou* pour Pak Chong (ttes les 30 min ; 1 heure), puis le train pour Nakhon Ratchasima (6/jour ; 1 heure 30) et le bus pour Phimai (ttes les 30 min ; 1 heure).

❸ Phimai

Le temple bouddhique khmer de Phimai (XIe siècle), surmonté d'imposants *prang* (tours sculptées), aurait servi de modèle à Angkor Vat. C'est le plus grand site de ruines khmères de Thaïlande, mais il y a rarement foule. Le soir, vous pourrez dormir dans l'une des chaleureuses petites pensions familiales qui émaillent la ville.

Revenu à Nakhon Ratchasima, prenez le train pour Udon Thani (2/jour ; 5 heures).

PHA THAT LUANG, VIENTIANE

MARTIN-CHASSEUR MIGNON, PARC NATIONAL DE KHAO YAI

❹ Udon Thani

Bruyante, la plus grande ville du Nord-Est présente peu d'intérêt, contrairement à ses alentours paisibles. Parmi les sites à voir, ne manquez pas les rochers sacrés en équilibre dans le parc historique de Phu Phrabat et la "mer du lotus rouge", un lac couvert d'un tapis de fleurs.
Prenez le train pour Nong Khai (5/jour ; 1 heure).

❺ Nong Khai

A priori simple étape vers le Laos, Nong Khai, au bord du Mékong, pourrait bien vous retenir en raison de sa quiétude et de sa cuisine raffinée. Rivalisant avec ses étincelants temples, le Sala Kaew Ku est un excentrique parc de sculptures bouddhiques créé par un moine à la sortie de la ville.
Prenez un bus pour Vientiane, au Laos (6/jour ; 1 heure 30).

❺ Vientiane

Dès l'arrivée dans la capitale du Laos, l'influence française se fait sentir. Vientiane est une ville dont il faut s'imprégner lentement, en passant d'une échoppe de nouilles à un café, en méditant à l'ombre du Vat Si Muang et du Pha That Luang, recouvert de feuilles d'or.
Des vols relient Vientiane à d'autres villes d'Asie.

ET ENCORE...

Plus loin : parc historique de Phanom Rung

Plus spectaculaire sanctuaire khmer de Thaïlande, le Prasat Phanom Rung, ou "temple de la grande montagne", coiffe un volcan éteint de ses salles de prière, galeries et *prang*. On trouve d'autres ruines khmères au Prasat Muang Tam, à 8 km au sud-est.
De Nakhon Ratchasima, prenez le bus pour Nang Rong (ttes les heures ; 2 heures) puis louez une moto pour visiter les sites.

Détour : Vang Vieng

Débarrassée du tourisme tapageur qui avait nui à sa réputation, Vang Vieng offre de nouveau aux visiteurs son cadre idyllique : la rivière Nam Song coulant au milieu des rizières et entourées de falaises karstiques. Le jour, on y fait de la spéléologie dans des grottes, du kayak, de l'escalade, du tubing, le soir, on s'y régale de cuisine lao en dégustant une bière.
Des bus réguliers relient Vang Vieng et Vientiane (3-5 heures).

LE MYANMAR AU FIL DE L'EAU

Yangon – Bagan

Ce voyage en bateau, en train et en avion vous mènera de Yangon (Rangoun) à la ville méconnue de Myitkyina en passant par les temples de Mandalay et de Bagan.

EN BREF

Empreinte carbone (kg/pers) : 115
Distance (km) : 2 520
Nuits : 14
Budget : €€
Quand partir : nov-avr

❶ Yangon (Rangoun)

Sa grandeur passée donne à l'ancienne capitale du Myanmar (Birmanie) des allures d'aquarelle délavée par la mousson. De gigantesques stupas dorés se dressent au milieu d'un quadrillage de rues datant de l'ère coloniale, au confluent des rivières Yangon et Bago. Prenez le temps d'explorer l'étincelante pagode Shewdagon, site le plus vénéré du Myanmar.

Prenez le train pour Myitkyina, en changeant à Mandalay (tlj ; 22 heures).

❷ Myitkyina

À l'extrême nord du Myanmar, loin des circuits touristiques, vous ne serez pas gêné par la foule à Myitkyina. Ne manquez pas le marché au bord du fleuve, où les marchandises arrivent empilées sur des canots en bois. Les étrangers ayant actuellement interdiction de rejoindre Bhamo par voie fluviale ou routière, prenez un vol pour continuer le voyage.

Prenez l'avion pour Bhamo (2/sem ; 45 min).

❸ Bhamo

Belle assoupie, Bhamo donne l'image d'une Asie avant l'essor du tourisme. Sur la rive du fleuve, des arbres à pluie (samans), éclatants de couleur durant la mousson, surplombent de vieilles maisons en teck. Il règne une douceur de vivre également perceptible à bord du ferry pour Mandalay, qui progresse lentement sur le fleuve Irrawaddy au milieu d'une campagne préservée.

RIVES DE L'IRRAWADDY, BAGAN

PAGODE SHEWDAGON, YANGON

Prenez le ferry pour Mandalay (1-3/sem ; 40 heures).

4 Mandalay

Moderne et chaotique, Mandalay cache un riche patrimoine : une colline couverte de pagodes et de monastères, des *paya* (temples) dorés, des marchés de jade animés, des théâtres de marionnettes, etc. Prévoyez aussi des excursions vers le photogénique pont en teck d'U-Bein, à Amarapura, et vers les temples de la campagne alentour.

Prenez le bateau pour Nyaung U, près de Bagan (plusieurs/sem, tlj oct-mars ; 10-14 heures).

5 Bagan

Le trajet en bateau depuis Mandalay permet d'avoir une superbe vue sur les collines de Sagaing constellées de monastères et de pagodes – un avant-goût des merveilles de Bagan (Pagan). Là, quelque 3 000 temples, stupas et monastères bouddhiques, en ruines ou restaurés, s'étendent à perte de vue. Louez un vélo ou une calèche et promenez-vous à votre rythme en commençant par l'imposante pagode Shwezigon et les temples Dhammayangyi et Ananda.

Rentrez en train à Yangon (tlj ; 16 heures).

ET ENCORE...

Plus loin : Katha

Les fans de littérature auront peut-être envie de s'arrêter à Katha, entre Bhamo et Mandalay, ville paisible au bord du fleuve, qui inspira George Orwell pour *Une histoire birmane*. La maison où aurait vécu l'écrivain quand il était officier dans la police impériale des Indes est l'un des témoignages de la période britannique.

Des bateaux descendent de Bhamo à Katha (tlj ; 8-16 heures) et continuent sur Mandalay (14-24 heures).

Détour : Bago (Pégou)

À quelques kilomètres de Yangon et bien desservi par le train, Bago vaut le déplacement, avec ses pagodes élancées et ses temples remplis de trésors. C'était autrefois la capitale royale de la Basse-Birmanie, ce dont témoigne l'envergure de certains monuments comme la pagode Shwemawdaw, la plus haute du Myanmar.

Prenez le train de Yangon à Bago (5/jour ; 1 heure 45).

DE BANGKOK À SINGAPOUR EN TRAIN

BIEN-ÊTRE SPORT VIN ET BIÈRE CUISINE RESPONSABLE AVENTURE CULTURE SPECTACLES ARTS ARCHITECTURE HISTOIRE FAMILLE EN SOLO COURT SÉJOUR LONG SÉJOUR PLAGE HIVER FAUNE

Bangkok – Singapour

Pourquoi prendre l'avion quand il y a tant à voir entre les deux mégapoles d'Asie du Sud-Est ? Prenez plutôt le train et profitez des plages tropicales en chemin.

EN BREF

Empreinte carbone (kg/pers) : 87
Distance (km) : 1 821
Nuits : 14
Budget : €€
Quand partir : nov-mars

❶ Bangkok, Thaïlande

La vibrante capitale de la Thaïlande est un concentré d'Asie du Sud-Est. Embarquez à bord du Chao Phraya River Express jusqu'au Wat Arun, déambulez dans les cours dorées du Wat Phra Kaew, offrez-vous un massage au Wat Pho, goûtez la cuisine thaïlandaise au Saawaan, étoilé au Michelin, puis prenez un verre face au divertissant chaos de Thanon Khao San, non loin du Grand Palais au centre-nord de la ville.

Prenez le train à la gare Hua Lamphong pour Chumphon (10/jour ; 8 heures 30) puis le ferry pour Ko Tao (tlj ; 3 heures).

❷ Ko Tao, Thaïlande

Cette île frangée de récifs est l'un des endroits les moins chers au monde pour s'initier à la plongée. Le reste du temps, lézardez sur le sable, partez en randonnée et contemplez le coucher du soleil.

Prenez le ferry pour Ko Pha-Ngan (tlj ; 1 heure 30).

❸ Ko Pha-Ngan, Thaïlande

Une fois par mois, l'île de Ko Pha-Ngan attire les visiteurs qui viennent y célébrer la pleine lune. Le reste du temps, vous pourrez profiter de ses sublimes plages ou aller admirer les chutes d'eau à l'intérieur des terres.

Prenez ferry et bus pour Phun Phin (2/jour ; 4-5 heures), le train pour Butterworth (changez à la frontière à Padang Besar ; 8 heures) puis le ferry pour Penang (ttes les 30 min ; 15 min).

❹ Penang, Malaisie

Des festins vous attendent sur l'île de Penang où la cuisine mêle avec un grand sens du raffinement traditions chinoises, malaises et indiennes. Prévoyez plusieurs jours pour explorer Georgetown, ses ruelles bordées de *shophouses*, ses maisons de clans

FÊTE DE LA PLEINE LUNE, KO PHA-NGAN, THAÏLANDE

PETRONAS TOWERS, KUALA LUMPUR, MALAISIE

chinoises (Khoo Kongsi), ses temples et ses points de vue sur les faubourgs.

Revenu à Butterworth, prenez le train pour Kuala Lumpur (6/jour ; 4 heures).

❺ Kuala Lumpur, Malaisie

Métropole au rythme effréné, la capitale de la Malaisie a conservé une ambiance de village dans certains quartiers comme Bangsar Baru ou Kampung Baru, où savourer la cuisine locale. Masjid India et Chinatown feront aussi voyager vos papilles. Montez ensuite dans les Petronas Towers et alternez parcs à thème, réserves naturelles, musées, mosquées et temples.

Prenez le train pour Singapour, en passant par Gemas et Johor Bahru (3/jour ; 9 heures).

❻ Singapour

Mégalopole aux influences chinoise, malaise, européenne et indienne, l'époustouflante cité-État de Singapour occupe plusieurs îles à la pointe de la péninsule malaise. Déambulez entre les gratte-ciel, les jardins botaniques, les musées et les galeries, avec pauses repas obligatoires dans les fameux *hawker centres*.

L'aéroport Changi à Singapour dessert le monde entier.

ET ENCORE...

Plus loin : Ko Samui

Si rien ne vous presse, prenez le ferry de Ko Pha-Ngan jusqu'à l'île de Ko Samui. Le relatif manque de charme de Ko Samui est compensé par une cuisine raffinée, de nombreuses activités et un souci du bien-être. Alternez les mets d'un stand de marché de nuit et un déjeuner sur le pouce chez un vendeur de *kôw gang* (riz et curry) avec une séance de soins dans un spa.

Liaison en ferry Ko Pha-Ngan–Ko Samui (au moins 2/jour ; 20-45 min).

Détour : Phetchaburi

Entre Bangkok et Chumphon, faites une pause à Phetchaburi, ancienne forteresse royale, aujourd'hui ville paisible au milieu des rizières. Dominant le vieux centre émaillé de temples, le parc historique de Phra Nakhon Khiri, envahi de singes, est couronné par le palais du roi Rama IV construit en 1860.

Les trains réguliers de Bangkok à Phetchaburi (3 heures 30) continuent jusqu'à Chumphon (5 heures).

UN COIN DE MALAISIE À BORNÉO

Kota Kinabalu – Kuching

Parcs nationaux, montagnes à gravir, treks dans la jungle, observation de la faune : partez à l'aventure au Sabah et au Sarawak, États malais de l'île de Bornéo.

EN BREF

Empreinte carbone (kg/pers) : 146
Distance (km) : 1 486
Nuits : 21
Budget : €€€
Quand partir : toute l'année

❶ Kota Kinabalu

À Kota Kinabalu (KK), capitale du Sabah, commencez par goûter la délicieuse cuisine malaise au marché de nuit, vibrant de bruits et de parfums. Contemplez le coucher du soleil depuis l'observatoire de Signal Hill, aux allures d'ovni, et instruisez-vous sur les ethnies locales à l'excellent Sabah Museum et au village culturel Mari Mari.

Prenez le bus à la gare routière Inanam ou à Padang Merdeka pour le parc national de Kinabalu (fréquent ; 2 heures).

❷ Parc national du Kinabalu

Pour gravir le mont Kinabalu (4 095 m), il faut payer le droit d'entrée dans le parc, un permis d'ascension, une assurance et un guide, mais la plus haute montagne de Bornéo en vaut la peine. Il faut aussi prévoir au moins deux jours et être en bonne forme physique. Les amateurs de sensations fortes descendront par la via ferrata équipée de barreaux et de câbles.

Le bus pour Sandakan (4 heures 30) passe devant l'entrée du parc. À la gare routière longue-distance de Sandakan, prenez un minibus (20 min) pour la gare routière Bas Sandakan, puis la navette pour Sepilok (45 min).

❸ Sepilok

Le Centre de réhabilitation des orangs-outans de Sepilok, 25 km à l'ouest de Sandakan, est l'endroit où voir ces grands singes roux dans leur habitat naturel. Visitez aussi le Centre de réhabilitation des ours malais de Bornéo et le Centre de découverte de la forêt pluviale.

CUISINE DE RUE, KOTA KINABALU

MONT KINABALU, PARC NATIONAL DE KINABALU

De retour à Sandakan, prenez le bus pour Kota Kinabalu (fréquents ; 6 heures) et, de là, un vol pour Mulu (tlj ; 55 min-4 heures), souvent via Miri.

4 Parc national du Gunung Mulu

Ce parc englobe à la fois de vastes grottes, des pics karstiques, les Pinnacles, et une forêt humide primaire comprenant 17 zones de végétation. Ne manquez pas l'envol quotidien de millions de chauves-souris de la Deer Cave et pensez à réserver pour le superbe parcours dans la canopée.

Prenez l'avion de Mulu à Kuching (tlj ; 1 heure 45).

5 Kuching

L'historique capitale du Sarawak, au bord du fleuve, est une ville décontractée, mêlant architecture coloniale et contemporaine. Le Sarawak Museum, ouvert fin 2020, présente des expositions très complètes, de l'archéologie à la zoologie, et notamment sur les impressionnantes sculptures traditionnelles sur bois.

L'aéroport international de Kuching dessert toute la région. La ville est le meilleur endroit pour organiser d'autres excursions au Sarawak.

ET ENCORE...

Plus loin : archipel de Semporna

Ces îles tropicales, au sud-est du Sabah, sont l'une des plus belles destinations de plongée au monde. Seuls 120 permis par jour sont délivrés pour admirer les récifs coralliens et l'éblouissante faune marine (poissons-perroquets, majestueuses raies manta, etc.) près de la petite Sipadan.

L'aéroport de Tawau, le plus proche des îles, est relié par vol direct à Kota Kinabalu ou Kuala Lumpur.

Détour : parc national de Bako

Ce superbe parc, à 37 km au nord-est de Kuching, se distingue par sa riche biodiversité – orchidées rares, singes nasiques et sangliers barbus. Les sentiers de randonnée mènent à des plages de sable fin. Passez-y, si possible, une nuit.

Un bus régulier relie Kuching à Bako Bazaar (1 heure). De là, un bateau à moteur mène au débarcadère de Teluk Assam, près du parc (20 min).

LES TRÉSORS DU SUD DU MYANMAR

BIEN-ÊTRE · SPORT · VIN ET BIÈRE · CUISINE · RESPONSABLE · AVENTURE · CULTURE · SPECTACLES · ARTS · ARCHITECTURE · HISTOIRE · FAMILLE · EN SOLO · COURT SÉJOUR · LONG SÉJOUR · PLAGE · HIVER · FAUNE

Yangon (Rangoun) – Myeik

Les bus, fréquents, sont parfaits pour effectuer ce périple au sud du Myanmar (Birmanie) riche en temples bouddhiques, villes anciennes et plages idylliques.

EN BREF

Empreinte carbone (kg/pers) : 170
Distance (km) : 1 736
Nuits : 14
Budget : €€
Quand partir : oct-mai

❶ Yangon (Rangoun)

La plus grande ville du pays vous éblouira. La pagode Shwedagon, étincelante d'or, est un haut lieu du bouddhisme au Myanmar. Promenez-vous autour du lac Kandawgyi, puis au milieu des édifices coloniaux du centre-ville et de ses galeries d'art contemporain avant de vous requinquer à un stand de cuisine de rue.

Prenez le bus à la gare routière Aung Mingalar pour Bago (fréquents ; 2 heures).

ROCHER D'OR, MONT KYAIKTIYO

❷ Bago (Pégou)

De bienheureux bouddhas et des temples emplis de trésors font de Bago une première étape tout indiquée avant de rejoindre le mont Kyaiktiyo. Le billet pour la zone archéologique donne accès aux principaux sites, comme la pagode Shwemawdaw et le Bouddha couché de Shwethalyaung.

Prenez le bus pour Kyaiktiyo (fréquents ; 3 heures), puis montez à pied ou en camionnette.

❸ Kyaiktiyo (Rocher d'Or)

Haut lieu du bouddhisme birman, Kyaiktiyo est un énorme rocher couvert de feuille d'or et coiffé d'un stupa, perché en équilibre précaire au bord d'une falaise. L'ambiance est particulièrement magique en période de pèlerinages (nov-mars).

De Kyaiktiyo, il y a souvent des bus pour Mawlamyine (4 heures).

❹ Mawlamyine (Moulmein)

Sur le fleuve Thanlwin (Salouen), Mawlamyine se distingue par son architecture coloniale, et ses églises, mosquées et temples. La pagode Kyaikthanlan possède le plus haut stupa de la ville, et celle de Mahamuni (Bahaman) une salle incrustée de bijoux. Parmi les excursions, citons Bilu Kyun

BOUDDHA COUCHÉ, MAWLAMYINE

(île de l'ogre) et le Bouddha couché géant du temple Win Sein Taw Ya.

Prenez le bus pour Ye (6/jour ; 4 heures).

5 Ye

Authenticité garantie dans cette petite ville aux maisons en bois traditionnelles qu'anime un grand marché bordant un lac ombragé. Aventurez-vous dans la campagne vers des villages mon ou kayin tel Kyaing Yar.

Prenez un minivan pour Dawei (4 heures).

6 Dawei

Cette ville portuaire discrète présente une architecture variée. Elle donne accès à la station balnéaire en plein essor de Maungmagan. Ne manquez pas Paradise Plage, à 2 heures de route au sud de Dawei.

Prenez le bus pour Myeik (6/jour ; 4 heures).

7 Myeik (Mergui)

Grandes demeures sino-portugaises, mosquées, églises, maisons en bois et édifices coloniaux se côtoient dans ce port animé. C'est aussi la porte vers les quelque 800 îles de l'archipel de Myeik. Allez à Kawthoung pour organiser une excursion en bateau vers l'une des îles.

Revenez en avion de Myeik à Yangon (6/semaine ; 2 heures).

ET ENCORE...

Plus loin : archipel de Myeik (Mergui)

L'accès à ces îles magnifiques et peu peuplées suppose un certain budget : l'hébergement se fait soit à bord d'un bateau, soit dans l'un des quatre luxueux complexes hôteliers. Mais l'endroit est paradisiaque : plages de sable blanc, mer turquoise et certains des plus beaux spots de plongée d'Asie du Sud-Est.

Choisissez la croisière ou le transfert direct dans l'un des quatre complexes hôteliers depuis Kawthoung.

Détour : Hpa-An

L'État de Kayin arbore des paysages sublimes (collines calcaires boisées au-dessus de rizières d'un vert lumineux) et une grande diversité culturelle. Sa capitale, Hpa-An, est entourée de grottes, de rivières et de lacs. Grimpez en haut du mont Zwegabin (722 m) et admirez la grotte Saddan, de la taille d'un stade, dont l'entrée est dominée par des bouddhas et des pagodes.

Le bus relie Mawlamyine et Hpa-An (fréquents ; 2 heures).

SINGAPOUR ET MALAISIE : LES COMPTOIRS DES DÉTROITS

SPORT
VIN ET BIÈRE
CUISINE
RESPONSABLE
AVENTURE
CULTURE
SPECTACLES
ARTS
ARCHITECTURE
HISTOIRE
FAMILLE
EN SOLO
COURT SÉJOUR
LONG SÉJOUR
PLAGE
HIVER
FAUNE
BIEN-ÊTRE

Singapour – George Town

Une plongée dans le passé colonial et les diverses cultures de la Malaisie. En bus et en train, vous remonterez vers le nord de la péninsule en partant de Singapour.

EN BREF
Empreinte carbone (kg/pers) : 122
Distance (km) : 1 353
Nuits : 14
Budget : €€
Quand partir : mars-nov

❶ Singapour

Parfaite entrée en matière de ce périple tropical, la cité-État de Singapour affiche sa modernité dans l'architecture avant-gardiste de Marina Bay. Mais histoire et traditions sont bien présents dans ses excellents musées et galeries, comme dans sa cuisine aux multiples facettes, à déguster dans les *hawker centres*. Le réseau de transport MRT permet de se déplacer facilement.

Depuis le centre de Singapour, plusieurs bus rallient la gare de Melaka Sentral (3-4 heures), en Malaisie.

❷ Malacca

Au XVe siècle, Malacca, port le plus riche de la région, attirait les convoitises, du fait de sa position dans le détroit de Malacca. La ville a gardé la trace des ses multiples maîtres, qu'il s'agisse des vestiges de la période coloniale portugaise, au XVIe siècle, ou de ses temples chinois (le temple de Cheng Hoon Teng ou "temple des nuages éternels" est le plus ancien du pays), au cœur de la zone classée au Patrimoine mondial.

À Melaka Sentral, prenez le bus pour la gare routière Bersepadu Selatan à Kuala Lumpur (fréquent ; 2 heures), puis le train de banlieue jusqu'à Kuala Lumpur Sentral (13 min).

❸ Kuala Lumpur

Comparée à Singapour et Malacca, la capitale de la Malaisie, née de la ruée vers l'étain au milieu du XIXe siècle, est une jeunette. Si les Petronas Towers sont les brillants symboles de sa modernité, elle abrite de superbes exemples d'architecture coloniale, en particulier autour de Merdeka Square. Parmi ses autres

MERDEKA SQUARE, KUALA LUMPUR, MALAISIE

MARINA BAY, SINGAPOUR

attraits, citons ses jardins botaniques et ses parcs, ses nombreux centres commerciaux et sa cuisine raffinée.
Prenez le train express de Kuala Lumpur à Ipoh (3/jour ; 2 heures 30).

❹ Ipoh

Capitale de l'État de Perak, Ipoh conserve, elle aussi, de beaux bâtiments coloniaux, telle sa gare ferroviaire (1917). Vous pourrez y déguster une excellente cuisine de rue tout en explorant les ruelles de la vieille ville ornées de street art. Les grandes falaises calcaires qui flanquent la ville abritent de superbes temples rupestres.
Prenez le train pour Butterworth (tlj ; 2 heures), puis le ferry pour George Town (10 min).

❺ George Town

La ville historique de George Town, sur l'île de Penang, classée au patrimoine de l'Unesco brille par son exceptionnel état de conservation et les influences régionales et coloniales de son architecture – un brassage culturel que reflète aussi sa cuisine de rue. Des excursions faciles vers Penang Hill ou les plages et la jungle du parc national de Penang, et de belles œuvres de street art complètent le tableau.
L'aéroport de Penang dessert Singapour et autres destinations internationales.

ET ENCORE...

Plus loin : Cameron Highlands

Une tasse à la main, contemplez les plantations de thé vert émeraude et les pics drapés de brume des Cameron Highlands. Jouissant d'un climat frais toute l'année, cette grande station de montagne est idéale pour les promenades dans la nature et l'agrotourisme.
Rejoignez en bus Tanah Rata, cœur des Highlands, depuis Kuala Lumpur (4 heures 45) ou Ipoh (2-3 heures).

Détour : Langkawi

Envie de plages ? Poussez jusqu'à ce charmant archipel aux magnifiques plages de sable. Pulau Langkawi possède aussi des parcs forestiers, des sources d'eau chaude et des cascades. Prenez le temps de monter en téléphérique jusqu'au sommet du Gunung Machinchang (708 m) pour profiter d'une superbe vue.
Ralliez Langkawi en avion depuis Penang (45 min) ou Singapour (1 heure 30).

LES MOLUQUES : ÎLES AUX ÉPICES

SPORT · VIN ET BIÈRE · CUISINE · RESPONSABLE · AVENTURE · CULTURE · SPECTACLES · ARTS · ARCHITECTURE · HISTOIRE · FAMILLE · EN SOLO · COURT SÉJOUR · LONG SÉJOUR · PLAGE · HIVER · FAUNE · BIEN-ÊTRE

Ternate – Ambon

Aujourd'hui à l'écart des circuits touristiques, les Moluques sont des îles dispersées dans l'est de l'Indonésie autrefois au centre du commerce mondial des épices.

EN BREF

Empreinte carbone (kg/pers) : 12
Distance (km) : 650
Nuits : 25
Budget : €
Quand partir : avr-mai, sept-oct

❶ Ternate

Difficile de croire qu'au XVIe siècle, ce coin perdu d'Indonésie était le cœur du lucratif marché des épices. Accrochée aux pentes du volcan Gamalama, Ternate, le plus riche des quatre sultanats des épices, est la capitale des Moluques du Nord, mais vous n'y croiserez guère de voyageurs. L'île est accessible par avion depuis Makassar (Sulawesi) et Jakarta, ou par les ferries Pelni. Visitez le palais du sultan et les forts portugais, jetez un coup d'œil sur le lac de cratère de Tolire Besar (où vivrait, dit-on, un crocodile blanc), lézardez sur les plages de sable noir et escaladez le Gamalama, s'il ne gronde pas trop.

De nombreux bateaux rapides relient Bastiong, à Ternate, et Rum, à Tidore (10 min).

❷ Tidore

Face à Ternate, et elle aussi née d'un volcan (le Kiematabu, qui mérite l'ascension), Tidore fut un autre sultanat important dans le commerce des épices et farouche rivale de sa voisine du nord Ternate. Mais à la différence de cette dernière, elle a perdu son rôle commercial et est encore plus isolée. Promenez-vous parmi les bâtiments traditionnels blanchis à la chaux jouxtant des ruines, regardez les habitants récolter les clous de girofle, achetez de l'artisanat (poterie, paniers en rotin) au marché de Soasio et repérez le monument commémorant l'arrivée de Magellan en 1521.

Le ferry relie Dowora, à Tidore, et Sofifi, à Halmahera (tlj ; 45 min).

CI-DESSUS : PARADISIER DE WALLACE

TERNATE

❸ Halmahera

Découpée et montagneuse, la plus grande des Moluques reste peu explorée. Prenez le temps de visiter Jailolo (un autre parmi les quatre sultanats des épices) et les villages de l'ethnie Sahu au nord, puis descendez vers Dodinga (où le naturaliste et géographe Alfred Russel Wallace élabora sa théorie de l'évolution au même moment que Darwin) et le parc national d'Aketajawe-Lolobata, un paradis pour les oiseaux endémiques, dont le rare paradisier de Wallace.

Des bateaux locaux relient Sofifi, Jailolo et d'autres villages d'Halmahera à Ternate. Puis prenez un ferry Pelni pour Ambon (20 heures ; changements d'horaires et retards fréquents).

❹ Ambon

Quittant le Nord, musulman, voguez vers le sud, à majorité chrétienne. À Ambon, capitale régionale et ancien bastion hollandais, visitez le fort Amsterdam (construit en 1514) et les collections ethnographiques du musée Siwalima. Puis promenez-vous le long des plages de sable blanc ou dans les villages de montagne, au-dessus de Leitimur. Là, maisons traditionnelles et églises sont entourées de muscadiers, girofliers et canneliers.

L'aéroport Pattimura d'Ambon dessert Jakarta (tlj ; 3 heures 30), la capitale indonésienne.

ET ENCORE...

Plus loin : Bacan

La grande île de Bacan est le quatrième sultanat du commerce des épices. Sa capitale, Labuha, abrite un fort et la résidence du sultan. C'est dans ses collines couvertes de jungle que Wallace fit de grandes découvertes, dont le couscous des Moluques (type de marsupial). Guettez aussi les perroquets, les cacatoès, les calaos et les macaques noirs, une espèce menacée.

De Ternate à Bacan, prenez un rare ferry (6 heures) ou l'avion (50 min).

Détour : archipel de Banda

Ces petites îles volcaniques, autrefois seule source de muscade au monde, sont difficiles d'accès et donc épargnées par le tourisme. Vous pourrez y admirer une architecture coloniale et une nature préservée. Ses plages sont bordées de récifs et d'eaux cristallines recelant certains des meilleurs sites de snorkelingd'Indonésie.

De rares ferries rapides (6 heures) et des ferries Pelni (8-14 heures) relient Ambon et les îles Banda.

BALI ET LOMBOK SANS LA FOULE

BIEN-ÊTRE
SPORT
VIN ET BIÈRE
CUISINE
RESPONSABLE
AVENTURE
CULTURE
SPECTACLES
ARTS
ARCHITECTURE
HISTOIRE
FAMILLE
EN SOLO
COURT SÉJOUR
LONG SÉJOUR
PLAGE
HIVER
FAUNE

Seminyak – Gunung Rinjani
Plages de sable, surf, volcans, rites sacrés et arts traditionnels sont au programme de cet itinéraire entre les îles de Bali et de Lombok.

EN BREF
Empreinte carbone (kg/pers) : 33
Distance (km) : 255
Nuits : 14
Budget : €
Quand partir : toute l'année

❶ Seminyak

La plage de Kuta attire les touristes à Bali depuis des décennies, mais pour une version plus chic, préférez-lui Semiyak : mêmes étendues de sable fin et sublimes couchers de soleil, mais vous troquerez les boîtes de nuit tapageuses contre des cafés huppés, des clubs branchés et une cuisine fusion créative.

Le plus simple : louez un scooter à Seminyak pour explorer la péninsule de Bukit (25 km).

LA FORÊT DES SINGES, UBUD

❷ Péninsule de Bukit

Très appréciée des surfeurs, cette péninsule attire depuis quelques années les voyageurs fuyant le tourisme de masse des grandes plages de Bali. Dans les environs, vous trouverez une série de belles criques sablonneuses avec bars décontractés et fêtes nocturnes, mais sans la folie techno.

Rendez-vous en taxi à Ubud (1 heure 30).

❸ Ubud

Quittez la plage pour la culture : Ubud, berceau des arts balinais, est au cœur d'une campagne verdoyante. La ville offre un passionnant aperçu des coutumes balinaises, depuis les rituels hindous dans les temples aux spectacles de *gamelan* (orchestre traditionnel) et de danses traditionnelles. Le yoga et le bien-être y occupent aussi une place prépondérante, attirant des aspirants yogis du monde entier.

Prenez un bus touristique (régulier ; 1 heure) pour Padangbai, puis le bateau pour les îles Gili (régulier ; 1 heure 30).

PLAGE DE SEMINYAK

❹ Îles Gili

À quelques encablures de la côte nord-ouest de Lombok, les îles Gili vous laisseront un souvenir impérissable. La plus fréquentée, Gili Trawangan, ravira les amateurs de farniente, de snorkeling près de la plage, de plongée et de nuits festives.

Prenez un ferry (régulier ; 45 min) pour Bangsal, à Lombok, et, de là, un *ojek* (moto-taxi) pour Senaru et le Gunung Rinjani (1 heure 30).

❺ Gunung Rinjani

Proche géographiquement de sa grande sœur Bali, Lombok en est bien éloignée en terme de fréquentation. Culminant à 3 726 m au nord de l'île, le Gunung Rinjani est le deuxième plus haut des 127 volcans actifs d'Indonésie. C'est aussi l'un des plus sacrés et des plus visités du pays. Son ascension – un trek de deux à trois jours – réserve des vues grandioses sur son lac de cratère turquoise, les îles alentour et les levers de soleil.

À l'arrivée du trek, à Sembalun Lawang, vous êtes à 3 heures de route de l'aéroport international de Lombok (les treks guidés incluent le transfert).

ET ENCORE...

Plus loin : Munduk

Si Ubud, sur Bali, vous paraît trop agité, enfoncez-vous à l'intérieur des terres du côté de Munduk. Entourée de montagnes embrumées et de cascades, cette pittoresque retraite estivale, de style colonial hollandais, offre de belles possibilités de randonnées.

Pour rallier Munduk (63 km au nord-ouest d'Ubud), le mieux est la voiture ou le scooter.

Détour : Kuta (Lombok)

À la différence de son homonyme à Bali, la plage de Kuta à Lombok n'a pas perdu son charme. Cachée au sud de l'île, ce n'est que sable blanc baigné d'eaux turquoise, sans foule ni vie nocturne tapageuse. Que vous y alliez pour surfer, pour vous baigner ou pour lézarder au soleil, vous êtes sûr d'y trouver une place rien que pour vous.

Kuta est à 17 km au sud de l'aéroport de Lombok : allez-y en taxi.

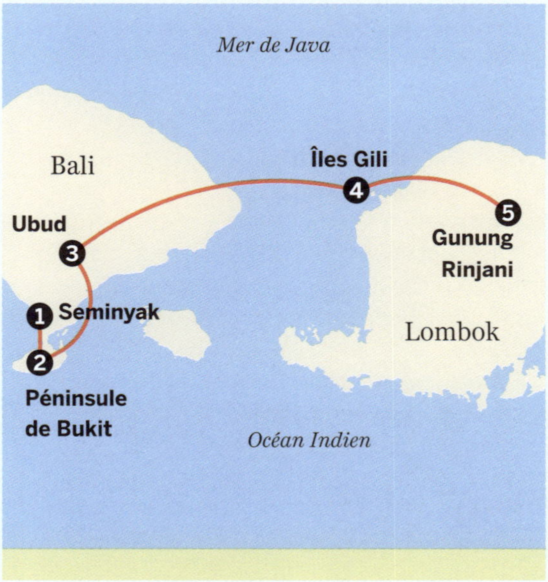

UN PÉRIPLE AU SUMATRA-OCCIDENTAL

SPORT · VIN ET BIÈRE · CUISINE · RESPONSABLE · AVENTURE · CULTURE · SPECTACLES · ARTS · ARCHITECTURE · HISTOIRE · FAMILLE · EN SOLO · COURT SÉJOUR · LONG SÉJOUR · PLAGE · HIVER · FAUNE · BIEN-ÊTRE

Padang – Danau Maninjau

Qui dit Sumatra-Occidental dit cuisine raffinée de Padang, vagues pour surfeurs chevronnés, volcans couverts de jungle et architecture minangkabau.

EN BREF

Empreinte carbone (kg/pers) : 46
Distance (km) : 449
Nuits : 10
Budget : €
Quand partir : toute l'année

❶ Padang

La capitale du Sumatra-Occidental est un point de chute pour les surfeurs et les routards qui s'y côtoient. Promenez-vous dans le vieux quartier colonial et arrêtez-vous dans les restaurants pour déguster la fameuse "cuisine de Padang", notamment le savoureux *rendang* (bœuf cuit lentement dans du lait de coco), l'*ayam bakar* (poulet grillé au charbon de bois) et de nombreux curries onctueux à base de noix de coco.

De Padang, un ferry rapide mène aux îles Mentawai (tlj ; 6 heures), où on circule en canot à moteur d'une île à l'autre.

❷ Îles Mentawai

Ces îles, situées à 150 km au large de la côte ouest de Sumatra, sont un aimant pour les surfeurs du monde entier venus chevaucher certaines des plus belles vagues de la planète. D'autres s'y rendent pour étudier ou partager le mode de vie des ethnies de chasseurs-cueilleurs qui vivent au fin fond de la jungle.

Revenu à Padang, prenez le bus pour Bukittinggi (régulier ; 2 heures).

❸ Bukittinggi

Bukittinggi doit sa renommée à son ancien fort hollandais et à sa cuisine locale. Autour s'étend une campagne bucolique où des rizières d'un vert lumineux frangées de palmiers se déploient sur fond d'imposants volcans. Guettez les surprenantes maisons

ÎLES MENTAWAI

ARCHITECTURE MINANGKABAU, BUKITTINGGI

des Minangkabau aux toits à la forme inspirée par les cornes de buffle. Parmi les excursions peu courantes, citons une journée pour assister aux courses de bœufs et une randonnée à la recherche de la rafflésie, fleur rare gigantesque, dans son habitat naturel.

Prenez un minibus pour Maninjau (régulier ; 45 min) et, de là, louez un scooter ou un taxi pour explorer la région.

❹ Danau Maninjau

Nager ou faire du canoë dans ce lac de cratère est une expérience insolite, sans compter les randonnées vers les chutes d'eau et les villages traditionnels des environs. Ne manquez pas la spécialité locale, l'écrevisse d'eau douce, à accompagner d'une bière fraîche face au coucher du soleil sur le lac. Superbe, la route pour venir serpente au milieu d'une campagne verdoyante, où rizières et palmiers se détachent sur fond de volcans fumants, avant de dévoiler subitement une vue à couper le souffle sur le lac.

De retour à Bukittinggi, prenez un bus pour Padang (nombreux ; 1 heure) d'où prendre un vol pour se rendre ailleurs en Indonésie.

ET ENCORE...

Plus loin : baie de Bungus

Pour une escapade sur une plage de rêve facilement accessible, la baie de Bungus et ses îles discrètes juste au sud de Padang feront parfaitement l'affaire. Vous pourrez vous déplacer d'une île à l'autre, lézarder dans un hamac à l'ombre et déguster une boisson glacée sur la plage au coucher du soleil.

Allez en taxi de Padang au port (1 heure) et, de là, louez un canot à moteur pour rejoindre les îles (45 min).

Détour : vallée de Kerinci

Cette superbe étendue de forêt humide abrite une biodiversité remarquable et parmi les derniers tigres de Sumatra. Outre une (petite) chance d'en apercevoir un, vous pourrez y faire des treks, séjourner dans des villages et gravir le plus haut volcan d'Asie du Sud-Est, le Gunung Kerinci.

Le bus relie Padang à Sungai Penuh (2 /jour ; 9 heures), principal centre de la vallée où organiser transport et circuits.

LE MEILLEUR DE L'ANCIENNE JAVA

Borobudur – Kawah Ijen

Son histoire, sa culture et ses temples bouddhiques font de Java une île unique. À quoi s'ajoutent une délicieuse cuisine et d'impressionnants paysages volcaniques.

EN BREF

Empreinte carbone (kg/pers) : 64
Distance (km) : 850
Nuits : 7
Budget : €
Quand partir : toute l'année

❶ Borobudur

Au centre de Java, au milieu d'une campagne sereine, le temple de Borobudur, classé au Patrimoine mondial, est l'un des plus grands monuments bouddhiques au monde. Bâti aux VIIIe et IXe siècles, ce monumental stupa, dont les trois niveaux évoquent les étapes vers le nirvana, est décoré d'innombrables bas-reliefs finement sculptés.

GUNUNG BROMO

Prenez le bus pour Yogyakarta (ttes les heures ; 1 heure 15).

❷ Yogyakarta

Fière et indépendante, "Yogya" est le berceau de la culture javanaise. Prenez le temps d'explorer ses palais et ses musées, assistez à des spectacles de danse et de musique traditionnels et découvrez la vitalité de sa scène artistique contemporaine.

Prenez le bus (ttes les heures ; 45 min) pour aller visiter Prambanan.

❸ Prambanan

Le site de Prambanan, classé au Patrimoine mondial, comprend les vestiges de plus de 500 édifices datant des VIIIe et IXe siècles. L'ensemble principal – le plus beau – se caractérise par ses temples hindous aux hautes et élégantes flèches somptueusement sculptées.

Prenez le train de Yogyakarta à Malang (3-4/jour ; 9 heures).

❹ Malang

Ancienne ville coloniale hollandaise, Malang a séduit les voyageurs désireux de faire escale entre Yogyakarta et le volcan Bromo. Ne manquez pas ses *kampung* (quartiers) métamorphosés depuis

TEMPLE DE BOROBUDUR

que des artistes locaux et des habitants ont entièrement repeint les rues et les maisons de couleurs vives.
Prenez un bus pour Probolinggo (ttes les heures ; 3 heures) puis changez pour Cemoro Lawang (2 /jour ; 1 heure), le village proche du Gunung Bromo.

5 Gunung Bromo

Volcan sans doute le plus célèbre d'Asie, le Gunung Bromo (2 329 m) attire les foules par son immense cratère et son paysage lunaire d'une saisissante et majestueuse beauté qui brille de tout son éclat au lever du soleil.
Louez une voiture avec chauffeur pour aller à Kawah Ijen (7 heures).

6 Kawah Ijen

Le Kawah Ijen, l'un des trois cônes volcaniques du plateau d'Ijen, doit sa renommée à ses "flammes bleues" irréelles. Ce phénomène dû à la combustion de gaz sulfuriques n'étant visible que dans l'obscurité, nombre de visiteurs commencent l'ascension à 4h du matin pour associer ce spectacle à celui du lever de soleil au-dessus de son lac de cratère.
Prenez à Banyuwangi (34 km) le ferry pour Bali (1 heure) et ses plages/ou son aéroport.

ET ENCORE...

Plus loin : Gunung Merapi

Si vous ne grimpez que sur un seul volcan à Java, ce doit être le Gunung Merapi, pas toujours accessiblecependant car c'est le plus actif d'Indonésie. Si les conditions le permettent, la vue depuis le sommet est époustouflante et les bouches fumantes disséminées à sa surface créent une atmosphère irréelle.
Situé à 25 km sud de Yogyakarta, le Merapi peut faire l'objet d'une excursion à la journée.

Détour : Surakarta

Berceau des arts javanais, Surakarta (aussi appelée Solo) est une ville fière de son passé. Découvrez sa riche tradition de batiks, visitez son palais et ses musées (sans oublier celui de Sangiran, à une quinzaine de kilomètres, qui conserve des fossiles humains), goûtez sa cuisine de rue puis partez en quête de son artisanat.
Le train va de Yogyakarta à Solo (ttes les heures ; 1 heure) et continue sur Malang.

2
MER
MÉDITERRANÉE
OCÉAN
ATLANTIQUE
SUD

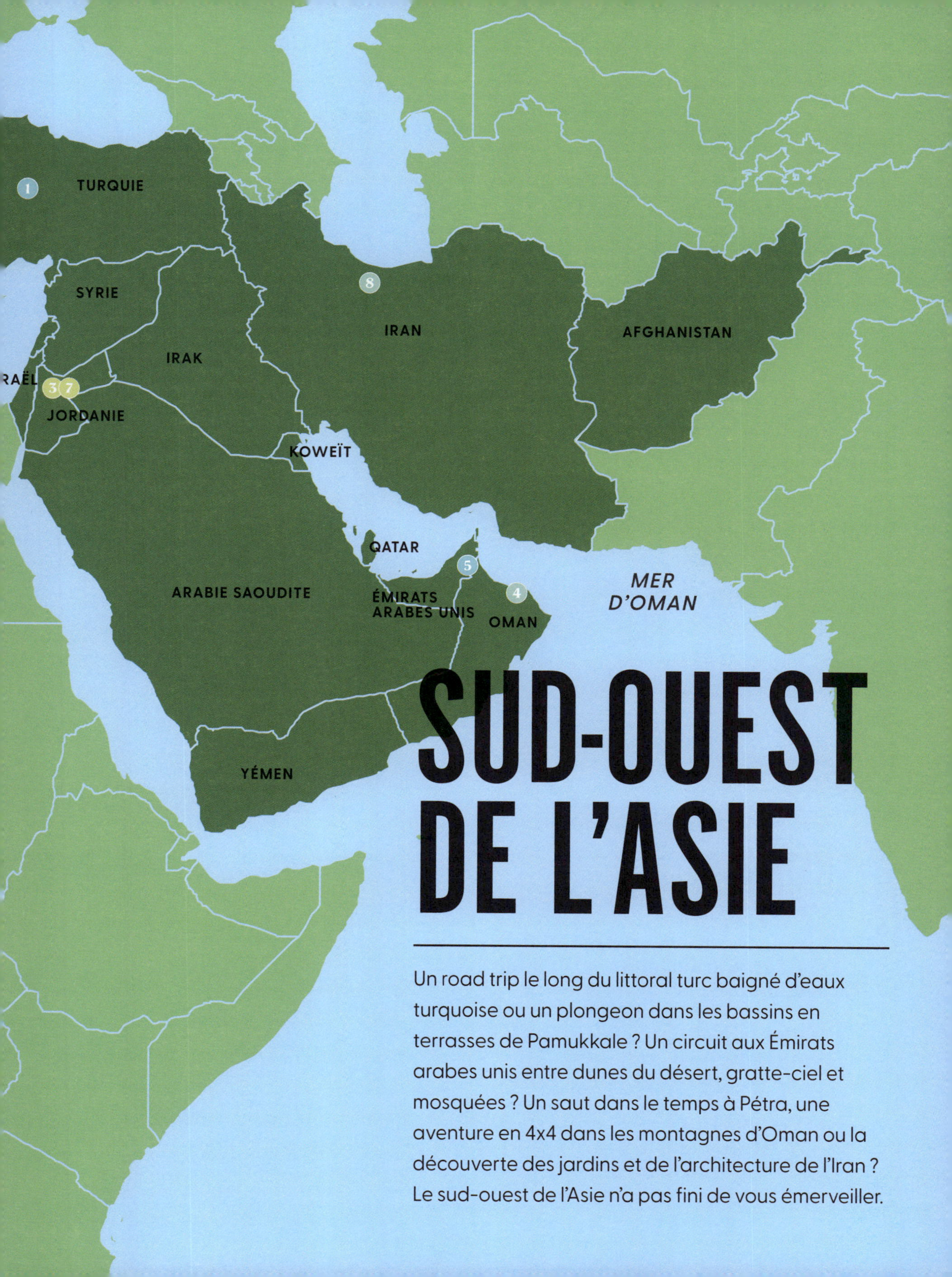

SUD-OUEST DE L'ASIE

Un road trip le long du littoral turc baigné d'eaux turquoise ou un plongeon dans les bassins en terrasses de Pamukkale ? Un circuit aux Émirats arabes unis entre dunes du désert, gratte-ciel et mosquées ? Un saut dans le temps à Pétra, une aventure en 4x4 dans les montagnes d'Oman ou la découverte des jardins et de l'architecture de l'Iran ? Le sud-ouest de l'Asie n'a pas fini de vous émerveiller.

PLAGE DE KAPUTAŞ, TURQUIE

SOMMAIRE

TRÉSORS CULTURELS D'ANATOLIE

SPORT · VIN ET BIÈRE · CUISINE · RESPONSABLE · AVENTURE · CULTURE · SPECTACLES · ARTS · ARCHITECTURE · HISTOIRE · FAMILLE · EN SOLO · COURT SÉJOUR · LONG SÉJOUR · PLAGE · HIVER · FAUNE · BIEN-ÊTRE

Cappadoce – Mardin

Un périple en bus dans le centre et l'est de la Turquie, jalonné d'églises rupestres, de temples préhistoriques et de tumulus funéraires, au carrefour de plusieurs cultures.

EN BREF

Empreinte carbone (kg/pers) : 87
Distance (km) : 1 184
Nuits : 8-12
Budget : €€
Quand partir : mai-juin, sept-oct

❶ Cappadoce

Des vols réguliers au départ d'İstanbul vont à Kayseri et Nevşehir, en Cappadoce, d'où des bus desservent les villages de la région. Sur place, les sites et activités abondent : randonnée dans les vallées rocheuses à l'ombre des cheminées de fée, églises troglodytiques ornées de fresques byzantines de Göreme et de la vallée d'Ihlara, cité souterraine de Kaymaklı, et survol en ballon du relief lunaire. Vous pourrez même loger dans un hôtel rupestre au milieu d'un paysage irréel.

MUSÉE DES MOSAÏQUES DE ZEUGMA, GAZIANTEP

Prenez un bus pour Gaziantep à la gare routière de Nevşehir (3/jour ; 7 heures 15).

❷ Gaziantep

Après le musée des mosaïques de Zeugma, dont la collection provient d'une cité romaine désormais immergée, faites une pause pour grignoter quelques baklavas aux pistaches, spécialité de Gaziantep. Arpentez ensuite les étroites allées du bazar de la vieille ville, remplies d'échoppes d'artisans du cuivre et d'étals de pâtisseries.

Rejoignez Şanlıurfa en bus (ttes les heures ; 2 heures 30).

❸ Şanlıurfa

La tradition locale veut que cette ville de pèlerinage très ancienne soit le lieu de naissance d'Abraham. Nourrissez les carpes du bassin sacré dans le parc de Gölbaşı, bordé de beaux édifices religieux, et perdez-vous dans le dédale du bazar. Lorsque vous aurez visité l'excellent musée archéologique, quittez Şanlıurfa pour le site néolithique de Göbeklitepe et ses piliers en forme de T ornés de bas-reliefs, vestiges des plus anciens sanctuaires connus à ce jour.

Adressez-vous à un tour-opérateur de Şanlıurfa pour une excursion au mont Nemrut.

MONTGOLFIÈRES EN CAPPADOCE

❹ Mont Nemrut

Semblant scruter les collines arides en contrebas, les colossales têtes sculptées au sommet du mont Nemrut constituent l'élément le plus frappant du monument funéraire du roi Antiochos Ier de Commagène (69-40 av. J.-C.). Rendez-vous ensuite à Eski Kale, l'ancienne capitale commagène d'Arsameia, en vous arrêtant en route au tumulus de Karakuş, sépulture de parentes de Mithridate II.
De retour à Şanlıurfa, montez dans un bus à destination de Mardin (4/jour ; 3 heures).

❺ Mardin

Au pied d'une citadelle imprenable, Mardin est une ville en pierre blonde jalonnée de nombreux escaliers, dont le remarquable patrimoine architectural témoigne du multiculturalisme de cette région d'Anatolie orientale, peuplée de Kurdes, de Turcs et d'Arabes de confession musulmane et chrétienne. Déambulez dans le bazar, contemplez la vue sur les plaines de Mésopotamie depuis le toit de la madrasa du sultan Isa (Zinciriye Medresesi), puis visitez le monastère syriaque Mor Hananyo (Deyrulzafaran Manastırı), à quelques kilomètres.
Prenez l'avion à l'aéroport de Mardin à destination d'İstanbul (2/jour ; 2 heures).

ET ENCORE...

Plus loin : Antakya

L'antique Antioche où prêcha saint Paul abrite un musée archéologique doté de superbes mosaïques byzantines et l'église rupestre saint Paul, l'une des plus anciennes de la chrétienté. Baladez-vous dans les ruelles de la vieille ville et savourez la cuisine turco-arabe du cru.
Un bus direct part de la gare routière de Nevşehir, en Cappadoce (1/jour ; 7 heures), et un minibus de Gaziantep (ttes les 30 min ; 4 heures).

Détour : Van

Un peu plus loin au nord-est, au lac de Van, vous verrez la magnifique église arménienne Sainte-Croix (Xe siècle) sur l'île d'Akdamar. Après un copieux *kahvaltı* (petit-déjeuner) à Van, rejoignez la forteresse ourartéenne de la ville et les vestiges de celle de Çavuştepe.
De Mardin, des minibus rallient Diyarbakır (ttes les heures ; 1 heure 15), d'où des bus vont à Van (fréquents ; 6 heures 30). Vols pour İstanbul (2 heures 15) depuis l'aéroport de Van.

LA TURQUIE ANTIQUE

İzmir – Antalya
De nombreux vestiges archéologiques lyciens, grecs et romains émaillent le littoral méditerranéen de l'ancienne Asie mineure, où fleurirent jadis des cités triomphantes.

EN BREF
Empreinte carbone (kg/pers) : 23
Distance (km) : 792
Nuits : 10-14
Budget : €€
Quand partir : mai-oct

❶ İzmir

Avant de partir admirer les sites archéologiques de la Turquie antique, passez une journée de détente à İzmir. Faites une promenade sur le front de mer (*kordon*) et perdez-vous dans les allées labyrinthiques du bazar de Kemeraltı.

Prenez le train pour Selçuk (6/jour ; 1 heure 30) à la gare de Basmane.

❷ Selçuk

Commencez par les impressionnantes ruines d'Éphèse, l'une des plus importantes cités grecques d'Asie mineure. Explorez ensuite la ville de Selçuk, installée au pied d'une forteresse byzantine et traversée par un aqueduc romain où nichent des cigognes.

Bus pour Denizli (2/jour ; 3 heures), puis minibus jusqu'à Pamukkale (ttes les 20 min ; 20 min).

❸ Pamukkale

Ce site exceptionnel résulte autant de la nature que de la main de l'homme. Les vestiges d'époque romaine de la ville thermale de Hiérapolis se dressent au-dessus de bassins de tuf en terrasse d'un blanc éblouissant dans lesquels on peut barboter.

De retour à Denizli, rendez-vous en bus à Fethiye (5/jour ; 4 heures).

❹ Fethiye

Destination balnéaire fréquentée, Fethiye est également un bon point de chute pour découvrir ce qui reste des cités-États farouchement indépendantes de l'antique Lycie, telles Tlos, Pinara ou Xanthos, et leurs tombes taillées dans la roche, ainsi que le Létôon (sanctuaire de Létô) voisin.

Le bus pour Antalya qui emprunte la route côtière peut vous déposer à l'embranchement de Çıralı (ttes les heures ; 4 heures 45), d'où des bus vont au village (environ ttes les heures en été ; 20 min).

BIBLIOTHÈQUE DE CELSUS À ÉPHÈSE, SELÇUK

PAMUKKALE

5 Çıralı

Voici venu le moment de s'adonner aux plaisirs balnéaires sur les plages sablonneuses de Çıralı, longues de 4 km, avant de mettre le cap sur les vastes ruines de la cité lycienne d'Olympos. Le soir, grimpez à pied du village jusqu'aux flammes du mont Chimère, qui jaillissent de la pente rocheuse depuis au moins 2 500 ans.

Regagnez en minibus l'embranchement de Çıralı et hélez n'importe quel bus en direction d'Antalya (1 heure 30) qui passe sur la route.

6 Antalya

Logez pour la nuit dans la vieille ville (Kaleiçi), dont les ruelles pavées descendent jusqu'à des remparts jalonnés de tours de l'époque romaine. Ne manquez pas la porte d'Hadrien, de marbre blanc, construite sous le règne de l'empereur Hadrien, qui a visité la ville en 130. Le lendemain matin, cap sur l'arrière-pays montagneux où se dresse le théâtre romain d'Aspendos (15 000 places) et la cité de Pergé, ancienne capitale de la Pamphylie.

En été, des vols charters relient Antalya à différentes villes d'Europe. Sinon, il existe de nombreuses liaisons internationales depuis les aéroports d'İstanbul.

ET ENCORE...

Plus loin : Blue Cruise

Fethiye est le port d'embarquement des "croisières bleues", trois nuits en bateau le long de la côte tapissée de pinèdes sur fond de montagnes escarpées. L'itinéraire classique fait escale dans la vallée des Papillons, à Kaş et à Kekova pour s'achever à Demre, 79 km à l'ouest de Çıralı.

Les tour-opérateurs de Fethiye proposent la formule de fin avril à octobre. Le transfert à Çıralı ou Olympos est normalement inclus.

Détour : Kaş

Entre Fethiye et Çıralı, Kaş jouit d'une situation centrale sur la côte méditerranéenne et permet de pratiquer de nombreuses activités. Glissez en kayak au-dessus des ruines en partie immergées de la cité d'Apollonia, sur l'île de Kekova, et prévoyez une excursion à l'antique port lycien de Patara, au bord de la plage.

Tous les bus Fethiye-Antalya s'arrêtent à Kaş (ttes les heures ; 2 heures 15).

COMBINÉ ISRAËL ET JORDANIE

Amman – Wadi Rum

Une boucle en transports en commun pour voir le meilleur des deux pays, des ruelles et marchés de Jérusalem aux sables ocre du désert d'Arabie.

EN BREF

Empreinte carbone (kg/pers) : 28
Distance (km) : 1 000
Nuits : 10-14
Budget : €€€
Quand partir : sept-avr

❶ Amman, Jordanie

Pour vous imprégner de l'esprit de la capitale jordanienne, il faut arpenter les souks derrière la mosquée Al-Husseini, s'attabler devant de croustillants falafels chez Hashem et monter jusqu'à la citadelle épargnée par la circulation bruyante de la ville basse.
À cause des contrôles intensifs à la frontière, prévoyez une journée entière pour aller jusqu'à Jérusalem. Des bus JETT circulent entre Amman et le pont King Hussein/Allenby (1/jour ; 1 heure), point de passage entre la Jordanie et la Cisjordanie, d'où des taxis collectifs desservent Jérusalem (1 heure).

LE "MONASTÈRE" (AL-DEIR), PÉTRA, JORDANIE

❷ Jérusalem, Israël

La ferveur religieuse est partout palpable à Jérusalem, ville des trois grandes religions monothéistes, mais plus encore dans des lieux sacrés tels que le mur des Lamentations pour les juifs, le Saint-Sépulcre pour les chrétiens et le dôme du Rocher pour les musulmans. Le mémorial de Yad Vashem en hommage aux victimes de la Shoah témoigne d'une histoire plus récente.
Des bus réguliers se rendent à Tel Aviv (ttes les 30 min ; 50 min).

❸ Tel Aviv, Israël

Aux antipodes de Jérusalem sous bien des aspects, Tel Aviv se présente comme une métropole méditerranéenne hédoniste. Parcourez les plages de sable qui se succèdent vers le sud jusqu'au vieux port de Jaffa, dont les maisons couleur miel arrivent jusqu'au ras de l'eau.
Prenez un bus pour Eilat (environ 11/jour ; 5 heures). Le poste-frontière Yitzak Rabin/Wadi Araba entre Eilat et Aqaba, en Jordanie, est beaucoup plus facile à franchir que le pont King Hussein/Allenby.

WADI RUM, JORDANIE

❹ Eilat (Israël) et Aqaba (Jordanie)

De part et d'autre de l'extrémité nord de la mer Rouge, Eilat et Aqaba offrent les mêmes possibilités en matière de plages et de plongée. La seconde abrite le fort mamelouk du XVIe siècle pris d'assaut par Lawrence d'Arabie en 1917 lors d'un raid contre les Ottomans.
Adressez-vous à un tour-opérateur d'Aqaba pour rejoindre le Wadi Rum (1 heure).

❺ Wadi Rum

Logez plusieurs nuits dans un camp de toile afin d'explorer ce désert, immense étendue de sable émaillée de falaises, d'arches et de canyons rougeâtres. Les soirées autour du feu sont l'occasion de goûter des plats bédouins cuits dans un four en terre.
De retour à Aqaba, ralliez en bus Wadi Musa, le bourg proche de Pétra (régulier ; 1 heure 30).

❻ Pétra

Dissimulé dans d'étroits canyons près de la vallée du rift du Jourdain, le site de l'ancienne capitale des Nabatéen est si vaste qu'on peut passer des jours à crapahuter sur les sentiers abrupts entre tombeaux rupestres en grès polychromes, citernes et temples.
Des bus effectuent régulièrement la liaison Wadi Musa-Amman (4 heures).

ET ENCORE...

Plus loin : Bethléem

Non loin des faubourgs de Jérusalem, cette petite ville palestinienne de Cisjordanie a pour principale curiosité l'église de la Nativité, d'époque byzantine, érigée à l'endroit où serait né le Christ. S'y ajoutent les fresques peintes par Banksy sur le mur de séparation israélien.
Des bus réguliers au départ de Jérusalem desservent le Mur (30 min), à un court trajet en taxi de l'église de la Nativité.

Détour : mer Morte

Flotter sans peine sur ce lac saturé de sel minéraux qui constitue le point le plus bas du globe, fait partie des temps forts d'un voyage dans la région. La Jordanie, Israël et la Cisjordanie possèdent des portions de rivage où l'on peut prendre des bains de boue riche en minéraux jusqu'à 420 m en dessous du niveau de la mer.
De la capitale jordanienne, rendez-vous en taxi au complexe Amman Beach, sur la rive nord-est (1 heure).

FORTERESSES ET CANYONS D'OMAN

BIEN-ÊTRE · SPORT · VIN ET BIÈRE · CUISINE · RESPONSABLE · **AVENTURE** · **CULTURE** · SPECTACLES · ARTS · **ARCHITECTURE** · **HISTOIRE** · FAMILLE · EN SOLO · COURT SÉJOUR · LONG SÉJOUR · PLAGE · HIVER · FAUNE

Mascate – Jebel Shams

Les habitués de la conduite tout terrain auront plaisir à s'aventurer dans ces régions reculées de la péninsule Arabique, de la capitale omanaise aux monts Hajar.

EN BREF

Empreinte carbone (kg/pers) : 117
Distance (km) : 650
Nuits : 10
Budget : €€€
Quand partir : oct-avr

❶ Mascate

L'agréable capitale omanaise, dont le nom signifie "lieu de mouillage sûr", révèle une ville moderne attachée à ses traditions. Avec ses marchands d'antiquités et de lanternes en fer forgé, le souk de Mutrah a tout des marchés arabes d'autrefois, tandis que le grandiose Opéra royal en marbre, voulu par le sultan Qabus féru de musique classique, a été inauguré en 2011.

Roulez jusqu'à Nakhal, 90 km à l'ouest.

❷ Nakhal

C'est ici que se dresse l'un des redoutables forts qui font la réputation d'Oman, en l'occurrence une construction largement remaniée au XIXe siècle trônant sur un promontoire rocheux au-dessus des palmeraies. Après être monté à l'assaut des remparts, arrêtez-vous aux sources chaudes d'Al-Thowarah voisines, où vous pourrez faire trempette dans des canaux d'irrigation.

Rejoignez Rustaq (60 km à l'ouest) en 1 heure.

❸ Rustaq

Dotée elle aussi d'une robuste forteresse, l'ancienne capitale d'Oman donne accès aux monts Hajar. La route de montagne poussiéreuse qui passe par Hatt et le Wadi Bani Awf, monte en zigzaguant le long des falaises abruptes et se faufile à travers l'étroite gorge du Serpent, est un point fort du voyage.

Poursuivez 85 km au sud en terrain montagneux jusqu'à Al-Hamra – vous aurez besoin d'un 4x4 (expérience requise), et de provisions.

FORT DE NIZWA

VUE SUR LE WADI GHUL DEPUIS LE JEBEL SHAMS

❹ Al-Hamra et Misfat

Un aperçu du mode de vie traditionnel vous attend à Al-Hamra et Misfat, deux villages proches sur les versants sud des monts Hajar. Le premier comporte des maisons yéménites en briques de terre crue. Le second s'inscrit au milieu de luxuriantes plantations de palmiers-dattiers à flanc de montagne.

Gagnez Nizwa, 50 km au sud.

❺ Nizwa

Ville-étape pour s'aventurer dans les canyons et sur les hauteurs du massif, la jolie Nizwa possède le fort le plus visité du pays, dont l'énorme donjon se dresse à 30 m de hauteur. En cas d'attaque, des dispositifs au-dessus des portes permettaient de verser du sirop de dattes bouillant sur les assaillants.

Montez jusqu'au sommet du Jebel Shams (95 km).

❻ Jebel Shams

Ironie du sort, la "montagne du Soleil", dont le sommet culmine à 3 000 m, est l'endroit parfait pour échapper à la fournaise du désert. Grimpez en voiture afin de contempler la vue sur le Wadi Ghul, le "Grand Canyon d'Arabie", tout aussi saisissant que son cousin américain.

De retour à Nizwa, dirigez-vous au nord vers Mascate (270 km).

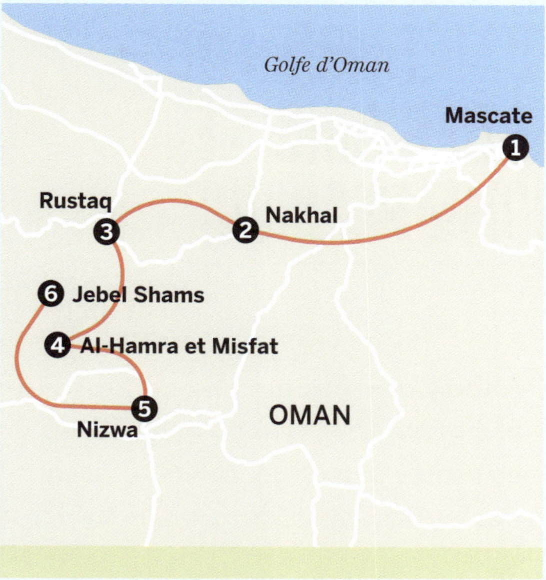

ET ENCORE...

Plus loin : Sharqiya Sands

Dans la partie orientale d'Oman, les dunes ondulantes et les couchers de soleil flamboyants des Sharqiya Sands (ex-Wahiba Sands) incarnent l'archétype du désert. La conduite hasardeuse sur ce terrain et l'isolement des campements bédouins imposent de participer à un circuit organisé. Hébergement dans des tentes de toile plantées près d'un feu, sous un ciel étoilé.

Réservez un circuit pour aller aux Sharqiya Sands (200 km).

Détour : Dhofar

Séparé du nord du pays par un interminable désert rocailleux, le Dhofar affiche au bord de l'océan Indien un paysage vallonné qui devient luxuriant durant la mousson. La région était jadis l'un principaux centres du commerce de l'encens. On accède à la côte par Salalah, d'où le tombeau de Job, le port de pêche de Mirbat et les falaises de Mughsail se trouvent à environ une heure de route.

Il existe des vols Mascate-Salalah (2/jour ; 1 heure).

ROAD TRIP CÔTIER DANS LE GOLFE PERSIQUE

SPORT · VIN ET BIÈRE · CUISINE · RESPONSABLE · AVENTURE · CULTURE · SPECTACLES · ARTS · ARCHITECTURE · HISTOIRE · FAMILLE · EN SOLO · COURT SÉJOUR · LONG SÉJOUR · PLAGE · HIVER · FAUNE · BIEN-ÊTRE

Abou Dabi – péninsule de Musandam
Un périple en voiture de location qui embrasse des villes futuristes et le vaste désert des Émirats arabes unis, suivi d'une croisière en boutre dans les fjords omanais.

EN BREF
Empreinte carbone (kg/pers) : 118
Distance (km) : 1 050
Nuits : 10-12
Budget : €€€
Quand partir : oct-avr

❶ Abou Dabi, EAU
Plus traditionnelle que Dubaï, la capitale des Émirats partage cependant avec sa voisine côtière un même goût pour l'architecture monumentale et ostentatoire. En atteste la Grande Mosquée Sheikh Zayed (22 412 m^2), entièrement revêtue de marbre de Carrare – les non-musulmans peuvent la visiter, ce qui n'est pas le cas des autres lieux de culte du pays.
Roulez jusqu'à Liwa, 230 km au sud.

DUNES DU "QUART VIDE" (RUB AL-KHALI)

❷ Liwa, EAU
Les Émirats englobent une partie non négligeable du "Quart vide" (Rub al-Khali), le plus grand désert de sable de la planète, qui s'étend au sud dans la péninsule arabique. Depuis l'oasis de Liwa, on peut entreprendre des randonnées chamelières et des excursions en 4x4 à l'ombre de la dune de Moreb (300 m), l'une des plus hautes du monde.
Un trajet de 320 km dans la poussière conduit au nord jusqu'à Dubaï.

❸ Dubaï, EAU
De la silhouette en forme de voile de Burj Al-Arab à l'archipel artificiel de Palm Jumeirah évoquant un palmier, l'architecture de Dubaï semble ne pas avoir de limites. Aucun édifice n'égale pourtant la Burj Khalifa, qui détient le record mondial de hauteur (828 m). Un ascenseur vous propulse en un éclair jusqu'à la plateforme d'observation avec vue sur le golfe Persique.
Conduisez vers le nord-est pendant 120 km.

❹ Ras Al-Khaimah, EAU
L'émirat le plus septentrional a également connu une explosion de projets d'urbanisme. Les maisons en pierre de corail et les tours à vent du vieux village de pêcheurs en ruine de Jazirat Al-Hamra, au sud-

GRANDE MOSQUÉE DE DUBAÏ

ouest de la capitale Ras Al-Khaimah, montrent toutefois une image de la région avant les pétrodollars.
Franchissez la frontière omanaise et parcourez 80 km jusqu'à Khasab (location de voitures possible avec une assurance transfrontalière).

❺ Khasab, Oman

La discrète capitale du gouvernorat de Musandan, territoire omanais séparé du reste du pays par les Émirats arabes unis, se tient sur la côte déchiquetée du détroit d'Ormuz et fait penser aux aventures de Sinbad le marin. Les tours massives de son fort du XVIIe siècle se détachent sur fond d'escarpements arides.
Excursions en dhow (boutre) dans la péninsule de Musandam depuis le port de Khasab.

❻ Péninsule de Musandam, Oman

Composée d'anses d'un bleu intense pénétrant profondément dans les terres entre des reliefs rocheux, la péninsule de Musandam est de toute beauté. Des circuits en boutre (voilier arabe en bois), le mode de déplacement local, permettent de naviguer en compagnie des dauphins et de faire escale dans des villages de pêcheurs accessibles uniquement par la mer.
Regagnez Dubaï, 200 km au sud-ouest, dont l'aéroport assure des vols internationaux.

ET ENCORE...

Plus loin : Sir Bani Yas

Cette petite île d'Abou Dabi a été transformée en réserve naturelle par Cheikh Zayed, fondateur de la fédération des Émirats arabes unis. Elle renferme des espèces indigènes, dont l'oryx d'Arabie et la gazelle des sables, menacés, ainsi que des animaux introduits tels que guépards et girafes.
Depuis Abou Dabi, il faut parcourir 270 km pour rejoindre le quai du ferry pour Sir Bani Yas.

Détour : Sharjah

Troisième plus grande ville des EAU, Sharjah vit dans l'ombre de Dubaï. Vous en apprendrez plus sur le sujet au Sharjah Heritage Museum, installé dans l'ancienne résidence (1845) d'un marchand de perles. Marchandez ensuite au souk Al-Arsah, qui vend aussi bien des châles en pashmina que des khanjars (poignards à lame recourbée).
Le centre de Sharjah est à 25 km à l'est du centre-ville de Dubaï.

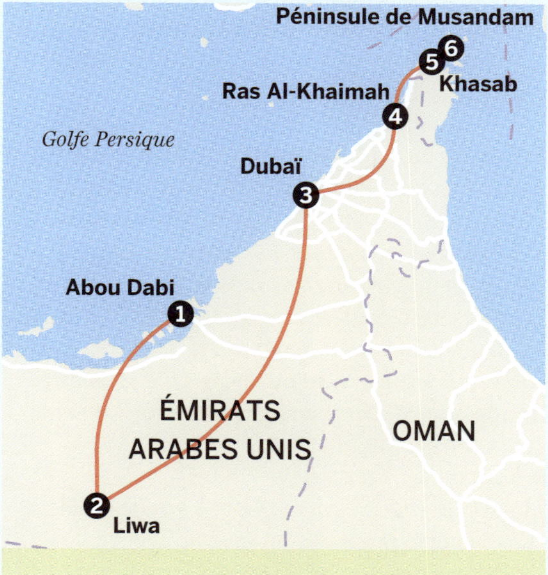

CÔTE TURQUOISE (RIVIERA TURQUE)

BIEN-ÊTRE · SPORT · VIN ET BIÈRE · CUISINE · RESPONSABLE · AVENTURE · CULTURE · SPECTACLES · ARTS · ARCHITECTURE · HISTOIRE · FAMILLE · EN SOLO · COURT SÉJOUR · LONG SÉJOUR · PLAGE · HIVER · FAUNE

Antalya – plage de Kabak

En voiture pour un itinéraire chargé d'histoire le long de la Méditerranée. Au programme : une île grecque, une forteresse, des ruines lyciennes et des criques paradisiaques.

EN BREF

Empreinte carbone (kg/pers) : 63
Distance (km) : 506
Nuits : 10-14
Budget : €€
Quand partir : mars-juin et sept-nov

❶ Antalya, Turquie

Injustement considérée comme la simple porte d'accès aux stations balnéaires voisines, Antalya mérite pourtant qu'on s'attarde dans les ruelles de sa vieille ville (Kaleiçi), jalonnées de maisons ottomanes, de bazars et de mosquées, et son port de l'époque romaine. Les amateurs de bains turcs pourront se faire bichonner au Sefa Hamam, qui a conservé une bonne partie de son architecture seldjoukide du XIIIe siècle.

Longez la côte vers le sud sur 60 km jusqu'à Yanartaş.

❷ Yanartaş (Chimaera), Turquie

Appelées en turc Yanartaş, "pierres incandescentes", les Chimaera sont un ensemble de flammes qui jaillissent de crevasses sur les pentes du mont Olympos et que les Anciens attribuaient au souffle de la Chimère. Garez-vous dans le village balnéaire de Çıralı, à 30 minutes de marche du site.

Un beau trajet vers l'ouest de 170 km mène à Uçağız, point d'embarquement pour Kekova.

❸ Kekova, Turquie

Enclave paradisiaque sur la Côte Turquoise, l'île de Kekova et la presqu'île en face donnent à voir une cité lycienne engloutie, où des tortues nagent parfois au milieu des ruines, et la forteresse croisée de Simena. Des bateaux à moteur effectuent la traversée (10 min) depuis le village de pêcheurs d'Uçağız.

D'Uçağız, roulez vers l'ouest jusqu'à Kaş (30 km), laissez-y votre véhicule et montez à bord

ÎLE DE KEKOVA, TURQUIE

ÎLE GRECQUE DE KASTELLORIZO

du ferry pour Kastellorizo (2/jour en été, 1/jour en hiver ; 25 min).

❹ Kastellorizo, Grèce

À un peu plus d'un kilomètre de la Turquie continentale, l'île de Kastellorizo est un confetti grec au milieu des baies et des caps de la Côte Turquoise. Une excursion depuis Kaş, voire un séjour plus long, fournit l'occasion de déambuler parmi les maisons colorées du port et d'emprunter des sentiers pédestres menant à des chapelles orthodoxes solitaires.

De Kaş, rejoignez Kabak (150 km), via le village balnéaire d'Ölüdeniz si vous préférez éviter de conduire sur une route de montagne abrupte (mais spectaculaire).

❺ Plage de Kabak, Turquie

Accessible uniquement depuis les falaises par une route particulièrement escarpée, cette bande de sable isolée sur fond de vastes pinèdes tranche radicalement avec les stations bondées au nord. Le hameau voisin à l'atmosphère bohème convient parfaitement aux adeptes du snorkeling et du yoga.

Un bel itinéraire côtier couvre les 80 km entre Kabak et l'aéroport de Dalaman, qui dessert des destinations européennes.

ET ENCORE...

Plus loin : Voie lycienne

Long de 540 km, ce chemin de grande randonnée très connu suit de vieux sentiers muletiers, des routes de campagne et des voies romaines le long du littoral de Fethiye à Antalya, reliant les antiques cités lyciennes qui dominaient jadis la région. Il faut un mois complet pour le parcourir en entier, mais on peut couvrir le tronçon Ölüdeniz-Kınık en 5 jours.

Ölüdeniz se situe à 20 km (40 min) en voiture au nord de Kabak.

Détour : presqu'îles de Datça et de Bozburun

À l'est d'Ölüdeniz, de splendides routes côtières sillonnent ces deux presqu'îles s'avançant dans la mer Égée. Datça offre un paysage de moulins à vent et de villages ruraux où se nichent les ruines évocatrices de Cnide (Knidos). Plus sauvage, Bozburun est émaillée de paisibles criques adossées à des collines broussailleuses.

Les deux presqu'îles sont à 150 km de Kabak.

LA ROUTE DU ROI EN JORDANIE

BIEN-ÊTRE · SPORT · VIN ET BIÈRE · CUISINE · RESPONSABLE · AVENTURE · **CULTURE** · SPECTACLES · ARTS · **ARCHITECTURE** · **HISTOIRE** · FAMILLE · **EN SOLO** · **COURT SÉJOUR** · LONG SÉJOUR · PLAGE · HIVER · FAUNE

Amman – Pétra

Axe touristique, la route 35 traverse le territoire jordanien et passe par des sites bibliques et d'imposants châteaux croisés avant d'atteindre Pétra, fleuron du pays.

EN BREF

Empreinte carbone (kg/pers) : 62
Distance (km) : 499
Nuits : 6
Budget: €€
Quand partir : mars-mai

❶ Amman

Sous son aspect actuel, la capitale jordanienne date essentiellement du XXe siècle. Elle n'en recèle pas moins plusieurs sites anciens, dont la citadelle au sommet du Jebel Al-Qala'a (850 m), point culminant de la ville, et un théâtre romain restauré. Au Musée national, ne manquez pas les mystérieuses statues en plâtre d'Ain Ghazal, vieilles de 9 500 ans, et une partie des fameux manuscrits de la mer Morte.

En voiture de location, empruntez le premier tronçon de la Route du Roi (35 km) qui descend vers le sud.

LE SIQ, ENTRÉE DU SITE DE PÉTRA

❷ Madaba et mont Nebo

Le bourg de Madaba est surtout connu pour ses mosaïques byzantines, en particulier la carte de Palestine du VIe siècle sur le pavement de l'église Saint-Georges. Du haut du mont Nébo, 9 km au nord-ouest, Moïse aurait aperçu la Terre promise, avant de de mourir à l'âge de 120 ans et d'être enterré à proximité. Près de l'église du mémorial de Moïse, un point de vue dévoile un panorama embrassant notamment les hauteurs du Golan, Jérusalem et la mer Morte.

Parcourez 88 km en direction du sud.

❸ Kérak

Ce bastion croisé où résida Renaud de Châtillon fut assiégé et pris par Saladin en 1189. Bien que les fouilles et travaux de restauration se poursuivent, on peut visiter le donjon, l'église, la caserne et les cachots.

CHÂTEAU CROISÉ DE KÉRAK

Roulez 111 km vers le sud.

❹ Shobak

Moins bien conservé que Kérak, ce château qui se dresse sur le Mons Realis (mont royal) témoigne lui aussi de la tumultueuse période des croisades. Construit par le roi Baudouin Ier de Jérusalem en 1115, il résista à de nombreuses attaques de Saladin avant de succomber en 1189.

Quelque 32 km séparent Shobak du bourg de Wadi Musa, porte d'accès à Pétra.

❺ Pétra

La fascinante cité antique de Pétra est très théâtrale et elle a d'ailleurs servi de lieu de tournage à des productions hollywoodiennes comme *Indiana Jones et la dernière croisade* ou *La Momie*. Fondée au IIIe siècle av. J.-C. par les Nabatéens, elle recèle de splendides tombeaux taillés dans la roche à flanc de canyon, ainsi que des palais, des temples et d'autres édifices maçonnés, certains des époques romaine et byzantine. On y accède par le Siq, un étroit défilé de 1,2 km coincé entre des parois abruptes.

Regagnez Amman par la même route (233 km).

ET ENCORE...

Plus loin : Wadi Rum

Si vous rêvez de désert, le Wadi Rum vous laissera un souvenirimpérissable. Explorez les dunes en 4x4, en quad, à dos de dromadaire ou à pied depuis le village de Rum. Les paysages les plus saisissants se trouvent à Al-Hasany. Pour une immersion complète, passez une nuit dans un campement bédouin sous un ciel constellé d'étoiles.

Le Wadi Rum s'étend à 114 km au sud de Pétra. Organisez l'excursion à Rum.

Détour : mer Morte

À 434 m en dessous du niveau de la mer, ce lac salé constitue le point le plus bas du globe. Ses sels minéraux sont exploités depuis des temps anciens pour leurs bienfaits sur la peau, d'où la présence de nombreux spas le long du rivage. La forte salinité de l'eau fait que les baigneurs flottent naturellement à la surface.

Excursion possible depuis Amman ou Madaba.

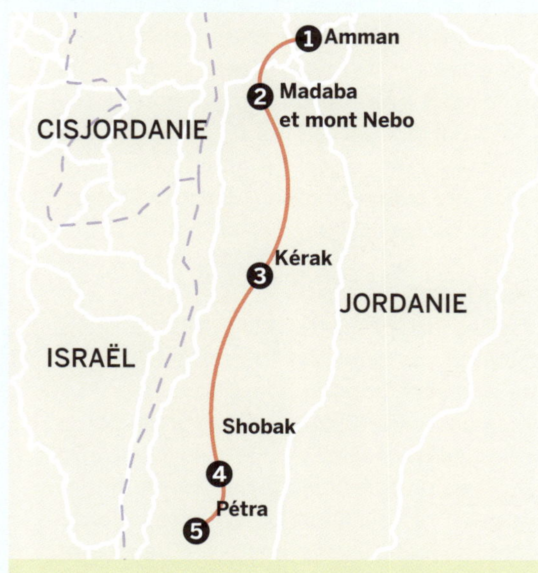

CIRCUIT SUR MESURE DE TÉHÉRAN À SHIRAZ

Téhéran – Shiraz

Moins stressant que le bus et plus abordable qu'un voyage organisé, un circuit avec un guide-chauffeur est idéal pour aborder les grandes villes historiques d'Iran.

EN BREF

Empreinte carbone (kg/pers) : 117
Distance (km) : 940
Nuits : 10
Budget : €€
Quand partir : toute l'année

❶ Téhéran

Prenez contact avec votre cicérone – nous vous conseillons Sufi Tavafi (synotrip.com), l'une des rares femmes à exercer le métier de guide-chauffeur – et consacrez plusieurs jours à la capitale iranienne, bâtie sur les contreforts de l'Alborz aux sommets enneigés. Le palais du Golestan, le complexe Sa'dabad et le centre historique et culturel de Niyavaran révèlent le mode de vie fastueux des anciens shahs d'Iran. Dans le Grand Bazar, faite une pause dans le minuscule salon de thé Haj Ali Darvish, véritable institution locale. Le restaurant Moslem voisin, toujours très fréquenté, satisfera toutes vos envies de cuisine persane.

Avec votre guide-chauffeur, direction Kashan, 250 km (3 heures environ) au sud.

❷ Kashan

Cette ville-oasis plaisante et décontractée conserve de somptueuses demeures kadjar du XIXe siècle à cour intérieure, dont la Khan-e Boroujerdi. Le hammam Sultan Mir Ahmad du XVIe siècle et le délicieux jardin Bagh-e Fin de la même époque, inscrit au patrimoine mondial de l'Unesco, justifient également le détour. Des hôtels comme le Saraye Ameriha, doublé d'un charmant café, occupent des maisons anciennes superbement restaurées.

Rejoignez Ispahan, 210 km (2 heures 30) au sud de Kashan.

THÉ IRANIEN

MOSQUÉE NASIR-AL-MOLK, SHIRAZ

❸ Ispahan

En contemplant les monuments historiques et en se baladant le long des avenues arborées, on comprend pourquoi il s'agit de la première destination touristique d'Iran. Cette ville d'artisans est aussi l'endroit idéal pour acheter un tapis persan. Allez voir la grandiose place Naqsh-e Jahan du début du XVIIe siècle, rebaptisée place de l'Imam depuis la révolution islamique, dominée par l'éblouissante mosquée du Shah (Masjed-e Shah) ornée de céramiques bleues. Le soir, rendez-vous au pont Khaju (1650) pour écouter des chansons persanes sous les arches.

Ralliez Shiraz, 480 km (6 heures) au sud.

❹ Shiraz

La pittoresque ville des poètes compte de splendides jardins, à l'image du Bagh-e Naranjestan, et la mosquée rose (Masjed-e Nasir-al-Molk), à photographier le matin quand le soleil filtre à travers les vitraux. À une heure de route, les ruines de Persépolis demeurent impressionnantes bien que la cité ait été détruite par Alexandre le Grand en 330 av. J.-C. Gardez du temps pour des achats au vieux Bazar-e Vakil, proposant tapis, épices, bijoux et bien d'autres choses encore.

Il y a un aéroport international à Shiraz. Sinon, regagnez Téhéran avec votre guide-chauffeur.

ET ENCORE...

Plus loin : Qom

Sur le trajet Téhéran-Kashan, prenez quelques heures pour visiter la ville sainte de Qom, haut lieu de l'islam chiite, en particulier l'immense mosquée Imam Hassan et le Hazrat-e Masumeh, tombeau de Fatima, sœur de l'imam Reza. Avant de remonter en voiture, achetez un *kabab koubideh* (brochette de viande d'agneau hachée servie dans un pain plat) pour la route.

Qom est à 147 km de Téhéran.

Détour : Yazd

Entre deux déserts salés, Yazd renferme derrière ses murailles des maisons en terre surmontées de tours à vent et de belles mosquées comme la Masjed-e Jameh, parée de céramiques turquoise. Des maisons de thé se nichent aussi dans ce dédale de ruelles. Plusieurs demeures joliment restauréesaccueillent des pensions, dont la Narenjestan Traditional House.

Yazd se trouve à 310 km (4 heures) au sud-est d'Ispahan.

INDEX

I

J

K

L

M

N

O

P

R

S

Itinéraires autour du monde
Octobre 2022

Imprimé en Malaisie
ISBN 978-2-81619-828-7

Écrit par Abigail Blasi, Adam Karlin, Alex Crevar, Amy Balfour, Andrew Bender, Ann Abel, Bailey Freeman, Ben Groundwater, Bradley Mayhew, Brendan Sainsbury, Brett Atkinson, Bridget Gleeson, Carolyn Heller, Charles Rawlings-Way, Claire Boobbyer, Cliff Wilkinson, Etain O'Carroll, Helen Ranger, Isabella Noble, James Bainbridge, James Smart, Jess Lee, Joe Bindloss, John Brunton, Kate Armstrong, Kate Morgan, Kerry Walker, Kevin Raub, Lorna Parkes, Luke Waterson, Monique Perrin, Nicola Williams, Oliver Berry, Oliver Smith, Peter Dragicevich, Philip Tang, Regis St Louis, Sam Haddad, Sarah Baxter, Simon Richmond, Stephen Lioy, Tamara Sheward, Trent Holden, Virginia Maxwell, Valerie Stimac et Yolanda Zappaterra

Édition anglaise
Directeur de la publication Piers Pickard
Éditeur associé Robin Barton
Coordination éditoriale Cliff Wilkinson et Polly Thomas
Directeur artistique Daniel Di Paolo
Maquette Jo Dovey
Cartographie Katerina Pavkova
Responsable prépresse Nigel Longuet

Édition française
Traduction Thérèse de Cherisey, Naomi Defays, Hélène Demazure, Cécile Giroldi, Vincent Guilluy, Frédérique Hélion-Guerrini, Laurence Stewart et Laura Vaz
Directeur éditorial Didier Férat
Responsable éditorial Dominique Bovet
Responsable prépresse Jean-Noël Doan
Adaptation française Carole Haché et Marie Thureau
Maquette Caroline Donadieu
Cartographie Eduardo Yanes Blanch
Couverture Laurent Briard et Laure Wilmot
Relecture Christiane Mouttet
Merci à Maud Bruguière, Claire Gourié, Michel MacLeod, Jean-Victor Rebuffet et Claire Rouyer pour leur précieuse contribution au texte.

CONTACTEZ-NOUS www.lonelyplanet.fr
92 avenue de France - 75013 Paris

En Voyage Éditions | un département édi8

MIXTE
Papier issu de sources responsables
FSC® C021741
www.fsc.org

Le papier utilisé pour la confection de ce livre est certifié conforme aux critères du Forest Stewardship Council®. FSC® promeut une gestion des forêts écologiquement responsable, socialement bénéfique, et économiquement viable à l'échelle mondiale.